Entscheidungen

des

Reichsgerichts.

Herausgegeben

von

den Mitgliedern des Gerichtshofes
und der Reichsanwaltschaft.

Entscheidungen in Zivilsachen.

133. Band.

Berlin und Leipzig 1931

Walter de Gruyter & Co.

vormals G. J. Göschen'sche Verlagshandlung – J. Guttentag, Verlags-buchhandlung – Georg Reimer – Karl J. Trübner – Veit & Comp.

Entscheidungen

des

Reichsgerichts

in

Zivilsachen.

---

133. Band.

Mit Anhang: Entscheidungen des Staatsgerichtshofs.

Berlin und Leipzig 1931

Walter de Gruyter & Co.

vormals G. J. Göschen'sche Verlagshandlung – J. Guttentag, Verlagsbuchhandlung – Georg Reimer – Karl J. Trübner – Veit & Comp.

Druck von Metzger & Wittig in Leipzig

Inhalt.

I. Bürgerliches Recht.

a. Reichsrecht.

b. Landesrecht.

II. Öffentliches Recht.

III. Gerichtliches Verfahren.

Anhang: Entscheidungen des Staatsgerichtshofs.

1. Beginnt die Verjährung der Ansprüche aus §§ 831, 836 BGB. erst dann, wenn der Verletzte auch darüber Klarheit erlangt hat, daß dem Geschäftsherrn oder dem Eigenbesitzer des Bauwerks keine entlastenden Umstände zur Seite stehen?

BGB. §§ 831, 836, 852.

IX. Zivilsenat. Urt. v. 9. Mai 1931 i. S. U. (Kl.) w. Fürst von P. (Bekl.). IX 534/30.

I. Landgericht Schweidnitz.
II. Oberlandesgericht Breslau.

Der Kläger ist Eigentümer eines Hauses in Bad S., worin er eine Wirtschaft betreibt und Gäste beherbergt. In der Nähe dieses Hauses führt eine dem Beklagten gehörige Wasserleitung vorbei, die der Bewässerung der in dessen Eigentum stehenden Gartenanlagen des Bades dient. Im März 1924 zeigte sich im Keller des Hauses ein starker Wassereinbruch, sodaß man zunächst das Auftreten einer neuen Quelle vermutete; dies stellte sich aber bei Nachprüfung der Beschaffenheit des Wassers als unrichtig heraus. Im Spätherbst desselben Jahres zeigte sich ein ähnlicher Wassereinbruch im Keller des benachbarten E.hofes, der dem Beklagten gehört. Nachgrabung ergab, daß die Wasserleitung undicht geworden und das Wasser durch ein Entwässerungsrohr von dort in diesen Hof gelangt war. Die Undichtheit wurde darauf vom Beklagten beseitigt.

Der Kläger behauptet: Auch der Wassereinbruch in sein Haus sei auf diesen Wasserrohrbruch zurückzuführen. Dieser selbst sei durch mangelhafte Ausbesserung eines älteren Bruchs verursacht worden; hierfür sei der Beklagte verantwortlich. Ein weiteres Verschulden des Beklagten liege darin, daß er nicht alsbald nach Anzeige des

Wassereinbruchs in den Keller des dem Kläger gehörigen Hauses die Wasserleitung nachgeprüft, sondern damit gewartet habe, bis das Wasser auch in den E.hof gedrungen sei. Der Kläger will durch den Wassereinbruch um fast 150000 RM. geschädigt worden sein. Er reichte Ende Juli 1926 auf Zahlung dieser Summe Klage ein, beschränkte sie aber auf 15000 RM., nachdem ihm — nach längerem, durch Vergleichsverhandlungen unterbrochenem Verfahren — im August 1928 nur in Höhe dieses Betrags das Armenrecht bewilligt worden war. Zugestellt wurde die Klage im November 1928.

Der Beklagte bestritt das Vorbringen des Klägers, wandte aber in erster Linie Verjährung ein, weil dieser spätestens im Dezember 1924 nach Feststellung der Undichtheit der Wasserleitung Bescheid gewußt habe. Der Kläger machte demgegenüber insbesondere geltend, daß ihm damals die Kenntnis davon gefehlt habe, wer eigentlich der Verantwortliche sei.

Das Landgericht wies die Klage ab. Berufung und Revision des Klägers waren erfolglos.

Gründe:

Beide Vorinstanzen haben den auf die §§ 823 und 831 BGB. gestützten Klaganspruch wegen Verjährung abgewiesen. Hierzu wird festgestellt, dem Kläger sei der Sachverhalt, auf den er die Verantwortlichkeit des Beklagten für den Wassereinbruch in sein Haus gründen zu können glaube, spätestens Ende Dezember 1924 bekannt gewesen; insbesondere habe er schon damals gewußt, daß als Ursache des Schadens ein Bruch der dem Beklagten gehörigen Wasserleitung in Betracht komme und daß die Badedirektion keine selbständige Rechtspersönlichkeit, sondern eine bloße Verwaltungsstelle des Beklagten sei. Die Vordergerichte sind der Ansicht, daß hiernach die dreijährige Verjährung des § 852 BGB. spätestens Ende 1927 abgelaufen gewesen sei. Dem Vorbringen des Klägers, ihm sei selbst jetzt noch nicht bekannt, ob dem Beklagten persönlich ein Verschulden zur Last falle und ob nicht einer der Umstände vorliege, durch deren Nachweis dieser sich nach § 831 BGB. von der Ersatzpflicht befreien könne, meinte der erste Richter damit begegnen zu können, daß der Beklagte nicht, wie § 831 BGB. es voraussetze, sich die laufende Oberleitung vorbehalten, sondern sie für die hier in Betracht kommenden Teile seines erheblichen Vermögens der Badedirektion übertragen habe; deshalb könne er sich nicht durch den Einwand sorgfältiger Auswahl dieser seiner Angestellten entlasten. Das Berufungsgericht billigt dies, ist aber weiterhin der Ansicht, daß es für den Beginn der Verjährung des Anspruchs aus § 831 entgegen den Ausführungen des reichsgerichtlichen Urteils vom 23. April 1913 (abgedr. JW. 1913 S. 686 Nr. 4 und SeuffArch. Bd. 68 Nr. 192, vgl. auch Recht 1913 Nr. 1742) nicht auf die Kenntnis von der Möglichkeit einer Entlastung ankommen könne. Nach § 831 werde das Verschulden des Geschäftsherrn vermutet; die Entlastung, über deren tatsächliche Grundlagen der Verletzte nichts wisse und die er nur schwer erkunden könne, sei Sache der Einrede. Die Ansicht des Reichsgerichts verschiebe daher die verfahrensrechtlichen Grundlagen und schließe eine Verjährung praktisch beinahe aus, zum mindesten erschwere es sie in hohem Maße. Die dadurch ermöglichte weite Hinauszögerung der Klage würde es dem Geschäftsherrn fast unmöglich machen, den ihm offen gelassenen Entlastungsbeweis zu führen. Zudem sei der Nachweis der Kenntnis von der Unmöglichkeit einer Entlastung in Wirklichkeit kaum zu führen.

Die Revision rügt Verletzung der §§ 831 und 852 BGB., jedoch mit Unrecht.

Die Ansicht, für den Beginn der Verjährung des Anspruchs aus § 831 BGB. komme es nicht darauf an, wann der Geschädigte Klarheit darüber erhalte, daß keine den Geschäftsherrn entlastenden Umstände vorhanden seien, steht allerdings im Widerspruch mit der Rechtsauffassung, die der V. Zivilsenat des Reichsgerichts nicht nur in der schon angeführten Sache, sondern auch in einem Urteil vom 9. Dezember 1914, abgedr. LZ. 1915 Sp. 514 Nr. 3, vertreten hat. Der V. Zivilsenat hat aber neuerdings auf Befragen erklärt, er wolle an jener Auffassung nicht festhalten. In der Tat sprechen überwiegende theoretische und praktische Erwägungen gegen sie.

Das erste von den beiden erwähnten reichsgerichtlichen Urteilen — das zweite verweist nur kurz auf dieses — gibt folgende Begründung:

Auch im Falle des § 831 BGB. ist die Haftung auf ein Verschulden des Ersatzpflichtigen abgestellt, nur daß hier sein Verschulden vom Ersatzberechtigten nicht nachgewiesen zu werden braucht, daß es vielmehr so lange vermutet wird, als der Ersatzpflichtige sich nicht durch Erbringung der ihm gesetzlich freigelassenen Nachweise entlastet hat. Unter den Voraussetzungen des § 831 wäre die

Lage der Klägerin allerdings deswegen günstiger gewesen, als es sonst der Fall war, weil sie jetzt zur Begründung einer Klage gegen die Beklagte nicht nötig gehabt hätte, das vermutliche Verschulden der Genannten ihrerseits nachzuweisen. Indessen eine wirkliche Kenntnis von der Ersatzpflichtigkeit der Beklagten, wie sie der § 852 BGB. verlangt, würde die Klägerin im Falle des § 831 doch erst dann gehabt haben, wenn sie zugleich gewußt hätte, daß keiner der dort vorgesehenen Umstände vorlag, durch deren Nachweis sich die Beklagte von einer Ersatzpflicht hätte befreien können. Solange die Klägerin mit der Möglichkeit eines solchen Nachweises rechnete und ihr nichts bekannt war, was die gedachte Möglichkeit auszuschließen geeignet war, solange mußte sie auch hier die Aussichtslosigkeit einer Klage gegen die Beklagte in Betracht ziehen und stand ihr daher wiederum der Grundsatz zur Seite, daß dem Geschädigten unter solchen Verhältnissen die Erhebung der Klage nicht zugemutet werden könne.

Diese Ausführungen werden dem Sinn und Zweck des § 852 BGB. nicht gerecht. § 852 ändert den Grundsatz des § 198 das., wonach die Verjährung mit der Entstehung des Anspruchs beginnt, für die kurze dreijährige Verjährung bei den Ansprüchen aus unerlaubter Handlung dahin ab, daß die Verjährung hier erst mit dem Zeitpunkt zu laufen anfängt, in dem der Verletzte von dem Schaden und der Person des Ersatzpflichtigen Kenntnis erlangt, d. h. aber: mit dem Zeitpunkt, in dem er in den Besitz der für eine Klagerhebung erforderlichen tatsächlichen Unterlagen gekommen ist. Nur mit dieser Einschränkung ist der Satz richtig, daß dem Geschädigten die Beschreitung des Rechtswegs nicht zugemutet werde, solange er mit der Möglichkeit der Aussichtslosigkeit seiner Klage rechnen müsse. Dagegen kann keine Rede davon sein, daß der Verletzte auch dann noch mit der Geltendmachung seiner Ansprüche zögern dürfte, wenn noch irgendwelche — vielleicht durchgreifende — Einwendungen oder Einreden nicht beseitigt erscheinen. Ein solcher Rechtssatz wäre mit dem Wesen der Verjährung unverträglich. Denn der Schwerpunkt der Verjährung liegt nach den Motiven zum Bürgerlichen Gesetzbuch Bd. 1 S. 29 darin, daß dem Verpflichteten ein Schutzmittel gegeben wird, sich gegen voraussichtlich unberechtigte Ansprüche ohne ein Eingehen auf die Sache zu verteidigen. „Das Verjährungsinstitut will es dem auf Grund weit zurückliegender

Tatsachen Angesprochenen ersparen, seinerseits die rechtliche Unerheblichkeit oder Entkräftung dieser Tatsachen durch den Nachweis von Umständen dartun zu müssen, welche die lange Zeit bereits verdunkelt hat" (so Staudinger 9. Aufl. Vorbem. vor §§ 194 flg. Nr. 2). Die Verjährung soll also gerade dazu dienen, dem in Anspruch Genommenen den Beweis von Einwendungen und Einreden zu ersparen und ihm die Abwehr des Anspruchs auch dann zu ermöglichen, wenn er wegen Zeitablaufs diesen Beweis nicht mehr erbringen kann. Mit diesem Zweck ist es nicht zu vereinigen, daß der Lauf der Verjährung erst in dem Augenblick beginnen soll, in dem der Fordernde weiß, daß keinerlei durchgreifende Einwendungen und Einreden gegeben sind. Auch mit Beschränkung auf den Entlastungseinwand aus § 831 BGB. läßt sich ein solcher Satz nicht aufrechterhalten. Zudem ist kein Grund ersichtlich, warum dieser Einwand anders zu behandeln sein sollte als die anderen. Auch praktische Erwägungen sprechen entscheidend gegen die frühere Auffassung des V. Zivilsenats. Für die Fälle des § 831 stellt das Gesetz eine Schuldvermutung auf, weil der Geschädigte regelmäßig entweder überhaupt nicht oder doch nur unter großen Schwierigkeiten imstande ist, sich über die für das Verschulden maßgebenden Verhältnisse Klarheit zu verschaffen. Wollte man den Beginn der Verjährung hinausschieben, bis der Verletzte diese Klarheit erlangt hat, so würde das in den meisten Fällen eine Vertagung auf unabsehbare Zeit bedeuten. Es kommt hinzu, daß bei der bestehenden gesetzlichen Regelung der Verletzte auch gar kein besonderes Interesse daran hätte, seinerseits für rasche Aufklärung in dieser Richtung zu sorgen. Denn er braucht ja im Rechtsstreit den Beweis eines Verschuldens nicht zu führen, während der Schädiger vielfach gar nicht auf den Gedanken kommen wird, sich den Beweis des Nichtverschuldens zu sichern, solange er vom Geschädigten noch nicht in Anspruch genommen worden ist. Dabei müßte von der früheren Ansicht des V. Zivilsenats aus der Schädiger, um mit der Verjährungseinrede durchdringen zu können, sogar den Nachweis führen, daß der Fordernde bereits vor mehr als drei Jahren die Sicherheit erlangt habe, ihm könnten keine Entlastungsgründe entgegengehalten werden. Die hier zurückgewiesene Rechtsauffassung würde hiernach nicht nur zu einer im Interesse der Sicherheit des Rechtsverkehrs sehr unerwünschten Lässigkeit in der Geltendmachung solcher Schadensersatzansprüche verleiten, sondern, was noch schlimmer wäre, die Verletzten geradezu anreizen, unbegründete Ansprüche dieser Art zu erheben in der Hoffnung, daß es dem Gegner unmöglich sein werde, jetzt noch den Entlastungsbeweis zu führen.

Der Senat tritt daher der gegenteiligen, auch, soweit ersichtlich, einhellig im Schrifttum vertretenen Ansicht des Berufungsgerichts bei.

Auch im übrigen läßt das angefochtene Urteil keinen durchgreifenden Rechtsmangel erkennen. Der zweite Richter hat allerdings, ebenso wie der erste, übersehen, daß auf den vorgetragenen Tatbestand neben § 831 BGB. auch § 836 das. anwendbar ist. Daß eine im Erdboden liegende Rohrleitung ein „mit einem Grundstück verbundenes Werk" im Sinne dieser Vorschrift ist, hat das Reichsgericht schon in einem anderen Fall entschieden (SeuffArch. Bd. 78 Nr. 128), und daran ist festzuhalten. Als „Ablösung von Teilen" ferner ist jede Trennung oder Lockerung der Verbindung des Teils mit dem übrigen unversehrt bleibenden Ganzen oder auch nur in seinem eigenen inneren Zusammenhang anzusehen (RGRKomm. 6. Aufl. § 836 Anm. 4). Daß endlich der Beklagte Eigenbesitzer der Wasserleitung war, ergibt sich aus dem unstreitigen Sachverhalt ohne weiteres. Für den etwaigen Anspruch des Klägers aus § 836 gilt aber das gleiche wie für den aus § 831. Hier ist es für den Beginn der Verjährung ebenfalls nicht erforderlich, daß der Geschädigte Kenntnis von einem Verschulden des Eigenbesitzers hat; es genügt, daß er um das Vorliegen des Sachverhalts weiß, der nach § 836 den Klagegrund bildet. Das ist aber der gleiche Sachverhalt, von dem bereits die Vorinstanzen festgestellt haben, daß er dem Kläger spätestens Ende 1924 bekannt gewesen sei. Auch dieser etwaige Anspruch ist daher verjährt. Ebenso wie bei den §§ 831, 836, 837, 838 ist der Beginn der Verjährungsfrist in den Fällen des § 832 Abs. 1 Satz 2, § 833 Satz 2, § 834 Satz 2 zu bestimmen. Anders liegt die Sache bei den nach §§ 829, 839 Abs. 1 Satz 2 BGB. zu beurteilenden Tatbeständen, weil dort die Unmöglichkeit, von anderer Seite Ersatz zu erlangen, Tatbestandsmerkmal und daher vom Geschädigten zu beweisen ist.

2. 1. Bedarf die Veräußerung von einzelnen Geschäftsanteilen einer Gesellschaft mbH., deren Vermögen nur in einem Grundstück besteht, durch einen Minderjährigen nach den Vorschriften betreffend die Verfügung über Grundstücke der vormundschaftsgerichtlichen Genehmigung?

2. Liegt in dem Verkauf von Geschäftsanteilen einer Gesellschaft mbH. durch einen Minderjährigen die Veräußerung eines Erwerbsgeschäfts, wenn der Minderjährige nur Treuhänder eines Dritten ist?

3. Zum Begriff der Übernahme einer fremden Verbindlichkeit durch einen Minderjährigen.

4. Über die Folgen des Mangels der vormundschaftsgerichtlichen Genehmigung.

BGB. §§ 139, 1643, 1821 Abs. 1 Nr. 1, 3, § 1822 Nr. 3, 10.

II. Zivilsenat. Urt. v. 12. Mai 1931 i. S. T. Immobilien-Gesellschaft mbH. (Kl.) w. C. Handelsgesellschaft mbH. u. Gen. (Bekl.). II 294/30.

I. Landgericht Wiesbaden.
II. Oberlandesgericht Frankfurt a. M.

Die Beklagten waren die Inhaber sämtlicher Geschäftsanteile der klagenden Gesellschaft mbH., deren Stammkapital nach der Umstellung 90000 GM. betrug, und zwar besaßen die Zweitbeklagte und der durch sie, seine Mutter, gesetzlich vertretene minderjährige Drittbeklagte Herbert R. als Erben des Dr. R. zusammen einen Geschäftsanteil von 40000 RM., die Erstbeklagte zwei solche zu je 10000 RM. und der Viertbeklagte einen solchen von 30000 RM. Durch Vertrag vom 4. Oktober 1924 verkauften die Erben des Dr. R. von ihrem Geschäftsanteil von 40000 RM. einen Teil im Nennbetrag von 30000 RM. an den Kaufmann S. in F. und den Rest von 10000 RM. an den Kaufmann B. daselbst. Die Erstbeklagte verkaufte ihre beiden Geschäftsanteile ebenfalls an B., der Viertbeklagte seinen Geschäftsanteil an den Kaufmann St. in F. Der Kaufpreis belief sich durchweg auf $^5/_6$ des Nennbetrags; jeder Käufer hatte somit 25000 RM. zu zahlen. § 4 des Vertrags regelt die Zahlung (die teils in bar, teils am 2. Januar 1925 durch

Hingabe eines Bankakzepts zu geschehen hatte) und bestimmt weiter: „Der Anspruch auf alle Zahlungen steht der C. Handelsgesellschaft mbH. — d. i. die Erstbeklagte — als einziger Gläubigerin zu." § 5 des Vertrags lautet: „Die Verkäufer verpflichten sich, Löschungsurkunde für die auf dem Wohnanwesen B.straße 47 noch eingetragenen Hypotheken von 150000 M. und 50000 M. bis längstens den 1. April 1925 beizubringen. Die auf dem Anwesen B.straße 47 in Abteilung 2 haftenden Lasten (Baubeschränkungen und dergleichen) sind den Käufern bekannt. Im übrigen stehen Verkäufer dafür ein, daß die Gesellschaft keine Schulden hat, insbesondere alle auf die Zeit bis zum 30. September 1924 entfallenden Steuern und Abgaben entrichtet sind oder noch alsbald entrichtet werden." Nach § 6 haften „die Käufer für die Erfüllung aller Verpflichtungen aus diesem Vertrage gesamtschuldnerisch, ebenso die Verkäufer". Die Geschäftsanteile wurden sofort auf die Käufer übertragen.

Beim Vertragsschluß handelte der Geschäftsführer der Erstbeklagten zugleich namens der übrigen Gesellschafter auf Grund schriftlicher Vollmacht, welche die Zweitbeklagte zugleich als gesetzliche Vertreterin des Drittbeklagten erteilt hatte. Das Grundstück B.straße 47 war zur Zeit des Vertragsschlusses das einzige Vermögen der Klägerin. Die von den Beklagten beigebrachten, nach Leistung von Zahlungen in Papiermark erteilten Löschungsbewilligungen führten nicht zur Löschung der beiden Hypotheken. Die Gläubigerin, die F.er Sparkasse, verlangte Aufwertung und erstritt gegen die jetzige Klägerin ein Feststellungsurteil dahin, daß sie als persönliche und dingliche Schuldnerin zur Aufwertung nach den Vorschriften des Aufwertungsgesetzes verpflichtet sei. Durch Entscheidung der Aufwertungsstelle wurde der Aufwertungsbetrag für beide Hypotheken auf zusammen 37779 GM. festgestellt.

Die Klägerin beantragt nunmehr mit der Behauptung, die drei Käufer der Geschäftsanteile hätten ihr ihre Ansprüche aus § 5 des Vertrags abgetreten, die Beklagten als Gesamtschuldner zu verurteilen, 1. die Klägerin von den Ansprüchen der F.er Sparkasse auf Zahlung der Hypothekenforderung von 37779 GM. zu befreien und die Löschung der genannten Hypotheken herbeizuführen, 2. an sie 8668,73 RM. zu zahlen, 3. sie von allen weiteren Zinsansprüchen, soweit solche nach dem 30. Juni 1928 fällig werden, zu befreien. Der Anspruch Nr. 2 setzt sich zusammen aus den von der Klägerin auf die aufgewertete Schuld bis Ende Juni 1928 gezahlten Zinsen, aus den Kosten des Rechtsstreits mit der F.er Sparkasse und aus den Kosten des Aufwertungsverfahrens. In der Berufungsinstanz erweiterte die Klägerin den Anspruch um die bis März 1930 weiter gezahlten Zinsen mit 3305,68 RM.

Die Beklagten wandten folgendes ein: Der Anspruch sei nach § 399 BGB. nicht abtretbar. Sie hätten den Vertrag wegen Irrtums angefochten; sie seien bei Vertragsschluß davon ausgegangen, daß mit Beibringung der Löschungsbewilligung ihre Verpflichtungen wegen der Hypotheken erlöschen sollten. Der Vertrag sei unwirksam, weil er wegen Beteiligung des minderjährigen Herbert R. der vormundschaftsgerichtlichen Genehmigung bedurft habe, diese aber — wie unbestritten ist — nicht nachgesucht und erteilt worden sei. Er sei aber auch deshalb unwirksam, weil er die nach dem preußischen Grundstückssperrgesetz vom 10. Februar 1923 erforderliche behördliche Genehmigung nicht erhalten habe. Die Beklagten seien übrigens auch von dem Vertrag zurückgetreten. Die Klägerin habe trotz wiederholter Aufforderung ihre Beteiligung am Ausgleich verweigert. Sei der Vertrag wirksam, so hätten ihn die Beklagten durch Beibringung der Löschungsbewilligungen erfüllt.

Die Vordergerichte wiesen die Klage ab. Die Revision der Klägerin führte zur Aufhebung und Zurückverweisung.

Gründe:

Der Berufungsrichter hält den Vertrag schon nach § 1821 Abs. 1 Nr. 1 in Verb. mit § 1643 BGB. der vormundschaftsgerichtlichen Genehmigung für bedürftig (in Betracht käme auch § 1821 Abs. 1 Nr. 3, soweit es sich um die Verpflichtung zu einer Verfügung der in Nr. 1 das. bezeichneten Art handelt). Denn die Verfügung — sagt das angefochtene Urteil — betreffe den Miteigentumsanteil des minderjährigen Herbert R. an einem Grundstück. Formell seien zwar nur die Anteile an einer Gesellschaft mbH. übertragen worden. Wirtschaftlich handle es sich aber um den Verkauf des einzigen Vermögensobjektes der Gesellschaft, nämlich des Grundstücks B.straße 47. Alle Anteile seien durch den Vertrag zusammen übertragen worden. Die Erwerber hätten beabsichtigt, das bezeichnete Grundstück in ihre Verfügungsgewalt zu bekommen. Den Weg der Übertragung der Gesellschaftsanteile habe man nur deshalb gewählt, weil formell die Gesellschaft Eigentümerin gewesen sei. Gehe aber aus einem Vertrag erkennbar hervor, daß für die Parteien das wirtschaftliche Moment maßgebend gewesen sei, so könne es nicht auf die Form ankommen. Wirtschaftlich handle es sich hier um die Übertragung des Grundstücks, sodaß die für Grundstücksgeschäfte maßgebenden Vorschriften Anwendung zu finden hätten, insbesondere auch § 1821 Abs. 1 Nr. 1 BGB.

Der hiergegen gerichtete Angriff der Revision ist begründet. Zwar hat das Reichsgericht, auch der erkennende Senat, in den vom Berufungsrichter erwähnten Entscheidungen (RGZ. Bd. 120 S. 283, Bd. 124 S. 164) für den Fall der Veräußerung sämtlicher Geschäftsanteile einer Gesellschaft mbH., deren einziges Vermögen in einem Grundstück besteht, ausgesprochen, daß in einem solchen Falle nach der Verkehrsauffassung das Unternehmen der Gesellschaft oder das Grundstück selbst veräußert werde und deshalb die Gewährleistungsvorschriften über den Kauf anwendbar seien. Die Heranziehung der Verkehrsanschauung zeigt, daß es sich bei diesen Entscheidungen nur um die Ermittlung dessen handelte, was sich die Vertragsparteien nach dem Vertrag gegenseitig zu leisten hatten, welche Verpflichtungen sie also durch den Vertragsschluß nach dem an Hand der Verkehrsauffassung zu ermittelnden Parteiwillen übernahmen. Aus dieser Rechtsprechung folgt aber nicht, daß auf einen derartigen Verkauf alle gesetzlichen Vorschriften über den Verkehr mit Grundstücken anwendbar sind, so die für den Verkehr mit Grundstücken bestehenden Formvorschriften (§§ 313, 873, 925 BGB.) oder die Vorschriften über die Mitwirkung Dritter bei Grundstücksveräußerungen oder über die Wirksamkeit solcher Verfügungen (vgl. die Vorschriften des ehelichen Güterrechts [z. B. § 1445 BGB.] oder des Erbrechts [§ 2113 das.]). Es ist vielmehr bei jeder einzelnen gesetzlichen Vorschrift zu prüfen, ob auch für sie die wirtschaftlichen Erwägungen in den Vordergrund zu stellen sind, oder ob die rechtliche Gestalt, in der sich das wirtschaftliche Interesse des Geschäftsunfähigen verkörpert, aus anderen Gründen als ausschlaggebend anzusehen ist, insbesondere aus Gründen der Rechtssicherheit. Ob nun der wirtschaftliche Gesichtspunkt ausschlaggebend wäre, wenn ein Minderjähriger Inhaber sämtlicher Geschäftsanteile einer nur ein Grundstück besitzenden Gesellschaft mbH. ist, kann dahingestellt bleiben, da dies hier nicht zutrifft. Freilich könnte auch dann die Notwendigkeit der vormundschaftsgerichtlichen Genehmigung zur Veräußerung der Geschäftsanteile dem Minderjährigen keinen unbedingten Schutz gewähren, weil der Geschäftsführer der Gesellschaft kraft dieser seiner Rechtsstellung (§§ 35, 37 GmbHG.) in der Lage wäre, das Grundstück selbst zu veräußern und damit den erstrebten Erfolg auch ohne vormundschaftsgerichtliche Genehmigung herbeizuführen. Hat der Minderjährige nur einzelne Geschäftsanteile, so fehlt es aber vom wirtschaftlichen Standpunkt aus an der Notwendigkeit der Gleichstellung der Rechtsposition als Gesellschafter mit derjenigen des Eigentümers. Dagegen spricht das Interesse der Rechtssicherheit wider die Genehmigungspflicht. Da es sich bei der erwähnten reichsgerichtlichen Rechtsprechung nur um eine Übertragung der an sich für den Verkauf von Sachen geltenden Grundsätze handelt, kann von einer Ausdehnung auf die für die Wirksamkeit des Vertrags geltenden Vorschriften nicht die Rede sein, soweit die Veräußerung einzelner Geschäftsanteile in Frage steht. Die Anwendbarkeit des § 1821 Abs. 1 Nr. 1, 3 BGB. ist somit zu verneinen.

Das Berufungsgericht hält die vormundschaftsgerichtliche Genehmigung auch nach § 1822 Nr. 3 BGB. für erforderlich, weil Gegenstand des Vertrags die Veräußerung des Erwerbsgeschäfts eines Minderjährigen sei. Die hiergegen erhobene Rüge ist gleichfalls begründet. Es kann dahingestellt bleiben, ob der Eigentümer eines Grundstücks schon wegen dieser Rechtsstellung als Inhaber eines Erwerbsgeschäfts anzusehen ist. Der Umstand, daß nicht eine oder mehrere natürliche Personen, sondern eine Gesellschaft mbH. Grundstückseigentümerin ist, begründet noch nicht die Annahme, daß ein Erwerbsgeschäft vorliege. Zu Unrecht bezieht sich der Berufungsrichter für seine gegenteilige Auffassung auf § 13 Abs. 3 GmbHG. Wenn auch die Gesellschaft mbH. nach dieser Vorschrift als Handelsgesellschaft im Sinne des Handelsgesetzbuchs gilt und demgemäß als Vollkaufmann anzusehen ist, so folgt daraus noch nicht, daß sie stets ein Erwerbsgeschäft im Sinne des § 1822 Nr. 3 BGB. betreibt, d. h. eine berufsgemäß ausgeübte, auf selbständigen Erwerb gerichtete Tätigkeit entwickelt. Wohl mag der Betrieb eines Erwerbsgeschäfts den regelmäßigen Gegenstand des Unternehmens einer Gesellschaft mbH. bilden, der Zweck des Unternehmens muß aber nicht auf Erzielung von Gewinn gerichtet sein. Die Gesellschaft mbH. kann auch gemeinnützigen oder anderen idealen Zwecken dienen (vgl. Brodmann GmbHG. § 3 Anm. 3f., § 13 Anm. 4). Keinesfalls liegt ein Erwerbsgeschäft des minderjährigen Herbert R.

vor, ebensowenig dessen Beteiligung an einem solchen. Es ist unbestritten, daß der Vater des Minderjährigen die Geschäftsanteile lediglich als Treuhänder der Erstbeklagten besaß und daß er am Gedeihen des Unternehmens der Gesellschaft nicht beteiligt war. Ob das Treuhandverhältnis durch den Tod des Treuhänders erloschen (vgl. § 673 BGB.) oder nach den bei seiner Begründung mit dem Treugeber getroffenen Vereinbarungen mit dem Tode des Treuhänders auf dessen Erben übergegangen ist, darüber hat der Berufungsrichter nichts festgestellt. Jedenfalls ist aber kein Anhalt dafür vorhanden, daß der Minderjährige am Gewinn oder Verlust des Unternehmens in irgendeiner Weise beteiligt war. Damit entfällt ohne weiteres die Genehmigungsbedürftigkeit des Veräußerungsvertrags nach § 1822 Nr. 3 BGB.

Des weiteren soll der Vertrag nach Ansicht des Vorderrichters gemäß § 1822 Nr. 10 BGB. genehmigungsbedürftig sein, weil er die Übernahme einer fremden Verbindlichkeit durch den minderjährigen Drittbeklagten enthalte. Zu Unrecht behauptet die Revision, die Verbindlichkeiten der Gesellschaft mbH., die der § 5 des Vertrags behandelt, seien für den Minderjährigen keine *fremden* Verbindlichkeiten im Sinne der soeben genannten Vorschrift. Selbst wenn man mit dem Berufungsgericht annimmt, die Übertragung der Geschäftsanteile sei wirtschaftlich dasselbe wie der Verkauf des Grundstücks und wirtschaftlich sei der Inhaber der Geschäftsanteile Eigentümer des Grundstücks, so folgt daraus doch nicht, daß die Schulden der Gesellschaft als solche der Gesellschafter anzusehen seien. Mag die Schuldenbelastung der Gesellschaft auch wirtschaftlich zum Nachteil der Gesellschafter wirken, indem sie den Wert der Geschäftsanteile beeinflußt, so erfaßt diese Wirkung doch nicht das übrige Vermögen des Gesellschafters und berührt auch nicht seine Stellung zu den Gläubigern der Gesellschaft. Die Begrenzung der Haftung des einzelnen Gesellschafters gehört zum Wesen der Kapitalgesellschaft. Gerade diese Beschränkung der Haftung des Gesellschafters auf seine Kapitaleinlage sollte den Anreiz zur Beteiligung geben und dadurch der Wirtschaft dienen. Auch hier zeigt sich, daß die Beteiligung an einer Grundstücksgesellschaft als Gesellschafter nicht in *jeder* Beziehung dem Eigentum am Grundbesitz der Gesellschaft gleichgestellt werden kann. Verpflichtet sich der Gesellschafter, für eine Gesellschaftsschuld mit seinem übrigen Vermögen aufzukommen, so entsteht somit für ihn eine neue, ihm bisher fremd gewesene Verbindlichkeit. Jedoch liegt in der Eingehung der im § 5 des Veräußerungsvertrags enthaltenen Verpflichtungen (für Beibringung der Löschungsurkunde bezüglich der auf dem Grundstück ruhenden Hypothek zu sorgen und dafür einzustehen, daß die Gesellschaft keine weiteren Schulden hat) nicht die Übernahme einer fremden Verbindlichkeit im Sinne des § 1822 Nr. 10. Denn bei dieser Vorschrift hat man, wie sich aus der Bezugnahme der Motive Bd. 4 S. 1144 auf die gemeinrechtliche Interzession ergibt, nur an Fälle gedacht, in denen eine Verbindlichkeit eines Dritten als wirtschaftlich fremde, als eine solche übernommen wird, für die in letzter Linie der Dritte trotz der Übernahme aufkommen soll. „Der Fall muß so liegen, daß entweder der Mündel nur neben oder hinter dem Dritten haftet, dessen Verbindlichkeit übernommen wird, oder zwar allein haftet, jedoch mit Vorbehalt des Regresses gegen den Dritten" (so Enneccerus-Kipp-Wolff Familienrecht 7. Bearbeitung § 115 Nr. II 13 S. 506). § 1822 Nr. 10 sollte also den Mündel schützen gegen die Gefahren einer Bürgschaft oder eines ähnlichen Eintretens für einen Dritten, Gefahren, die darin bestehen, daß die Erlangung des Ersatzes von dem Dritten zweifelhaft ist. Eine derartige Gefahr ist nicht vorhanden, wenn der Mündel nach dem Vertrag die Leistung als eigene bewirken soll, wenn er z. B. beim Erwerb eines Grundstücks den Kaufpreis ganz oder zum Teil durch Abtragung einer Schuld des Verkäufers oder eines Dritten tilgt.

Dagegen liegt die Übernahme einer fremden Verbindlichkeit darin, daß nach § 6 des Vertrags die Verkäufer samtverbindlich für die Erfüllung aller Verpflichtungen aus diesem Vertrag haften. Der Minderjährige übernahm damit auch die Haftung für die Verpflichtungen der Verkäufer der anderen, ihm nicht einmal formell gehörenden Geschäftsanteile, insbesondere auch die Haftung für ihre Lieferung. Insofern liegt die Übernahme einer fremden Verbindlichkeit vor. Wenn nach § 427 BGB. mehrere, die sich durch Vertrag gemeinschaftlich zu einer teilbaren Leistung verpflichten, nur im Zweifel als Gesamtschuldner haften, so wurde hier der Zweifel ausgeschlossen durch die ausdrückliche vertragliche Festlegung der Gesamthaftung. Für die Anwendung des § 1822 Nr. 10 ist es aber nach dem Zweck der Vorschrift auch gleichgültig, ob die Haftung für die fremde Verbindlichkeit ausdrücklich übernommen wird oder ob sie die gesetzliche Folge des Vertragsschlusses ist. Denn der Mündel soll durch das Gesetz gegen die Gefahren des Abschlusses solcher Verträge geschützt werden, durch die seine Haftung für eine fremde Verbindlichkeit nach Art einer Bürgschaft begründet wird. Deshalb kann es keinen Unterschied bedeuten, ob die Verbindlichkeit des Dritten schon vor dem Vertragsschluß bestanden hat oder ob sie erst durch ihn entsteht. Die Notwendigkeit der vormundschaftsgerichtlichen Genehmigung nach § 1822 Nr. 10 wird auch nicht dadurch berührt, daß der Vater des Minderjährigen den Geschäftsanteil nur als Treuhänder der Erstbeklagten erworben hat. Mochte der Treuhänder immerhin verpflichtet sein, auf Verlangen des Treugebers den Geschäftsanteil nicht nur an diesen, sondern auf seine Weisung auch unmittelbar an einen Dritten abzutreten, und mag diese Verpflichtung auch auf seine Erben übergegangen sein, so ergab sich aus dem Treuhandverhältnis doch nicht die Verpflichtung, bei Veräußerung des Geschäftsanteils auch eine Haftung für andere Treuhänder zu übernehmen.

Hiernach bedurfte der Vertrag nach § 1822 Nr. 10 BGB. der vormundschaftsgerichtlichen Genehmigung. Diese Notwendigkeit hatte aber nicht die teilweise Nichtigkeit des Vertrags zur Folge. Vielmehr hing seine Wirksamkeit von der nachträglichen Genehmigung des Vormundschaftsgerichts ab. Bis diese erfolgte, trat ein Schwebezustand ein, dem die Käufer der Anteile allerdings durch Setzung einer Frist nach § 1829 Abs. 2 BGB. ein Ende machen konnten. Daß letzteres geschehen sei, ist nicht behauptet. War aber der Vertrag auch nur schwebend teilweise unwirksam oder stellte sich nachträglich diese Unwirksamkeit wegen Versagung der Genehmigung oder wegen Ablaufs der Frist nach § 1829 Abs. 2 heraus, so sind doch auf einen solchen Vertrag nach der Rechtsprechung des Reichsgerichts die Vorschriften des § 139 BGB. über die Folgen der Nichtigkeit anzuwenden, d. h. es treten dieselben Folgen ein, wie wenn ein Vertrag von Anfang an nichtig ist oder durch Anfechtung nichtig wird. Daraus ergibt sich auch die Anwendbarkeit des Grundsatzes, daß die Regel, wonach die Nichtigkeit eines Teils des Rechtsgeschäfts die Nichtigkeit des Geschäfts im ganzen nach sich zieht, dann nicht gilt, wenn anzunehmen ist, daß dieses auch ohne den nichtigen Teil vorgenommen worden wäre (RGZ. Bd. 114 S. 35, Bd. 120 S. 126).

Der Berufungsrichter hält diese Ausnahme nicht für gegeben, da die Parteien erkennbar das ganze Grundstück hätten übertragen wollen und nicht anzunehmen sei, daß die Erwerber mit einer weiteren

Beteiligung des Minderjährigen einverstanden gewesen wären. Mit Recht rügt die Revision, daß ungenügend geprüft worden sei, ob die Parteien den Vertrag nicht auch dann geschlossen hätten, wenn sie seine Unwirksamkeit für den minderjährigen Herbert R. gekannt hätten. Auch wenn man in der Ausführung des angefochtenen Urteils, daß die Erwerber mit einer weiteren Beteiligung des Minderjährigen nicht einverstanden gewesen wären, im Gegensatz zur Revision eine tatsächliche Feststellung findet, so waren damit die Möglichkeiten, den Vertrag teilweise aufrechtzuerhalten, nicht erschöpft. Die Rechtsprechung zu § 139 BGB. läßt die teilweise Aufrechterhaltung eines Rechtsgeschäfts einmal unter dem Gesichtspunkt zu, ob die Beteiligten den Vertrag auch dann abgeschlossen hätten, wenn einzelne Bestimmungen über die gegenseitigen Leistungen nicht in ihn aufgenommen worden wären; außerdem aber auch unter dem Gesichtspunkt, ob der Vertrag auch mit einem Teil der auf der einen Seite stehenden mehreren Personen zustandegekommen sein würde, wenn einer von den auf dieser Seite stehenden Vertragschließenden weggefallen wäre (RGZ. Bd. 59 S. 174, Bd. 114 S. 35). So hat das Reichsgericht in der letztgenannten Entscheidung eine besondere Prüfung in der Richtung für erforderlich gehalten, ob die mehreren Verpächter und der Pächter das Pachtverhältnis wenigstens auf kürzere Zeit eingegangen wären, wenn ein Pachtverhältnis von längerer Dauer wegen Beteiligung eines Minderjährigen auf Verpächterseite der vormundschaftsgerichtlichen Genehmigung nach § 1822 Nr. 5 BGB. bedurft hätte.

Danach mußte das Berufungsgericht prüfen, ob nicht der Verkauf aller Geschäftsanteile, auch derjenigen, an denen der minderjährige Drittbeklagte als Erbe seines Vaters beteiligt war, doch zustande gekommen wäre, wenn nicht der Drittbeklagte, sondern nur die anderen Verkäufer den Käufern gegenüber die Verpflichtung nach § 6 des Vertrags übernommen hätten, der Drittbeklagte also seinen Anteil ohne samtverbindliche Haftung für die übrigen übertragen hätte. Dann wäre vormundschaftsgerichtliche Genehmigung nach § 1822 Nr. 10 BGB. nicht erforderlich gewesen. Die Frage ist zu bejahen. Denn einmal hatten die Käufer kein besonderes Interesse daran, daß der Minderjährige die Haftung für die anderen übernahm, und dieser hatte keinen Anlaß, den Vertrag ohne die Belastung nach § 6 nicht abzuschließen. Soweit es sich um seine eigene Verpflichtung zur Abtretung der Geschäftsanteile handelte, genügte es den Käufern, wenn die anderen Verkäufer für ihn die samtverbindliche Haftung übernahmen. Die Käufer erlangten damit gegen die anderen Verkäufer zum mindesten einen Schadensersatzanspruch. Die Inhaber der anderen Geschäftsanteile hatten aber, auch wenn Herbert R. nicht für sie haftete, keinen Anlaß, nicht abzuschließen. Denn auf Grund des Treuhandverhältnisses konnten sie von dem Minderjährigen die Herausgabe der Geschäftsanteile verlangen und erzwingen. Die Notwendigkeit der vormundschaftsgerichtlichen Genehmigung hätte also nur zu dem Ergebnis führen können, daß bei ihrem Fehlen der Vertrag unter allen Beteiligten — auch mit dem Minderjährigen — abgeschlossen wurde, nur mit der Maßgabe, daß die samtverbindliche Haftung des minderjährigen Herbert R. wegfiel. Mit dieser Einschränkung war der Vertrag aufrechtzuerhalten. . . .

---

3. 1. Ist ein Schiedsgericht zuständig zur Entscheidung über Gegenansprüche, die der Schiedsbeklagte im Wege der Aufrechnung oder der Zurückbehaltung geltend macht, wenn diese Ansprüche bei selbständiger Erhebung nicht unter die Schiedsgerichts-Zuständigkeit fallen würden?

2. Inwieweit kann, nachdem ein schiedsrichterliches Verfahren ergebnislos verlaufen ist, das Recht der Parteien aus den Schiedsgerichtsvertrage als verbraucht gelten?

ZPO. §§ 1025, 1041.

VII. Zivilsenat. Urt. v. 2. Juni 1931 i. S. A. E. G. AG. u. Gen. (Kl.) w. R. GmbH. u. Gen. (Bekl.). VII 529/30.

I. Landgericht Hamburg.
II. Oberlandesgericht daselbst.

Unter dem 11. Dezember 1926 und dem 11. Februar 1927 wurde zwischen den beiden verklagten Gesellschaften einerseits und der Viertklägerin „im eigenen Namen und im Namen des L.-Konsortiums" — dem auch die drei mitklagenden Aktiengesellschaften angehören — anderseits ein Vertrag abgeschlossen, der nach § 1 „Glühkathodenröhren mit Steuerorgan" („Vertragsröhren" genannt) zum Gegenstande hat. Nach § 3 erhielten die Beklagten eine nicht ausschließ liche Lizenz zur Benutzung der sog. L.-Patente. Über die Ausnutzung dieser Lizenz und über die dafür zu gewährenden Gegenleistungen sind weiter eingehende Bestimmungen getroffen. § 17 verordnet im Abs. 1:

Alle aus Anlaß dieses Vertrages entstehenden Rechtsstreitigkeiten sind unter Ausschluß der ordentlichen Rechtswege durch ein Schiedsgericht zu erledigen.

In weiteren Absätzen dieses Paragraphen werden Vorschriften über die Zusammensetzung und das Verfahren des Schiedsgerichts gegeben. Im Abs. 7 heißt es:

Für dem Grunde und der Höhe nach anerkannte Zahlungsverbindlichkeiten sollen die ordentlichen Gerichte entscheiden.

Die Klägerinnen behaupten, die Beklagten seien an vereinbarten Lizenzgebühren für das zweite Vierteljahr 1928 RM. 55887,31 schuldig geblieben. Sie fordern Zahlung eines Teilbetrags von 6100 RM. nebst Zinsen. Die Beklagten schützen die prozeßhindernde Einrede vor, daß die Entscheidung des Rechtsstreits durch Schiedsrichter zu erfolgen habe. Im übrigen machen sie einen die Klageforderung übersteigenden Schadensersatzanspruch geltend, mit dem sie aufrechnen und ein Zurückbehaltungsrecht ausüben wollen. Den Gegenanspruch leiten die Beklagten daraus her, daß ihnen eine vom Geschäftsführer der Viertklägerin zugesicherte Bauerlaubnis nicht erteilt worden sei.

Das Landgericht hat durch Zwischenurteil die Einrede des Schiedsvertrags zurückgewiesen. Das Oberlandesgericht hat auf Grund der Einrede die Klage abgewiesen. Die Revision der Klägerinnen blieb erfolglos.

Aus den Gründen:

Das Berufungsgericht ist im Gegensatz zum ersten Richter der Meinung, daß die im Vertrage vom 11. Dezember 1926/11. Februar 1927 enthaltene Schiedsgerichtsklausel auch den Klaganspruch mitumfasse. Das Landgericht hat angenommen, eine aus Anlaß des Vertrags entstandene Rechtsstreitigkeit im Sinne des § 17 Abs. 1 liege deshalb nicht vor, weil es sich um eine dem Grunde und der Höhe nach anerkannte und daher der Zuständigkeit der ordentlichen Gerichte unterworfene Zahlungsverbindlichkeit im Sinne des § 17 Abs. 7 handle, gegen die nur eine zur Zuständigkeit des Schiedsgerichts nicht gehörende Aufrechnungsforderung geltend gemacht werde. In letzterer Hinsicht verwertet das Landgericht ein Urteil des erkennenden Senats vom 3. Mai 1929 VII 146/29. Dieses war ergangen in einem Rechtsstreit, in welchem die jetzige Viertklägerin als alleinige Klägerin die Aufhebung eines Schiedsspruchs vom 23. Mai 1928 wegen Unzuständigkeit des Schiedsgerichts gegen die beiden Beklagten betrieben hatte. In dem Schiedsspruch war u. a. festgestellt worden, daß die Schiedsklägerinnen (Beklagte) berechtigt seien, die nach dem „Röhrenvertrage" geschuldeten Leistungen zu verweigern, bis ihnen die Schiedsbeklagte (Viertklägerin) die — auch hier den Gegenstand der Einwendungen der Beklagten bildende — Bauerlaubnis erteilt habe. In den beiden ersten Rechtszügen jenes Vorprozesses war der Schiedsspruch insoweit aufgehoben worden und das Reichsgericht hat die dagegen von den Beklagten eingelegte Revision zurückgewiesen.

Im vorliegenden Rechtsstreit mißbilligt das Berufungsgericht die Auffassung des ersten Richters mit der Erwägung, der Sinn des § 17 Abs. 7 des Vertrags sei der, daß das Schiedsgericht mit einem reinen Inkassoprozeß nicht befaßt werden solle; solche Fälle, in denen es sich nur darum handle, wegen Zahlungsunfähigkeit oder Zahlungsunwilligkeit einen vollstreckbaren Titel zu erlangen, oder wo die Erwirkung eines Versäumnis- oder Anerkenntnisurteils oder die Gewährung von Zahlungsfristen in Frage stehe, sollten nicht vor das Schiedsgericht gebracht werden. Wenn jedoch — wie hier — eine an sich „dem Grunde und der Höhe nach anerkannte Forderung" um deswillen bestritten werde, weil eine Aufrechnung vorgeschützt und ein Zurückbehaltungsrecht geltend gemacht werde, dann könne man nicht verneinen, daß die daraus entstehende Rechtsstreitigkeit eine solche im Sinne des § 17 Abs. 1 des Vertrags sei. Das Wesentliche dieser Bestimmung sei bei sachgemäßer Auslegung nicht, daß es sich um dem Grunde und der Höhe nach irgendwie anerkannte Zahlungsverbindlichkeiten handle, wie man notdürftig bei einer „an sich" anerkannten Forderung annehmen könnte, sondern daß es sich um solche Zahlungsverbindlichkeiten handle, die, weil sie nach Grund und Höhe anerkannt seien, nicht mehr streitig seien. Gerade das sei aber hier nicht der Fall: das Anerkenntnis schaffe nur die Voraussetzung für eine endgültige Aufrechnung und damit für die — bestrittene — Behauptung, daß die Klageforderung infolge der Aufrechnung nicht mehr bestehe. Auf die Frage, ob die Gegenforderung oder der Zurückbehaltungsanspruch auch unmittelbar der Zuständigkeit des Schiedsgerichts unterliege, komme es dabei nicht an.

Die Revision bekämpft diese Auffassung. Es ist ihr jedoch in erster Reihe entgegenzuhalten, daß die Entscheidung des Berufungsgerichts auf einer Auslegung der Bestimmungen im § 17 des Vertrags beruht, die nur dann für die Revision angreifbar wäre, wenn sie sich als unmöglich herausstellen oder gegen Auslegungsgrundsätze verstoßen würde. Das ist aber nicht anzunehmen. Die Revision meint zwar, Abs. 7 des § 17 sei überhaupt nicht heranzuziehen, weil schon Abs. 1 das. allein die Lösung der Frage nach der Schiedsgerichts-Zuständigkeit im Sinne der Klägerinnen ergebe. Dem ist nicht zu folgen. Die Revision übersieht, daß der mit der Klage verfolgte Anspruch auf Zahlung von Lizenzgebühren, um den doch gestritten wird, unmittelbar aus dem Vertrage hergeleitet wird, und daß somit offensichtlich eine aus Anlaß des Vertrags entstandene Rechtsstreitigkeit vorliegt. Insoweit kann es nicht von Bedeutung sein, von welcher Art die Einwendungen sind, die von den Beklagten dem Klaganspruch entgegengesetzt werden. Zur Entscheidung über diese Einwendungen wäre das Schiedsgericht ohne Rücksicht darauf befugt, ob die geltend gemachten Gegenansprüche auch bei selbständiger Erhebung dem Bereiche des Schiedsvertrags angehören würden; in diesem Sinne hat der erkennende Senat schon wiederholt grundsätzlich Stellung genommen (Urteile vom 9. Januar 1911 VII 82/10, vom 29. September 1916 VII 183/16 und vom 14. März 1919 VII 379/18). . . .

Ferner geht auch der Einwand der Revision fehl, für die Beklagten sei das Recht aus der Schiedsgerichtsklausel verbraucht, nachdem im Vorprozesse der ordentliche Richter den Schiedsspruch vom 23. Mai 1928 aufgehoben habe. Richtig ist, daß in einem Falle, wo das schiedsrichterliche Verfahren — insbesondere auf Grund richterlicher Entscheidung nach § 1041 ZPO. — ergebnislos verlaufen ist, dessen erneute Einleitung unstatthaft ist (vgl. RGZ. Bd. 41 S. 398, Bd. 108 S. 379, Bd. 114 S. 170; WarnRspr. 1911 Nr. 143). Aber dabei hat als Voraussetzung zu gelten, daß es sich stets um dieselbe Streitigkeit handelt. Wenn dagegen — wie hier — ein Schiedsvertrag vorliegt, der alle Rechtsstreitigkeiten umfaßt, die sich aus einem auf längere Dauer berechneten Vertragsverhältnis ergeben können, dann wird durch das Scheitern des wegen eines bestimmten Streitfalles eingeleiteten Schiedsgerichtsverfahrens die Einleitung eines solchen zur Entscheidung eines neu aufgetretenen Streitfalles selbstverständlich nicht gehindert. Von einer völligen Erledigung des Schiedsvertrags kann bei solcher Lage nicht die Rede sein. Im gegebenen Falle stellt sich der von den Beklagten bestrittene Anspruch auf Zahlung von Lizenzgebühren deshalb als ein neuer Streit dar, weil in dem früheren Schiedsgerichtsverfahren ein solcher Anspruch überhaupt nicht erhoben worden war.

Mit Recht sieht daher der Berufungsrichter die Lage so an, daß nach § 17 Abs. 1 des Vertrags der Klaganspruch an sich ohne weiteres unter die schiedsgerichtliche Zuständigkeit fiele, und daß eine Gegenmeinung nur aus der im Abs. 7 das. aufgestellten Bestimmung begründet werden könnte. Da es sich dabei um eine Ausnahme von der Regel des Abs. 1 handelt, so liegt schon deshalb die Annahme nahe, daß sie eng auszulegen ist. Das hat der Vorderrichter getan. (Dagegen erhobene Revisionsangriffe werden zurückgewiesen.)

---

4. Ist die mit einem Erbvertrag verbundene Vereinbarung Verlobter, in ihrer Ehe solle das gesetzliche Güterrecht gelten, ein Ehevertrag im Sinne des § 2276 Abs. 2 BGB.?

BGB. §§ 1432, 1434, 2276.

IV. Zivilsenat. Urt. v. 4. Mai 1931 i. S. Johann R. (Bekl.) w. Heinrich R. (Kl.). IV 343/30.

I. Landgericht Osnabrück.
II. Oberlandesgericht Celle.

Der Kläger, der nicht aus der — kinderlos gebliebenen — Ehe seiner Mutter mit dem Beklagten stammt, ist nach der am 25. April 1924 verstorbenen Mutter auf Grund Erbscheins als Eigentümer der in H. gelegenen „Neubauerei" eingetragen worden. Es handelt sich um einen Hof im Sinne des Höfegesetzes für die Provinz Hannover vom 28. Juli 1909 (Preuß. GS. S. 651). In einem notariellen Vertrage vom 12. Januar 1900, den der Beklagte als Ehe- und Erbvertrag auffaßt, hat dieser mit der Mutter des Klägers, seiner damaligen Braut, u. a. vereinbart, daß dem überlebenden Ehegatten, sofern er keine neue Ehe eingehe, Nießbrauch und Verwaltung des Nachlasses des verstorbenen Ehegatten bis an sein

Lebensende zustehen solle. Der Kläger hält diese Vertragsbestimmung für unwirksam, weil sich die Brautleute im Vertrage lediglich dem gesetzlichen Güterrecht unterworfen hätten, ein Ehevertrag deshalb nicht vorliege und der Vertrag als Erbvertrag wegen Formmangels nichtig sei. Seine auf Räumung des Hofes gerichtete Klage hat das Landgericht abgewiesen, während ihr das Oberlandesgericht stattgegeben hat. Die Revision des Beklagten führte zur Wiederherstellung des ersten Urteils.

Aus den Gründen:

... Das Berufungsgericht meint, ein Ehevertrag, der begrifflich voraussetze, daß die Ehegatten oder die künftigen Ehegatten durch Vereinbarung ihre güterrechtlichen Beziehungen regeln, liege nicht vor, wenn lediglich vereinbart werde, daß das gesetzliche Güterrecht Geltung haben solle; denn zur Herbeiführung dieses Rechtszustandes bedürfe es nicht einer Vereinbarung, sondern er trete gerade ein, wenn keine vertragliche Regelung stattfinde. Ein Ehevertrag könnte deshalb im Vertrage vom 12. Januar 1900 nur dann gefunden werden, wenn er eine Bestimmung enthielte, die eine vom Gesetz abweichende Ordnung der güterrechtlichen Beziehungen herbeigeführt hätte, was nicht der Fall sei. Liege aber kein Ehevertrag vor, so könne auch die Vorschrift des § 2276 Abs. 2 BGB. nicht Platz greifen, wonach für einen Erbvertrag zwischen Ehegatten oder Verlobten, der mit einem Ehevertrag in derselben Urkunde verbunden wird, die für den Ehevertrag vorgeschriebene Form genügt. Als Erbvertrag sei der Vertrag wegen Mangels der in den §§ 2276 Abs. 1, 2233 vorgeschriebenen Form nichtig, und es gälten somit für die Beerbung der Mutter des Klägers und Frau des Beklagten lediglich die gesetzlichen Bestimmungen.

Das Berufungsgericht kann sich für seine Auslegung des § 1432 BGB. auf Staudinger (Komm. Anm. 1e dazu und Anm. 3 Abs. 3 zu § 2276 BGB.) und die dort angegebenen Schriftsteller berufen. Abweichender Ansicht sind insbesondere Planck (Komm. Anm. 7 zu § 1432 BGB.), Dernburg (Bürgerl. Recht IV § 54 Anm. 5), Endemann (Lehrbuch des bürgerl. Rechts II 2 § 182 unter 3b 2 Anm. 21) und Kipp-Wolff (Familienrecht § 41 Anm. 32). Diese Schriftsteller wollen Verträge, durch welche Eheleute das ohnedies unter ihnen geltende gesetzliche Güterrecht vereinbaren, als Eheverträge im Sinne der §§ 1432, 2276 BGB. gelten lassen, und zwar mit der Begründung, daß ein praktisches Bedürfnis dafür bestehe. Es wird darauf hingewiesen, daß nach Einführung des Bürgerlichen Gesetzbuchs die Eheleute häufig klarstellen wollten, daß ihre vorher geschlossene Ehe zu den in das neue Recht übergeleiteten Ehen gehöre, ferner daß im einzelnen Falle Anlaß gegeben sein könne, Zweifel an der Gültigkeit eines abgeschlossenen oder wieder aufgehobenen Ehevertrags durch Anerkennung des gesetzlichen Güterstandes zu beseitigen (so RGRKomm. Anm. 3 zu § 1432 BGB. und KG. in ROLG. 1918 S. 246).

Es kann dahingestellt bleiben, ob ein Ehevertrag im Sinne des § 1432 BGB. vorliegt, wenn sich Ehegatten, obgleich über die Geltung des gesetzlichen Güterrechtes keinerlei Zweifel bestehen, ihm gleichwohl noch durch einen ausdrücklichen Vertrag unterwerfen. Der hier zu entscheidende Fall liegt insofern anders, als der Vertrag von Verlobten geschlossen worden ist, die offensichtlich ihre gesamten güterrechtlichen und erbrechtlichen Beziehungen für den Fall, daß die Ehe zustande komme, erschöpfend regeln wollten. Deshalb beteiligten sich auch die Eltern der Braut am Vertrage, indem sie dieser ihr gesamtes Vermögen, darunter den Hof, gegen Übernahme einer lebenslänglichen Unterhaltspflicht übertrugen. Deshalb stellten die Verlobten an die Spitze ihrer Vereinbarungen den Satz, es „solle (im allgemeinen) das gesetzliche Güterrecht gehalten (werden) und gelten, sodaß der Mann während bestehender Ehe Nießbrauch und Verwaltung am Vermögen der Frau habe". Dieser Vereinbarung über den Güterstand konnte dann der Erbvertrag angeschlossen werden. In einem solchen Falle handelt es sich nicht, wie nach der Eheschließung, um die vertragliche Anerkennung einer Güterstandes, der schon kraft Gesetzes besteht. Vielmehr liegt die Bedeutung eines solchen Vertrags darin, daß die Verlobten die Einführung eines anderen Güterstandes ausschließen und daß der Güterstand der Verwaltung und Nutznießung des Mannes von Anfang der Ehe an zufolge des Vertrags, nicht kraft Gesetzes Geltung erhält. Ein solcher Vertrag fällt unbedenklich unter den Begriff des Ehevertrags, der nach der weiten Fassung des § 1432 BGB. alle Verträge in sich schließt, durch welche Ehegatten — auch schon vor der Ehe — ihre güterrechtlichen Verhältnisse regeln. Daß dasselbe Güterrecht Geltung erlangt haben würde, wenn die Verlobten nichts vereinbart hätten, kann an der Beurteilung nichts ändern. Entscheidend ist, daß die Geltung des gewählten Güterrechts von Anfang an auf dem Vertrage beruht.

Die Entstehungsgeschichte des § 1432 BGB. gibt keinen Anlaß, den Begriff des Ehevertrags dem Wortlaut der Vorschrift gegenüber einzuengen. Allerdings ist in § 1333 des Entwurfs I der Ehevertrag als Vertrag gekennzeichnet, durch den die Ehegatten den kraft Gesetzes eintretenden Güterstand ausschließen oder ändern oder nach Ausschließung oder Änderung wiederherstellen oder endlich den durch Vertrag begründeten Güterstand wieder ändern. Verträge der vorliegenden Art würden also unter diesen engeren Begriff nicht fallen. Richtig ist auch, daß man später nur redaktionelle Änderungen der Vorschrift vorzunehmen gemeint hat (Prot. II Bd. 4 S. 215 flg.). Das kann indes nicht entscheidend sein, da Absichten und Vorstellungen des Gesetzgebers, die im Gesetz selbst keinen irgendwie erkennbaren Ausdruck gefunden haben, für die Auslegung nicht in Betracht kommen. Maßgebend kann nur die deutliche Begriffsbestimmung des Gesetzes selbst sein, die so allgemein ist, daß sie auch Fälle der vorliegenden Art umfaßt.

Schließlich lassen sich die praktischen Erwägungen, die zu der in § 2276 Abs. 2 BGB. enthaltenen Formerleichterung geführt haben, auch für Fälle der vorliegenden Art geltend machen. Die Vorschrift trägt nach der Denkschrift (zu §§ 2247 flg. des Entwurfs III) den Bedürfnissen des Lebens Rechnung, die häufig Anlaß geben, mit einem Erbvertrag einen Ehevertrag zu verbinden. Daß die Form des Ehevertrags genügen soll, falls urkundliche Verbindung vorliegt, wird damit begründet, daß beide Verträge dann in der Regel ein untrennbares Ganze bilden werden. Dieser innere Zusammenhang zwischen Erbvertrag und Vereinbarung über den Güterstand liegt auch dann vor, wenn, wie hier, die Verlobten sich vertraglich dem gesetzlichen Güterrecht unterwerfen und auf dieser rechtlichen Grundlage die Vermögensverhältnisse für ihren Todesfall durch einen Erbvertrag ordnen.

Hiernach ist, abweichend von der Ansicht des Berufungsgerichts, dem Vertrage vom 12. Januar 1900 die Gültigkeit auch als Erbvertrag nicht abzusprechen. Dann ist die Klage auf Räumung des Hofes schon deshalb unbegründet, weil dem Beklagten auf Grund des Erbvertrags Nießbrauch und Verwaltung zustehen, solange er keine neue Ehe schließt.

5. 1. Über Bedeutung und Voraussetzungen der vorzeitigen Entlassung eines Minderjährigen aus der Fürsorgeerziehung.
2. Welche Behörde ist für eine solche Anordnung zuständig?

Reichsgesetz für Jugendwohlfahrt v. 9. Juli 1922 (JWG.) — RGBl. I S. 633 — §§ 72, 73.

IV. Zivilsenat. Beschl. v. 11. Mai 1931 in der G.schen Fürsorgeerziehungssache. IV B 11/31.

I. Amtsgericht Berlin-Mitte.
II. Landgericht I Berlin.

Der Sachverhalt und die Entscheidung ergeben sich aus den Gründen:

Durch Beschluß des Amtsgerichts Berlin-Mitte vom 30. März 1927 ist die endgültige Fürsorgeerziehung des Bruno G. zur Beseitigung der Verwahrlosung wegen Unzulänglichkeit der Erziehung angeordnet worden (§ 63 Abs. 2 JWG.). Am 11. November 1930 beantragte dessen Mutter, ihren Sohn, der sich in der Heil- und Pflegeanstalt in B. befand, zu ihr zu entlassen. Der Antrag wurde vom Landes-Wohlfahrts- und Jugendamt als Fürsorgeerziehungsbehörde abgelehnt, weil der Zweck der Fürsorgeerziehung nicht erreicht sei, in der Häuslichkeit der Eltern auch nicht erreicht werden könne, der Minderjährige vielmehr seiner geistigen Verfassung wegen zur Zeit noch der Anstaltspflege bedürfe. Das von der Mutter rechtzeitig angerufene Vormundschaftsgericht beschloß dagegen, die angeordnete Fürsorgeerziehung auf Grund des § 73 JWG. aufzuheben, weil sich Bruno G. nach zwei ärztlichen Zeugnissen aus den Jahren 1928 und 1930 infolge einer im Jahre 1922 überstandenen Kopfgrippe schon seit etwa sechs Jahren in einem Zustand krankhafter Störung der Geistestätigkeit befinde, der seine freie Willensbestimmung ausschließe, mithin schon zur Zeit der Anordnung der Fürsorgeerziehung deren Zweck unerreichbar gewesen sei. Die sofortige Beschwerde der genannten Fürsorgeerziehungsbehörde wurde vom Landgericht zurückgewiesen. Das Landgericht geht mit dem Vormundschaftsgericht davon aus, daß krankhafte Störung der Geistestätigkeit und Unerziehbarkeit bei Bruno G. schon zur Zeit der Anordnung der Fürsorgeerziehung bestanden hätten, sodaß die Fürsorgeerziehung nicht erst hätte angeordnet werden dürfen. Die Vorschrift des § 73 JWG. wird aber vom Beschwerdegericht für nicht anwendbar gehalten, weil sie sich nur auf Fälle beziehe, in denen die persönliche Unerziehbarkeit des Minderjährigen erst nach Anordnung der Fürsorgeerziehung eintrete. Stelle sich, wie hier, nachträglich heraus, daß eine tatsächliche Voraussetzung der Fürsorgeerziehung zur Zeit der Anordnung gar nicht vorhanden gewesen sei, und erscheine so die weitere Ausführung der Fürsorgeerziehung grund- und zwecklos, so sei ein Aufhebungsgrund im Sinne des § 72 Abs. 2 JWG. gegeben. Der die Fürsorgeerziehung aufhebende Beschluß des Vormundschaftsgerichts sei also im Ergebnis zu bestätigen.

Gegen den Beschluß des Landgerichts hat das Landes-Wohlfahrts- und Jugendamt rechtzeitig sofortige weitere Beschwerde eingelegt mit der Begründung, daß die Voraussetzungen einer Aufhebung der Fürsorgeerziehung nach § 72 Abs. 2 JWG. keineswegs gegeben seien, da der Zweck der Fürsorgeerziehung weder erreicht noch anderweitig sichergestellt sei.

Das Kammergericht äußert sich zu der weiteren Beschwerde folgendermaßen: Die Feststellung des Landgerichts, daß der Minderjährige bereits zur Zeit der Anordnung der Fürsorgeerziehung geisteskrank und deshalb nicht erziehbar gewesen sei und daß dieser Zustand heute noch bestehe, sei nach § 27 FGG., § 561 ZPO. für das Gericht der weiteren Beschwerde bindend, werde auch vom Beschwerdeführer nicht bemängelt. Eine vorzeitige Entlassung des Minderjährigen aus der Fürsorgeerziehung könne zunächst nicht auf Grund des § 73 JWG. angeordnet werden. Zwar liege ein Fall der Unausführbarkeit der Fürsorgeerziehung aus Gründen, die in der Person des Minderjährigen liegen, hier vor. § 73 beziehe sich aber, wie der Senat in Übereinstimmung mit dem Beschluß des Bayerischen Obersten Landesgerichts vom 21. April 1928 (JFG. Bd. 5 S. 92) annehme, nur auf solche Fälle, in denen die Unerziehbarkeit erst nach rechtskräftiger Anordnung der Fürsorgeerziehung eintrete. Außerdem fehle es für das preußische Rechtsgebiet an der ausdrücklichen Voraussetzung des § 73, daß eine anderweitige gesetzlich geregelte Bewahrung des Minderjährigen sichergestellt sei. Ein solches in Aussicht genommenes Bewahrungsgesetz sei bisher weder von seiten des Reiches ergangen, noch beständen entsprechende landesgesetzliche Bestimmungen für Preußen. Anderseits liege aber auch kein Aufhebungsgrund im Sinne des § 72 Abs. 2 JWG. vor. Das Kammergericht halte demnach die weitere Beschwerde für begründet, sehe sich aber durch den erwähnten Beschluß des Bayerischen Obersten Landesgerichts an einer Entscheidung in diesem Sinne gehindert. In diesem Beschluß sei ausgeführt, daß in Fällen der vorliegenden Art § 72 Abs. 2 anwendbar sei. Die weitere Beschwerde werde deshalb gemäß § 28 Abs. 2 FGG. dem Reichsgericht zur Entscheidung vorgelegt.

Die Voraussetzungen der Abgabe sind gegeben. Die weitere Beschwerde ist mit dem Kammergericht für begründet anzusehen, wenn auch seinen Ausführungen nicht in allen Punkten gefolgt werden kann.

Zutreffend ist die Ansicht des Kammergerichts, daß die Aufhebung der Fürsorgeerziehung vor Eintritt der Volljährigkeit des Zöglings nur unter den Voraussetzungen des § 72 Abs. 2 oder des § 73 JWG. erfolgen kann. Daß auch die letztere Vorschrift, die nur von einer „vorzeitigen Entlassung" des Minderjährigen spricht, eine Aufhebung der ganzen Fürsorgeerziehung im Auge hat, kann nicht zweifelhaft sein. Wenn die Unausführbarkeit der Fürsorgeerziehung aus in der Person des Minderjährigen liegenden Gründen vorausgesetzt wird, so ist damit, wie die Begründung zu der entsprechenden Vorschrift des § 75 des Entwurfs ergibt (Drucks. des Reichstags 1920 Nr. 1166 S. 1235 und 1274), die endgültige Unmöglichkeit der Erreichung der Fürsorgeerziehungszwecke gemeint, nicht etwa eine vorübergehende Unmöglichkeit der Erreichung dieser Zwecke oder die Unausführbarkeit der angeordneten besonderen Erziehungsmaßnahmen (Anstalts- oder Familienerziehung). Liegt aber eine solche endgültige Unausführbarkeit der Fürsorgeerziehung überhaupt vor, so kann die (unter einer weiteren Voraussetzung) zugelassene Entlassung auch nur eine endgültige sein, und es bleibt dann für eine Fortsetzung des Fürsorgeerziehungsverfahrens überhaupt kein Raum mehr.

Daraus, daß das Gesetz nicht alle Aufhebungsgründe in § 72 zusammenhängend behandelt, ist kein Bedenken gegen diese Auslegung zu entnehmen. Der erwähnte § 75 des Entwurfs wollte es der Landesgesetzgebung überlassen, die vorzeitige Entlassung im gedachten Fall unter bestimmten Voraussetzungen zu gestatten. Das machte die Behandlung in einem besonderen Paragraphen erforderlich. Dabei ist es schließlich auch nach Ausschaltung der Landesgesetzgebung geblieben. Nach dem Ausschußbericht (Drucks. des Reichstags 1920 Nr. 3959 S. 4204) war man sich aber darüber klar, daß unter der Entlassung „nicht die technische und örtliche Entlassung, sondern die Aufhebung des Fürsorgeerziehungsbeschlusses zu verstehen" sei.

Hieraus ist für das Verfahren zu entnehmen, daß über einen Antrag auf vorzeitige Entlassung aus § 73 dieselbe Stelle zu befinden hat, die für die Entscheidung über die Aufhebung aus § 72 Abs. 2 zuständig ist. Aus § 72 Abs. 3 JWG. in Verbindung mit § 21 des preuß. Ausführungsgesetzes ergibt sich die Zuständigkeit der Fürsorgeerziehungsbehörde und, nachdem gegen deren ablehnenden Bescheid das Vormundschaftsgericht rechtzeitig angerufen worden ist, die Zulässigkeit des hier eingeleiteten Beschwerdeverfahrens.

Die Ansicht, daß die „vorzeitige Entlassung" nach § 73 JWG. einen besonderen Fall der „früheren Aufhebung" im Sinne des § 72 Abs. 2 darstellt, liegt auch dem erwähnten Beschluß des Bayerischen Obersten Landesgerichts (JFG. Bd. 5 S. 92) zugrunde. Das Kammergericht will dieser Entscheidung auch insofern folgen, als weiter darin ausgesprochen ist, der Aufhebungsgrund des § 73 liege nur dann vor, wenn die persönliche Unerziehbarkeit des Minderjährigen erst nach der Anordnung der Fürsorgeerziehung eingetreten sei. Das Kammergericht lehnt jedoch die Schlußfolgerung des Bayerischen Obersten Landesgerichts ab, daß die Fürsorgeerziehung, wenn sich erst nachträglich herausstellt, daß der Minderjährige von Anfang an zur Fürsorgeerziehung persönlich untauglich war, auf Grund der — wohl entsprechend anzuwendenden — Vorschrift des § 72 Abs. 2 vorzeitig aufzuheben sei.

Dem Kammergericht ist darin beizutreten, daß eine Aufhebung auf Grund des § 72 Abs. 2 nicht erfolgen kann, weil dessen Voraussetzungen — Erreichung des Zwecks der Fürsorgeerziehung oder seine anderweitige Sicherstellung — nicht vorliegen, und daß eine entsprechende Anwendung dieser Vorschrift nicht in Frage kommt. Das letztere folgt aber nicht, wie das Kammergericht meint, aus der Rechtskraftwirkung des die Fürsorgeerziehung anordnenden Beschlusses, sondern daraus, daß auf den Fall die Vorschrift des § 73 anzuwenden ist, die vom Bayerischen Obersten Landesgericht und vom Kammergericht zu eng ausgelegt wird.

Da die vorzeitige Entlassung, von ihrer weiteren Voraussetzung zunächst abgesehen, schlechthin wegen Unausführbarkeit der Fürsorgeerziehung aus in der Person des Minderjährigen liegenden Gründen zulässig ist, so kann aus dem Wortlaut der Gesetzesvorschrift nichts für jene Auslegung entnommen werden. Die Vorschrift umfaßt auch den Fall, daß die Unerziehbarkeit schon im Zeitpunkt der Anordnung der Fürsorgeerziehung vorlag, damals aber noch nicht erkennbar war, sondern erst auf Grund der mit dem Minderjährigen gemachten Erfahrungen festgestellt werden kann. Ebensowenig stehen die Gesetzesmaterialien der Ansicht des Obersten Landesgerichts und des Kammergerichts zur Seite. Die Begründung zu § 75 des Entwurfs führt aus, daß die Zöglinge, die allen erzieherischen Versuchen gegenüber unzugänglich bleiben, fast ausnahmslos geistig oder sittlich anormal veranlagt seien. Zu ihnen gehörten die unverbesserlichen sog. psychopathischen Straffälligen, die Zöglinge mit Geistesstörungen usw. Mit keinem Wort ist angedeutet, daß sich die Vorschrift nur auf diejenigen Zöglinge beziehen solle, bei denen die Unerziehbarkeit in diesem Sinne erst nach der Anordnung der Fürsorgeerziehung eintritt. Schließlich ist auch kein sachlicher Grund ersichtlich, der es rechtfertigen könnte, die beiden in Frage kommenden Fälle verschieden zu behandeln. Auch wenn die von vornherein bestehende persönliche Unerziehbarkeit des Minderjährigen erst nachträglich erkannt wird, erscheint es in seinem Interesse angezeigt, die Aufhebung der Fürsorgeerziehung unter der in § 73 erforderten Voraussetzung zuzulassen, daß eine anderweitige gesetzlich geregelte Bewahrung des Minderjährigen sichergestellt ist.

Hiernach ist auf den vorliegenden Fall die Vorschrift des § 73 JWG. anzuwenden. Nach ihr ist die Aufhebung der Fürsorgeerziehung nicht gerechtfertigt, weil — worauf das Kammergericht hilfsweise hinweist — eine anderweitige gesetzlich geregelte Bewahrung des Bruno G. nicht sichergestellt ist. Es kann auf die oben wiedergegebenen zutreffenden Ausführungen des Kammergerichts zu diesem Punkt verwiesen werden. Der weiteren Beschwerde des Landesjugendamtes ist daher durch Aufhebung der Beschlüsse des Landgerichts und des Vormundschaftsgerichts stattzugeben und der Antrag der Mutter auf vorzeitige Entlassung des Sohnes zurückzuweisen.

6. 1. Dürfen einer Zivilkammer nur so viele Richter zugeteilt werden, als zur Entscheidung erforderlich sind?

2. Muß bei Zuweisung einer größeren Zahl von Richtern das Präsidium die Reihenfolge ihrer Mitwirkung regeln?

GVG. §§ 59, 60, 63, 64, 69, 192.

IV. Zivilsenat. Beschl. v. 18. Mai 1931 in der U.schen Nachlaßsache. IV B 10/31.

I. Amtsgericht Müncheberg.
II. Landgericht Frankfurt a. O.

Beide Fragen sind verneint worden aus folgenden

Gründen:

Das Landgericht hat als Beschwerdegericht dem Antrag der im Erbschein des Amtsgerichts M. vom 15. April 1930 genannten Erben entsprochen und den Testamentsvollstrecker N. entlassen, weil ein wichtiger Grund vorhanden sei (§ 2227 BGB.). Die hiergegen von dem Testamentsvollstrecker erhobene sofortige weitere Beschwerde ist vom Kammergericht gemäß § 28 FGG. dem Reichsgericht vorgelegt worden.

1. Die Voraussetzungen für die Vorlegung sind gegeben. Das Rechtsmittel wird vom Kammergericht für begründet erachtet, weil die Entscheidung des Landgerichts insofern auf einer Verletzung des Gesetzes beruhe, als das Beschwerdegericht nicht vorschriftsmäßig besetzt gewesen sei (§ 27 FGG. in Verb. mit § 551 Nr. 1 ZPO.). Der in Betracht kommenden Zivilkammer, der sich der Landgerichtspräsident als Vorsitzender angeschlossen hat, seien nämlich durch den Beschluß des Präsidiums außerdem vier Richter, also eine größere Zahl zugeteilt worden, als sie zur Entscheidung im einzelnen Fall haben müsse. Das widerspreche dem Sinn und Zweck der §§ 62 flg. GVG. Die gesetzliche Regelung gehe, wie ihr Inhalt und ihre Entstehungsgeschichte ergebe, dahin, daß für jede Sache im voraus die zur Mitwirkung bei der Entscheidung berufenen Richter feststehen sollen. Dem werde nur eine Zuteilung der für die Einzelentscheidung nötigen Richterzahl gerecht. Eine (hier nicht vorliegende) Bestimmung des Präsidiums darüber, durch welche Mitglieder die Kammer die ihr zugewiesenen, genau gegeneinander abgegrenzten Gruppen von Ge-

schäften zu erledigen habe, würde auf die Bildung mehrerer Kammern hinauslaufen. Ohne solche Bestimmung sei aber dem Vorsitzenden die Möglichkeit gegeben, im einzelnen Fall einen maßgebenden Einfluß auf die Zusammensetzung des Gerichts auszuüben. Eine so mögliche Willkür habe durch das Gesetz ausgeschaltet werden sollen. Ihre bloße Beschränkung genüge nach dem Gesetze nicht, auch nicht die hier von dem Vorsitzenden für das Geschäftsjahr im voraus getroffene Anordnung, wonach die Mitwirkung der einzelnen Richter festgelegt und, solange der Vorsitzende sich daran gebunden halte, seine Willkür tatsächlich ausgeschlossen sei.

Dieser Begründung steht das vom Kammergericht angezogene Urteil des 2. Strafsenats des Reichsgerichts vom 16. Mai 1929 (2 D 1022/28), abgedr. DRZ. 1929 Nr. 795, entgegen. Nach dem Tatbestande dieses Urteils waren einer Kammer des Landgerichts, der großen Strafkammer, nicht nur zwei, sondern drei Berufsrichter zugewiesen, deren Mitwirkung an den einzelnen Sitzungstagen durch den Geschäftsverteilungsplan des Präsidiums im voraus bestimmt war. Dem Einwande des Angeklagten, der Vorsitzende habe es in der Hand, die Beisitzer für jede Sache durch deren Anberaumung auf den oder jenen Sitzungstag auszuwählen, ist das Reichsgericht mit der Ausführung begegnet, daß diese Möglichkeit der Grundeinstellung des Gerichtsverfassungsgesetzes nicht widerspreche, wenn die Willkür des Vorsitzenden so oder so ähnlich, wie im gegebenen Falle, im voraus eingeschränkt sei. Die Auffassung des Kammergerichts beruht aber gerade auf dem vom Reichsgericht abgelehnten Grundsatz, daß die Zuweisung einer größeren Zahl von Richtern, als im einzelnen Fall erforderlich, unzulässig sei.

2. Bei der somit nach § 28 Abs. 3 FGG. dem Reichsgericht obliegenden Entscheidung über die weitere Beschwerde erweist sich das vom Kammergericht erhobene Bedenken als nicht gerechtfertigt.

Die Frage, ob einer Kammer nur so viele Richter zugeteilt werden können, als zur Entscheidung im einzelnen Falle erforderlich sind, hat im Gerichtsverfassungsgesetz keine ausdrückliche Beantwortung gefunden. Das Gesetz beschränkt sich darauf, zu bestimmen, daß die Landgerichte mit der erforderlichen Zahl von Richtern besetzt werden (§ 59), daß Zivil- und Strafkammern zu bilden sind (§ 60) und daß bei Entscheidungen Richter nur in der gesetzlich bestimmten Zahl mitwirken dürfen (§ 192). Aus dem Wortlaut der gesetzlichen

Vorschriften kann somit kein Anhalt für eine Bejahung der gestellten Frage gewonnen werden. Eher weist § 192 nach seiner auf die Entscheidungen abstellenden Fassung in Verbindung mit dem auf die Bildung der Kammern bezüglichen § 60 darauf hin, daß die Begrenzung auf die Zahl der zur Entscheidung nötigen Richter nur für die Fällung der Entscheidungen und nicht auch für die Bildung der einzelnen Kammer gelten soll. Dem steht § 59, indem er für die Besetzung der Landgerichte die „erforderliche" Zahl von Richtern vorschreibt, nicht entgegen. Es ist denn auch weder in der Begründung des Entwurfs eines Gerichtsverfassungsgesetzes noch in den Protokollen der Kommission oder den Beratungen im Plenum des Reichstags von einer Begrenzung im Sinne der gestellten Frage die Rede. Nur einmal taucht in den Verhandlungen der Kommission (Protokolle S. 503, abgedr. bei Hahn Materialien 2. Aufl. S. 699) die Überbesetzung der Kammern auf. Der Abgeordnete Dr. Bähr erklärte, er wolle folgende Frage anregen: Die Kammern würden häufig mit mehr Mitgliedern besetzt sein, als zur Rechtsprechung nötig seien; besonders werde die Kammer für die großen Schöffengerichte nicht bloß aus dem Vorsitzenden und einem Richter bestehen; wie solle zwischen den verschiedenen Richtern in den Sitzungen gewechselt werden? Seines Dafürhaltens werde der Turnus von der Kommission (an deren Stelle das Präsidium getreten ist) zu bestimmen sein. Daß die Anregung zu weiteren Erörterungen geführt hätte, ergeben die Materialien nicht. Hinzukommt, daß im Schrifttum dann von vornherein und, soweit ersichtlich, ausnahmslos die Auffassung vertreten worden ist, die Kammern könnten mit mehr Richtern als bei der einzelnen Entscheidung erforderlich besetzt werden. Abweichend wird von verschiedenen Schriftstellern nur die (später noch zu erörternde) Frage beantwortet, wie und von wem die Reihenfolge zu regeln ist, in welcher die der Kammer zugewiesenen Richter an den einzelnen Sitzungen teilzunehmen haben, insbesondere, ob die Entscheidung darüber dem Präsidium oder dem Kammervorsitzenden zusteht.

Vgl. die Erläuterungsbücher zum Gerichtsverfassungsgesetz von Keller Anm. 4 zu § 62; Wilmowski-Levy Anm. 1 zu § 62; Struckmann-Koch Anm. 3 zu § 62; Turnau Justizverfassung in Preußen Anm. 3 zu § 59 und Anm. 7 zu § 62; Sydow-Busch-Krantz ZPO. und GVG. 20. Aufl. Anm. 2 zu § 63; Stenglein

StPO. nebst GVG. Anm. 1 zu § 62; Löwe-Rosenberg StPO. nebst GVG. Anm. 1 zu § 76; Feisenberger StPO. und GVG. Anm. 1 zu § 63. Ferner Bumke VO. über Gerichtsverfassung und Strafrechtspflege Anm. 5 zu § 1, 2. Aufl. S. 42; Tophoff Stellvertretung in den Kollegialgerichten S. 18; Hellwig Lehrbuch des Deutschen Zivilprozeßrechts 2. Bd. S. 62 Fußnote 6.

Das Kammergericht verkennt nicht die Tatsache, daß dementsprechend bei den Kollegialgerichten einschließlich des Reichsgerichts verfahren wird, bei letzterem insbesondere bereits seit seiner Errichtung (Annalen des RG. Bd. 1 S. 5). Es will den Rechtssatz, daß jeder Kammer nur so viele Richter zugeteilt werden dürfen, als zur Entscheidung im einzelnen Falle nach ausdrücklicher Bestimmung des Gesetzes erfordert werden, aus dem Sinn und Zweck der §§ 62 bis 64, 66, 67 GVG. in Verbindung mit der Feststellung herleiten, daß der Zweck des Gesetzes bei der Zulassung einer stärkeren Besetzung nicht voll erfüllt werden könne. Diesem Gedankengang kann nicht gefolgt werden. Allerdings sollte, wie die Verhandlungen in der Kommission und im Plenum des Reichstags erweisen, die Zusammensetzung der Gerichte dem Einfluß der Justizverwaltung entzogen werden. Man wollte verhindern, daß sie in der Lage sei, für den einzelnen Fall die ihr genehmen Richter auszuwählen. Was hierzu für erforderlich erachtet wurde, hat im Gesetz seinen Niederschlag gefunden. Die in ihm gegebenen Garantien sind auf Grund eingehender und sorgfältiger Verhandlungen festgestellt worden. Es geht nicht an, darüber hinaus noch weitere Schranken aufzurichten, und zwar auch dann nicht, wenn sich ergeben sollte, daß für gewisse Fälle gleichwohl die auszuscheidende Einwirkung der Verwaltungsbehörde nicht ausgeschlossen sei. Überdies kommt bei der zu entscheidenden Frage eine Einwirkung der Justizverwaltung überhaupt nicht in Betracht. Daß die hier gegebenenfalls eintretende Einwirkung des Vorsitzenden auf die Besetzung der Kammer zu Mißständen führen könne, war, soweit die Verhandlungen erkennen lassen, kein maßgebender Gesichtspunkt. Es kann sich daher nur fragen, ob in die Garantien, deren Umgrenzung wesentlich auch durch Zweckmäßigkeitserwägungen bestimmt wurde, auch der Ausschluß einer Überbesetzung der Kammern aufgenommen worden ist. Das muß nach dem bereits Erörterten verneint werden. Aus ihm ergibt sich, daß bei den Beschlüssen über die Fassung des Gerichtsverfassungsgesetzes die Besetzung der Kammern mit einer Überzahl von Richtern nicht außer Betracht geblieben ist. Nahm man gegen sie nirgendwo Stellung und unterließ man es, die Frage ausdrücklich zu regeln, so kann ihre Zulässigkeit nicht beanstandet werden.

Das gleiche gilt von dem Umstand, daß die Verteilung der Geschäfte auf die einzelnen Mitglieder der Kammer und die Ordnung ihrer Mitwirkung in den Sitzungen dem Vorsitzenden überlassen worden sind. Ihm liegt es nach ausdrücklicher Vorschrift des § 69 GVG. ob, die Geschäfte unter die Kammermitglieder zu verteilen. Dazu gehört auch die Bestimmung, welche Richter an den einzelnen Sitzungen teilzunehmen haben. Ob die Verteilung überhaupt auf Grund des Einwands der nicht vorschriftsmäßigen Besetzung des Gerichts beanstandet werden kann und ob von Rechts wegen die Verteilung vor Beginn des Geschäftsjahres für dieses erfolgen muß, kann dahingestellt bleiben. Denn die letztere Voraussetzung ist im vorliegenden Falle erfüllt.

Die Bedenken gegen eine Einwirkung des Vorsitzenden auf die Besetzung der Kammer sind überdies so wenig von Gewicht, daß es durchaus verständlich ist, wenn die Mehrbesetzung der Kollegialgerichte vom Gesetz nicht untersagt wurde. Das um so mehr, als besonders die Verhältnisse bei großen Gerichten die in Frage stehende Regelung als allein den Bedürfnissen der Rechtspflege entsprechend erscheinen lassen. Hierzu sei vor allem auf das Ziel einer tunlichst einheitlichen Rechtsprechung und auf die Tatsache hingewiesen, daß hierfür, wie insbesondere die Verhältnisse beim Reichsgericht und beim Kammergericht zeigen, die Besetzung wenigstens gewisser Kollegien mit mehr als den im Einzelfall erforderlichen Richtern unentbehrlich ist. Daß es dem Gesetzgeber aber bewußt war, daß die Regelung auch nach Gesichtspunkten der Zweckmäßigkeit zu erfolgen habe, ist in den Verhandlungen der Kommission und des Plenums des Reichstags wiederholt betont worden (vgl. z. B. die Ausführungen des Abgeordneten Dr. Gneist und des Berichterstatters Abg. Dr. Miquel bei Hahn a. a. O. S. 1043, 1580, 1226). . . .

---

7. Können Vergleiche oder Verzichtleistungen, welche die der Aktiengesellschaft aus der Gründung zustehenden Ansprüche gegen die nach den §§ 202 bis 204 HGB. verpflichteten Personen betreffen,

wirksam werden, wenn sie zwar, entgegen der Vorschrift des § 205 HGB., vor Ablauf der fünfjährigen Sperrfrist abgeschlossen oder ausgesprochen worden sind, wenn aber im Vergleich oder in der Verzichtserklärung vorbehalten wurde, daß nach Ablauf der Fünfjahresfrist die Genehmigung der Generalversammlung eingeholt werde, und wenn dann diese Genehmigung erteilt wird?

HGB. § 205.

II. Zivilsenat. Urt. v. 19. Mai 1931 i. S. M. (Kl.) w. G. (Bekl.). II 434/30.

I. Landgericht Hannover.
II. Oberlandesgericht Celle.

Der Kläger und ein Dritter waren die einzigen Gesellschafter der Maschinenfabrik L. GmbH. in L. Nachdem der Kläger sämtliche Geschäftsanteile in seine Hand gebracht hatte, errichtete er durch Gesellschaftsvertrag vom 3. April 1922 zusammen mit dem Beklagten und anderen eine Aktiengesellschaft unter der Firma „Maschinenfabrik L. AG. in L.". Gegenstand des Unternehmens war u. a. der Erwerb und die Fortführung der von der Gesellschaft mbH. betriebenen Hebezeugfabrik. Das Grundkapital betrug 4500000 M. Der Kläger brachte das Fabrikunternehmen der Gesellschaft mbH. als Sacheinlage mit sämtlichen Aktiven und Passiven ein; dadurch leistete er die von ihm übernommene Kapitaleinlage von 2800000 M. Von den Aktien der neuen Gesellschaft, die der Kläger erhalten sollte, waren solche im Nennbetrag von 800000 M. zur Abfindung seines früheren Mitgesellschafters bestimmt, sodaß für den Kläger noch Aktien im Nennbetrag von 2000000 M. verblieben. Der Rest des Stammkapitals war von den Mitgründern in bar zu leisten. Die Einlage des Beklagten sollte 1150000 M. betragen. Ins Handelsregister wurde die Gesellschaft am 29. Juli 1922 eingetragen. Ihr Name wurde später in „G., Maschinenfabrik L., AG." geändert. Bald nach Errichtung des Gesellschaftsvertrags entstanden Streitigkeiten zwischen dem Kläger und dem Beklagten, weil der erstere bei der Gründung den Umfang der von der Gesellschaft mbH. hereingenommenen Festpreisaufträge unrichtig angegeben und dadurch der neuen Aktiengesellschaft, welche diese Aufträge übernahm, großen Schaden zugefügt habe. Dies führte dazu, daß der Kläger am 22. Juni

1922 seine sämtlichen Aktien für 2000000 M. an den Beklagten verkaufte. Von dem Kaufpreis wurden 30000 M. sofort gezahlt, der Rest wurde bis 31. Dezember 1922 gestundet. In der Folge kam es zu mehreren Prozessen zwischen dem Kläger, dem Beklagten und der Aktiengesellschaft. Der Kläger verlangte Herausgabe von 2000 Aktien der letzteren. Diese machte Schadensersatzansprüche gegen den Kläger als Gründer geltend, teils aufrechnend, teils widerklagend. Am 29. Dezember 1922 kam eine außergerichtliche Einigung zustande. Danach sollte der Kläger zur endgültigen Abgeltung seiner sämtlichen Ansprüche sofort den Betrag von 1500000 M. erhalten, alle gegen die G.-Aktiengesellschaft und den jetzigen Beklagten anhängig gemachten Klagen zurückziehen und erklären, daß er keinerlei Ansprüche irgendwelcher Art an die Genannten mehr habe. Auch verpflichtete er sich, die in den Prozessen entstandenen Anwaltskosten zu bezahlen (nach seiner Angabe 800000 M.). Gleichzeitig bescheinigten die G.-Aktiengesellschaft und der Beklagte, daß sie keinerlei Ansprüche an den Kläger mehr hätten. Der Betrag von 1500000 M. wurde am 3. Januar 1923 an den Kläger gezahlt. Nachdem dieser durch seinen Anwalt auf die Vorschrift des § 205 HGB. aufmerksam gemacht worden war und deshalb ein Schriftwechsel unter den beiderseitigen Prozeßbevollmächtigten stattgefunden hatte, zeigten die letzteren in einem gemeinsamen Schriftsatze vom 6. Februar 1923 dem Landgericht in Sachen des Klägers gegen die G.-Aktiengesellschaft an, daß sich die Beteiligten verglichen hätten. Die Anzeige gibt den Inhalt der Vereinbarung vom 29. Dezember 1922 wieder und fährt dann fort:

> Außerdem verpflichtet sich die Beklagte (d. i. die Aktiengesellschaft) und Herr G. (d. i. der jetzige Beklagte) persönlich, den Kläger von allen Ansprüchen zu befreien, die aus der Gründerhaftung gegen ihn etwa erhoben werden, die Beklagte insbesondere, in einer Generalversammlung den Vergleich mit dem Kläger genehmigen zu lassen und diese Genehmigung nach Ablauf der Fünfjahrefrist aus § 205 HGB. wiederholen zu lassen.
>
> Herr G. steht auch hierfür als Selbstschuldner ein, ebenso daß keinerlei Regreßansprüche irgendwelcher Art an den Kläger erhoben werden.

Im jetzigen Rechtsstreit verlangte der Kläger Aufwertung des Kaufpreises für die am 22. Juni 1922 an den Beklagten verkauften Aktien, und zwar zunächst in Höhe eines Teilbetrags von 15000 RM.

3*

nebst Zinsen. Der Betrag von 700000 M., der ihm nach Zahlung der Anwaltskosten von den erhaltenen 1500000 PM. verblieben sei, habe nur einen Wert von 300 GM. gehabt. Der Vergleich vom 29. Dezember 1922 sei nach § 205 HGB. nichtig, stehe aber auch im Falle seiner Gültigkeit dem Aufwertungsanspruch nicht entgegen. Das Landgericht wies die Klage ab. Im Berufungsverfahren erhob der Kläger mit Zustimmung des Beklagten Inzidentfeststellungsklage dahin, es möge festgestellt werden: 1. der zwischen den Parteien geschlossene Vergleich sei nichtig; 2. der Beklagte könne sich auf den Vergleich nicht berufen, auch wenn dieser nicht nichtig sei, sodaß er dem Aufwertungsanspruch nicht entgegenstehe.

Schon im Laufe des landgerichtlichen Verfahrens, nämlich am 8. Juli 1927, hatte die Generalversammlung der G.-Aktiengesellschaft den Vergleich vom 29. Dezember 1922 genehmigt. Auf den Hinweis des Berufungsgerichts, daß bei der Genehmigung des Vergleichs die fünfjährige Sperrfrist seit Eintragung der Aktiengesellschaft ins Handelsregister (§ 205 HGB.) noch nicht abgelaufen gewesen sei, wiederholte die Generalversammlung vom 28. Juni 1930 die Genehmigung.

Das Oberlandesgericht wies den Antrag zu 1 ab und erkannte zu 2, daß der Vergleich dem Aufwertungsanspruch des Klägers nicht entgegenstehe.

Auf die Revision des Klägers stellte das Reichsgericht fest, daß der zwischen den Prozeßparteien und der Firma G., Maschinenfabrik L., AG. am 29. Dezember 1922/6. Februar 1923 abgeschlossene Vergleich nichtig sei.

Gründe:

Der Berufungsrichter geht bei der Entscheidung über den ersten Antrag von der Erklärung der beiderseitigen Prozeßbevollmächtigten im Vorprozesse vom 6. Februar 1923 aus, worin ausdrücklich gesagt sei, daß der Vergleich nach Ablauf von fünf Jahren seit Eintragung der Aktiengesellschaft ins Handelsregister durch die Generalversammlung genehmigt werden solle. Einen mit dieser Bedingung geschlossenen Vergleich hält der Berufungsrichter für gültig, auch wenn er an sich unter die Vorschrift des § 205 HGB. fiele. Es sei dann anzunehmen, daß der Ersatzpflichtige gebunden sei, bis die Generalversammlung entschieden habe. Durch die vorgelegte beglaubigte Abschrift des Protokolls der Generalversammlung vom 28. Juni 1930 sei nachgewiesen, daß an diesem Tage der Vergleich vom 29. Dezember 1922 genehmigt worden sei. Der Beschluß decke auch den Vergleich vom 6. Februar 1923, da dieser, soweit er nach § 205 der Genehmigung bedurft, nämlich soweit er einen Vergleich über oder einen Verzicht auf Ansprüche der Aktiengesellschaft gegen den Kläger als Gründer enthalten habe, mit dem früheren Vergleiche vom 29. Dezember 1922 inhaltlich übereinstimme.

Wenn sich die Revision des Klägers gegen die letzte Ausführung des angefochtenen Urteils wendet und geltend macht, es sei nur der Vergleich in der ursprünglichen Fassung vom 29. Dezember 1922 genehmigt worden, dieser sei aber nach § 205 HGB. nichtig, und da der Vergleich vom 6. Februar 1923 bisher nicht genehmigt worden sei, sei er unwirksam, so kann sie damit nicht zum Ziele kommen. Was sie hier vorbringt, richtet sich nur gegen die Auslegung des Beschlusses der Generalversammlung vom 28. Juni 1930. Die Auslegung des Berufungsrichters verstößt nicht gegen anerkannte Grundsätze. Mit Recht haftet sie nicht am Wortlaut des Beschlusses, der allerdings nur von dem Vergleich vom 29. Dezember 1922 spricht, sondern erforscht den wahren Willen des Erklärenden, d. h. der Generalversammlung. Dieser Wille kann nur dahin gegangen sein, daß der Vergleich so, wie er unter den Vergleichsparteien endgültig zustande gekommen ist, genehmigt werden sollte. Die gemeinsame Erklärung der Prozeßbevollmächtigten der Parteien enthielt nur eine neue Fassung des bereits am 29. Dezember 1922 seinem Inhalt nach festgelegten Vergleichs. Sie hatte gerade das Ziel, den Vergleich vom 29. Dezember 1922 wirksam zu machen. Diesen Zweck hatte der Zusatz über die Einholung der Genehmigung der Generalversammlung nach Ablauf der Frist des § 205 HGB. Dadurch sollte die Nichtigkeit des Vergleichs in seiner ersten Fassung beseitigt werden. Mangels jedes Anhaltspunktes für eine andere Auslegung konnte der Generalversammlungs-Beschluß, wenn er überhaupt einen Sinn haben sollte, nur dahin verstanden werden, daß die Genehmigung für den Vergleich in seiner Fassung vom 6. Februar 1923 erteilt werde. Es bestand somit für den Berufungsrichter kein Hindernis, zu prüfen, ob der Vergleich in seiner letzten Fassung nach § 205 HGB. nichtig sei.

Im Gegensatz zu Staub-Pinner Anm. 3 zu § 205 HGB., auf den sich der Berufungsrichter stützt, und mit Brodmann Aktienrecht Anm. 85 zu § 205 HGB. ist die Frage zu verneinen, ob Vergleiche und Verzichtleistungen, welche die der Gesellschaft aus der Gründung zustehenden Ansprüche gegen die nach den §§ 202 bis 204 HGB. verpflichteten Personen (die Gründer und die ihnen gleichgestellten Personen) betreffen, dann wirksam werden können, wenn sie zwar, entgegen dem § 205, vor Ablauf von fünf Jahren seit Eintragung der Gesellschaft ins Handelsregister abgeschlossen oder ausgesprochen worden sind, wenn aber in der betreffenden Erklärung vorbehalten wurde, daß nach Ablauf der Fünfjahrefrist die Genehmigung der Generalversammlung eingeholt werde, und wenn dann diese Genehmigung wirklich erteilt wird. Bei der Vorschrift des § 205, welche derartige Vergleiche und Verzichtleistungen vor Ablauf der Fünfjahrefrist für unzulässig erklärt, handelt es sich um ein im öffentlichen Interesse erlassenes gesetzliches Verbot. Dieses hat den Zweck, die Aktiengesellschaft dagegen zu schützen, daß die in den §§ 202 bis 204 a. a. O. festgesetzte strenge Haftung der Gründer usw. durch vorzeitige Entlastungsvereinbarungen oder Verzichte von seiten der Organe der Aktiengesellschaft hinfällig gemacht wird. Solche Rechtsakte der Gesellschaftsorgane sollen erst rechtswirksam vorgenommen werden können, wenn seit der Entstehung der Aktiengesellschaft ein so großer Zeitraum verstrichen ist, daß einerseits das Vorhandensein von Haftungsansprüchen übersehen werden kann, anderseits zu vermuten ist, es habe der Einfluß der Gründer auf die Organe der Gesellschaft aufgehört oder er werde so geschwächt sein, daß bei einem Vergleich oder Verzicht die Wahrung der Interessen der Gesellschaft tunlichst gewährleistet sei. Aus dem Zweck der Vorschrift ergibt sich, daß jede Bindung der Aktiengesellschaft, durch welche sie gehindert wird, die Ansprüche aus der Gründerhaftung jederzeit geltend zu machen, unzulässig ist und nach § 134 BGB. die Nichtigkeit des erstrebten Rechtsgeschäfts zur Folge hat. Aus den §§ 308, 309 BGB. ergibt sich keineswegs das Gegenteil. Wollte man aus diesen Vorschriften herleiten, daß der Vergleich gültig sei, sofern er unter der Bedingung der später zu erklärenden Genehmigung der Generalversammlung geschlossen wurde und die Bedingung eintrat, so würde man übersehen, daß auch die zwischenzeitliche, nur bedingte Bindung der Gesellschaft (§§ 160 flg. BGB.) dem Zwecke des § 205 HGB. widerspricht. Solche Bindung enthält einen Verzicht auf die Geltendmachung des Schadensersatzanspruchs während der Schwebezeit. Diese würde aber unmittelbar gegen § 205 verstoßen. Es ist Pflicht der Gesellschaftsorgane, die Ansprüche der Gesellschaft gegen die Gründer zu verfolgen. Dieser Verpflichtung würden sie zuwiderhandeln, wenn sie die Fünfjahrefrist verstreichen ließen, ohne die Ansprüche geltend zu machen. Sie würden durch ihre Untätigkeit während der Fünfjahrefrist unter Umständen die Verfolgung der Ansprüche überhaupt unmöglich machen. Denn die Ansprüche der Gesellschaft aus der Gründerhaftung verjähren nach § 206 HGB. mit Ablauf der gleichen Frist von fünf Jahren seit Eintragung der Gesellschaft in das Handelsregister. Wenn auch dem Verjährungseinwand mit der Einrede der allgemeinen Arglist begegnet werden könnte, falls die Gesellschaft im Vertrauen auf den Vergleich die Verjährung nicht unterbrochen hätte, so verstieße eine Bindung zur Nichtausnutzung der Frist trotzdem gegen das Verbot des § 205. Denkbar wäre hiernach höchstens ein Vertrag, durch den die Gesellschaft einen endgültigen Verzicht für den Fall der späteren Genehmigung durch die Generalversammlung nur ganz unverbindlich in Aussicht stellte und allein der Vertragsgegner die Gegenleistung bindend zusicherte. Ein solcher Vertrag, der im Verhältnis zwischen Gründer und Aktiengesellschaft nicht als Vergleich bezeichnet werden könnte, da er kein gegenseitiges Nachgeben enthielte, kommt aber im Geschäftsleben nicht vor, war jedenfalls im vorliegenden Falle von den Vertragschließenden nicht gewollt. Er wäre auch nicht einmal für die Gesellschaft von Vorteil. Denn da der Vorstand nicht wissen könnte, ob die künftige Generalversammlung den Vertrag genehmigen werde, bliebe er genötigt, den Gegner zur Unterbrechung der Verjährung innerhalb der Schwebezeit auf Schadensersatz zu verklagen. Damit fiele aber dessen Bindung an die vertragsmäßige Gegenleistung wieder weg. Von einem Vertrag mit einseitiger Bindung des Klägers kann also im vorliegenden Falle nicht die Rede sein. Vielmehr wollten die Parteien des Vorprozesses einen wirklichen Vergleich abschließen und haben einen solchen abgeschlossen mit dem Ziele, die bestehenden Streitpunkte endgültig aus der Welt zu schaffen. Dabei hat auch die Aktiengesellschaft eine Gegenleistung gewährt, indem sie auf ihre Ansprüche aus der Gründerhaftung verzichtete. Sie hat sich weiter verpflichtet, die Genehmigung der Generalversammlung (alsbald) herbeizuführen und nach Ablauf der Fünfjahrefrist sie wiederholen zu lassen. Damit hat sie zugleich die Verpflichtung übernommen, wegen ihrer Schadensersatzansprüche gegen die Gründer, gleichviel welcher Art sie seien, nicht gegen den Kläger vorzugehen.

Aus alledem ergibt sich die Nichtigkeit des Vergleichs (§ 134 BGB.). Diese Nichtigkeit im Verhältnis zwischen dem Kläger und der Aktiengesellschaft hat nach der Regel des § 139 BGB. die Nichtigkeit des ganzen Vergleichs zur Folge, auch soweit es sich um das Verhältnis zwischen den jetzigen Prozeßparteien handelt. Dafür, daß letztere den Vergleich auch ohne den nichtigen Teil abgeschlossen hätten, liegen keine Anhaltspunkte vor. Vielmehr spricht der Sachverhalt gerade dafür, daß der Kläger den Vergleich nicht geschlossen hätte, wenn nicht die Aktiengesellschaft auf die ihr angeblich zustehenden Ansprüche aus der Gründerhaftung verzichtete und verzichten konnte. Denn wenn auch der Beklagte selbständig die Garantie dafür übernahm, daß der Kläger von der Aktiengesellschaft nicht in Anspruch genommen werde, so war dadurch doch dem Kläger keine Sicherheit dafür geboten, daß ihn die Aktiengesellschaft, insbesondere wenn der Einfluß des Beklagten auf sie aufhörte, nicht dennoch in Anspruch nehmen werde. Es bestand auch keine Gewähr dafür, daß der Beklagte noch nach Jahren imstande sein werde, den Kläger schadlos zu halten.

---

8. 1. Können Verkäufe unter Eigentumsvorbehalt, wenn der Gemeinschuldner den Preis vor der Konkurseröffnung nicht vollständig bezahlt hat, auf seiten des Verkäufers als vollständig erfüllt gelten?

2. Kann der Konkursverwalter, wenn zur Zeit der Konkurseröffnung ein Ankaufsgeschäft und das über denselben Gegenstand geschlossene Verkaufsgeschäft nicht vollständig erfüllt sind, sein Wahlrecht mit Bezug auf beide Geschäfte nur in dem gleichen Sinne ausüben?

3. Unter welchen Voraussetzungen kann der Verkäufer einer Ware, der sich das Eigentum daran vorbehalten hat, vom Konkursverwalter die Abtretung der Preisforderung aus dem vom Gemeinschuldner vorgenommenen Weiterverkauf verlangen?

KO. §§ 17, 30, 31, 46.

VII. Zivilsenat. Urt. v. 2. Juni 1931 i. S. B. als Verwalters im Konkurse über das Vermögen der R. & Sch. GmbH. (Kl.) w. M. AG. (Bekl.). VII 461/30.

I. Landgericht Ulm.
II. Oberlandesgericht Stuttgart.

Die Firma R. & Sch. GmbH., die am 17. Januar 1928 in Konkurs verfiel, hatte die von der Beklagten erzeugten Kraftwagen vertrieben, teils als Eigenhändlerin, teils als Kommissionärin. Innerhalb dieser Geschäftsverbindung hatte sie bei der Beklagten am 2. Mai 1927 ein Lastkraftwagengestell zum Preise von 9250 RM. bestellt, als dessen Abkäuferin sie ihr demnächst die Firma M. & W. in H. angegeben hatte. Am 12. Mai 1927 hatte sie ferner bei ihr für die Firma J. in H. einen Aussichtswagen für 17062,50 RM. bestellt. Der Auftragsbestätigung der Beklagten über das erste Geschäft sowie dem schriftlichen Auftrage der Firma R. & Sch. über das zweite Geschäft waren die „Allgemeinen Verkaufsbedingungen" der Beklagten aufgedruckt, die unter „6. Eigentumsvorbehalt" die Bestimmung enthielten:

> Die Ware ... bleibt bis zur völligen Bezahlung des Kaufpreises ... und bis zur Einlösung aller gegebenen Zahlungsmittel Eigentum des Verkäufers. — Der Weiterverkauf eines noch nicht vollbezahlten Wagens darf nur nach vorheriger Genehmigung des Verkäufers geschehen. Das Eigentumsrecht der Fabrik ist dem neuen Käufer gegenüber auf jeden Fall vorzubehalten.

Am 17. Oktober 1927 hatte sich die Beklagte von der Firma R. & Sch. deren Restforderungen aus den Weiterverkäufen abtreten lassen, die bei M. & W. noch 6500 RM., bei J. noch 7000 RM. betrugen und demnächst von ihr eingezogen wurden. Nach der Eröffnung des Konkursverfahrens focht der klagende Verwalter diese Abtretungen auf Grund der §§ 30, 31 KO. an. Die Beklagte bestritt namentlich die vom Kläger behauptete Benachteiligung der Konkursgläubiger und machte hierzu geltend, sie sei bis zur vollständigen Bezahlung der Preise berechtigt gewesen, die Fahrzeuge den Kunden wegzunehmen, also auch die Forderungen auf die Restkaufpreise zu übernehmen.

Das Landgericht verurteilte die Beklagte antragsgemäß zur Zahlung der eingezogenen 13500 RM. Dagegen wies das Oberlandesgericht auf die Berufung der Beklagten die Klage ab. Die Revision des Klägers hatte Erfolg.

Gründe:

Das Berufungsgericht gelangt auf Grund einer Prüfung der Rechtslage, wie sie sich ohne die angefochtenen Abtretungen bei der Eröffnung des Konkursverfahrens gestaltet haben würde, zu der Ansicht, daß durch jenes Geschäft der Stand der Masse nicht verschlechtert worden sei: da die Gemeinschuldnerin ihre Weiterverkäufe unter Vorbehalt des Eigentums der Beklagten gemäß dem bei ihren Ankäufen benutzten Vertragsmuster geschlossen habe und die Kaufpreise bei Konkurseröffnung noch nicht ganz bezahlt gewesen seien, würde es sich bei den Weiterverkäufen ebenso wie bei den Ankaufsgeschäften um beiderseits unerfüllte zweiseitige Verträge der Gemeinschuldnerin im Sinne des § 17 KO. gehandelt haben, deren Erfüllung zu verlangen dem Kläger anheimgestellt gewesen wäre; hätte er dieses Verlangen gestellt, so würde er gehalten gewesen sein, die Restkaufpreise der Abkäufer an die Beklagte abzuführen, sodaß die Masse nicht anders dagestanden hätte als zufolge der angefochtenen Abtretungen; hätte er aber die Erfüllung abgelehnt, so würde die Beklagte in der Lage gewesen sein, von ihm auf Grund ihres Rücktrittsrechts die Abtretung seines aus dem Eigentumsvorbehalt entspringenden Herausgabeanspruchs gegen die Abkäufer zu fordern, wobei er die von ihr zurückzugewährenden Anzahlungen der Gemeinschuldnerin an die Abkäufer hätte weitergeben müssen.

Diese Ausführungen beruhen auf einer irrtümlichen Auffassung der Rechtslage, die sich für die Konkursmasse infolge des dem Verwalter nach § 17 KO. zustehenden Rechtes, die Erfüllung beiderseits nicht vollständig erfüllter gegenseitiger Verträge zu verlangen, ergeben haben würde, wenn die angefochtenen Abtretungen von der Gemeinschuldnerin nicht vorgenommen worden wären. Allerdings ist entgegen der von der Revision vertretenen Ansicht an der ständigen und im Schrifttum weit überwiegend gebilligten Rechtsprechung des Reichsgerichts festzuhalten, daß Verkäufe unter Eigentumsvorbehalt auch von seiten des Verkäufers im Sinne des § 17 nicht vollständig erfüllt sind, wenn der Preis bei der Konkurseröffnung noch nicht vollständig bezahlt ist (RGZ. Bd. 64 S. 204 u. S. 334, Bd. 85 S. 402, Bd. 95 S. 105; Jaeger Konkursordnung 6./7. Aufl. Anm. 11 zu § 17;

Mentzel desgl. 3. Aufl. Anm. 2 zu § 17). Denn die den Gegenstand der Verpflichtung des Verkäufers bildende Verschaffung des Eigentums ist erst mit dem Eintritt der Bedingung vollzogen, unter der die Übertragung erfolgte; bis dahin ist also die Erfüllung objektiv nicht bewirkt, und nur auf diesen objektiven Erfolg kann die Vorschrift des § 17 KO. ihrem Wortlaut und Zwecke nach bezogen werden (vgl. bes. Jaeger a. a. O. Anm. 10). Wenn gegen diese Erwägung geltend gemacht wird, daß die Verpflichtung des Verkäufers beim Vorbehaltskauf sich auf die bedingte Übereignung beschränke, so wird diese Auffassung dem Willen der Parteien nicht gerecht, der sich beim Kaufabschluß nicht auf die Verschaffung bedingten, sondern unbedingten Eigentums richtet, auch wenn die Übereignung nur unter der Bedingung der Zahlung des Preises erfolgen soll.

Der Berufungsrichter verkennt aber die Tragweite des § 17 KO., indem er bei Prüfung der sich aus ihm für die Konkursmasse ergebenden Lage nur die Fälle in Betracht zieht, daß der Konkursverwalter die Erfüllung der Ankäufe und die der Weiterverkäufe gleichmäßig entweder abgelehnt oder gefordert und bewirkt haben würde, also offenbar von der Annahme ausgeht, das Wahlrecht des Verwalters könne für das Ankaufs- und das entsprechende Verkaufsgeschäft nur gleichmäßig ausgeübt werden. Eine solche Beschränkung des Wahlrechts ist weder aus dem Wortlaut noch aus dem Zweck des § 17 zu entnehmen. Es stand auch einer Erfüllung der Weiterverkaufsgeschäfte bei Ablehnung der Ankaufsgeschäfte nicht etwa entgegen, daß die weiterverkauften Sachen von der Gemeinschuldnerin erst durch die Ankaufsgeschäfte erworben worden waren und deren Nichterfüllung die Verkäuferin berechtigt hätte, die Rückgabe der noch nicht endgültig in das Eigentum der Gemeinschuldnerin übergegangenen Sachen von dieser zu verlangen. Denn da sich die Wagen bei Eröffnung des Konkurses nicht mehr im unmittelbaren oder auch nur mittelbaren Besitze der Gemeinschuldnerin befanden, so wurde durch die etwaigen Rückgabeansprüche der Verkäuferin gegen die Gemeinschuldnerin die fernere Erfüllung der von dieser getätigten Weiterverkäufe in keiner Weise behindert. Der Vergleich zwischen der durch die angefochtenen Abtretungen geschaffenen und der ohne sie auf Grund des § 17 KO. bestehenden Lage der Masse hätte daher das Berufungsgericht nur dann zur Verneinung einer objektiven Benachteiligung führen dürfen, wenn sich eine solche auch bei Berücksichtigung der Möglichkeit verschiedenartiger Ausübung des Wahlrechts für das Ankaufs- und das Weiterverkaufsgeschäft nicht hätte feststellen lassen.

Auch aus § 46 KO. versucht das Berufungsgericht herzuleiten, daß ohne die Abtretungen die Lage der Gläubiger nicht günstiger gewesen wäre, als sie sich infolge dieser Geschäfte gestaltet hat. Es meint, in jenem Falle hätte der Beklagten ein Ersatzaussonderungsrecht am Weiterverkaufserlöse zugestanden, weil ihr Eigentumsvorbehalt mit dem Weiterverkaufe nicht erloschen, sondern nur inhaltlich verändert, nämlich von der Zahlung durch die Abkäufer abhängig gemacht worden sei, während das Reichsgericht in seiner Entscheidung RGZ. Bd. 115 S. 262 dem Vorbehaltsverkäufer das Ersatzaussonderungsrecht am Erlöse der von seinem Abnehmer weiterverkauften Sache nur deshalb versagt habe, weil er sich das Eigentum nur bis zum Weiterverkaufe vorbehalten hatte. Indessen fußt dieses Urteil des erkennenden — damals als der VI. bezeichneten — Zivilsenats in der Hauptsache auf der Erwägung, daß § 46 ein Ersatzaussonderungsrecht nur für den Fall einer unrechtmäßigen Veräußerung gewähren und Aussonderungsansprüche nicht schaffen, sondern lediglich verstärken wolle. Diese Auslegung schränkt die Tragweite der Vorschrift allerdings in einer Weise ein, zu der ihr Wortlaut keinen Anhalt bietet; sie findet aber eine Grundlage darin, daß die Vorschrift ausweislich der Motive (Hahn Materialien zur Konkursordnung S. 182 bis 184) nur die Unbilligkeit verhüten sollte, die sich bei einer unrechtmäßigen Veräußerung einer dem Gemeinschuldner nicht gehörenden Sache aus der Einziehung des Erlöses zur Masse für den Eigentümer ergeben würde. Zudem stellt das Ersatzaussonderungsrecht eine Ausnahme von dem Grundsatz des § 43 KO. dar, daß Aussonderungsansprüche nur nach Maßgabe der außerhalb des Konkursverfahrens geltenden Gesetze anerkannt werden; auch dieser Umstand spricht für eine enge Auslegung des § 46 KO. Im Schrifttum wird die hier vertretene Auffassung teils allgemein, teils wenigstens in der Beschränkung gebilligt, daß das Ersatzaussonderungsrecht entfalle, wenn der Eigentümer auf sein Aussonderungsrecht an der Kaufsache verzichtet hatte (Mentzel a. a. O. Anm. 3b zu § 46; Jaeger a. a. O. Anm. 2 zu § 46). Geht man aber von dieser Auslegung der Vorschrift aus, so kann es keinen Unterschied machen, ob der Weiterverkauf, wie in dem in RGZ. Bd. 115 S. 262 behandelten Falle, dem Vorbehaltskäufer schlechthin oder ob er ihm, wie im vorliegenden Falle, nur unter der — tatsächlich eingetretenen — Bedingung der Auferlegung weiteren Eigentumsvorbehalts zugunsten des Erstverkäufers und dessen Verkaufsgenehmigung gestattet war. Unter dieser letzteren Voraussetzung ist der Weiterverkauf ebenso rechtmäßig wie unter der ersteren, und es ist auch ein Verzicht auf das Aussonderungsrecht an der Kaufsache im Konkurse des Erstkäufers, sofern man hierauf abstellen will, in gleicher Weise anzunehmen.

Die Beklagte hat versucht, das Berufungsurteil mit der Begründung zu halten, daß die Gemeinschuldnerin als ihre Treuhänderin bezüglich der Wagen anzusehen und daß sie als solche verpflichtet gewesen sei, die Kaufpreisforderungen auf den Namen der Beklagten zu stellen, oder daß sie diese sogar, wenigstens wirtschaftlich, unmittelbar für die Beklagte erworben habe. In der Tat hat der V. Zivilsenat des Reichsgerichts in RGZ. Bd. 45 S. 80 die Aussonderung von Grundstücken für zulässig erklärt, die dem Gemeinschuldner nur behufs Erleichterung von Verfügungen bei einer Erbauseinandersetzung zwischen den Aussonderungsklägern aufgelassen worden waren. Ein wirtschaftliches Eigentum des Treugebers, wie es in diesem Falle angenommen wurde, kann aber an einer Forderung des Treuhänders, die der Regel nach den dem Treugeber zukommenden Betrag übersteigt, nicht ohne weiteres als von den Parteien gewollt gelten. Die Vertragsbestimmung, daß die Gemeinschuldnerin beim Weiterverkauf das Eigentum der Verkäuferin an den Wagen vorzubehalten hatte, spricht ebenfalls nicht für die Annahme, daß der letzteren außerdem auch die Kaufpreisforderungen zustehen sollten. Der Genehmigungsvorbehalt gab der Beklagten die Möglichkeit, den Weiterverkauf in jedem einzelnen Falle nur dann zu gestatten, wenn ihr die Gemeinschuldnerin die Forderungen an ihre Abkäufer in Höhe der Restansprüche der Beklagten abtrat. Um so weniger bedurfte es einer Vorausabtretung der künftigen Forderungen gegen die Abkäufer beim Verkauf an die Gemeinschuldnerin. Ein Treuhandverhältnis der behaupteten Art könnte daher nur angenommen werden, wenn dafür bei erneuter Verhandlung entscheidende Anzeichen festgestellt würden.

Das Berufungsurteil muß hiernach aufgehoben und die Sache an das Berufungsgericht zurückverwiesen werden, das außer den von ihm zurückgestellten Fragen aus den §§ 30, 31 KO. auch die eines etwaigen Treuhandverhältnisses zu klären haben wird.

9. 1. Welches ist die anfechtbare Rechtshandlung, durch die etwas aus dem Vermögen des späteren Gemeinschuldners weggegeben worden ist, wenn dieser ausstehende Forderungen in anfechtbarer Weise abgetreten, sie demnächst aber im Auftrage des neuen Gläubigers eingezogen und die empfangenen Beträge an den letzteren abgeliefert hat?

2. Wie ist zu entscheiden, wenn sodann nach Eröffnung des Konkursverfahrens der Konkursverwalter selbst noch auf Grund des Auftragsverhältnisses tätig geworden ist, indem er abgetretene Forderungen einzog und empfangene Beträge an den neuen Gläubiger abführte?

Konkursordnung § 37.

VII. Zivilsenat. Urt. v. 5. Juni 1931 i. S. Dr. M. als Verwalters im Konkurse über das Vermögen des Kaufmanns O. (Kl.) w. Th. St.-Bank (Bekl.). VII 414/30.

I. Landgericht Weimar.
II. Oberlandesgericht Jena.

Der Kaufmann O. betrieb eine Kunstmühle und ein Elektrizitätswerk in H., außerdem noch eine Brotfabrik in P. Die verklagte Bank hatte ihm Darlehen gewährt. Deren Summe belief sich Ende September 1925 auf mehr als 50000 RM., während die von O. der Beklagten bestellte Sicherungshypothek nur auf 30000 RM. lautete. Am 2. Oktober 1925 schloß O. mit dem Bankamtmann P., der die Zweigstelle der Beklagten in H. verwaltete, einen Vertrag ab, nach dessen § 2 O. alle Einkünfte des Elektrizitätswerks vom 1. Oktober 1925 ab zur Sicherung für seine Schulden an die Beklagte abtrat. Im § 3 hieß es, daß die Einkünfte jedes Monats spätestens bis zum 8. des folgenden Monats bei der Beklagten eingezahlt werden sollten; diese sollte dann im Winterhalbjahr die 3000 RM. und im Sommerhalbjahr die 1500 RM. monatlich überschießenden Beträge an das Elektrizitätswerk zur freien Verfügung zurückgeben. Nach § 3a endlich sollte O. seine Schuld in Monatsraten von 3000 RM. im Winter und 1500 RM. im Sommer tilgen. Am 12. Dezember 1925 wurde über das Vermögen des O. das Konkursverfahren eröffnet und der Kläger zum Verwalter bestellt.

In einem Vorprozeß hat der Kläger den Vertrag vom 2. Oktober 1925 angefochten. Seinem Antrag entsprechend hat das Landgericht Weimar dahin erkannt, daß der Vertrag den Konkursgläubigern gegenüber unwirksam sei. Das Oberlandesgericht Jena hat die Berufung der Beklagten durch ein rechtskräftig gewordenes Urteil zurückgewiesen. Beide Urteile sehen den Tatbestand des § 30 Nr. 2 KO. als gegeben an.

Im gegenwärtigen Rechtsstreit verlangt der Kläger die Zurückzahlung der Beträge, welche auf Grund des Vertrages vom 2. Oktober 1925 an die Beklagte gelangt sind. Es sind das vor der Konkurseröffnung 6402,61 RM. und nachher noch 7426,90 RM., insgesamt 13829,51 RM. gewesen. Nach dem 10. Februar 1926 ist kein Geld mehr an die Beklagte abgeführt worden. An Zinsen verlangt der Kläger 9 v. H. seit den jeweiligen Zahlungstagen. Das Landgericht hat der Klage in vollem Umfang entsprochen. Das Oberlandesgericht hat nur 6402,61 RM. nebst 9 v. H. Zinsen seit dem 2. Oktober 1929 (Klagezustellung) zuerkannt, im übrigen aber die Klage abgewiesen. Die Revision des Klägers hatte Erfolg; die Anschließung der Beklagten wurde zurückgewiesen.

Aus den Gründen:

I. Die Anschlußrevision ist unbegründet.

Sie will dem im Vorprozeß ergangenen Urteil jede rechtliche Wirkung schon deshalb versagen, weil die Anfechtungsklage verspätet erhoben gewesen sei. Ob das zutrifft, kann unerörtert bleiben. Das Urteil ist rechtskräftig geworden, und es kann deshalb jetzt nicht mehr geprüft werden, ob bei seinem Erlaß ein Rechtsirrtum obgewaltet hat oder nicht. Die Anschließung meint aber auch, daß die im Urteil des Vorprozesses getroffene Feststellung rein abstrakt sei, da sie weder erkennen lasse, was aus dem Vermögen des Gemeinschuldners veräußert, weggegeben oder aufgegeben gewesen sei, noch die Frage der Rückgewährpflicht irgendwie entscheide. Es müsse jetzt für jede einzelne Zahlung nachgeprüft werden, ob sie unter den Anfechtungstatbestand falle. Dieser letzteren Ausführung liegt der Irrtum zugrunde, als ob es sich um ein schuldrechtliches Grundgeschäft und mehrere einzelne dingliche Erfüllungsgeschäfte gehandelt hätte. Das ist aber nicht der Fall. Im § 2 des Vertrags hat sich der Gemeinschuldner nicht verpflichtet, gewisse Forderungen an seine Schuldner der Beklagten abzutreten, er hat sich auch nicht verbindlich gemacht, gewisse Gelder, welche seine Schuldner an ihn als Gläubiger zahlen würden, an die Beklagte abzuführen; er hat vielmehr alle Forderungen, die ihm im Betriebe des Elektrizitätswerks vom 1. Oktober 1925 ab seinen Abnehmern gegenüber entstehen würden, an die Beklagte abgetreten. Hierin liegt bereits das dingliche Rechtsgeschäft, durch das etwas aus dem Vermögen des späteren Gemeinschuldners weggegeben wurde. Diese Abtretung ist das Rechtsgeschäft, das angefochten werden konnte und mußte und auch angefochten worden ist. Unerheblich ist dabei die Art, in welcher die abgetretenen Beträge schließlich an die Beklagte gelangten. § 3 des Vertrags läßt deutlich erkennen, daß die Abtretung den einzelnen Abnehmern des Werks nicht mitgeteilt werden, daß mithin die Beklagte mit ihnen nicht in unmittelbare Verbindung treten sollte. Der Gemeinschuldner sollte nach wie vor die Gelder von den Schuldnern einziehen, aber nur noch als Beauftragter der Beklagten und mit der Wirkung, daß die Gelder sofort bei ihrem Eingang in das Eigentum der Beklagten fielen. Dieser waren die ihr gehörigen Gelder binnen gewisser Frist auszuhändigen, und nur die Überschüsse über bestimmt begrenzte Summen hatte sie dann in das Eigentum des Gemeinschuldners zurückzuübertragen. So wurde nach den dem Berufungsurteil zugrunde liegenden Annahmen der Geschäftsverkehr mit den Abnehmern des Werks und mit der Beklagten offenbar auch gehandhabt. Durch die Zahlungen des Gemeinschuldners seit dem Oktober 1925 wurde also nichts aus seinem Vermögen weggegeben, sondern die Beklagte empfing nur Geld, das ihr bereits gehörte. Die anfechtbare Rechtshandlung ist deshalb allein die Abtretung. Das würde in vollster Reinheit hervortreten, wenn ein Abnehmer des Werks unmittelbar an die Beklagte gezahlt hätte. Dies ist wohl nicht vorgekommen, die Anschließung hält es aber immerhin für möglich. In einem solchen Falle wäre die „Zahlung" nicht einmal eine Rechtshandlung des Gemeinschuldners.

Welche Wirkungen dem im Vorprozeß ergangenen Urteil zukommen, ergibt sich aus dem Wesen des Anfechtungsanspruchs. Er entsteht nach der feststehenden Rechtsprechung des Reichsgerichts (RGZ. Bd. 44 S. 93, Bd. 58 S. 47, Bd. 77 S. 69) nicht erst als Folge einer vorangegangenen einseitigen Anfechtungserklärung, sondern schon dann, wenn sich einer der gesetzlichen Anfechtungstatbestände verwirklicht hat. Dies ist der Anspruch, dessen Geltendmachung im § 41 Abs. 1 Satz 1 KO. an die Wahrung einer Ausschlußfrist von einem Jahre seit der

Eröffnung des Konkursverfahrens geknüpft ist. Wie jeder andere Anspruch kann er im Wege der Leistungsklage oder auch, wenn die gesetzlichen Voraussetzungen gegeben sind, im Wege der Feststellungsklage verfolgt werden. Daß gemäß § 9 AnfG. für die Anfechtung von Rechtshandlungen außerhalb des Konkursverfahrens die Feststellungsklage nicht zugelassen ist, kommt hier nicht in Betracht. Tatsächlich wurde die Klage im Vorprozeß als Feststellungsklage erhoben, und zwar war sie in wörtlicher Anlehnung an § 29 KO. dahin gerichtet, den Vertrag vom 2. Oktober 1925 den Konkursgläubigern gegenüber für unwirksam zu erklären. Diese Klage haben die Gerichte im Vorprozeß zugelassen und sie haben ihr auch stattgegeben. Bei der Rechtskraft dieser Entscheidungen dürfen ihre Gründe nicht mehr nachgeprüft werden. Was damals von den Gerichten ausgesprochen wurde, steht jetzt unter den Parteien fest. Die Abtretung vom 2. Oktober 1925 als das einzige Rechtsgeschäft des Vertrags von demselben Tage, durch welches etwas aus dem Vermögen des Gemeinschuldners weggegeben worden ist, hat keine Rechtswirksamkeit gegenüber den Konkursgläubigern. Daraus folgt nach § 37 KO. ohne weiteres, daß alles, was durch die anfechtbare Handlung aus dem Vermögen des Gemeinschuldners weggegeben ist, zur Konkursmasse zurückgewährt werden muß. Eigentlich müßte also die Beklagte die ihr abgetretenen Forderungen an den Kläger zurückabtreten. Da das aber nicht mehr möglich ist, weil die Beklagte die jetzt im Streit befindlichen Beträge bereits eingezogen hat, so steht dem Kläger ein Anspruch auf Ersatz der weggegebenen Forderungen in Geld zu. Die Beklagte hat also keinen Anlaß zur Beschwerde, wenn das Berufungsgericht sie verurteilt hat, an den Kläger die Beträge zurückzuzahlen, welche der Gemeinschuldner selbst vor der Konkurseröffnung für die Beklagte eingezogen und an sie abgeführt hat. Damit fällt die Anschließung.

II. Die Revision dagegen ist begründet.

Der Berufungsrichter lehnt es ab, dem Kläger einen Anfechtungsanspruch wegen der Summen zuzubilligen, die erst während des schwebenden Konkurses an die Beklagte abgeführt worden sind; erst mit dieser Abführung sei etwas aus dem Vermögen des Gemeinschuldners weggegeben worden, insoweit handle es sich daher um keine Rechtshandlung des Gemeinschuldners. Das ist nach dem bereits oben Ausgeführten nicht richtig. Mit der Ablieferung der für die Beklagte eingezogenen Gelder wurde nichts aus dem Vermögen des

Gemeinschuldners weggegeben; das war schon mit der Abtretung geschehen und diese war eine Rechtshandlung des Gemeinschuldners. Dies ist nicht, wie der Berufungsrichter meint, „zu formell" gedacht, sondern es ergibt sich zwingend aus der rechtlichen Beurteilung des Sachverhalts. Der Berufungsrichter bleibt auch nicht folgerichtig, denn in seinen weiteren Darlegungen sieht er die anfechtbare Handlung doch in der Abtretung und meint, durch dieses dingliche Rechtsgeschäft sei eine schuldrechtliche Verpflichtung begründet worden. Dabei ist nicht beachtet, daß der klagende Konkursverwalter auf Grund eines Auftragsverhältnisses tätig geworden ist und daß er nur solche Gelder abgeliefert hat, die bereits im Eigentum der Beklagten standen. Alles, was das Berufungsgericht zum § 41 Abs. 2 KO. und zu den §§ 813, 814 BGB. ausgeführt hat, kann also auf sich beruhen.

Mit Recht weist aber auch die Revision darauf hin, daß mit der Rechtskraft des im Vorprozeß ergangenen Urteils die hier behandelte Frage schon entschieden ist. Es ist festgestellt, daß der Vertrag vom 2. Oktober 1925 den Konkursgläubigern gegenüber unwirksam ist, und zwar der ganze Vertrag, auch soweit er die Abtretung der Forderungen betrifft, deren Beträge erst nach der Konkurseröffnung an die Beklagte abgeführt worden sind. Wenn die Beklagte insoweit Bedenken anregen wollte, so mußte sie das schon im Vorprozeß tun, denn die Tatsachen, auf welche sie sich dabei stützen will, liegen bereits vor der früheren Klagerhebung.

Danach muß es bei der vom Landgericht ausgesprochenen Verurteilung der Beklagten zur Zahlung von weiteren 7426,90 RM. nebst 9 v. H. Zinsen seit dem 2. Oktober 1929 verbleiben. Insoweit ist die Sache gemäß § 565 Abs. 3 Nr. 1 ZPO. zur Endentscheidung reif.

III. Bei der Revision handelt es sich ferner noch um die Zinsen von der Gesamtforderung von 13829,51 RM. für die Zeit von den einzelnen Zahlungstagen bis zum 1. Oktober 1929 einschließlich. (Es wird ausgeführt, daß dieser Anspruch möglicherweise begründet sei, daß aber insoweit noch weitere Aufklärung durch das Berufungsgericht notwendig sei.)

10. Über vertragliche Preisbindungen der zweiten Hand, ihre Voraussetzungen und Wirkungen, sowie über die Frage der Sittenwidrigkeit solcher Bindungen.

Kartellverordnung §§ 1, 3. BGB. § 138.

II. Zivilsenat. Urt. v. 22. Mai 1931 i. S. B. & G. GmbH. (Bekl.) w. Reichsverband des Kraftfahrzeughandels und -gewerbes e. V. (Kl.). II 402/30.

I. Landgericht I Berlin, Kammer für Handelssachen.
II. Kammergericht daselbst.

Die verklagte Firma handelt mit Kraftwagenzubehör. Sie hat in ihrem Geschäftsbetrieb von der C. C. Compagnie GmbH. in H. von dieser hergestellte „Continental" Kraftwagen-Luftreifen käuflich geliefert erhalten. Die C. C. Compagnie hat im Dezember 1929 mit einer großen Anzahl anderer Fabriken, die sich mit der Herstellung von Kraftwagenreifen befassen, vertragliche Vereinbarungen zur „Regelung des Kraftwagenreifengeschäfts für 1930" getroffen und zwar, wie es unter § 1 des sog. Reifenvertrags heißt, zu dem Zweck, „den Handel mit Kraftwagenreifen in wirtschaftlich gesunden Bahnen zu erhalten". Die Vereinbarungen sollten vom 1. Januar bis 31. Dezember 1930 gelten. Sie traten an die Stelle des sog. Kraftwagenreifenvertrags von 1929, der bis 31. Dezember 1929 galt und zwischen den sog. Vertragsfabriken einerseits, dem klagenden Verbande und der Vereinigung Deutscher Gummireifen-Händler und -Reparateure e. V. in B. anderseits abgeschlossen worden war. Die Abmachungen für 1930, an denen mehr als 20 Reifenfabriken beteiligt waren, bestimmen u. a., daß als Wiederverkäufer ab 1. Januar 1930 nur solche Personen und Firmen anzusehen seien, die auf Grund einer Prüfung bereits in die Wiederverkäuferliste aufgenommen seien oder noch auf Grund eines sog. Anerkennungsverfahrens aufgenommen würden, daß ferner Kraftwagenreifen zu Wiederverkaufspreisen und Wiederverkaufsbedingungen (wie sie in zwei Anlagen als „einheitliche und bindende" niedergelegt sind) nur an Personen und Firmen geliefert werden dürften, die zu den im Vertrag genannten gehören. Es folgen dann Bestimmungen über das Verbot von Sondervergünstigungen, über Zahlungsbedingungen für Wiederverkäufer und sog.

Großverbraucher, über die Erledigung von Ersatzansprüchen, über sog. Sonderverkäufe und über „einheitliche Wiederverkaufsbestimmungen". Bezüglich der letzteren heißt es, daß sich die Vertragsfabriken verpflichteten, einheitliche Wiederverkaufsbestimmungen, wie sie die einen Bestandteil des Vertrags bildende Anlage enthalte, für die Wiederverkäufer ihrer Kraftwagenreifen festzulegen. In den Bedingungen für Wiederverkäufer ist zunächst hervorgehoben, daß jede Vertragsfabrik in der Festsetzung der Preise ihrer Verkaufspreislisten (sog. Bruttolistenpreise) frei sei; festgelegt sind aber wieder u. a. die Rabattsätze der Wiederverkäufer. Die Belieferung der Verbraucher ist den Wiederverkäufern vorbehalten mit Ausnahme der Großverbraucher, die von den Fabriken selbst unmittelbar und zwar mit Rabatten zwischen 5 und 30% beliefert werden dürfen. Im Gegensatz zum Kraftwagenreifenvertrag von 1929 enthält der Vertrag von 1930 nichts über einen Preisschutz. Nach der die Regelung des Kraftwagenreifen-Geschäfts für 1930 betreffenden Nr. 8 der „Schriftenreihe" des Klägers wäre dies absichtlich geschehen und sollte es jeder einzelnen Verbandsfabrik freistehen, ob sie Preisunterbietungen mit ihren Erzeugnissen dulden wollte oder nicht, und welche Maßnahmen sie gegebenenfalls gegen Preisunterbietungen ergreifen wollte. Dem „Reifenvertrag für 1930" sind als Anlagen und Vertragsbestandteile angehängt: die „Wiederverkaufsbestimmungen" und „einheitliche und bindende Lieferungs- und Zahlungsbedingungen sowie Mängelhaftung". Die C. C. Compagnie hat für ihre Reifen den „Preisschutz" eingeführt. Sie hat Preislisten mit den fraglichen Preisbestimmungen, Verkaufspreisen und Lieferungsbedingungen Ende Dezember 1929 an ihre Abnehmer versandt, darunter auch die Beklagte; diese hat die Preislisten entgegengenommen und daraufhin Reifen von der C. C. Compagnie bezogen. Sie hat weiter den Verpflichtungsschein (Revers) der C. C. Compagnie über deren Preisschutz am 31. Januar 1930 unterschrieben und der Compagnie übersandt. Der Schein enthält die Verpflichtung, beim Verkauf von Reifen der C. C. Compagnie die von dieser festgesetzten Verkaufspreise streng einzuhalten, sie weder direkt, noch indirekt zu unterschreiten, bei Veräußerung an Wiederverkäufer den letzteren dieselbe Pflicht aufzuerlegen und als Wiederverkäufer nur solche Personen und Vereinigungen zu behandeln, deren Eigenschaft als „Branchehändler" der C. C. Compagnie mit Sicherheit bekannt sei.

Im Fall eines Verstoßes gegen den Preisschutz sollte die C. C. Compagnie berechtigt sein, die weitere Lieferung von Reifen zu verweigern und von getätigten Abschlüssen zurückzutreten. Sodann folgen nachstehende weitere Klauseln:

Bei einem Verstoß .... verfallen wir ferner in eine Vertragsstrafe von 50% des für die vertragswidrig gelieferte Ware vorgeschriebenen Verkaufspreises, mindestens in Höhe von 500 RM., deren Angemessenheit anerkannt und auf deren richterliche Herabsetzung verzichtet wird. Alle über diesen Anspruch auf Vertragsstrafe hinausgehenden Ansprüche Ihrerseits, insbesondere auf Unterlassung, bleiben durch die Zahlung der Vertragsstrafe unberührt ... Der Inhalt dieser Urkunde wird mit unmittelbarer Rechtswirkung gemäß § 328 BGB. zugunsten des Reichsverbandes des Kraftfahrzeughandels und -gewerbes e. V. Berlin — des Klägers — übernommen.

In der Folge hat die Beklagte unter dem 13. Februar 1930 an Kunden folgendes Rundschreiben versandt:

Vertrauliche Preise!

Auch in diesem Jahr möchten wir Ihnen im Vertrauen auf Ihre Verschwiegenheit ein Vorzugsangebot in Autobereifung unterbreiten ... Autobereifung in- und ausländischer Fabrikate, nur fabrikfrische Ware erster Wahl ..... zu den Originalfabrikpreisen abzüglich 20% Rabatt und 2% Kassaskonto.

Nach der Behauptung des Klägers hat die Beklagte ferner im Februar und März 1930 Preisschutzware der C. C. Compagnie unter dem Listenpreis verkauft. Gestützt hierauf sowie auf den Verpflichtungsschein, den Preislistenvermerk und den Inhalt des Preisschutz-Rundschreibens der C. C. Compagnie vom 31. Dezember 1929 hat der Kläger Verurteilung der Beklagten dahin beantragt: sie habe 1. zu unterlassen, die Kraftwagenluftreifen der C. C. Compagnie unter den von ihr festgesetzten Kleinverkaufspreisen (Bruttolistenpreisen) zu verkaufen, anzubieten und feilzuhalten; 2. an den Kläger eine Vertragsstrafe von 500 RM. nebst Zinsen zu zahlen.

Die Beklagte begehrt widerklagend Feststellung: daß dem Kläger auf Grund der von den Parteien des Kraftwagenreifenvertrags für

1930 den Abnehmern auferlegten Lieferungs-, Zahlungs- und Preisschutzbestimmungen und aus der Unterzeichnung des Reverses vom 31. Januar 1930 durch die Beklagte keinerlei Rechte irgendwelcher Art gegen sie zustehen. Sie bestreitet insbesondere die Sachberechtigung des Klägers, hält die Preisschutz-, Zahlungs- und Lieferungsbedingungen wegen sittenwidriger Knebelung, wucherischer Ausbeutung unter mißbräuchlicher Ausnützung der wirtschaftlichen Machtstellung der Reifenfabriken für nichtig und macht geltend, dem Unterlassungsanspruch fehle es überhaupt an der nötigen Grundlage, denn sie — Beklagte — habe nicht gegen die Preisschutzklauseln verstoßen.

Das Landgericht hat die Klage abgewiesen und der Widerklage stattgegeben; das Kammergericht hat umgekehrt erkannt. Die Revision der Beklagten blieb erfolglos.

Aus den Gründen:

1. Das Kammergericht hat vorab geprüft, ob die Ansprüche des Klägers auf Vertrag gestützt werden können. Es bejaht diese Frage, indem es einmal den Verpflichtungsschein vom 31. Januar 1930, sodann die widerspruchslose Entgegennahme des Rundschreibens der C. C. Compagnie vom 31. Dezember 1929 und der Preisliste Nr. 15 vom 2. Januar 1930 — und zwar die beiden letzteren Tatumstände je im Zusammenhalt mit nachfolgendem Warenbezug bei der C. C. Compagnie — als selbständige vertragliche Verpflichtungsgründe gelten lassen will.

Demgegenüber meint die Revision, durch die widerspruchslose Entgegennahme gedruckter allgemeiner Lieferungs- oder Wiederverkaufsbestimmungen, sei es mit oder ohne Bestellung, komme noch keine Vereinbarung in dem Sinne zustande, daß der Besteller und Empfänger die ihm mitgeteilten Bedingungen vertraglich anerkenne; die gegenteilige Ansicht des Berufungsgerichts sei rechtsirrig. Nun ist aber anerkannten Rechtens, daß, wenn ein Kaufmann einem anderen seine Geschäftsbedingungen unter dem Hinweis darauf mitteilt, daß sie für künftige Geschäfte maßgeblich sein sollen, und wenn dann der andere Teil, ohne Widerspruch dagegen zu erheben, mit ihm solche Abschlüsse tätigt, die mitgeteilten Geschäftsbedingungen mangels anderweitiger Vereinbarung stillschweigend Bestandteil der einzelnen Verträge geworden sind. Im übrigen kommt es hier darauf gar nicht an. Denn auf alle Fälle hätte sich die Beklagte durch den Verpflichtungsschein vom 31. Januar 1930 vertraglich auf die Preisschutzbestimmungen verpflichtet, falls diese Bindung nicht etwa aus anderen Rechtsgründen entfiele. Gewiß würde eine einseitige Verpflichtungserklärung der Beklagten zur Herbeiführung einer solchen Bindung nicht ausreichen. Es bedarf hierzu vielmehr regelmäßig der Vertragsform, weil es sich um die Begründung schuldrechtlicher Verpflichtungen handelt. Die Vertragsform ist aber gewahrt. Es liegt ein sog. Revers-Vertrag vor, wie er gerade bei preisgebundenen Waren vielfach üblich ist (vgl. hierüber R. Isay in Kartellr.Rdsch. 1927 S. 102flg.; Blum ebenda S. 383flg.). Die C. C. Compagnie hat unbestrittenermaßen die Übernahme der Revers-Verpflichtungen durch Unterzeichnung eines Vordrucks von der Beklagten gefordert, und diese ist durch Übersendung des von ihr unterschriftlich vollzogenen Scheins dem nachgekommen. Durch Antrag und Annahme ist so der Revers-Vertrag abgeschlossen worden.

2. Die Revision rügt weiter, das Kammergericht halte die auf die Kartellverordnung gestützten Einwendungen der Beklagten zu Unrecht für unbegründet. Soweit sie in diesem Zusammenhang unter Bezugnahme auf § 9 KartVo. ausführt, Sperren und ähnliche Maßnahmen auf Grund von Verträgen oder Beschlüssen der in § 1 KartVo. bezeichneten Art dürften nur mit zuvoriger Genehmigung des Vorsitzenden des Kartellgerichts verhängt werden, ist dem entgegenzuhalten, daß es sich hier nur um den Anspruch auf Unterlassung der Preisunterbietung und um einen Vertragsstrafeanspruch handelt. Weder für den einen noch für den anderen dieser Ansprüche treffen die Voraussetzungen des § 9 KartVo. zu; dies gilt insbesondere auch für den Vertragsstrafeanspruch (RGZ. Bd. 122 S. 260). . . .

Es ist sodann verfehlt, wenn die Revision in Ansehung der Preisschutzbestimmungen des Reverses, auf den die Klage in erster Linie gestützt wird, Verletzung des § 3 KartVo. rügt und daraus die Nichtigkeit der Reversabrede herleiten will.

Gewiß stellt der sog. Kraftwagenreifenvertrag für 1930 einen Kartellvertrag im Sinne des § 1 KartVo. dar, weil er Verpflichtungen über die Handhabung des Absatzes, über die Anwendung von Geschäftsbedingungen usw. enthält. Das bestreitet auch der Kläger nicht. Wohl aber wendet er sich dagegen, daß der Preisschutz selbst Gegenstand der Kartellbindung sei. Der Berufungsrichter hat diese

Frage geprüft und verneint. Er hat das Nichtbestehen kartellmäßiger Abreden insoweit insbesondere aus der unwidersprochen gebliebenen Behauptung des Klägers gefolgert, daß von den am Kartellvertrag beteiligten 26 Unternehmern nicht weniger als acht überhaupt keinen Preisschutz eingeführt hätten. Diese Erwägung liegt auf rein tatsächlichem Gebiet. Sehr wohl konnte aus diesem Verhalten eines erheblichen Teils der Kartellmitglieder geschlossen werden, daß der Preisschutz allen Ernstes nicht in den schriftlichen Kartellvertrag einbezogen worden ist, und zwar eben deshalb nicht, weil insoweit dem einzelnen Kartellteilnehmer völlig freie Hand gelassen wurde, der Preisschutz also in der Tat nicht von den Kartellbindungen ergriffen werden sollte. Dazu kommt, daß der Kraftwagenreifenvertrag ausdrücklich bestimmt, in der Festsetzung der Preise der Verkaufspreislisten solle jede Vertragsfabrik frei sein. Was die Revision dagegen vorbringt, ist lediglich tatsächlicher Art. Mit der Frage der Anwendbarkeit des § 3 KartVo. nicht zu verwechseln ist die weitere Frage, ob solche Revers-Bindungen, wie sie die C. C. Compagnie ihren Abnehmern auferlegt, an und für sich schon unter § 1 das. fallen, sei es, daß die Vereinbarung zwischen der C. C. Compagnie als Unternehmerin und dem einzelnen Abnehmer über die Preisbindung und den Preisschutz oder die Gesamtheit der von ihr mit ihren Abnehmern geschlossenen Verträge als Kartellvertrag oder kartellähnliche Abrede i. S. des § 1 a. a. O. anzusehen ist. Beides ist indessen zu verneinen, jedenfalls für den Rechtszustand, wie er zur Zeit der Erlassung des angegriffenen Urteils vorlag (Isay-Tschierschky Anm. 8 zu § 1 KartVo.; Isay in Kartellr.Rdsch. 1927 S. 106; Blum ebenda S. 387 und Kartellr.Rdsch. 1931 S. 245flg. [249], vgl. auch über die unter § 1 KartVo. fallenden Vereinbarungen RGZ. Bd. 114 S. 262. Jetzt: § 1 Abs. 3 der Verordnung des Reichspräsidenten zur Behebung finanzieller Notstände vom 26. Juli 1930 [RGBl. I S. 328] und hierzu einerseits Wolff Kartellnotverordnung S. 25flg., anderseits Blum Kartellr.Rdsch. 1931 S. 249flg.).

3. Unbegründet ist aber auch die fernere Rüge, daß der Vorderrichter die Sittenwidrigkeit der Vertragsabreden zu Unrecht verneint habe.

Aus dem Umstand, daß die am Abschluß des Kraftwagenreifenvertrags beteiligten Fabriken zu einem nicht unwesentlichen Teil den Preisschutz nicht eingeführt, jedoch die sonstigen für den Geschäftsverkehr mit den Abnehmern dort festgelegten Bestimmungen übernommen haben, folgert das Berufungsgericht, daß die Preisschutzbestimmungen selbst trotz des „wirtschaftlichen" Zusammenhangs mit den übrigen Geschäftsbedingungen keineswegs eine „rechtliche Einheit" mit diesen bildeten, sondern an sich auch dann, wenn die sonstigen Geschäftsbedingungen aus irgendwelchen Gründen sittenwidrig wären, für sich allein Rechtsbestand haben könnten und auch hätten, und daß demnach den Klaganspruchen, die sich vorab auf die Preisschutzabrede stützten, durch eine etwaige Nichtigkeit der übrigen Geschäftsbedingungen der Rechtsboden noch nicht entzogen wäre. Dagegen macht die Revision geltend: Preisschutz und Revers seien nicht als selbständige Verträge, sondern in rechtlicher Hinsicht nur in Verbindung mit dem Kartellvertrag zu würdigen, weil sie nur in diesem ihre wirtschaftliche und rechtliche Grundlage hätten. Dies folge schon aus dem viertletzten Absatz der übereinstimmenden Lieferungsbedingungen, worin es heiße: „Wir haben ferner das Recht, eine Weiterbelieferung mit Kraftwagenreifen von der Unterzeichnung eines Reverses abhängig zu machen, der den Wiederverkäufer durch diese ihm ohnehin obliegende Verpflichtung erneut festlegt." Durch diese „authentische" Erklärung der Vertragsfabriken sei der Zusammenhang des Preisschutzes mit dem Kartellvertrag ausdrücklich zugegeben; ein wesentlicher Bestandteil des letzteren seien aber die als Anlage dem Kartellvertrag beigefügten und in seinem § 9 ausdrücklich in Bezug genommenen Wiederverkaufsbestimmungen. Seien letztere ungültig, so gelte ein gleiches auch für die Bestimmungen über den Preisschutz, weil diese wiederum einen wesentlichen Teil der vereinbarten Wiederverkaufsbestimmungen bildeten. Dieselbe Rechtsfolge ergebe sich sinngemäß aus § 139 BGB., wonach die Nichtigkeit eines Teils eines Rechtsgeschäfts die Nichtigkeit des ganzen Geschäfts nach sich ziehe. Nach Lage der Sache könne nicht angenommen werden, daß die vertragschließenden Teile die Preisschutzvereinbarungen ohne die Wiederverkaufsbestimmungen oder ohne den Kartellvertrag getroffen hätten.

Gegenüber diesem Vorbringen der Revision ist zunächst darauf hinzuweisen, daß die von ihr mitgeteilte Klausel weder im Kraftwagenreifenvertrag selbst noch in dessen Anlagen steht; beide enthalten von einem Preisschutz und von einer Revers-Verpflichtung dazu gar nichts. Insoweit ist auf das oben in Nr. 2 Gesagte zu verweisen. Die Klausel, welche die Revision im Auge hat, findet sich vielmehr im Rundschreiben der C. C. Compagnie vom 31. Dezember 1929, das sich aber nur mit dem Preisschutz befaßt, und in den Preisschutzbestimmungen der C. C. Compagnie selbst (vgl. die Preisliste Nr. 15 vom 2. Januar 1930). Dort sind aber gerade die „autonomen" Preisschutzbestimmungen unter der Überschrift „Preisschutz für Continental Kraftwagenreifen" den vorher mitgeteilten „einheitlichen und bindenden Lieferungs- und Zahlungsbedingungen, sowie Mängelhaftung für Kraftwagenluftreifen 1930" gegenübergestellt. Dadurch kommt klar zum Ausdruck, daß es sich bei der Revers-Klausel in Ansehung des Preisschutzes und bei diesem selbst eben nicht um eine auf Grund und in Erfüllung der Kartellbindungen übernommene Bedingung, sondern um Einzelbedingungen handelt, die von der C. C. Compagnie in eigener, freier Entschließung aufgestellt worden sind, also um einen sog. autonomen Preisschutz. Grundsätzliche Bedenken gegen die Zulässigkeit vertraglicher Preisbindungen der zweiten und weiteren Hand bestehen nicht, soweit sich diese Bindungen im Rahmen des allgemeinen Rechts halten. Wie ebenfalls schon ausgeführt, handelt es sich bei dem Revers, auf den der Kläger seine Ansprüche vorab stützt, um einen schuldrechtlichen Vertrag, in dem sich die Beklagte der C. C. Compagnie gegenüber verpflichtet hat, beim Weiterverkauf von Kraftwagenreifen — der Preisschutz bezieht sich nur auf Waren der C. C. Compagnie — bestimmte Bedingungen einzuhalten, bestimmte Handlungen zu unterlassen und im Fall der Zuwiderhandlung eine Vertragsstrafe zu zahlen. Dieser Revers-Vertrag hat gegenüber dem Kartellvertrag, wie auch gegenüber den zu Bestandteilen der einzelnen Kaufverträge gewordenen sonstigen Geschäftsbedingumgen rechtlich selbständigen Charakter. Er wird insbesondere nicht, jedenfalls nicht ohne weiteres hinfällig, wenn jene anderen Bedingungen — sei es überhaupt, sei es in einzelnen Teilen — wegen Verstoßes gegen zwingendes Recht, namentlich gegen § 138 BGB., nichtig sein sollten. Das verkennt die Revision. Die Nichtigkeit des Kartellvertrags zöge an sich überhaupt noch nicht die Nichtigkeit der von den einzelnen Kartellmitgliedern mit ihren Kunden geschlossenen Kauf- und sonstigen Verträge nach sich. Zur Nichtigkeit auch dieser Abmachungen wäre vielmehr erforderlich, daß gerade die Umstände, die dem Kartellvertrag als solchem den Stempel der Sittenwidrigkeit aufdrückten, auch die Verträge mit den Kunden beherrschten und, entweder für sich allein oder im Zusammenhalt mit anderen Umständen, auch sie als sittenwidrig erscheinen ließen.

Der Preisschutz selbst war aus dem Rahmen der Kartellbindungen herausgenommen; seine Einführung war ins freie Ermessen jedes der Kartellbeteiligten gestellt, die in der Festsetzung ihrer Bruttolistenpreise kartellmäßig überhaupt freie Hand hatten. Daß die C. C. Compagnie besonderen Wert gerade auf den Preisschutz legte, ergibt sich aus seiner Einführung für ihre Ware. Die Rechtslage der Beklagten, die selbst vorträgt, daß sie die Ware der C. C. Compagnie im Interesse der gedeihlichen Entwicklung ihres Betriebs führen müsse, würde sodann trotz des Preisschutzes durch eine etwaige Nichtigkeit der ihr nach den übrigen Geschäftsbedingungen der C. C. Compagnie auferlegten Verpflichtungen nur verbessert, nicht aber verschlechtert werden. Bei dieser Sachlage kann es nicht als rechtsirrtümlich angesehen werden, wenn das Berufungsgericht, ersichtlich auf Grund der gleichen Erwägungen, zu dem Ergebnis gelangt ist, daß die etwaige Nichtigkeit des Kartellvertrags und der sonstigen Geschäftsbedingungen für die auf den Revers-Vertrag gestützten Klaganspruche ohne Belang wäre. Im übrigen hat der Berufungsrichter eingehend die Frage erörtert, ob etwa der Revers-Vertrag selbst wegen Verstoßes gegen § 138 BGB. als nichtig anzusehen sei. Er hat dabei insbesondere geprüft, ob der Preisschutz eine unsittliche Knebelung der Beklagten enthält, hat dies aber verneint. Er betont, daß ein erheblicher Teil der kartellbeteiligten Kraftwagenreifen-Fabriken überhaupt keinen Preisschutz eingeführt habe, die Beklagte also zur Deckung ihres Reifenbedarfs nicht auf die den Preisschutz pflegenden Reifenfabriken angewiesen sei. In diesem Zusammenhang wäre noch anzuführen, daß Verstöße gegen den Preisschutz der einen oder anderen von den Verbandsfabriken die Beklagte keineswegs vom Verbandsverkehr überhaupt ausschließen. Aus den von ihr vorgelegten Schreiben anderer Verbandsfabriken ergibt sich vielmehr nur, daß diese die Einhaltung der eigenen Bruttolistenpreise und eine entsprechende Verpflichtung der Beklagten auf sie verlangen. Das Berufungsgericht stellt weiter fest, daß zudem die Beklagte auch noch von den Kartell-Außenseitern beziehen könne, worunter sich große und namhafte Unternehmungen befänden. Ferner wird erwogen, daß die von der C. C. Compagnie der Beklagten belassene Verdienstspanne sehr erheblich sei. Das angefochtene Urteil weist in diesem Zusammenhang darauf hin, daß die Beklagte in ihrem Rundschreiben vom 13. Februar 1930 einen Rabatt von nicht weniger als 22% anbiete und sich dabei immer noch gut stelle, da nicht anzunehmen sei, daß sie „schleudere, um sich zu ruinieren"; sei aber die vom Hersteller dem Händler gelassene Verdienstspanne so groß, daß die „Preisschleuderer" unter ihnen 22% Rabatt gewähren könnten und der Erteilung solcher Aufträge sogar noch, wie es in dem Rundschreiben der Beklagten vom 13. Februar 1930 heiße, gern entgegensähen, so könne in dem Zwang zur Einhaltung der Listenpreise keine unlautere Beeinträchtigung der Händler gefunden werden. Diese Erwägungen sind rein tatsächlicher Natur. Sie besagen, daß die Beklagte unschwer auch von Herstellungsfirmen ohne Preisschutz Reifen beziehen könne, daß ihr aber im Fall des Reifenbezugs von der Klägerin der Weiterabsatz zu den gebundenen Listenpreisen eine sehr beträchtliche Verdienstspanne lasse. Schon damit ist der Annahme der Boden entzogen, daß die Beklagte durch die Preisschutzklausel des Reverses sittenwidrig geknebelt worden sei.

Die Ausführungen des Berufungsgerichts geben auch insoweit, als es sich um die Höhe der Vertragsstrafe handelt, keinen Anlaß zu rechtlichen Bedenken. Die Revision stellt im besonderen darauf ab, daß der Preisschutz um deswillen unsittlich sei, weil durch ihn die Händler genötigt würden, ihren Abnehmern verschiedene Preise festzusetzen, und weil die C. C. Compagnie überdies das Recht habe, an zahlreiche Verbrauchergruppen unter völliger Ausschaltung des Handels unmittelbar zu liefern. Warum aber in der Befugnis der C. C. Compagnie, an gewisse Großverbraucher unmittelbar zu liefern, eine Sittenwidrigkeit enthalten sein soll, ist nicht ersichtlich. Gewiß ist richtig, daß nach den Preisschutzbedingungen der Wiederverkaufspreis kein einheitlicher ist, daß vielmehr gewissen Abnehmern oder Gruppen von Abnehmern auf die Bruttolistenpreise Rabatte von verschiedener Höhe gewährt werden können, je nach der Zugehörigkeit des Käufers zur einen oder anderen Gruppe. Aber deshalb wäre ein auf solcher Grundlage aufgebauter vertragsmäßiger Preisschutz noch lange nicht sittenwidrig. Zutreffend weist das Berufungsgericht darauf hin, daß hier die Möglichkeit solcher Rabattsätze jedem Händler gleichmäßig offensteht und daß sie nur davon abhängt, ob sich unter seinen Abnehmern solche befinden, die zu der einen oder anderen Rabattgruppe gehören. Insofern sind Klein- und Großhändler durchaus gleichgestellt. Die Einräumung von Rabatten an Großabnehmer ist im übrigen wirtschaftlich etwas Alltägliches, und Preisschutzklauseln, die insoweit dem Händler einen gewissen Spielraum in den sonst gebundenen Preisen lassen, sind entfernt noch nicht sittenwidrig, wie das Berufungsgericht mit Recht bemerkt. Was die Revision dagegen vorbringt, ist nicht stichhaltig. Ob durch diese Großabnehmer-Rabatte die Lückenlosigkeit des Preissystems beeinträchtigt wird mit dér Folge, daß die Möglichkeit eines Vorgehens aus § 1 UnlWG. oder aus § 826 BGB. gegen die „Schleuderer" entfiele, kann auf sich beruhen, da es sich hier nur um die vertragliche Verpflichtung der Beklagten zur Einhaltung der geschützten Preise handelt.

Nach alledem hat der Berufungsrichter die Nichtigkeit der Revers-Verpflichtungen vom 31. Januar 1930 wegen Sittenwidrigkeit ohne Rechtsirrtum verneint.

4. Die Revision macht weiter geltend: Der Preisschutz werde weder von den Fabriken noch von den Händlern beachtet. Es sei allgemein bekannt, daß Reifen und Schläuche der Vertragsfabriken in vielen Wirtschaftsverbänden und Klubs von Kraftfahrern mit unzulässigen Rabatten öffentlich angeboten und auch an die Mitglieder verkauft würden. Die Beklagte habe auch Beweis dafür angetreten, daß zahlreiche Händler die Preisschutzbestimmungen der Vertragsfabriken nicht beachteten. Nun ist zuzugeben, daß der Revers-Vertrag, mag dies auch im Verpflichtungsschein und in den Preisschutzbedingungen nicht ausdrücklich gesagt sein, für den Revers-Berechtigten die Verpflichtung begründet, das Preisschutzsystem ernstlich gegen Verstöße zu verteidigen und hierbei nicht willkürlich vorzugehen. Denn billigerweise kann er die Revers-Kunden nur dann an der Revers-Verpflichtung festhalten, wenn er auch seinerseits das Erforderliche tut, um die durch den Preisschutz bezweckte Gleichmäßigkeit der Kleinverkaufspreise wirklich durchzusetzen. Das hat aber der Berufungsrichter keineswegs verkannt. Er ist im Gegenteil auch auf diesen Einwand der Beklagten sachlich eingegangen und auf Grund des vom Kläger vorgelegten Urkundenmaterials zu der Annahme gelangt, es könne keine Rede davon sein, daß gerade die C. C. Compagnie nicht ernstlich und mit Erfolg bemüht sei, ihren Preisschutz den Händlern gegenüber gleichmäßig durchzuführen....

5. Unter Bezugnahme auf die Entscheidung der Vereinigten Zivilsenate RGZ. Bd. 72 S. 393 sucht die Revision darzulegen, daß auch im Falle der Gültigkeit der Verpflichtung der Beklagten auf Einhaltung der Preisschutz-Bestimmungen der C. C. Compagnie der Unterlassungsanspruch unbegründet wäre. Diese Darlegung weist aber schon in ihrem Ausgangspunkt einen tatsächlichen Irrtum auf. Die Revers-Verpflichtung zur Einhaltung der Bruttolistenpreise bezieht sich keineswegs nur auf Verkäufe an Wiederverkäufer, sondern gilt für Veräußerungen an Abnehmer jeder Art; die vertragsmäßige Verpflichtung geht hier nicht nur auf ein Tun, sondern ausdrücklich auch auf ein Unterlassen. Denn in Nr. 1 der Revers-Bedingungen heißt es u. a.: „wir anerkennen, verpflichtet zu sein, die festgesetzten Bruttolistenpreise weder direkt noch indirekt in der dort näher bezeichneten Art und Weise zu unterbieten." Die Verpflichtung, nicht zu unterbieten, ist aber nichts anderes als eine echte Verpflichtung zur Unterlassung, die hier kraft unzweideutigen besonderen Versprechens übernommen worden ist. Nach § 241 Satz 2 BGB. kann die Leistung des Schuldners auch in einem Unterlassen bestehen. Ein rechtliches Hindernis gegen die Übernahme einer schuldrechtlichen Verpflichtung, Waren nicht unter einem bestimmten Preise abzugeben, besteht im Rahmen der allgemeinen Vertragsfreiheit nicht, wie schon ausgeführt worden ist. Gewiß schließt die Verpflichtung zu einem positiven Tun grundsätzlich auch schon die Pflicht in sich, alles zu unterlassen, was die Erfüllbarkeit der geschuldeten Leistung vereiteln würde. Es mag auch sein, daß bei negativen Verpflichtungen, die sich als bloße Folgeerscheinung einer positiven Verpflichtung darstellen, häufig die selbständige Klagbarkeit der Unterlassungspflicht zu verneinen ist. Das schließt aber nicht aus, daß im Rahmen der das Schuldrecht grundsätzlich beherrschenden Vertragsfreiheit durch rechtsgeschäftliche Abrede die Unterlassungspflicht zur selbständigen Vertragspflicht erhoben wird, mit der bewußten und gewollten Folge, daß der Berechtigte sie gegebenenfalls mit den gesetzlichen Rechtsbehelfen, insbesondere also im Wege der Klage verfolgen und nach § 890 ZPO. auch durch Vollstreckung erzwingen kann. Etwas anderes besagt auch RGZ. Bd. 72 S. 393 nicht. Es ist dort im Gegenteil ausgeführt, daß durch die Verneinung der Frage, ob bei den auf ein positives Tun gerichteten Verpflichtungen kraft Gesetzes ein klagbarer Anspruch auf die darin eingeschlossene selbstverständliche Verpflichtung

zur Unterlassung eines der positiven Verpflichtung widersprechenden Tuns gegeben sei, der Entscheidung tatsächlich anders liegender Fälle nicht vorgegriffen werde, in denen durch ausdrückliche oder aus den Umständen zu entnehmende stillschweigende Vereinbarung ein selbständiger Unterlassungsanspruch begründet worden sei. Letzteres trifft kraft ausdrücklicher Vertragsabrede für den hier in Rede stehenden Unterlassungsanspruch zu....

---

11. 1. Kann der Erfüllungsübernehmer den Schuldner eines Aufwertungsbetrags ausgleichungspflichtig machen, und unter welchen Voraussetzungen kann das geschehen?

2. Kann sich der Erfüllungsübernehmer gegenüber dem Schuldner auf die Härtevorschrift des § 15 Nr. 2 AufwG. berufen?

BGB. §§ 242, 415. AufwG. § 15.

VI. Zivilsenat. Urt. v. 1. Juni 1931 i. S. R. (Bekl.) w. M. u. Gen. (Kl.). VI 461/30.

I. Landgericht I Berlin.
II. Kammergericht daselbst.

Der Baumeister G. verkaufte ein ihm gehöriges Hausgrundstück in Berlin durch notariell beurkundeten Vertrag, der sich aus dem Verkaufsangebot vom 23. Oktober 1919 und der Annahme vom 20. Januar 1920 zusammensetzte, für 1000000 M. an den Beklagten. In Anrechnung auf den Kaufpreis übernahm dieser als Selbstschuldner zwei derselben Gläubigerin zustehende Darlehnshypotheken von insgesamt 250000 M.; eine Barzahlung von 300000 M. war bei der Auflassung zu leisten, die am 20. Januar 1920 im Anschlusse an die Annahme erklärt wurde; der Rest von 450000 M. wurde hypothekarisch gestundet. Der Beklagte verkaufte das Grundstück am 25. März 1920 für 1100000 M. weiter an den Bankier Gr., der die Darlehnshypotheken ebenfalls in Anrechnung auf den Kaufpreis übernahm. Gr. verkaufte das Grundstück weiter an die jetzige Eigentümerin, eine Aktiengesellschaft, die jedoch die Darlehnsschulden nicht übernahm.

Im Jahre 1927 nahm die Hypothekengläubigerin die Erben des inzwischen verstorbenen G. als persönliche Schuldner in Anspruch und erklärte ihnen, daß sie die Genehmigung zur Schuldübernahme verweigere. Die Aufwertungsstelle lehnte eine beantragte Herabsetzung des Aufwertungsbetrags unter den Normalsatz von 25% ab und setzte den Aufwertungsbetrag auf 62415,50 GM. fest. Über die hiergegen eingelegte Beschwerde war beim Erlaß des Berufungsurteils noch nicht entschieden.

Mit der Klage verlangen die Testamentsvollstrecker des G. die Feststellung, daß der Beklagte verpflichtet sei, den G.schen Nachlaß von jener Aufwertungsschuld zu befreien. Der Beklagte wendet ein, dieses Verlangen verstoße nach den Umständen gegen § 242 BGB. Denn die unvorhergesehene Aufwertung würde ihn unverhältnismäßig belasten, er habe das Grundstück nach kurzer Besitzzeit mit Verlust weiterverkauft, sein Käufer Gr. sei Ausländer und in Vermögensverfall geraten, sodaß er sich an diesem nicht schadlos halten könne; er sei aber bereit, seinen Schuldbefreiungsanspruch gegen Gr. an die Kläger abzutreten, mehr könnten sie von ihm nicht verlangen.

Beide Vorinstanzen gaben der Klage statt. Die Revision des Beklagten führte zur Aufhebung und Zurückverweisung.

Gründe:

Der Beklagte hat im Kaufvertrage vom 23. Oktober 1919/20. Januar 1920 die Schuld des G. übernommen, und die Gläubigerin hat ihre Genehmigung zu der Schuldübernahme verweigert. In solchem Falle schreibt § 415 Abs. 3 BGB. vor, daß im Zweifel der Übernehmer dem Schuldner gegenüber verpflichtet ist, den Gläubiger rechtzeitig zu befriedigen. Daß diese Verpflichtung den Aufwertungsbetrag der Schuld mitumfaßt, ist die Regel (RGZ. Bd. 121 S. 306) und wird auch vom Beklagten anerkannt. Er ist aber der Meinung, daß die Schuldbefreiungspflicht nach § 242 BGB. in Fortfall komme oder doch erheblich zu beschränken sei. Das Berufungsgericht hält diese Einrede schon darum für unbegründet, weil er das Grundstück erworben habe, und meint, der Weiterverkauf komme nicht in Betracht.

Mit Recht macht die Revision geltend, daß damit der entscheidende Gesichtspunkt nicht erkannt sei. Das Reichsgericht hat in fester Rechtsprechung dem Grundstücksverkäufer einen aus § 242 BGB. hergeleiteten Ausgleichsanspruch zugebilligt, wenn durch die ihn treffende, vom Käufer nicht übernommene Aufwertungslast die Grundlage des Kaufvertrags, nämlich das vorausgesetzte Verhältnis zwischen Leistung und Gegenleistung, so stark erschüttert ist, daß ein starres Festhalten am Vertrage mit Treu und Glauben nicht vereinbar sein würde (vgl. RGZ. Bd. 112 S. 329, Bd. 119 S. 133, Bd. 120 S. 292, Bd. 121 S. 130, 141, 330, Bd. 122 S. 378, Bd. 123 S. 166, Bd. 124 S. 164, Bd. 125 S. 37, 48, Bd. 126 S. 13, Bd. 128 S. 365, Bd. 129 S. 276, Bd. 130 S. 115, 292). Es besteht kein Grund, diesen Anspruch im umgekehrten Falle dem Käufer zu versagen, wenn er eine Schuld übernommen hat und diese durch die Aufwertungsgesetzgebung eine solche Größe erhält, daß die Grundlage des Kaufvertrags in entsprechender Weise erschüttert wird. Das hat schon der V. Zivilsenat des Reichsgerichts in dem bei Zeiler unter Nr. 632 abgedruckten Urteil ausgesprochen, und der erkennende Senat hat es im Urteil vom 30. Mai 1930 VI 629/29 (JW. 1930 S. 2392 Nr. 7) näher ausgeführt. Der Umstand, daß der Käufer das Grundstück erworben hat, wird es zwar selten als unbillig erscheinen lassen, wenn er die Aufwertung tragen muß. Für sich allein reicht aber dieser Umstand nicht aus, dem Käufer die Berufung darauf abzuschneiden, daß die Geschäftsgrundlage erschüttert sei, namentlich dann nicht, wenn er das Grundstück nicht mehr hat.

Abraham und Neukirch wollen in solchem Falle sogar noch einen Schritt weiter gehen (vgl. die Anmerkungen zu dem genannten Urteil JW. 1930 S. 2392). Sie wollen dem Schuldübernehmer in seinem Verhältnis zum Aufwertungsschuldner gestatten, daß er sich auf die Härteklausel des § 15 Nr. 2 AufwG. mit der Begründung berufe, er habe inzwischen das Grundstück in der Zeit des Währungsverfalls zu geringwertigem Preise weiterveräußert. Darin kann ihnen freilich nicht gefolgt werden. Die Härtevorschriften des § 15 AufwG. regeln nur das Verhältnis zwischen dem Aufwertungsgläubiger und dem Aufwertungsschuldner. Der Schuldübernehmer ist aber, wenn der Gläubiger die Genehmigung zur Schuldübernahme verweigert hat, nicht Aufwertungsschuldner, sondern Schuldner des Aufwertungsschuldners; er hat nicht aufzuwerten, sondern den Aufwertungsschuldner zu befreien. Der rechtliche Inhalt der Aufwertungsschuld ist lediglich aus dem Verhältnis des Aufwertungsgläubigers zum Aufwertungsschuldner zu entnehmen; der Schuldübernehmer wird aber durch die Erklärung des Gläubigers, daß er die Genehmigung zur Schuldübernahme verweigere, diesem Verhältnis ferngehalten. Es ist auch nicht richtig, wenn Abraham meint, der Schuldübernehmer könne niemals schlechter gestellt sein, als wenn er selbst — durch Genehmigung der Schuldübernahme — Schuldner geworden wäre. Daß für ihn dann die Härtevorschriften des § 15 AufwG. gegolten hätten, ist freilich zuzugeben; denn durch die Genehmigung hätte ihn der Gläubiger in das Schuldverhältnis eintreten lassen. Ist er aber infolge der Verweigerung der Genehmigung nicht Schuldner, sondern Erfüllungsübernehmer geworden, so hat seine Pflicht nicht einen geringeren, sondern einen anderen Inhalt, als ihn die Schuldnerpflicht gehabt hätte. Die Annahme, daß seine Pflicht an derjenigen ihre Grenze finden müsse, die ihm bei Genehmigung der Schuldübernahme obgelegen hätte, läßt sich aus dem Gesetze nicht begründen. Auf diesem irrigen Grundgedanken beruhen aber die Ausführungen Abrahams. Es kann daher nicht anerkannt werden, daß eine „positive Gesetzesbestimmung", wie Abraham meint, gebiete, die Härtevorschriften des § 15 AufwG. auf den Befreiungsanspruch des Schuldners gegen den Erfüllungsübernehmer anzuwenden. Aber auch eine entsprechende Anwendung ist nicht zu rechtfertigen, weil ihr das rechtliche Interesse des Aufwertungsgläubigers entgegensteht. Das Gesetz läßt dem Gläubiger die freie Wahl, ob er die Schuldübernahme genehmigen will oder nicht. Der Aufwertungsgläubiger ist daher durchaus in seinem Rechte, wenn er die Genehmigung verweigert, weil er nach den Umständen bei dem Schuldübernehmer eine erfolgreiche Berufung auf die Härtevorschriften zu befürchten hat, bei seinem bisherigen Schuldner aber nicht. Seine Entschließung hat also keineswegs nur die ihr von Abraham beigelegte „formale", sondern eine sachliche Bedeutung. Wenn sich nun, wie es Abraham und Neukirch für zulässig halten, der Erfüllungsübernehmer mit der Begründung, er habe das Grundstück mit Verlust weiterveräußert, seiner Schuldbefreiungspflicht gegenüber dem Schuldner entledigen und dann der Schuldner mit der Begründung, er habe nun keinen Befreiungsanspruch mehr, seine Aufwertungspflicht beseitigen könnte, so wäre die Entschließung des Gläubigers ihrer Bedeutung beraubt. Denn dann wären durch zweimalige Anwendung der Härtevorschrift die Verhältnisse des Erfüllungsübernehmers, mit denen der Gläubiger nicht hatte behelligt werden wollen, ihm gegenüber dennoch zur Geltung gebracht. Es fehlt an jedem Anhalt dafür, daß dies in der Absicht des Gesetzes gelegen hätte. Vielmehr muß es dabei bleiben, daß die Härtevorschriften des § 15 AufwG. nur auf den Aufwertungsschuldner, nicht auf den Erfüllungsübernehmer anwendbar und daß ihre Voraussetzungen nur aus der Person des ersteren, nicht aus der des letzteren zu beurteilen sind. Will der Erfüllungsübernehmer seine Pflicht gegen den Schuldner beseitigt oder beschränkt haben, so muß er auf seinen Vertrag mit dem Schuldner zurückgehen. Hierbei eröffnet ihm § 242 BGB. die Möglichkeit, geltend zu machen, daß die Grundlage des Vertrags durch die Auswirkung der Aufwertungsgesetzgebung erschüttert sei. Tritt dann eine Rückwirkung auf den Aufwertungsgläubiger ein, so hat sie ihren Ursprung in dem Schuldübernahmevertrage, also in den Verhältnissen des Aufwertungsschuldners selbst.

Von dem Falle, welcher der Entscheidung JW. 1930 S. 2392 zugrunde lag, zeigt der vorliegende zwei wesentliche Unterschiede. Erstens warf dort der Erfüllungsübernehmer dem Schuldner vor, daß er sich gegenüber dem Gläubiger nicht auf die Härtevorschriften des § 15 AufwG. berufen hatte. Dieser Vorwurf läßt sich im gegenwärtigen Falle nicht erheben und ist auch nicht erhoben worden, weil die Herabsetzung des Aufwertungsbetrags beantragt wurde, wenn auch, soweit bisher ersichtlich, ohne Erfolg. Sodann lag jener Fall so, daß eine Erschütterung der Grundlage des Kauf- und Schuldübernahmevertrags gar nicht in Frage kommen konnte, weil der Aufwertungsbetrag hinter dem zurückblieb, womit der Erfüllungsübernehmer von vornherein hatte rechnen müssen; der Befreiungsanspruch hatte demnach seinen vollen Umfang behalten, woraus sich von selbst ergab, daß sich der Schuldner nicht mit Erfolg auf eine Härtevorschrift hätte berufen können. Im vorliegenden Falle ist das Verhältnis des Aufwertungsbetrags zu dem, womit der Beklagte beim Vertragsschlusse hat rechnen müssen, nicht ganz so klar. Nach seiner eigenen Berechnung würde er das Vierfache des Goldwertes zu leisten haben, den die Schuld bei der Erfüllungsübernahme gehabt hätte. Diese Rechnung leidet aber an zwei Fehlern. Erstens berechnet der Beklagte den Goldwert der Schuld nach dem Tage der Annahme des Vertragsangebots, dem 20. Januar 1920. Wenn aber Angebot und Annahme auseinanderfallen und es sich um die Frage handelt, welcher innere Wert den vertraglichen Leistungen nach dem mutmaßlichen Parteiwillen beigemessen worden ist, so ist der Tag des Angebots, nicht derjenige der Annahme entscheidend. Das ist für die Bewertung des bar zu zahlenden Kaufpreises oder Kaufpreisteiles vom Reichsgericht in fester Rechtsprechung anerkannt (vgl. z. B. Zeiler Nr. 446). Es besteht kein Grund, für die Wertbemessung der Schuldbefreiungspflicht davon abzuweichen. Maßgebend für die Berechnung ihres Wertes ist hier also der 23. Oktober 1919. Zweitens legt der Beklagte seiner Berechnung die Tabelle zum Aufwertungsgesetz zugrunde. Es handelt sich aber um eine nach § 242 BGB. zu beurteilende Frage. Hierbei kann jene Tabelle als alleiniger Maßstab nicht genügen (vgl. Zeiler Nr. 955, 1047). Vielmehr ist unter Heranziehung mehrerer Maßstäbe zu ermitteln, welchen inneren Wert die Forderung, zu deren Tilgung sich der Beklagte beim Vertragsschlusse verpflichtete, am 23. Oktober 1919 gehabt hat. Dies ist der Wert, mit dem er hat rechnen müssen, und diesem Werte ist der Aufwertungsbetrag gegenüberzustellen, den der G.sche Nachlaß zu leisten hat. Ergibt der Vergleich beider Zahlen keine oder nur eine geringe Verschiebung (RGZ. Bd. 125 S. 40) des beim Vertrage vorausgesetzten Verhältnisses zwischen Leistung und Gegenleistung, so ist die Vertragsgrundlage unerschüttert und die Befreiungspflicht des Beklagten in vollem Umfange bei Bestand geblieben. Ergibt sich aber eine wesentliche Verschiebung, so wird je nach ihrer Stärke unter Berücksichtigung aller Umstände seine Befreiungspflicht zu beschränken oder ganz zu beseitigen sein. Dabei wird auch berücksichtigt werden müssen, daß das Grundstück dem Beklagten nicht mehr gehört, daß er es nach seiner Behauptung mit Verlust verkauft hat und daß er von seinem Abkäufer nichts zu erlangen vermag. Die Frage, welches Maß der Verschiebung erforderlich ist, um eine Erschütterung der Vertragsgrundlage feststellen zu können, läßt sich zahlenmäßig ebensowenig beantworten wie die Frage, welches Mißverhältnis die freie Aufwertung rechtfertigt. Schon bei diesen grundlegenden Fragen sind nach § 242 BGB. die Umstände des einzelnen Falles zu würdigen, was zunächst Sache des Tatrichters ist . . . .

12. 1. Auseinandersetzung des Vermögens eines vereinigten Kirchen- und Schulamts; Rechtsnatur des Urteils.

2. Zur Frage des Eigentumserwerbs durch Rezeß.

3. Nach welchen Grundsätzen ist die Auseinandersetzung des Vermögens einer sog. Küsterlehrerpfründe vorzunehmen?

Preuß. Gesetz betr. die Unterhaltung der öffentlichen Volksschulen (VUG.) vom 28. Juli 1906 (GS. S. 335) § 30. Preuß. Gemeinheitsteilungsordnung (GemTeilungsO.) vom 7. Juni 1821 (GS. S. 53) §§ 2, 101, 102, 147. BGB. §§ 87, 88.

IV. Zivilsenat. Urt. v. 13. Mai 1931 i. S. Kirchengemeinde R. (Bekl.) w. Schulverband Berlin (Kl.). IV 633/29.

I. Landgericht II Berlin.
II. Kammergericht daselbst.

In der bis 1920 selbständigen, seitdem zur neuen Stadtgemeinde Berlin gehörigen Gemeinde R. ist das Küster- und Lehramt seit lange organisch verbunden. 1886 wurden im Grundbuch von R. auf Grund einer Ersitzungsbescheinigung und gemäß einem Antrage des Gemeindekirchenrates und des Schulvorstandes folgende Grundstücke als Eigentum „der Küsterei und Schule in R." eingetragen: 1. eine Wiese, 2. ein Hofraum mit Gebäuden und Hausgarten, 3. ein Garten hinter dem Dorfe, alle nach Lage und Größe näher beschrieben. Nunmehr haben die Kirchengemeinde in R., das Evangelische Konsistorium und der Magistrat in Berlin die Auseinandersetzung des Vermögens der vereinigten Stelle zwischen der Kirchengemeinde und dem Schulverband — unter Beibehaltung der Vereinigung des Kirchen- und Schulamts — beantragt (§ 30 Abs. 7 Pr. VUG. vom 28. Juli 1906). Der Oberpräsident hat durch Beschluß vom 12. Januar 1926 festgestellt, daß die Kirchengemeinde alleinige Eigentümerin der vorbezeichneten Grundstücke sei.

Gegen diesen Beschluß hat der Schulverband rechtzeitig Klage erhoben. Sie war im ersten Rechtszug auf Anerkennung des Miteigentums des Klägers zur Hälfte an den Grundstücken und hilfsweise auf Feststellung gerichtet, daß sie nicht im Alleineigentum der verklagten Kirchengemeinde ständen. Nach Abweisung der Klage durch das Landgericht hat der Kläger und Berufungskläger im zweiten

Rechtszug beantragt, dahin zu erkennen, daß bei einer Trennung der jetzt noch vereinigten Ämter des Küsters und Lehrers die Grundstücke dem Schulverband zugewiesen und demgemäß schon jetzt im Grundbuch auf den Schulverband umgeschrieben werden; hilfsweise, daß die Grundstücke eigentümlich der noch vereinigten Küster- und Lehrerpfründe gehören und bei deren späterer Auflösung je zur Hälfte dem Kläger und der Beklagten zuzuweisen sind. Das Berufungsgericht hat unter Aufhebung des Beschlusses des Oberpräsidenten vom 12. Januar 1926 festgestellt, daß dem Kläger das Alleineigentum an der Wiese und jeder der Parteien das Miteigentum an den übrigen Grundstücken zur Hälfte zustehe.

Die Revision der Beklagten ist zurückgewiesen worden aus folgenden

Gründen:

Der klagende Schulverband begehrt gemäß § 30 Abs. 7 VUG. die Auseinandersetzung des Vermögens der vereinigten Küster- und Lehrerstelle in der Weise, daß für den Fall der Trennung der Ämter die zu der Stelle gehörigen Grundstücke ihm allein zugewiesen werden; hilfsweise verlangt er die Feststellung, daß die Grundstücke Eigentum einer Küsterlehrerpfründe seien und daß sie bei der Auflösung dem Eigentum nach je zur Hälfte an den Kläger und an die Beklagte fielen.

Daß die Auseinandersetzung des vereinigten Vermögens nach privatrechtlichen Grundsätzen, insbesondere nach Maßgabe der Eigentumsverhältnisse zu erfolgen hat, ist zuletzt im Urteil des erkennenden Senats vom 24. Februar 1930 (RGZ. Bd. 127 S. 251) eingehend dargelegt worden. An dieser Ansicht ist festzuhalten. Es ist zulässig, die Klage aus § 30 Abs. 7 VUG. nur auf Feststellung des — nach der Trennung unbeschränkten — Eigentums zu richten (so in den Fällen der Urteile RGZ. Bd. 111 S. 53, Bd. 127 S. 251); sie hat dann die Klarstellung der Eigentumsverhältnisse durch den Richter zum Ziel, das Urteil hat also deklaratorische Bedeutung. Die Klage kann aber auch als Rechtsgestaltungsklage, ähnlich der Teilungsklage des gemeinen Rechts, angestellt sein mit der Folge, daß durch die Auseinandersetzung Rechte erst begründet werden. Im Streitfall bezweckt der erste der in der Berufungsinstanz gestellten Anträge — von dem Gesichtspunkt der öffentlichrechtlichen Zweckbestimmung abgesehen — jedenfalls die Anerkennung des vom Kläger erworbenen Eigentums, während der Hilfsantrag eine Neugestaltung der Rechtsverhältnisse an dem bisherigen Vermögen der Küsterlehrerpfründe im Auge hat. Dies hat der Berufungsrichter nicht verkannt.

Die Klage würde abzuweisen sein, wenn im Hinblick auf § 16 des Volksschullehrer-Diensteinkommengesetzes vom 17. Dezember 1920/1. April 1923 und § 18 des Volksschullehrer-Besoldungsgesetzes vom 1. Mai 1928 eine Vermögensauseinandersetzung ohne gleichzeitige Ämtertrennung, wie sie in § 30 Abs. 7 VUG. vorgesehen ist, nicht mehr zulässig wäre. Abs. 1 Satz 1 des § 16 a. a. O. bestimmt, daß die organische Verbindung zwischen Kirchen- und Schulamt zu lösen sei. Schulte (Volksschularch. Bd. 25 S. 12flg., JW. 1930 S. 1164) vertritt die Ansicht, die Vorschriften enthielten zwingendes und unmittelbares Recht, eine Auseinandersetzung ohne Ämtertrennung dürfe also überhaupt nicht mehr stattfinden. Dem kann nicht beigepflichtet werden. Wie sich aus den Gesetzesmaterialien (Begründung zum § 12 des Entwurfs, jetzt § 16 des Gesetzes vom 17. Dezember 1920, Drucks. des Preuß. Landtags 1919/20 Nr. 2547 S. 23 und Kommissionsbericht Nr. 3659 S. 52/53, 128) ergibt, war damals die Erlassung eines besonderen Trennungsgesetzes in Aussicht genommen worden, das bis jetzt nicht ergangen ist. Der Satz, daß die Ämterverbindung zu lösen sei, muß in diesem Sinne verstanden werden; die Vorschrift hat also nur programmatische Bedeutung. Aus den Materialien zum Gesetz vom 1. Mai 1928 (Drucks. des Preuß. Landtags 1925/28 Nr. 8966, 9006, 9068, 9108) ergibt sich nichts anderes. Von der Zulässigkeit einer Auseinandersetzung ohne spätere Ämtertrennung geht auch der Ministerial-Erlaß vom 7. März 1929 (Volksschularch. Bd. 26 S. 317) aus, wonach die sofortige Lösung zwar als Regel anzustreben ist, aber in geeigneten Fällen von ihr abgesehen werden kann.

Der Berufungsrichter hat das Alleineigentum an der Wiese dem Kläger zugesprochen, weil in R. eine rechtsfähige Schulgemeinde jedenfalls seit 1826 bestanden und diese auf Grund des Rezesses von 1840 im Wege der Neuausstattung (Neudotation) das Eigentum erworben habe. Der Rezeß bezeichnet sich als „Hütungs- und Holzungsablösungsrezeß", regelt aber auch die Eigentumsverhältnisse an den schon bisher im Besitz der R.er Fischer befindlichen Grundstücken und an Grundstücken der Gemeinde (§ 2 GemTeilungsO. vom 7. Juni 1821). Er verpflichtet u. a. die Gutsherrschaft, an Stelle der zugleich aufgehobenen Holz- und Hütungsgerechtsame der Schule und

Küsterei jährlich vier Klafter Kiefernholz zu liefern, und weist sodann die Wiese „der Schule" zu. Daß die Wiese als Entschädigung der Schule und Küsterei, also des vereinigten Amtes eingesetzt worden und damit gemäß § 147 GemTeilungsO. an die Stelle dieser Berechtigung getreten wäre, verneint der Berufungsrichter unter Hinweis darauf, daß in den von den Beteiligten als richtig anerkannten Anlagen zum Rezeß (Einteilungsregister und Grenzbeschreibung) die Wiese als Dotation der Schulstelle und als Ausstattung der Schule bezeichnet ist. Es handle sich — so führt der Vorderrichter weiter aus — um eine freiwillige und unentgeltliche Zuweisung an die Schule, um eine Neudotation, wie sie in §§ 101, 102 GemTeilungsO. (vgl. auch schon § 44 des Preuß. Landkulturedikts vom 14. September 1811 [GS. S. 300] und die Kabinettsorder vom 5. November 1812 [GS. S. 194]) zugunsten der Landschullehrer angeordnet sei. Auf eine solche Dotierung sei auch in dem späteren Rezeß vom 20. Mai 1853 ausdrücklich hingewiesen worden. Bei den Rezeßverhandlungen sei die Schule durch den damaligen Schulvorsteher Sch. vertreten gewesen; der Prediger B., der ebenfalls als Vertreter mitwirkte, habe eine Rezeßabschrift für die Schulmatrikel erbeten.

Da dem von der Generalkommission bestätigten, nicht etwa durch deren Erkenntnis ergänzten Rezeß die Zustimmung aller Beteiligten zugrunde liegt, so hat er die Natur eines Vergleichs (RGU. vom 29. April 1911 bei Hoheisel Recht der Küsterschule S. 18). Seine Auslegung durch den Berufungsrichter ist rechtlich möglich und verstößt nicht gegen Rechtsgrundsätze. Sie wäre aber auch dann nicht zu beanstanden, wenn man den Rezeß als Entscheidung einer Verwaltungsbehörde ansehen und deren Bedeutung und Tragweite nachprüfen wollte. Es ist nicht ersichtlich, inwiefern die Ausführungen des Berufungsrichters mit dem Urteil des V. Zivilsenats des Reichsgerichts vom 22. Februar 1926 (JW. 1926 S. 2285 Nr. 4 a. E.) in Widerspruch stehen sollen. Im dortigen Falle war ausdrücklich festgestellt, daß der Rezeß von einer Neudotierung der Schule nichts enthielt. Es kann der Revision auch nicht zugegeben werden, daß der Berufungsrichter bei seiner Entscheidung den Boden der Eigentumstheorie verlassen habe. Denn im Jahre 1840 bestand eine rechtsfähige Schulgemeinde, die das Eigentum an der Wiese erwerben konnte und nach der Feststellung des Berufungsgerichts erworben hat. Ein Bestehen der Schulgemeinde seit 1826 durfte der Berufungsrichter daraus folgern, daß in jener Zeit ein Schulvorstand vorhanden war, mit dem die Regierung verhandelte (vgl. das Verzeichnis der Nutzungen vom 26. September 1838). Wenn sich auch die Errichtung einer Schulsozietät und die Einsetzung eines Schulvorstandes durch die Behörde, wie sie in dem Reskript vom 28. Oktober 1812 (abgedr. in v. Bremen Preuß. Volksschule I S. 536) und in der Instruktion zur Geschäftsführung der Regierungen vom 23. Oktober 1817 (GS. S. 248) § 18 (vgl. Entsch. des Obertrib. Bd. 25 S. 305, 307) vorgesehen war, für R. des näheren nicht hat nachweisen lassen, so muß es doch genügen, daß die Regierung, was aus jenen Verhandlungen zweifelsfrei hervorgeht, den Schulvorstand und damit die Schulgemeinde stillschweigend als bestehend anerkannt hat (Entsch. des Oberverwaltungsgerichts Bd. 43 S. 153; vgl. die Urteile des Reichsgerichts im Preuß. VerwBl. Bd. 7 S. 200, Bd. 10 S. 287).

Was die übrigen im Streit befangenen Grundstücke (Hofraum mit Gebäuden und Hausgarten und Garten hinter dem Dorfe) betrifft, so erklärt der Berufungsrichter einen Erwerb des Eigentums durch die eine oder andere Partei für nicht dargetan und für nicht mehr feststellbar. Nur soviel sei durch die vorgelegten Urkunden bewiesen, übrigens auch unstreitig, daß das Küster- und Schulhaus im Jahre 1722 vorhanden gewesen sei, und daß der Grund und Boden von dem Grundherrn stamme. Grundherr sei bis 1722 der König gewesen; von ihm habe der Geheime Etatsrat v. M. in diesem Jahre das Gut R. erworben. Danach sei die Annahme einer Herkunft der Grundstücke aus kirchlichem Vermögen, etwa durch Abzweigung von kirchlichem Grundbesitz, ausgeschlossen. Übrigens habe die Beklagte nichts dafür beigebracht, daß in R. eine selbständige Kirchengemeinde schon in vorlandrechtlicher Zeit bestanden habe. Es sei auch nicht dargetan, daß etwa der Grund und Boden nach der Bebauung auf Grund besonderen Erwerbstitels in kirchliches Eigentum übergegangen sei. Auf der anderen Seite könne das Bestehen einer rechtsfähigen Schulgemeinde in R. in vorlandrechtlicher Zeit ebenfalls nicht angenommen werden; dies sei auch vom Kläger nicht behauptet worden.

Die so getroffenen Feststellungen lassen sich vom Rechtsstandpunkt aus nicht beanstanden. Möglich wäre es, daß die Grundstücke der Ortskirche als solcher (Patronatskirche), einer pia causa, gehörten. Allein dem steht entgegen, daß sie vom Grundherrn stammten und daß eine Widmung zu ausschließlich kirchlichen Zwecken, also für die Ortskirche, in keiner Weise dargetan ist. Im Gegenteil hat nach der tatsächlichen Annahme des Berufungsrichters der Landesherr, der zugleich Grundherr war, die Einrichtung der Schule in erster Linie aus staatlichen Gesichtspunkten vorgenommen, wenn er auch zugleich kirchliche Zwecke hat mit bedenken wollen. Das entsprach dem in der Mark Brandenburg bestehenden Rechtszustand, den der Berufungsrichter irrevisibel feststellt. Um eine von der Ortskirche gegründete, mit kirchlichen Mitteln ausgestattete Schule handelt es sich danach nicht. Auch daß das Küsterhaus verwaltungsrechtlich zu den geistlichen Gebäuden gerechnet wurde, ist nach den zutreffenden Ausführungen des Berufungsrichters für die Frage des Eigentums ohne wesentliche Bedeutung. Ebensowenig kommt es nach feststehender Rechtsprechung darauf ausschlaggebend an, welche Partei die Bau- und Unterhaltungslast getragen hat; die Beiträge der Kirche sind zudem so gering, daß sie schon aus diesem Grunde nicht ins Gewicht fallen können. Nach alledem gehörten die Grundstücke weder der Kirche als Anstalt noch der Kirchengemeinde als Korporation; da sie nicht kirchliches Vermögen (Kirchengut) waren, findet auch die Vorschrift des § 170 II 11 ALR. über das Eigentum der Kirchengesellschaft keine Anwendung. Anderseits fehlt es dafür, daß die Grundstücke Eigentum der Dorfgemeinde (politischen Gemeinde) gewesen seien, an jedem bestimmten Anhalt.

Bei der Entscheidung der Frage, wer unter diesen Umständen in Wirklichkeit Eigentümer der Grundstücke ist, muß daran festgehalten werden, daß sie gemeinsamen Zwecken der Kirche und Schule zu dienen haben. Ihre Nutzung soll den jeweiligen Inhabern der vereinigten Stelle (Küster und Lehrer) gebühren. Es handelt sich also um eine Pfründe, und es ist rechtlich durchaus möglich, einer solchen Pfründe als pia causa (Anstalt oder Zweckvermögen) die Eigenschaft eines selbständigen Rechtssubjekts beizulegen. Daß eine sog. Küsterlehrerpfründe Eigentümerin des Vermögens der vereinigten Stelle sein kann, ist in dem Urteil des erkennenden Senats vom 24. Februar 1930 (RGZ. Bd. 127 S. 263/64) anerkannt; vgl. auch für Kurhessisches Recht Strippel Die Küsterlehrerstelle und das Urteil des VI. Zivilsenats vom 12. Januar 1926 in JW. 1926 S. 1446 Nr. 4, sowie für Braunschweig das Urteil des erkennenden Senats vom 5. Februar 1930 IV 708/28. Über die Entstehung der Küsterlehrerpfründe erhellt hier nichts Näheres. Eine Begründung durch Gesetz oder Herkommen ist nicht ersichtlich. Sie muß daher, weil für eine sonstige Feststellung die Unterlagen fehlen, auf eine Stiftung des Landesherrn als des damaligen Grundherrn zurückgeführt werden, durch welche die Pfründe als Anstalt oder Sondervermögen geschaffen worden ist. Jedenfalls ist dem Berufungsrichter nicht entgegenzutreten, wenn er unter den obwaltenden Verhältnissen, wie in vielen ähnlich liegenden Fällen, die seit langem bestehende Küsterlehrerpfründe als Eigentümerin der Grundstücke ansieht. Nur so wird man, da ein Eigentumssubjekt vorhanden sein muß, der gesamten Sachlage gerecht.

Die Küsterlehrerpfründe hat das Vorhandensein des vereinigten Kirchen- und Schulamts zur Voraussetzung. Nach der Trennung der Ämter kann sie als einheitliches Rechtssubjekt nicht mehr fortbestehen. Es fragt sich, wem alsdann ihr Vermögen anfällt. Würde es lediglich kirchlichen Zwecken oder bloß Zwecken der Schulunterhaltung gedient haben, so könnte für den Anfall auch privatrechtlich nur Kirche oder Schule in Frage kommen. Diente es, wie hier, gemeinsamen Zwecken beider, so müssen beide anfallberechtigt sein. Vorausgesetzt ist dabei selbstverständlich stets, daß sich privatrechtliches Eigentum des einen oder anderen nicht erweisen läßt. Ein solcher Nachweis ist nach dem Gesagten nicht geführt. Auch ein früherer Erwerb von Miteigentum kommt nicht in Frage. Insbesondere kann der Eintrag im Grundbuch (für „Küsterei und Schule") nicht in diesem Sinne verwertet werden, weil daraus bei der Mehrdeutigkeit der Bezeichnungen ein Miteigentum des Klägers und der Beklagten noch nicht erhellt, der Eintrag sich vielmehr mit größerem Recht im Sinne eines Eigentums der Küsterlehrerpfründe verstehen läßt.

Da davon auszugehen ist, daß es sich um eine Pfründenstiftung handelt, so könnte es sich weiter fragen, ob die §§ 87, 88 BGB. der Entscheidung über den Anfall des Vermögens zugrundezulegen sind. Der VI. Zivilsenat hat in JW. 1926 S. 1446 Nr. 4 eine auch nur entsprechende Anwendbarkeit des § 87 BGB. jedenfalls in dem Sinne, daß daraus die Maßgeblichkeit der öffentlichrechtlichen Zweckbestimmung bei der Auseinandersetzung grundsätzlich zu folgern wäre, deshalb verneint, weil die Voraussetzungen dieser Vorschrift im Falle des § 30 Abs. 6, 7 VUG. nicht gegeben seien. Die Frage kann auf sich beruhen bleiben. Denn es liegt in der Natur der Sache und entspricht dem Wesen der Auseinandersetzung, daß sie nur in einer Weise vorgenommen wird, die den Beteiligten dasjenige gewährt, was ihnen nach dem Stiftungswillen zukommt. Handelt es sich, wie hier, um eine Stiftung für Kirche und Schule, so sind diese beiden, nicht Küster und Lehrer, die Beteiligten; beide sind also anfallberechtigt. Das Ergebnis würde kein anderes sein, wenn die §§ 87, 88 BGB. oder Art. 5 § 2 Preuß. AG. z. BGB. anzuwenden wären. Der Grundsatz, daß die Auseinandersetzung nach privatrechtlichen Gesichtspunkten vorzunehmen ist, wird durch diese Erwägungen nicht verletzt.

Was das Maß der Beteiligung anlangt, so hat der Berufungsrichter jeder der Parteien die Hälfte des Pfründenvermögens zuerkannt. Auch das entspricht beim Fehlen weiterer Anhaltspunkte für die Beteiligung der Sach- und Rechtslage und der Billigkeit. Daß die Zuweisung des Miteigentums zur Hälfte gerechtfertigt wäre, wenn man den Eintrag im Grundbuch als für das Eigentum der Parteien selbst maßgebend ansehen wollte, bedarf keiner näheren Ausführung (§ 891 BGB.).

Der Berufungsrichter hat sich darauf beschränkt, nur das ideelle Miteigentum der Parteien festzustellen. Es kann zweifelhaft sein, ob damit der Vorschrift des § 30 Abs. 7 VUG. über die vorzunehmende Auseinandersetzung Rechnung getragen ist und ob nicht vielmehr eine Teilung in Natur oder eine reale Zuweisung im einzelnen für den Fall der späteren Trennung auszusprechen gewesen wäre. Da aber der Hilfsantrag des Klägers, der insoweit nur noch in Betracht kommt, auf eine solche ideelle Teilung gerichtet ist, muß es bei der getroffenen Entscheidung bewenden.

---

13. Ist der Vorkaufsberechtigte an die Ausübung des Vorkaufsrechts gebunden, wenn der Vorkaufsverpflichtete die Erstreckung des Vorkaufs auf andere Sachen verlangt?

BGB. §§ 505, 508.

VI. Zivilsenat. Urt. v. 21. Mai 1931 i. S. E. (Kl.) w. Frau Th. (Bekl.). VI 584/30.

I. Landgericht Rostock.
II. Oberlandesgericht daselbst.

Durch notariellen Vertrag vom 23. Juli 1926 verkaufte die Beklagte die ihr gehörenden, in D. gelegenen Grundstücke Flurbuch Nr. 522, 523 und 527 an den Kläger zum Preise von 35000 GM.; zugleich wurde die Auflassung erklärt. Die beiden Grundstücke Nr. 523 und 527, welche teils als Zimmerplatz, teils als Wiese und Gartenland verwendet wurden, waren mit einem Vorkaufsrecht zugunsten der Stadtgemeinde D. belastetet, das Grundstück Nr. 522, ein Zimmerplatz, dagegen nicht. Die vorkaufsberechtigte Gemeinde forderte sodann die Beklagte auf, durch Vorlegung des Kaufvertrags den Nachweis zu führen, welchen Erwerbspreis der Käufer einmal für das Grundstück Nr. 523 und sodann für das Grundstück Nr. 527 gezahlt habe. Die Beklagte erwiderte darauf, dies Verlangen sei unberechtigt, das Vorkaufsrecht dürfe nur für den gesamten Kaufgegenstand in Anspruch genommen werden. Die Stadtgemeinde verblieb jedoch bei ihrem Verlangen und begründete es damit, daß die drei Grundstücke keine wirtschaftliche Einheit bildeten. Darauf erklärten die Vertragsparteien in einer notariellen Verhandlung vom 17. Februar 1927, die drei Grundstücke seien als wirtschaftliche Einheit zu einem Gesamtpreise von 35000 RM. verkauft und der Kaufvertrag sei „für beide Parteien nur unter dieser Voraussetzung und dieser Bedingung" abgeschlossen worden; sie erklärten weiter, der Wert der einzelnen Grundstücke würde für beide Parteien durch Abtrennung eines Grundstücks oder eines Teils der Grundstücke derart beeinträchtigt werden, daß der gesamte Kaufvertrag für sie alsdann kein Interesse mehr hätte und der Wert des verbleibenden Restgrundstücks in diesem Falle erheblich mehr als im Verhältnis der abgetrennten Flächen vermindert würde. Die Parteien gaben zugleich eine Erklärung darüber ab, in welcher Weise sich der Gesamtkaufpreis auf die einzelnen Grundstücke im Stempel- und Kosteninteresse verteile. Die Stadtgemeinde übte darauf das Vorkaufsrecht in bezug auf das Grundstück Nr. 527 aus, während sie auf das Vorkaufsrecht wegen des Grundstücks Nr. 523 verzichtete. Die Beklagte verlangte, daß das Vorkaufsrecht auch auf die beiden anderen Grundstücke ausgedehnt werde. Das lehnte die Gemeinde ab.

Der Kläger hat nach seiner Darstellung an die Beklagte in der Folgezeit mehrere mit Fristsetzungen verbundene Aufforderungen gerichtet, über deren Inhalt nichts festgestellt ist, und ist schließlich vom Kaufvertrage zurückgetreten. Er verlangt jetzt die auf den

Vertrag bewirkten Leistungen zurück und erbietet sich zur Rückgabe der Grundstücke. Er unterlag in den beiden ersten Rechtszügen. Seine Revision führte zur Aufhebung und Zurückverweisung.

Aus den Gründen:

Das Berufungsgericht führt zunächst folgendes aus: Aus den tatsächlichen Angaben beider Parteien ergebe sich, daß bei Ausübung des Vorkaufs wegen des Grundstücks Nr. 527 der Wert der übrigen Grundstücke nachteilig beeinflußt werden würde, die Trennung also nicht ohne Nachteil für die Beklagte erfolgen könne. Die Grundstücke seien zu einem Gesamtpreise verkauft worden. Damit seien die Voraussetzungen des § 508 BGB. gegeben. Die Beklagte habe danach verlangen können, daß die Stadtgemeinde sämtliche drei Grundstücke kaufe. Von dieser Befugnis habe die Beklagte Gebrauch gemacht. Die Ablehnung ihres Verlangens habe zur Folge, daß die Ausübung des beschränkten Vorkaufsrechts als nicht wirksam zu behandeln sei. Die Rechte des Klägers aus dem Kaufvertrage seien also durch die Erklärung der Stadtgemeinde nicht beeinträchtigt.

Die Revision stellt zur Nachprüfung, ob diese Rechtsauffassung den Vorschriften des Bürgerlichen Gesetzbuches entspricht. Jedoch ist dem Berufungsgericht zu diesem Punkte im Ergebnis beizutreten. In § 508 BGB. werden zwei Fälle unterschieden. Zunächst wird der Fall geregelt, daß der Dritte den Gegenstand, auf den sich das Vorkaufsrecht bezieht, mit anderen Gegenständen zu einem Gesamtpreise gekauft hat; dann tritt keine Veränderung in bezug auf den Gegenstand des Vorkaufsrechts ein; vielmehr ordnet das Gesetz nur an, daß der Vorkaufsberechtigte dann einen verhältnismäßigen Teil des Gesamtpreises zu entrichten hat. Eine anderweitige Regelung lag in dem Falle nahe, wo eine Trennung der verkauften Sachen nicht ohne Nachteil für den verpflichteten Verkäufer erfolgen kann. Alsdann kann dieser verlangen, daß der Vorkauf auf alle Sachen erstreckt wird, die nicht ohne Nachteil für ihn getrennt werden können. Ist das Verlangen des Vorkaufsverpflichteten ausgesprochen worden, bevor das Vorkaufsrecht ausgeübt worden ist, so kann die Rechtslage nicht zweifelhaft sein; denn nach § 505 BGB. kommt der Vertrag zwischen dem Vorkaufsberechtigten und dem Vorkaufsverpflichteten mit der Ausübung des Vorkaufsrechts unter den Bedingungen zustande, welche der Verpflichtete mit dem Dritten vereinbart hat, und die Ausübung des Vorkaufsrechts erfolgt durch Erklärung gegenüber dem Verpflichteten (RGZ. Bd. 121 S. 137). Der Vorkaufsberechtigte hat in diesem Falle die Wahl, ob er trotz des vom Verpflichteten gestellten Verlangens das Vorkaufsrecht ausüben will oder nicht. Der Wortlaut des § 508 BGB. verschafft allerdings dann nicht ohne weiteres Klarheit über die Rechtslage, wenn der Vorkaufsverpflichtete das erwähnte Verlangen ausspricht, nachdem der Kaufvertrag zwischen ihm und dem Vorkaufsberechtigten durch dessen Erklärung, daß er das Vorkaufsrecht ausübe, bereits zustandegekommen ist. Im Schrifttum wird die Auffassung vertreten, daß der Wortlaut des § 508 den Vorkaufsberechtigten zwinge, bei seiner Erklärung über die Ausübung des Vorkaufsrechts stehen zu bleiben und dieses auf die ihm nicht unterliegenden Gegenstände auszudehnen (Erläuterung von Planck, Staudinger, Oertmann zu § 508 BGB). Dem ist nicht beizutreten. Bei der Schaffung der Vorschrift im Satz 2 des § 508 ging man von der Erwägung aus, man dürfe den Vorkaufsverpflichteten nicht dadurch in Schaden bringen, daß man ihn nötige, den mit dem Vorkaufsrecht belasteten Gegenstand dem Berechtigten zu einem verhältnismäßigen Preise zu überlassen, während er ohne diesen Gegenstand die anderen Gegenstände unter Umständen gar nicht oder nicht unter ebenso günstigen Bedingungen verkaufen könne (Prot. II S. 105). Dieser Ausgangspunkt läßt erkennen, daß der Gesetzgeber lediglich den Vorkaufsverpflichteten vor einem Schaden bewahren wollte, der ihm in solchem Falle entstehen kann, wenn das Vorkaufsrecht in beschränktem Umfange aufrechterhalten wird. Es fehlt aber jeder Anhalt dafür, daß man den Berechtigten zwingen wollte, bei der seinem Rechte entsprechenden Erklärung über die Ausübung des Vorkaufsrechts trotz der durch das Verlangen des Verpflichteten nach Ausdehnung dieses Rechts geschaffenen völlig veränderten Rechtslage stehen zu bleiben. Der aus § 508 Satz 2 zu entnehmende und in ihm, wenn auch nur unvollkommen und andeutungsweise, zum Ausdruck gekommene Gedanke ist also dieser: Der Vorkaufsverpflichtete ist zu dem Verlangen befugt, daß der Berechtigte das Vorkaufsrecht auf Gegenstände ausdehnt, die zwar nicht dem Vorkaufsrecht unterliegen, aber von den übrigen nicht ohne Nachteil für den Verpflichteten getrennt werden können; wird dieses Verlangen ausgesprochen, so erhält der Berechtigte wieder die völlige Freiheit der Entschließung, ob er dem Verlangen des Verpflichteten nachkommen oder nunmehr die durch Ausübung des

Vorkaufsrechts erworbenen Rechte mit den Pflichten aufgeben will. Es soll also infolge des Verlangens des Verpflichteten die frühere Rechtslage wiederhergestellt werden. Wenn das Gesetz von einem Verlangen nach Erstreckung des Vorkaufs auf andere Gegenstände spricht, so läßt das im Zusammenhang mit dem leitenden Gedanken des Gesetzgebers darauf schließen, daß der Rechtszustand mit dieser Willenserklärung des Verpflichteten noch nicht endgültig abgeschlossen sein, sondern durch eine Willenserklärung des Berechtigten seine Ergänzung finden soll. Sollte aber dem Berechtigten keine Wahl in bezug auf den Inhalt der Willenserklärung gelassen, er vielmehr gezwungen werden, diese Erklärung im Sinne der Ausdehnung des Vorkaufsrechts auf andere Gegenstände abzugeben, so hätte es nahegelegen, eine entsprechende Folgerung ohne weiteres als unmittelbare gesetzliche Folge der nachteiligen Wirkung eines beschränkt ausgeübten Vorkaufsrechts in Verbindung mit einer dahin gerichteten Erklärung des Verpflichteten auszusprechen. Eine andere als die hier angenommene Auslegung des Gesetzes hätte zur Folge, daß der Vorkaufsberechtigte in der Ausübung seines Rechts wesentlich beschränkt würde. Denn er hat kein Recht darauf, daß der Verpflichtete sein Verlangen nach Ausdehnung des Vorkaufsrechts vor dessen Ausübung ausspreche. Er hat also mit der Gefahr zu rechnen, daß ein solches Verlangen noch erfolgt, nachdem er sein Vorkaufsrecht ausgeübt hat. Das würde ihn, wenn die Ausübung des Rechts im erweiterten Umfange seinen Belangen widerspricht, veranlassen müssen, trotz seines guten Rechts von der Ausübung ganz abzusehen, wiewohl die Möglichkeit besteht, daß der Verpflichtete von seinem Recht auf Ausdehnung keinen Gebrauch macht. Eine solche Einschränkung des Vorkaufsrechts kann nicht dem Willen des Gesetzgebers entsprechen, der, wie dargelegt, nur den Verpflichteten gegen Nachteile schützen, nicht aber den Berechtigten schlechter stellen wollte. Das im Schrifttum geäußerte Bedenken, der durch die Erklärung des Vorkaufsberechtigten zustandegekommene Vertrag könne nicht durch einseitige Erklärung von seiner Seite wieder beseitigt werden, greift nicht durch. Denn in dem Verlangen des Verpflichteten gemäß § 508 BGB. liegt nach der hier vertretenen Auffassung einerseits der Antrag auf Erweiterung des zwischen dem Berechtigten und dem Verpflichteten zustandegekommenen Vertrags und anderseits zugleich das bedingt ausgesprochene Einverständnis mit der Aufhebung des

Vertrags für den Fall der Ablehnung jenes Antrags. Im Ergebnis wie hier: Enneccerus-Lehmann Lehrbuch des bürgerl. Rechts, 11. Bearbeitung 1930, § 117 (§ 340) Bem. III 3; RGRKomm. Anm. 2 zu § 508 BGB.; Immerwahr in Iherings Jahrbuch 1899 S. 315, der einen Verzicht des Berechtigten nur dann für unzulässig hält, wenn der Verpflichtete bei der Anzeige des Verkaufs den Anspruch auf Mitübernahme nicht belasteter Gegenstände geltend macht.

Da im vorliegenden Falle die vorkaufsberechtigte Stadtgemeinde dem Verlangen der Beklagten nicht entsprechen wollte, war ihr Vorkaufsrecht für den jetzigen Verkaufsfall hinfällig geworden. Überdies war auch der Standpunkt der Gemeinde unberechtigt, daß sie befugt sei, von den beiden dem Vorkaufsrecht unterliegenden Grundstücken für die Ausübung des Rechts nur das eine auszuwählen, wiewohl der Verkauf durch einheitlichen Vertrag erfolgt war. Demnach ist die vom Kläger in erster Linie vertretene Auffassung gegenstandslos, er habe den Kaufvertrag nur unter der Bedingung geschlossen, daß das Vorkaufsrecht nicht ausgeübt werde.... (Es folgen Ausführungen darüber, daß die Entscheidungsgründe des Berufungsgerichts zu § 326 BGB. rechtlich zu beanstanden seien).

---

14. Unterliegt der Pfändung der Anspruch einer Gesellschaft mbH. gegen ihre Gesellschafter auf Einzahlung der Stammeinlage?

GmbHG. § 19.

II. Zivilsenat. Urt. v. 22. Mai 1931 i. S. Inv.El.-AG. (Kl.) w. St. (Bekl.). II 299/30.

I. Landgericht III Berlin, Kammer für Handelssachen.
II. Kammergericht daselbst.

Der Beklagte ist Gründer und Gesellschafter einer Gesellschaft mbH. Die Klägerin hat gegen diese Gesellschaft vollstreckbare Titel und einen Pfändungs- und Überweisungsbeschluß erwirkt, auf Grund dessen der Anspruch der Gesellschaft gegen den Beklagten auf Zahlung seiner angeblich noch rückständigen Stammeinlage für sie gepfändet und ihr zur Einziehung überwiesen wurde. Gegen die daraufhin von der Klägerin erhobene Klage auf Zahlung des gepfändeten

Betrags hat der Beklagte eine Reihe von Einwendungen vorgebracht, insbesondere hat er die Wirksamkeit der Pfändung bestritten. Das Landgericht hat der Klage stattgegeben, das Kammergericht dagegen hat sie abgewiesen.

Die Revision der Klägerin führte zur Aufhebung und Zurückverweisung.

Aus den Gründen:

Das Berufungsgericht hat im Anschluß an die bisherige Rechtsprechung des Reichsgerichts (RGZ. Bd. 76 S. 434, Bd. 85 S. 351) die Frage der Pfändbarkeit der Ansprüche einer Gesellschaft mbH. auf Einzahlung von Stammeinlageforderungen bejaht. Daran ist grundsätzlich festzuhalten. Der Anspruch auf Leistung der Stammeinlage ist auf Zahlung einer bestimmten Geldsumme gerichtet. Daran wird durch Abtretung und Pfändung nichts geändert. Auch die Zweckbestimmung der Einlageforderung, nämlich die Aufbringung des Stammkapitals, steht der Abtretung und der Pfändung nicht schlechthin entgegen. Von wem und wodurch der Gesellschaft der Geldbetrag der Stammeinlageforderung zufließt, ist insoweit ohne Belang. Wesentlich ist nur, daß sie den Wert der Stammeinlage vollständig erhält. Wie schon in RGZ. Bd. 76 S. 437 dargelegt ist, kann die Stammeinlageforderung nur mit ihrem ursprünglichen Leistungsinhalt gepfändet und zur Einziehung überwiesen oder abgetreten werden; es muß deshalb bei ihrer Einforderung, auch wenn sie durch den Pfändungspfandgläubiger erfolgt, der Vorschrift des § 19 Abs. 1 GmbHG. genügt sein. Wäre der Anspruch der Gesellschaft auf Zahlung der Stammeinlage nicht übertragbar, so würde er auch nicht der Zwangsvollstreckung in das Vermögen der Gesellschaft unterliegen und deshalb gemäß § 1 KO. nicht zur Konkursmasse gehören. Dies wäre ein ganz unannehmbares Ergebnis. Ist sonach die Möglichkeit der Abtretung und Pfändung von Stammeinlageforderungen grundsätzlich zu bejahen, so ergibt sich doch aus dem Gesetz und der Zweckbestimmung dieser Ansprüche, daß hierbei im Einzelfall noch eine besondere Voraussetzung erfüllt sein muß. Schon in dem eine aktienrechtliche Sache betreffenden Urteil des erkennenden Senats RGZ. Bd. 124 S. 380 ist dargelegt, daß die Abtretung von Einlageansprüchen auf Aktien nur dann rechtswirksam sein kann, wenn hierdurch der Vermögensstand der Gesellschaft nicht verringert wird, ihr vielmehr in Form der Gegenleistung des Erwerbers ein vollwertiges Entgelt zufließt. Diese Auffassung wurde aus den §§ 211, 220, 221 HGB. hergeleitet; an ihr hat auch das Urteil des erkennenden Senats vom 30. Mai 1930 II 505/29 festgehalten. Bei der Gesellschaft mbH. ist aber die Rechtslage grundsätzlich nicht anders. Zweck und Aufgabe des Stammkapitals sind dieselben wie die des Grundkapitals der Aktiengesellschaft. Nicht anders verhält es sich mit den Einlageforderungen auf beide. Wie § 221 HGB. für die Aktiengesellschaft, so bestimmt § 19 Abs. 2 GmbHG. für die Gesellschaft mbH., daß die Stammeinlagen — abgesehen von dem Fall der Kapitalherabsetzung — den Gesellschaftern weder erlassen noch gestundet werden können und daß die Gesellschafter gegenüber der Stammeinlageforderung nicht aufrechnen können. Vertragliche Aufrechnung gegen die Stammeinlageforderung ist ferner nach ständiger Rechtsprechung nur zulässig, wenn die Gegenforderung des Gesellschafters vollwertig ist. Auch hier ist eben das Entscheidende nicht, daß der Gesellschafter überhaupt leistet, sondern daß seine Leistung vollständig der Gesellschaft zufließt. Im übrigen hat der Senat schon im Urteil RGZ. Bd. 124 S. 380 auf § 19 GmbHG. hingewiesen und damit zu erkennen gegeben, daß er die grundsätzliche Frage für die Stammeinlageforderungen bei der Gesellschaft mbH. wohl ebenso beurteilen werde, wie dies dort für die Einzahlungsansprüche auf Aktien geschehen ist. Die hier vertretene Ansicht steht auch nicht im Widerspruch mit der bisherigen Rechtsprechung. Es genügt insoweit der Hinweis auf die Behandlung der Aufrechnungsfrage. Ist hiernach davon auszugehen, daß die Abtretung von Stammeinlage-Rückständen bei der Gesellschaft mbH. nur rechtswirksam ist, wenn der Gesellschaft dafür ein vollwertiges Entgelt zugeflossen ist, so könnte z. B. eine Abtretung an Zahlungsstatt oder zahlungshalber auf eine Schuld der Gesellschaft, die wegen deren mißlicher Vermögenslage wirtschaftlich nicht vollwertig wäre, auch nicht als rechtswirksam angesehen werden. Denn eine vollwertige Gegenleistung (durch Tilgung der Gesellschaftsschuld) läge dann nicht vor. Das führt aber folgerichtig dazu, daß auch eine Pfändung und Überweisung zur Einziehung nur dann als rechtsgültig anerkannt werden kann, wenn der Anspruch des Gläubigers gegen die Gesellschaft im Zeitpunkt des Wirksamwerdens des Pfändungs- und Überweisungsbeschlusses gegenüber dem gepfändeten Einzahlungsanspruch vollwertig ist. Fehlt es daran — und dies wird nicht selten der Fall sein — dann ermangelt auch der Pfändungs- und Überweisungsbeschluß der Rechtswirksamkeit. Wie es sich damit in der vorliegenden Sache verhält, hat das Berufungsgericht nicht geprüft; überhaupt ist dies in den Vorinstanzen nicht erörtert worden. Nun ist allerdings die Klägerin nicht beschwert durch die Bejahung der Wirksamkeit des Pfändungs- und Überweisungsbeschlusses, auf den sie sich stützt. Die hier behandelte Frage könnte auch auf sich beruhen bleiben, wenn die Revision aus anderen Gründen zurückzuweisen wäre. Dem ist aber nicht so . . . (wird ausgeführt).

---

15. 1. Werden Vermögensgegenstände, die ein Dritter mit dem Gelde eines andern für dessen Rechnung, aber im eigenen Namen erwirbt, Treugut aus der Hand des Geldgebers, dessentwegen dieser im Konkurse des Dritten ein Aussonderungsrecht hat?

2. Gilt die Abtretung einer Höchstbetragshypothek mit der ihr zugrunde liegenden Forderung als eine selbständige, nach schuldrechtlichen Grundsätzen zu beurteilende Abtretung der Forderung im Sinne des § 1190 Abs. 4 BGB., wenn die Abtretung im Grundbuch nicht eingetragen worden ist und dies auch nicht mehr geschehen kann?

BGB. §§ 667, 1190. KO. § 43.

VII. Zivilsenat. Urt. v. 9. Juni 1931 i. S. M. Stiftung (Kl.) w. Firma K., D. & Co. (Bekl.). VII 501/30.

I. Landgericht Bremen.
II. Oberlandesgericht Hamburg.

Die S.-Gesellschaft in Berlin, welche Pflanzungen auf Samoa besaß, hatte im Jahre 1913 beschlossen, gegen Eintragung einer hypothekarischen Sicherung auf einer dieser Pflanzungen Obligationen bis zur Höhe von 200000 M. auszugeben. Die verklagte Firma, deren Mitinhaber D. ein entfernter Verwandter des inzwischen verstorbenen Kaufmanns M., des Rechtsvorgängers der Klägerin, war, hatte Interesse für diese Finanzierung, weil sie durch eine Geldhergabe an die S.-Gesellschaft mit dieser ins Geschäft zu kommen hoffte. D. wandte sich deshalb an M. wegen eines entsprechenden Darlehns an die bezeichnete Gesellschaft, wozu sich dieser auch bereit fand. M. wollte jedoch als Geldgeber nach außen nicht hervortreten und verabredete deshalb mit D., daß die Beklagte die Verhandlungen mit der S.-Gesellschaft selbst führen und dieser auf ihren eigenen Namen das Geld leihen sollte. In Gemäßheit dieser Abrede schloß dann die Beklagte im Juli 1913 mit der S.-Gesellschaft einen Darlehnsvertrag über 200000 M. Das Darlehen wurde ratenweise gegeben und zu seiner Sicherung für die Beklagte auf einem im Grundbuch von Tramasaga (Samoa) eingetragenen Grundstück der Gesellschaft eine Höchstbetragshypothek in Höhe von 220000 M. eingetragen. Im Anschluß daran wurde am 18. November 1913 eine notariell beglaubigte Urkunde errichtet, in welcher D. für die Beklagte erklärte, daß die Sicherungshypothek (Höchstbetragshypothek) nur formell auf den Namen der Beklagten eingetragen sei und mit der ihr zugrunde liegenden Forderung in Wirklichkeit dem Kaufmann M. zustehe, an den sie darum die Sicherungshypothek mit allen Rechten abtrete. In der Urkunde wurde auch die Eintragung der Abtretung bewilligt und beantragt, doch ist diese tatsächlich nicht geschehen.

Über das Vermögen der Beklagten wurde im Jahre 1928 das Vergleichsverfahren eröffnet. Dieses Verfahren fand durch einen gerichtlich bestätigten Vergleich sein Ende, und zwar dergestalt, daß das gesamte Vermögen der Beklagten dem Rechtsanwalt H. als Treuhänder zur bestmöglichen Verwertung für die Gläubiger und zu ihrer Befriedigung nach konkursrechtlichen Grundsätzen überlassen wurde. Zu diesem Vermögen wurde auch eine im Reichsschuldbuch für den Treuhänder eingetragene Forderung gegen das Deutsche Reich gezogen, die eine Entschädigung für die Höchstbetragshypothek auf dem Grundstück der S.-Gesellschaft in Samoa darstellte. Sie war der Beklagten auf Grund des Liquidationsschädengesetzes in Höhe von 54300 Goldmark als Stammentschädigung und in Höhe von 1000 Goldmark als Wiederaufbauzuschlag vom Reich bewilligt und an deren Stelle auf den Namen des Treuhänders H. eingetragen worden.

Die Klägerin erhebt als Rechtsnachfolgerin des Kaufmanns M. Ansprüche auf diese Entschädigung, weil die Beklagte nur Treuhänderin der Höchstbetragshypothek und der durch sie gesicherten Forderung gewesen sei, und M. wirtschaftlich die Gläubigerrechte gehabt habe. Sie stützt ihre Rechte aber auch auf die Abtretung vom 18. November 1913. Mit der Klage verlangt sie, daß ihr die Beklagte die dieser gegen ihren Treuhänder Rechtsanwalt H. zustehenden Ansprüche auf Rückabtretung der für ihn im Reichsschuldbuch eingetragenen Entschädigungsforderung abtrete.

Das Landgericht hat die Beklagte in Höhe von 43440 Goldmark zur Abtretung verurteilt und im übrigen die Klage abgewiesen. Hiergegen haben beide Parteien Berufung eingelegt. Das Oberlandesgericht hat unter Zurückweisung der Berufung der Klägerin die Klage ganz abgewiesen. Die Revision der Klägerin ist erfolglos geblieben.

Gründe:

Da die Abwicklung des im Vergleichsverfahren geschlossenen Vergleichs nach konkursrechtlichen Grundsätzen erfolgen soll, so ist es für die Rechte der Klägerin von Belang, ob sie im Falle eines Konkurses der Beklagten wegen der dieser vom Reich bewilligten Entschädigung einen Aussonderungsanspruch gehabt hätte oder lediglich als Konkursgläubigerin zu behandeln gewesen wäre. Bei der Beantwortung dieser Frage ist das Berufungsgericht ohne Rechtsirrtum auf die Prüfung zurückgegangen, ob der Rechtsvorgänger der Klägerin im Falle eines Konkurses der Beklagten vor der Entschädigung durch das Reich die Aussonderung der Hypothek und der Forderung vom Konkursverwalter hätte verlangen können. Denn nur insoweit, als für diese Werte ein Aussonderungsrecht bestand, würde auch die Klägerin ein solches Recht wegen der im Reichsschuldbuch für den Treuhänder H. eingetragenen Liquidationsentschädigung beanspruchen können.

Der von der Klägerin erhobene Anspruch läuft darauf hinaus, daß die im Reichsschuldbuch eingetragene Entschädigungsforderung aus der dem H. übertragenen Vermögensmasse herausgezogen werden soll; denn die von der Beklagten verlangte Abtretung soll die spätere Geltendmachung des Rückgabeanspruchs gegen H. durch die Klägerin nur vorbereiten. Darum ist auch bei der Form, in welcher der Klaganspruch erhoben ist, für die Entscheidung des Rechtsstreits erheblich, ob im Falle eines Konkurses die Voraussetzungen eines Aussonderungsrechts der Klägerin anzuerkennen wären. Dies hängt aber, wie das Berufungsgericht zutreffend angenommen hat, ausschließlich davon ab, ob hinsichtlich der auf dem Grundstücke der S.-Gesellschaft für die Beklagte eingetragen gewesenen Höchstbetragshypothek und der durch sie gesicherten Darlehnsforderung ein Treuhandverhältnis zwischen M. und der Beklagten bestand oder diese Rechte dem Rechtsvorgänger der Klägerin von der Beklagten rechtswirksam abgetreten worden sind. Beides hat das Berufungsgericht ohne Rechtsirrtum verneint.

Von einem Treuhandverhältnis im Rechtssinn kann nach der ständigen Rechtsprechung des Reichsgerichts nur in solchen Fällen gesprochen werden, in denen der eine (Treuhandgeber) einen bisher auch rechtlich zu seinem Vermögen gehörenden Gegenstand einem anderen (Treuhänder) zu treuen Händen anvertraut, d. h. mit der Bestimmung übereignet hat, daß der andere das übertragene Recht zwar im eigenen Namen ausüben solle, es aber nicht zu seinem Vorteil solle gebrauchen dürfen. Denn nur in solchem Falle kann davon die Rede sein, daß das Treugut zwar rechtlich, aber nicht wirtschaftlich aus dem Vermögen des Treuhandgebers ausgeschieden sei. Dagegen ist die Annahme eines Treuhandverhältnisses ausgeschlossen, wenn jemand einen Gegenstand nur für Rechnung und im Interesse eines anderen als stiller Stellvertreter für diesen von einem Dritten erworben hat und infolge des Vertretungsverhältnisses dem anderen nur ein schuldrechtlicher Anspruch auf Übereignung des erworbenen Vermögensgegenstandes zusteht (RGZ. Bd. 84 S. 217, Bd. 91 S. 16, Bd. 127 S. 344).

Im gegenwärtigen Falle liegt lediglich der letztere Tatbestand vor. M. hatte zwar, wie das Berufungsgericht feststellt, die für das Darlehen an die S.-Gesellschaft erforderlichen Geldbeträge hergegeben, aber die Darlehnsforderung und die zu deren Sicherung eingetragene Höchstbetragshypothek sind nicht in seiner Person, sondern in der Person der Beklagten entstanden. Beide Werte sind also nicht aus dem Vermögen des M. herausgegangen. Vergeblich will die Revision dieser Rechtslage dadurch ausweichen, daß sie darauf hinweist, die Beklagte sei jedenfalls echte Treuhänderin der Geldbeträge gewesen, die ihr von M. für die S.-Gesellschaft zur Verfügung gestellt worden seien, und wenn diese Gelder echtes Treugut gewesen seien, so sei auch das als Treugut anzusehen, was die Beklagte durch ihre bestimmungsgemäße Verwendung als „Surrogat" erworben habe. Denn einmal ist es nicht zutreffend, daß die Gelder der Beklagten im Rechtssinne zu treuen Händen gegeben worden wären. Sie sollten nicht in ihrer Hand verbleiben, sondern waren von vornherein dazu bestimmt, nach Weisungen des M. für dessen Rechnung verwendet zu werden. Sie gingen deshalb überhaupt nicht in das Eigentum — auch nicht in formales Eigentum — der Beklagten über, sondern blieben bis zur beabsichtigten Verwendung Eigentum des M. Daran ändert es auch nichts, daß die Beklagte bei der Verwendung des Geldes in ihrem eigenen Namen handeln sollte. Denn auch dabei blieb sie im Innenverhältnis Vertreterin des M., und sie ist darum nicht anders zu behandeln, als sonst ein Dritter, der zur Ausführung eines Auftrags von dem Auftraggeber Geld erhält. Der Revision kann aber auch nicht zugegeben werden, daß die mit diesem Geld erworbenen Werte Treugut geworden seien. Denn dieser Meinung steht schon der Umstand entgegen, daß sie nicht Ersatzstücke des Geldes, sondern mit diesem erworbene neue Werte waren und als solche selbständigen Rechtsbeziehungen unterlagen. Da aber die Beklagte der S.-Gesellschaft gegenüber als Selbstkontrahentin aufgetreten war und die Gesellschaft nichts davon wußte, daß M. der Geldgeber sei, so entstanden die aus dem Darlehen und dessen Sicherung erwachsenden Rechte in der Person der Beklagten, mochte diese auch im Verhältnis zu M. verpflichtet sein, diesem das Erworbene herauszugeben.

In der Urkunde vom 18. November 1913 bekannte zwar die Beklagte, daß die Höchstbetragshypothek nur formal auf ihren Namen eingetragen sei und daß sowohl diese wie auch die durch sie gesicherte Forderung dem M. zuständen. Aber durch diese Erklärung wurde kein Treuhandverhältnis geschaffen, sondern höchstens bezeugt, daß die Beteiligten ihr Rechtsverhältnis für ein solches hielten. Der Glaube, daß ein Treuhandverhältnis bestehe, reicht jedoch für dessen Feststellung nicht aus. Aus diesem Grunde kann sich auch die Revision nicht auf den Brief der Beklagten vom 23. Mai 1928 berufen, aus dem hervorgehen soll, daß sich die Parteien schon vor diesem Zeitpunkt darüber einig gewesen seien, daß Gläubigerin der Entschädigungsforderung gegen das Reich die Klägerin sei. Denn auch in diesem Fall handelt es sich nur um die Rechtsauffassungen der Beteiligten, die nicht maßgebend sind für die Frage, welche Rechtsbeziehungen wirklich zwischen ihnen bestanden. Für diese Beziehungen würde es ebensowenig ins Gewicht fallen, wenn etwa die Beklagte die Gläubigerrechte aus der in ihrer Person entstandenen Forderung mit Einverständnis der Klägerin im Entschädigungsverfahren nur als deren Treuhänderin geltend machen wollte, denn auch damit hätte sie an der wirklich bestehenden Rechtslage nichts ändern können.

Wenn die Revision zur Erwägung stellt, ob nicht von der an sich zur Begründung eines Treuhandverhältnisses erforderlichen Übertragung eines Vermögensstückes vom Treuhandgeber auf den Treuhandnehmer dann abzusehen sei, wenn sich dieses zwar schon in dem Vermögen des letzteren befindet, der Treuhandgeber aber einen schuldrechtlichen Anspruch auf die Übertragung an ihn besitzt, so besteht kein Anlaß, von der bisherigen Rechtsprechung abzugehen. Schon im Urteil RGZ. Bd. 84 S. 214 hat der erkennende Senat ausgeführt, daß der Begriff des Treuhandverhältnisses völlig ins Unbestimmte zerfließen würde, wenn man bei ihm vom Erfordernis des Anvertrauens zu treuen Händen ganz absehen und ein solches Verhältnis schon da als vorhanden annehmen wollte, wo jemand im Auftrag eines anderen für dessen Rechnung, aber im eigenen Namen eine Sache erwirbt. Damit würde auch die Begriffsgrenze der dinglichen und der persönlichen Rechte zum Schaden des Verkehrs und der Kreditsicherheit ohne Grund verwischt. Dem kann die Revision nicht entgegenhalten, daß es ein bloßer Formalismus wäre, wenn man zunächst die Erfüllung des schuldrechtlichen Anspruchs des Treuhandgebers und dann eine Rückübertragung an den Treuhandnehmer zur Begründung des Treuhandverhältnisses verlangen wollte. Denn ein solcher Tatbestand liegt hier nicht vor, da an die Beklagte von der Klägerin nichts zurückübertragen werden soll.

Was aber die Abtretung der von der Beklagten gewonnenen Rechte an den Rechtsvorgänger der Klägerin betrifft, so ist dem Berufungsgericht darin beizutreten, daß eine wirksame Übertragung der Höchstbetragshypothek und der durch sie gesicherten Darlehnsforderung auf M. mit der Urkunde vom 18. November 1913 nicht bewirkt worden ist, weil nach § 1190 Abs. 3, § 1185 BGB. die Eintragung der Abtretung im Grundbuch hinzukommen mußte und diese trotz der in der Urkunde abgegebenen Erklärungen unterblieben ist. Die Forderung für sich allein, d. h. losgelöst von der Hypothek, konnte nach § 1190 Abs. 4 BGB. zwar auch nach schuldrechtlichen Grundsätzen ohne grundbuchliche Umschreibung der Hypothek abgetreten werden. Aber es ist rechtlich nicht zu beanstanden, wenn das Berufungsgericht bei Auslegung der Urkunde annimmt, daß eine derartige Forderungsabtretung von den Beteiligten nicht beabsichtigt gewesen sei, und daß nur die Abtretung der Hypothek in Verbindung mit der Forderung als erklärt zu gelten habe. Was die Revision dagegen vorbringt, kann die Auffassung des Berufungsgerichts nicht entkräften. Denn wenn es in der Urkunde vom 18. November 1913 heißt, daß die Forderungen aus der Sicherungshypothek (Höchstbetragshypothek) und diese selbst dem M. zuständen und demzufolge die Sicherungshypothek mit allen Rechten an ihn abgetreten werde, so mag damit allerdings anerkannt worden sein, daß M. auch auf die Abtretung der Forderung einen Anspruch habe, aber es ergibt sich aus den Erklärungen nicht, daß die gesicherte Forderung, losgelöst von der Hypothek, nach schuldrechtlichen Grundsätzen an M. abgetreten werden sollte. Denn solchenfalls wäre der Übergang der Hypothek auf M. ausgeschlossen gewesen, während er doch gerade erklärt worden ist.

Unerheblich ist es auch, daß zur Zeit der Eröffnung des Vergleichsverfahrens die Höchstbetragshypothek nicht mehr bestand. Denn dadurch ist nicht etwa die Abtretung der schuldrechtlichen Ansprüche für sich allein wirksam geworden. Zwar mag es sein, daß seit dem Zeitpunkt, wo die deutschen Hypotheken und Forderungen in der Südsee von den feindlichen Regierungen beschlagnahmt wurden und das deutsche Grundbuch in Samoa durch einen Akt der feindlichen Regierungen beseitigt wurde, auch die Eintragung der in der Urkunde vom 18. November 1913 erklärten Abtretung unmöglich geworden ist. Aber daraus ergibt sich nicht, daß nunmehr die bisher unwirksame Abtretung wegen eines Teils wirksam geworden und der Rechtsvorgänger der Klägerin als Gläubiger der gesicherten Forderung anzusehen sei. Denn auch wenn die Eintragung der in der Urkunde erklärten Abtretung unmöglich wurde, blieb die Abtretung im ganzen unwirksam und konnte auch nicht für die Forderung dadurch Wirksamkeit erlangen, daß man sie insoweit jetzt in eine Forderungsabtretung nach § 1190 Abs. 4 BGB. umdeutete. War sie das vorher nicht gewesen, so kann man sie auch nicht infolge des Wegfalls der Hypothek als solche ansehen. Deshalb kann auch jetzt die Klägerin nicht als Gläubigerin der Entschädigungsforderung gelten oder ein Recht auf deren Abtretung verfolgen.

---

16. Zur Frage der Rechtsgültigkeit von schuldrechtlichen Verträgen, die zwischen Aktionären einer Aktiengesellschaft über die Ausübung des Stimmrechts in der Generalversammlung, insbesondere bei Wahlen zum Aufsichtsrat, geschlossen werden.

HGB. §§ 243, 317. BGB. §§ 134, 138.

II. Zivilsenat. Urt. v. 11. Juni 1931 i. S. Stadtgemeinde W. (Bekl.) w. Th. G. AG. (Kl.). II 398/29.

I. Landgericht Wiesbaden.
II. Oberlandesgericht Frankfurt a. M.

Die Parteien sind die einzigen Aktionäre der G. Rh. Aktiengesellschaft in B., deren Firma bis zum Jahre 1919 lautete „Aktiengesellschaft für die Gasbeleuchtung von B.-M." Im Jahre 1914 hatte die Stadt B. die sämtlichen Aktien dieser Gesellschaft erworben, davon jedoch 49% durch Vertrag vom 23. Oktober 1919 an die Klägerin veräußert und nur die restlichen 51% behalten. Die Klägerin verpflichtete sich in diesem Vertrag, die Aktien bis zum 31. Dezember 1935 nicht zu verkaufen, und gestand der Stadt B. ein Wiederkaufsrecht zu, das erstmals zum 31. Dezember 1970 ausgeübt werden konnte. Mit der Ausübung des Wiederkaufsrechts sollten alle Verpflichtungen der Klägerin gegenüber der Stadt B. und der G. Rh. Aktiengesellschaft, deren Grundkapital damals 362000 M. betrug, aufgehoben sein; beide Teile (Klägerin und die Stadt B.) räumten sich gegenseitig Vorkaufsrechte für den fraglichen Aktienbesitz ein. Es kam sodann zum Abschluß eines weiteren — vom 24. Oktober 1919 datierten — Vertrags, der u. a. folgendes bestimmte:

I.

Die Stadt und die Th. — d. i. die Klägerin — als Großaktionäre der Aktiengesellschaft für die Gasbeleuchtung von B.-M. sind übereingekommen, diese zwecks großzügiger Ausgestaltung der Gasversorgung der Stadt B. und anderer Orte in ein gemischtwirtschaftliches Unternehmen unter Führung der Stadtverwaltung umzugestalten.

Zu diesem Zweck wird die Aktiengesellschaft für die Gasbeleuchtung von B.-M. ihre Satzung und Firma nach Maßgabe der anliegenden Satzung der G. Rh. Aktiengesellschaft abändern und die hierzu erforderliche Generalversammlung binnen Monatsfrist einberufen.

II.

Zur Durchführung der in Ziffer I bezeichneten Ziele verpflichten sich die Stadt und die Th., in den Generalversammlungen der Aktiengesellschaft für die Gasbeleuchtung von B.-M. und der

G. Rh. Aktiengesellschaft mit ihrem gesamten Aktienbesitz für die Annahme der anliegenden Satzungen der G. Rh. Aktiengesellschaft und dafür einzutreten, daß je die Hälfte der Aufsichtsratsmitglieder nach den Vorschlägen des Magistrats und der Th. gewählt werden.

Sie verpflichten sich weiter, dafür zu sorgen, daß zum Vorsitzenden des Aufsichtsrats das vom Magistrat, zum stellvertretenden Vorsitzenden das von der Th. vorgeschlagene Aufsichtsratsmitglied gewählt wird.

Bei Erhöhung des Aktienkapitals darf, wenn nichts anderes vereinbart wird, das gesetzliche Bezugsrecht der Stadt und der Th. nicht beschränkt werden.

Für jeden Fall der Zuwiderhandlung gegen vorstehende Bestimmungen ist eine Vertragsstrafe von 50000 M. an den anderen Vertragsteil zu zahlen.

Die Parteien sind über Gültigkeit und Fortbestand der Verträge vom 23. und 24. Oktober 1919 im allgemeinen und der Stimmrechtsbindungen im besonderen in Streit geraten. Mit Schreiben vom 24. Januar 1928 hat die verklagte Stadtgemeinde, welche Gesamtrechtsnachfolgerin der von ihr eingemeindeten Stadtgemeinde B. geworden ist, der Klägerin und der G. Rh. Aktiengesellschaft erklärt, daß sie von den Verträgen zurücktrete bezw. sie kündige, da die Interessen des städtischen und des der Gesellschaft gehörigen Gaswerks vielfach „in unlösbarem Widerspruch" ständen und ein gedeihliches Zusammenwirken der beiden Großaktionäre nicht mehr zu erwarten sei. Außerdem machte sie geltend, die Klägerin habe in den letzten Jahren aufs schwerste gegen die übernommenen Vertragspflichten verstoßen. Die Klägerin hält demgegenüber an der Fortgeltung der Verträge fest.

In der Generalversammlung der G. Rh. Aktiengesellschaft vom 31. Mai 1927 hatte u. a. die Wahl von Aufsichtsratsmitgliedern auf der Tagesordnung gestanden. Den von der Klägerin unter Hinweis auf Nr. II des Vertrags vom 24. Oktober 1919 gemachten Wahlvorschlag hat die Beklagte abgelehnt. Darin erblickt die Klägerin einen schuldhaften Verstoß gegen die Stimmverpflichtung, durch den die Beklagte die vorgesehene Vertragsstrafe verwirkt habe; diese Strafe sei auf 50000 RM. umzuwerten. Demgemäß hat die Klägerin beantragt, die Beklagte zu verurteilen: 1. 50000 RM. nebst Zinsen an sie zu zahlen, 2. in allen künftigen Generalversammlungen der G. Rh. Aktiengesellschaft mit ihrem gesamten Aktienbesitz dafür einzutreten, daß die Hälfte der Aufsichtsratsmitglieder nach den Vorschlägen der Klägerin gewählt werde.

Die Beklagte hat widerklagend um Feststellung dahin gebeten, daß die Verträge vom 23. und 24. Oktober 1919, durch welche ein Teil der im Besitz der Stadt B. befindlichen Aktien der Aktiengesellschaft für die Gasbeleuchtung von B.-M. an die Klägerin verkauft und die Umgestaltung dieser Aktiengesellschaft vereinbart wurde, durch das Schreiben der Beklagten vom 24. Januar 1928 aufgehoben worden seien.

Das Landgericht hat der Klage unter Abweisung im übrigen in Höhe von 8000 RM. entsprochen und der Widerklage insoweit stattgegeben, als es festgestellt hat, daß die Verträge vom 23. und 24. Oktober 1919 durch das Schreiben der Beklagten vom 24. Januar 1928 gekündigt worden seien.

Hiergegen haben beide Teile Berufung, die Beklagte zur Widerklage auch Anschlußberufung eingelegt. Die Klägerin hat den ursprünglichen Klagantrag Nr. 2 dahin geändert: es solle festgestellt werden, die Beklagte sei verpflichtet, in allen künftigen Generalversammlungen der G. Rh. Aktiengesellschaft mit ihrem gesamten Aktienbesitz dafür einzutreten, daß die Hälfte der Aufsichtsratsmitglieder nach den Vorschlägen der Klägerin gewählt werde. Das Oberlandesgericht hat dem letzteren Antrag gemäß erkannt, im übrigen aber Klage und Widerklage abgewiesen.

Die Revision der Beklagten blieb erfolglos.

Zur Frage der Rechtsgültigkeit der vereinbarten Stimmrechtsbindungen besagen die

Gründe:

Vereinbarungen zwischen Aktionären, durch die sie sich gegenseitig verpflichten, bei einer Abstimmung oder allgemein bei der Abstimmung über gewisse Beschlußgegenstände ihr Stimmrecht in bestimmter Weise auszuüben, sind an und für sich zulässig. Es handelt sich insoweit um rein schuldrechtliche Verpflichtungen der Vertragschließenden untereinander, durch welche die Abstimmung in der Generalversammlung selbst sachlich nicht berührt wird (RGZ. Bd. 107 S. 67, Bd. 119 S. 368 flg. [388] und für die Gesellschaft mbH. Bd. 112 S. 273; ferner Staub-Pinner Anm. 8 zu § 317 HGB.). Solche

Abmachungen müssen sich aber selbstverständlich im Rahmen der allgemeinen Vertragsfreiheit halten; sie dürfen mithin, wenn sie rechtsgültig sein sollen, insbesondere nicht gegen § 138 BGB. verstoßen. Sie dürfen sich ferner nicht mit zwingenden aktienrechtlichen Vorschriften in Widerspruch setzen. Weder in der einen noch in der anderen Richtung sind hier Bedenken zu erheben, soweit der Stimmvertrag die Neugestaltung der Satzung der G. Rh. Aktiengesellschaft und das gesetzliche Bezugsrecht der Parteien im Fall einer Kapitalerhöhung betrifft. Dem Vorderrichter ist aber auch insoweit beizutreten, als die Stimmabrede die Wahlen zum Aufsichtsrat im Auge hat. Vorab liegt insofern kein Verstoß gegen § 317 HGB. vor. Es fehlt auf alle Fälle an dem Erfordernis des „besonderen" Vorteils im Sinne dieser Vorschrift (JW. 1929 S. 642 Nr. 7; Brodmann Aktienrecht Anm. 1a zu § 317 HGB.). Zweifelhafter könnte die Rechtslage im Hinblick auf § 243 HGB. sein. Die Wahl des Aufsichtsrats ist hiernach kraft zwingender gesetzlicher Vorschrift im allgemeinen einzig und allein Sache der Generalversammlung; eine Ausnahme ergibt sich nach § 70 des Betriebsrätegesetzes vom 4. Februar 1920 (RGBl. S. 147; vgl. dazu §§ 1 flg. des Gesetzes über die Entsendung von Betriebsratsmitgliedern in den Aufsichtsrat vom 15. Februar 1922, RGBl. S. 209). Aus dem zwingenden Charakter des § 243 HGB. folgt, daß er einer Abänderung durch die Satzung nicht zugänglich ist. Gewiß können satzungsgemäß für die Wählbarkeit zum Aufsichtsrat besondere Erfordernisse aufgestellt werden; hierdurch darf aber der Kreis der wählbaren Personen nicht so eingeschränkt werden, daß von einer freien Auswahl durch die Generalversammlung nicht mehr die Rede sein könnte (vgl. Brodmann a. a. O. Anm. 2 g zu § 243 HGB.; Staub-Pinner Anm. 4 zu § 243 HGB.). Eine Satzungsbestimmung des Inhalts, daß der oder jener Aktionär oder ein Dritter oder eine Behörde das Recht haben solle, eine oder mehrere von ihnen ausgewählte Personen in den Aufsichtsrat als dessen Mitglieder zu entsenden, wäre ebenfalls ungültig (anders jetzt § 74 Abs. 1 und 5 des Entwurfs eines Gesetzes über Aktiengesellschaften und Kommanditgesellschaften auf Aktien). Die Satzung der G. Rh. Aktiengesellschaft enthält denn auch von alledem nichts (vgl. Punkt 11 flg. der Satzung); die Stimmabrede über die Wahlen zum Aufsichtsrat ist nicht Satzungsbestandteil. Allein aus Zweck und Ziel des § 243 HGB. wird weiter hergeleitet, daß damit auch rein schuldrechtliche Vereinbarungen von Aktionären untereinander über die Abgabe ihrer Stimmen bei Aufsichtsratswahlen unvereinbar und deshalb, weil gegen ein gesetzliches Verbot verstoßend (§ 243 HGB. vgl. mit § 134 BGB.), schlechthin nichtig seien.

So vertritt z. B. auch der VII. Zivilsenat in dem eine Gesellschaft mbH. betreffenden Urteil vom 16. Januar 1931 (RGZ. Bd. 131 S. 179) die Ansicht, daß sich Gesellschafter einer Gesellschaft mbH. untereinander nicht rechtswirksam verpflichten könnten, für die Bestellung einer bestimmten Person zum Geschäftsführer zu stimmen. Demgegenüber wäre aber darauf hinzuweisen, daß die Ernennung des Geschäftsführers in der Satzung sogar einem einzelnen Gesellschafter übertragen werden kann (vgl. z. B. Brodmann Anm. 5b zu § 46 GmbHG.), eine Maßnahme, durch welche das freie Wahlrecht der Gesellschafter und der Gesellschafterversammlung noch in weit höherem Maße als durch rein schuldrechtliche Stimmabreden einzelner Gesellschafter untereinander beeinträchtigt wird. Ebenso kann sich bei der Gesellschaft mbH. ein einzelner Gesellschafter in der Satzung das Recht ausbedingen, den Aufsichtsrat zu bestimmen, wenn ein solcher satzungsgemäß vorgesehen ist. Im übrigen handelt es sich im vorliegenden Falle nicht um eine Gesellschaft mbH., sondern um eine Aktiengesellschaft, sodaß selbst dann, wenn das Urteil des VII. Zivilsenats auf der soeben wiedergegebenen Rechtsauffassung beruhen würde, zu einer Anrufung der Vereinigten Zivilsenate kein Anlaß bestände.

Der erkennende Senat ist sodann zu der Überzeugung gelangt, daß sich weder aus Wortlaut, Sinn und Zweck des § 243 HGB. noch aus der Stellung und dem Aufgabenkreise des Aufsichtsrats der Aktiengesellschaft die Annahme herleiten läßt, Wahlabreden, wie sie hier in Frage stehen, seien ohne weiteres nichtig. Durch solche Abmachungen wird die Wahlfreiheit der Generalversammlung nicht angetastet. Auch der einzelne Aktionär ist und bleibt in seiner Abstimmung gegenüber der Gesellschaft frei. Er kann sich, wenn er dem Stimmvertrag zuwiderhandelt, wohl seinem Vertragsgegner gegenüber schadensersatzpflichtig machen, auch kann er die Vertragsstrafe verwirken, durch die etwa die Einhaltung der Stimmabrede gesichert ist. Er kann aber nicht auf Erfüllung verklagt werden; ein solcher unmittelbarer Erfüllungszwang ist mit den aktienrechtlichen Vorschriften über die Willensbildung der Generalversammlung nicht vereinbar (RGZ. Bd. 119 S. 386 flg.). Derartige Stimmverträge stehen im besonderen unter dem Grundsatz von Treu und Glauben. Das gilt vollends, soweit es sich um Wahlen zum Aufsichtsrat handelt. Daraus folgt ohne weiteres, daß die Stimmrechtsbindung — unter Fortgeltung im übrigen — für eine bestimmte einzelne Wahl dann entfallen kann, wenn der Verpflichtete gegen die Person des Vorgeschlagenen (etwa wegen mangelnder Kenntnisse oder Fähigkeiten oder wegen Vertrauensunwürdigkeit) triftige sachliche Gründe anzuführen vermag, deretwegen eine sachgemäße Wahrnehmung der Obliegenheiten eines Aufsichtsrats durch ihn nicht gewährleistet erscheint. Dabei darf aber nicht übersehen werden, daß es die Belange der Gesellschaft und nicht die der einzelnen Aktionäre sind, deren Wahrung das Gesetz dem Aufsichtsrat und seinen Mitgliedern zur ersten und unabdingbaren Pflicht macht. Weshalb nun in diesem Rahmen schuldrechtliche Abreden zwischen einzelnen Aktionären oder Gruppen von Aktionären über die Wahlen zum Aufsichtsrat mit § 243 HGB. unvereinbar sein sollten, ist nicht einzusehen.

Ganz unverkennbar sprechen für die Zulässigkeit von Abmachungen dieser Art auch gewichtige sachliche und wirtschaftliche Gesichtspunkte. Der hier vorliegende Fall bietet geradezu ein Schulbeispiel dafür. Die Stimmabrede der Parteien verstößt auch nicht gegen § 138 BGB. Sie ist getroffen zwischen den beiden einzigen Aktionären der Gesellschaft mit annähernd gleichem Aktienbesitz; sie sollte jedem der Vertragschließenden eine gleichmäßige Vertretung im Aufsichtsrat sichern, also in dem Organ, dem durch Gesetz und hier im besonderen noch durch die Satzung Aufgaben übertragen sind, von deren befriedigender Lösung weithin das Gedeihen der Gesellschaft abhing. Es handelt sich um ein sog. gemischt-wirtschaftliches Unternehmen, bei dem die öffentliche und die private Hand kapitalistisch so gut wie gleichbeteiligt sind. Es lag im wohlverstandenen Interesse der Gesellschaft selbst, wenn sich bei dieser Sachlage ihre beiden einzigen Aktionäre über die Zusammensetzung des Aufsichtsrats nicht nur für die erste Wahl, sondern auch für die späteren Wahlen einigten. Irgendwelche besonderen Umstände, die der Abrede sonstwie den Makel der Sittenwidrigkeit aufprägen könnten, sind nicht ersichtlich. Gegen die Gültigkeit der Stimmabrede sind daher keine Bedenken zu erheben. . . .

17. 1. Zur Frage der Verpflichtung des Geschäftsherrn durch Handlungen von Angestellten.

2. Zur Auslegung einer vorläufigen Deckungszusage.

BGB. §§ 133, 157. HGB. § 54.

VII. Zivilsenat. Urt. v. 16. Juni 1931 i. S. Niederschlesische Provinzial-Lebens-Versicherungsanstalt in Breslau (Bekl.) w. Frau B. (Kl.). VII 421/30.

I. Landgericht Breslau.
II. Oberlandesgericht daselbst.

Der Zustand, daß früher für Ober- und Niederschlesien eine gemeinsame „Schlesische Provinzial-Lebensversicherungsanstalt" und „Schlesische Provinzial-Haftpflichtversicherungsanstalt" mit dem Sitze in Breslau bestand, wurde auf Grund des preußischen Gesetzes vom 28. Oktober 1926, das am 1. November 1926 in Kraft trat, insofern geändert, als nunmehr für jede der beiden Provinzen eigene öffentlichrechtliche Lebens-, Haftpflicht- und Feuerversicherungsanstalten errichtet wurden und der bisherigen Schlesischen Anstalt nur noch die Abwicklung der alten Versicherungen überlassen blieb. Für Niederschlesien wurde die verklagte Anstalt begründet, während für Oberschlesien die „Oberschlesische Provinzial-Lebens-, Unfall- und Haftpflicht-Versicherungsanstalt" mit dem Sitze in Ratibor ins Leben trat. Die beiden neuen Anstalten hatten untereinander ihre Wirkungskreise dahin abgegrenzt, daß sie, von besonderen Ausnahmefällen abgesehen, Versicherungsverträge nur mit solchen Personen abschlossen, die in derjenigen Provinz wohnhaft waren, der jeweils die Anstalt angehörte. Sie wiesen sich aber gegenseitig Versicherungsanträge von Personen, die im Bezirke der anderen Anstalt wohnten, in der Weise zu, daß sie solche Anträge — gegebenenfalls durch ihre Beamten — für die Schwesteranstalt aufnahmen und an sie weiterleiteten.

Am 13. Juli 1927 stellte die Klägerin, die zu jener Zeit in Brieg (Niederschlesien) wohnte, bei dem Bezirksinspektor St. in Brieg, der damals in Diensten der Oberschlesischen Anstalt stand, einen „Einheitsantrag" auf Versicherung eines Kraftwagens, den sie kurz zuvor erworben hatte. Der Versicherungsschutz sollte Haftpflicht-, Unfall- und Kraftfahrzeugversicherung umfassen; die Versicherungssumme für die Kaskoversicherung wurde auf 4000 RM. angegeben. Zu dem Antrage wurde ein Vordruck der alten Schlesischen Anstalt verwendet, dessen Überschrift handschriftlich in den Namen der Beklagten abgeändert wurde. St. reichte den Antrag der Bezirksdirektion Oppeln der Oberschlesischen Anstalt ein, welcher der Bezirksdirektor W. vorstand; dieser gab den Antrag an die Direktion der Beklagten weiter, wo er am 15. Juli 1927 einging.

Die Klägerin hatte gleichzeitig die Erteilung einer vorläufigen Deckungszusage beantragt. Nachdem sie die von ihr erforderten Prämienbeträge für das erste Vierteljahr entrichtet hatte, erteilte ihr W. unter dem 18. Juli 1927 die Deckungszusage. Hierbei wurde ein Vordruck der Oberschlesischen Anstalt ohne Änderung verwendet. Die Urkunde wurde durch Vermittlung des St. der Klägerin oder ihrem Ehemann übergeben. Die von W. der Direktion der Beklagten eingesandte Durchschrift der Deckungszusage ging bei ihr am 23. Juli 1927 ein.

Inzwischen war am 21. Juli 1927 der Kraftwagen der Klägerin von einem Vergaserbrand betroffen worden. Die Mitteilung von dem Schaden lief am 22. Juli bei der Beklagten ein. Diese veranlaßte eine Besichtigung durch ihren Sachverständigen L., der sodann wegen der Ausbesserung des Wagens in der Werkstätte des H. in Brieg Verhandlungen führte. In einem Schreiben vom 28. Juli 1927 an W. lehnte indes die Direktion der Beklagten den Abschluß der Kaskoversicherung und die vorläufige Deckung ab. Sie verweigerte in der Folgezeit auch die Begleichung der Rechnung des H. für die inzwischen vorgenommene Ausbesserung.

Die Klägerin verlangt, indem sie sich auf die vorläufige Deckungszusage stützt, mit der am 27. April 1928 zugestellten Klage Verurteilung der Beklagten zur Zahlung des Rechnungsbetrags von 1334,40 RM. an H. und zur Zahlung von weiteren 16 RM. täglich seit dem 6. September 1927 nebst Zinsen an die Klägerin selbst. Den letzteren Anspruch rechtfertigt sie damit, daß sie mit dem Wagen, den H. mangels Zahlung seines Werklohns nicht herausgegeben habe, keine Lohnfuhren habe ausführen können. Die Beklagte bestreitet, daß sie durch die von W. gegebene Deckungszusage verpflichtet worden sei; sie habe diesem keinerlei Vollmacht dazu erteilt.

Das Landgericht erklärte die Klagansprüche dem Grunde nach für gerechtfertigt. Berufung und Revision der Beklagten blieben erfolglos.

Gründe:

Das Oberlandesgericht stellt zunächst tatsächlich fest, daß die Anführung der Oberschlesischen Provinzial-Lebens-, Unfall- und Haftpflicht-Versicherungsanstalt im Vordruck der Deckungszusage vom 18. Juli 1927 nur als unbeachtlicher Schreibfehler zu gelten habe, und daß, da die Aushändigung der Urkunde an den Ehemann der Klägerin zwei Tage vor dem Schadensfall als erwiesen anzusehen sei, damals der vorläufige Versicherungsschutz bestanden habe, sofern die Beklagte durch die Deckungszusage des W. überhaupt gebunden worden sei. In letzterer Hinsicht erwägt sodann der Berufungsrichter, auf die unter den Bedingungen, die der Rückseite des Deckungszusage-Vordrucks aufgedruckt sind, enthaltene Bestimmung:

> Vorläufige Deckungszusagen sind nur gültig, a) wenn sie von einem Beauftragten der Anstalt unterzeichnet ist, der im Besitze einer gültigen, von der Direktion ausgestellten Vollmacht zur Erteilung vorläufiger Deckungszusagen ist,

könne sich die Beklagte nach Treu und Glauben nicht in dem Sinne berufen, daß W. im Besitze einer schriftlichen Vollmacht ihrer Direktion hätte sein müssen. Indem er weiter dahinstehen läßt, ob etwa dem Verhalten der Beklagten nach dem Empfang der Durchschrift der Deckungszusage deren nachträgliche Genehmigung zu entnehmen sein möchte, begründet der Vorderrichter seine Annahme, daß die Beklagte die Zusage gegen sich gelten lassen müsse, mit folgenden Erwägungen: Die Beklagte habe geduldet, daß W. und St., obgleich sie in festem Anstellungsverhältnis zu der Oberschlesischen Anstalt standen, und zwar W. als Bezirksdirektor in einer leitenden Stellung, Versicherungsanträge für die Beklagte entgegennahmen; sie habe diese Anträge auch in mehreren Fällen angenommen. Dadurch habe die Beklagte bewirkt, daß das Publikum, welches mit Rücksicht auf das den öffentlichrechtlichen Versicherungsanstalten entgegengebrachte besondere Vertrauen keinen erheblichen Wert auf die Unterscheidung der beiden Anstalten lege, in den Glauben versetzt worden sei, W. habe für die Beklagte in demselben Umfang tätig werden dürfen, wie es für die Oberschlesische Anstalt auf Grund seiner leitenden Stellung der Fall gewesen sei. Für die letztere habe W. Vollmacht zur Erteilung von Deckungszusagen gehabt. Eine Versicherungsanstalt, die sich des Beamtenapparates einer Schwesteranstalt zur Aufnahme von Anträgen bediene, um zu verhindern, daß ihr Geschäfte entgehen, müsse sich damit abfinden, daß das Publikum darauf vertraue, daß diese Beamten auch für die andere Versicherungsanstalt in demselben Umfang tätig werden dürften, wie für diejenige, bei der sie angestellt seien. Im vorliegenden Falle komme noch hinzu, daß W. auch schon bei der alten Schlesischen Anstalt als Bezirksdirektor angestellt und zur Erteilung von Deckungszusagen ermächtigt gewesen sei.

Diese Stellungnahme des Berufungsrichters begegnet keinen rechtlichen Bedenken. Daß eine Haftung des Geschäftsherrn für Handlungen eines Angestellten, die über dessen wirkliche Bevollmächtigung hinausgehen, daraus begründet werden kann, daß sich der Geschäftsherr in einer Weise verhält, die nach Treu und Glauben das Publikum zu der Annahme veranlassen kann, der Angestellte sei zur Eingehung der Verbindlichkeit ermächtigt, wird in Anlehnung an § 54 HGB. von Rechtsprechung und Rechtslehre allgemein anerkannt (vgl. RGZ. Bd. 118 S. 236). Es ist kein Grund ersichtlich, weshalb eine solche Auffassung nicht auch dann zutreffen sollte, wenn sich jemand — wie hier — bei der Eingehung gewisser Geschäfte nicht eigener Angestellter bedient, sondern die Angestellten einer anderen Anstalt (oder Firma), welche gleichartige Geschäfte betreibt, für sich arbeiten läßt. Auch unter solchen Umständen kann sicherlich beim Publikum in gleicher Weise die gerechtfertigte Meinung entstehen, jene Angestellten seien in weiterem Maße zur Eingehung von Verbindlichkeiten für denjenigen Geschäftsherrn, für den sie handeln, bevollmächtigt, als es vielleicht tatsächlich der Fall ist. Die vom Berufungsrichter festgestellten Tatumstände rechtfertigen im gegebenen Falle durchaus die von ihm daraus gezogenen Folgerungen.

Was die Revision dagegen vorbringt, kann nicht durchschlagen. Sie meint, der oben mitgeteilte Satz der im Vordruck der Deckungszusage enthaltenen Bedingungen schließe eine Beurteilung aus, wie sie das Berufungsgericht vorgenommen hat. Daß sich dieses etwa unter Verletzung des § 286 ZPO. über jene Vertragsbestimmung, die kurz vorher in den Entscheidungsgründen erwähnt und erörtert worden war, hinweggesetzt hätte, ist nicht anzunehmen. Von einem Widerspruch in der oberlandesgerichtlichen Begründung, den die Revision behauptet, kann nicht die Rede sein. Keinesfalls wäre ein solcher daraus zu entnehmen, daß der Vorderrichter weder eine schriftliche noch eine mündliche noch eine stillschweigende Bevollmächtigung des W. durch die Beklagte feststellt und dennoch die Verbindlichkeit der von dem ersteren erteilten Deckungszusage für sie bejaht. Denn die entscheidenden Erwägungen des Berufungsgerichts gehen ja gerade davon aus, daß W. zur Abgabe der Deckungszusage für die Klägerin von der Beklagten nicht bevollmächtigt worden war, und prüfen, ob sie diese nicht trotzdem gegen sich gelten lassen muß. Die Revision will den angeführten Satz der Bedingungen für die Deckungszusage dahin auslegen, daß sich der Beamte, der sie unterzeichnet, dem Antragsteller gegenüber als zur Abgabe einer solchen Zusage legitimiert ausweisen müsse. Eine so weitgehende Auslegung hat der Vorderrichter offenbar nicht gebilligt. Wollte man, obgleich sich der Geschäftsbetrieb der Beklagten im wesentlichen auf Niederschlesien beschränkt, die Bedingungen der Deckungszusage als typische ansehen, so könnte die freie Nachprüfung des Revisionsgerichts auch nur dazu führen, die Ansicht der Revision abzulehnen. Diese würde zu einer den Versicherungsanstalten selbst gewiß unerwünschten Erschwerung der Geschäftsabwicklung führen, zumal in den häufigen Fällen, wo — wie hier — der obere Beamte der Anstalt und der Antragsteller nicht persönlich miteinander verhandeln. Die von der Versicherungsanstalt aufgestellte Bestimmung kann daher keinesfalls im Sinne der Revision gemeint sein. Auch die sonstigen Ausführungen der Revision, mit denen sie die Unmöglichkeit der Auffassung des Berufungsrichters darlegen will, gehen fehl. Namentlich wird die von ihr bekämpfte Meinung des Berufungsgerichts, daß die Benutzung eines Vordrucks der Oberschlesischen Anstalt für die Deckungszusage vom 18. Juli 1927 nur einem unbeachtlichen Schreibfehler gleichzuachten sei, durch die Vorschrift des § 133 BGB. vollauf gerechtfertigt.

---

18. 1. Über die Zuständigkeit des Reichsgerichts (nach § 28 FGG.) beim Zusammentreffen einer Handelsregistersache mit einer Grundbuchsache.

2. Gibt es, entsprechend der Vorschrift des § 306 HGB., eine liquidationslose Verschmelzung von Versicherungsvereinen auf Gegenseitigkeit mit der Wirkung der Gesamtrechtsnachfolge?

FGG. § 28. GBO. § 79. Reichsgesetz über die privaten Versicherungsunternehmungen (Versicherungsaufsichtsgesetz) — VAG. — §§ 14, 43, 44. HGB. §§ 303flg.

II. Zivilsenat. Beschl. v. 19. Juni 1931 in einer Handelsregistersache. II B 10/31.

I. Amtsgericht Berlin-Mitte.
II. Landgericht I Berlin.

Der Sachverhalt und die Entscheidung ergeben sich aus den

Gründen:

Die beiden Beschwerdeführer sind Versicherungsvereine auf Gegenseitigkeit und auf Grund des Versicherungsgesetzes für Angestellte als Ersatzkassen zugelassen. Am 10. April 1930 schlossen sie miteinander einen Vertrag, wonach sie sich zu einer einheitlichen Ersatzkasse verschmolzen, indem der Beschwerdeführer zu 1 — der Beamtenversicherungsverein des deutschen Bank- und Bankiergewerbes a. G. zu Berlin — mit Wirkung vom 1. Januar 1930 das Vermögen des Beschwerdeführers zu 2 — des Beamtenfürsorgevereins der D. Bank a. G. zu Berlin — als Ganzes unter Ausschluß der Liquidation gegen die Gewährung von Mitgliedsrechten an dessen derzeitige Mitglieder zu übernehmen erklärte. Danach traten die D. Bank und Di.-Gesellschaft AG. und die Mitgliedsbeamten des genannten Beamtenfürsorgevereins den bisherigen Mitgliedsfirmen und Mitgliedsbeamten des genannten Beamtenversicherungsvereins mit deren sämtlichen Rechten und Pflichten bei. Der Vertrag wurde von den Mitgliederversammlungen beider Vereine — und zwar beim Beamtenfürsorgeverein der D. Bank einstimmig — zum Beschluß erhoben und vom Reichsaufsichtsamt für Privatversicherung gemäß § 14 VAG. genehmigt. Zur Eintragung ins Handelsregister beim Beschwerdeführer zu 2 wurde daraufhin angemeldet, daß dieser infolge Übernahme seines Vermögens als Ganzen unter Ausschluß der Liquidation durch den Beschwerdeführer zu 1 erloschen sei, und zwar mit dem Bemerken, daß die bloße Löschung des Beamtenfürsorgevereins der D. Bank ohne den erwähnten Zusatz nicht beantragt werde. Das Amtsgericht lehnte die Eintragung ab. Die dagegen eingelegte Beschwerde wurde vom Landgericht zurückgewiesen. Die von beiden Vereinen eingewendete weitere Beschwerde hat das Kammergericht gemäß § 28 FGG. dem Reichsgericht zur Entscheidung vorgelegt.

Den Gegenstand der Entscheidung bildet allein die Frage, ob eine Verschmelzung zweier Versicherungsvereine auf Gegenseitigkeit ohne Liquidation im Wege der Gesamtrechtsnachfolge rechtlich zulässig ist. Vom Amtsgericht und vom Landgericht wird sie verneint, vom Kammergericht bejaht. Das Bayerische Oberste Landesgericht hat sich in seinem Beschlusse vom 26. November 1927 (AufwRspr. 1927 Sonderh. VI S. 92) gleichfalls auf den verneinenden Standpunkt gestellt. Angesichts dieses Beschlusses hält das Kammergericht den Fall des § 28 Abs. 2 FGG. für gegeben. Es will die Fusion in ausdehnender Anwendung von § 306 HGB. zulassen, während das Bayerische Oberste Landesgericht eine Übertragung dieser aktienrechtlichen Vorschrift auf den vorliegenden Fall mangels einer dahingehenden gesetzlichen Vorschrift für nicht zulässig erklärt. Der bayerische Beschluß ist in einer Grundbuchsache ergangen auf eine weitere Beschwerde hin, bei der es sich um die Löschung einer Aufwertungshypothek aus dem Grunde handelte, weil der Eintragungsantrag von einer infolge der liquidationslosen Verschmelzung zweier Versicherungsvereine a. G. angeblich nicht mehr zur Vertretung der Gläubigerin legitimierten Person herrührte. Es kann hiernach fraglich sein, ob die Sachlage des § 28 Abs. 2 FGG. vorhanden ist. Nach dieser Vorschrift ist die weitere Beschwerde der freiwilligen Gerichtsbarkeit dann dem Reichsgericht zur Entscheidung vorzulegen, wenn das zunächst damit befaßte Oberlandesgericht bei Auslegung einer reichsgesetzlichen, eine der Angelegenheiten des § 1 FGG. betreffenden Vorschrift von der auf weitere Beschwerde ergangenen Entscheidung eines anderen Oberlandesgerichts oder des Reichsgerichts abweichen will. Zu den nach § 1 das. durch Reichsgesetz den Gerichten übertragenen Angelegenheiten der freiwilligen Gerichtsbarkeit gehören nach dem 7. Abschnitt des Gesetzes (vgl. auch § 8 HGB.) die Handelsregistersachen. Die Frage, ob der von den beiden Beschwerdeführern geschlossene Fusionsvertrag die Grundlage für eine Eintragung ins Handelsregister bilden kann, wie sie hier beantragt wurde, ist nach §§ 43 flg. VAG. und den danach etwa eingreifenden anderweitigen reichsrechtlichen Vorschriften zu entscheiden. Insbesondere ist die Zulässigkeit einer ergänzenden Auslegung dieser Vorschriften des Versicherungsaufsichtsgesetzes aus § 306 HGB. zu prüfen. Handelt es sich somit zweifelsfrei um die Auslegung einer reichsgesetzlichen, eine Angelegenheit des § 1 FGG. betreffenden Vorschrift, so ist für die reichsgerichtliche Zuständigkeit auch die weitere Voraussetzung gegeben, daß das Kammergericht bei seiner Auslegung der Vorschrift abweichen will von der Auslegung des Bayerischen Obersten Landesgerichts, die gleichfalls die §§ 43 flg. VAG. und § 306 HGB. zum Gegenstand hat. Daß die bayerische Entscheidung auf weitere Beschwerde gegen eine Entscheidung des Grundbuchamts ergangen ist, steht dem Verfahren nach § 28 Abs. 2 FGG. nicht entgegen. Zwar unterliegen die Grundbuchsachen, weil nicht durch Reichsgesetz den Gerichten übertragen (§ 1 GBO.), nicht dem § 1 FGG. Es ist aber, wie auch schon das Kammergericht im Vorlegungsbeschluß hervorhebt, dem § 28 FGG. kein zwingender Grund dafür zu entnehmen, daß die abweichende Vorentscheidung gerade in einem dem § 1 das. unterliegenden Verfahren ergangen sein müsse. Die im Anschluß an die Motive zum Entwurf der Grundbuchordnung (S. 110 der amtl. Ausgabe) entstandene Streitfrage, ob das Rechtsmittelverfahren der Grundbuchordnung als Teilgebiet desjenigen der freiwilligen Gerichtsbarkeit anzusehen oder selbständig zu beurteilen sei, gründet sich auf die unhaltbare Annahme jener Motive, daß das Grundbuchamt in keinem Falle Entscheidungen abgebe, durch die ein Rechtspunkt festgestellt werde, und findet in den beiden fraglichen Gesetzen selbst keine Grundlage. Daß die Entscheidung des erstbefaßten Gerichts eine weitere Beschwerde im Sinne von § 27 FGG. voraussetze, wird zwar von Jastrow in der Zeitschr. f. d. Zivilproz. Bd. 28 S. 481 (entspr. für § 79 GBO. Unger ebendas. Bd. 41 S. 381) angenommen, aber durch den Wortlaut des Gesetzes nicht gefordert. Dieser ist vielmehr durchaus verträglich mit der Auslegung, daß es sich nur um eine in den Rahmen der nichtstreitigen bürgerlichen Rechtspflege fallende Angelegenheit handeln müsse. Das Grundbuchwesen bildet aber zusammen mit den reichsgesetzlichen Angelegenheiten der freiwilligen Gerichtsbarkeit im Sinne des Gesetzes über die freiwillige Gerichtsbarkeit gerade den wesentlichsten Bestandteil der nichtstreitigen Zivilrechtspflege und ist in seinem Rechtsmittelverfahren entsprechend dem in diesem Gesetz vorgeschriebenen Verfahren ausgestaltet. Die gleiche Erwägung steht dem Bedenken entgegen, mit dem Schlegelberger FGG. § 28 Anm. 10 und Rausnitz FGG. § 28 Anm. 3 die Anwendbarkeit des § 28 Abs. 2 auf eine in einer Grundbuchsache ergangene Vorentscheidung ablehnen, dem Bedenken nämlich, daß die Vorentscheidung in einer durch Reichsgesetz den Gerichten übertragenen Angelegenheit (§ 1 FGG.) erlassen sein müsse, also nicht ein nur durch Landesgesetz ihnen zugewiesenes Verfahren betreffen dürfe, wie es dasjenige der Grundbuchordnung sei. Auch hierbei werden die gesetzlichen Voraussetzungen, welche § 28 Abs. 2 FGG. für die später zur Entscheidung kommende, dem Reichsgericht vorzulegende Sache aufstellt, ohne weiteres auf die Vorentscheidung übertragen, wofür, wie dargelegt, keine rechtliche Notwendigkeit besteht. Bei dieser Sachlage ist für die Auslegung des § 28 Abs. 2 dem Zweck der Vorschrift entscheidende Bedeutung beizulegen. Dieser Zweck ist die Wahrung der Rechtseinheit bei der letztinstanzlichen Rechtsprechung der Oberlandesgerichte auf dem Gebiete der nichtstreitigen bürgerlichen Rechtspflege, soweit reichsgesetzliche Vorschriften für die Entscheidung in Betracht kommen, also der gleiche, wie er dem § 79 Abs. 2 GBO. zugrunde liegt. Es wäre zweckwidrig, das Verfahren nach der Grundbuchordnung in diesem Zusammenhang trotz der für das Gegenteil sprechenden gewichtigen Gründe, die z. B. auch Unger a. a. O. nicht verkennt, von dem des Gesetzes über die Angelegenheiten der freiwilligen Gerichtsbarkeit nur um deswillen scheiden zu wollen, weil beide Verfahren in gesonderten Gesetzen geregelt und die Gerichte nicht reichsgesetzlich zu Grundbuchämtern bestellt sind. Im Sinne zweckentsprechender Verwirklichung jenes Rechtsgedankens liegt es vielmehr allein, das Grundbuchwesen und die sonstigen Angelegenheiten der freiwilligen Gerichtsbarkeit ihrer Natur entsprechend als einheitliches Rechtsgebiet zu behandeln (vgl. Josef FGG. § 28 Anm. 4), damit für den ganzen Bereich der nichtstreitigen bürgerlichen Rechtspflege die übereinstimmende Auslegung der dabei anzuwendenden Reichsgesetze verbürgt ist. Aus ähnlichen Erwägungen hat auch das Reichsgericht, ohne allerdings die Frage der Anwendbarkeit des § 79 Abs. 2, 3 GBO. auf Entscheidungen im Sinne von § 28 Abs. 2 FGG. grundsätzlich zu entscheiden, die Vorlegungspflicht im Verhältnis des Grundbuchverfahrens zum Aufwertungsverfahren in RGZ. Bd. 117 S. 346 anerkannt. Im Bd. 65 S. 277 hat es sogar den Fall des § 79 Abs. 2 GBO. als gegeben angesehen bei einem Sachverhalt, wo die Rechtsfrage vom Reichsgericht vorher innerhalb eines ordentlichen Rechtsstreits abweichend entschieden worden war. Zu § 79 GBO. sprechen sich für die Vorlegungspflicht beim Zusammentreffen mit einer Entscheidung gemäß § 28 FGG. aus Güthe-Triebel GBO. § 79 Anm. 13a; Meikel GBO. § 79 2b $\beta \alpha \alpha$ (vgl. auch Keidel FGG. § 28 Anm. 3; a. A. Arnheim GBO. § 79 Anm. 8).

Ist hiernach das Reichsgericht mit Recht angerufen, so ist auf die Streitfrage selbst einzugehen. Das Registergericht und das Landgericht haben die beantragte Eintragung abgelehnt, weil das Versicherungsaufsichtsgesetz eine liquidationslose Fusion bei Versicherungsvereinen auf Gegenseitigkeit nicht kenne und eine Übertragung der Vorschrift des § 306 HGB., die nach § 305 das. die Gewährung von Aktien der übernehmenden Gesellschaft gegen Übertragung des Vermögens der erlöschenden Aktiengesellschaft voraussetze, auf die anders gestaltete Lage des vorliegenden Falles nicht angängig sei. Demgegenüber hält das Kammergericht den gegenwärtigen Fall und den des § 306 HGB. für rechtsähnlich und gelangt so aus rechtspolitischen Erwägungen zur Anwendung dieser Vorschrift im Sinne der rechtlichen Möglichkeit einer liquidationslosen Verschmelzung der beiden Vereine.

Versicherungstechnisch fällt die Fusion zweier Versicherungsgesellschaften unter den Begriff der sog. Bestandsübertragung (Abtretung des Portefeuilles). Diese begreift in sich die Übertragung des Versicherungsbestandes sowie gegebenenfalls des gesamten Vermögens, mit Aktiven und Passiven, der einen Gesellschaft auf die andere (Manes im Versicherungslexikon S. 223; Bruck Privatversicherungsrecht S. 114; Schellwien in der Ztschr. f. d. ges. Versicherungswissenschaft 1911 S. 269 flg.) und beruht auf der in § 14 VAG. dazu eröffneten Möglichkeit. Ihrer Rechtsnatur wie ihrer Wirkung nach ist sie bedingt durch die Rechtsform der beteiligten Gesellschaften. Beim Versicherungsverein a. G. (§ 15 VAG.), der einen rechtsfähigen, der Versicherung seiner Mitglieder dienenden Verein darstellt, ist jedes Mitglied, weil satzungsgemäß in einem Versicherungsverhältnis zum Verein stehend, „zugleich Versicherer und Versicherungsnehmer" (Hagen in Ehrenbergs Handbuch des ges.

Handelsrechts Bd. VIII 1 S. 103; Bruck a. a. O. S. 89) und daher ist infolge der Verkettung der Mitgliedschaft mit dem Versicherungsverhältnis in der Bestandsübertragung der Erwerb der Mitgliedschaft beim übernehmenden Verein durch die Mitglieder des erlöschenden Vereins notwendig beschlossen (Bruck S. 123).

Die rechtliche Möglichkeit einer Verschmelzung zweier Versicherungsvereine a. G. an sich kann nach dem geltenden Recht keinem Zweifel unterliegen. Bei Behandlung der Auflösung eines solchen Vereins erklärt das Versicherungsaufsichtsgesetz in § 44 die Vorschriften des § 43 Abs. 1, Abs. 2 Satz 1, wonach die Auflösung nur durch das oberste Organ — und zwar im Zweifel mit einer Mehrheit von drei Vierteln der Stimmen — beschlossen werden kann, für entsprechend anwendbar auf Beschlüsse, die ein Übereinkommen der in § 14 bezeichneten Art zum Gegenstand haben. § 14 unterstellt aber ein Übereinkommen, das sich als Bestandsveränderung im obigen Sinne darstellt, der Genehmigung der zuständigen Aufsichtsbehörden. Damit ist die Zulässigkeit von Bestandsveränderungen auf dem Gebiete der Versicherungsvereine a. G. anerkannt. Dies ist auch der Standpunkt der Wissenschaft (vgl. z. B. Bruck a. a. O. S. 123; Koenige-Petersen VAG. § 14 Anm. 22; Hagen a. a. O. S. 230), und auch das Aufsichtsamt für Privatversicherung hat sich nach anfänglichen Bedenken (Veröffentl. 1908 S. 115) dem angeschlossen (Veröffentl. 1914 S. 129). Schuldrechtlich folgt die Möglichkeit eines derartigen Abkommens angesichts der Rechtspersönlichkeit beider Vertragsbeteiligten ohne weiteres aus den §§ 311, 419 BGB. (vgl. hierzu § 14 Abs. 2 VAG.) und aus dem Grundsatze der Vertragsfreiheit (RGZ. Bd. 56 S. 292). Es ergibt sich auch aus dem Wesen des Versicherungsvereins a. G., daß der von seinem obersten Organ (§ 29 VAG.) mit gesetzlicher Mehrheit gefaßte Beschluß auf Verschmelzung des Vereins mit einem anderen alle seine Mitglieder bindet, und zwar auch insoweit, als sie der Verschmelzung nicht zugestimmt haben (RGZ. Bd. 56 S. 292; Schellwien a. a. O. S. 288; abweichend Hagen a. a. O. S. 231). Dieser Beschluß schließt den auf Auflösung des Vereins (§ 43 VAG.) in sich und hat an sich gemäß § 46 das. die Liquidation zur Folge. Daß die Liquidation, abgesehen von ihrer normalen, in §§ 47, 48 VAG. geregelten Abwicklung, auch zu einer Verwertung des Vereinsvermögens durch dessen Veräußerung im ganzen (nach Art von § 303 HGB.) führen kann, zeigt § 48 Abs. 2

BAG., und § 30 Abs. 2 der Satzung des Beschwerdeführers zu 2 sieht eine solche Vermögensübertragung auf ein anderes Versicherungsunternehmen für den Fall der Auflösung ausdrücklich vor. Dinglich ist die Form der Ausführung eines derartigen Abkommens im Sinne von § 419 BGB. (§ 303 HGB.) die der Einzelrechtsnachfolge je nach der Art des zu übertragenden Vermögenswertes, wie in Rechtsprechung und Wissenschaft nicht bestritten ist. Im vorliegenden Fall (vgl. § 2 des Vertrags der Beschwerdeführer) ist aber die Übernahme des Vermögens des Beamtenfürsorgevereins der D. Bank als Ganzen unter Ausschluß der Liquidation vereinbart, und die Frage ist also lediglich die, ob die hiernach gewollte Gesamtrechtsnachfolge zulässig und gesetzlich zu begründen ist.

Zutreffend geht das Kammergericht im Vorlegungsbeschluß davon aus, daß es zur Annahme einer Gesamtrechtsnachfolge einer gesetzlichen Grundlage bedürfe. Lediglich im Wege einer Vereinbarung kann eine Gesamtrechtsnachfolge angesichts der zwingenden Natur der dinglichrechtlichen Vorschriften nicht geschaffen werden. Für das Gebiet der Versicherungsvereine a. G. ist das auch im Beschlusse des Bayerischen Obersten Landesgerichts vom 26. November 1927 und in dem des Kammergerichts vom 10. Februar 1927 (Ring IFG. Bd. 4 S. 286) ausdrücklich ausgesprochen. Das Versicherungsaufsichtsgesetz enthält keine entsprechenden Vorschriften, wie sie im Aktienrecht die §§ 304 bis 306 HGB., im Genossenschaftsrecht die §§ 93a bis d GenG. für den Verschmelzungsfall vorsehen und wie sie auch das Gesetz über die Gesellschaften mbH. (§§ 80, 81) für den Fall der Umwandlung einer Aktiengesellschaft in eine Gesellschaft mbH. gibt. Die amtliche Begründung zu §§ 42 bis 48 BAG. (Reichstagsdrucks. Nr. 5 der 10. Legislaturperiode II. Session 1900 bis 1902) besagt vielmehr, die Vorschriften des Aktienrechts über die Auflösung der Aktiengesellschaft zum Zwecke der Veräußerung ihres Vermögens im ganzen seien nicht auf die Versicherungsvereine a. G. übertragen worden, der Entwurf begnüge sich zur Verhütung schädlicher Verschmelzungen mit der Anordnung einer qualifizierten Mehrheit des obersten Organs und mit der Genehmigung der Aufsichtsbehörde für den Fusionsbeschluß. Hieraus braucht nicht ohne weiteres eine Ablehnung der liquidationslosen Fusion für das Recht der Versicherungsvereine a. G. entnommen zu werden, obwohl sonst im Abschnitt III des Versicherungsaufsichtsgesetzes in größerem Umfang aktienrechtliche

Vorschriften ausdrücklich als maßgebend für die Versicherungsvereine a. G. bezeichnet worden sind. Das Schweigen des Gesetzes läßt vielmehr Raum für die Erwägung, ob etwa seine Ergänzung in bezug auf die liquidationslose Fusion durch rechtsähnliche Anwendung gleichartiger Vorschriften möglich ist. Die Wissenschaft hat diese Möglichkeit in verschiedenem Sinne beurteilt, überwiegend aber verneint. Abgelehnt wird sie bei Koenige-Petersen VAG. S. 277; Rehm VAG. zu § 44; Manes VAG. § 14 Anm. 6; Schellwien a. a. O. S. 290; Ehrenberg Zeitschr. f. d. ges. Versicherungswissenschaft 1904 S. 45; Hagen in Ehrenbergs Handbuch a. a. O. S. 231; Kirchmann Fusion von Versicherungsunternehmungen S. 76. Anerkannt wird sie dagegen von Zehnter-Brandstätter VAG. § 14 Anm. 1a (freilich nur unter Bezugnahme auf das Reichsaufsichtsamt). Mehrdeutig ist die Formulierung bei Bruck a. a. O. S. 123. In der Rechtsprechung hat sich das Kammergericht mehrfach mit dem Problem beschäftigt, allerdings nicht mit dem besonderen Fall der Verschmelzung gerade zweier Versicherungsvereine a. G. So hat es die Zulässigkeit liquidationsloser Fusion eines Versicherungsvereins mit einer öffentlichrechtlichen Versicherungsanstalt im Anschluß an § 304 HGB. bejaht (KGJ. Bd. 47 S. 117), für den Fall der Verschmelzung eines Versicherungsvereins mit einer Aktiengesellschaft aber verneint (JFG. Bd. 4 S. 286). Unberührt bleibt die Streitfrage in RGZ. Bd. 56 S. 292, wo nur die rechtliche Möglichkeit der Fusion eines Versicherungsvereins mit einer Aktiengesellschaft des Versicherungswesens unter dem Gesichtspunkt des § 303 HGB. behandelt wird. Dagegen hat sich das Reichsaufsichtsamt für Privatversicherung in seinen Veröffentlichungen (Jahrg. 1918 S. 112) bei der Verschmelzung zweier Versicherungsvereine a. G. für die Zulässigkeit des Ausschlusses der Liquidation ausgesprochen. Den entgegengesetzten Standpunkt nimmt das Bayerische Oberste Landesgericht in seinem mehrfach erwähnten Beschlusse ein.

Keine Meinungsverschiedenheit besteht darüber, daß § 14 VAG. für die zu entscheidende Frage ohne Bedeutung ist. Wenn der vorliegende Fusionsvertrag die Genehmigung des Reichsaufsichtsamtes gefunden hat, so ist damit nur der öffentlichrechtlichen Voraussetzung der Verschmelzung im Sinne jener Vorschrift genügt, nicht aber ohne weiteres die Grundlage gegeben für die beabsichtigte, nur nach bürgerlichem Recht zu beurteilende Gesamtrechtsnachfolge. Immerhin wird vom Kammergericht in KGJ. Bd. 47 S. 117flg. (126) die Genehmigung der Aufsichtsbehörde im Sinne einer Sicherheit auch für die privatrechtliche Wirksamkeit der Fusion eines nicht im Handelsregister eingetragenen Versicherungsvereins verwertet und die Zulässigkeit der Übertragung des § 304 HGB. auf die Fusion eines Versicherungsvereins mit einer öffentlichen Versicherungsanstalt mit Rücksicht auf die Vertrauenswürdigkeit des Vermögensübernehmers und aus rechtspolitischen Erwägungen als der Rechtsnatur der Versicherungsvereine a. G. nicht widerstrebend bejaht, namentlich wegen der den Beteiligten förderlichen Vereinfachung der Rechtslage. Auch für die Stellungnahme des Reichsaufsichtsamts (Veröffentl. 1918 S. 112) ist diese Vereinfachung der Rechtslage der entscheidende Gesichtspunkt. Das Kammergericht stellt im Vorlegungsbeschluß bei der Frage der Fusion der beiden Vereine ebenfalls auf Zweckmäßigkeitserwägungen ab, insbesondere auf das praktische Bedürfnis, Gesichtspunkte, denen bei der Rechtsähnlichkeit der Lage mit der des § 306 HGB. und in Anbetracht des Umstands Rechnung zu tragen sei, daß — wie dort die Aktionäre — so hier die Mitglieder des erlöschenden Rechtssubjekts Aktionäre oder Mitglieder des aufnehmenden würden. Es kann keinem Zweifel unterliegen, daß Gründe der Zweckmäßigkeit allein unmöglich die Anwendung des § 306 HGB. auf den vorliegenden Fall zu rechtfertigen vermögen, es wäre denn, daß dieser Vorschrift ein Rechtsgedanke von einer über das Aktienrecht hinausreichenden Gültigkeit innewohnen und die Rechtsähnlichkeit der Sachlage zu ihrer Übertragung auf den Streitfall nötigen würde. Das muß aber mit den beiden Vorinstanzen und dem Bayerischen Obersten Landesgericht verneint werden. Schon innerhalb des Aktienrechts bedeuten die §§ 304, 306 HGB. mit der darin vorgesehenen Gesamtrechtsnachfolge eine aus dem Rahmen der Vorschriften über die Verwertung des Vermögens einer sich auflösenden Aktiengesellschaft herausfallende Besonderheit. Auch das sonstige bürgerliche Recht kennt, abgesehen von der Erbfolge, eine Gesamtrechtsnachfolge nur in ganz wenigen Fällen, die unbedenklich als Ausnahmeerscheinungen anzusehen sind (vgl. die schon erwähnten Vorschriften des Gesetzes über die Gesellschaften mbH. und des Genossenschaftsgesetzes). Die Vorschriften in §§ 304, 306 HGB. sind positive Rechtssätze, die nicht einmal im Wesen der Aktiengesellschaft eine zwingende Entstehungsursache haben. Um so mehr muß es bedenklich erscheinen, aus ihnen einen Rechtsgedanken von allgemeiner Gültigkeit abzuleiten. Dieser Rechtsgedanke kann jedenfalls nicht in der Übertragung des Vermögens im ganzen beruhen, da der § 303 HGB. für deren regelmäßige Form keine Gesamtrechtsnachfolge vorsieht. Einen Grund für die Gesamtrechtsnachfolge kann aber an sich ebensowenig die Tatsache bieten, daß für das Vermögen der erlöschenden Gesellschaft Aktien der übernehmenden gewährt werden, wie die Verstaatlichung als solche. Zum Schlusse aus der Rechtsähnlichkeit nötigt infolgedessen auch nicht ohne weiteres der Umstand, daß im vorliegenden Falle die Mitglieder des beschwerdeführenden Vereins zu 2 solche des Vereins zu 1 werden. Die für die §§ 304, 306 charakteristische konstitutive Wirkung der Eintragung des Fusionsbeschlusses ins Handelsregister stellt eine Ausnahmeerscheinung dar, die keinesfalls verallgemeinert werden darf. Wesentlich dagegen spricht im Streitfall die Verschiedenheit der Rechtsnatur der beteiligten Rechtssubjekte. Die Aktiengesellschaft als reine Vermögens- und Erwerbsgesellschaft, deren maßgebende Grundlagen Grundkapital und Aktien bilden und bei der das persönliche Mitgliedschaftsrecht durch die Bedeutung der Aktie verdeckt wird, ist dem rechtsfähigen Verein, insbesondere dem Versicherungsverein a. G., durchaus wesensfremd; denn dessen Träger bilden einen nicht geschlossenen Kreis von Mitgliedern, die sich ohne Erwerbszweck zu gegenseitiger Versicherung auf gemeinsames Risiko verbunden haben. Vorschriften des Aktienrechts, die — wie die über die Fusion nach § 306 HGB. — gerade die vermögensgesellschaftliche Seite der Aktiengesellschaft zur Grundlage und Voraussetzung haben, können daher nicht schlechthin auf Vereinsverhältnisse übertragen werden. Das Kennzeichnende für die Vorschriften in §§ 305, 306 ist die Übertragung des Vermögens der einen Aktiengesellschaft auf die andere. Was in diesem Falle die Hauptsache ist, ist bei der Verschmelzung zweier Versicherungsvereine a. G. nur — und zwar nicht einmal notwendige — Begleiterscheinung. Das Wesentliche ist bei der Fusion solcher Vereine in jedem Falle die Bestandsübertragung, d. h. die Übertragung der Versicherungsverhältnisse und damit der daran hängenden Mitgliedschaften des einen Vereins auf den anderen. Zu Unrecht setzt daher das Kammergericht im Vorlegungsbeschluß die beiden Fälle gleich, weil auch die Aktie ein Mitgliedschaftsrecht verkörpere. Dieses hängt aber bei der Aktie an der — in der Regel bereits voll geleisteten — Einlage, während es sich beim Versicherungsverein um ein personenrechtliches, mit nicht im voraus übersehbaren Zahlungsverpflichtungen verbundenes Mitgliedschaftsrecht handelt. Wenn die Frage der liquidationslosen Fusion von Versicherungsvereinen a. G. nur aus Erwägungen der Rechtsähnlichkeit zu beurteilen ist, so könnten diese bei deren rechtlicher Gestaltung weit eher aus dem Vereins- und Genossenschaftsrecht entnommen werden als gerade aus dem Aktienrecht. Der Umstand, daß das Versicherungsaufsichtsgesetz im Abschnitt über Versicherungsvereine a. G. vielfach aktienrechtliche Bestimmungen heranzieht, besagt demgegenüber nichts, da es sich dabei größtenteils um verfassungsrechtliche oder sonstige die Rechtsnatur der Versicherungsvereine nicht berührende Vorschriften handelt. Das Vereinsrecht des Bürgerlichen Gesetzbuchs kennt aber überhaupt keine Verschmelzung zweier rechtsfähiger Vereine im Sinne des § 306 HGB., und im Genossenschaftsrecht ist sie erst durch Gesetz vom 1. Juli 1922 (GenG. §§ 93a bis d) eingeführt worden. Gerade die Erlassung dieses Gesetzes beweist, daß der Gesetzgeber eine rechtsähnliche Übertragung des § 306 HGB. auf das Genossenschaftsgesetz nicht für angängig erachtet, sondern mit Rücksicht auf die rechtliche Eigenart der Genossenschaften für sie eine Sonderregelung als geboten angesehen hat. Danach erscheint es aber nicht nur als bedenklich, sondern als unzulässig, für dieses Recht der Versicherungsvereine a. G. aus § 306 HGB. eine Analogie abzuleiten, deren Berechtigung der Gesetzgeber für die der Aktiengesellschaft infolge der Kapitalbeteiligung der Mitglieder immerhin näher verwandte Genossenschaft abgelehnt hat. Die Verschmelzung von Genossenschaften mit gleicher Haftungsform ist in den §§ 93 a bis d GenG. auch gegenüber dem Aktienrecht durchaus selbständig und eigentümlich behandelt, und es kann daher auch davon keine Rede sein, daß man diese auf die Genossenschaften zugeschnittenen Vorschriften, die z. B. bei der Fusion stets die Gesamtrechtsnachfolge unter Ausschluß der Liquidation vorsehen, etwa auf die Versicherungsvereine a. G. übertragen könnte. Zu alledem kommt, daß rein versicherungstechnisch die Verschmelzung zweier solcher Vereine derart durch ihren Aufgabenkreis und durch die Rechtsnatur der Beteiligten bedingt ist, daß, wennschon das Gesetz sie gestattet, der Rechtsvorgang mangels gesetzlicher Regelung eingehender vertraglicher Festlegung bedarf und seine dingliche Verwirklichung um so weniger durch Heranziehung von Vorschriften ersetzt werden kann, die auf ganz andere Verhältnisse berechnet sind. Gedacht sei nur der Leistungen der Mitglieder und der Vereine, der Behandlung versicherter Nichtmitglieder, des Austrittsrechts und der Anwendung der Gläubigerschutzvorschriften des § 301 HGB. (vgl. Koenige-Petersen a. a. O. S. 277; Hagen a. a. O. S. 231 Anm. 3).

Demgemäß ist mit dem Bayerischen Obersten Landesgericht und den beiden Vorinstanzen anzunehmen, daß die Verschmelzung zweier Versicherungsvereine a. G. ohne Liquidation rechtlich nicht zulässig und daß deren Zulässigkeit mangels gesetzlicher Vorschriften insbesondere auch nicht durch Analogie aus anderen Gesetzen abzuleiten ist. Demgegenüber kann es nicht ins Gewicht fallen, wenn in der Beschwerdeschrift für den vorliegenden Fall auf die Unbedenklichkeit solcher Maßnahme hingewiesen wird. Die zur Entscheidung stehende Rechtsfrage ist grundsätzlicher Art und unabhängig von der Lage des Einzelfalls. Auch der Umfang der Rechte und Pflichten der Mitglieder und der Umstand, daß die Mitglieder des beschwerdeführenden Vereins zu 2 dem Verein zu 1 sämtlich ausdrücklich beigetreten sind, ist für die Frage der Zulässigkeit der Gesamtrechtsnachfolge unerheblich.

Hiernach war die weitere Beschwerde gegen die Ablehnung der beantragten Eintragung zurückzuweisen.

---

19. Hindert ein im Kaufvertrag über ein Zeitungsunternehmen vereinbartes, zeitlich unbeschränktes Wettbewerbsverbot die Annahme, daß der Verkäufer, der den Kaufgegenstand übergeben hat, den Vertrag erfüllt habe und deshalb nach § 454 BGB. trotz Leistungsverzugs des Käufers nicht vom Vertrag zurücktreten könne?

BGB. §§ 326, 454.

II. Zivilsenat. Urt. v. 19. Juni 1931 i. S. Firma H. (Kl.) w. Witwe Th. (Bekl.). II 467/30.

I. Landgericht Bielefeld.
II. Oberlandesgericht Hamm.

Die Klägerin hat durch schriftlichen Vertrag vom 30. Dezember 1921 an die Beklagte den Verlag der „B.er Zeitung" für 35000 M., zahlbar mit dem Tage der Übernahme in vierteljährlichen Raten von

5500 M., verkauft. Die Übernahme des Verlags und die Herausgabe der Zeitung durch die Käuferin hatte mit dem 1. Januar 1922 zu geschehen. Sie ist auch erfolgt und die Beklagte hat vom 1. Januar 1922 ab das von ihr bis dahin betriebene Zeitungsunternehmen „B.er Anzeiger" mit der „B.er Zeitung" verschmolzen und ersterem den Untertitel „B.er Zeitung" gegeben. In § 5 des Vertrags ist der Klägerin die Pflicht auferlegt, weder in B. noch im Bezirk des Amtes B. eine neue Tageszeitung ins Leben zu rufen, noch sich an einer anderen Tageszeitung zu beteiligen. Der Kaufpreis wurde in entwertetem Gelde abgezahlt. Wegen Nichtzahlung eines angeblich vereinbarten Aufwertungsbetrags hat die Klägerin nach Setzung einer Nachfrist am 26. Juli 1928 ihren Rücktritt vom Vertrag erklärt und die Beklagte zur Rückgewähr des Verlags der „B.er Zeitung" aufgefordert. Die Beklagte ist dem nicht nachgekommen, hat vielmehr am 21. September 1928 ihren „B.er Anzeiger" samt dem Verlagsrecht an der „B.er Zeitung" an einen Dritten verkauft, und zwar für 12000 RM., wie die Klägerin behauptet. Weil die Beklagte sich außerstand gesetzt habe, den Verlag der „B.er Zeitung" zurückzugewähren, fordert nun die Klägerin von ihr Ersatz seines Wertes. Vorläufig verlangt sie einen Teilbetrag von 5000 RM. Sie hat aber diesen Antrag später (weil sie ein Interesse daran habe, zu wissen, ob sie noch an das Konkurrenzverbot gebunden sei) dahin erweitert, es solle festgestellt werden, daß der Vertrag durch ihren Rücktritt rechtswirksam aufgehoben sei.

Beide Vordergerichte wiesen die Klage ab. Die Revision der Klägerin führte zur Aufhebung und Zurückverweisung.

Gründe:

Das Berufungsgericht erklärt in Übereinstimmung mit dem ersten Richter den Rücktritt der Klägerin von dem Veräußerungsvertrag vom 30. Dezember 1921 für unberechtigt, weil ihm § 454 BGB. entgegenstehe. Die Revision sieht darin eine Verkennung dieser Vorschrift. Sie wendet sich zunächst dagegen, daß jener Vertrag, wiewohl er als „Kaufvertrag" bezeichnet sei, seinem Inhalt nach als Kauf beurteilt und behandelt werde. Da keine beweglichen oder unbeweglichen Sachen mitverkauft seien, liege eine reine Veräußerung von Rechten vor; die wesentliche, ja die grundlegende Verkäuferverpflichtung sei aber das Konkurrenzverbot des § 5. Habe man nicht einen anders gearteten Vertrag als Kauf, nämlich einen unbenannten Vertrag, anzunehmen, so liege jedenfalls ein gemischter Vertrag vor und hierbei sei für die Anwendung des § 454 BGB. insoweit kein Raum, als es sich um den Gegenwert für die hier streitige Verpflichtung des § 5 handle. Es sei anerkannten Rechtens, daß bei einer Teilerfüllung § 454 BGB. in Ansehung des rückständigen Teils keine Anwendung finde, sogar beim Vorliegen eines reinen Kaufvertrags. Hätten die Beteiligten, wie denkbar, allein die Konkurrenzklausel als Verpflichtung bedungen, so wäre für den Ausschluß des Rücktritts nach § 454 kein Raum. Demgegenüber sei es eine eigenartige Rechtsfolge, wenn deswegen, weil neben jener wichtigen Verpflichtung auch noch einige Rechte übertragen worden seien, dem Vertrag der Charakter eines Kaufvertrags im Sinne von §§ 433 flg. BGB. zukommen solle. § 454 sei als Ausnahme von den allgemeinen Vorschriften der §§ 325, 326 BGB. eng auszulegen. Daher könne er keine Anwendung finden auf einen Vertrag, nach dessen Inhalt für einen wesentlichen Teil eine Erfüllung im Sinne des § 454 nicht möglich sei.

Die Revision ist begründet. Der Vorderrichter erblickt rechtsirrig im § 454 einen gesetzlichen Hinderungsgrund für den Rücktritt der Klägerin. Unzweifelhaft handelt es sich bei dem Vertrag vom 30. Dezember 1921 um einen Kaufvertrag, wofür sich der Vertrag selbst ausgibt; sein Gegenstand war der Verlag der V.er Zeitung als Inbegriff von Sachen und Rechten. Fielen unter den Vertrag auch keine Betriebsmittel für eine Druckerei, so gehörten doch zum Kaufgegenstand wichtige Geschäftspapiere aller Art, insbesondere Abonnenten- und Anzeigerlisten und die Urkunden über laufende Verträge, die der Herausgabe und dem Absatz der Zeitung dienten. Die Wettbewerbsklausel des Vertrags vermag ihn seiner Rechtsnatur nicht zu entkleiden. Ihr Vorhandensein in dem zwar örtlich, aber nicht zeitlich begrenzten und gegenständlich erweiterten Umfang des Vertrags steht aber der Annahme entgegen, daß dieser von der Verkäuferin im Sinne des § 454 BGB. erfüllt sei. Die Verpflichtung nach § 5 des Vertrags geht dahin, daß die Klägerin weder in V. noch im Bezirke des Amtes V. eine neue Tageszeitung ins Leben rufen, noch sich an einer anderen Tageszeitung beteiligen darf. Diese Verpflichtung kann nicht, wie der Vorderrichter es tut, als eine nur „sekundäre“ Unterlassungspflicht bezeichnet werden. Sie bildet nicht lediglich die Kehrseite einer Pflicht zum Handeln (vgl. RGZ. Bd. 72 S. 394). Sie reicht über die Pflicht zur Übergabe des Verlags der „V.er Zeitung“

hinaus und steht als selbständige, ihrer Natur nach nicht sofort vollständig erfüllbare und bis heute — trotz Fehlens einer Zuwiderhandlung — noch nicht vollständig erfüllte Pflicht neben der Übergabepflicht. Würde es sich allein darum handeln, daß die Klägerin im bezeichneten Gebiet keine Tageszeitung mit verwechslungsfähigem Titel erscheinen lassen dürfte, so könnte gesagt werden, das sei eine Pflicht, die sich, auch ohne im Vertrag ausdrücklich ausgesprochen zu sein, bei einer Treu und Glauben entsprechenden Auslegung und Erfüllung des Vertrags von selbst ergebe; denn ohne dies wäre die verkaufte Zeitung in Wirklichkeit gar nicht „übertragen". Bei solcher Sachlage könnte die Verkäuferin nach Ablauf der Stundungsfrist und nach Eintritt von Zahlungsverzug nicht um deswillen vom Vertrag zurücktreten, weil die Möglichkeit begrifflich nicht ausgeschlossen wäre, daß sie doch einmal ein „V.er Tageblatt" oder eine ähnlich verwechslungsfähige Zeitung herausgeben könnte. Hieran würde sich auch dadurch nichts ändern, daß diese schon aus den §§ 157, 242 BGB. abzuleitende Unterlassungspflicht im Vertrag besonders festgestellt worden wäre. Die hier im § 5 des Vertrags vereinbarte Verpflichtung geht aber viel weiter. Der Klägerin ist verboten, irgendeine Tageszeitung im Sperrgebiet erscheinen zu lassen, auch eine solche mit völlig abweichendem, das Wort V. überhaupt nicht enthaltendem Titel und mit ganz anderer Aufmachung, bei der keine Verwechslung zu befürchten wäre. Sie darf auch kein fremdes, auf Herausgabe einer Tageszeitung gerichtetes Unternehmen durch eine Beteiligung unterstützen. Damit ist eine andersartige, neue Verpflichtung zu der Pflicht der Übertragung der verkauften Zeitung hinzugetreten. Solange diese Verpflichtung noch besteht, ist nicht vollständig erfüllt und § 454 BGB. nicht anwendbar. Der Fall liegt anders als bei dem schrittweise vor sich gehenden Vollzug der Übertragung von Grundstücken, wobei nach RGZ. Bd. 118 S. 100 zur Übergabe und Auflassung die Eintragung im Grundbuch nicht hinzuzukommen braucht, um den § 454 BGB. anzuwenden. Hier hat die Verkäuferin ihre Übertragungspflicht längst erfüllt; die daneben bestehende, auf die Dauer festgesetzte und von der Käuferin bei der Weiterveräußerung des Unternehmens auch weiterübertragene Unterlassungspflicht ließ zwar den Beginn der Erfüllung zu, nicht aber deren Vollendung. Dauerleistungen des Verkäufers, mögen sie auf ein Tun oder ein Unterlassen gerichtet sein (was nach § 241 BGB. sich gleich steht), machen es vor ihrer vertragsmäßigen Beendigung unmöglich, von einer Erfüllung des Vertrags durch den Verkäufer zu reden. Seine Leistungen und die des Käufers stehen sich hier auch nicht gleichmäßig teilbar in der Weise gegenüber, daß § 454 mit Beschränkung auf den erfüllten Teil anwendbar wäre.

Der Rücktritt ist daher der Klägerin im ganzen offen geblieben, wenn — was das Berufungsgericht noch zu erörtern haben wird — dessen Voraussetzungen vorliegen. Das Verhältnis der Leistung Zug um Zug, auf dem § 326 BGB. dem inneren Grunde nach beruht (RGZ. Bd. 83 S. 179 [182]), konnte in Ansehung der Dauerleistung der Klägerin durch die Kaufpreisstundung nicht gelöst werden. War die Abzahlung in entwertetem Geld nach der heute maßgebenden Rechtsanschauung nur Teilerfüllung, so stehen beiderseits noch Leistungen aus und sich gegenüber. Als Ausnahmevorschrift von der gesetzlichen Regel des § 326 muß § 454 eng ausgelegt werden, wie das Reichsgericht schon wiederholt betont hat. Eine geringfügige Verpflichtung, deren Beachtung neben der Übertragungspflicht nach Treu und Glauben nicht geboten wäre, ist ein derartiges, unter Umständen drückendes Wettbewerbsverbot nicht.

---

20. Ist der Wiederaufbau als eine Obliegenheit im Sinne des § 6 Abs. 2 VVG. anzusehen, wenn bei einer Feuerversicherung nach den Versicherungsbedingungen die Entschädigung nur zum Wiederaufbau gleichartiger, denselben Zwecken dienender Gebäude an derselben Stelle gezahlt wird?

Versicherungsvertragsgesetz §§ 6, 97, 101, 192. Preuß. Gesetz betr. die öffentlichen Feuerversicherungsanstalten vom 25. Juli 1910 (GS. S. 241) § 25.

VII. Zivilsenat. Urt. v. 19. Juni 1931 i. S. St. (Kl.) und P. (Nebenintervenient) w. Pommersche Feuersozietät u. Gen. (Bekl.). VII 393/30.

I. Landgericht Stettin.
II. Oberlandesgericht daselbst.

Der Kläger ist zum Zwangsverwalter für ein Mühlengrundstück bestellt, welches früher dem Mühlenbesitzer W. P. in S. gehörte. Die Gebäude und Maschinen der Mühle waren bei den sieben verklagten

Feuerversicherungs-Unternehmungen mit 153800 RM. gegen Feuerschaden versichert, und zwar nach Maßgabe der Satzung und der Allgemeinen Versicherungsbedingungen der Pommerschen Feuersozietät (Erstbeklagte) sowie der Allgemeinen Versicherungsbedingungen der Privatversicherungsgesellschaften vom 1. Januar 1910. Führende Gesellschaft war die Erstbeklagte. Der Versicherungsvertrag enthielt auch die Wiederherstellungsklausel der Erstbeklagten, welche folgenden Wortlaut hat:

> Im Schadensfalle wird die Entschädigung für die versicherten Betriebsgebäude und die Maschinen nur zur Wiederherstellung, d. h. zum Wiederaufbau gleichartiger, denselben Zwecken dienender Gebäude und Maschinen an derselben Stelle gezahlt.
>
> Kann die Wiederherstellung aus zwingenden Gründen überhaupt nicht erfolgen und ist die Sozietät bereit, in Anerkennung dieser Gründe von der Wiederherstellung abzusehen, so verliert der Versicherungsnehmer den Anspruch auf ein Drittel der für die nicht wiederhergestellten Gebäude und Maschinen berechneten Entschädigung.

Die Versicherung lief noch, als die Mühle in der Nacht vom 21. zum 22. Juli 1926 abbrannte. Der Schadensbetrag wurde in dem Verfahren, wie es die Satzung der Erstbeklagten vorsah, endgültig auf 103527 RM. festgesetzt. Der Versicherungsnehmer ließ dann die Mühlengebäude zum Teil wiederherstellen und wandte dafür 26871,01 RM. auf. Später kam die Mühle zur Zwangsversteigerung. Sie wurde ohne den Anspruch auf die Versicherungsentschädigung schließlich der Erstbeklagten zugeschlagen. Wegen der Versicherungsentschädigung besteht die Zwangsverwaltung noch fort.

Im gegenwärtigen Rechtsstreit verlangt der Kläger Zahlung der Brandentschädigung mit der vollen festgesetzten Summe von 103527 RM. Das Landgericht hat ihm die Summe abzüglich der für den Neubau aufgewendeten Beträge von 26871,01 RM., also 76655,99 RM. zugesprochen. Das Oberlandesgericht hat dem Kläger unter Abweisung des weiteren Drittels nur zwei Drittel der 76655,99 RM., also 51103,98 RM. zuerkannt. In der Revisionsinstanz fordert der Kläger, daß ihm auch das dritte Drittel zugesprochen werde.

Der Steuersyndikus P. in G. ist dem Kläger als Nebenintervenient beigetreten mit der Begründung, daß er die Zwangsverwaltung wegen einer Hypothekenforderung von 20000 RM. betreibe; der Rechtsstreit werde also zu einem erheblichen Teile für seine Rechnung geführt. Gegen den Beitritt ist kein Widerspruch erhoben worden. Der Nebenintervenient hat sich den Anträgen der Revision angeschlossen.

Das Reichsgericht hat das Berufungsurteil, soweit es angefochten war, aufgehoben und die Sache an das Berufungsgericht zurückverwiesen.

Aus den Gründen:

Die Entscheidung des Oberlandesgerichts stützt sich, soweit sie dem Kläger günstig ist, auf § 152 ZVG., wonach der Zwangsverwalter die Ansprüche geltend zu machen hat, auf welche sich die Beschlagnahme erstreckt, ferner auf die §§ 146flg. das., wonach der Beschlagnahme in der Zwangsverwaltung auch alle diejenigen Gegenstände unterliegen, welche die Beschlagnahme in der Zwangsversteigerung umfaßt, weiter auf § 20 Abs. 2 das., wonach die Beschlagnahme in der Zwangsversteigerung diejenigen Gegenstände ergreift, auf welche sich bei einem Grundstück die Hypothek erstreckt, und endlich auf § 1127 Abs. 1 BGB., wonach sich die Hypothek auf die Forderung gegen den Versicherer erstreckt, wenn Gegenstände unter Versicherung gebracht sind, die der Hypothek unterliegen (dazu gehörten die versicherten Gebäude und Maschinen).

Die Forderung gegen die Versicherer beträgt 103527 RM. Davon sind, wie nicht mehr streitig ist, die zum Wiederaufbau verwendeten 26871,01 RM. abzusetzen, denn nach § 1127 Abs. 2 BGB. haftet die Forderung gegen den Versicherer nicht mehr für die Hypothek, wenn und soweit der versicherte Gegenstand wiederhergestellt ist. Der Berufungsrichter hat aber von der hiernach verbleibenden Forderung von 103527 — 26871,01 = 76655,99 RM. noch weitere 25552,01 RM. gestrichen. Das beruht auf Anwendung der im Tatbestand mitgeteilten Wiederaufbauklausel. Dagegen wenden sich die Revision und der Nebenintervenient.

Dieser bezweifelt zunächst, daß jene Klausel überhaupt Vertragsinhalt geworden sei. Er sucht das aus gewissen Vorgängen beim Vertragsschluß nachzuweisen. Eines näheren Eingehens hierauf bedarf es nicht, denn nach dem Tatbestand des Berufungsurteils war es zwischen den Parteien nicht streitig, daß „der Versicherungsvertrag bezüglich der Mühlengebäude und Maschinen die Führungsklausel

... und ferner die Wiederherstellungsklausel der Erstbeklagten enthielt". Danach gilt für den ganzen Versicherungsvertrag und gegenüber allen Versicherern die streitige Klausel, wenn sie, was der Nebenintervenient ebenfalls bestreitet, mit den gesetzlichen Vorschriften überhaupt vereinbar ist. Der Nebenintervenient sieht nämlich in der Vertragsbestimmung, daß die Entschädigung nur zum Wiederaufbau gezahlt werde, die Vereinbarung einer Obliegenheit des Versicherungsnehmers, und da diese Obliegenheit nach dem Eintritt des Versicherungsfalls dem Versicherer gegenüber zu erfüllen sei, will er auf einen etwaigen Verstoß gegen sie den § 6 Abs. 2 VVG. angewendet wissen. Diese Vorschrift besagt im Zusammenhalt mit Abs. 1 daselbst:

> Ist im Vertrage bestimmt, daß bei Verletzung einer Obliegenheit, die nach dem Eintritt des Versicherungsfalls dem Versicherer gegenüber zu erfüllen ist, der Versicherer zum Rücktritt berechtigt oder von der Verpflichtung zur Leistung frei sein soll, so tritt die vereinbarte Rechtsfolge nicht ein, wenn die Verletzung weder auf Vorsatz noch auf grober Fahrlässigkeit beruht.

Mit Recht weist der Nebenintervenient auch darauf hin, daß nach dem Abs. 3 des § 6 a. a. O. der Versicherer sich auf eine Vereinbarung, durch welche von der Vorschrift des Abs. 2 zum Nachteil des Versicherungsnehmers abgewichen wird, nicht berufen darf. Dieser Satz gilt reichsgesetzlich zwar nur für die Beklagten zu 2 bis 7, die private Versicherungsunternehmungen sind; denn nach § 192 Abs. 2 VVG. finden die in diesem Gesetz vorgesehenen Beschränkungen der Vertragsfreiheit keine Anwendung auf Versicherungen, welche bei einer nach Landesrecht errichteten öffentlichen Anstalt genommen werden. Landesgesetzlich gilt jedoch die Bestimmung auch für die zu jenen Anstalten gehörige Erstbeklagte. Im § 25 Abs. 1 des preußischen Gesetzes betr. die öffentlichen Feuerversicherungsanstalten vom 25. Juli 1910 ist nämlich angeordnet, daß die allgemeinen Versicherungsbedingungen der vom Gesetz betroffenen Anstalten keine Bestimmungen enthalten dürfen, die zum Nachteil des Versicherungsnehmers von den Vorschriften des § 6 VVG. abweichen. Die Wiederherstellungsklausel der Erstbeklagten, von welcher der Tatbestand des Berufungsurteils spricht, ist offenbar in den allgemeinen Versicherungsbedingungen dieser Beklagten enthalten, denn sonst könnte nicht von „der", d. h. der typischen Wiederherstellungsklausel, gesprochen werden. Die Sache liegt also für diese Beklagte nicht anders als für die übrigen.

Greift aber § 6 VVG. ein, so ist die Lage des Versicherungsnehmers günstiger als nach der Wiederherstellungsklausel der Erstbeklagten. Diese besagt grundsätzlich, daß der Versicherer die Entschädigung nicht zu bezahlen braucht, wenn nicht wieder aufgebaut wird, und mildert diese starre Regel nur dahin ab, daß der Versicherungsnehmer lediglich den Anspruch auf ein Drittel der Entschädigung verliert, wenn aus zwingenden Gründen überhaupt nicht wieder aufgebaut werden kann und der Versicherer bereit ist, in Anerkennung dieser Gründe von der Wiederherstellung abzusehen. Selbst die ohne jedes Verschulden des Versicherungsnehmers eingetretene Unmöglichkeit des Wiederaufbaues gibt ihm also noch nicht das Recht, auch nur einen Teil der Entschädigung zu verlangen, wenn nicht der Versicherer geneigt ist, in Anerkennung der dem Wiederaufbau entgegenstehenden zwingenden Gründe von ihm abzusehen. Bei Anwendbarkeit des § 6 a. a. O. dagegen hat der Versicherungsnehmer, auch wenn der Wiederaufbau unterbleibt, dann den Anspruch auf die volle Entschädigung, wenn er beweist, das Unterbleiben des Wiederaufbaues beruhe weder auf seinem Vorsatz noch auf seiner groben Fahrlässigkeit. Die Meinung des Nebenintervenienten, daß der Versicherer dem Versicherungsnehmer den Vorsatz oder die grobe Fahrlässigkeit zu beweisen hätte, ist rechtsirrig; das ergibt bereits der Wortlaut des § 6 Abs. 2 VVG.

Die Revision hat den auf diese Vorschrift gestützten Angriff nicht erhoben. Der Nebenintervenient setzt sich aber mit seinem Vorbringen nicht in Widerspruch zur Hauptpartei, was er nach § 67 ZPO. nicht dürfte, denn auch der Kläger ist bemüht, die Wirkungen der Wiederherstellungsklausel zu beseitigen. Er versucht das allerdings mehr in der Richtung, daß er die Schuld an der Nichtvollendung des Wiederaufbaues in vollem Umfang den Beklagten zuschiebt, den Versicherungsnehmer für schuldlos erklärt und den Beklagten Arglist vorwirft, wenn sie sich auf das Unterbleiben eines Wiederaufbaues beriefen, das sie selbst verschuldet hätten. Der Nebenintervenient kann also mit dem von ihm angeregten Bedenken gehört werden, und dieses muß durchgreifen, wenn der in der Wiederherstellungsklausel vorgesehene Wiederaufbau in der Tat eine Obliegenheit im Sinne des § 6 Abs. 2 VVG. ist.

Eine „Obliegenheit" ist nach der feststehenden Rechtsprechung des Reichsgerichts (RGZ. Bd. 58 S. 346, Bd. 62 S. 192) keine in irgendeiner Art erzwingbare, bei Nichterfüllung in eine Schadensersatzpflicht übergehende Verbindlichkeit, sondern nur eine Voraussetzung für die Erhaltung des Anspruchs aus dem Versicherungsvertrage. Daß es sich um eine Obliegenheit dieser Art handelte, wäre nicht zweifelhaft, wenn die Wiederherstellungsklausel etwa dahin lautete: Der Versicherungsnehmer darf die Zahlung der Entschädigung erst verlangen, wenn er wieder aufgebaut und das dem Versicherer nachgewiesen hat. So soll die Klausel nach der — nicht zwingenden — Vorschrift des § 97 VVG. aber nicht lauten. Es soll dem Versicherungsnehmer nicht angesonnen werden, daß er zunächst mit eigenem oder anderweit beschafftem Gelde die zerstörten Gebäude wieder aufbaue und dadurch erst die Voraussetzung für den Anspruch auf Auszahlung der Versicherungsentschädigung schaffe, es soll anderseits aber auch dem Versicherer nicht zugemutet werden, ohne jede Unterlage für einen wirklichen Wiederaufbau schon im voraus die Entschädigung auszuzahlen. Zum Ausgleich der beiderseitigen Interessen bestimmt der erwähnte § 97:

> Ist der Versicherer nach den Versicherungsbedingungen nur verpflichtet, die Entschädigungssumme zur Wiederherstellung des versicherten Gebäudes zu zahlen, so kann der Versicherungsnehmer die Zahlung erst verlangen, wenn die bestimmungsmäßige Verwendung des Geldes gesichert ist.

Entsprechend heißt es in Art. 38 Nr. 1 Abs. 1 der Satzung der Erstbeklagten:

> Die Entschädigung für versicherte Gebäude wird grundsätzlich nur zur Wiederherstellung und erst dann gezahlt, wenn die bestimmungsmäßige Verwendung des Geldes gesichert ist. Die Zahlung der Entschädigung erfolgt bei Vollschäden in der Regel in drei Teilbeträgen. Die Hälfte der Entschädigungssumme wird gezahlt, wenn Baumaterial angefahren und mit dem Aufbau der Umfassungswände begonnen ist, ein weiteres Viertel der Entschädigungssumme, wenn das Gebäude unter Dach gebracht ist, und der Rest nach Vollendung des Baues unter Verwendung der gesamten Entschädigung.

Diese Sätze zeigen deutlich, wie trotz der durch praktische Rücksichten gebotenen Abmilderung doch der Wiederaufbau die eigentliche

Obliegenheit des Versicherungsnehmers bleibt, durch deren Erfüllung er sich den Anspruch auf Auszahlung der Versicherungsentschädigung sichert und dauernd erhält. Ebenso ist klar, daß dann, wenn der Wiederaufbau unmöglich geworden ist, der Versicherungsnehmer weder in der Lage ist, „die bestimmungsmäßige Verwendung des Geldes zu sichern", noch den Wiederaufbau beginnen, fortführen oder vollenden kann. Die Möglichkeit des Wiederaufbaues ist hiernach die entscheidende Frage. Ist sie fortgefallen, so kann der Versicherungsnehmer weder seine eigentliche Hauptobliegenheit noch die hilfsweise an ihre Stelle gesetzten anderen Obliegenheiten minderen Ranges erfüllen. Aus alledem folgt, daß dem Versicherungsnehmer, wenn der Wiederaufbau unmöglich geworden ist, das Recht zur Seite stehen muß, gemäß § 6 Abs. 2 VVG. nachzuweisen, daß er den Wiederaufbau weder vorsätzlich noch aus grober Fahrlässigkeit unterlassen habe.

Das Reichsgericht hat die Streitfrage bisher noch nicht entschieden. Bruck ist in seinem Kommentar zum Versicherungsvertragsgesetz darauf nicht eingegangen. In seinem „Privatversicherungsrecht" (S. 468) erklärt er aber die Wiederherstellung für eine „Obliegenheit (Voraussetzung) für die Geltendmachung des Anspruchs des Versicherungsnehmers auf die Entschädigungsleistung". Auf § 6 Abs. 2 VVG. geht Bruck allerdings nicht ein, er meint nur, daß das Recht des Versicherers zu der Zurückhaltung seiner Zahlung bis zur bestimmungsmäßigen Verwendung des Geldes seine natürliche Grenze an Treu und Glauben finde; werde die Wiederherstellung aus Gründen unmöglich, die der Versicherungsnehmer nicht zu vertreten habe, so könne der Versicherer die Wiederherstellung nicht verlangen, er sei zur Entschädigung verpflichtet (a. a. O. S. 469). Handelt es sich aber bei dem Wiederaufbau um eine Obliegenheit, so darf sich der Versicherungsnehmer auf § 6 Abs. 2 VVG. berufen und die ihm danach zustehenden Rechte gehen weiter, als Bruck annimmt, schon weil nach dieser Vorschrift eine nicht grobe Fahrlässigkeit, welche dem Versicherungsnehmer etwa zur Last fällt, außer Betracht bleiben muß.

Eine Unmöglichkeit des Wiederaufbaues sieht der Berufungsrichter als gegeben an. Nach seiner Annahme ist sie dadurch herbeigeführt worden, daß das Grundstück ohne die Versicherungsforderung dem Ersteher zugeschlagen wurde. Diesen Sachverhalt hat der Vorderrichter bisher nur unter dem Gesichtspunkt der oben erwähnten Arglist-Replik des Klägers geprüft; er wird ihn nunmehr unter dem Gesichtspunkt des § 6 Abs. 2 VVG. und des hier dem Versicherungsnehmer nachgelassenen Entlastungsbeweises zu würdigen haben. Es kommt jetzt also nicht darauf an, ob die Beklagten das Unterbleiben des Wiederaufbaues verschuldet haben, sondern nur darauf, ob der Kläger nachgewiesen hat, daß dem Versicherungsnehmer insoweit weder Vorsatz noch grobe Fahrlässigkeit zur Last fällt. (Wird näher ausgeführt.)

Erst wenn sich herausstellen sollte, daß der Versicherungsnehmer den Anspruch auf das jetzt allein noch streitige Drittel der der Zwangsverwaltung unterliegenden Versicherungsforderung verwirkt habe, wird auf den vom Landgericht herangezogenen § 101 VVG. einzugehen sein. Namentlich wird es sich dann fragen, ob der Kläger als Zwangsverwalter überhaupt in der Lage ist, den dort den Hypothekengläubigern verliehenen unmittelbaren und selbständigen Anspruch auf die Versicherungsentschädigung von sich aus zu verfolgen, d. h. also, ob der Anspruch der Hypothekengläubiger der Beschlagnahme im Zwangsverwaltungsverfahren gegen den Versicherungsnehmer unterliegt. An der Auslegung, die er dem § 101 VVG. in RGZ. Bd. 102 S. 352 gegeben hat, hält der erkennende Senat fest.

---

21. Können auf die Einführung städtischer Müllabfuhr einzelne davon betroffene Grundstückseigentümer, die einen Abfuhrvertrag mit einem Privatunternehmer geschlossen hatten, deshalb Entschädigungsansprüche gründen, weil die städtische Müllabfuhr teurer sei und ihre bisher benutzten Müllkästen unverwendbar geworden seien?

RVerf. Art. 153. Einl. z. Preuß. ALR. §§ 74, 75.

V. Zivilsenat. Urt. v. 20. Juni 1931 i. S. Mietshausbesitzerverein B.-L. (Kl.) w. Stadtgemeinde Berlin (Bekl.). V 289/30.

I. Landgericht I Berlin.
II. Kammergericht daselbst.

Seit den Jahren 1923 bis 1925 besteht in Berlin städtische Müllabfuhr, die sich jedoch auf den Verwaltungsbezirk Steglitz zunächst nicht erstreckte. Dort wurde erst vom 1. April 1928 an durch Nachtrag zum Ortsgesetz vom 3. Juli 1925 und zur Polizeiverordnung vom gleichen Tage die städtische Müllabfuhr eingeführt.

Im Bezirk Steglitz hatte der klagende Verein für seine Mitglieder am 19. März 1925 mit dem Fuhrunternehmer P. einen Müllabfuhrvertrag auf die Zeit bis Ende März 1935 geschlossen. Infolge Einführung der städtischen Müllabfuhr stellte P. mit Ende Mai 1928 seinen Betrieb ein. Hierauf gründen siebzehn Mitglieder des Klägers Entschädigungsansprüche gegen die Stadtgemeinde Berlin, die sie aus der Entwertung der von ihnen angeschafften, für die städtische Müllabfuhr nicht verwendbaren Müllkästen und aus den höheren Gebühren der städtischen Müllabfuhr herleiten. Die Ansprüche wurden dem Kläger abgetreten; dieser verlangt Zahlung von 6419,20 RM. nebst Zinsen. In den Vorinstanzen wurde er abgewiesen. Auch seine Revision hatte keinen Erfolg.

Aus den Gründen:

Der Kläger stützt den Entschädigungsanspruch seiner Mitglieder in erster Linie auf die Vorschrift des Art. 153 Abs. 2 Satz 2 RVerf. Er sieht eine Enteignung darin, daß seit der Ausdehnung des städtischen Ortsgesetzes und der Polizeiverordnung vom 3. Juli 1925 auf den Verwaltungsbezirk Steglitz die von seinen Zedenten im Jahre 1925 angeschafften Müllkästen zur weiteren Benutzung für ihren Anschaffungszweck unverwendbar und die Vertragsansprüche gegen den Abfuhrunternehmer P. hinfällig geworden seien. Aber der Fall einer Enteignung liegt hier, so weit auch sonst die Rechtsprechung zu Art. 153 RVerf. den Begriff des Eigentums im Sinne dieses Artikels und dementsprechend den der Enteignung ausgelegt haben mag, schon aus dem Grunde nicht vor, weil es an dem für eine Enteignung allgemein geltenden Erfordernisse fehlt, daß ein Einzeleingriff in Rechte bestimmter Personen oder doch eines bestimmt begrenzten Personenkreises in Frage stehen muß (vgl. die Entscheidung des für Enteignungssachen bisher zuständig gewesenen VII. Zivilsenats des Reichsgerichts vom 27. Mai 1930, RGZ. Bd. 129 S. 146, mit den auf S. 149 gegebenen weiteren Nachweisungen). Das Ortsgesetz und die sich anschließende Polizeiverordnung vom 3. Juli 1925 (deren Gültigkeit durch die Entscheidung des 1. Strafsenats des Kammergerichts vom 5. November 1929, KGBl. 1930 S. 4, anerkannt ist) regeln die Müllbeseitigung in den ihnen unterworfenen Verwaltungsbezirken allgemein, und ebenso ist ihre — in Ansehung der Gültigkeit auch vom Kläger nicht beanstandete — Ausdehnung auf den Bezirk Steglitz ganz allgemein erfolgt. Die Zuständigkeit der verklagten Stadtgemeinde zur Erlassung des Ortsgesetzes unterliegt keinem Bedenken und wird auch vom Kläger nicht bezweifelt. Eine solche von der zuständigen Stelle erlassene Rechtsnorm aber, die auf einem bestimmten Gebiet, wie hier dem der Müllbeseitigung, den Inhalt und den Umfang von Rechten und Rechtsbefugnissen, nämlich des Eigentums an den betroffenen Hausgrundstücken, für die Zukunft allgemein regelt, stellt, mag sie dabei auch in bestehende Rechtsverhältnisse eingreifen, keine Enteignung im Sinne des Abs. 2 dar, sondern eine Inhaltsbestimmung und -beschränkung im Rahmen des Abs. 1 Satz 2 des Art. 153 RVerf. Ein Sondereingriff, der sich gegen die Rechtsvorgänger des Klägers als Einzelpersonen richtete, kommt nicht in Betracht. Sie werden vielmehr nur von einer im Interesse der öffentlichen Ordnung und Gesundheit für den Verwaltungsbezirk Steglitz allgemein getroffenen Regelung miterfaßt, weil ihre Grundstücke diesem Bezirk angehören. Mag auch die Neuregelung der Müllabfuhr jene Personen in der Verwendung ihrer Müllkästen beschränkt und ihre Vertragsansprüche gegen den bisherigen Abfuhrunternehmer hinfällig gemacht haben, so können sie doch keine Entschädigungsansprüche wegen Enteignung darauf gründen.

Aus demselben Grunde des mangelnden Einzeleingriffs in bestehende Rechte und Vorteile ist ihnen auch die Berufung auf die Vorschriften der §§ 74flg. Einl. z. Preuß. ALR. zu versagen. Diese finden auf eine allgemeine gesetzliche Regelung des Inhalts von Rechten, wie sie hier in Frage steht, keine Anwendung; vgl. preuß. Kabinettsorder vom 4. Dezember 1831 (GS. S. 255) sowie RGZ. Bd. 79 S. 64, Bd. 103 S. 423, Bd. 129 S. 146 (150). Auch insoweit ergibt die von der Revision erbetene Nachprüfung der Begründung des Berufungsgerichts kein Bedenken. ...

---

22. Zum Begriff des sog. adäquaten ursächlichen Zusammenhangs.

BGB. § 254. Kraftfahrzeuggesetz § 9.

VI. Zivilsenat. Urt. v. 22. Juni 1931 i. S. K. u. Gen. (Bekl.) w. M. (Kl.). VI 46/31.

I. Landgericht Gladbach-Rheydt.
II. Oberlandesgericht Düsseldorf.

Der Sachverhalt ergibt sich aus den

Gründen:

In der Revisionsinstanz ist nur noch die Frage im Streit, ob ein für den Kraftwagenunfall vom 9. November 1928 ursächliches mitwirkendes Verschulden des dabei verletzten Klägers vorliegt (§ 9 KFG., § 254 BGB.). Das Berufungsgericht, das zugunsten des Klägers erkannt hat, verneint dies mit folgender Begründung: Zwar habe der Kläger unvorsichtig gehandelt, indem er als Fußgänger unterlassen habe, sich vor dem Überqueren der Landstraße darüber zu vergewissern, ob sich ein Kraftwagen nähere. Indessen sei der mitverklagte Kraftwagenführer dadurch nicht gehindert worden, den Unfall zu vermeiden, wie es ihm leicht möglich und seine Pflicht gewesen sei. Zwischen dem Verhalten des Klägers und dem Unfall bestehe hiernach kein adäquater Kausalzusammenhang.

Die Revisionsrüge, daß in diesen Ausführungen der Rechtsbegriff des adäquaten Kausalzusammenhangs verkannt sei, ist begründet. Daß ein natürlicher ursächlicher Zusammenhang zwischen dem Verhalten des Klägers und seinem Unfall besteht, kann keinem Zweifel unterliegen; denn hätte der Kläger nicht in dem Zeitpunkt die Straße überquert, als der Kraftwagen der Beklagten an dem Fuhrwerk des J. vorüberfuhr, so hätte er nicht von dem Kraftwagen erfaßt werden können. Dies stellt anscheinend auch der Vorderrichter nicht in Abrede. Aber auch ein adäquater Kausalzusammenhang muß nach bisheriger Sachlage als gegeben angesehen werden. Ein solcher besteht dann, wenn eine Handlung oder Unterlassung im allgemeinen und nicht nur unter besonders eigenartigen, ganz unwahrscheinlichen und nach dem regelmäßigen Lauf der Dinge außer Betracht zu lassenden Umständen zur Herbeiführung des eingetretenen Erfolgs geeignet gewesen ist (vgl. u. a. RGZ. Bd. 66 S. 409, Bd. 69 S. 59, Bd. 72 S. 326, Bd. 81 S. 360, Bd. 86 S. 436, Bd. 115 S. 155, Bd. 129 S. 131; RGRKomm. Erl. 3 vor § 249 BGB.). Daß es aber in Anbetracht der heutigen Verkehrsverhältnisse jenseits aller Erfahrung (vgl. § 4 I 6 Preuß. ALR.) läge, daß in dem Augenblick, wo ein Fußgänger eine Landstraße überquert, ein Kraftfahrzeug die gleiche Stelle durchfährt, wird sich in aller Regel nicht vertreten lassen. Der Berufungsrichter scheint derselben Meinung zu sein; denn er findet eine Unvorsichtigkeit des Klägers darin, daß dieser nicht vor dem Überschreiten des Weges nach etwa nahenden Kraftfahrzeugen Umschau gehalten habe, und bejaht damit ein Verschulden des Klägers (§ 276 BGB.).

Demnach ist die Verursachung und das Verschulden beider Parteien gemäß § 9 KFG. und § 254 BGB. abzuwägen. Diese Abwägung ist im wesentlichen Sache der tatsächlichen Beurteilung und daher dem Berufungsgericht vorzubehalten.

---

23. 1. Zur Frage der Zulässigkeit und der Tragweite einer auf Feststellung der Unzulässigkeit eines schiedsrichterlichen Verfahrens gerichteten Klage.

2. Kann der Erblasser den Erben in der Befugnis beschränken, die Entlassung des Testamentsvollstreckers wegen eines wichtigen Grundes beim Nachlaßgericht zu beantragen?

BGB. §§ 2220, 2227. ZPO. §§ 256, 1048. FGG. § 12.

VII. Zivilsenat. Urt. v. 23. Juni 1931 i. S. L. u. Gen. (Bekl.) w. C. Freiherrn v. H. (Kl.). VII 237/30.

I. Landgericht Mainz.
II. Oberlandesgericht Darmstadt.

Am 25. September 1923 verstarb in W. der Wirkliche Geheime Rat Dr. h. c. C. W. Freiherr v. H. Der Kläger und die Beklagten zu 3, 4, 5 und 6 gehören zu seinen Kindern. Zu Testamentsvollstreckern hatte der Verstorbene, der eine große Anzahl letztwilliger Verfügungen errichtet hatte, neben dem Generaldirektor G., der dies Amt im Mai 1927 niedergelegt hat, die Beklagten zu 1 und 2 ernannt, welche das Testamentsvollstreckeramt noch führen. Der Kläger beantragte am 16. August 1926 beim Amtsgericht W. als Nachlaßgericht, die Testamentsvollstrecker aus wichtigen Gründen gemäß § 2227 BGB. zu entlassen. Das Amtsgericht gab durch Beschluß vom 18. Dezember 1926 diesem Antrag statt. Über die gegen den Beschluß eingelegte sofortige Beschwerde ist noch nicht entschieden worden.

In einem eigenhändigen Testament vom 17. Oktober 1922 hatte der Erblasser folgendes verordnet:

Ich bestimme letztwillig und erwarte, daß meine Kinder aus Pietät und im Interesse des Familienfriedens und Ansehens sorgfältig meine testamentarischen Anordnungen befolgen werden:

alle und jede Meinungsverschiedenheit oder Streitigkeit, die aus Anlaß oder infolge meines Nachlasses entsteht, soll mit Ausschluß des Rechtsweges durch ein Schiedsgericht entschieden werden. Für das Schiedsgericht sollen die Bestimmungen der Deutschen Zivilprozeßordnung maßgebend sein. Das Schiedsgericht soll aus drei Schiedsrichtern bestehen.

Weiter wurden daselbst drei Herren zu „dauernden Schiedsrichtern" ernannt sowie Bestimmungen über das Eintreten von Ersatzmännern und über die — aus der Erbmasse zu bestreitenden — Kosten des Schiedsgerichts getroffen.

Bei diesem Schiedsgericht stellten am 8. Dezember 1926 die Beklagten zu 3 bis 6 den Antrag: die Meinungsverschiedenheiten über den Antrag des Klägers auf Entlassung der drei Testamentsvollstrecker bei dem Nachlaßgericht W. in Behandlung des Schiedsgerichts zu nehmen und nach persönlicher Aussprache aller Beteiligten festzustellen, ob die Testamentsvollstrecker ihre Schuldigkeit getan haben — wie die Beklagten behaupten — oder ob das nicht der Fall war — wie der Kläger behauptet; gegebenenfalls durch Schiedsspruch diese Meinungsverschiedenheiten zu beseitigen. Der Kläger wandte Unzuständigkeit des Schiedsgerichts ein, worauf die Beklagten (als Schiedskläger) im Verhandlungstermin vor dem Schiedsgericht am 26. April 1927 den Antrag stellten, dieses möge erklären, daß es zur Erörterung der Meinungsverschiedenheiten zwischen den beiden Parteien über die Amtsführung der Testamentsvollstrecker zuständig sei. Das Schiedsgericht erließ darauf am 10. Mai 1927 den folgenden Zwischenschiedsspruch:

Das Schiedsgericht erklärt hiermit, daß es zur Erörterung der Meinungsverschiedenheit zwischen den beiden Parteien bezüglich der Amtsführung der Testamentsvollstrecker zuständig ist.

Am 23. Juni 1927 erklärten die Beklagten zu 1 und 2, die damals schon die alleinigen Testamentsvollstrecker waren, dem Schiedsgericht, daß sie sich dessen Entscheidung über die Frage, ob sie ihre Pflicht getan hätten oder nicht, bedingungslos unterwürfen, und am 1. Juli 1927 wiesen sie noch in einem Schriftsatz darauf hin, daß sie zufolge ihrer Erklärung vom 23. Juni 1927 an dem Schiedsgerichtsverfahren teilnähmen.

Mit Schriftsatz vom 15. März 1929 beantragten die Beklagten zu 3 bis 6 (als Schiedskläger) noch, das Schiedsgericht möge in die Behandlung der Frage eintreten, ob der Antragsgegner (Kläger) gegenüber den testamentarischen Bestimmungen verpflichtet sei, den Antrag auf Entlassung der Testamentsvollstrecker bei den ordentlichen Gerichten zurückzunehmen.

Inzwischen hatte — mit Klageschrift vom 29. Juni 1928 — der Kläger beim Landgericht Mainz gegen die sechs Beklagten Klage erhoben mit dem Antrage: das schiedsgerichtliche Verfahren a) über den Antrag der Beklagten, festzustellen, ob die Testamentsvollstrecker ihre Schuldigkeit getan haben oder ob das nicht der Fall war, gegebenenfalls durch Schiedsspruch diese Meinungsverschiedenheit zu beseitigen, b) mit dem Inhalt, die Meinungsverschiedenheit zwischen den Parteien über die Amtsführung der Testamentsvollstrecker zu erörtern, für unzulässig zu erklären und den Zwischenschiedsspruch des Schiedsgerichts vom 10. Mai 1927 aufzuheben. Später fügte der Kläger noch den Hilfsantrag hinzu: festzustellen, daß die als Zwischenschiedsspruch bezeichnete Entscheidung für rechtsunwirksam und nichtig zu erklären ist.

Das Landgericht wies die Klage ab, und zwar, soweit die Aufhebung des Zwischenschiedsspruchs begehrt wurde, als unzulässig, im übrigen als unbegründet.

Der Kläger legte Berufung ein und wiederholte vor dem Oberlandesgericht seine erstinstanzlichen Anträge. Mit Rücksicht auf die weitere Antragstellung der Beklagten vor dem Schiedsgericht (vom 15. März 1929) fügte der Kläger seinen Anträgen noch hinzu, daß er auch das schiedsgerichtliche Verfahren c) über den Antrag, festzustellen, daß die Testamentsvollstrecker ihre Schuldigkeit getan haben, daß ein Grund zu ihrer Entlassung nicht gegeben ist und daß hiernach Baron C. v. H. (Kläger) verpflichtet ist, den Antrag auf Entlassung der Testamentsvollstrecker bei den ordentlichen Gerichten zurückzunehmen, für unzulässig erklärt haben wolle.

Das Oberlandesgericht hob das landgerichtliche Urteil auf und erkannte dahin:

> Das vor dem testamentarisch eingesetzten Schiedsgericht anhängige Verfahren über die Frage, ob wichtige Gründe zur Entlassung der Beklagten zu 1 und 2 als Testamentsvollstrecker in dem Nachlaß des am 25. September 1923 verstorbenen C. W. Freiherrn v. H. vorliegen, wird für unzulässig erklärt.

Die Revision der Beklagten wurde zurückgewiesen.

Gründe:

1. Die Zulässigkeit der Klage hat der Berufungsrichter mit Recht bejaht. Zutreffend faßt er sie als Feststellungsklage auf. Die Erhebung einer vor der Einleitung oder während des Schwebens eines schiedsgerichtlichen Verfahrens angebrachten Feststellungsklage dahin, daß wegen eines bestimmten streitigen Anspruchs kein Schiedsvertrag bestehe, hat der erkennende Senat in ständiger Rechtsprechung, zuletzt noch im Urteil vom 30. Januar 1931 VII 209/30, für statthaft erachtet. Die hier in Rede stehende Klage muß ebenso beurteilt werden, da § 1048 ZPO. letztwillig angeordnete Schiedsgerichte den vertragsmäßigen gleichstellt. Auch aus § 256 ZPO. sind keine Bedenken gegen die Zulässigkeit der Klage zu entnehmen.

2. Die beiden verklagten Testamentsvollstrecker machen auch in diesem Rechtsgang geltend, der Kläger habe in unstatthafter Weise die Klage auch gegen sie gerichtet, er habe nur die Miterben verklagen dürfen. Mit Recht haben beide Vorinstanzen diesen Einwand abgelehnt. Wie die im Tatbestand erwähnten Erklärungen der Beklagten zu 1 und 2 vom 23. Juni und 1. Juli 1927 ergeben, haben sie dem Schiedsgericht gegenüber deutlich zu erkennen gegeben, daß sie die Entscheidung, die in dem schwebenden Schiedsgerichtsverfahren ergehen werde, als für sie bindend anerkennen wollten; sie haben dann auch an den Verhandlungsterminen des Schiedsgerichts selbst oder durch Vertreter teilgenommen. Durch dieses Verhalten haben sie das Schiedsgerichtsverfahren gefördert und somit in den Rechtskreis des Klägers eingegriffen, falls dessen Ansicht von der Unzulässigkeit jenes Verfahrens zutrifft. Demnach sind für die negative Feststellungsklage auch die Testamentsvollstrecker die richtigen Beklagten.

3. Der Erblasser hat insgesamt elf Erben eingesetzt. Aus dem Umstande, daß die Klage nur gegen vier Miterben gerichtet ist, sucht die Revision eine Einwendung herzuleiten, die in den Vorinstanzen noch nicht erhoben wurde. Sie meint, es handle sich um ein Rechtsverhältnis, das gegenüber allen Erben als einer Erbengemeinschaft zur gesamten Hand nur einheitlich festgestellt werden könne. Es sei nicht möglich und im Interesse einer solchen Erbengemeinschaft nicht erträglich, daß dieses selbe Rechtsverhältnis nur gegenüber einem Teile der Erben festgestellt werde und nur ihnen gegenüber Rechtskraft erlange, während gegenüber den anderen Miterben die Möglichkeit

bestehe, daß sie sich in derselben die gesamte Erbengemeinschaft einheitlich betreffenden Frage an das Schiedsgericht wenden könnten, und daß dann möglicherweise ein anderes ordentliches Gericht ihre Berechtigung hierzu ausspreche.

Diesen Ausführungen kann nicht beigestimmt werden. Um die Feststellung eines solchen Rechtsverhältnisses, wie die Revision annimmt, handelt es sich im vorliegenden Rechtsstreit nicht. Die Klage ist lediglich hervorgerufen worden durch das Vorgehen der vier verklagten Miterben, dem sich die verklagten Testamentsvollstrecker angeschlossen haben, und bezweckt nichts anderes als die Abwehr dieses Vorgehens, in welchem der Kläger einen Eingriff in seinen Rechtskreis findet. Demnach kamen als Beklagte für ihn nur diejenigen Personen in Betracht, die sich an dem bestimmten anhängigen Schiedsgerichtsverfahren beteiligt haben, um dessen Zulässigkeit hier gestritten wird. Der Kläger hatte keinen Anlaß, auch diejenigen seiner Miterben zu verklagen, die an jenem Verfahren nicht teilgenommen haben. Mit der Frage, wie sich, falls später einmal noch ein anderweitiges Schiedsgerichtsverfahren eingeleitet werden sollte, die Rechtslage gestalten würde, hat es die gegenwärtige Entscheidung überhaupt nicht zu tun.

4. (Eine Verfahrensrüge wird abgelehnt.)

5. Mit der Anrufung des im Testament des Erblassers vom 17. Oktober 1922 angeordneten Schiedsgerichts und mit dem weiteren Betreiben des schiedsrichterlichen Verfahrens haben sich die Beklagten dagegen gewandt, daß der Kläger beim Nachlaßgericht die Entlassung der Testamentsvollstrecker beantragt hatte. Sein Antrag vom 16. August 1926 war auf § 2227 BGB. gestützt, wo im 1. Absatz bestimmt ist:

> Das Nachlaßgericht kann den Testamentsvollstrecker auf Antrag eines der Beteiligten entlassen, wenn ein wichtiger Grund vorliegt; ein solcher Grund ist insbesondere grobe Pflichtverletzung oder Unfähigkeit zur ordnungsmäßigen Geschäftsführung.

Durch den Antrag des Klägers war ein Verfahren der freiwilligen Gerichtsbarkeit in Gang gesetzt worden (vgl. RGRKomm. Anm. 1 zu § 2227 BGB.; Planck 4. Aufl. Anm. 1 zu § 2227 BGB.). Hier gilt nach § 12 FGG. der Grundsatz, daß das Gericht von Amts wegen die zur Feststellung der Tatsachen erforderlichen Ermittlungen zu veranstalten und die geeignet erscheinenden Beweise aufzunehmen hat. Auf Grund des Antrags war sonach das Nachlaßgericht verpflichtet, von Amts wegen und unter voller eigener Verantwortlichkeit zu erörtern, ob ein wichtiger Grund vorlag, der die Entlassung der Beklagten zu 1 und 2 aus ihrem Testamentsvollstreckeramt rechtfertigte. Der von der Revision herangezogene Umstand, daß nach dem Gesetz der Testamentsvollstrecker sonst nicht unter Aufsicht des Nachlaßgerichts steht und daß dieses keine Befugnis hat, von Amts wegen gegen ihn einzuschreiten, ist für die Beurteilung durchaus unmaßgeblich; nach der Stellung des Antrags aus § 2227 BGB. durch einen Beteiligten galt jedenfalls der in § 12 FGG. niedergelegte Grundsatz des Offizialbetriebs in vollem Umfange. Nachdem das Nachlaßgericht schon im Sinne des Antragstellers entschieden hat und die Sache in den Rechtszug der Beschwerde gelangt ist, liegt die in § 12 a. a. O. begründete Pflicht nunmehr dem zuständigen Landgerichte ob. In diesem Verfahren ist kein Raum dafür, daß irgendeine andere Stelle mit bindender Wirkung für die Gerichtsbehörden Beschlüsse fassen könnte. Namentlich wäre — wie das Berufungsgericht zutreffend ausgeführt hat — einem Schiedsspruch oder einem Schiedsgutachten über die Frage, ob ein wichtiger Grund für die Entlassung eines Testamentsvollstreckers gegeben sei, jede Bedeutung für die von den Gerichten der freiwilligen Gerichtsbarkeit zu erlassenden Entscheidungen abzusprechen. Eine Wirksamkeit des von den verklagten Miterben angerufenen Schiedsgerichts in dieser Richtung ist also ausgeschlossen.

6. Für die Tragweite einer etwaigen Entscheidung dieses Schiedsgerichts verbliebe sonach nur der Gesichtspunkt, ob sie den Kläger zur Zurücknahme seines Antrags vom 16. August 1926 nötigen könnte, die an sich zweifellos zulässig wäre. Die von den Beklagten vor dem Schiedsgericht gestellten Anträge umfassen auch dieses Verlangen. Denkbar wäre eine Verurteilung des Klägers zur Abgabe der Zurücknahmeerklärung und die Vollstreckung einer solchen Entscheidung nach § 894 Abs. 1 Satz 1 in Verbindung mit § 1042 ZPO.; auch könnte die Begründung einer nur schuldrechtlichen Verpflichtung zur Zurücknahme des Antrags durch Schiedsspruch in Frage kommen.

Der Vorderrichter hat es unternommen, den Willen des Erblassers darüber zu erforschen, wie weit reichende Zuständigkeiten er dem von ihm angeordneten Schiedsgericht hat beilegen wollen. Der erkennende Senat ist aus grundsätzlichen Erwägungen der Meinung, daß es hierauf nicht entscheidend ankommen kann. Auch wenn man in Ansehung der Willensrichtung des Erblassers alles von den Beklagten Behauptete als richtig unterstellt, ist dennoch die Bindung des Klägers zu verneinen, die sie geltend machen wollen.

Will man das Verhältnis zwischen dem Erben und dem Testamentsvollstrecker, um das es sich hier im Kern der Sache handelt, erschöpfend würdigen, so bedarf es des Eingehens auf gewisse Grundgedanken der Lehre des Bürgerlichen Gesetzbuches vom Testamentsvollstrecker (§§ 2197 flg.). Zu ihren hauptsächlichen Kennzeichen gehört die freie Stellung gegenüber dem Erben, die ihm das Gesetz einräumt. Nach § 2204 BGB. hat der Testamentsvollstrecker nach seinem Ermessen die Auseinandersetzung zwischen mehreren Erben zu bewirken und diese dabei nur zu hören. Nach § 2205 hat er allein den Nachlaß zu verwalten und ist berechtigt, ihn in Besitz zu nehmen und über die Nachlaßgegenstände zu verfügen. § 2206 ermächtigt den Testamentsvollstrecker in weitem Umfange zur Eingehung von Verbindlichkeiten für den Nachlaß und verpflichtet den Erben zur Erteilung seiner Einwilligung; § 2207 läßt in dieser Hinsicht noch weitergehende Anordnungen des Erblassers zu. Im § 2211 wird dem Erben das Recht versagt, über einen der Verwaltung des Testamentsvollstreckers unterliegenden Nachlaßgegenstand zu verfügen. Endlich stellt § 2212 den Grundsatz auf, daß ein der Verwaltung des Testamentsvollstreckers unterliegendes Recht nur von diesem gerichtlich geltend gemacht werden kann. Diesen umfassenden Berechtigungen des Testamentsvollstreckers stellt anderseits das Gesetz eine Reihe von Verpflichtungen gegenüber, die in den §§ 2215 bis 2219 BGB. zusammengestellt sind. Hervorgehoben seien hier: die Pflicht, dem Erben ein Verzeichnis der seiner Verwaltung unterliegenden Nachlaßgegenstände und der Nachlaßverbindlichkeiten mitzuteilen (§ 2215); die Pflicht zur ordnungsmäßigen Verwaltung des Nachlasses (§ 2216); die Bestimmung, daß auf das Rechtsverhältnis zwischen dem Testamentsvollstrecker und dem Erben ein Teil der für den Auftrag geltenden Vorschriften entsprechende Anwendung finden soll, und daß bei einer länger dauernden Verwaltung der Erbe jährlich Rechnungslegung verlangen kann (§ 2218); endlich die Schadensersatzpflicht des Testamentsvollstreckers bei schuldhafter Verletzung der ihm obliegenden Verpflichtungen (§ 2219). Sodann ist im § 2220 BGB. bestimmt:

Der Erblasser kann den Testamentsvollstrecker nicht von den ihm nach den §§ 2215, 2216, 2218, 2219 obliegenden Verpflichtungen befreien.

Dieser Vorschrift ist der Wille des Gesetzgebers zu entnehmen, nicht zuzulassen, daß ein Erblasser den Erben mit gebundenen Händen dem ausgedehnten Machtbereich des Testamentsvollstreckers überliefert. Die den weitgehenden Befugnissen des letzteren entsprechenden Verpflichtungen werden vom Gesetz als so bedeutungsvoll angesehen und mit so großer Bestimmtheit aufgestellt, daß es auch dem Erblasser verboten sein soll, zum Nachteil des Erben daran etwas zu ändern. Ist aber dies die Absicht des Gesetzes, so liegt darin auch der Wille, dem Erblasser jede Beschränkung des Erben in der Geltendmachung derjenigen Rechte gegen den Testamentsvollstrecker zu verwehren, die sich aus der Verletzung der gedachten Verpflichtungen ergeben. Darf er den Testamentsvollstrecker nicht von ihrer Einhaltung befreien, dann darf der Erblasser sinngemäß auch den Erben in keiner Weise hindern, die aus etwaiger Verletzung jener Verpflichtungen für ihn entspringenden Rechte auszuüben. Wollte man hier anders urteilen, dann würde die Vorschrift des § 2220 BGB. sich als stumpfe Waffe erweisen und den Zweck einer festen Bindung des Testamentsvollstreckers an die in den §§ 2215, 2216, 2218, 2219 das. ihm auferlegten Verpflichtungen nicht erfüllen können. Zu den Mitteln, durch die der Erbe Pflichtverletzungen des Testamentsvollstreckers geltend machen kann, gehört aber in erster Reihe die im § 2227 BGB. ihm verliehene Befugnis, die Entlassung des Testamentsvollstreckers beim Nachlaßgericht zu beantragen. Der Wortlaut des Paragraphen setzt sich auch in gewisser Hinsicht zu den die Verpflichtungen des Testamentsvollstreckers behandelnden Vorschriften in Beziehung, denn als Beispiel eines Entlassungsgrundes wird zunächst „grobe Pflichtverletzung" angeführt. Die Anordnung eines Erblassers, sein Erbe dürfe wegen Pflichtverletzungen des Testamentsvollstreckers nicht dessen Entlassung beantragen, wäre mithin entsprechend dem Gedanken, der dem § 2220 zugrundeliegt, als unverbindlich zu betrachten. Dasselbe muß aber auch dann gelten, wenn zwar kein Verbot der Ausübung des Rechts aus § 2227 ausgesprochen wird, wenn aber letztwillige Bestimmungen getroffen werden, die den Erben bei der Ausübung jenes Rechts an die Vorentscheidung eines Dritten binden wollen. Auch eine solche Erschwerung des Vorgehens des Erben gegen den Testamentsvollstrecker, der nach seiner Meinung pflichtwidrig gehandelt hat, widerstreitet der grundsätzlichen Auffassung des Gesetzes. Der Erblasser darf sonach auch einem Schiedsgericht, das er — sonst in zulässiger Weise — eingesetzt hat, nicht die Befugnis übertragen, darüber zu entscheiden, ob der Erbe zur Stellung eines Antrags nach § 2227 berechtigt sei, oder ob er einen etwa schon gestellten Antrag zurückzunehmen habe.

Die Beurteilung könnte auch dann keine andere sein, wenn man mit der Revision den Gesichtspunkt der Auflage (§§ 2192 flg. BGB.) in den Vordergrund rücken wollte.

Der Berufungsrichter ist, wenn auch auf anderen Wegen, zu derselben Anschauung gelangt. Er spricht aus, daß er eine Beschränkung des Erben in der Geltendmachung der Rechte, die ihm § 2227 BGB. gibt, als eine unzulässige Knebelung des Erben ansehe, welche die Grundsätze des Erbrechts verletze und geradezu gegen die guten Sitten verstoße. Ob in dem Verhalten des Erblassers eine Sittenwidrigkeit liegen würde, kann unerörtert bleiben; den übrigen Gesichtspunkten des Berufungsrichters ist, wie dargelegt, im Ergebnis beizustimmen.

7. Nach diesen Darlegungen würde der erkennende Senat die Zulässigkeit des Schiedsgerichtsverfahrens, um die gestritten wird, auch dann zu verneinen haben, wenn etwa der Erblasser des Klägers und der verklagten Miterben beabsichtigt haben sollte, dem von ihm angeordneten Schiedsgericht die von den Beklagten behauptete Zuständigkeit für einen Fall, wie er hier vorliegt, zu übertragen. Schon deshalb ist auch die von der Revision vorgetragene Verfahrensrüge unbeachtlich, daß Rechtsanwalt Dr. K. in M. über den Willen des Erblassers hätte vernommen werden sollen, der ihm bei der Abfassung seines Testaments vom 17. Oktober 1922 innegewohnt habe. Wären die Behauptungen der Beklagten über die damals vom Erblasser verfolgten Absichten richtig, dann würde er insoweit in gesetzlich unstatthafter Weise ein Schiedsgericht angeordnet haben. Derartige Schiedsgerichte werden aber, wie § 1048 ZPO. zeigt, von der Zivilprozeßordnung nicht anerkannt.

Nach alledem ist die im Sinne der Klage vom Oberlandesgericht getroffene Feststellung zu billigen.

24. 1. Ist die Beiordnung eines bei einem auswärtigen Gericht zugelassenen Rechtsanwalts als Verkehrsanwalt im Armenrecht zulässig?

2. Unter welchen Voraussetzungen trifft den Richter ein Verschulden, wenn er einen auswärtigen Rechtsanwalt als Armenanwalt beiordnet?

RAO. §§ 34 bis 36. Preuß. ALR. §§ 88 bis 91 II 10.

III. Zivilsenat. Urt. v. 9. Juni 1931 i. S. T. (Bekl.) w. Preuß. Staat (Kl.). III 283/30.

I. Landgericht Lüneburg.
II. Oberlandesgericht Celle.

Der Beklagte, der als Gerichtsassessor bei der Aufwertungsstelle des Amtsgerichts in Königsberg i. Pr. tätig war, bewilligte in einer Aufwertungssache durch Beschluß vom 26. März 1928 dem in Marburg lebenden Gläubiger das Armenrecht und ordnete ihm einen Armenanwalt in Königsberg sowie daneben noch den in Marburg wohnenden Rechtsanwalt Sch. als Verkehrsanwalt bei. Infolge dieser Beiordnung zahlte die Preußische Staatskasse auf Grund des Gesetzes über die Erstattung von Rechtsanwaltsgebühren in Armensachen vom 6. Februar 1923 (RGBl. I S. 103) an Sch. 36,24 RM. Einen Antrag der Justizverwaltung, die Nachzahlung der Armenkosten gemäß § 125 ZPO. anzuordnen, lehnte die Aufwertungsstelle ab.

Der Preußische Staat nimmt den Beklagten auf Erstattung der genannten Summe in Anspruch, da die Beiordnung des Rechtsanwalts Sch. gemäß § 36 RAO. unzulässig gewesen sei. Der Beklagte trat dem entgegen und führte auch aus, daß ihn jedenfalls kein Verschulden treffe, da ihm die Beiordnung als möglich erschienen sei.

Das Landgericht wies die auf Zahlung von 36,24 RM. nebst Zinsen gerichtete Klage ab. Das Oberlandesgericht verurteilte den Beklagten antragsgemäß. Die Revision des Beklagten führte zur Wiederherstellung des landgerichtlichen Urteils.

Gründe:

Der Berufungsrichter geht zutreffend davon aus, daß sich die Haftung des Beklagten als Beamter gemäß Art. 80 EG. z. BGB. nach den §§ 88 bis 91 II 10 Preuß. ALR. bestimmt (RGZ. Bd. 92

S. 236), und daß er nach § 89 das. an sich für jedes auch noch so geringe Versehen haftet (RGZ. Bd. 75 S. 233), das bei gehöriger Aufmerksamkeit und nach den Kenntnissen, die bei der Verwaltung des Amtes zu erfordern sind, hätte vermieden werden können und müssen. Der Berufungsrichter führt aus, der Beklagte könne sich insbesondere nicht damit entschuldigen, daß er eine eindeutige Gesetzesvorschrift nicht gekannt oder nicht richtig angewandt habe. Im Urteil ist ferner berücksichtigt, daß die Haftung des Beamten gemäß § 91 a. a. O. nur subsidiär ist. Diesen Ausführungen ist beizutreten. Bedenken sind dagegen nicht geltend gemacht worden.

Im Gegensatz zum Landgericht hat der Vorderrichter angenommen, daß die Beiordnung des Verkehrsanwalts unzulässig gewesen sei. Die Beiordnung eines Anwalts sei, abgesehen von dem hier nicht einschlägigen § 116 ZPO., in den §§ 34 bis 36 RAO. abschließend geregelt, und der Wortlaut dieser Bestimmungen lasse keine verschiedene Auslegung, insbesondere keine zugunsten des Beklagten zu. Wenn auch schon von einzelnen Gerichten ein anderer Standpunkt vertreten worden sei, so lasse sich dies mit dem Wortlaut der Bestimmungen nicht vereinbaren. Nach § 36 RAO. erfolge die Auswahl des beizuordnenden Anwalts durch den Vorsitzenden des Gerichts aus der Zahl der bei diesem Gericht zugelassenen Rechtsanwälte. Das sei dahin zu verstehen, daß nur die Auswahl aus dem Kreise dieser Anwälte gestattet sei. Die gegenteilige Ansicht gehe lediglich von Zweckmäßigkeitserwägungen aus, und die Frage, ob ein nicht zugelassener Anwalt beim Prozeßgericht mit seiner Bewilligung als Armenanwalt bestellt werden könne, betreffe etwas anderes. Eine Beiordnung als Pflichtanwalt finde in einem solchen Falle nicht statt. Die Beiordnung des in Königsberg nicht zugelassenen Anwalts habe somit gegen eine klare gesetzliche Vorschrift verstoßen. Auf Grund der Beiordnung sei der Kläger zur Erstattung der Armenrechtskosten verpflichtet gewesen, da der ungesetzliche Beschluß zwar als fehlerhafter Staatsakt, aber nicht als nichtig anzusehen sei. Eine anderweitige Abwendung des Schadens sei nicht möglich gewesen. Die Nachzahlung sei durch unanfechtbaren Beschluß abgelehnt worden. Der Schaden sei auch nicht erst durch die Ablehnung der Nachzahlung entstanden.

Die Revision rügt Verletzung der §§ 34 bis 36 RAO., §§ 125, 126 ZPO., §§ 88 bis 91 II 10 Preuß. ALR. Sie macht geltend,

Sinn und Tragweite der genannten Bestimmungen der Rechtsanwaltsordnung seien verkannt, die Beiordnung könne nicht als ein Verschulden des Beklagten angesehen werden und der Umstand, daß nur eine subsidiäre Haftung eintrete, sei nicht erschöpfend gewürdigt.

Die Ansicht der Revision, daß die Beiordnung des auswärtigen Anwalts als Verkehrsanwalt zu Unrecht als unzulässig erachtet worden sei, geht fehl. Die hierauf bezüglichen Ausführungen des Berufungsrichters treffen vielmehr zu. Gemäß § 73 AufwG. und § 14 FGG. sind die Vorschriften der Zivilprozeßordnung über das Armenrecht und die Vorschriften der §§ 34 bis 36 RAO. auch im Aufwertungsverfahren entsprechend anzuwenden. Der vom Beklagten erlassene Beschluß umfaßte ein Doppeltes: die Beiordnung eines Verkehrsanwalts und gleichzeitig die Auswahl des Anwalts, welche durch den Beklagten als Vorsitzenden des Gerichts zu erfolgen hatte. Das Reichsgericht hat die Frage, ob einer armen Partei vom Prozeßgericht ein Verkehrsanwalt bestellt werden kann, im Beschlusse vom 30. September 1929 VI 554/29 (abgedr. JW. 1930 S. 64 Nr. 14) verneint. Die Vorschrift des § 115 Nr. 3 ZPO. wird dort in enger Auslegung dahin verstanden, daß nur im Rahmen des Anwaltszwanges der armen Partei die Vertretung vor dem Prozeßgericht hat gewährleistet werden sollen, und zwar durch einen bei diesem zugelassenen Anwalt. Hinsichtlich der hier interessierenden Möglichkeit der Beiordnung eines Anwalts aus § 34 RAO. hat das Reichsgericht für den Fall, daß man die Bestellung eines Pflichtanwalts zum Verkehrsanwalt neben dem zum Prozeßbevollmächtigten berufenen Anwalt für rechtlich möglich halten wollte, die Zuständigkeit des Prozeßgerichts zu einer derartigen Bestellung verneint, weil die Vorschrift des § 36 RAO. dem Vorsitzenden nur die Auswahl eines beizuordnenden Anwalts aus der Zahl der beim Gericht zugelassenen Anwälte gestatte. In einem früheren Beschluß vom 20. November 1912 IV B 8/12 (abgedr. JW. 1913 S. 214 Nr. 31) hatte das Reichsgericht ausgesprochen, daß die Beiordnung eines Rechtsanwalts für das Beweisverfahren vor dem ersuchten Gericht zu dessen Zuständigkeit gehöre und daß das Prozeßgericht um eine solche Beiordnung nicht wirksam ersuchen könne, da für Handlungen, die ein Gericht nicht selbst wahrnehmen könne, die Inanspruchnahme der Rechtshilfe ausgeschlossen sei. Dieser Rechtsprechung ist beizutreten.

Die Bestimmungen der Zivilprozeßordnung und der Rechtsanwaltsordnung ergänzen sich gegenseitig. Während § 115 Nr. 3 ZPO. das Recht der Partei, der das Armenrecht bewilligt ist, auf Beiordnung eines Armenanwalts betrifft, insoweit eine Vertretung durch Anwälte geboten ist, gibt § 34 RAO. darüber hinaus die Möglichkeit, auch soweit eine Vertretung durch Anwälte nicht geboten ist, der armen Partei einen Rechtsanwalt beizuordnen. Diese Vorschrift wird dann weiter durch den hier nicht in Betracht kommenden § 116 ZPO. ergänzt, in welchem für die Wahrnehmung der Rechte in der mündlichen Verhandlung, also für eine bestimmte beschränkte Vertretung der armen Partei, besondere Fürsorge getroffen ist. Es ist also nicht richtig, daß die Bestimmungen der Zivilprozeßordnung als „sedes materiae" allein maßgebend seien, und daß die Bestimmungen der §§ 34 bis 36 RAO., wie die Überschrift des 2. Abschnitts der Rechtsanwaltsordnung an sich vermuten lassen könnte, lediglich die Rechte und Pflichten der Rechtsanwälte, also die Pflicht zur Übernahme einer Vertretung als Armenanwalt, regelten. Auch in der Begründung zum ersten Entwurf der Rechtsanwaltsordnung vom 6. Februar 1878 wurde zu § 32 des Entwurfs, der dem § 34 des Gesetzes entspricht, betont (S. 62), daß dem in der Zivilprozeßordnung geregelten Fall der Beiordnung eines Armenanwalts die Rechtsanwaltsordnung zwei weitere Fälle anreihe. Es regeln somit die erwähnten Bestimmungen der Zivilprozeßordnung und der Rechtsanwaltsordnung in gegenseitiger Ergänzung das Recht zur Armenrechtsgewährung, Beiordnung und Auswahl eines Anwalts einheitlich und erschöpfend. Sie erscheinen auch, als formale Bestimmungen des Prozeßrechts, einer ausdehnenden Auslegung nicht ohne weiteres zugänglich. Die die Vorschriften der §§ 33 und 34 RAO. ergänzende Bestimmung des § 36 kann somit nur dahin verstanden werden, daß die Auswahl eines beizuordnenden Anwalts lediglich aus der Zahl der bei dem Gericht, dessen Vorsitzender die Auswahl zu treffen hat, zugelassenen Rechtsanwälte erfolgen darf. Diese Auffassung entspricht auch dem Grundsatz der Lokalisation der Anwaltschaft, wie er in den §§ 8, 9, 18 Abs. 1 RAO. seinen Ausdruck gefunden hat. Der Grundsatz ist lediglich im § 39 RAO. in Verb. mit § 144 StPO. und nur für die dort hervorgehobenen Fälle, sowie ferner im § 11 Abs. 2 ArbGG. durchbrochen worden. Da der Beklagte die Beiordnung selbst vorgenommen hat, kann es ferner für die

Frage ihrer Zulässigkeit dahingestellt bleiben, ob etwa das Amtsgericht in Marburg dem Aufwertungsgläubiger einen Armenanwalt als Verkehrsanwalt hätte beiordnen können. Hiergegen spricht jedoch, wie auch die Motive (S. 63) betonen, daß als auswählender Vorsitzender des zur Beiordnung befugten Gerichts nur der Vorsitzende des mit der Sache selbst befaßten Gerichts in Betracht kommen kann. Dieses wird in verschiedenen Bestimmungen der Zivilprozeßordnung ausdrücklich in Gegensatz zu dem ersuchten Richter gestellt (§§ 362, 366, 370 ZPO.) und erscheint vorzugsweise als diejenige Stelle, welche die Entscheidung über die Angemessenheit der Beiordnung treffen kann.

Auch aus der im § 36 Abs. 2 RAO. der Partei und dem Rechtsanwalt eingeräumten Beschwerdebefugnis kann nichts zugunsten der Auffassung des Beklagten hergeleitet werden. Die Beschwerdebefugnis findet ihre Erklärung darin, daß sowohl die besonderen Belange der armen Partei, wie auch die Belange und der Pflichtenkreis des ausgewählten Rechtsanwalts durch die Beiordnung verletzt sein können. Die Ansicht, daß bei einem Verbot der Bestellung eines nicht zugelassenen Anwalts auch für den Gegner ein Beschwerderecht am Platze gewesen wäre, kann ebenfalls gegenüber dem Wortlaut des § 36 Abs. 1 RAO. nicht durchgreifen. Der Beklagte durfte somit die Beiordnung des auswärtigen, bei dem Amtsgericht in Königsberg nicht zugelassenen Anwalts nicht vornehmen.

Dagegen kann der Ansicht des Vorderrichters nicht beigetreten werden, daß die vom Beklagten durch den Beschluß vom 26. März 1928 vorgenommene Amtshandlung eine, wenn auch leichte, Verletzung seiner Pflichten darstelle. Allerdings standen außer der erwähnten Entscheidung des Reichsgerichts vom 20. November 1912 die führenden Erläuterungsbücher zur Zivilprozeßordnung und das Erläuterungsbuch von F r i e d l ä n d e r zur Rechtsanwaltsordnung (2. Aufl.) zur Zeit des Erlasses des Beschlusses auf dem gegenteiligen Standpunkt. Erst in der 14. Auflage hat das Erläuterungsbuch von S t e i n - J o n a s in der Fußnote Nr. 1 zu § 116 ZPO. eine abweichende Meinung kundgegeben. Es war auch der die Auffassung des Beklagten vertretende Beschluß der Prozeßrichtervereinigung von Groß-Berlin in JW. 1925 S. 1361 Nr. 22 veröffentlicht worden. Die vereinzelte Meinung von F ö r d e r (Recht 1914 Sp. 393), welche das Ersuchen um Beiordnung eines Verkehrsanwalts für zulässig hält, konnte kaum ins Gewicht fallen. Sie betraf ebensowenig wie die die Wahrnehmung eines Beweistermins behandelnden Aufsätze von Wolf (DJZ. 1914 Sp. 231) und von Rabe (JW. 1914 S. 560) die Beiordnung eines nicht zugelassenen Anwalts. Die Ansicht des Beklagten war also damals nur vereinzelt vertreten worden.

Für die Verschuldensfrage ist aber zu beachten, daß richterliche Beamte nicht schon deswegen in Anspruch genommen werden können, weil sich ihr Vorgehen im Einzelfall bei späterer Prüfung als unzweckmäßig oder falsch erweist. Eine unrichtige Gesetzesauslegung durch einen Richter stellt nur dann ein Verschulden dar, wenn gegen den klaren, bestimmten und völlig eindeutigen Wortlaut des Gesetzes verstoßen worden ist. Ein Verschulden ist dagegen zu verneinen, wenn eine unrichtige Stellungnahme bei Gesetzesbestimmungen erfolgt, die für die Auslegung Zweifel in sich tragen, Unklarheiten über die Tragweite des Wortlauts enthalten und durch eine höchstrichterliche Rechtsprechung noch nicht klargestellt worden sind (RGZ. Bd. 59 S. 388, Bd. 85 S. 72, Bd. 107 S. 120; RGUrt. vom 19. Januar 1909 III 180/08 und vom 31. März 1931 III 286/30 mit weiteren Nachweisungen). Als völlig eindeutig kann der Sinn der §§ 34, 36 RAO. schon im Hinblick auf die Einreihung in den 2. Abschnitt der Rechtsanwaltsordnung „Rechte und Pflichten der Rechtsanwälte" nicht angesehen werden. Wenn auch wegen der hervorgehobenen gegenseitigen Ergänzung der Bestimmungen der Rechtsanwaltsordnung mit denjenigen der Zivilprozeßordnung dieser Einreihung keine ausschlaggebende Bedeutung beigemessen werden kann, so kann doch die im Schrifttum geäußerte Ansicht, daß § 36 RAO. nur die Verpflichtung des Anwalts zur Übernahme des Amts als Armenanwalt betreffe, nicht als von vornherein völlig abwegig erscheinen, zumal da sie auch in dem erwähnten Beschluß der Prozeßrichtervereinigung, wennschon ohne nähere Begründung, geäußert worden war. In der jüngsten Zeit ist die Ansicht auch in der Rechtsprechung vertreten worden, u. a. vom Oberlandesgericht Stuttgart (Beschluß des 3. Zivilsenats vom 13. Juli 1929, JW. 1930 S. 191 Nr. 50), vom Kammergericht (Beschluß des 19. Zivilsenats vom 28. November 1929, JW. 1930 S. 179 Nr. 28) sowie von den Landgerichten Magdeburg (Beschluß vom 2. Mai 1929, Berliner Anwaltsblatt 1929 S. 245),

Plauen (Beschluß vom 1. September 1928, JW. 1929 S. 155 Nr. 15), Berlin I und Berlin III (Beschlüsse vom 7. Oktober 1929 und 30. Januar 1930, JW. 1930 S. 209 Nr. 5 und S. 1527 Nr. 2).

Es könnte sich daher höchstens fragen, ob die Rechtslage und insbesondere die Auslegung des § 36 RAO. bereits als durch den oben genannten Beschluß des Reichsgerichts vom 20. November 1912 derartig geklärt zu gelten hatte, daß die Nichtanwendung der dort ausgesprochenen Grundsätze dem Beklagten als Verschulden anzurechnen wäre. Dies muß verneint werden. Die Entscheidung lag längere Zeit zurück, sie betraf nicht den gleichen Fall der Beiordnung und der Auswahl eines auswärtigen Verkehrsanwalts. Sie war weder in die amtliche Sammlung aufgenommen worden, noch hatte sie die Bildung der in jüngster Zeit zahlreich vertretenen abweichenden Ansichten gehindert. Die Nichtbeachtung dieser vereinzelten Entscheidung kann daher dem Beklagten nicht zum Verschulden zugerechnet werden, da, wie ausgeführt, die von anderer Seite vertretene Auslegung — entgegen der Meinung des Berufungsrichters — nicht als völlig abwegig angesehen werden kann. Hervorgehoben werden soll jedoch, daß es sich nach Veröffentlichung des gegenwärtigen Urteils angesichts der dadurch und durch die vorhergehenden Entscheidungen des Reichsgerichts geschaffenen Klarheit über die Tragweite des § 36 RAO. künftig nur in Ausnahmefällen wird rechtfertigen lassen, wenn ein Gericht gleichwohl einen auswärtigen Rechtsanwalt als Armenanwalt beiordnet.

Ein Verschulden des Beklagten kann schließlich auch darin nicht gefunden werden, daß er die vom Berufungsrichter angeführten Verfügungen des Preußischen Justizministers vom 21. Oktober und 24. Dezember 1925 (I 7892 und I 8178) nicht beachtet hat, falls er sie überhaupt gekannt hat. Denn wenn auch die Verfügungen die Unrichtigkeit der Meinung des Beklagten betonen, so kann man doch nicht sagen, daß sie gegenüber den hervorgehobenen Bedenken geeignet waren, eine völlige Klärung der Rechtslage herbeizuführen, zumal da die zweite Verfügung den in der ersten eingenommenen Standpunkt zum Teil wieder abschwächt.

25. 1. Ist der Rechtsweg zulässig, wenn eine Stadtgemeinde bei ihrem Ausscheiden aus dem Kreisverbande diesem gegenüber die Verpflichtung übernommen hat, zu den Unterhaltungskosten für gewisse Straßen des Kreises beizutragen, und der Kreis Zahlung einer fällig gewordenen Rate verlangt?

2. Zur Auslegung des über das Ausscheiden der Stadtgemeinde abgeschlossenen Vertrags.

Preußisches Zuständigkeitsgesetz vom 1. August 1883 (GS. S. 237) § 2. Preußisches Ausführungsgesetz zum Finanzausgleichsgesetz in der Fassung des Gesetzes vom 27. November 1926 (GS. S. 308) §§ 4, 20a.

VII. Zivilsenat. Urt. v. 30. Juni 1931 i. S. Kreis H.-P. (Kl.) w. Stadtgemeinde H. (Bekl.). VII 407/30.

I. Landgericht Hannover.
II. Oberlandesgericht Celle.

Anfang 1923 ist die verklagte Stadtgemeinde aus dem klagenden Kreise ausgeschieden. Aus Anlaß dieses Ereignisses haben die Parteien den Vertrag vom 1. Februar 1923 geschlossen, in dessen § 3 es heißt:

Die Stadt ist verpflichtet, zu den jährlichen Kosten, welche für die Unterhaltung der Landstraßen im Kreisgebiet entstehen, vom 1. April 1923 einen Beitrag zu leisten nach Maßgabe folgender Bestimmungen:

Der von der Stadt zu leistende Beitrag wird festgesetzt auf 48,5% der für die in Betracht kommenden Straßen aufzuwendenden gesamten Unterhaltungskosten. Zu diesen Unterhaltungskosten gehört auch der anteilige Beitrag zu den Aufsichtskosten der Provinzialverwaltung für die Wegemeister-Bezirke im Kreise H.-P.

Der genannte Beitrag ist zu leisten für 100 km Gesamtlänge der Landstraßen, darüber hinaus für bis zu weitere 25 km Gesamtlänge nach einzuholender schiedsrichterlicher Entscheidung.

Die Entscheidung darüber, für welche Landstraßen der Beitrag von 100 km Gesamtlänge und gegebenenfalls darüber hinaus bis zu weiteren 25 km Gesamtlänge zu zahlen ist, steht gleichfalls dem Schiedsgericht zu, dessen Entscheidung sich beide vertragschließende Teile vorbehaltlos unterwerfen. ... (folgen Abreden über die Zusammensetzung des Schiedsgerichts).

Der von der Stadt zu zahlende Landstraßenunterhaltungsbeitrag ist vierteljährlich im voraus an die Kreiskommunalkasse zu zahlen, vorbehaltlich späterer endgültiger Berechnung. Der fällige Betrag wird jeweils dem Magistrate durch den Kreisausschuß mitgeteilt. Falls die Zahlung nicht binnen vier Wochen nach dem Fälligkeitstermine erfolgt, sind die rückständigen Beträge in Höhe des Reichsbanklombardsatzes zu verzinsen.

Bis zum dritten Vierteljahr 1927 einschließlich hat die Beklagte die ihr vom Kläger aufgegebenen Beiträge für die Wegeunterhaltung bezahlt. Für das vierte Vierteljahr 1927 verlangte der Kläger zur Wegeunterhaltung 21400 RM., außerdem einen — unstreitigen — Zins- und Tilgungsbeitrag von 2500 RM. Auf den Gesamtbetrag von 23900 RM. hat die Beklagte vor der Klagerhebung 3900 RM. und im Laufe des Rechtsstreits noch 933,39 RM. gezahlt. Der Streit der Parteien um den Restbetrag knüpft an die unstreitige Tatsache an, daß der Kläger aus der Kraftfahrzeugsteuer 1926 und 1927 die Summe von 67949,62 RM. und an Vorausleistungsbeiträgen auf Grund der preußischen Verordnung vom 25. November 1923 (GS. S. 540) sowie der daraufhin vom Kläger erlassenen Ordnung für die Erhebung von Vorausleistungen für die Wegeunterhaltung vom 5. Mai 1925, die mit Wirkung vom 1. Januar 1924 ab in Kraft getreten war, für die Jahre 1924 bis 1927 den Betrag von 43786,79 RM. erhalten hat. Die Beklagte ist der Ansicht, daß ihr diese Gelder bei Ermittlung der von ihr zu zahlenden Beiträge zu den Wegeunterhaltungskosten anteilig hätten gutgebracht werden müssen. Geschehen ist das nicht. Nachdem die Beklagte zunächst, in runden Zahlen rechnend, die Gesamtlänge der Kreisstraßen auf 300 km, die Länge der von ihr nach der Entscheidung des Schiedsgerichts mit zu unterhaltenden Straßen auf 100 km, den Beitragssatz auf 50% bemessen hatte und danach zu dem Ergebnis gekommen war, daß ein Sechstel der streitigen Gelder zu ihren Gunsten zu berücksichtigen sei, hat sie später die genauen Zahlen angegeben, und zwar in obiger Reihenfolge 289,232 km, 101,762 km, 48,5%. Auf dieser Grundlage hat sie ausgerechnet, daß ihr nach dem Längenverhältnis der Straßen insgesamt 19066,61 RM. von den streitigen Beträgen gutzubringen gewesen seien. Der Kläger hat weder die Richtigkeit der Zahlen bemängelt noch gegen die Art der Berechnung Widerspruch erhoben. Er meint aber, die Beklagte habe keinen Anspruch auf verhältnismäßige Gutschrift der streitigen Beträge. Im gegenwärtigen Rechtsstreit hat der Kläger zunächst Zahlung von 20000 RM nebst 8% Zinsen seit dem 1. Februar 1928 verlangt, später hat er gebeten, die gezahlten 933,39 RM. davon abzuziehen.

Das Landgericht hat die Klage abgewiesen. Das Oberlandesgericht hat die Berufung des Klägers zurückgewiesen. Dieser hat mit der Revision beantragt, das Reichsgericht wolle das angefochtene Urteil aufheben und, sofern nicht die Abweisung der Klage wegen Unzulässigkeit des ordentlichen Rechtswegs erfolgen müsse, nach seinem Antrag in der Vorinstanz erkennen. Die Revision hatte keinen Erfolg.

Aus den Gründen:

1. In erster Linie bemängelt die Revision, obgleich sie vom Kläger eingelegt ist, die Zulässigkeit des Rechtswegs für die Klage. Dazu ist der Kläger befugt, denn er gibt damit nur eine Anregung, die Frage der Zulässigkeit des Rechtswegs von Amts wegen zu prüfen, und das hat ohnehin in jeder Lage des Verfahrens zu geschehen.

Die Revision beruft sich auf § 2 des preußischen Zuständigkeitsgesetzes vom 1. August 1883. Er lautet:

> In den Fällen der Veränderung der Kreisgrenzen und der Bildung neuer Kreise sowie des Ausscheidens großer Städte aus dem Kreisverbande beschließt der Bezirksausschuß über die Auseinandersetzung der beteiligten Kreise, vorbehaltlich der den letzteren gegeneinander zustehenden Klage bei dem Bezirksausschusse.

Die Revision meint, daß mit einem gesetzmäßigen Ablauf der Dinge gerechnet werden müsse und also anzunehmen sei, der Bezirksausschuß in Hannover habe den ihm obliegenden Beschluß gefaßt. Sie hat einen solchen Beschluß auch vorgelegt, erkennt aber an, daß sie ihn in der Revisionsinstanz nicht verwerten darf, da er nicht Gegenstand der mündlichen Verhandlung vor dem Berufungsgericht gewesen ist. Unter diesen Umständen ist allerdings davon auszugehen, daß der Bezirksausschuß über die Auseinandersetzung der Parteien beschlossen hat; die Frage bleibt aber offen, wie er sich dabei zu dem Vertrage vom 1. Februar 1923 gestellt haben mag. Da beide Parteien in den Vorinstanzen mit der fortdauernden Geltung des die Klagegrundlage bildenden Vertrags gerechnet haben, so muß dies auch für die Revisionsinstanz maßgebend sein.

Verfehlt ist ferner der Gedanke der Revision, daß der Kläger mit seiner Klage nicht sowohl Vertragsansprüche verfolge als vielmehr eine Ergänzung des Vertrags, und daß er damit eine weitere Auseinandersetzung der Parteien herbeiführen wolle. Wäre das der Fall, wäre also die Auseinandersetzung nur scheinbar beendet, tatsächlich aber noch nicht vollständig bewirkt, so hätte allerdings der Bezirksausschuß zu beschließen, vgl. die Entscheidung des Reichsgerichts vom 28. Januar 1910 (Pr. VerwBl. Jahrg. 31 S. 621). So liegt aber die Sache gerade nicht. Beide Parteien waren in den Vorinstanzen darüber einig, daß der Vertrag vom 1. Februar 1923 die jetzt zwischen ihnen streitige Frage bereits geregelt habe, wenn sie auch über die Art der getroffenen Regelung verschiedener Ansicht waren. Ebenso ist der Berufungsrichter zu der Überzeugung gelangt, daß der Vertrag der Parteien die erforderlichen Abreden enthalte, nach denen ihr Streit entschieden werden könne, und lediglich auf der Auslegung des geschlossenen Vertrags beruht sein Urteil. Die Zulässigkeit des Rechtswegs könnte also nur dann verneint werden, wenn anzunehmen wäre, daß ein Verwaltungsgericht oder eine Verwaltungsbehörde zu der vom Berufungsgericht vorgenommenen Vertragsauslegung berufen wäre. Das ist aber nicht der Fall.

2. Es ist zwar richtig, daß sich die Parteien auf öffentlichrechtlichem Gebiet bewegten, als sie über ihre Auseinandersetzung verhandelten, aber auch aus öffentlichrechtlichen Titeln können sich privatrechtliche Ansprüche ergeben. Das trifft immer dann zu, wenn es sich nicht um einen Gegenstand des öffentlichen Interesses, des Gemeinwohls, handelt, sondern um das Rechtsgut und die individuelle Rechtssphäre einer einzelnen, sei es physischen, sei es juristischen Person (RGZ. Bd. 57 S. 352). So liegt die Sache im gegenwärtigen Falle. Der Kläger wünscht die ihm vertraglich zugesagten Geldbeträge zu bekommen. Unabhängig davon, ob er sie erhält oder nicht, bleibt er öffentlichrechtlich verpflichtet, seine Wege und Straßen zu unterhalten. Für das Gemeinwohl ist es also nicht bedeutsam, ob die Beklagte zahlt oder nicht. Anders läge die Sache z. B., wenn sie es übernommen hätte, gewisse Straßen des Klägers selbst zu unterhalten. Auf Vornahme etwa von Wegeausbesserungen könnte die Beklagte vor dem ordentlichen Richter nicht belangt werden.

Diese vom Reichsgericht a. a. O. vertretene und in RGZ. Bd. 67 S. 291, Bd. 79 S. 201 bestätigte Ansicht wird auch von dem Preußischen Oberverwaltungsgericht geteilt. In einer Entscheidung vom 6. Januar 1928 (Pr. VerwBl. Jahrg. 49 S. 657) erklärt es die Geldabfindungen von Kreisen, wie sie bei Eingemeindungen vorkommen, für zivilrechtliche Verpflichtungen; Zwangsetatisierung sei insoweit nicht zulässig; auch das Verwaltungsstreitverfahren sei nicht gegeben, weil es an einer Vorschrift darüber fehle. Sinngemäß gilt alles das auch dann, wenn beim Ausscheiden einer Stadt aus dem Kreisverbande eine Verpflichtung zur Geldzahlung begründet wird. Der Preußische Gerichtshof zur Entscheidung der Kompetenzkonflikte hat in einer Entscheidung vom 29. März 1924 (JW. 1924 S. 2084 Nr. 6) dieselben Grundsätze vertreten. Ein Kreis klagte auf Zahlung der — aufgewerteten — Geldrente, gegen welche er es übernommen hatte, eine Chaussee der Provinz zu unterhalten. Das Interesse des Klägers wird hier als privatrechtlich bezeichnet, denn seine Ansprüche gehörten der Rechtssphäre des Kreises als eines privatrechtlichen Rechtssubjekts an.

Die Verwaltungsbehörden selbst haben im vorliegenden Falle denselben Standpunkt eingenommen. In einem Schreiben vom 3. Februar 1928 hat der Regierungspräsident in Hannover ausgesprochen, daß Streitigkeiten aus dem Vertrage vom 1. Februar 1923 nur von den ordentlichen Gerichten entschieden werden könnten, und das Plenum der dortigen Regierung hat die vom Kläger im Laufe des zweiten Rechtsgangs angeregte Erhebung des Kompetenzkonflikts abgelehnt.

3. Auch der erkennende Senat hat sich bereits einmal mit der jetzt streitigen Frage zu beschäftigen gehabt, nämlich im Urteil vom 1. Juli 1924 VII 653/23. Damals hatte ein preußischer Kreis mit einer aus seinem Verbande ausscheidenden Stadtgemeinde einen vom Bezirksausschuß bestätigten Rezeß abgeschlossen. Um Geldansprüche aus diesem Rezeß drehte sich der Streit, und die Stadt bezweifelte die Zulässigkeit des Rechtswegs. Diese wurde aber bejaht, hauptsächlich mit der Erwägung, daß nach dem Abschluß der Auseinandersetzung eine Zuständigkeit der Verwaltungsbehörden oder -gerichte nicht mehr begründet sei. Daran wird auch jetzt festgehalten.

4. Die Revision ist noch in anderem Zusammenhange auf die Frage zurückgekommen, ob es sich im gegenwärtigen Rechtsstreit auch um öffentlichrechtliche Ansprüche handle. Sie will nämlich hilfsweise die Auffassung gelten lassen, das Verlangen des Klägers nach Zahlung des Restbetrags an Wegeunterhaltungszuschuß für das vierte Vierteljahr 1927 sei ein privatrechtlicher Anspruch; sie bezeichnet dann aber die von der Beklagten zur Aufrechnung gestellte Gegenforderung als

öffentlichrechtlich. Das ist jedoch nicht richtig. Die Beklagte bestreitet zunächst, daß die Restforderung für das Jahr 1927 richtig berechnet sei, und macht weiter geltend, sie habe in den früheren Jahren auf die privatrechtliche Forderung des Klägers zuviel gezahlt. Daraus leitet sie einen Anspruch aus ungerechtfertigter Bereicherung her und mit diesem rechnet sie auf. Nach den beiden Richtungen des Bestreitens und des Aufrechnens stützt sich die Beklagte allein auf den Vertrag vom 1. Februar 1923 und seine Vorschriften über ihre Beiträge und deren Berechnung. Dabei bewegt sich die Beklagte aber nach dem oben Ausgeführten auf privatrechtlichem Boden; das will ja auch die Revision bei der Hilfsausführung, um die es sich hier handelt, nicht leugnen. Tut sie es dennoch, so kommt sie in nicht folgerichtiger Weise auf ihren grundsätzlichen Ausgangspunkt zurück.

Sollte die Revision etwa annehmen, daß die Beklagte mit ihrem Vorbringen auf den §§ 4 und 20a des preußischen Ausführungsgesetzes zum Finanzausgleichsgesetze des Reiches fuße, so wäre auch das nicht richtig. Die soeben angezogenen Vorschriften haben durch das Gesetz vom 27. November 1926 (GS. S. 308) eine neue Fassung erhalten. Sie regeln die Verteilung der vom Reich den Ländern überwiesenen Kraftfahrzeugsteuer. Für die Stadt- und Landkreise wird sie dem Regierungspräsidenten übertragen, und im Abs. 6 des § 20a heißt es:

> Insoweit Dritte befestigte Landstraßen außerhalb der geschlossenen Ortslage unterhalten, sind sie an den Zuweisungen entsprechend zu beteiligen.

Die Beklagte verlangt gar nicht, daß der Regierungspräsident oder auch der Kläger ihr einen Beitrag an Kraftfahrzeugsteuer überweise; sie verlangt nur, — und das ist die einheitliche Grundlage ihres gesamten Vorbringens — daß der Kläger die ihm überwiesene Kraftfahrzeugsteuer — und gewisse ihm zufließende Vorausleistungen — bei der Berechnung der von der Beklagten zu zahlenden Kostenzuschüsse in Ansatz bringe. Es handelt sich also lediglich um einen Streit über die Höhe von privatrechtlichen Ansprüchen und Gegenansprüchen. Auf die von der Revision aufgeworfene Frage, ob öffentlichrechtliche Ansprüche gegen privatrechtliche Ansprüche aufgerechnet werden können, braucht also nicht eingegangen zu werden.

5. Sachlich beruht das Berufungsurteil auf einer Auslegung des Vertrags vom 1. Februar 1923 und namentlich auf der Annahme,

daß im Sinne des Vertrags die Wegeunterhaltungskosten, zu denen die Beklagte beizutragen hat, durch den Überschuß der Wegeausgaben über die Wegeeinnahmen dargestellt werden; dabei werden zu den Wegeeinnahmen auch diejenigen Beträge gerechnet, welche der Kläger aus dem Aufkommen an Kraftfahrzeugsteuer und an Vorausleistungsbeiträgen erhält. Gegen diese Auslegung wendet sich die Revision. Sie verkennt dabei nicht, daß der Vertrag der Parteien kein typischer und deshalb der freien Auslegung des Reichsgerichts unterliegender Vertrag ist. Sie hat nur einzelne besondere Angriffe erhoben. Auch sie müssen aber versagen.

6. Zunächst wird dem Berufungsrichter vorgeworfen, er habe nicht beachtet, daß es sachlich gebundene öffentlichrechtliche Einnahmen im Haushalt einer öffentlichen Körperschaft überhaupt nicht gebe. Das Oberlandesgericht hat aber ausdrücklich hervorgehoben, daß der Kläger die empfangenen Überweisungen auch für andere Zwecke als die der Wegeunterhaltung verwenden dürfe, nur scheint ihm das bedeutungslos zu sein für die Auslegung des Vertrags und die Ermittlung des Vertragswillens der Parteien. Bei dieser tatrichterlichen Entscheidung muß es bewenden.

Die Revision meint weiter, daß es sich bei den Beiträgen der Beklagten nicht um das Unterhalten bestimmter Straßen handle, sondern um ein Teilnehmen der Beklagten an der allgemeinen Wegeunterhaltungslast des Klägers; dafür habe man einen vom Währungsverfall unbeeinflußten Maßstab gewählt. In den Vorinstanzen war der Kläger noch weiter gegangen. Er sah damals in der Beitragspflicht eine sog. Auskreisungsrente und in den Einzelabreden des Vertrags nur den vereinbarten Maßstab für ihre Bemessung. ... (Folgt Zurückweisung einer Verfahrensrüge.)

Der Berufungsrichter hat die Rentenfrage eingehend behandelt. Er nimmt an, daß die Beklagte wirklich zu den Unterhaltungskosten bestimmter und besonders ausgewählter Straßen beitragen solle. Schon der Vertrag spricht ja auch von den „in Betracht kommenden Straßen", und ein ausdrücklich zu diesem Zweck berufenes „Schiedsgericht" hat sie im einzelnen bezeichnen müssen. Auf diesen tatrichterlichen Unterlagen hat der Berufungsrichter seine Entscheidung getroffen, von einem Rechtsirrtum ist sie nicht beeinflußt. Mit ihr ist aber die Deutung, daß es sich nur um den Maßstab zur Berechnung einer Rente handle, nach jeder Richtung hin abgelehnt. Die Beklagte soll danach weder eine sog. Auskreisungsrente zahlen noch einen rentenartigen Beitrag zu den Wegeunterhaltungskosten des Klägers im allgemeinen.

7. Die Beklagte hat bei ihrem Verlangen, daß die Einnahmen des Klägers aus der Kraftfahrzeugsteuer und den Vorausleistungen bei der Berechnung ihrer Beiträge angesetzt würden, stets nach dem Verhältnis der Wegelängen gerechnet, zunächst in runden Zahlen, später unter Angabe der genauen Maße. Dem hat der Kläger niemals widersprochen. Er geht sogar in seinen Schriftsätzen selbst davon aus, daß gegebenenfalls für die Beklagte das rund berechnete Sechstel in Ansatz käme. Ebenso hat er gegen die später aufgemachte genaue Rechnung nichts eingewendet. Er kann deshalb jetzt nicht damit gehört werden, daß nicht das Verhältnis der Wegelängen, sondern das Verhältnis der Unterhaltungskosten für die betreffenden Wegelängen maßgebend sein müsse. Gewiß könnte man vielleicht auch in dieser Weise rechnen, aber ein logischer Fehler liegt in der bisher von den Parteien vertretenen und daraufhin auch vom Oberlandesgericht angenommenen Berechnungsart nicht. Das nachzuweisen, ist der Revision nicht gelungen. Schließlich müßte der Kläger, um mit seinem Einwand durchzudringen, auch dartun, daß die jetzt von ihm bevorzugte Berechnungsart ihm günstiger sei. Dazu wären neue Behauptungen nötig, solche darf aber der Kläger in der Revisionsinstanz nicht aufstellen.

8. Auf die Vorverhandlungen der Parteien und damit auch auf das Schreiben des Landrats vom 28. Dezember 1921 durfte der Berufungsrichter zurückgreifen. Das entspricht durchaus den geltenden Auslegungsregeln. Wenn der Berufungsrichter annimmt, mit dem Schreiben sei die Frage einer Anrechnung von Einnahmen für die ganze Dauer der Verhandlungen und bis zu ihrem Schluß erledigt gewesen, und wenn er weiter annimmt, daß im Sinne dieses Schreibens und damit des Vertrags als Einnahmen nicht nur die Erträge der Obst- und Grasnutzung in Betracht kämen, sondern auch die anteiligen Beträge aus den sonstigen Wegeeinnahmen einschließlich der späteren Überweisungen aus der Kraftfahrzeugsteuer und einschließlich der Vorausleistungen, so sind das alles wesentlich tatrichterliche Entscheidungen. Daß sie von Rechtsirrtum beeinflußt wären, kann der Kläger nicht mit dem bloßen Hinweis auf seinen abweichenden Standpunkt dartun.

Der Kläger hat noch geltend gemacht, es fehle die Feststellung, daß die beim Vertragsschluß vom 1. Februar 1923 als Vermittler tätig gewesenen Kommissare des Bezirksausschusses das Schreiben vom 28. Dezember 1921 gekannt hätten. Für den Inhalt eines Vertrags ist indessen nicht der Wille der Vermittler, sondern der Vertragswille der Parteien maßgebend, und diesen hat der Berufungsrichter in genügender Weise festgestellt. (Es folgt die Zurückweisung weiterer Verfahrensrügen.)

---

26. 1. Welche Ortsverhältnisse sind entscheidend für die Frage, ob Erschütterungen von Häusern durch Kraftwagen einer Omnibuslinie zulässig sind?

2. Wie weit ist beim Betriebe der Omnibuslinie Rücksicht auf die Straßenanwohner zu nehmen?

BGB. § 906.

V. Zivilsenat. Urt. v. 8. Juli 1931 i. S. J. (Kl.) w. B. V. AG. (Bekl.). V 9/31.

I. Landgericht I Berlin.
II. Kammergericht daselbst.

Der Kläger ist Grundstückseigentümer in Berlin-Dahlem, P.Allee. Mit Genehmigung des Polizeipräsidenten nahm die verklagte Gesellschaft im Jahre 1929 eine neue Omnibuslinie in Betrieb, die am Hause des Klägers vorbeifährt. Sie läßt dort regelmäßig einstöckige, mit Luftbereifung versehene Kraftwagen laufen, stellt aber an Sonn- und Feiertagen zweigeschossige Omnibusse mit Vollgummireifen ein. Der Kläger behauptet, durch diese letztbeschriebenen Wagen würden starke Erschütterungen verursacht, welche die Standfestigkeit seines Hauses und die Gesundheit der Bewohner gefährdeten. Der Betrieb habe namentlich auch infolge der schlechten Beschaffenheit der dortigen Straßenpflasterung, die für solchen Verkehr nicht geeignet sei, so schlimme Wirkungen. Dahlem sei ein besonders ruhiger Villenvorort, in dem solche Fahrzeuge bisher nicht verwendet worden seien. Das Klagbegehren geht dahin: die Beklagte zu verurteilen, Erschütterungen des Hausgrundstücks des Klägers durch die an Sonn- und Feiertagen verkehrenden zweigeschossigen Kraftomnibusse zu unterlassen und zu diesem Zweck den Betrieb zweigeschossiger Kraftomnibusse in der P.Allee einzustellen.

Die Beklagte beruft sich darauf, daß die Einrichtung der neuen Linie unter Zurückweisung der Einsprüche der Anlieger polizeilich genehmigt worden sei. Sie macht weiter geltend, die Beeinträchtigung des Klägers in der Benutzung seines Grundstücks durch die Verwendung zweigeschossiger, nicht mit Luftbereifung versehener Wagen sei nur unwesentlich; sie sei auch durch eine ortsübliche Benutzung des Nachbargrundstücks, nämlich der Straße, herbeigeführt; denn in Groß-Berlin würden viele Straßen mit zweigeschossigen Omnibuswagen befahren.

Der Kläger unterlag in zwei Rechtszügen. Seine Revision führte zur Aufhebung und Zurückverweisung.

Gründe:

Für das Klagbegehren kommen als rechtliche Grundlagen die §§ 1004, 906 BGB. in Betracht. Der Kläger verlangt die Unterlassung von Störungen, die nach seiner Behauptung in unzulässiger Weise sein Eigentum beeinträchtigen. Klagverpflichtet ist zutreffendenfalls die Beklagte als die Störerin. Die Einrichtung der neuen Linie ist allerdings gemäß § 37 GewO. polizeilich genehmigt worden. Das steht aber nicht entgegen einer Klage auf Unterlassung einzelner Betriebsmaßnahmen, welche die Aufrechterhaltung des Betriebs der Linie nicht hindern würde (vgl. RGZ. Bd. 44 S. 227, Bd. 59 S. 70, Bd. 62 S. 131, Bd. 73 S. 270).

Das Kammergericht ist zur Abweisung der Klage gelangt, weil etwaige Erschütterungseinwirkungen auf das Grundstück des Klägers durch eine Benutzung des Straßengrundstücks herbeigeführt worden seien, die ortsüblich sei. Hierzu wird ausgeführt: Es komme auf die Ortsüblichkeit gerade im besonderen Stadtteil Berlin-Dahlem an. Aber auch dort verkehrten, wie dem Berufungsgericht bekannt sei, schwere Lastwagen sowie eine andere mit zweigeschossigen Wagen betriebene Omnibuslinie. Die Behauptung des Klägers, die hier in Betracht kommende Straße sei in besonders schlechtem Pflasterungszustande, sei unerheblich, weil sich die Frage der Ortsüblichkeit nicht nach dem Zustand der Straße im Einzelfall richten könne. Entstände dem Kläger Schaden aus ordnungswidrigem Zustand der Straße, so müsse er sich an die Stadt Berlin als die dafür Verantwortliche halten.

Der hiergegen gerichtete Revisionsangriff, das Berufungsurteil lasse eine ausreichende Erörterung der tatsächlichen Verhältnisse vermissen, ist begründet. Dies allerdings nicht in dem Sinne, wie ihn der Kläger erhebt, daß es nur auf die Verhältnisse in Berlin-Dahlem ankomme. Dieser Standpunkt, dem sich das Kammergericht angeschlossen hat, kann nicht gebilligt werden. Vielmehr ist die Entscheidung nicht lediglich aus den Besonderheiten dieses örtlich begrenzten Bezirks zu entnehmen, sondern aus den Orts- und Verkehrsverhältnissen der Stadtteile und Straßenzüge insgesamt, durch welche die streitige Omnibuslinie fährt. Die Ortsüblichkeit im Sinne des § 906 BGB. erfordert eine gegenwärtige gleichartige Benutzung einer Mehrheit von Grundstücken derselben örtlichen Lage. Dazu hat das Reichsgericht allerdings häufig ausgesprochen, daß ein einzelner abgegrenzter Bezirk einer Ortschaft, insbesondere einer Großstadt, dann als besonderes Vergleichsgebiet zu betrachten sein und bei Beurteilung der örtlichen Verhältnisse eine selbständige Bedeutung haben könne, wenn er durch die Art seiner Bebauung oder des dortigen Wirtschaftslebens ein besonderes, von anderen Stadtteilen erkennbar unterschiedenes Gepräge trage (RGZ. Bd. 105 S. 217; WarnRspr. 1915 Nr. 285, 1919 Nr. 64; JW. 1930 S. 2934 Nr. 9). Wohl mag sich die Villenkolonie Dahlem von anderen Stadtteilen Berlins durch besondere Ruhe und Abgeschlossenheit unterscheiden. Aber es handelt sich hier um eine Einwirkung, die nicht von einer örtlich beschränkten (lokalisierten) Straßengrundstücksbenutzung ausgeht, sondern von einer solchen, die sämtliche von der Omnibuslinie berührte Straßen umfaßt. Weil die Straßenzüge dazu bestimmt sind, dem durchlaufenden Verkehr zu dienen, kann für die Frage, ob sich die Benutzung eines Straßengrundstücks durch eine Verkehrseinrichtung in der besonderen Art und dem Maß der stattfindenden Benutzung in den Grenzen des Ortsüblichen hält, nicht ein einzelner Teil der im Gesamtverlauf benutzten Straßen herausgeschnitten und für sich behandelt werden. Vielmehr ist die Linienführung und das durch sie benutzte Gelände im ganzen anzusehen. Denkbar ist, daß sich auch bei solcher Betrachtungsweise eine bestimmte Benutzungsart als der Ortsübung widersprechend ergibt; so z. B. das Fahren besonders schwerer und lärmender Wagen in einem ruhigen Kurort oder auch die Benutzung solcher Wagen für eine Linie, die zwar in einer Großstadt liegt, die aber nur solche Stadtteile berührt, welche durch besondere Ruhe ausgezeichnet sind, und die auch ihrer Führung nach kein wichtiges Glied des allgemeinen großstädtischen Verkehrs ist, also nicht etwa eine Ausfallverbindung aus dem Stadtinnern heraus oder eine wichtige Querverbindung darstellt. Jedenfalls aber sind die Bedürfnisse des Verkehrs das vorwiegend Entscheidende. Ist ein bestimmter Stadtteil zunächst durch besondere Ruhe von anderen unterschieden, so kann er sich deswegen doch nicht dem sich aus seiner Lage in oder in der Nähe einer Großstadt ergebenden Schicksal entziehen, in den Allgemeinverkehr hineinzuwachsen. Es geht nicht an, daß sich bestimmte Gegenden oder einzelne Straßen, um sich die ursprüngliche Eigenart zu erhalten, als Hindernisse der notwendigen Verkehrsentwicklung einschieben. Der Bewohner von Dahlem kommt nicht nur als solcher, sondern auch als Einwohner von Groß-Berlin in Betracht. Anderseits ist jedoch in der Berücksichtigung solcher Verkehrsbedürfnisse die Großstadt, wie schon angedeutet, nicht notwendig als einheitliches Ganzes anzusehen. Die dem öffentlichen Verkehr dienenden Betriebe haben, soweit das mit ihren Verkehrszwecken vereinbar ist, auf die Straßenanwohner Rücksicht zu nehmen und auch örtliche Besonderheiten zu beachten. Die starke Beeinträchtigung der an verkehrsreichen Straßen liegenden Häuser durch die von schweren Kraftwagen herrührenden Erschütterungen ist bekannt. Die Leiter eines Verkehrsunternehmens müssen darauf bedacht sein, durch die Wahl und die Handhabung der Betriebsmittel diese Schädigungen möglichst herabzumindern.

In erster Reihe ist es Aufgabe der Verwaltungsbehörden, diese Gesichtspunkte bei der Einrichtung der Verkehrslinien und bei der polizeilichen Betriebsüberwachung zu beachten. Aber es ist doch dem Straßenanlieger unbenommen, sich gegen eine bestimmte Betriebshandhabung auf Grund seiner bürgerlichrechtlichen Eigentümerbefugnisse zu wenden (§§ 903, 906 BGB.). Mag auch die Stellungnahme der Verwaltungsbehörde, die eine Linienführung und Betriebsart genehmigt hat, den Gerichten ein starkes Beweisanzeichen dafür sein, daß sich die vom Straßenanlieger beanstandete Handhabung in ortsüblichen und verkehrsnotwendigen Grenzen halte, so ist sie doch nicht schlechthin entscheidend. Vielmehr muß das Gericht selbständig prüfen, ob die beanstandete Einwirkung das nach § 906 BGB. zulässige Maß überschreitet.

Demgemäß kommt es hier — außer der bisher noch nicht behandelten Frage, ob es sich um wesentliche Einwirkungen handelt — darauf an, ob der Betrieb mit zweistöckigen Omnibussen ohne Luftbereifung in Ansehung der Gesamtstrecke der streitigen Linie und ihrer Bestimmung im Verkehrsnetz ortsüblich ist. Zur Beantwortung dieser Frage muß das Kammergericht prüfen, ob etwa die von der Linie berührten Stadtteile sämtlich oder überwiegend besonders ruhige und villenartig bebaute Wohnviertel sind; welchen Umfang der von ihr zu bewältigende Verkehr hat; ob in Anbetracht der Verkehrsbedürfnisse eine Schonung der Straßenanwohner durch Benutzung leichterer Wagen möglich und angebracht ist. Der Kläger hatte hervorgehoben, daß auch angesichts der schlechten Pflasterung der P.Allee die Benutzung besonders schwerer Wagen zu verbieten sei. Zwar ist, wie das Berufungsgericht richtig sagt, nicht die Beklagte, sondern die Stadt Berlin für den Zustand der Straßen verantwortlich. Ist aber die ganze Pflasterung der Straße — nicht nur an einzelnen schadhaften Stellen — in besonders schlechtem Zustande, so kann das einmal ein Anzeichen dafür sein, daß diese Straße doch nicht zur Aufnahme großen Verkehrs bestimmt ist. Es kann aber auch eine solche Sachlage als Dauerzustand den Verkehrsunternehmer nötigen, sich mit seiner Betriebsart (Schwere der Wagen, Schnelligkeit der Fahrt) dieser Beschaffenheit der Straße anzupassen, wenn er nicht die in § 906 BGB. gesetzten Grenzen zulässiger Einwirkungen überschreiten will. Das Kammergericht muß daher auch diese Behauptung des Klägers berücksichtigen. . . .

---

27. Begehen geprüfte Zahntechniker im Sinne von § 123 der Reichsversicherungsordnung dann unlauteren Wettbewerb, wenn sie sich als „staatlich geprüfte Dentisten" bezeichnen?

UnlWG. § 3. RVO. § 123.

II. Zivilsenat. Urt. v. 19. Juni 1931 i. S. F. u. Gen. (Bekl.) w. Zahnärztlichen Kreisverein L. (Kl.). II 451/30.

I. Landgericht Leipzig.
II. Oberlandesgericht Dresden.

Die Beklagten sind Zahntechniker, welche die auf Grund von § 123 der Reichsversicherungsordnung durch die sächsischen Ausführungsbestimmungen vorgesehene Prüfung mit Erfolg abgelegt haben. Sie bezeichnen sich als „staatlich geprüfte Dentisten". Der Zahnärztliche Kreisverein e. V. klagt auf Unterlassung dieser Bezeichnung, die er für irreführend hält. Die Beklagten halten sich zur Führung der Bezeichnung für befugt. Beide Vorinstanzen gaben der Klage statt. Die Revision der Beklagten führte zur Abweisung der Klage.

Gründe:

Nach Ansicht des Berufungsgerichts stellt die von den Beklagten geübte Führung der Bezeichnung „staatlich geprüfter Dentist" eine Handlung des unlauteren Wettbewerbs im Sinne von § 3 UnlWG. dar, da sie mindestens bei einem Teil der Zahnkranken die irrige Vorstellung erwecke, daß ohne Rücksicht auf § 123 RVO. die Leistungsfähigkeit des betreffenden Dentisten staatlich anerkannt, daß ein solcher Dentist auf einer staatlichen Anstalt vorgebildet sei, und daß seine Sachkunde wie auch die von ihm abgelegte Prüfung das gesamte Gebiet der Zahnheilkunde umfasse. Diese Erwägungen vermögen der Nachprüfung nicht standzuhalten. Nicht zur Erörterung steht im Streitfall die Frage, ob etwa die Bezeichnung „Dentist" als solche zu beanstanden ist, weil sie in gewissen Kreisen des Publikums mit der Bezeichnung „Zahnarzt" verwechselt werden könnte; denn nach der eigenen Erklärung des Klägers „kann es richtig sein und soll im vorliegenden Prozeß keinen Anlaß zum Streit geben, daß die Beklagten sich als Dentisten bezeichnen dürfen". Die Klage wird vielmehr allein darauf gestützt, daß der Beisatz „staatlich geprüft", den die Beklagten gebrauchen, eine unwahre Angabe enthalte, die geeignet sei, den Anschein eines besonders günstigen Angebots zu erwecken (§ 3 UnlWG.); die Bezeichnung sei unklar und wirke irreführend, da sie diese Prüfung nicht genügend kennzeichne und daher den Unterschied gegenüber der zahnärztlichen Ausbildung, Prüfung und Approbation nicht mit der für das Publikum erforderlichen Deutlichkeit erkennen lasse. Nach Ansicht des Klägers müßte der Zusatz, um eine Irreführung zu vermeiden, lauten: „geprüft nach den sächsischen Ausführungsbestimmungen zu § 123 RVO.".

Für die Beurteilung der Frage, wie dieser Beisatz zu verstehen sei, ist die Auffassung der für Zahnbehandlungen in Betracht kommenden Kreise des Publikums maßgebend. Festgestellt ist, daß die

Beklagten die in der sächsischen Verordnung vom 15. Oktober 1921 zur Ausführung von § 123 RVO. angeordnete Prüfung mit Erfolg abgelegt haben. Diese Prüfung findet nach jener Verordnung vor einem staatlichen Prüfungsausschuß statt und ist daher eine staatliche. Fraglich kann nur sein, welche Vorstellung das Publikum damit verbindet, wenn sich die Beklagten daraufhin ohne Bezugnahme auf den durch § 123 a. a. O. bedingten Anlaß und Zweck der Prüfung schlechthin als „staatlich geprüft" bezeichnen. Die soeben genannte Vorschrift besagt, daß bei Zahnkrankheiten mit Ausschluß von Mund- und Kieferkrankheiten die Krankenkassenbehandlung außer durch Zahnärzte auch durch Zahntechniker gewährt werden könne, und daß die oberste Verwaltungsbehörde zu bestimmen habe, wer als Zahntechniker anzusehen sei. Zu Unrecht schließt das Berufungsgericht aus dieser Vorschrift, daß sich die Qualifikation der geprüften Zahntechniker nur auf die Kassenbehandlung beschränke und daß somit die allgemeine Bezeichnung „staatlich geprüft" mindestens für einen Teil der Zahnkranken täuschend sei. In Wirklichkeit enthält § 123 — abgesehen von Mund- und Kieferkrankheiten — keine Beschränkung der Qualifikation der Dentisten, die von der Verwaltungsbehörde anerkannt sind, sondern drückt nur aus, daß solche — offenbar, weil genügend vertrauenswürdig, — auch für Kassenbehandlung in Frage kommen. Wo der Befähigungsnachweis an sich vorhanden ist, kann auf seine Verwendung gerade in der Kassenbehandlung als bloße Folgeerscheinung der Prüfung nichts ankommen. Praktisch ist die Qualifikation nach § 123 RVO. schon angesichts der überragenden Bedeutung der Kassenpraxis und der Tatsache, daß die fachlichen Erfordernisse für ihre Ausübung logischerweise nicht geringer sein können als für die Behandlung von Privatpatienten, daß im Gegenteil um des öffentlichen Charakters der Krankenversicherung willen bei ihr die Zuverlässigkeit des Behandelnden jedenfalls gewährleistet sein muß, von der Wirkung eines allgemeinen Befähigungsnachweises nicht zu trennen. Wenn der Vorderrichter meint, ein Teil des Publikums vermute hinter der staatlichen Prüfung eine Anerkennung höherer Leistungsfähigkeit, als wenn in der Bezeichnung zum Ausdruck gebracht würde, daß die Prüfung zum Zwecke der Zulassung zur Kassenbehandlung abgelegt sei, so ist diese Annahme als irrig zu bezeichnen. Erfahrungsgemäß legt das Publikum auf den Anlaß und die besonderen Zwecke staatlicher Prüfungen kein Gewicht, sofern — wie hier — die mit dem Bestehen der Prüfung verbundene Gewähr für die Fähigkeiten des Geprüften der Allgemeinheit unbeschränkt zugute kommt. Aus dem Umstand, daß der Beisatz „staatlich geprüft" auf das Bestehen einer staatlichen Prüfung hinweist, wird das Publikum zugleich entnehmen, daß Dentisten — wie das auch in Wirklichkeit der Fall ist — eine solche Prüfung an sich nicht abzulegen haben, um ihren Beruf auszuüben. Die Allgemeinheit wird daher, gleichviel, ob sie die Vorschrift des § 123 a. a. O. kennt oder nicht, zu den Leistungen staatlich geprüfter Dentisten besonderes Vertrauen haben, und diese Auffassung wäre auch keinesfalls unberechtigt. Das Publikum wird sie daher im Bedarfsfalle bevorzugen vor denen, die sich keines solchen Zusatzes bedienen. Nach der Erfahrung des täglichen Lebens fehlt es aber an ausreichendem Anhalt dafür, daß die Unterlassung der Angabe von Anlaß und Zweck der Prüfung in der Bezeichnung irreführend im Sinne der Begründung einer Gefahr der Verwechslung mit einem approbierten Zahnarzt wirken soll, wie der Kläger in der Revisionsverhandlung mit Nachdruck betont hat.

Nicht begründet ist auch die Annahme des Berufungsgerichts, daß die von den Beklagten geführte Bezeichnung den Anschein einer staatlichen Ausbildung erwecke, die in Wirklichkeit nur der approbierte Zahnarzt durchgemacht habe. Das Urteil legt nicht dar, auf welche tatsächlichen Unterlagen sich diese mit den sonstigen Erfahrungen des Lebens im Widerspruch stehende Erwägung stützt. Der Wortlaut der Bezeichnung ergibt dafür jedenfalls keinen Anhalt, und die Erfahrung lehrt, daß in zahlreichen Fällen Staatsprüfungen ohne vorausgegangene staatliche Ausbildung abgelegt werden. Auch bei nur geringer Überlegung pflegt sich das Publikum darüber klar zu sein, daß der Wert staatlicher Prüfungen nicht in der Feststellung des Vorhandenseins von Fähigkeiten beruht, die gerade nur auf staatlichen Anstalten erworben werden, sondern in der Feststellung schlechthin, daß die zum Bestehen der Prüfung geforderten Fähigkeiten vorhanden sind, ohne Rücksicht auf den Ausbildungsgang des Prüflings.

Wenn endlich der Berufungsrichter meint, daß der Ausdruck „staatlich geprüfter Dentist" auf eine das ganze Gebiet der Zahnheilkunde umfassende Fachbildung und Prüfung schließen lasse und darum für einen Teil der Patienten irreführend sei, so gibt er damit wiederum eine Auslegung des Begriffs, die nicht durch tatsächliche Umstände belegt wird und nur als eine Überspannung der zu stellenden Anforderungen angesehen werden kann. Richtig ist nach den Feststellungen des Berufungsgerichts, daß neben Mund- und Kieferkrankheiten auch Zahnregulierungen nicht Gegenstand der nach § 123 RVO. abzuhaltenden Prüfung sind. Dieser Umstand macht aber den beanstandeten Zusatz nicht zu einer unwahren Angabe im Sinne von § 3 UnlWG. Schließt das Bestehen der Prüfung, die wie jede Prüfung nicht alle denkbaren Zweige der Ausbildung und künftigen Berufstätigkeit umfassen kann, jedenfalls die Anerkennung ein, daß der Betreffende den nach der staatlichen Prüfungsordnung an Zahntechniker zu stellenden Durchschnittsanforderungen genüge, so läßt sich nicht sagen, ein derartiger Befähigungsnachweis bleibe hinter den Erwartungen des Publikums zurück. Dabei ist davon auszugehen, daß das Publikum die Dinge mit einer gewissen Überlegung betrachtet; denn der hier anzulegende Maßstab kann nach dem Gegenstand der Sache nun einmal nicht auf jede Überlegung verzichten. Auch der Umstand, daß § 123 Mund- und Kieferkrankheiten von der Behandlung durch Dentisten grundsätzlich ausschließt und daß diese Gebiete daher als Gegenstand der Prüfung von vornherein ganz ausscheiden, macht nach der Einstellung des Publikums die Bezeichnung „staatlich geprüft" nicht zu einer unwahren im Sinne des § 3 UnlWG. Allerdings ist nach § 123 RVO. die Stellung der Dentisten keineswegs so untergeordnet, daß ihre Dienstleistung nur aushilfsweise im Notfall — wenn es nämlich an Zahnärzten fehlt — für die Behandlung von Kassenpatienten zugelassen wäre, eine Auffassung, von der anscheinend einige der vom Kläger überreichten Privatgutachten ausgehen. Sie entspricht zwar der Fassung des Entwurfs der Reichsversicherungsordnung (§ 136 das.), widerspricht aber dem klaren Wortlaut des durch die Reichstagsverhandlungen geschaffenen, jetzt maßgebenden § 123 des Gesetzes. Trotzdem macht das Publikum, das vielleicht den Unterschied der Vorbildung der Zahnärzte und der Dentisten im einzelnen nicht genau kennt, aber doch weiß, daß nur die ersteren eine akademische Vorbildung mit Abschlußprüfung besitzen, einen Unterschied in der Beurteilung der Fachkenntnisse beider Berufsarten. Die Ansicht, daß es von einem Dentisten jede Form der Zahnbehandlung verlange und zu erwarten berechtigt sei, wie z. B. die Behandlung von Mund- und Kieferkrankheiten sowie Zahnregulierungen, widerstreitet der Lebenserfahrung. Der normale

Patient weiß im Gegenteil zwischen dem akademisch gebildeten Zahnarzt und dem vorzugsweise technisch geschulten Dentisten sehr wohl einen Gradunterschied zu machen, indem er bei diesem vorzugsweise die für die eigentlichen Zahnerkrankungen (z. B. beim Ziehen, Füllen von Zähnen, Zahnersatz u. dgl.) gebotenen Handfertigkeiten voraussetzt, nicht aber die Fähigkeit zur Beratung in solchen Fällen, die mehr in das Gebiet der Wissenschaft oder der allgemeinen Körperbehandlung einschlagen. Das Publikum wird in schwereren Fällen, vor allem bei Mund- und Kieferkrankheiten, vom Dentisten nicht die sachgemäße Behandlung und Beseitigung des Übels erwarten. Schließen aber die Patienten in ihre Vorstellung von den Kenntnissen und Fähigkeiten des Dentisten die Beherrschung der letzteren Gebiete überhaupt nicht ein, so ist ihnen, wenn sie den Ausschluß der Mund- und Kieferkrankheiten von der staatlichen Prüfung und von der Behandlung der zur Kassenpraxis zugelassenen Dentisten erfahren, auch diese Tatsache gleichgültig. Sie haben eben auf diesen Gebieten nichts anderes erwartet. Auf den geringen Teil des Publikums, der etwa an einen geprüften Dentisten über den Umfang des Prüfungsgebietes hinausgehende Anforderungen stellen sollte, brauchen die Beklagten bei der von ihnen gewählten Bezeichnung um so weniger Rücksicht zu nehmen, als die Zulassung zur Kassenpraxis eine den Rahmen des § 123 RVO. überschreitende Behandlung, wenigstens Kassenpatienten gegenüber, ohnehin verbieten würde.

Nach alledem enthält die von den Beklagten geführte Bezeichnung keine unrichtige, irreführende Angabe.

---

28. 1. Welche Eheschließungsform ist für eine von Ausländern verschiedenen Heimatsrechts im Ausland eingegangene Ehe zu erfordern?

2. Wie ist der Einfluß von Formmängeln, die nach dem Ortsrecht bestehen, auf die Gültigkeit einer solchen Ehe zu beurteilen?

EG. z. BGB. Art. 11, 13.

VIII. Zivilsenat. Urt. v. 22. Juni 1931 i. S. Ehemann N. (Bekl.) w. Ehefrau N. (Kl.). VIII 658/30.

I. Landgericht Leipzig.
II. Oberlandesgericht Dresden.

Die jüdischen Parteien haben sich am 30. Januar 1910 in Eger, wo ihr Wohnsitz nicht war, vor dem dortigen Rabbiner trauen lassen. Zu jener Zeit besaß der 1879 in Lemberg geborene, in Leipzig wohnende Beklagte die österreichische Staatsangehörigkeit, während von der im Jahre 1884 in Stettin geborenen Klägerin nicht feststeht, ob sie eine deutsche Staatsangehörigkeit oder die russische besaß. Im Jahre 1920 haben sich die Parteien nach vorausgegangenen Zwistigkeiten über ihre Scheidung geeinigt. Sie haben dann zunächst beim Bezirksgericht Eger am 12. Januar 1921 auf gemeinsamen Antrag den Ausspruch einer Scheidung von Tisch und Bett, dann beim Kreisgericht Eger ein Urteil vom 14. März 1922 erwirkt, das die Ehe wegen unüberwindlicher Abneigung dem Bande nach trennt. In der Folgezeit hat der Beklagte die Staatsangehörigkeit in Deutsch-Österreich, die Klägerin diejenige in Deutschland erworben. Im Jahre 1929 hat die Klägerin von dem noch in Leipzig wohnenden Beklagten durch Klage vor dem Amtsgericht Leipzig Unterhalt als Ehefrau verlangt. Als der Beklagte das Bestehen der Ehe bestritt, hat das Amtsgericht den Rechtsstreit bis zur Feststellung des Bestehens der Ehe ausgesetzt.

Die Klägerin hat demgemäß Feststellung verlangt: „daß für die deutschen Gerichte die Ehe zwischen den Parteien noch besteht", hilfsweise: „daß die Ehe zwischen den Parteien noch besteht". Der Beklagte hat geltend gemacht, die Ehe sei von vornherein ungültig geschlossen, weil die notwendige Voraussetzung der Eheschließung vor dem Rabbiner in Eger, ein mindestens sechswöchiger Aufenthalt der Eheschließenden in Eger, nicht erfüllt gewesen sei.

Das Landgericht hat die Ehe für ungültig angesehen und die Klage abgewiesen. In der Berufungsinstanz hat die Klägerin einen weiteren Hilfsantrag auf Feststellung dahin gerichtet, daß eine gültige Scheidung der zwischen den Parteien geschlossenen Ehe nicht vorliege. Das Oberlandesgericht hat dem ersten Hilfsantrag mit der Feststellung entsprochen, daß die Ehe der Parteien noch besteht. Die Revision des Beklagten blieb ohne Erfolg.

Aus den Gründen:

Der Berufungsrichter beurteilt das Zustandekommen der Ehe zwischen den Parteien durch die Trauung von 1910 in Eger auf Grund von Art. 11 Abs. 1 Satz 2 EG. z. BGB. mit dem Ergebnis, die vom österreichischen Gesetz verlangte Form sei zwar nicht gewahrt und die Ehe deshalb dem Ungültigkeitsprozeß ausgesetzt, bis zum Ausspruch der Ungültigkeit bestehe sie aber.

Die Revision geht demgegenüber von der Erwägung aus, maßgebend sei in erster Reihe der Grundsatz des Art. 13 Abs. 1 Satz 1 EG. z. BGB., selbst wenn beide Parteien zur Zeit der Eheschließung Ausländer gewesen seien. Danach hätte der Berufungsrichter auch mit der von ihm offen gelassenen Möglichkeit rechnen müssen, daß die Klägerin damals Russin war. Folgerecht hätten sich die Fragen ergeben, ob das russische Gesetz die in Eger beobachtete Form anerkenne, ob es vielleicht eine Rückverweisung auf das deutsche Recht enthalte, endlich ob der Rabbiner in Eger zum Abschluß der Ehe zwischen dem Beklagten und einer russischen Staatsangehörigen zuständig gewesen sei. Die zuletzt aufgeworfene Frage betrifft die Zulässigkeit der Trauung nach österreichischem Recht, die der Berufungsrichter unzweideutig bejaht hat. Die Revision greift also insoweit unzulässig die Auslegung des ausländischen Rechts durch den Vorderrichter an. Im übrigen geht die Rüge von der Auffassung aus, der Grundsatz des Art. 11 Abs. 1 Satz 2 sei auf dem Gebiet der Eheschließung nur mit der Maßgabe anwendbar, daß das für einen ausländischen Verlobten im Sinne von Art. 13 Abs. 1 Satz 1 zuständige Heimatsrecht ebenso wie das deutsche Recht in Art. 11 auf das Ortsrecht der Eheschließung verweise. Diesen Standpunkt nimmt die Rechtsprechung des Reichsgerichts nicht ein. Sie hat vielmehr in Übereinstimmung mit der im Schrifttum herrschenden Meinung anerkannt, daß Art. 11 Abs. 1 Satz 2 eine ganz selbständige, für alle Rechtsgeschäfte geltende Regel aufstellt, in deren Bereich Art. 13 Abs. 1 und somit auch das Auslandsrecht nicht eingreift, das der deutsche Richter sonst nach der Vorschrift des Art. 13 anzuwenden hat. Diese Auffassung hat das Urteil des IV. Zivilsenats vom 6. April 1916 (RGZ. Bd. 88 S. 191) eingehend unter Berufung auch auf die Gesetzesgeschichte begründet. Ein weiteres Urteil desselben Senats vom 1. Oktober 1925 (WarnRspr. 1926 Nr. 15) hat hieran festgehalten, unter besonderer Betonung, daß Art. 11 Abs. 1 Satz 2 als maßgebende Kollisionsnorm ohne Rücksicht auf abweichende Vorschriften der Heimatsrechte auch dann gelte, wenn beide Eheleute Ausländer sind. Wenn das Urteil des IV. Zivilsenats vom 15. Februar 1926 (RGZ. Bd. 113 S. 38) bei Beurteilung der Gültigkeit einer im Ausland geschlossenen Ehe auch auf die Stellungnahme des für den einen

Verlobten geltenden Heimatsrechts Wert gelegt hat, so geschah das unter dem Gesichtspunkt, ob die Staatsangehörigkeit dieses Verlobten durch die Eheschließung beeinflußt werden konnte. Von der zutreffenden Rechtsanschauung jener Urteile aus konnte deshalb der Berufungsrichter unentschieden lassen, ob etwa das Recht des zarischen Rußland Heimatsrecht der Klägerin zur Zeit der Trauung in Eger war und ob dieses Recht die Geltung der dort nach österreichischem Recht vorgenommenen Trauung seiner Untertanin verneint. Da es in dieser Hinsicht auf das heimische „Wirkungsstatut" nicht ankommt, kann auch die Frage der Rückverweisung nicht aufgeworfen werden, eine Folgerung, die dadurch verstärkt wird, daß Art. 27 EG. z. BGB. den Art. 11 Abs. 1 Satz 2 das. nicht berücksichtigt (so insbesondere Niedner Einführungsgesetz Art. 11 Anm. 11, Art. 27 Anm. Ic $\beta\beta\beta$).

Nun ist freilich nach den das Revisionsgericht bindenden Feststellungen des Berufungsrichters den Vorschriften des österreichischen Eherechts nicht Genüge geschehen. Zwar sei — so führt der Vorderrichter aus — der trauende Rabbiner als Staatsorgan der Eheschließung tätig und dazu berufen gewesen, aber nach § 127 des Österreichischen Allgemeinen Bürgerlichen Gesetzbuchs müsse die Trauung von Juden vor dem Rabbiner der Hauptgemeinde des einen oder des anderen verlobten Teils vollzogen werden. Daneben gelte entsprechend die — für christliche Ehen gegebene — Vorschrift des § 75, daß die Eheschließung vor dem ordentlichen Seelsorger eines der Brautleute stattfinde. Diese Vorschriften seien bei der Trauung der Parteien nicht beobachtet worden, da sie in jenem Zeitpunkt wohl in Eger polizeilich gemeldet, aber nicht tatsächlich wohnhaft gewesen seien, auch der dortigen Kultusgemeinde nicht zugehört hätten. Nach § 129 Ö. A. BGB. sei deshalb die Ehe ungültig, und diese Ungültigkeit bilde ein von Amts wegen zu untersuchendes Ehehindernis. Jedoch sei — so unterscheidet der Berufungsrichter, auf österreichisches Schrifttum gestützt — diese ungültige Ehe keine Nichtehe, sondern so lange vollwirksam, bis sie für ungültig erklärt worden sei. Ein solcher Rechtsstreit habe niemals stattgefunden, auch der vorliegende Rechtsstreit sei kein auf die Ungültigkeitserklärung gerichtetes Verfahren, wenngleich der Beklagte einen solchen Einwand erhebe. Müsse somit die Ehe nach dem am Ort der Eheschließung geltenden Recht als richtig zustandegekommen behandelt werden, so sei sie wegen der Bestimmung des Art. 11 Abs. 1 Satz 2 EG. z. BGB. auch in Deutschland nicht zu beanstanden.

Diesen Erwägungen gegenüber führt die Revision zutreffend aus, zu den Formen der Ehe gehöre nicht nur der formale Trauungsakt selbst, sondern auch die Zuständigkeit des trauenden Geistlichen. Die Richtigkeit dieser Meinung hat das Reichsgericht in RGZ. Bd. 88 S. 191 anerkannt (übereinstimmend Zitelmann Intern. Privatrecht Bd. 2 S. 609, 611; Walker Intern. Privatrecht S. 193; Lewald Intern. Privatrecht S. 63; Neumeyer Grundriß des intern. Privatrechts S. 15). Wenn die Revision daraus folgert, mithin seien die Formen des Ortsrechts nicht gewahrt, so ist das ebenfalls richtig, vom Berufungsrichter auch nicht in Abrede gestellt. Den Zweifelspunkt berührt die Revision erst mit dem weiteren Schluß, daß im Sinne des Art. 11 Abs. 1 Satz 2 EG. z. BGB. keine formgültige, sondern eine nichtige Ehe vorliege. Damit wird die im Schrifttum erörterte Streitfrage getroffen, ob die Folgerung aus Fehlern der im Ortsrecht vorgeschriebenen Form nach den Normen dieses Ortsrechts oder vielmehr nach den das Geschäft sachlich beherrschenden Regeln, dem Wirkungsstatut, oder aber nach demjenigen dieser Rechte zu ziehen sei, das den Geschäftsbestand eher wahre. Die auf das Wirkungsstatut abstellende Meinung, welche die Revision mit Niemeyer Intern. Privatrecht S. 115 (dem Grundsatz nach übereinstimmend Staudinger EG. z. BGB. Art. 11 Anm. VII 3b und Frankenstein Intern. Privatrecht Bd. I S. 561) vertritt, ist jedenfalls für das Eheschließungsrecht mit der insoweit ganz überwiegenden Meinung abzulehnen (Zitelmann a. a. O. Bd. 2 S. 160; Niedner a. a. O. Art. 11 Anm. 4 Abs. 2; Habicht-Greiff Intern. Privatrecht S. 92; Walker a. a. O. S. 196; Neubecker im Jahrb. für intern. Rechtsverkehr 1912/13 S. 78; Lewald a. a. O. S. 87; für das Eheschließungsrecht auch Staudinger a. a. O. Anm. VIIb und Frankenstein a. a. O. S. 563.)

Die Formen der Eheschließung sind in den Rechtsgebieten von weitgehender Verschiedenheit; anderseits werden dabei fast allgemein unwesentliche und bedeutsame Teile, letztere wiederum in der Verkörperung des Rechtsakts einander nicht gleichstehend, unterschieden. Die Gesichtspunkte des Formaufbaus sind nach der Verschiedenheit der Rechtssysteme, der religiösen Kultureinflüsse und geschichtlicher Umstände vielgestaltig. Auf die danach vom Gesetzgeber gewollte

Abstufung der Wesentlichkeit ist die Gegenwirkung des Gesetzes gegen die oder jene Verletzung der Form abgestimmt, sei es, daß dem Fehler dessen gänzliche Nichtbeachtung, bloße Straffälligkeit, Anfechtbarkeit, heilbare oder unheilbare Nichtigkeit oder gar die Ansehung der Ehe als Nichtehe folgt. Es ist deshalb nicht angängig, an den Aufbau der Formen des einen Rechts, die in engem Zusammenhang mit dem Rechtssystem stehen, mit dem Maßstab heranzutreten, der der Formsetzung in einem (oder bei verschiedenen Heimatsrechten der Verlobten der Folgerung in dem und jenem) andersartigen Eherecht entspricht. Im vorliegenden Falle würde es dem Sinne des Art. 11 Abs. 1 Satz 2 EG. z. BGB. nicht gerecht werden, wollte man den Mangel der Zuständigkeit des Geistlichen im österreichischen Recht mit dem unwesentlichen Mangel der örtlichen Zuständigkeit des Standesbeamten im deutschen Recht (§ 1320 BGB.) gleichsetzen. Ebensowenig wäre es aber im Sinne des Gesetzes, aus dem nach der Feststellung des Berufungsgerichts hier vorgekommenen Verstoß gegen die Formordnung des österreichischen Rechts die für Verfehlung der Form des § 1317 BGB. in § 1324 das. gesetzte Folge zu ziehen, falls das österreichische Recht die Formverfehlung nicht im gleichen Maße als durchgreifend ansieht. Die Anerkennung der Herrschaft des ausländischen Rechts für die Form der Ehe muß deshalb auch zur Hinübernahme derjenigen bürgerlichrechtlichen Folgerung führen, die das fremde Recht aus der Formverletzung zieht, vorausgesetzt, daß sie in das deutsche Recht übertragbar ist. Für das zur Zeit der Eheschließung geltende österreichische Recht stellt nun der Berufungsrichter fest, die aus dem hier vorliegenden Grund „ungültige" Ehe sei keine Nichtehe, sondern vollwirksam, bis sie für ungültig erklärt sei. Damit soll ein sachlichrechtlicher Unterschied von einer Nichtehe festgestellt werden, wie er auch im deutschen Recht zwischen der durch Nichtigkeitsklage geltend zu machenden unvollkommenen und der vollkommenen Nichtigkeit der Ehe (Nichtehe) besteht (vgl. §§ 1324, 1329 BGB.). Dann rechtfertigt sich aber auch der Schluß des Berufungsrichters, daß nach dem Grundsatz des Art. 11 Abs. 1 Satz 2 EG. z. BGB. die Ehe bis zum Ausspruch ihrer Ungültigkeit, in einem zulässigen Wege, auch für den deutschen Richter „besteht". Damit wird nicht, wie die Revision meint, die Gültigkeit der Ehe in einer dem sachlichrechtlichen Stand widersprechenden Weise festgestellt.

Im Ergebnis unbegründet ist schließlich auch der Revisionsangriff gegen die Entscheidung des Berufungsrichters, dem Trennungserkenntnis des Kreisgerichts Eger vom 14. März 1922 sei die Anerkennung zu versagen. Für die Anregung der Revision, dieses Scheidungsurteil in ein Nichtigkeitsurteil umzudeuten, fehlt es an jeder Rechtsgrundlage.

Auch im übrigen greifen die von der Revision erhobenen Bedenken nicht durch. . . . (Wird ausgeführt.)

---

29. 1. Über eigenes Verschulden des Reeders „in Ansehung der Vertragserfüllung" nach § 486 Abs. 2 HGB.

2. Zur Frage der rechtsähnlichen Anwendung von § 774 HGB. auf die beschränkt-persönliche Haftung des Reeders, der sein mit Schiffsgläubigerrechten belastetes Schiff freiwillig an einen Ausländer verkauft hat.

I. Zivilsenat. Urt. v. 24. Juni 1931 i. S. D. L. Versicherungs-AG. (Kl.) w. Vereinigte F.-E. und S.er Dampfschiffahrtsgesellschaft (Bekl.). I 56/31.

I. Landgericht Flensburg, Kammer für Handelssachen.
II. Oberlandesgericht Kiel.

Am 5. Dezember 1924 ist der der Beklagten gehörige Dampfer „Kanal IV" auf der Fahrt von Flensburg nach Hamburg gesunken. Das Schiff hatte außer anderen Stückgütern Kupferbleche geladen. Der größte Teil der Ladung, insbesondere die Kupferbleche, waren für die Reise bei der Klägerin versichert. Die Klägerin hat diesen Versicherungsnehmern die ihnen durch den Unfall entstandenen Schäden satzungsgemäß vergütet. Mit der Klage macht sie einen Teil der von den Ladungsbeteiligten aus dem Unfall hergeleiteten Schadensersatzansprüche geltend, die durch die Schadensregulierung auf sie übergegangen seien. Sie stützt den Klaganspruch einmal darauf, daß das Schiff wegen unsachgemäßer Stauung der Ladung, wegen Fehlens einer Garnierung und aus anderen Gründen nicht seetüchtig gewesen sei, ferner auch darauf, daß der Reeder das Schiff freiwillig an einen Ausländer verkauft habe.

Die Klage ist in allen drei Rechtszügen abgewiesen worden.

Aus den Gründen:

1. Das Berufungsgericht hat mit näherer Begründung dargelegt, daß eine persönliche Haftung der Beklagten als Reeders wegen eigenen Verschuldens „in Ansehung der Vertragserfüllung" im Sinne von § 486 Abs. 2 HGB. nicht in Frage komme. Insbesondere sei der Beklagten kein Vorwurf daraus zu machen, daß ihr Vorstand die Verstauung der Ladung dem Schiffer überlassen habe, zu dessen Obliegenheiten sie nach § 514 HGB. gehört habe. Der Vorstand der Beklagten habe weder allgemein mit den Erfordernissen einer ordnungsmäßigen seemännischen Verstauung vertraut zu sein, noch in diesem Falle sich um die Stauung zu kümmern brauchen. Es sei regelmäßig nicht Sache des Reeders, den Schiffer über alle möglichen nautischen Dinge zu unterweisen. Der Vorstand der Beklagten habe hier den Sorgfaltspflichten eines ordentlichen Verfrachters genügt, indem er die Stauung nach Seemannsbrauch dem bis dahin stets tüchtigen und sorgfältig ausgewählten Schiffer übertrug. Auch die Sturmwarnung habe den Vorstand der Beklagten nicht zu besonderen weiteren Maßnahmen verpflichtet; so habe er nicht deshalb persönlich eine eigene Überwachung daraufhin vorzunehmen brauchen, ob der Schiffer seiner Pflicht zur ordnungsmäßigen Verstauung nachgekommen sei, sondern er habe sich darauf verlassen können, daß dies geschehen sei und daß der Schiffer, soweit besondere Maßnahmen erforderlich sein sollten, diese getroffen habe oder treffen würde; auch sei keine Veranlassung gewesen, das an sich seetüchtige Schiff wegen der Sturmwarnung nicht auslaufen zu lassen.

Danach hat das Berufungsgericht nicht außer acht gelassen, daß wegen des bevorstehenden und angekündigten Sturmes besondere Verhältnisse vorlagen. Die Feststellung, daß trotzdem der Beklagten als Reeder des Schiffes und Verfrachter bei der Vertragserfüllung kein Verschulden zur Last falle, beruht im wesentlichen auf tatsächlichen Erwägungen und läßt keinen Rechtsirrtum erkennen.

2. Nach den Feststellungen des Berufungsgerichts hat die Beklagte das Schiff nicht in das Ausland veräußert. Bei der von ihr vorgenommenen freiwilligen Versteigerung des Schiffes sei, so wird dort ausgeführt, der Zuschlag dem Kaufmann R., der kein Ausländer gewesen, erteilt worden. R. habe das Schiff im Auftrage und für Rechnung des Werftbesitzers K. ersteigert und seine Rechte aus dem Zuschlag an diesen abgetreten, und zwar für die K.-Werft in Kiel-

Wellingdorf, nicht etwa für die gleichfalls dem K. gehörige Düppelwerft in Sonderburg. Auf der K.-Werft sei das Schiff dann noch sieben Monate verblieben, bis K. es an den Reeder C. in Hadersleben weiterverkauft habe. K. habe die dänische, aber nicht die deutsche Staatsangehörigkeit besessen. Wolle man nun auch unterstellen, daß der Erwerb des Schiffes über den R. einem unmittelbaren Erwerb des K. gleichzusetzen sei, so sei doch für eine rechtsähnliche Anwendung von § 774 HGB. im Verhältnis der Parteien kein Raum. Auf Grund des Verkaufs des Schiffes an den Ausländer K. sei das Schiff nicht in das Ausland gekommen, sondern zunächst im Inlande geblieben. Solange das Schiff im Inlande verblieben, sei die Befriedigung der Schiffsgläubiger aus ihm nicht dadurch gefährdet worden, daß K. Ausländer gewesen sei (§ 761 Abs. 1 HGB., §§ 864, 870 Abs. 2 ZPO.). Die Veräußerung an K. habe zwar die Folge gehabt, daß das Schiff nach § 13 Abs. 2, §§ 2, 4 des Gesetzes betr. das Flaggenrecht der Kauffahrteischiffe vom 22. Juni 1899 — RGBl. S. 319 — (in der Fassung des Gesetzes vom 29. Mai 1901, RGBl. S. 184) im deutschen Schiffsregister gelöscht worden sei. Trotzdem seien nach § 171 ZVG. die Vorschriften dieses Gesetzes über die Zwangsversteigerung entsprechend anwendbar gewesen. Die Klägerin habe auch noch nach dem Übergang des Schiffseigentums auf K. ihr Schiffsgläubigerrecht ohne Schwierigkeit geltend machen können, zumal da K. ihr spätestens durch Schreiben vom 8. Mai 1926 mitgeteilt habe, daß er das Schiff gehoben habe.

Die hiergegen erhobenen Revisionsangriffe sind unbegründet. Die Fälle der beschränkt-persönlichen Haftung des Reeders, der sein mit Schiffsgläubigerrechten belastetes Schiff freiwillig verkauft, gegenüber den Schiffsgläubigern sind in §§ 765flg. HGB. geregelt. In Schrifttum und Rechtsprechung ist anerkannt, daß über diese Fälle in rechtsähnlicher Anwendung des § 774 HGB. hinausgegangen werden kann, aber nur in besonderen Ausnahmefällen (Schaps Seerecht 2. Aufl. § 774 Anm. 16, 9, § 765 Anm. 4; Wüstendörfer in Ehrenbergs Handb. des ges. Handelsrechts Band VII Abt. 2 S. 373flg.; Pappenheim Handbuch des Seerechts Band II § 24 S. 282flg.; Mittelstein Binnenschiffahrtsrecht Bd. I § 114 Anm. 1 S. 443; derselbe in Ehrenbergs Handb. Bd. VII Abt. 1 § 11 S. 59flg.; derselbe Schiffspfandrecht und Schiffsgläubigerrecht § 21 S. 155; Ehrenberg Beschränkte Haftung des Schuldners nach

See- und Handelsrecht S. 256/257, 298/300; Schroeter in Goldschmidts Ztschr. für das ges. Handelsrecht Bd. 32 S. 248; Brandis Das deutsche Seerecht I S. 112; Hanseatische Rechtszeitschrift 1927 S. 279 Nr. 92). Die tatsächlichen Feststellungen des Berufungsgerichts ergeben, daß ein solcher Ausnahmefall hier nicht vorliegt, da eine den Grundsätzen von § 774 HGB. entsprechende Gefährdung der Schiffsgläubigerrechte der Klägerin oder ihrer Rechtsvorgänger durch den Verkauf des Schiffes an K. und durch den Übergang des Schiffseigentums auf ihn nicht eingetreten ist. Denn trotz dieser Vorgänge hätten, wie das Berufungsgericht ohne Rechtsirrtum ausgeführt hat, die Schiffsgläubiger ihre Schiffsgläubigerrechte während der sieben Monate, in denen das Schiff nach dem Verkauf auf der K.-Werft in Kiel-Wellingdorf verblieben ist, in der gleichen Weise wie bisher wahrnehmen können. Unter solchen Umständen ist die bloße Tatsache des Schiffsverkaufs an einen Ausländer bedeutungslos. Dies um so mehr, als K. beim Erwerb des Schiffes noch nicht wußte, wie er es verwerten würde, insbesondere mit der Möglichkeit des Weiterverkaufs des Schiffes an einen inländischen (deutschen) Käufer rechnete und jedenfalls beim Erwerb des Schiffes nicht schlechthin sein alsbaldiges oder demnächstiges Verbringen ins Ausland im Auge hatte. Wenn das Schiff dann späterhin auf Grund eines von K. mit dem Reeder C. in Hadersleben abgeschlossenen Kaufvertrags ins Ausland gekommen ist, so stand dies nicht mehr in einem adäquaten Zusammenhang mit dem von der Beklagten im Wege der freiwilligen Versteigerung durchgeführten Verkauf des Schiffes an K. und dem darauf beruhenden Schiffserwerb durch K. Es ist daher im Verhältnis der Parteien unerheblich, ob infolge der so erfolgten Verbringung des Schiffes ins Ausland die Verfolgung der Schiffsgläubigerrechte der Klägerin oder ihrer Rechtsvorgänger erschwert oder vereitelt worden ist. . . .

---

30. Bezweckt eine Genossenschaft die Förderung der Wirtschaft ihrer Mitglieder, wenn sie die Erbauung von Kegelsporthallen und den Betrieb einer damit verbundenen Schankwirtschaft zum Gegenstand hat und die Absicht verfolgt, die mit der Ausübung des Kegelsportes verbundenen Geldausgaben der Mitglieder dadurch zu vermindern?

GenG. § 1. BGB. §§ 21, 22.

II. Zivilsenat. Beschl. v. 29. Juni 1931 i. S. B.er Kegelhallen-Baugenossenschaft. II B 12/31.

I. Amtsgericht Bremen.
II. Landgericht daselbst.

Der Sachverhalt und die Entscheidung ergeben sich aus den

Gründen:

Am 9. Dezember 1930 meldete der Vorstand der B.er Kegelhallen-Baugenossenschaft das Statut und die Vorstandsmitglieder beim Amtsgericht zur Eintragung in das Genossenschaftsregister (als Genossenschaft mit beschränkter Haftpflicht) an. Nach § 2 des Statuts ist Gegenstand des Unternehmens „der Erwerb von Baugelände, sowie die Erbauung, Ausnutzung und der Verkauf von Kegelsporthallen mit Wirtschaftsbetrieb in B. und anderen Orten". Mitglied der Genossenschaft kann jeder werden, der Interesse an der Errichtung von Kegelsporthallen und den damit verbundenen Geschäften hat (§ 4). Durch Beschluß vom 13. Dezember 1930 lehnte das Amtsgericht die Eintragung mit folgender Begründung ab. Nach § 1 des Genossenschaftsgesetzes sei Voraussetzung der Eintragung die Förderung des Erwerbs oder der Wirtschaft der Mitglieder mittels gemeinschaftlichen Geschäftsbetriebs. Die Genossenschaft müsse also der Befriedigung materieller Bedürfnisse dienen. Für die Erkennung des Zweckes des Unternehmens sei dessen Gegenstand nicht allein entscheidend. Der Gegenstand eines Unternehmens könne wirtschaftlicher Natur und der Zweck gleichwohl ideeller Natur sein. Das Gericht halte nun nach Lage der Sache nicht für ausgeschlossen und sogar für wahrscheinlich, daß der Zweck des hier in Rede stehenden Unternehmens die Förderung eines Sportes, nämlich des Kegelsportes der Mitglieder sei. Dann sei aber eine Genossenschaft unzulässig. In der Beurteilung des wirklichen Zweckes der Genossenschaft werde das Gericht auch bestärkt durch den angegebenen Eingang des § 4 des Statuts und durch dessen § 9 (der die Übertragung des Geschäftsguthabens auf einen anderen Genossen nur zuläßt, wenn dieser Mitglied des B.er Keglerverbandes von 1890 e. V. ist). Ferner verwertet der Registerrichter in dieser Beziehung die Tatsache, daß die Beteiligten ihm früher einen anders lautenden Entwurf vorgelegt hatten, der den gleichen Inhalt hatte, wie er dem Beschlusse des Kammergerichts vom 25. Oktober

1928 (JFG. Bd. 6 S. 222 = JW. 1929 S. 1151 Nr. 1) zugrunde lag. Damals hat das Kammergericht die Zulässigkeit der Eintragung einer Genossenschaft verneint, die den Betrieb einer Kegelsporthalle zum Gegenstand hatte. Nach Bekanntgabe dieser Entscheidung sollen die Beteiligten dem Statut die jetzt vorhandene Fassung gegeben haben. Der Registerrichter nimmt weiter Bezug auf Parisius-Crüger GenG. 11. Aufl. § 1 Anm. 10, 11 und auf die dort angeführten Entscheidungen. Danach genüge die Absicht eines Vermögenserwerbs allein nicht. Es müsse auch ein innerer Zusammenhang bestehen zwischen dem gemeinschaftlichen Geschäftsbetrieb (der Genossenschaft) und dem anderweitigen Erwerbsberuf oder der Wirtschaft der Mitglieder. Hier fehle es aber an einem Zusammenhang nicht nur mit dem Erwerbsberuf, sondern auch mit der Wirtschaft der Mitglieder.

Die gegen diese Entscheidung erhobene Beschwerde hat das Landgericht zurückgewiesen. Es tritt der Begründung des Amtsgerichts und der genannten Entscheidung des Kammergerichts bei. Der Ausführung der Beschwerde, es sei Zweck der Genossenschaft, die Privatwirtschaft der Genossen durch Verbilligung der Ausübung des Kegelsportes zu fördern, hält es entgegen, daß es sich hierbei nicht um die Förderung und Verbilligung eines materiellen Lebensbedürfnisses handle, wie dies § 1 GenG. verlange. Es komme im vorliegenden Falle hinzu, daß die Genossenschaft auch die Erbauung und Ausnutzung von Kegelsporthallen an anderen Orten als B. und den Verkauf solcher Hallen zu ihrem Gegenstand gemacht habe, was über die Förderung der wirtschaftlichen Lebensbedürfnisse der Mitglieder weit hinausgehe.

Hiergegen hat die Genossenschaft weitere Beschwerde eingelegt. Das Oberlandesgericht Hamburg möchte dem Rechtsmittel stattgeben, sieht sich aber durch die erwähnte Entscheidung des Kammergerichts daran gehindert. Es hat deshalb die Sache gemäß § 28 FGG. dem Reichsgericht zur Entscheidung vorgelegt.

Die Zuständigkeit des Reichsgerichts unterliegt keinem Bedenken.

Das Oberlandesgericht Hamburg erwägt: Es sei nach dem glaubwürdigen Vorbringen des Vorstands anzunehmen, daß die Genossenschaft in der Hauptsache der Verbilligung und wirtschaftlichen Erleichterung der Ausübung des Kegelsportes dienen solle. Daß dies nicht etwa nur ein vorgeschobener Zweck sei, erhelle daraus, daß die Gründer, die den verschiedensten Berufen angehörten, offenbar Kegelbrüder seien, nicht etwa Baumeister, Wirte und dergl. (nicht also solche Personen, die im Bau von Kegelhallen oder in dem mit deren Betrieb verknüpften Schankwirtschaftsgeschäft ihren Lebensunterhalt suchten). Auch die Förderung einer dauernden, gewohnheitsmäßigen und mit nicht unerheblichen Ausgaben verknüpften Nebenbeschäftigung könne aber der Förderung der Wirtschaft der Mitglieder dienen. Es sei eine zu enge Auffassung, hierunter nur die Förderung der beruflichen oder gewerblichen Wirtschaft und der engsten Hauswirtschaft der Mitglieder zu verstehen. Der Begriff „Wirtschaft der Mitglieder" umfasse die gesamte Privatwirtschaft des einzelnen. Wenn auch nur ein Zweig der Privatwirtschaft gefördert werde, so werde damit die Gesamtwirtschaft gefördert, da eine Ersparnis von Ausgaben für dieses Gebiet den anderen Gebieten zugute komme. Es komme daher nicht darauf an, ob das Kegeln ein Sport sei und als Leibesübung gefördert zu werden verdiene. Maßgebend sei nur, daß jeder Kegelbruder gewohnt sei, allwöchentlich einen bestimmten Betrag seines Einkommens dem Kegeln zu widmen. Könne er diesen Posten seines Haushalts durch genossenschaftlichen Zusammenschluß, durch eine gemeinschaftliche Kegelwirtschaft mindern, so werde dadurch seine Privatwirtschaft gefördert. Daß die Ersparung von Ausgaben zum Ziel einer Genossenschaft gemacht werden könne, sei unbestritten. Warum aber nur die Ersparung von Ausgaben im Beruf oder in einer im Hause selbst sich abspielenden Privatwirtschaft dazu gehören solle, nicht auch die Ersparung von Ausgaben in einer dauernd geübten und mit Kosten verknüpften Mußestunden-Beschäftigung, vermöge nicht einzuleuchten; denn auch durch eine solche Ersparnis werde die Wirtschaft unmittelbar gefördert. Gesellige Spiele wie das Kegeln seien seit alters ein weitverbreitetes Lebensbedürfnis, dessen Befriedigung bei der Aufteilung der Lebenshaltungskosten ebenso berücksichtigt werde wie die ursprünglichsten physischen Bedürfnisse.

Das Kammergericht verwendet in der angeführten Entscheidung, bei der es sich um die Gründung einer Genossenschaft „zum Zwecke der Erbauung und Ausnützung einer Kegelsporthalle" handelte, zur Auslegung des § 1 GenG. die Ausführungen der Bundesrats- und der Reichstagsvorlage zu den §§ 21, 22 BGB. Dort wird für Vereine, deren Zweck nicht auf einen wirtschaftlichen Geschäftsbetrieb gerichtet ist, die Erlangung der Rechtsfähigkeit durch Eintragung in das Vereinsregister zugelassen, während Vereine, deren Zweck auf einen wirtschaftlichen Geschäftsbetrieb gerichtet ist, in Ermanglung besonderer reichsgesetzlicher Vorschriften die Rechtsfähigkeit nur durch staatliche Verleihung erlangen können. Die Übertragung der Auslegung der §§ 21, 22 BGB. auf das Gebiet des Genossenschaftsrechts sei — so führt das Kammergericht aus — um so unbedenklicher, als sie mit dem allgemeinen Sprachgebrauch übereinstimme. Nach diesem bedeute Wirtschaft im allgemeinen Haushaltung, planmäßige Tätigkeit des Menschen zur Befriedigung seines Bedürfnisses an äußeren Gütern. Unter Wirtschaft sei eine auf Befriedigung nur materieller Bedürfnisse gerichtete Tätigkeit zu verstehen. Es stehe daher außer Zweifel, daß Gesellschaften, die für ihre Mitglieder die billige Verschaffung von Lebensmitteln, Kleidung, Wohnung bezweckten, unter § 1 a. a. O. fielen. Aber nicht alles, was zur Befriedigung der Lebensbedürfnisse (auch in kultureller Beziehung) diene, zähle zu den Wirtschaftsgütern.

Der Auffassung des Oberlandesgerichts Hamburg ist beizutreten.

Wenn auch unter Wirtschaft in den §§ 21 und 22 BGB. dasselbe zu verstehen ist wie im § 1 GenG., so können im übrigen die erstgenannten Vorschriften, die erst viel später als die letzteren erlassen worden sind, für die Auslegung des Genossenschaftsgesetzes doch nicht entscheidend herangezogen werden. § 21 BGB. erleichtert die Erlangung der Rechtsfähigkeit für einen Verein, dessen Zweck nicht auf einen wirtschaftlichen Geschäftsbetrieb gerichtet ist, aus der Erwägung, daß durch einen derartigen Verein in der Regel keine öffentlichen oder Verkehrs-Interessen berührt werden. Anders verhält es sich aber bei Vereinen, deren Zweck die Gewinnerzielung ist. Hier bedurfte es insbesondere eines Schutzes Dritter, die mit dem Verein in rechtsgeschäftlichen Verkehr treten, ihm Kredit gewähren und dergl. Hier bot die Form des eingetragenen Vereins keine Gewähr gegen die Schädigung Dritter und der Allgemeinheit. Der Schutz sollte dadurch geschaffen werden, daß ein Verein, dessen Zweck auf einen wirtschaftlichen Geschäftsbetrieb gerichtet ist, die Rechtsfähigkeit nur entweder durch staatliche Verleihung erlangen kann, wobei durch die Bedingungen der Zulassung eine Schädigung Dritter vermieden werden kann, oder dadurch, daß sich der Verein den in den

Gesetzen vorgesehenen Normativvorschriften unterwirft, die gerade den Schutz der Allgemeinheit bezwecken. Diesem Bedürfnis wird aber Rechnung getragen, wenn ein Verein die Form der eingetragenen Genossenschaft wählt, da durch die Vorschriften des Genossenschaftsgesetzes über die Kapital- und Kreditunterlagen und deren Erhaltung die Gefahren für die Allgemeinheit, die beim eingetragenen Verein bestehen können, beseitigt werden.

Daß ein Verein neben der Förderung des Erwerbs oder der Wirtschaft seiner Mitglieder auch einem ideellen Zwecke dient, würde der Wahl der Form einer eingetragenen Genossenschaft nicht entgegenstehen. Durch das Gesetz vom 1. Juli 1922 (RGBl. I S. 567) und das Gesetz vom 12. Mai 1923 (RGBl. I S. 288) in Verb. mit § 1 Abs. 2 GenG. ist den Genossenschaften auch die Beteiligung an gemeinnützigen Bestrebungen gestattet. Das ist aber ein sog. ideeller Zweck, den besonders die Baugenossenschaften, eine der typischen Vereinigungen im Sinne des § 1 Abs. 1 GenG., verfolgen. Daß die Förderung des Sportes wie auch der Erholung gemeinnützig sein kann, zeigen die hierauf gerichteten Bestrebungen öffentlichrechtlicher Organisationen.

Wenn das Kammergericht und mit ihm die Vorinstanzen unter Wirtschaft „im allgemeinen Haushaltung, planmäßige Tätigkeit des Menschen zur Befriedigung seines Bedürfnisses an äußeren Gütern" oder eine „auf Befriedigung nur materieller Güter gerichtete Tätigkeit" verstehen, so bedarf diese Begriffsbestimmung doch der Ergänzung und Erläuterung. Sie wäre zu eng, wenn sie nur den Haushalt des einzelnen Menschen und die Befriedigung seiner unmittelbaren materiellen Bedürfnisse umfaßte. Denn nach dem allgemeinen Sprachgebrauch und nach der Volkswirtschaftslehre gibt es auch eine Wirtschaft nicht natürlicher Personen, z. B. des Staates, der Gemeinde, der Kirche, der Volksgemeinschaft. Auch Vereinigungen, deren Ziel ideeller Art ist, führen zur Erreichung ihres Zweckes eine Wirtschaft. Sie alle bedürfen der materiellen Güter, nicht nur des Geldes, sondern auch der Sachgüter zur Verfolgung ihrer Bestrebungen. Es ist nun nicht einzusehen, warum die genannten Gemeinschaften, soweit sie eigene Rechtspersönlichkeit besitzen, nicht berechtigt sein sollen, sich in Genossenschaften zusammenzuschließen, um sich die materiellen Güter gemeinsam zu beschaffen, deren sie zur Erfüllung ihrer Hauptaufgabe — auch soweit sie ideeller Natur ist — bedürfen, und dadurch ihre Wirtschaft zu fördern. Sieht man von den großen öffentlichen Körperschaften mit ihren erhebliche Mittel erfordernden bedeutenden Aufgaben rein kultureller Art ab, so können doch auch Vereinigungen privatrechtlicher Art zu großen Anschaffungen materieller Art gezwungen sein. Auch für diese kann ein Bedürfnis bestehen, durch Zusammenschluß bei Beschaffung der materiellen Unterlagen ihre Wirtschaft zu fördern. Weder aus dem Wortlaut noch aus dem Zweck des Genossenschaftsgesetzes ergibt sich ein Grund, diese Vereinigungen davon auszuschließen, daß sie ihr Ziel durch Zusammenschluß in der Form der eingetragenen Genossenschaft erreichen. Aber auch vom Standpunkt der Einzelperson aus hat die Förderung ideeller Bestrebungen fast immer zugleich eine wirtschaftliche Seite. Denn die Erreichung dieses Ziels ist mit Aufwendung von Wirtschaftsmitteln, mit der Beschaffung materieller Güter verbunden. Auch im Einzelhaushalt dient die Wirtschaft der Befriedigung aller Bedürfnisse des Menschen, nicht nur der rein physischen, sondern auch der geistigen und sportlichen. Alle diese Bedürfnisse werden aus Mitteln der Wirtschaft bestritten, und es ist Sache der Wirtschaftsführung, im Sinne einer planmäßigen Verwendung der materiellen Güter diese so zu verwerten, daß nach Möglichkeit alle Bedürfnisse befriedigt werden können. Daher ist die Beschaffung von Gegenständen, die der Befriedigung eines Kulturbedürfnisses dienen, wie die Beschaffung von Büchern, Musikinstrumenten, Lehrmitteln, auch der erforderlichen Räume, eine wirtschaftliche Tätigkeit. Zielt die Tätigkeit einer Genossenschaft auf Verbilligung der Beschaffung dieser Sachgüter, so wird damit die Förderung der Wirtschaft der Mitglieder erstrebt. Daß schon die Erzielung von Ersparnissen bei der Anschaffung von Sachgütern als Förderung der Wirtschaft im Sinne des § 1 GenG. anzusehen ist, ergeben auch die dort angeführten Beispiele, so namentlich die Zulässigkeit des Zusammenschlusses in Konsumvereine. Die Förderung der Wirtschaft kann auch darin bestehen, daß die ersparten Geldmittel der Befriedigung anderer Wirtschaftsbedürfnisse des Mitglieds zugute kommen. Ob ein Verein die Förderung der Wirtschaft seiner Mitglieder oder ideelle Bestrebungen zum Ziele hat, ist Sache der Feststellung im Einzelfalle, die der Richter an Hand der Satzung zu treffen hat. Wenn ein Verein sowohl der Wirtschaft der Mitglieder dient, als auch ihre ideellen Bestrebungen fördert, kommt es auf den Hauptzweck des Zusammenschlusses an. Es kann deshalb ein Verein, dessen Ziel auf ideelle Förderung der Mitglieder gerichtet ist, nach § 21 BGB. in das Vereinsregister eingetragen werden, auch wenn er nebenbei den Mitgliedern materielle Vorteile bietet. Anderseits steht es der Eintragung als Genossenschaft nicht entgegen, wenn die Vereinigung neben der in erster Linie erstrebten Förderung des Erwerbs oder der Wirtschaft der Mitglieder diesen zugleich Vorteile ideeller Art gewährt. So auch Parisius-Crüger Anm. 10 bis 12 zu § 1 GenG.; Joel Genossenschaftsgesetz im Jahrbuch des Deutschen Reichs 1890 S. 445 flg.; vgl. ferner RGZ. Bd. 83 S. 231; Bd. 85 S. 334, wo die Frage bejaht worden ist, ob ein ärztlicher Standesverein oder ein Hausbesitzerverein die Rechtsstellung eines eingetragenen Vereins erlangen kann, auch wenn durch seine der Förderung der Standesinteressen dienende Einrichtungen daneben die wirtschaftlichen Belange der Mitglieder gewahrt werden. Mag immerhin der Anlaß zum Zusammenschluß das gleiche Bedürfnis zu kultureller oder sportlicher Betätigung sein, so kann doch der Zweck der Vereinigung die Förderung der Wirtschaft der Mitglieder sein, indem die Verringerung der mit der Betätigung verbundenen finanziellen Aufwendungen erstrebt wird. Könnten die Mitglieder auch ohne Zusammenschluß ihrem Sportbedürfnis genügen, so können sie die Verminderung der geldlichen Aufwendungen doch nur durch die Vereinigung erreichen. Dieser Zweck tritt namentlich in den Vordergrund, wenn mit der Ausübung des Sportes erhebliche Ausgaben verbunden sind, wie Bereitstellung der Räume, der Sportgeräte, Aufwand für die bei der Sportbetätigung übliche Beköstigung. Dann ist der Zweck des Zusammenschlusses die Förderung der Wirtschaft der Mitglieder, mag daneben auch der Sport selbst gefördert werden.

So liegt aber die Sache im vorliegenden Fall. Nach der vom Vorstand dem Registergericht eingereichten endgültigen Fassung des Statuts, insbesondere der §§ 2 und 4, tritt freilich der Zweck der Förderung der Wirtschaft der Mitglieder nicht sehr deutlich hervor. Aus der Entstehungsgeschichte dieser Fassung, die durch ein Bedenken des Registerrichters gegen die erste Fassung veranlaßt wurde, ergibt sich aber doch, was Zweck der Genossenschaft sein soll, und aus den Erklärungen des Vorstands in der Beschwerde gegen die Entscheidung des Registergerichts ist zu entnehmen, daß die Mitglieder bereit sind, das Statut dem Genossenschaftsgesetz anzupassen. Die ursprüngliche

Fassung des § 2 des Statuts lautete: „Gegenstand des Unternehmens ist die Erwerbung eines Baugrundstücks und die Erbauung und Ausnützung einer Kegelsporthalle in B.". Nach § 4 des Statuts kann Mitglied jeder werden, der Interesse an der Errichtung von Kegelsporthallen und den damit verbundenen Geschäften hat. Scheint nach dieser Fassung des § 4 der Kreis der Mitglieder sehr weit gezogen zu sein, so ergibt sich doch in Verbindung mit § 8, wonach das Geschäftsguthaben nur an einen Genossen übertragen werden darf, der zugleich Mitglied des B.er Keglerverbands von 1890 e. V. ist, daß nicht das bloße Interesse an der finanziellen Ausnützung von Kegelsporthallen durch Gewinnerzielung genügt, sondern daß die Mitgliedschaft sich nur auf diejenigen erstrecken soll, die durch Verbilligung des von ihnen auszuübenden Kegelsportes ihre Wirtschaft fördern wollen. Kommt dies in der vom Vorstand in Aussicht gestellten neuen Fassung des Statuts zum Ausdruck und wird klargestellt, daß der Förderung des Kegelsportes selbst der genannte Keglerverband dient, die Genossenschaft aber die gemeinschaftliche Beschaffung des Raumes und dessen Ausstattung mit Sportgeräten zum Zwecke der Ausübung des Kegelsportes, also die Bereitstellung der materiellen Unterlage zum Ziele hat, und kommt dazu noch der Betrieb einer gemeinschaftlichen Wirtschaft zur Verbilligung der bei und nach Ausübung des Sportes üblicherweise zu verzehrenden Speisen und Getränke, so unterliegt es keinem Zweifel, daß die Gründung in erster Linie die Verbilligung des Sportes und die Verringerung der damit verbundenen Ausgaben, also die Förderung der Wirtschaft der Mitglieder bezweckt. Daran würde sich auch nichts ändern, wenn an mehreren Orten Sporthallen zur Benutzung durch die Mitglieder erbaut werden sollten.

Steht es hiernach der Errichtung einer eingetragenen Genossenschaft grundsätzlich nicht entgegen, daß die zu erbauende Halle dem Kegelsport dienen soll, so war die Entscheidung des Landgerichts wie auch diejenige des Registergerichts aufzuheben und der Registerrichter anzuweisen, von seinen vorstehend besprochenen Bedenken gegen die Zulässigkeit der Eintragung der Genossenschaft abzusehen.

31. Ist die Schadensersatzpflicht des Kraftfahrzeughalters wegen Beeinträchtigung der Erwerbsfähigkeit und Vermehrung der Bedürfnisse des Verletzten auch dann auf den Höchstbetrag von 1500 RM. jährlich beschränkt, wenn bei Urteilsfällung feststeht, daß künftig keine Schäden solcher Art mehr erwachsen werden?

KFG. §§ 12, 13. BGB. § 843.

VI. Zivilsenat. Urt. v. 29. Juni 1931 i. S. S. (Kl.) w. H. (Bekl.) VI 78/31.

I. Landgericht I Berlin.
II. Kammergericht daselbst.

Die Frage wurde verneint aus folgenden

Gründen:

Zu der Frage, ob sich der Anspruch des Klägers auf Erstattung seines Verdienstausfalls auf höchstens 1500 RM. jährlich beschränkt, hat der Kläger in der Berufungsinstanz die Erklärung abgegeben, daß mit einem weiteren künftigen Schaden nicht mehr zu rechnen sei und daß sich daher sein Feststellungsantrag in der Hauptsache erledigt habe. Als das Berufungsurteil erlassen wurde, lag also ein vollkommen abgeschlossener Schaden vor. Der Vorderrichter verkennt nicht, daß in Fällen dieser Art der Schadensersatz in Form der Zubilligung einer Geldrente ausgeschlossen ist, und daß deshalb eine Kapitalforderung zugesprochen werden muß. Dies wird auch im Schrifttum allgemein anerkannt (Müller Automobilgesetz 7. Aufl. Bem. C zu § 13 KFG. S. 347; Isaac-Sieburg Automobilgesetz 2. Aufl. Bem. 2 zu § 13 S. 385 und Bem. III 4 zu § 12 S. 381; Kirchner Kraftfahrzeuggesetz 3. Aufl. Bem. 1 zu § 13 S. 237 bis 239; Hallbauer in LZ. 1909 Sp. 882/883; Hoepfel in LZ. 1910 Sp. 257 bis 266). Denn der Schadensersatz bezweckt Herstellung des vor dem schädigenden Ereignis bestehenden Zustandes (§ 249 Satz 1 BGB.) und nach § 13 Abs. 1 KFG. ist der Schadensersatz wegen Erwerbsbeeinträchtigung und Bedürfnisvermehrung nur dann durch Entrichtung einer Geldrente zu leisten, wenn sich der Schaden in die Zukunft erstreckt (vgl. § 7 Abs. 1 RHaftpflG.). Steht dagegen fest, daß zur Zeit der Erlassung des Urteils weitere Schäden nicht mehr eintreten können, so ist für die Zuerkennung einer Rente begrifflich kein Raum mehr. Zu einer Erörterung der weiteren Frage, ob dann, wenn sich die Erwerbsminderung über den Zeitpunkt des Urteils hinaus erstreckt, bis zur Urteilsfällung eine Kapitalforderung und für die spätere Zeit eine Rente zugesprochen werden muß oder ob vom Unfalltage ab die Rente einheitlich zu berechnen ist, bietet der vorliegende Fall keinen Anlaß. Das Reichsgericht hat in einer zu § 7 Abs. 1 RHaftpflG. ergangenen Entscheidung vom 20. September 1895 (Eger Eisenbahn- und verkehrsrechtliche Entscheidungen Bd. 12 S. 234 und dazu Eger Reichshaftpflichtgesetz 7. Aufl. unter Nr. 85 zu § 7 S. 533, 534) das letztere Verfahren für zulässig erklärt, aber nicht ausgesprochen, daß das erstere unzulässig sei. Der Frage kommt erhebliche Bedeutung zu, da § 12 Abs. 1 Satz 1 KFG. die Haftpflicht auf einen Kapitalbetrag von 25000 RM., für Rentenbeträge aber auf jährlich 1500 RM. einschränkt (vgl. auch § 7a RHaftpflG. auf Grund der Verordnung vom 24. Oktober 1923, RGBl. I S. 993, und dazu RGZ. Bd. 124 S. 179). Soweit ermittelt werden konnte, hat das Reichsgericht die Frage noch nicht entschieden. Das Berufungsgericht meint nun, daß jeder Anspruch wegen Verdienstausfalls und vermehrter Bedürfnisse, möge er zur Zeit des Urteils abgeschlossene oder künftige oder teils vergangene, teils künftige Schäden zum Gegenstand haben, auf Grund der Vorschriften des Kraftfahrzeuggesetzes stets nur bis zur Höhe von 1500 RM. jährlich zugesprochen werden könne, also auch dann, wenn es sich um eine reine Kapitalforderung handle. Diese bisher, soweit ersichtlich, in dieser Allgemeinheit noch nicht vertretene Auffassung leitet das angefochtene Urteil einmal aus der Entstehungsgeschichte des Kraftfahrzeuggesetzes ab, ohne übrigens hierzu näheres anzuführen, und sodann aus allgemeinen Erwägungen.

a) Aus der Entstehungsgeschichte des Gesetzes könnte nur folgendes in Betracht kommen. Der erste Entwurf vom Jahre 1906 sah keine Haftpflichtgrenze vor, wie denn auch der ausländischen Gesetzgebung, von wenigen Ausnahmen abgesehen, eine solche Grenze unbekannt ist (Isaac-Sieburg a. a. O. Bem. V zu § 12 S. 384). Die Automobilinteressenten ließen darauf durch den Rechtsanwalt Dr. Isaac einen Gegenentwurf ausarbeiten, der u. a. eine Schadensverteilung zwischen Gläubiger und Schuldner vorschlug (Isaac-Sieburg Einleitung S. 89 sowie S. 379 unter Nr. II). Diesen Vorschlag machte sich der zweite Entwurf vom Jahre 1908 (Druckf.

des Reichstags 12. Legislatur-Periode I. Session 1907/09 Nr. 988) zu eigen, indem er in § 6 Abs. 1 Nr. 1 die Haftung des Ersatzpflichtigen auf einen Kapitalbetrag bis zu 50000 M. oder auf einen Rentenbetrag bis zu 3000 M. jährlich beschränkte. In der Begründung (S. 10, 11) wird hierzu im wesentlichen ausgeführt, daß einerseits den Automobilhaltern die Möglichkeit offengehalten werden müsse, sich gegen ihre verschärfte Haftung ohne unverhältnismäßige Kosten zu versichern, anderseits aber der weitaus überwiegende Teil der Verletzten im Hinblick auf die gewählten Höchstsätze einen völlig ausreichenden Ersatz des Schadens erlangen werde. Nachdem die in der Kommission (a. a. O. Nr. 1250 S. 21 bis 27) und in der Vollversammlung des Reichstags (a. a. O. Nr. 1289) gestellten Anträge auf Abänderung des § 6 des Entwurfs zur Besserstellung der Verletzten abgelehnt worden waren (Stenogr. Berichte über die Sitzungen vom 26. und 27. März 1909, S. 7757flg., 7770, 7792flg.), wurde § 6 Abs. 1 Nr. 1 des Entwurfs Gesetz (§ 12 Abs. 1 Nr. 1). Durch die Verordnung vom 6. Februar 1924 (RGBl. I S. 42) sind dann die Haftpflichtgrenzen jener Vorschrift auf 25000 GM. Kapitalbetrag und 1500 GM. Rentenbetrag festgesetzt worden (Art. I unter a), mithin auf die Hälfte oder, wenn man die Steigerung der Lebenshaltungskosten und der Löhne der Handarbeiter um rund 50 v. H. für die jetzige Zeit berücksichtigt, auf etwa ein Drittel der vor dem Kriege in Geltung gewesenen Höchstbeträge. Von der Ermächtigung, bei wesentlicher Änderung der wirtschaftlichen Verhältnisse die Beträge anderweitig festzusetzen (Art. I unter c), hat die Reichsregierung bisher keinen Gebrauch gemacht. Bei dieser Rechtslage erscheint der Vorschlag des angefochtenen Urteils durchaus beachtlich, wer sich über jene Höchstbeträge hinaus mit Rücksicht auf seine größeren Lebensbedürfnisse gegen die Folgen von Verkehrsunfällen glaube sichern zu müssen, möge dies durch Abschluß einer Haftpflichtversicherung — gemeint ist wohl Unfallversicherung — tun. Eine andere Frage ist, ob es der Billigkeit entspricht, einer recht beträchtlichen Zahl von Wegebenutzern die Aufwendung von Versicherungsprämien zur Erlangung eines ausreichenden Schutzes gegen Gefahren zuzumuten, die sie nicht herbeiführen, damit den Kraftfahrzeughaltern die Niedrighaltung ihrer Haftpflichtversicherungsprämien ermöglicht wird; doch ist diese Frage hier nicht zu entscheiden. Wenn auch hiernach der Zweck des § 12 KFG. offensichtlich der ist, die Schadensersatzpflicht des Kraftfahrzeughalters aus der Gefährdungshaftung einzuschränken, so ist doch für die allein zu entscheidende Frage, ob die Schadensersatzpflicht des Halters für Erwerbsminderung des Verletzten und Vermehrung seiner Bedürfnisse auf 1500 RM. jährlich auch dann zu beschränken sei, wenn zur Zeit der Urteilsfällung weitere (künftige) Schäden nicht mehr zu erwarten sind, aus der Entstehungsgeschichte des Kraftfahrzeuggesetzes nicht das mindeste zu entnehmen. Der § 13 Abs. 1 KFG. (§ 7 Abs. 1 des zweiten Entwurfs) ist dem § 7 Abs. 1 RHaftpflG. nachgebildet (Begründung S. 14/15) und hat, soweit ersichtlich, bei der Beratung des Entwurfs zu besonderen Erörterungen keinen Anlaß gegeben.

b) Auch den allgemeinen Erwägungen, aus denen der Berufungsrichter zu der Auffassung gelangt ist, ein zur Zeit des Urteils bereits abgeschlossener Schaden der fraglichen Art dürfe stets nur bis zur Höhe eines Jahresbetrages von 1500 RM. zugebilligt werden, kann nicht beigetreten werden. Er führt hierzu im wesentlichen zwei Gesichtspunkte an. Zunächst meint er, der Verletzte würde, wollte man der Gegenmeinung folgen, es in der Hand haben, durch längeres Warten mit der Klagerhebung den ihm zu leistenden Schadensersatz beträchtlich zu steigern. Allein abgesehen davon, daß einer unangemessen langen Hinauszögerung der Klagerhebung die kurze Verjährungsfrist des § 14 KFG. entgegensteht und der Geschädigte im allgemeinen das Bestreben haben wird, möglichst bald zu Schadensersatz zu gelangen, nicht aber den Prozeß zu verschleppen, ist kein rechtlicher Grund ersichtlich, der es dem Geschädigten verböte, mit der Klagerhebung so lange zu warten, bis der gesamte ihm erwachsene Schaden abgeschlossen und also dessen Einklagung in endgültiger Höhe möglich ist. Weiter verweist das Kammergericht darauf, daß der Richter, falls die Gegenmeinung zuträfe, mit sehr verschiedenen Ergebnissen in der Lage wäre, nach seinem Ermessen entweder die bis zur Urteilsfällung entstandenen Schäden der fraglichen Art durch Kapitalzahlungsurteil, die späteren Schäden aber durch Rentenurteil abzugelten, oder für die gesamten Schäden vom Unfalltage ab nur eine einheitliche Rente zuzusprechen. Ein solches Ergebnis ist allerdings unmöglich, aber auch vom Standpunkt der vom Vorderrichter abgelehnten Auslegung aus. Ein derartiges Wahlrecht steht dem Richter nicht zu. Entweder ist § 13 Abs. 1 KFG. dahin zu verstehen, daß bei Schäden, die in der Zukunft fortwirken, die bis zum Urteil erwachsenen Schäden durch Kapitalzahlung, die künftigen aber in Rentenform abzugelten sind; dann muß das Gericht ein entsprechendes Urteil erlassen. Oder aber der gesamte Schaden der in § 13 Abs. 1 bezeichneten Art ist vom Unfalltage ab durch Entrichtung einer Rente zu ersetzen; dann kann nur ein Rentenurteil ergehen. Im übrigen liegt ein Fall dieser Art dann gar nicht vor, wenn der Schaden zur Zeit der Urteilsfällung bereits abgeschlossen ist.

c) Die Entscheidung der Frage muß aus dem Sinn, Wortlaut und Zweck der §§ 12, 13 KFG. entnommen werden. § 12 Abs. 1 Nr. 1 leistet dem Ersatzpflichtigen dafür Gewähr, daß er höchstens bis zu einem Kapitalbetrag von 25000 RM. oder bis zu einem Rentenbetrag von 1500 RM. jährlich — das sind 6 v. H. des Kapitalhöchstbetrags — in Anspruch genommen werden kann. Unter welchen Umständen der Schadensersatz in Form einer Rente zu leisten ist, bestimmt § 13 Abs. 1 KFG. Hiernach ist die Form der Rentenzahlung nur für den Ersatz des Schadens bestimmt, der durch Aufhebung oder Minderung der Erwerbsfähigkeit und wegen Bedürfnisvermehrung (sowie dritten Personen, § 10 Abs. 2 KFG.) erwächst; Voraussetzung ist dabei überdies, daß es sich um Schadensersatz für die Zukunft, also um Leistungen handelt, die zur Zeit der Erlassung des Urteils noch nicht fällig sind (§ 13 Abs. 2 Satz 1 KFG.; § 843 Abs. 2 Satz 1, § 760 BGB.). Aus einem wichtigen Grunde kann der Verletzte statt der Rente Kapitalabfindung fordern (§ 13 Abs. 2 Satz 1 KFG.; § 843 Abs. 3 BGB.). Danach ist die Rechtslage die, daß die Kapitalzahlung zur Abgeltung aller Schäden die Regel bildet. Nur für künftige Nachteile in dem aus § 13 Abs. 1 KFG. ersichtlichen beschränkten Umfang ist Rentenzahlung vorgesehen, vorbehaltlich des dem Verletzten in § 843 Abs. 3 BGB. eingeräumten bedingten Ausnahmerechts. Kommen künftige Nachteile nach der bei Urteilsfällung bestehenden Sachlage überhaupt nicht mehr in Betracht, so bleibt es mithin bei der Regel der Kapitalzahlung. Diese Folgerung ließe sich nur dann vermeiden, wenn man entweder die Worte „für die Zukunft" dahin auslegen könnte, daß sie sich auf die Zeit nach dem Unfall bezögen, oder wenn man annähme, daß die in § 13 Abs. 1 bezeichneten Schäden stets auf nur 1500 RM. jährlich beschränkt seien. Allein beide Erwägungen müssen daran scheitern, daß sie im Ergebnis zu einer Streichung der Worte „für die Zukunft" in § 13 Abs. 1 KFG. führen würden. Welche Schäden der Verletzte aus dem noch gar nicht eingetretenen Unfall davongetragen haben könnte, ist unerfindlich, und eine allgemeine Beschränkung des Ersatzes für Erwerbsschaden auf 1500 RM. jährlich ist in § 13 Abs. 1 gerade nicht bestimmt. Auch davon kann keine Rede sein, daß der Ersatzpflichtige zwischen Kapital- und Rentenzahlung wählen könnte. . . .

---

32. 1. Muß das Revisionsgericht das deutsch-polnische Aufwertungsabkommen vom 5. Juli 1928 auch dann beachten, wenn das Berufungsurteil vor dessen Inkrafttreten erlassen worden ist?

2. Zur Auslegung der Art. 6, 7, 8, 10 dieses Abkommens.

VI. Zivilsenat. Urt. v. 29. Juni 1931 i. S. v. B. (Bekl.) w. T. (Kl.). VI 164/31.

I. Landgericht Prenzlau.
II. Kammergericht Berlin.

Zu den in der Überschrift bezeichneten Fragen besagen die

Gründe:

Die Klägerin verlangt die Feststellung, daß der Beklagte als persönlicher Schuldner die ihr zustehende Restkaufgeldforderung nach dem deutschen Aufwertungsgesetz aufzuwerten habe. Da das belastet gewesene Grundstück auch jetzt noch im Gebiete des Deutschen Reiches liegt und alle Beteiligten zur Zeit der Entstehung des Schuldverhältnisses Deutsche waren und in Deutschland ihren Wohnsitz hatten, so kann es an sich keinem Zweifel unterliegen, daß deutsches Recht auf den Streitfall anzuwenden ist (RGZ. Bd. 101 S. 143, Bd. 103 S. 261, Bd. 107 S. 46 und S. 123, Bd. 108 S. 243, Bd. 120 S. 279, Bd. 121 S. 344). Zu prüfen bleibt sonach lediglich, ob hierin durch das am 16. Februar 1931 ratifizierte und mithin nach seinem Art. 76 am 17. März 1931 in Kraft getretene (Bekanntmachung vom 25. Februar 1931 im RGBl. II S. 33) deutsch-polnische Aufwertungsabkommen vom 5. Juli 1928 (RGBl. 1929 II S. 578, vgl. das Reichsgesetz vom 17. Juli 1929 das. S. 577) eine Änderung eingetreten ist. Da das Abkommen erst nach der Verkündung des angefochtenen Urteils in Kraft trat, so erhebt sich zunächst die Frage, ob seine Vorschriften vom Revisionsgericht zu beachten sind. Mit Rücksicht auf den Zweck des Abkommens und insbesondere im Hinblick auf § 9 des nach Art. 1 Abs. 1 RGes. vom 17. Juli 1929 ebenfalls zum Reichsgesetz erhobenen Schlußprotokolls vom 5. Juli 1928 (RGBl. 1929 II S. 606) ist diese Frage zu bejahen (vgl. RGZ. Bd. 107 S. 373, Bd. 111 S. 321). Denn nach § 9 Satz 1 das. sollen die allgemeinen Bestimmungen des Abkommens ihrem Inhalt nach auch auf Vorgänge bezogen werden, die in der Vergangenheit liegen, und nach Satz 3 a. a. O. können, wenn Rechtsverhältnisse vor Inkrafttreten des Abkommens, insbesondere durch gerichtliche Entscheidungen (Satz 4) bereits ihre Erledigung gefunden haben, unter Berufung auf die Bestimmungen des Abkommens weder weitergehende Ansprüche erhoben noch sonstige Einwendungen gegen die Erledigung geltend gemacht werden. Von einer Erledigung durch gerichtliche Entscheidung kann aber erst dann gesprochen werden, wenn letztere die Rechtskraft erlangt hat.

Von den Vorschriften des Abkommens können hier nur die Art. 6, 7 Abs. 1, Art. 8 und 10 in Betracht kommen (vgl. RGZ. Bd. 131 S. 259, 260). Art. 6 scheidet aus, da er nur die Frage der Aufwertung des dinglichen Rechts behandelt, die hier bereits erledigt ist. Art. 7 Abs. 1 bezieht sich auf hypothekarisch gesicherte persönliche Forderungen, Art. 8 auf sonstige persönliche Forderungen: erstere werden der Aufwertungsgesetzgebung desjenigen vertragschließenden Staates unterstellt, in dem das belastete Grundstück liegt, sofern der persönliche Schuldner zur Zeit der gerichtlichen Geltendmachung der Forderung dort seinen Wohnsitz hat; letztere unterliegen schlechthin der Aufwertungsgesetzgebung des Staates, in dessen Gebiet zu diesem Zeitpunkt der Schuldner seinen Wohnsitz hat. Art. 8 ist hier nicht anwendbar. Zwar ist die eingeklagte persönliche Forderung zur Zeit nicht mehr dinglich gesichert, aber sie war es noch, als am 7. Oktober 1928 der Rest des dinglichen Aufwertungsbetrags gezahlt wurde, und man wird den Begriff der hypothekarisch gesicherten persönlichen Forderung im Sinne des Art. 7 Abs. 1 nicht anders auslegen können als den gleichen Begriff in § 9 AufwG., nämlich dahin, daß eine hypothekarisch gesicherte persönliche Forderung jedenfalls auch dann noch vorliegt, wenn zu der Zeit, als die Zahlung der Hypothek bewirkt wurde, die letztere noch im Grundbuch eingetragen war (RGZ. Bd. 118 S. 346, Bd. 131 S. 260; JW. 1929

S. 172 Nr. 4 = Zeiler Aufwfälle Nr. 1444). Die Voraussetzungen des Art. 7 Abs. 1 sind zwar insofern gegeben, als das belastete Grund stück in Deutschland liegt, aber der Beklagte wohnte bereits in Polen, als die Klägerin im Aufwertungsverfahren die eingeklagte Forderung gegen ihn geltend machte. Daraus ergibt sich die Unanwendbarkeit des Art. 7 Abs. 1, und die Frage ist nun, ob diese Bestimmung den Schluß vom Gegenteil dahin notwendig macht, daß, sofern der Schuldner nicht in dem Staate wohnt, in dem das Grundstück liegt, der Wohnsitz des Schuldners für das anzuwendende Aufwertungsrecht maßgebend sein soll, oder ob, weil Art. 7 nur einen Sonderfall regelt, die allgemeine Vorschrift des Art. 10 eingreift. Nach dieser soll es, soweit die Art. 6 bis 9 keine Bestimmungen über das anzuwendende Recht enthalten, bei den für jeden der vertragschließenden Staaten maßgebenden Regeln des internationalen Privatrechts bewenden. Aus der Denkschrift, mit der das Abkommen dem Reichstage vorgelegt worden ist (Verhandlungen des Reichstags IV. Wahlperiode 1928 Bd. 436 Nr. 1182), kommen für die Entscheidung dieser Frage nur die folgenden Sätze (S. 34) in Betracht:

> Eine Regelung, die die Frage (des anzuwendenden Rechts) von Grund auf klärte und für alle vorkommenden Fälle gültige Rechtsgrundsätze aufstellte, ist allerdings nicht zustandegekommen. Es sind nur einige Sonderbestimmungen getroffen und im übrigen die innerstaatlichen Rechtsgrundsätze unberührt gelassen. .... Was die Frage anlangt, nach welchem Recht sich die Aufwertung der persönlichen Forderung zu richten habe, so soll hierfür nach näherer Maßgabe der Art. 7, 8 der Wohnsitz des Schuldners zur Zeit der gerichtlichen Geltendmachung der Forderung als der gegenwärtige Schwerpunkt der Lebenstätigkeit des Schuldners entscheidend sein. Dabei wird für hypothekarisch gesicherte Forderungen vorausgesetzt, daß der Schuldner seinen Wohnsitz in dem vertragschließenden Staate hat, in dem das belastete Grundstück liegt, während es für hypothekarisch nicht gesicherte Forderungen genügen soll, daß der Schuldner seinen Wohnsitz in dem einen oder dem anderen vertragschließenden Staate hat.

In dem Bericht des Reichstagsausschusses (a. a. O. Bd. 437 Nr. 1290) wird lediglich mitgeteilt, daß der Vorlage unverändert zugestimmt worden sei, und in der Vollversammlung des Reichstags haben

Einzelerörterungen nicht stattgefunden (a. a. O. Bd. 425 S. 2891, 2892, 3094). Hiernach ist die oben gestellte Frage mit dem Vorderrichter im letzteren Sinne zu entscheiden. Denn die Denkschrift stellt ausdrücklich fest, daß die Vorschrift des Art. 7 Abs. 1 eine Sonderbestimmung enthält und daß die in dem Abkommen nicht geregelten Fälle nach innerstaatlichen Rechtsgrundsätzen zu beurteilen sind. Das steht im Einklang mit der Fassung der Art. 7, 8 und 10. Hierzu kommt, daß die Gegenmeinung das fehlende Wort „nur" in Art. 7 Abs. 1 („..... unterliegen ..... nur, sofern der persönliche Schuldner .....") ergänzen müßte, daß sonach Art. 8 lauten müßte: „Im übrigen unterliegen alle persönlichen Forderungen .....", und daß dann für eine Anwendung des Art. 10 kaum noch Raum bliebe, soweit die Art. 6 bis 8 in Betracht kommen. Demnach verbleibt es dabei, daß der Streitfall nach deutschem Recht zu entscheiden ist.

---

33. 1. Ist § 8 Abs. 2 des Depotgesetzes vom 5. Juli 1896 (RGBl. S. 183) anwendbar auf die Verpfändung von Wertpapieren?
2. Zur Frage der Beweislast für den guten oder bösen Glauben des Pfandnehmers.

I. Zivilsenat. Urt. v. 4. Juli 1931 i. S. Sch. (Kl.) w. B. K. L.-Bank (Bekl.). I 22/31.

I. Landgericht Karlsruhe, Kammer für Handelssachen.
II. Oberlandesgericht daselbst.

Die verklagte Bank hatte in den Jahren 1924 und 1925 dem Fabrikanten M. Kredite im Betrage von etwa 51000 RM. eingeräumt. M. hatte ihr dafür Wertpapiere verpfändet, die Eigentum des Klägers waren. Dieser hatte die Papiere dem M. auf Grund besonderer mit ihm getroffener Vereinbarungen zur Kreditbeschaffung bei der Beklagten überlassen. Nach Kündigung des dem M. bewilligten Kredites und Ablauf der gesetzten Fristen hat die Beklagte von den ihr verpfändeten Wertpapieren so viele verkauft, als zur Deckung ihrer ganzen Forderung an M. notwendig war. Zwischen den Parteien besteht Streit darüber, bis zu welchem Betrage die

Papiere für die Schulden des M. der Beklagten hafteten, sowie darüber, ob und unter welchen Voraussetzungen sie die Papiere zur Deckung ihrer Forderungen gegen M. verkaufen durfte. Der Kläger behauptet, die Beklagte sei hierzu nicht berechtigt gewesen. Er hat demgemäß auf Herausgabe (oder Lieferung) der Wertpapiere (Aktien) Zug um Zug gegen Zahlung von 35000 RM. geklagt. Die Beklagte hat widerklagend die Feststellung beantragt, daß dem Kläger irgendein Anspruch gegen sie nicht zustehe.

Das Landgericht gab der Klage statt und wies die Widerklage ab. Umgekehrt entschied das Oberlandesgericht. Die Revision des Klägers hatte keinen Erfolg.

Aus den Gründen.

Das Berufungsgericht hat ohne Rechtsirrtum festgestellt, daß M. auf Grund besonderer Verträge für den gesamten, ihm von der Beklagten gewährten Kredit dieser die Wertpapiere verpfändet hatte. Es liegt daher ein Fall der im § 8 Abs. 2 des Depotgesetzes vorgesehenen Art vor. Die Anwendbarkeit dieser Vorschrift auf eine Verpfändung von Wertpapieren, wie sie hier vorliegt, wird von der herrschenden Rechtsmeinung bejaht (Rießer DepotG. 5. Aufl. § 8 Anm. 3 Fußnote 2 S. 204flg.; RGUrt. v. 18. Mai 1927 I 327/26 in JW. 1927 S. 1683 Nr. 8). Die Feststellungen des Berufungsgerichts ergeben, daß das Pfandrecht an den von M. der Beklagten übergebenen Wertpapieren nur solche Forderungen betrifft, die im Sinne von § 8 Abs. 2 DepotG. „mit Bezug auf diese Papiere entstanden sind." Denn die Beklagte macht an den Effekten nicht etwa gemäß Nr. 13 ihrer „Allgemeinen Geschäftsbedingungen" ein allgemeines Pfandrecht „für alle ihre bestehenden und künftigen Forderungen" geltend, sondern nur ein Pfandrecht wegen derjenigen Forderungen, die durch die Gewährung eines Kredites entstanden sind, für dessen Sicherung die Wertpapiere auf Grund besonderer, zwischen dem Verpfänder und dem Pfandnehmer abgeschlossener Einzelverträge als Pfand dienen sollten.

Dieses Pfandrecht konnte die Beklagte nach § 366 HGB., §§ 932, 1293, 1207 BGB. erwerben, ohne ihrerseits darlegen und beweisen zu müssen, daß sie zu den maßgeblichen Zeiten in gutem Glauben war. Vielmehr wäre es Sache des das Pfandrecht der Beklagten beanstandenden Klägers gewesen, seinerseits das Fehlen jenes guten

Glaubens nachzuweisen (zu vgl. auch RGZ. Bd. 58 S. 162, Bd. 68 S. 130 [134], Bd. 71 S. 337 [339flg.], Bd. 87 S. 329 [331flg.], RGUrt. in JW. a. a. O.). Die Feststellungen des Berufungsgerichtes zeigen zur Genüge, daß der Kläger dieser Beweispflicht nicht nachgekommen ist.

---

34. Kann der Titel einer einzelnen Zeitungs-Abteilung die besondere Bezeichnung einer Druckschrift im Sinne von § 16 UnlWG. darstellen?

II. Zivilsenat. Urt. v. 7. Juli 1931 i. S. F. Verlag GmbH. (Bekl.) w. T. Verlag GmbH. (Kl.). II 466/30.

I. Landgericht I Berlin.
II. Kammergericht daselbst.

Die Klägerin gibt seit 1924 die in Berlin sechsmal in der Woche erscheinende „Textil-Zeitung" heraus. Seit 1926 enthält diese Zeitung wöchentlich einmal, und zwar regelmäßig am Dienstag, eine besondere Abteilung unter der Überschrift „Der Kunstseiden-Kurier", die sich mit dem durch diese Bezeichnung gekennzeichneten Sondergebiet befaßt. Seit Mitte März 1929 erscheint im Verlag der Beklagten wöchentlich zweimal ein dasselbe Gebiet behandelndes Blatt, das zunächst den Titel „Kunstseide-Kurier" trug, dem aber dann, nach Beanstandung dieses Titels durch die Klägerin, die Bezeichnung „Deutscher Kunstseide-Kurier" gegeben wurde. Dem Verlangen der Klägerin, das Wort „Kurier" wegzulassen, weigerte sich die Beklagte stattzugeben. Im Untertitel nennt sich der Deutsche Kunstseide-Kurier „Spezial-Organ für die gesamte Kunstseide-Wirtschaft des In- und Auslandes".

Die Klägerin ist der Ansicht, die Bezeichnung „Deutscher Kunstseide-Kurier" sei verwechslungsfähig mit der Abteilungsüberschrift „Der Kunstseiden-Kurier" in der Textil-Zeitung, und verlangt von der Beklagten Unterlassung des Gebrauchs des Zeitungstitels „Deutscher Kunstseide-Kurier". Die Beklagte bestreitet, daß eine Verwechslungsgefahr vorliege.

Der erste Richter wies die Klage ab. Auf die Berufung der Klägerin verurteilte das Kammergericht die Beklagte zur Unterlassung der Benutzung des Zeitungstitels „Deutscher Kunstseide-Kurier". Die Revision der Beklagten hatte keinen Erfolg.

Gründe:

Der Berufungsrichter hat unentschieden gelassen, ob der Klägerin der Schutz des § 16 UnlWG. zur Seite steht. Er ist zur Verurteilung der Beklagten gelangt auf Grund der Erwägung, daß die Bezeichnung „Der Kunstseiden-Kurier" sich zu einem für die Klägerin wichtigen Schlagwort entwickelt und nicht unerhebliche Verkehrsgeltung für sie erlangt habe und daß die Beklagte durch Aufnahme des verwechslungsfähigen Titels „Kunstseide-Kurier", später „Deutscher Kunstseide-Kurier", die mit Mühe und Kosten geschaffene Schlag- und Zugkraft der klägerischen Bezeichnung für sich auszunützen trachte, ein Verhalten, das von Rechts wegen nicht zu billigen und unzulässig sei, gleichviel aus welcher gesetzlichen Einzelvorschrift man diese Unzulässigkeit herleiten wolle.

Es mag dahinstehen, ob die hiergegen gerichteten prozeß- und sachlichrechtlichen Angriffe der Revision durchschlagen. Denn im Ergebnis wird das Urteil jedenfalls durch § 16 UnlWG. getragen.

Kein Zweifel kann zunächst darüber bestehen, daß die in freier bildlicher Ausdrucksweise gewählte Wortzusammenstellung „Kunstseiden-Kurier" oder „Der Kunstseiden-Kurier" denjenigen Grad von Neuheit, Eigenart und Kennzeichnungskraft hat, den eine „besondere Bezeichnung" im Sinne des § 16 UnlWG. erfordert. Die Beklagte hat selbst nicht behauptet, daß schon vor Verwendung dieser Bezeichnung durch die Klägerin eine andere das gleiche Gebiet behandelnde Zeitung oder Zeitschrift dieselbe oder eine ähnliche Bezeichnung gebraucht habe. Die Kennzeichnungskraft der Bezeichnung wird sodann durch die Titelwahl der Beklagten und ihr hartnäckiges Festhalten an dem gewählten Titel für die von ihr herausgegebene Zeitschrift nur weiter bestätigt. § 16 UnlWG. schützt nicht nur den Haupttitel einer Druckschrift, sondern auch etwaige Nebentitel, d. h. zweite Bezeichnungen der Druckschrift im ganzen; er erstreckt sich aber auch auf etwaige Untertitel, d. h. auf Titel einzelner Teile des Ganzen (Baumbach UnlWG. Anm. 5 zu § 16 S. 441; Rosenthal

UnlWG. 8. Aufl. Note 100 zu § 16 S. 491; Kallmann UnlWG. Anm. 125 zu § 16 S. 350). Um einen Fall der letzteren Art handelt es sich hier. Unbedenklich ist anzunehmen, daß z. B. die regelmäßigen Beilagen von Zeitungen und Zeitschriften, die sich mit bestimmten Gebieten des Wissens oder der Unterhaltung beschäftigen und durch ihre äußere Ausgestaltung eine gewisse Selbständigkeit dem Hauptblatt gegenüber haben, als Druckschriften im Sinne des § 16 UnlWG. anzusehen sind und daß ihre etwaigen besonderen Kopfbezeichnungen, sofern sie kennzeichnungskräftig und zur Kennzeichnung bestimmt sind, den Schutz dieser Vorschrift genießen. Auf diese rein äußerliche Gestaltung in der Form des Beiblatts oder der Beilage kann es aber nach Sinn und Zweck des § 16 nicht ausschlaggebend ankommen. Diese Meinung vertritt auch die Revision nicht. Ebensowenig kann entscheidend sein, ob, soweit Zeitungen und Zeitschriften in Frage stehen, die unter einer besonderen Kopfbezeichnung zusammengefaßte Abteilung aus mehreren Seiten oder nur aus einer Seite besteht. Dagegen muß es sich allerdings innerhalb von Zeitungen und Zeitschriften um eine besondere, nach ihrer sonstigen äußeren Aufmachung sowie nach ihrem Gegenstand und Inhalt in gewissem Umfang selbständig gestaltete Abteilung handeln, die regelmäßig wiederkehrend unter eigener kennzeichnungskräftiger Kopfbezeichnung erscheint. So liegt aber der Fall hier. Das Blatt der Klägerin befaßt sich mit dem weiten Gebiet der Textilwirtschaft. Innerhalb der Textilwirtschaft bildet die Kunstseide eine besondere, große Fachgruppe mit eigenen wirtschaftlichen, technischen, finanziellen und wissenschaftlichen Belangen. Ihnen ist die besondere Abteilung in der Zeitung der Klägerin ausschließlich gewidmet und als solche ist sie den Interessenten durch die Kopfbezeichnung „Kunstseiden-Kurier" kenntlich und augenfällig gemacht. Wie ein Blick in die Belegblätter zeigt, werden unter diesem Titel in den einzelnen Nummern gleichzeitig die verschiedensten Fragen technischer, finanzieller und sonstiger Art aus dem Gebiet der Kunstseide erörtert. Dieser Abteilung ist eine eigene besondere Blattseite vorbehalten. Daß sie vielfach oder regelmäßig senkrecht halbgeteilt eine Werbeanzeige der J. G. Farbenindustrie AG., Abteilung Kunstseide, enthalten hat, ändert daran nichts. Diese Sonderabteilung erscheint regelmäßig in jeder Dienstagsnummer und ist von Anfang an, seit 1926, so herausgebracht worden. Sie könnte nach Titel, Gegenstand und Inhalt ebensogut in die Form einer „Beilage" gekleidet werden.

Bei dieser Sachlage bestehen keine Bedenken, die unter dem Titel „Der Kunstseiden-Kurier" oder „Kunstseiden-Kurier" gesonderte und gekennzeichnete Abteilung der Zeitung der Klägerin selbst als Druckschrift im Sinne des § 16 UnlWG. zu behandeln. Daran würde auch dann nichts geändert, wenn die (bestrittene) Behauptung der Beklagten richtig wäre, daß diese ganze Abteilung im Blatte der Klägerin nur eine Pressereklame der J. G. Farbenindustrie AG. sei und von dieser inhaltlich weitgehend beeinflußt und auch bezahlt werde. Ebensowenig ließe sich hieraus ein rechtliches Bedenken dagegen herleiten, daß der Titel „Kunstseiden-Kurier" oder „Der Kunstseiden-Kurier" als besondere Bezeichnung im Sinne des § 16 UnlWG. gelten muß, und zwar als solche, die der Klägerin zusteht. Denn diese ist als Herausgeberin der Textil-Zeitung deren Herrin im ganzen und im einzelnen. Für die Frage der Anwendbarkeit des § 16 ist es ferner ohne Belang, ob die unter dem Titel „Kunseiden-Kurier" zusammengefaßte Abteilung der Textil-Zeitung den Namen des verantwortlichen Schriftleiters, ein Datum oder eine Nummer trägt; ebenso unerheblich ist, ob der Untertitel „Der Kunstseiden-Kurier" im Kopf des Blattes der Klägerin mitaufgeführt ist oder nicht.

Die Verwechslungsgefahr der beiden Bezeichnungen ist schon vom Vorderrichter einwandfrei bejaht worden. Sie wird, wie das angefochtene Urteil rechtlich bedenkenfrei darlegt, durch die Hinzufügung des Wortes „Deutscher" im Titel der Zeitschrift der Beklagten nicht beseitigt. Da auch im übrigen die Voraussetzungen des § 16 UnlWG. vorliegen, ist der Unterlassungsanspruch jedenfalls aus diesem Rechtsgrund gerechtfertigt.

---

35. Haben die jüdischen Synagogengemeinden in Altpreußen die Rechtsstellung öffentlichrechtlicher Körperschaften?

RVerf. Art. 137 Abs. 5. Preuß. Gesetz über die Verhältnisse der Juden vom 23. Juli 1847 (GS. S. 263) §§ 35 bis 67.

III. Zivilsenat. Urt. v. 7. Juli 1931 i. S. G. (Kl.) w. Synagogengemeinde in E. (Bekl.). III 414/30.

I. Landgericht Essen.
II. Oberlandesgericht Hamm.

Die Beklagte, die Synagogengemeinde in E. (Rheinprovinz), stellte im Jahre 1926 den Kläger als Gemeindesekretär an. Im Jahre 1929 kündigte sie ihm. Der Kläger erkennt diese Kündigung nicht als rechtswirksam an, da er lebenslänglich angestellter Beamter der Beklagten geworden sei. Er klagt auf Feststellung seiner Beamteneigenschaft und auf Gehaltszahlung. Die Beklagte hat den Einwand der Unzuständigkeit erhoben mit der Begründung, der Kläger sei nicht Beamter geworden; sie habe ihn lediglich auf Grund eines bürgerlichrechtlichen Dienstvertrages angestellt, sodaß für seine Ansprüche das Arbeitsgericht zuständig sei.

Die Vorinstanzen haben die Klage abgewiesen. Die Revision des Klägers führte zur Aufhebung und Zurückverweisung.

Gründe:

Der Berufungsrichter hat die Klage wegen Unzuständigkeit des angerufenen Gerichts abgewiesen. Er vertritt die Rechtsansicht, daß die Beklagte als jüdische Religionsgemeinschaft keine Körperschaft des öffentlichen Rechts sei, da ihr auf Grund des preußischen Gesetzes über die Verhältnisse der Juden vom 23. Juli 1847 und des bestätigten Statuts zwar die Körperschaftsrechte als juristische Person, nicht aber die als öffentlichrechtliche Körperschaft zuständen. Die Beklagte habe durch die Bestätigung des Statuts die besondere Rechtsstellung erlangt, welche der Staat nach verschiedenen Richtungen den Religionsgesellschaften eingeräumt habe, wie sich im einzelnen aus dem preußischen Gesetz von 1847 und dem Statut ergebe. Sie könne seitdem von ihren Mitgliedern Abgaben und Steuern erheben, sie auch in besondere Heberollen eintragen, sodaß die Abgaben im Verwaltungswege beigetrieben werden könnten. Mit dem Erwerb der Rechte einer juristischen Person für die Vermögensverhältnisse sei aber der Erwerb der Rechte einer Körperschaft des öffentlichen Rechts nicht verbunden gewesen. Nach wie vor sei zwischen Religionsgesellschaften des öffentlichen Rechts und solchen des privaten Rechts ein Unterschied bestehen geblieben. Zwar lasse sich ein streng juristischer Unterschied nicht mehr machen. Das Mehr oder Minder an Sonderrechten könne kein juristisches Unterscheidungsmerkmal bilden. Wenn die Religionsgesellschaften des öffentlichen Rechts dieselben Zwecke verfolgten wie der Staat, so könnten sie sich hierdurch von den übrigen Religionsgesellschaften mit bloßen Körperschaftsrechten juristisch nicht unterscheiden. Denn in dem Zweckmoment könne kein juristisches Unterscheidungsmerkmal gefunden werden. Dieses gebe nur den Grund an, warum der Staat die Religionsgesellschaften als öffentlichrechtliche behandle. Endlich könne nicht vorgebracht werden, daß öffentlichrechtliche Religionsgesellschaften nach öffentlichem Recht zu beurteilen seien, im Gegensatz zu anderen, welche grundsätzlich dem Privatrecht unterfielen. Dieser Auffassung stehe entgegen, daß das ganze Vereinsrecht öffentlich geordnet sei, ohne daß der einzelne Verein die Eigenschaft einer Körperschaft des öffentlichen Rechts erlange. Der Unterschied sei nur aus geschichtlichen Gründen zu rechtfertigen. Danach seien gemäß den Bestimmungen des Preußischen Allgemeinen Landrechts als öffentlichrechtlich aufgenommen nur die evangelische und die katholische Kirche zu betrachten, während die übrigen Religionsgesellschaften nur juristische Personen des Privatrechts seien. Im Gegensatz zur Entwicklung bei den christlichen Kirchen hätten die Synagogengemeinden durch das Gesetz von 1847 in Verbindung mit dem genehmigten Statut nur die Rechte einer juristischen Person für die Vermögensverhältnisse erlangt. Sie seien dadurch noch nicht in die Reihe der öffentlich aufgenommenen Religionsgesellschaften eingegliedert worden, wenn ihnen auch eine Reihe von Aufgaben übertragen worden sei, die sonst nur öffentlichrechtliche Körperschaften ausübten. Dieser Rechtszustand, der durch die Reichsverfassung in Art. 137 Abs. 5 aufrechterhalten worden sei, werde auch durch die spätere Gesetzgebung gerechtfertigt, die in vereinzelten Fällen die Rechte einer öffentlichrechtlichen Körperschaft an jüdische Synagogengemeinden verliehen habe. Hiermit stehe auch im Einklang § 4 des preußischen Gesetzes betr. den Austritt aus den Religionsgesellschaften öffentlichen Rechts vom 30. November 1920 (GS. 1921 S. 119), welche Bestimmung bei anderer Meinung ganz überflüssig wäre. Die Beklagte sei daher nicht in der Lage gewesen, mit dem Kläger ein öffentlichrechtliches Beamtenverhältnis zu begründen. Der zwischen den Parteien abgeschlossene Vertrag sei nur ein Privatdienstvertrag. Das angerufene Gericht sei somit nach § 2 Nr. 2 und § 5 ArbGG. unzuständig.

Der grundlegende Rechtsstandpunkt des Berufungsrichters muß in Übereinstimmung mit der Revision als rechtsirrig bezeichnet werden. Er verkennt die Bedeutung und den Geltungsbereich des Gesetzes vom 23. Juli 1847 und zieht insbesondere aus dem wegen Anerkennung der Synagogengemeinde „Israelitische Religionsgesellschaft“ in Frankfurt a. M. als Körperschaft des öffentlichen Rechts ergangenen preußischen Gesetz vom 16. April 1928 (GS. S. 81) verfehlte Schlüsse, indem er unbeachtet läßt, daß das für die Rechtsverhältnisse der altpreußischen Juden maßgebende Gesetz von 1847 in Frankfurt a. M. niemals Geltung erlangt hat. Dort galt vielmehr das Regulativ vom 8. März 1839, welches über die Verfassung und Verwaltung der jüdischen Synagogengemeinden Bestimmungen enthält, die von denen des preußischen Gesetzes von 1847 wesentlich abweichen.

Für die Entscheidung ist auszugehen von der Vorschrift des Art. 137 Abs. 5 Satz 1 RVerf. Nach dieser bleiben die Religionsgesellschaften Körperschaften des öffentlichen Rechts, soweit sie solche bisher waren. Es ist anerkannt, daß dieser Satz unmittelbar geltendes Recht und nicht nur eine Richtschnur für den Gesetzgeber bildet. Die jüdischen Synagogengemeinden haben aber auf Grund des Gesetzes vom 23. Juli 1847 die Rechte als öffentlichrechtliche Körperschaften erlangt.

Diesem Gesetz ging folgende geschichtliche Entwicklung voraus, deren Betrachtung zu seinem Verständnis notwendig ist. Nachdem in Preußen durch das Edikt vom 21. Mai 1671 die Niederlassung von fünfzig aus Wien vertriebenen jüdischen Familien geregelt war, erhielten ihre Gemeinden durch Verordnung vom 24. Januar und durch das Reglement vom 7. Dezember 1700 die politische Aufgabe und die Verpflichtung, die vom Staate geforderten Judensteuern aufzubringen. Zu diesem Zwecke wurden sie in einen religiöspolitischen Verband umgestaltet, dem von Staats wegen eine Verfassung gegeben wurde. Diese Entwicklung wurde durch weitere Erlasse (Edikt vom 20. Mai 1714, Reglements vom 29. September 1730 und 17. April 1750) ausgebaut und eine Organisation geschaffen, deren Grundzüge in der Hauptsache folgende waren: Alle Juden werden zu einer Gemeinde zusammengefaßt derart, daß jeder Jude ohne weiteres Mitglied der Gemeinde wird (Parochialzwang). Die Gemeinde erhält das Steuerrecht gegenüber ihren Mitgliedern, zu deren Durchsetzung ihr der Staat seine Zwangsmittel gewährt. Der Aufgabenkreis ist teils religiöser, teils politischer Natur. Die Gemeinde erhält Polizeigewalt gegenüber sämtlichen Juden, zunächst gegenüber den stadtfremden, später auch gegenüber ihren eigenen Mitgliedern. Im „Rabbiner" und in den „Ältesten" werden Organe der Gemeinde geschaffen, deren Verfassung staatlich geregelt wird. Die Ältesten erhalten gewisse Strafbefugnisse.

Das Preußische Allgemeine Landrecht, welches in § 17 II 11 die vom Staat ausdrücklich aufgenommenen Kirchengesellschaften als privilegierte Korporationen und in § 20 das. die nur genehmigten Religionsgesellschaften als „geduldete Gesellschaften" behandelt, hat die Rechte der jüdischen Gemeinden nicht geregelt. Vielmehr erging am 11. März 1812 das Edikt betr. die bürgerlichen Verhältnisse der Juden in dem Preußischen Staate (GS. S. 17), welches die Juden aus Fremden und Schutzbefohlenen zu einheimischen Staatsbürgern erhob und in Rechten und Pflichten den Christen gleichstellte. Durch diese Eingliederung entfiel die Rechtsgrundlage für die Aufrechterhaltung des bisherigen besonderen politischen Zusammenschlusses. Auf der anderen Seite enthielt das Edikt keine Regelung über die jüdischen Gemeinden, sondern behielt in § 39 die Erlassung derartiger Bestimmungen vor. Die Folge waren Unklarheit und Unsicherheit in der Beurteilung und Behandlung der Gemeinden durch die Staatsbehörden, was zu unhaltbaren Verhältnissen führte. Es kam mehr und mehr im Anschluß an die Einteilung des Allgemeinen Landrechts die Auffassung zur Herrschaft, daß die jüdischen Gemeinden die Stellung von Privatgesellschaften hätten. Der Staat kümmerte sich um ihre Angelegenheiten nur, soweit das polizeiliche Interesse es gebot. Die jüdischen Gemeinden waren deshalb durch die Möglichkeit von Massenaustritten oder Steuerverweigerungen in ihrem Bestehen bedroht. Diesem Zustand machte für das Großherzogtum Posen die Vorläufige Verordnung wegen des Judenwesens im Großherzogtum Posen vom 1. Juni 1833 (GS. S. 66) ein Ende, welche den dortigen Synagogengemeinden wieder hoheitsrechtliche Befugnisse verlieh und den Parochialzwang wiederherstellte. Die Gemeinden erhielten eine gesetzlich geregelte Organisation, die den

Vorschriften der revidierten Städteordnung nachgebildet war. Die Verwaltung der Vermögens- und Schulverhältnisse wurde den Staatsbehörden unterstellt und den Korporationen zur Pflicht gemacht. Für das übrige Preußen im damaligen Umfange brachte dann das mehrfach erwähnte Gesetz vom 23. Juli 1847 eine Neugestaltung der jüdischen Gemeindeverhältnisse, die sich auf ähnlicher Grundlage bewegte. Es wurden nunmehr folgende Grundsätze gesetzlich festgelegt: 1. der Parochialzwang (§ 35), 2. die Bildung der Synagogenbezirke durch die Regierung (§ 36), 3. die Organisation der Synagogengemeinde durch Vorstand und Repräsentantenversammlung (§§ 38 bis 47). Den Gemeinden wurde weitgehende Autonomie, insbesondere für das Steuerverfahren und für die Verfassung im Rahmen der gesetzlichen Grenzen, sowie für das Kultuswesen eingeräumt. Ferner behielt sich der Staat ein weitgehendes Aufsichtsrecht und die Mitwirkung bei einer Reihe von Rechtsakten vor (§§ 42, 43, 50 Abs. 2, §§ 51 bis 61). Endlich bedurften Ausländer zur Anstellung an der Synagoge der staatlichen Genehmigung (§ 71 Abs. 2). Diese Gesetzgebung ist, abgesehen von der Abänderung durch Art. 13 der alten Preußischen Verfassung, bis zum Inkrafttreten der Reichsverfassung vom 11. August 1919 nur noch durch das Gesetz betr. den Austritt aus den jüdischen Synagogengemeinden vom 28. Juli 1876 (GS. S. 353) und das Gesetz betr. die Erleichterung des Austritts aus der Kirche und aus den jüdischen Synagogengemeinden vom 13. Dezember 1918 (GS. S. 199) geändert worden.

Aus diesen hervorgehobenen Grundsätzen des Gesetzes von 1847 ergibt sich die Rechtsstellung der jüdischen Gemeinden in Altpreußen als die öffentlichrechtlicher Körperschaften. Diese Ansicht wird auch in dem vom Preußischen Staatsministerium herausgegebenen Handbuch über den Preußischen Staat für das Jahr 1931 (137. Jahrgang S. 1126: Kirchliche Behörden D.a) vertreten.

Der Berufungsrichter glaubt seine abweichende Ansicht besonders aus § 37 des Gesetzes von 1847 entnehmen zu können, welcher lautet:

> Die einzelnen Synagogengemeinden erhalten in bezug auf ihre Vermögensverhältnisse die Rechte juristischer Personen.

Diese Bestimmung kann jedoch nur im Zusammenhang mit den übrigen Vorschriften des Gesetzes gewürdigt werden. Der

Berufungsrichter verkennt, daß diese neben der Verleihung der Autonomie eine Belehnung mit staatlichem Herrschaftsrecht (imperium) und zugleich eine Unterstellung unter eine öffentlich-rechtlich geordnete, umfassende Staatsaufsicht enthalten. Zugleich werden nach dem Gesetz den jüdischen Gemeinden neben der ihnen überlassenen Pflege des religiösen Kultuswesens Zwecke auferlegt, die auch der Staat für alle seine Untertanen anstrebt. Das Gesetz gedenkt der Armen- und der Krankenpflege (§ 59). Der Regierung wird ein Oberaufsichtsrecht über die hierfür der Gemeinde zur Verfügung stehenden Fonds und Anstalten vorbehalten. Weiter finden sich Bestimmungen über das Unterrichtswesen in den §§ 60 bis 67, und zwar in §§ 63 bis 67 über den Elementarunterricht und in § 62 über den religiösen Unterricht. Den jüdischen Gemeinden ist gestattet (§ 64), unter gewissen Voraussetzungen eine öffentliche Schule (§ 67) anzulegen und die Absonderung der Juden zu einem eigenen Schulverbande zu beantragen. Auch hier besteht ein Mitwirkungsrecht der Regierung (§§ 65, 66). Endlich enthält das Gesetz in § 58 Bestimmungen über Einrichtung und Unterhaltung der Begräbnisplätze. Deren Kosten gehören zu den allgemeinen Kosten des Kultus und können wie diese nach den Grundsätzen des Statuts auf die einzelnen Beitragspflichtigen umgelegt und im Verwaltungswege eingezogen werden.

Alle diese Aufgaben gehören dem Bereich der öffentlichen Angelegenheiten an. Sie sind zu erfüllen für Untertanen des Staates, welche durch die Gemeinschaft der Religion verbunden sind. Zur Durchführung ihrer Aufgaben ist den Gemeinden das schon erwähnte Recht der Autonomie zugesprochen (§ 50). Das die inneren Verhältnisse regelnde Statut bedarf aber der Bestätigung durch den Oberpräsidenten. Die Erledigung der Verwaltungsangelegenheiten erfolgt durch Beauftragte, welche das Gesetz (§ 45) bezeichnenderweise Verwaltungsbeamte nennt. Ihre Wahl und Anstellung ist Sache des Vorstandes der Gemeinde. Die Repräsentanten sind aber über die Würdigkeit vorher zu hören. Die den Untertanen gegenüber eingeräumte Hoheitsgewalt äußert sich namentlich in dem Parochialzwang (§ 35). Durch die spätere Austrittsgesetzgebung ist dieser Zwang gemildert, aber nicht aufgehoben worden. Der Durchführung der besonderen Aufgaben dient endlich das erwähnte, in § 58 geregelte Steuerwesen. Der Rechtsweg ist wegen Abgaben und Leistungen nur insoweit zulässig, als Mitglieder Ansprüche auf Grund besonderer Rechtstitel erheben. Durch § 49 Abs. 2 wird in dem Rekurs ein im System des Verwaltungsrechts begründeter Beschwerdeweg für alle Angelegenheiten der Synagogengemeinde geschaffen.

Daneben zeigt sich eine Eingliederung der Aufgaben der Gemeinde in die allgemeine Staatsgewalt auf Grund des weitgehenden Aufsichtsrechts des Staates. Schon die Bildung der Synagogenbezirke geschieht durch die Regierung nach Anhörung der Beteiligten (§ 36 Abs. 1). Stellung und Wahl der Organe der Gemeinde sind in den großen Grundzügen nach Art des Kommunalrechts gesetzlich geregelt. Die Wahlhandlung wird durch einen Abgeordneten der Regierung geleitet. Die erste Wahl erfolgt nach Vorschrift der Regierung (§ 50 Abs. 2). Für bestimmte wichtige Verwaltungsakte ist die Genehmigung der Regierung erforderlich. Ihr ist auch sonst ein weitgehendes Aufsichtsrecht eingeräumt (§ 49). Die Regierung hat ein Einspruchsrecht gegen die Einweisung der gewählten Kultusbeamten in ihr Amt (§ 52 Satz 3). Streitigkeiten innerhalb der Synagogengemeinde über innere Kultuseinrichtungen, welche auf Bildung einer neuen Synagoge abzielen, können durch eine vom Minister eingesetzte Kommission begutachtet werden; über die zu treffenden Anordnungen entscheiden an letzter Stelle unter Ausschluß des Rechtswegs die Minister (§ 53).

Der Berufungsrichter nimmt ferner auf die Vorschriften des Allgemeinen Landrechts bezug. Aber auch diesem kann die entgegengesetzte Meinung nicht entnommen werden. Zwar wurden die jüdischen Synagogengemeinden in Altpreußen nicht zu den vom Staat ausdrücklich privilegierten Kirchengesellschaften (§ 17 II 11) gerechnet, sondern sie fielen nach § 20 das. unter die „geduldeten Religionsgesellschaften“. Damit ist aber über ihren öffentlichrechtlichen Charakter noch nichts entschieden. Vielmehr muß bei den geduldeten Religionsgesellschaften unterschieden werden zwischen solchen rein privatrechtlichen Charakters und solchen, deren Organisation öffentlichrechtlich geordnet ist. Deshalb kann auch der § 1 der erwähnten Vorläufigen Verordnung wegen des Judenwesens im Großherzogtum Posen vom 1. Juni 1833 in geschichtlicher Betrachtungsweise nicht zu einer anderen Auslegung des § 37 des Gesetzes von 1847 führen. Im Gegenteil ergibt bereits diese Verordnung, daß die jüdischen Gemeinden im Großherzogtum Posen wieder in den öffentlichrechtlichen Bereich erhoben wurden.

Endlich ist auch den vom Berufungsgericht weiter erwähnten Gesetzen, dem vom 16. April 1928 wegen Anerkennung der Synagogengemeinde Frankfurt a. M. und dem Austrittsgesetz vom 30. November 1920, nichts Gegensätzliches zu entnehmen. Das erste Gesetz erklärt sich, wie schon betont, durch die ganz abweichend gestaltete frühere Judengesetzgebung für Frankfurt a. M. Aber auch die Einfügung des § 4 in das Austrittsgesetz erhält durch diesen Umstand eine andersartige Beleuchtung. Da das Austrittsgesetz für den ganzen Freistaat Preußen erlassen wurde, so mußte es mit Rücksicht auf diejenigen preußischen Gebiete, in denen die jüdischen Gemeinden vor dem Inkrafttreten der Reichsverfassung nicht die Stellung öffentlichrechtlicher Körperschaften hatten, die Anwendung des Gesetzes, das nur den Austritt aus Religionsgesellschaften des öffentlichen Rechts regelte, für die einzelnen Synagogengemeinden allgemein vorschreiben, zumal da die Frage des öffentlichrechtlichen Charakters für einzelne Gebiete zweifelhaft sein konnte. Der vom Berufungsrichter aus § 4 a. a. O. gezogene Rückschluß ist daher nicht gerechtfertigt.

Schließlich mag gegenüber der verschiedentlich vertretenen Ansicht, daß überhaupt für alle Kirchengemeinden die Eigenschaft als öffentlichrechtliche Körperschaft zu verneinen sei, auf die entgegenstehende Rechtsprechung des Reichsgerichts (RGZ. Bd. 114 S. 220; JW. 1927 S. 1253 Nr. 10) verwiesen werden, an der nach nochmaliger Prüfung festzuhalten ist.

Die in § 45 des Gesetzes von 1847 erwähnten Verwaltungsbeamten sind daher Beamte im öffentlichrechtlichen Sinne, keine Arbeitnehmer gemäß § 2 Abs. 2 ArbGG. Zu Unrecht hat somit das Oberlandesgericht die Beamteneigenschaft des Klägers schon deswegen verneint, weil die Beklagte keine öffentlichrechtliche Körperschaft sei. Das Berufungsurteil ist deshalb wegen irrtümlicher Anwendung des Gesetzes von 1847 aufzuheben.

36. Wie wirkt die Anordnung des Versteigerungsgerichts aus § 118 ZVG., wenn die Forderung gegen den Ersteher widerspruchslos einem zwar der Form, aber nicht der Sache nach Berechtigten übertragen wird?

ZPO. §§ 771, 878. ZVG. §§ 91, 92, 115, 118, 128.

V. Zivilsenat. Urt. v. 8. Juli 1931 i. S. B. (Kl.) w. F. (Bekl.). V 36/31.

I. Landgericht I Berlin.
II. Kammergericht daselbst.

Auf zwei Grundstücken der Witwe S. war im Jahre 1926 eine Gesamtgrundschuld von 125000 GM. eingetragen worden. Die Grundschuld wurde am 16. April 1928 an den Fabrikbesitzer R. abgetreten. Dieser trat sie am 17. April 1928 durch schriftliche Erklärung und Übergabe des Grundschuldbriefs sicherungshalber an die Klägerin ab. Die Abtretung an R. wurde am 30. April 1928 im Grundbuch eingetragen. Die Abtretung an die Klägerin ist nicht zur Eintragung gelangt.

Im Einverständnis mit der Klägerin, die nicht als Grundschuldgläubigerin nach außen hervortreten wollte, betrieb R. im eigenen Namen Mitte September 1928 die Zwangsversteigerung der Grundstücke aus der Grundschuld. Am 29. Januar 1929 meldete er für sich Kapital und Zinsen an. Im Versteigerungstermin am 1. Februar 1929 erhielt er für ein Bargebot von 90000 RM. den Zuschlag. Am 20. März 1929 überreichte er dem Versteigerungsgericht den Grundschuldbrief, den die Klägerin ihm überlassen hatte. Im Verteilungstermin am 2. Mai 1929 wurden ihm aus dem Barerlös 81895,56 RM. auf die Grundschuld zugeteilt. Kurz zuvor hatte aber die Beklagte gegen ihn einen Arrest in Höhe von 200000 RM. erwirkt und durch zwei Beschlüsse des Arrestgerichts vom 26. und 27. April 1929 seine Ansprüche gegen die Witwe S. und gegen den Preußischen Staat aus der Grundschuld und dem auf sie in der Zwangsversteigerung entfallenden Barerlös gepfändet. Die Beklagte überreichte diese Beschlüsse im Verteilungstermin dem Versteigerungsgericht. R. erklärte im Termine, daß er das Bargebot nicht zahlen wolle. Daraufhin übertrug ihm das Versteigerungsgericht die mit dem Pfändungspfandrecht der Beklagten aus den Beschlüssen vom

26. und 27. April 1929 belastete Forderung gegen ihn selbst auf Zahlung des Bargebots in Höhe des zur Hebung gelangten Betrags der Grundschuld. Ein Widerspruch gegen den Teilungsplan wurde nicht erhoben. Die Beklagte pfändete durch Beschluß des Arrestgerichts vom 15. Mai 1929 den für R. infolge Nichtberichtigung des Bargebots als Sicherungshypothek einzutragenden Betrag und reichte den Beschluß dem Versteigerungsgericht ein. Auf Ersuchen des Versteigerungsrichters nahm das Grundbuchamt am 18. Mai 1929 folgende Eintragungen vor: R. wurde als Grundstückseigentümer eingetragen; die Grundschuld wurde gelöscht; für R. wurde eine Sicherungshypothek von 81817,98 GM. eingetragen zur Sicherung der infolge Nichtberichtigung des Bargebots ihm übertragenen Forderung gegen ihn selbst; bei dieser Sicherungshypothek wurde für die Beklagte ein Pfandrecht unter Bezugnahme auf die Pfändungsbeschlüsse vom 26. April, 27. April und 15. Mai 1929 eingetragen. Am 5. Juni 1929 trat R. die Sicherungshypothek an die Klägerin ab. Die Abtretung wurde am 13. Juni 1929 im Grundbuch eingetragen. Am 19. Juni 1929 wurde für die Klägerin auf Grund einer einstweiligen Verfügung vom 13./14. Juni 1929 ein Widerspruch gegen die Eintragung des Pfandrechts der Beklagten eingetragen.

Im September 1929 betrieb ein Gläubiger, welcher der von R. an die Klägerin abgetretenen Sicherungshypothek im Range vorging, erneut die Zwangsversteigerung. Die Grundstücke wurden am 28. Januar 1930 für ein Bargebot von 112000 RM. der D. Grundverkehr-GmbH. zugeschlagen. Auf die Sicherungshypothek der Klägerin kamen im Verteilungstermin am 27. Februar 1930 aus dem von der Ersteherin gezahlten Barerlös 8317,26 RM. zur Hebung. Das Versteigerungsgericht ordnete an, daß dieser Betrag als Streitmasse zwischen der Klägerin und der Beklagten hinterlegt werde. Ein Widerspruch gegen den Teilungsplan wurde nicht erhoben; der Betrag wurde hinterlegt. Die Sicherungshypothek wurde bei der Eintragung der neuen Eigentümerin am 25. April 1930 gelöscht.

Die Klage begehrt die Einwilligung der Beklagten in die Auszahlung der Hinterlegungsmasse an die Klägerin. Sie wurde in allen Rechtszügen abgewiesen.

Gründe:

Die Entscheidung des Rechtsstreits hängt davon ab, ob die Beklagte an der Sicherungshypothek, die R. der Klägerin im Juni 1929 abgetreten hat, ein der Klägerin gegenüber gültiges Pfändungspfandrecht erworben hatte. Mit Recht haben die Vorinstanzen diese Frage bejaht und demzufolge der Beklagten das Recht auf den hinterlegten Versteigerungserlös aus der Sicherungshypothek zugesprochen.

Die ursprüngliche Grundschuld von 125000 GM. stand während des ersten, von R. betriebenen Zwangsversteigerungsverfahrens entgegen der formellen Grundbuchlage materiell der Klägerin, nicht dem R. zu. Die Grundschuld erlosch mit dem Zuschlag am 1. Februar 1929 (§ 91 Abs. 1 ZVG.). Das materielle Recht der Klägerin ergriff nunmehr den Versteigerungserlös (§ 92 ZVG.). Der Anspruch der Witwe S. (als der früheren Eigentümerin) gegen R. (als den Ersteher) auf Berichtigung des Bargebots von 90000 RM. war also mit dem Recht der Klägerin (als Grundschuldgläubigerin) auf Befriedigung aus dem von R. zu zahlenden Betrage belastet. Die Klägerin hat indessen ihr Recht dadurch verloren, daß sie sich an dem Versteigerungsverfahren nicht beteiligte und widerspruchslos den Verteilungsplan vom 2. Mai 1929, der nur die formelle Grundbuchlage berücksichtigen konnte, aufstellen und durchführen ließ.

Da R. das Bargebot nicht berichtigte, mußte das Versteigerungsgericht im Verteilungstermin am 2. Mai 1929 gemäß den §§ 118, 128 ZVG. verfahren. Dabei konnte es als den Berechtigten aus der Grundschuld nicht die Klägerin, sondern nur den R. berücksichtigen. Nach dem Grundbuchstande und nach der Lage des Zwangsversteigerungsverfahrens war der auf die Grundschuld entfallende Teil der Forderung auf das Bargebot dem R. zu übertragen und für ihn durch Sicherungshypothek dinglich zu sichern. Die Übertragung der Forderung gegen den Ersteher auf ihn selbst ist rechtlich nicht ausgeschlossen (Reinhard-Müller Kommentar zum ZVG. 3./4. Aufl. Anm. I 4 zu § 118). Wie sich in einem solchen Falle demnächst das Rechtsverhältnis in Ansehung der übertragenen Forderung und der für sie eingetragenen Sicherungshypothek für die Person des Erstehers im einzelnen gestaltet, braucht nicht näher untersucht zu werden. Für die Entscheidung des Falles genügen folgende Erwägungen: Da die Ausnahmevorschriften im § 118 Abs. 2 Satz 2 bis 4 ZVG. nach dem gegebenen Tatbestand nicht in Betracht kommen, wirkte die Übertragung der Forderung auf R. nach Satz 1 das. wie die Befriedigung des Grundschuldgläubigers aus dem Grundstück. Das Recht der Klägerin auf Befriedigung aus der Grundschuld und dem

Barerlös erlosch also mit der Übertragung der Forderung auf R. Daß diese Übertragung nicht der materiellen Rechtslage entsprach, hinderte den Untergang des Rechts der Klägerin nicht. Die Rechtsfolge des § 118 Abs. 2 Satz 1 tritt auch dann ein, wenn der bei der Übertragung Begünstigte nicht der materiell Hebungsberechtigte ist (Reinhard-Müller a. a. O. Anm. I 3 zu § 118 und Handausgabe 7. Aufl. Anm. 1b zu § 118; OLG. Breslau in LZ. 1915 Sp. 582 Nr. 31). Von der Übertragung an besteht nur noch die übertragene Forderung und die für sie eingetragene Sicherungshypothek. Forderung und Hypothek stehen aber kraft der Übertragung nicht nur formell, sondern auch materiell demjenigen zu, auf den das Versteigerungsgericht die Übertragung nach § 118 Abs. 1 Satz 1 ZVG. anordnet und für den es die Sicherungshypothek nach § 128 das. eintragen läßt. Zwar beruhen auch diese Vorschriften im Grunde genommen auf dem Gedanken des Surrogationsprinzips (RGZ. Bd. 71 S. 412). Die übertragene Forderung und die für sie eingetragene Sicherungshypothek ersetzen die früher vorhanden gewesenen Rechte. Dennoch kann sich die Person des Gläubigers der übertragenen Forderung und des Inhabers der Sicherungshypothek bei widerspruchslos gebliebener Anordnung des Versteigerungsgerichts nur nach dem Inhalt dieser Anordnung richten. Der Übergang der Forderung vollzieht sich kraft eines Richterakts. Außerhalb dieses Akts liegende, von ihm nicht berücksichtigte Verhältnisse beeinflussen den Übergang der Forderung des Subhastaten auf die in der richterlichen Anordnung bezeichnete Person nicht. R. ist also durch die Anordnung des Versteigerungsgerichts vom 2. Mai 1929 und durch die Eintragung der Sicherungshypothek am 18. Mai 1929 — Vorgänge, bei denen die Klägerin mit ihrem früheren Recht ausgeschaltet war, — nicht nur formal, sondern wirtschaftlich und rechtlich Gläubiger der ihm übertragenen Forderung und Berechtigter aus der Sicherungshypothek geworden. Dem stand sein im Versteigerungsverfahren nicht berücksichtigtes persönliches Verhältnis zur Klägerin — von ihr als Treuhandverhältnis bezeichnet — nicht entgegen. Denn daraus läßt sich kein dingliches Recht der Klägerin an der auf R. übertragenen Forderung und an der Sicherungshypothek herleiten, sondern nur schuldrechtliche Ansprüche der Klägerin gegen R. aus Vertrag und ungerechtfertigter Bereicherung. Auf dieser Grundlage konnte sie, ohne sich am Zwangsversteigerungsverfahren beteiligt zu haben, von

R. die Herausgabe (Abtretung) der ihm übertragenen Forderung und der ihm zustehenden Sicherungshypothek verlangen (Jäckel-Güthe ZVG. 6. Aufl. Anm. 1 zu § 113). Bis zur Durchsetzung dieser Ansprüche blieben aber die Forderung und die Hypothek wirtschaftlich und rechtlich im Vermögen des R. und unterlagen daher dem Zugriff seiner mit Vollstreckungstiteln gegen ihn versehenen Gläubiger.

Die Beklagte hat nun spätestens durch den Beschluß des Arrestgerichts vom 15. Mai 1929 in Verbindung mit der Eintragung im Grundbuch vom 18. Mai ein wirksames Pfändungspfandrecht an der auf R. übertragenen Forderung und an seiner Sicherungshypothek erlangt. Ob sich schon die Beschlüsse vom 26. und 27. April 1929 für die Begründung eines solchen Pfändungspfandrechts verwerten lassen, kann dahingestellt bleiben. Der Besitz des über die frühere Grundschuld gebildeten Briefs war jedenfalls zur Erlangung des Pfandrechts an der neuen Sicherungshypothek nicht erforderlich. Die schuldrechtlichen Ansprüche der Klägerin gegen R. standen dem Erwerb des Pfandrechts nicht im Wege. Sie gaben ihr kein Recht, der Pfändung der Beklagten in das Vermögen ihres Schuldners R. nach § 771 ZPO. zu widersprechen (Stein-Jonas ZPO. 14. Aufl. Bd. 2 S. 583 Anm. II 1 c zu § 771). Zwar war durch die Sicherungsübereignung vom 17. April 1928 zwischen R. als Treugeber und der Klägerin als Treuhänderin ein Treuhandverhältnis in Ansehung der Grundschuld begründet worden. Aus der Ermächtigung der Klägerin an R., die Grundschuld in der Zwangsversteigerung nach Maßgabe der formellen, nicht der materiellen Rechtslage geltend zu machen, läßt sich aber wegen der im Mai 1929 auf R. übertragenen Forderung und der für ihn entstandenen Sicherungshypothek kein (uneigennütziges) Treuhandverhältnis zwischen der Klägerin als Treugeberin und R. als Treuhänder herleiten, sodaß die Klägerin auch auf dieser Rechtsgrundlage kein Widerspruchsrecht aus § 771 ZPO. wider die Vollstreckungsmaßnahmen der Beklagten gegen R. in Anspruch nehmen kann (Rosenberg Lehrbuch des Zivilprozeßrechts 3. Aufl. S. 667 flg. unter b β). Aus § 115 ZVG., § 878 Abs. 2 ZPO. kann die Klägerin das Pfändungspfandrecht der Beklagten nicht angreifen, weil sie weder einen Widerspruch gegen den Verteilungsplan im Zwangsversteigerungsverfahren erhoben hat, noch ein „besseres Recht" an der gepfändeten Forderung und Hypothek besitzt. Sie hat erst durch die Abtretung vom 5. Juni 1929 und die Eintragung vom 13. Juni ein Recht an der Forderung und der Hypothek erlangt. Damals war das Recht aber schon mit dem Pfandrecht der Beklagten belastet. Diese ist auch nicht auf Kosten der Klägerin ohne rechtlichen Grund bereichert (§ 812 BGB.). Sie hat vielmehr ihre Rechtsstellung als Pfandgläubigerin auf Kosten des R. und mit rechtlichem Grund erlangt. Auf die persönlichen Ansprüche der Klägerin gegen R. brauchte die Beklagte bei ihren Vollstreckungsmaßnahmen gegen R. keine Rücksicht zu nehmen; sie durfte pfänden, was zum Vermögen ihres Schuldners gehörte. Übrigens hätte die Klägerin — entgegen der Ansicht der Revision — im Ergebnis nicht besser gestanden, wenn R. am 2. Mai 1929 das Bargebot berichtigt und das Versteigerungsgericht ihm den auf die Grundschuld zur Hebung gelangten Betrag ausgezahlt hätte. Denn dann wäre — mangels Berücksichtigung des „Treuhandverhältnisses" im Zwangsversteigerungsverfahren — durch die Zahlung des Versteigerungsgerichts an R. dieser und nicht die Klägerin Eigentümer des gezahlten Geldes geworden. Das Geld hätte also bis zur Weitergabe von R. an die Klägerin dem Pfändungszugriff der Beklagten ebenso unterlegen, wie jetzt die übertragene Forderung und die Sicherungshypothek bis zur Abtretung an die Klägerin diesem Zugriff zugänglich gewesen sind.

---

37. 1. Kann die Bestätigung eines preußischen kommunalen Polizeibeamten durch den Regierungspräsidenten zeitlich, insbesondere auf die Dauer der Probedienstzeit, beschränkt werden?

2. Ist eine solche Bestätigung wirksam, wenn die ihr beigefügte zeitliche Beschränkung den Grundsätzen des preußischen Kommunalbeamtengesetzes über die lebenslängliche Anstellung der Beamten widerstreitet?

Preuß. Gesetz über die Polizeiverwaltung vom 11. März 1850 (GS. S. 265) — PolVerwG. — § 4 Abs. 2. Preuß. Gesetz betr. die Anstellung und Versorgung der Kommunalbeamten vom 30. Juli 1899 (GS. S. 141) — KBG. — §§ 9, 10.

III. Zivilsenat. Urt v. 10. Juli 1931 i. S. G. (Kl.) w. Stadtgemeinde N. (Bekl.). III 353/30.

I. Landgericht Köslin.
II. Oberlandesgericht Stettin.

Am 15. April 1922 beschloß der Magistrat der verklagten Stadtgemeinde, den Kläger, der den Zivilversorgungsschein besaß, probeweise auf sechs Monate als Polizeibetriebsassistenten einzuberufen. Am 18. desselben Monats trat er seinen Dienst an. Durch Beschluß vom 20. Oktober 1922 verlängerte der Magistrat die Probedienstleistung des Klägers bis zum 31. März 1923. Erst jetzt bestätigte der Regierungspräsident gemäß § 4 (Abs. 2) des preußischen Gesetzes über die Polizeiverwaltung vom 11. März 1850 durch Verfügung vom 4. November 1922 die Anstellung des Klägers als Polizeibetriebsassistent auf Probe im Dienste der Beklagten bis zum 31. März 1923, jedoch nur unter der Voraussetzung, daß der Minister des Innern eine Befreiung von der Vorschrift in Ziff. 15 Abs. 1 des Erlasses vom 20. Mai 1922 (MinBl. f. d. inn. Verw. Sp. 502) zulasse. Dieser Erlaß schreibt vor, daß fortan kommunale Polizeibetriebsassistenten durch die Aufsichtsbehörde nur bestätigt werden dürfen, wenn sie durch den erfolgreichen Besuch einer staatlich anerkannten Polizeischule oder eines anerkannten Ausbildungslehrgangs den Nachweis der Befähigung für das Amt erbracht haben. Eine Befreiung von dieser Vorschrift kann nur auf besonderen Antrag mit Genehmigung des Ministers erfolgen. Der Kläger erhielt vom Magistrat der Beklagten eine der Bestätigung durch den Regierungspräsidenten entsprechende Anstellungsurkunde. Am 8. März 1923 beschloß der Magistrat eine nochmalige Verlängerung der Probezeit des Klägers bis zum 30. September 1923. Am 14. März bestätigte der Regierungspräsident wiederum die Anstellung des Klägers als Polizeibetriebsassistent im Dienste der Beklagten, diesmal gegen jederzeitigen Widerruf, auf eine weitere Probezeit bis zum 30. September 1923. Die dem Kläger erteilte Anstellungsurkunde erhielt einen diese Verlängerung der Probedienstzeit aussprechenden Zusatz. Anträge der Beklagten, den Kläger von dem Erfordernis des Besuchs einer Polizeischule zu befreien, wurden vom Minister des Innern ablehnend beschieden. Gleichwohl wurde der Kläger von der verklagten Stadtgemeinde über den 30. September 1923 hinaus als Polizeibetriebsassistent weiterbeschäftigt. Am 15. Mai 1926 kündigte sie ihm zum 30. Juni, bot ihm dann aber an, ihn aushilfsweise im Wege des Privatdienstvertrags vorbehaltlich der Genehmigung des Regierungspräsidenten weiterhin zu beschäftigen. Der Regierungspräsident lehnte die Beschäftigung des Klägers im Privatdienstverhältnis als unzulässig ab, da polizeiliche Funktionen nur durch Beamte ausgeübt werden könnten, erklärte sich jedoch bereit, seine aushilfsweise Beschäftigung als Polizeibeamter auf etwa ein Jahr zu genehmigen. Nunmehr schlossen die Parteien am 22. November 1926 einen Vertrag. Nach dessen § 1 wurden dem Kläger für die Zeit vom 1. November 1926 bis zum 31. Oktober 1927 die Amtsfunktionen eines Polizeibetriebsassistenten aushilfsweise in Fortsetzung bisheriger Probedienstzeit unter Vorbehalt der Zustimmung des Regierungspräsidenten übertragen, während nach § 2 seine endgültige Anstellung nach wie vor vorbehalten blieb. Durch Verfügung vom 30. November 1926 bestätigte der Regierungspräsident gemäß § 4 des Gesetzes über die Polizeiverwaltung vom 11. März 1850 die aushilfsweise Beschäftigung des Klägers als Hilfspolizeibetriebsassistent im Dienste der Beklagten, und zwar für die Zeit vom 1. November 1926 bis 31. Oktober 1927. Daraufhin wurde dem Kläger eine neue Anstellungsurkunde ausgehändigt, in der gesagt wurde, daß ihm auf der Grundlage des erwähnten Vertrages für die Zeit vom 1. November 1926 bis 31. Oktober 1927 die Amtsfunktionen eines Polizeibetriebsassistenten aushilfsweise übertragen würden. Mit Ablauf des 31. Oktober 1927 wurde der Kläger, der inzwischen erkrankt war, von der Beklagten entlassen. Die Gehaltszahlung an ihn wurde mit diesem Tage eingestellt.

Der Kläger hält seine Entlassung für ungerechtfertigt. Er behauptet, durch seine Weiterbeschäftigung als Polizeibeamter nach Ablauf der Probedienstzeit lebenslänglich angestellter Beamter der Beklagten geworden zu sein. Er hat gegen sie Klage erhoben auf Feststellung seiner lebenslänglichen Anstellung als Polizeibetriebsassistent.

Die Beklagte beruft sich darauf, daß sie den Kläger nach Ablauf seiner Probedienstzeit nur noch aus Entgegenkommen weiterbeschäftigt habe, um ihm die Erlangung einer anderen Anstellung zu ermöglichen. Auch habe sie ihn nicht dauernd anstellen dürfen, da er keine Polizeischule besucht habe. Ihre Maßnahmen seien sämtlich vom Regierungspräsidenten, der zuständigen Aufsichtsbehörde, genehmigt worden.

Das Landgericht hat die vom Kläger begehrte Feststellung getroffen. Dagegen hat das Oberlandesgericht die Klage abgewiesen. Die Revision des Klägers blieb erfolglos.

Gründe:

Wäre der Entscheidung des vorliegenden Rechtsstreits lediglich das preußische Gesetz betr. die Anstellung und Versorgung der Kommunalbeamten vom 30. Juli 1899 zugrunde zu legen, so müßte sie zugunsten des Klägers ausfallen. Denn nach diesem Gesetz schließt sich an die Beendigung der Probezeit, sofern der Beamte nicht entlassen wird, ohne weiteres seine lebenslängliche Anstellung an (RGZ. Bd. 114 S. 128 u. ö.). Der Kläger würde also mit Ablauf des 30. September 1923, des Tages, an dem seine verlängerte Probezeit endete, lebenslänglicher Beamter der Beklagten geworden sein, da keiner der Ausnahmefälle vorlag, in denen das genannte Gesetz eine Abweichung von dem Grundsatz der Anstellung auf Lebenszeit zuläßt. Das Ortsgesetz der Beklagten betr. die Anstellung und Versorgung der Kommunalbeamten vom 4. November/2. Dezember 1919 nennt sogar ausdrücklich in § 2 Nr. 14 unter den lebenslänglich angestellten Kommunalbeamten die Polizeiwachtmeister, welche Beamte seit dem Erlaß des Ministers des Innern über die Dienstgradbezeichnungen der kommunalen Polizeibeamten vom 27. September 1921 (MinBl. f. d. innere Verw. S. 319) die Amtsbezeichnung „Polizeibetriebsassistent" führen, zu denen also der Kläger gehörte. Für ihn ist auch nicht etwa mit Genehmigung der Aufsichtsbehörde eine Einzelabweichung vom Grundsatz lebenslänglicher Anstellung festgesetzt worden. Weder ist ein Gemeindebeschluß in dieser Hinsicht gefaßt worden, noch kann die unten näher zu erörternde Bestätigung des Klägers durch den Regierungspräsidenten auf Grund von § 4 Abs. 2 PolVerwG. als Genehmigung nach § 9 Abs. 1 KBG. aufgefaßt werden (vgl. Urt. des Senats vom 4. Januar 1929 III 230/28).

Neben dem Kommunalbeamtengesetz greift aber im vorliegenden Fall noch der eben erwähnte § 4 Abs. 2 PolVerwG. ein. Auf seiner Grundlage hat das Berufungsgericht die Klage mit Recht abgewiesen. Der Kläger ist von der Beklagten lediglich als Polizeibeamter, nicht etwa — wie der Kläger in dem durch Urteil des Senats vom 11. April 1916 III 452/15 entschiedenen Fall — allgemein als städtischer Beamter angestellt worden. Seine Ernennung bedurfte deshalb der Bestätigung durch den Regierungspräsidenten und war, wenn und solange diese fehlte, rechtsunwirksam (vgl. RGZ. Bd. 57 S. 123; RGUrt. vom 24. September 1896 IV 73/96, abgedr. Gruch.

Bd. 40 S. 831, und vom 2. Juli 1929 III 67/29, abgedr. ZBR. Bd. 2 S. 295 und auszugsweise HöchstrRspr. 1930 Nr. 332). Der Regierungspräsident hat nun allerdings die Bestätigung der Bestellung des Klägers zum kommunalen Polizeibeamten der Beklagten sogar mehrmals ausgesprochen, indessen stets nur unter Beschränkungen. Die Revision glaubt, diese Beschränkungen streichen und die Bestätigung daher als vollwirksam behandeln zu können. Darin ist ihr jedoch nicht beizupflichten.

Die ersten beiden Bestätigungen des Klägers vom 4. November 1922 und 14. März 1923 hat der Regierungspräsident ausdrücklich auf die noch laufende Probezeit beschränkt, die erste bis zum 31. März 1923, die zweite nach Verlängerung der Probezeit bis zum 30. September 1923. Gegen diese zeitliche Begrenzung der Bestätigungen sind keine begründeten rechtlichen Bedenken zu erheben, insbesondere nicht vom Standpunkt des Kommunalbeamtengesetzes aus. Denn die in ihm (§ 10 Abs. 1) vorgesehene zweijährige Höchstdauer einer Beschäftigung auf Probe ist auch durch die Verlängerung der Probezeit des Klägers nicht überschritten worden. Abzulehnen ist die Auffassung der Revision, die Staatsregierung müsse die Eignung des Dienstpflichtigen zum Polizeibeamten bei der Bestätigung der Anstellung auf Probe so eingehend prüfen, daß sich bei deren Übergang in die endgültige Anstellung eine abermalige Prüfung für sie erübrige; bei dieser endgültigen Anstellung bedürfe es keiner weiteren Bestätigung mehr. Während der Probezeit soll der auf Probe beschäftigte Beamte seine Eignung für die ihm übertragene Tätigkeit beweisen. Erst wenn er diesen Beweis erbracht hat, können sich die beteiligten Dienststellen über seine endgültige Betrauung mit dem für ihn in Aussicht genommenen Amt schlüssig werden. Das gilt nicht bloß für die Anstellungs-, sondern ebenso für die Bestätigungsbehörde. Auch diese kann erst während der Probezeit die nötigen Unterlagen für die Beurteilung der Persönlichkeit des Probebeamten im vollen Umfange gewinnen. Eine endgültige Bestätigung vor Beendigung oder gar vor Beginn der Probezeit kann ihr deshalb nicht zugemutet werden. Das Gesetz verlangt sie nicht. Die in zulässiger Weise zeitlich begrenzten ersten beiden Bestätigungen haben also mit Ablauf der darin genannten Tage ihre Wirkung verloren. Der Kläger kann sich nicht mehr auf sie berufen, sodaß dahingestellt bleiben kann, welche Bedeutung der in der Bestätigung vom 4. November 1922 gemachten

Voraussetzung der Befreiung des Klägers vom Erfordernis des Besuchs einer Polizeischule zukam.

Auch die letzte Bestätigung des Regierungspräsidenten vom 30. November 1926 war zeitlich beschränkt, und zwar auf die Zeit vom 1. November 1926 bis 31. Oktober 1927. Sie stand nicht im Einklang mit den Grundsätzen des Kommunalbeamtengesetzes. Nach ihnen konnte der Kläger, wie oben dargelegt, nur lebenslänglich angestellt werden, wenn nicht — was nicht geschehen — der Weg der Einzelfestsetzung gemäß § 9 Abs. 1 KBG. beschritten wurde. Auch die in § 4 Abs. 2 PolVerwG. vorgesehene Bestätigung der Staatsregierung darf nicht den für das Kommunalbeamtengesetz vorgeschriebenen Bestimmungen widersprechen. Soweit das Gesetz lebenslängliche Anstellung fordert, muß die Bestätigung für sie erteilt werden. Glaubt die zuständige Stelle sich nicht dazu entschließen zu können, so muß sie die Bestätigung ablehnen. Auf dem Wege über § 4 Abs. 2 a. a. O. darf für die kommunalen Polizeibeamten der Grundsatz der lebenslänglichen Anstellung nicht stärker eingeschränkt werden, als das Gesetz es zuläßt.

Es fragt sich deshalb, ob die vom Regierungspräsidenten bei der letzten Bestätigung unzulässigerweise beigefügte Zeitgrenze als nicht vorhanden angesehen werden muß — so die Revision — oder ob sie — so das Berufungsgericht — der Bestätigung jede Wirkung nimmt. Für die erste Ansicht ließe sich die Bedeutung des Grundsatzes lebenslänglicher Anstellung anführen, der sogar in der Reichsverfassung (Art. 129 Abs. 1 Satz 1) ausgesprochen worden ist und auf dem auch das Kommunalbeamtengesetz wesentlich beruht. Indessen kann er, von den gesetzlich zugelassenen Ausnahmen abgesehen, doch nur dann Platz greifen, wenn überhaupt eine wirksame Ernennung des Beamten erfolgt ist. Und darum handelt es sich hier bei Prüfung der Frage, ob eine rechtlich beachtliche Bestätigung des Klägers vorliegt. Die Verfügung des Regierungspräsidenten vom 30. November 1926 stellt sich als ein teilweise dem Gesetz widersprechender und daher insoweit unwirksamer Verwaltungsakt dar. Handelte es sich bei ihm um ein bürgerliches Rechtsgeschäft, so würde dieses nach § 139 BGB. in vollem Umfange nichtig sein, wenn nicht anzunehmen wäre, daß das Geschäft auch ohne den nichtigen Teil vorgenommen sein würde. Ähnlich muß man bei einem teilweise unwirksamen Verwaltungsakt prüfen, ob die Behörde ihn auch ohne den unwirksamen Teil vorgenommen hätte. Das kann hier nicht bejaht werden, und zwar schon nach dem Wortlaut der Verfügung nicht, wonach der Regierungspräsident überhaupt nur eine aushilfsweise Beschäftigung des Klägers im Polizeidienst eintreten lassen wollte. Zudem hatte der Kläger das in Ziff. 15 des Ministerialerlasses vom 20. Mai 1922 aufgestellte, vom Regierungspräsidenten zu beachtende Erfordernis des erfolgreichen Besuchs einer staatlich anerkannten Polizeischule nicht erfüllt, war auch nicht davon befreit worden. Dem Regierungspräsidenten fehlte demnach ersichtlich der Wille, den Kläger gegebenenfalls auch als lebenslänglich angestellten Polizeibeamten zu bestätigen. Die beschränkte Bestätigung entbehrte also jeder Rechtswirksamkeit. Daraus folgt, daß der Kläger wegen Fehlens einer gesetzlich notwendigen Voraussetzung nicht lebenslänglicher Beamter der Beklagten geworden ist.

---

38. Steht einem Staatenlosen ein Entschädigungsanspruch für unschuldig erlittene Untersuchungshaft zu?

Gesetz betr. die Entschädigung für unschuldig erlittene Untersuchungshaft v. 14. Juli 1904 (RGBl. S. 321) §§ 1, 12.

IX. Zivilsenat. Urt. v. 11. Juli 1931 i. S. Sch. (Kl.) w. Freistaat Sachsen (Bekl.). IX 150/31.

I. Landgericht Chemnitz.
II. Oberlandesgericht Dresden.

Der Kläger, der staatenlos ist, verlangt vom Sächsischen Staat Entschädigung für unschuldig erlittene Untersuchungshaft nach Maßgabe des Reichsgesetzes vom 14. Juli 1904, weil das Schwurgericht in Chemnitz ihn am 5. Februar 1919 von der Anklage des Meineids freigesprochen und gleichzeitig einen Beschluß gemäß § 4 jenes Gesetzes zu seinen Gunsten gefaßt hat. Der Beklagte verweigert die Anerkennung des Anspruchs auf Grund des § 12 das., weil der Kläger als Staatenloser einen solchen nicht habe. Landgericht und Oberlandesgericht haben die Klage abgewiesen. Die Revision des Klägers ist zurückgewiesen worden.

Gründe:

Das Berufungsgericht nimmt im Anschluß an die Entscheidung in RGZ. Bd. 67 S. 342 an, daß eine Verpflichtung der Staatskasse zur Entschädigung des Klägers für die erlittene Untersuchungshaft durch den die Verpflichtung feststellenden Beschluß des Schwurgerichts nicht begründet werde, wenn der Kläger als Staatenloser nach § 12 von der Anwendung der Vorschriften des Gesetzes vom 14. Juli 1904 ausgenommen sei. Die Revision bemängelt mit der Rüge der Verletzung der §§ 1, 12 des Gesetzes die Ansicht, daß der Kläger als Staatenloser keinen Anspruch auf die Entschädigung habe. Sie meint, das Berufungsgericht trage in das Gesetz Erwägungen hinein, die in seinen Bestimmungen keinen Ausdruck gefunden hätten. Es sei unrichtig, in den Leistungen des Gesetzes besondere vermögensrechtliche Aufwendungen des Staates zugunsten einzelner zu sehen, also eine Art von Gnadenzuwendung, die man nur den eigenen Staatsangehörigen zukommen lassen wolle. Das zeitgemäße Rechtsbewußtsein verlange für die mit Vermögensbeschädigung verbundenen Eingriffe in die Freiheit so gut eine Entschädigung wie für den Eingriff in das Vermögen. Dem habe das Gesetz Rechnung getragen. Es betreffe jeden von der obrigkeitlichen Gewalt unschuldig Betroffenen. Das ergebe sich auch deutlich aus der Fassung des § 12, der eine Ausnahme, nicht eine Erweiterung für Ausländer schaffe, bei denen die Gegenseitigkeit verbürgt sei. Der Staatenlose sei kein Angehöriger eines anderen Staates. Die von dem Berufungsgericht herangezogene Analogie mit dem Armenrecht versage, weil es sich bei diesem um eine Fürsorgemaßregel handle.

Die Revision ist nicht begründet. Nach § 12 des Gesetzes finden seine Vorschriften auf Angehörige eines auswärtigen Staates nur insoweit Anwendung, als die Gegenseitigkeit verbürgt ist. Dazu bemerkt die Begründung zum Entwurf des Gesetzes (S. 13): „Es erscheint gerechtfertigt, einen im Wege Rechtens verfolgbaren Anspruch auf Entschädigung für unschuldig erlittene Untersuchungshaft den Angehörigen fremder Staaten nur insoweit zuzugestehen, als die dortige Gesetzgebung oder ein Staatsvertrag die Gegenseitigkeit verbürgt.“ Danach sollte die Wohltat des Gesetzes grundsätzlich nur Deutschen zukommen, Angehörigen fremder Staaten oder Ausländern aber nur dann gewährt werden, wenn der Staat, dem sie angehören, den Deutschen die gleiche Wohltat verbürgt. Das ist, entgegen der Meinung der Revision, im § 12 hinreichend zum Ausdruck gekommen. Im Schrifttum ist, soweit ersichtlich, die Auffassung allgemein, daß sich das Gesetz nur auf Deutsche und auf Angehörige eines die Gegenseitigkeit verbürgenden auswärtigen Staates bezieht. Auf Staatenlose findet es keine Anwendung, weil sie weder Deutsche noch Angehörige eines auswärtigen Staates sind.

Das Gesetz über die Entschädigung für unschuldig erlittene Untersuchungshaft ist ein Ausnahmegesetz insofern, als es aus Billigkeitserwägungen eine Entschädigung da gewährt, wo ein Schadensersatzanspruch mangels Verschuldens eines Beamten oder des Staates nicht gegeben ist. Es ist deshalb nicht angängig, seine Bestimmungen auf Personen auszudehnen, an die der Gesetzgeber bei der Erlassung des Gesetzes nicht gedacht hat. Damals gab es in Deutschland nicht Staatenlose in einer Zahl, daß sie der Beachtung bedurft hätten. Das ist erst in der Nachkriegszeit anders geworden. Das Gesetz betr. die Entschädigung der im Wiederaufnahmeverfahren freigesprochenen Personen vom 20. Mai 1898 kennt eine dem § 12 entsprechende Bestimmung nicht. Es gilt für alle Freigesprochenen. Das gebot die Gerechtigkeit. Auf die Entschädigung für unschuldig erlittene Untersuchungshaft trifft aber diese Erwägung nicht zu. Da sie aus Gründen der Billigkeit gewährt wird, konnte sie auf Deutsche beschränkt werden. Rechtsansprüche auf die Entschädigung lassen sich aus dem Gesichtspunkt des Eingriffs in die Freiheit nicht begründen, weil die Verhängung einer Untersuchungshaft im Rahmen des § 112 StPO. keine staatliche Willkürmaßregel, sondern eine vom Gesetzgeber anerkannte Notwendigkeit im Interesse der Gesellschaft und eine Pflicht des Staates ist. Sie lassen sich auch nicht aus der vorgeschriebenen Entschädigung im Falle einer Enteignung ableiten, weil es sich bei der Enteignung um einen ganz anderen Anspruch handelt, als bei der Untersuchungshaft. Es ist schließlich nicht anzuerkennen, daß ein besonderes Bedürfnis bestände, den Staatenlosen die Wohltat des Gesetzes zuzubilligen. Wie die amtliche Begründung a. a. O. hervorhebt, schließt die Vorschrift des § 12 nicht aus, daß im Einzelfalle, auch wenn die gesetzlichen Voraussetzungen nicht vorliegen, doch aus Gründen der Billigkeit eine Entschädigung im Verwaltungswege gewährt werden kann.

Danach ist die Revision zurückzuweisen. Es kann dahingestellt bleiben, ob auch die Grundsätze, die für die Versagung des Armenrechts bei Staatenlosen maßgebend sind, für das Ergebnis mit dem Berufungsgericht herangezogen werden können.

39. Welches sind die Rechtsfolgen, wenn ein auf Grund mündlicher Verhandlung erlassenes Urteil statt der Verkündung dadurch verlautbart wird, daß die Urteilsformel den Parteien von Amts wegen zugestellt wird?

ZPO. §§ 295, 310, 318, 322, 539. Bekanntmachung zur Entlastung der Gerichte v. 13. Mai 1924 (RGBl. I S. 552) — EntlVo. — § 7.

II. Zivilsenat. Urt. v. 10. Juli 1931 i. S. J. (Bekl.) w. N. als Verwalter im Konkurs über das Vermögen der A. J. GmbH. (Kl.). II 502/30.

I. Landgericht Karlsruhe.
II. Oberlandesgericht daselbst.

Die A. J. Gesellschaft mbH. wurde laut notariellem Vertrag vom 18. November 1924 durch den Beklagten, eine Witwe H. und ein Fräulein W. mit einem Stammkapital von 9000 GM. gegründet. In § 3 des Gesellschaftsvertrags heißt es hierzu:

Auf das Stammkapital haben die drei Gesellschafter eine bare Stammeinlage von je 3000 GM. zu leisten. Die Leistung hat vor Anmeldung zum Handelsregister durch Barzahlung zu erfolgen. Die Beteiligten versichern, daß weitere Zahlungen und Leistungen ... nicht vereinbart sind, daß kein Gesellschafter der Gesellschaft Darlehen gewährt, Forderungen gestundet, noch solche an die Gesellschaft erworben hat.

Zu ersten Geschäftsführern, je mit Alleinvertretungsrecht, wurden der Beklagte und ein Sohn der Gesellschafterin H. bestellt. Beide meldeten in ihrer Eigenschaft als Geschäftsführer am 16. Dezember 1924 die Gesellschaft zur Eintragung in das Handelsregister an mit der Versicherung, daß sämtliche Stammeinlagen bar eingezahlt seien und die Beträge sich in ihrer freien Verfügung befänden. Darauf wurde die Gesellschaft eingetragen. Durch Beschluß der Gesellschafterversammlung vom 11. September 1925 wurde das Stammkapital von 9000 RM. auf 15000 RM. erhöht; jeder der drei Gesellschafter übernahm davon eine weitere Stammeinlage von 2000 RM., die sofort bar einzuzahlen war. Die beiden Geschäftsführer meldeten die Kapitalerhöhung und die Übernahme der neuen Stammeinlagen zum Handelsregister an, wiederum mit der Versicherung, daß die Bareinzahlungen in voller Höhe geleistet seien und zu ihrer freien Verfügung ständen. Die Kapitalerhöhung wurde demnächst auch in das Handelsregister eingetragen. Am 18. Dezember 1926 wurde das Konkursverfahren über das Vermögen der Gesellschaft eröffnet.

Mit der Klage verlangt der Konkursverwalter Verurteilung des Beklagten zur Zahlung von 9500 RM. nebst Zinsen. Er macht geltend: Der Beklagte habe weder seine ursprüngliche Stammeinlage von 3000 RM. noch die weitere Stammeinlage aus der Kapitalerhöhung vom September 1925 gezahlt; ebensowenig hätten die beiden Mitgesellschafterinnen Frau H. und Fräulein W. ihre neuen Stammeinlagen vom Jahre 1925 gezahlt. Die Einzahlungsansprüche der Gesellschaft mbH. aus der Kapitalerhöhung von 1925 seien vielmehr mit Darlehnsforderungen der drei Gesellschafter verrechnet worden. Bei der mißlichen Vermögenslage der Gesellschaft seien diese Forderungen aber längst nicht mehr vollwertig gewesen. Ferner habe der Beklagte durch gröbliche Verletzung seiner Obliegenheiten als Geschäftsführer und durch verspätete Anmeldung des Konkurses die Gesellschaft schwer geschädigt. Der Beklagte bestreitet die Klagansprüche nach Grund und Betrag.

Das Landgericht gab der Klage in Höhe von 8800 RM. nebst Zinsen statt und wies sie im übrigen ab. Dieses Urteil erging zwar auf Grund mündlicher Verhandlung, wurde aber nicht verkündet, sondern den Parteien von Amts wegen zugestellt. Nach dem Sitzungsprotokoll der Schlußverhandlung vom 26. November 1928 hatte der Vorsitzende „im vorherigen Einverständnis der Streitteile" den Gerichtsbeschluß verkündet, die ergehende Entscheidung werde schriftlich zugestellt werden. Beide Parteien legten Berufung ein. Das Oberlandesgericht stellte zunächst durch Zwischenurteil vom 4. Dezember 1929 fest, daß beide Berufungen rechtswirksam eingelegt seien. Dann wies es durch Urteil vom 29. Oktober 1930 die Berufung des Beklagten zurück und verurteilte ihn auf die Berufung des Klägers zur Zahlung weiterer 700 RM. nebst Zinsen.

Die Revision des Beklagten hatte Erfolg.

Gründe:

Gegenüber dem Zwischenurteil des Vorderrichters vom 4. Dezember 1929 rügt die Revision mit Recht Verletzung der §§ 309, 310, 311, 313, 315, 160, 164, 295 ZPO. Allerdings ist die Form der Verkündung, wie sie § 310 ZPO. vorsieht, nicht mehr die einzige, in der ein Urteil zu rechtlichem Dasein gelangen kann. Denn § 7 der Entlastungsverordnung vom 13. Mai 1924, die als organischer Bestandteil der Zivilprozeßordnung zu betrachten ist (RGZ. Bd. 123 S. 334), kennt daneben als Ersatz der Verkündung die Zustellung der Urteilsformel von Amts wegen. Es ist ferner nicht zu bezweifeln, daß das Landgericht die letztere Form bewußt und gewollt zu dem Zweck gewählt hat, sein Urteil zum rechtlichen Dasein zu bringen. Den Formerfordernissen des § 7 Satz 2 a. a. O. (Zustellung der Urteilsformel an die Parteien von Amts wegen) ist ebenfalls genügt. So liegt in der Tat dem äußeren Anschein nach ein fertiges, ins Rechtsleben getretenes Urteil vor, und wegen dieses äußeren Anscheins ist gegen das landgerichtliche Urteil Berufung möglich und zulässig (vgl. JW. 1905 S. 115 Nr. 16, 1915 S. 592 Nr. 26).

Im übrigen aber ist das Urteil des Landgerichts auf Grund der mündlichen Verhandlung vom 26. November 1928 ergangen, in der nach dem Sitzungsprotokoll das Ergebnis der Beweisaufnahme vorgetragen und darüber streitig zur Sache verhandelt worden war und auf die im Kopf des Urteils Bezug genommen ist. Dieses Urteil sollte auch, wie das Berufungsgericht einwandfrei darlegt, nur auf Grund des damaligen Sach- und Streitstoffs erlassen werden. Der ganze Prozeß hatte sich überhaupt im ersten Rechtszug im gewöhnlichen Streitverfahren mit mündlicher Verhandlung abgespielt. Wenn sich dann die Parteien in der Schlußverhandlung vom 26. November 1928 auf Anregung des Gerichts damit einverstanden erklärten, daß die Entscheidung schriftlich zugestellt werden solle, so bedeutete dies nach der Annahme des Berufungsrichters selbst offensichtlich nicht, daß der Rechtsstreit nun im schriftlichen Verfahren nach § 7 EntlVo. seinen Fortgang nehmen und daß schriftsätzlich weiteres Vorbringen eingeführt und vom Gericht bei der Entscheidung berücksichtigt werden solle. Die damaligen Parteierklärungen hatten vielmehr nur den Sinn, daß an Stelle der nach § 310 ZPO. vorgeschriebenen Form der Verkündung die Form der schriftlichen Zustellung gewählt werden könne. Darüber war sich auch das Landgericht nicht im unklaren, und so faßt das Berufungsgericht selbst die Sach- und Rechtslage auf. Tatsächlich ist das Urteil, wie der Vermerk am Kopf vollends klarstellt, auf Grund der mündlichen Schlußverhandlung erlassen worden. Die Voraussetzungen des § 7 a. a. O. waren mithin zweifellos nicht gegeben. Ein schriftliches Verfahren, wie es diese

Vorschrift erfordert, hatte nicht stattgefunden und sollte nicht stattfinden; das Einverständnis der Parteien zu einem solchen lag nicht vor. Das Urteil hätte deshalb nach § 310 ZPO. unter Beachtung der hierfür weiter geltenden Vorschriften, insbesondere der §§ 160, 164 ZPO., verkündet werden müssen. Dies ist auch der Standpunkt des Berufungsrichters.

Wenn nun aber weiter ausgeführt wird, es handle sich bei diesen dem Urteil anhaftenden Mängeln um solche, auf deren Geltendmachung die Parteien verzichten könnten (§ 295 ZPO.), so kann dem nicht gefolgt werden. Ganz abgesehen davon, daß auf die Rüge der Verletzung einer Prozeßvorschrift überhaupt nicht im voraus verzichtet werden kann (JW. 1906 S. 395 Nr. 23), verkennt das Berufungsgericht dabei die Rechtsnatur der in Betracht kommenden Vorschriften. Es handelt sich um Formvorschriften, von deren Beachtung es abhängt, ob das Urteil überhaupt zur rechtlichen Entstehung gelangt ist. Die rechtswesentlichen Vorschriften dieser Art sind ihrem Wesen nach zwingender Natur; ihre Befolgung ist in jeder Lage von Amts wegen zu prüfen; Heilung etwaiger Verstöße hiergegen ist nicht möglich. Diesen Charakter haben insbesondere die §§ 310, 160 Abs. 1 Nr. 6, § 164 ZPO. Hieran ist durch § 7 EntlVo. an sich nichts geändert worden. Er besagt nicht mehr, als daß, wenn das dort zugelassene schriftliche Verfahren eingeschlagen worden ist, bei Urteilen die Verkündung durch Zustellung der Urteilsformel von Amts wegen ersetzt wird. Grund und Zweck dieses § 7 ist, zur Entlastung der Gerichte in den hierzu geeigneten Fällen die mündliche Verhandlung überhaupt oder weitere mündliche Verhandlungen zur Sammlung des Prozeßstoffs und zur Schaffung der Urteilsgrundlagen zu ersparen. Es sollte aber nicht an Stelle der Verkündung eine andere Form der Urteilsverlautbarung gesetzt werden. Wurde das Erfordernis der mündlichen Verhandlung unter gewissen Voraussetzungen aufgegeben, dann ergab sich von selbst, daß auch für die Verlautbarung des Urteils nach außen eine andere Form als die der Verkündung geschaffen wurde, eine Form, die sich dem schriftlichen Verfahren anpaßte und die Verkündung ersetzte. Daraus folgt aber keineswegs, daß für das mündliche Verfahren die Form der Urteilsverkündung als unerläßliches, zwingendes Erfordernis für die rechtliche Entstehung der in diesem Verfahren erlassenen Urteile preisgegeben werden sollte. Dafür bieten die Entstehungsgeschichte sowie Sinn und Zweck der fraglichen Vorschriften keinerlei Anhalt. Hieran ändert insbesondere auch der Umstand nichts, daß durch die neuere Gesetzgebung der Grundsatz der Mündlichkeit des Streitverfahrens vielfach durchbrochen worden und das Anwendungsgebiet des § 7 EntlVo. gegenständlich recht umfassend ist (RGZ. Bd. 123 S. 333). Auf RGZ. Bd. 90 S. 295 kann sich der Berufungsrichter für seine gegenteilige Auffassung nicht stützen. Dort ist ausgeführt, daß die Unterlassung der schriftlichen Mitteilung eines nach § 23 der Bekanntmachung des Reichskanzlers vom 9. September 1915 zur Entlastung der Gerichte (RGBl. S. 562) ergangenen Urteils ein Mangel sei, auf dessen Rüge die Parteien nach § 295 Abs. 1 ZPO. nicht gültig verzichtem könnten. Dann wird dargelegt, der Gesetzgeber bringe mit der Vorschrift, wonach „die Verkündung der Entscheidung durch schrifttliche Mitteilung ersetzt werde", zum Ausdruck: die letztere habe dieselbe rechtliche Bedeutung und äußere dieselben rechtlichen Wirkungen wie die Verkündung, mithin bilde das gefundene Urteil vor der Mitteilung lediglich eine innere Angelegenheit des Gerichts, erst mit der Mitteilung beginne sein selbständiges rechtliches Dasein und die Unabänderlichkeit für die Richter, die es erlassen hätten. All dies spricht aber doch nur dafür, daß die rechtswesentlichen Formvorschriften für die Verlautbarung eines Urteils zwingenden Charakter haben und nicht dem Parteiverzicht unterliegen (RGZ. Bd. 16 S. 331, Bd. 17 S. 420; JW. 1905 S. 115 Nr. 16; WarnRspr. 1915 Nr. 308). Daraus folgt, daß das Urteil dann, wenn der Rechtsstreit auf Grund mündlicher Verhandlung zur Entscheidung reif ist und entschieden wird, in der Form des § 310 ZPO. erlassen werden muß, und daß ein Verstoß hiergegen dem Rügeverzicht nach § 295 Abs. 1 das. nicht unterliegt, sondern von Amts wegen zu berücksichtigen ist. Wenn der Berufungsrichter darauf abstellen will, ob durch den Verstoß wesentliche Interessen des Staates oder der Parteien verletzt seien, so verkennt er dabei die Rechtsnatur der wesentlichen Formvorschriften für die Entstehung der Urteile.

Es ist sodann keineswegs so, daß es, vom Standpunkt des öffentlichen Interesses und von den Belangen einer geordneten Rechtspflege aus gesehen, mehr oder weniger gleichgültig wäre, ob für ein Urteil die eine oder die andere Form der Verlautbarung gewählt wird, ohne daß hierbei die besonderen gesetzlichen Voraussetzungen beachtet wurden. Wäre dem Berufungsrichter beizutreten, so könnte sich das Gericht trotz gepflogener mündlicher Verhandlung im Einverständnis der Parteien der Wahrung der in § 310 ZPO. zur Verkündung gesetzten Frist entziehen. Gewiß hat diese Frist-Vorschrift nur instruktionellen Charakter. Ihr offensichtlicher Zweck ist aber der die Erlassung des Urteils zu beschleunigen. Das liegt wesentlich auch im öffentlichen Interesse. Hinzuweisen ist ferner auf § 309 ZPO., der nur Platz greift, wenn das Urteil auf Grund mündlicher Verhandlung ergeht. Auch sonst ist die Rechtslage verschieden, je nachdem ein Urteil im Wege der Verkündung oder der Zustellung nach § 7 EntlVo. erlassen worden ist; vgl. z. B. § 312 Abs. 2, § 317 Abs. 2, § 516 ZPO. Nach der letzteren Vorschrift beginnt die Berufungsfrist mit der Zustellung des Urteils, spätestens aber mit dem Ablauf von fünf Monaten nach der Verkündung des Urteils zu laufen. Gewiß tritt im Fall des § 7 an die Stelle der Verkündung die Zustellung der Urteilsformel an die Parteien von Amts wegen. Ganz willkürlich wäre es aber, dies auch dann anzunehmen, wenn kein Fall des § 7 a. a. O. vorlag. Gerade die durchaus verschiedenen Rechtsfolgen, die sich ergeben, je nachdem ein Urteil auf Grund mündlicher Verhandlung ergangen und demgemäß zu verkünden ist, oder ob im Sinne des § 7 a. a. O. schriftlich verfahren wurde, zwingen dazu, die beiden Fälle scharf auseinanderzuhalten; sonst wäre der Rechtsverwirrung Tür und Tor geöffnet. Soweit ersichtlich, stehen denn auch Rechtsprechung und Schrifttum ganz überwiegend auf dem hier vertretenen Standpunkt, daß ein Urteil, das auf Grund mündlicher Verhandlung in der Form des § 7 EntlVo. erlassen ist, an einem unheilbaren Mangel leidet (JW. 1925 S. 2347 Nr. 21, 1927 S. 2150 Nr. 3; Rosenberg in der Anm. zu JW. 1931 S. 197 Nr. 5 und im Lehrbuch des Zivilprozeßrechts § 56 I 1c, § 73 III 1b, § 108 II 1e, III 4c; Stein-Jonas Anm. II zu § 310 ZPO.; Zeitschr. f. ZivProz. Bd. 54 S. 465 mit Besprechung von de Boor; Baumbach Anm. 1 zu § 310 ZPO.). Nur darüber gehen die Meinungen anscheinend auseinander, ob deshalb überhaupt noch keine einem Rechtsmittel zugängliche Entscheidung vorliegt (so wohl Rosenberg), oder ob es sich um einen Verfahrensmangel im Sinne des § 539 ZPO. handelt, wegen dessen aber das Berufungsgericht die Sache in die erste Instanz zurückverweisen müßte (so de Boor). § 539 stellt jedoch diese Maßnahme dem freien Ermessen des Berufungsgerichts anheim. Gewiß liegt sodann, wie schon hervorgehoben, dem äußeren Anschein nach ein Urteil vor und ist eben deshalb die Berufung zulässig. In Wirklichkeit ist aber ein Urteil, das nach dem Gesetz zu verkünden ist, bis dahin nur ein Urteilsentwurf; es ist auch nicht der formellen Rechtskraft fähig. Da hier die Voraussetzungen des § 7 EntlVo. nicht gegeben waren, ist die von Amts wegen erfolgte Zustellung der Urteilsformel der Verkündung nach § 310 ZPO. nicht gleichzusetzen. Vielmehr blieb es trotz dieser Zustellung den Parteien unbenommen, das Landgericht erneut anzugehen, das, weil bisher rechtlich nur ein Urteilsentwurf vorlag, an die darin niedergelegte Entscheidung durch § 318 a. a. O. nicht gebunden war; es hätte die Sache wieder aufrufen und anders entscheiden können.

Bei dieser Sachlage konnte das Berufungsgericht nicht in der Sache selbst erkennen, weil in Wirklichkeit noch gar kein Urteil im Rechtssinne vorlag. Ein „Nichturteil" kann nicht die Grundlage für eine Sachentscheidung des zweiten Richters bilden. Daraus folgt zugleich, daß § 539 ZPO. auf einen solchen Tatbestand nicht zutrifft. Es handelt sich hier um eine eigenartige, im Gesetze selbst nicht berücksichtigte Rechtslage, die damit zusammenhängt, daß zur Zulässigkeit der Berufung der äußere Anschein eines Urteils genügt.

Das angefochtene Urteil mußte demnach nebst dem ihm vorangegangenen zweitinstanzlichen Verfahren aufgehoben werden (§ 564 Abs. 2 ZPO.). Zugleich war das nicht gesetzmäßig verkündete Urteil des Landgerichts aufzuheben und die Sache an das Landgericht zurückzuverweisen. Denn das Revisionsgericht ist in der Lage, selbst die Entscheidung zu fällen, die auf die Berufung des Beklagten hätte ergehen müssen (§ 565 Abs. 3 Nr. 1 ZPO.; WarnRspr. 1915 Nr. 308).

---

40. Zur Frage der Ausgleichung von Vorteilen, die im Laufe einer Zwangsvollstreckung erwachsen.

BGB. § 249.

IX. Zivilsenat. Urt. v. 21. März 1931 i. S. W. (Bekl.) w. Società Anonima F. T. A. (Kl.). IX 386/30.

I. Landgericht Detmold.
II. Oberlandesgericht Celle.

Die klagende Gesellschaft verhandelte im September 1925 mit der H.-Hütte Gesellschaft mbH. über die Lieferung von zwei Waschmaschinen für Kunstseide, wobei für die H.-Hütte der Agent R. tätig war, der sich die Bestätigung des Vertragsabschlusses durch die H.-Hütte ausdrücklich vorbehalten hatte. Ohne eine solche Bestätigung abzuwarten, übersandte die Klägerin am 17. September 1925 gemäß ihrer Abmachung mit R. der H.-Hütte einen Scheck über 13000 RM. Der Betrag sollte die vorgesehene Anzahlung eines Drittels des Preises der Maschinen sein. Der Beklagte W., der damals Mitgeschäftsführer der H.-Hütte war, verwertete den Scheck, dessen Einlösung zu Lasten der Klägerin erfolgte. Die H.-Hütte bestätigte den von R. vorgeschlagenen Vertrag nicht, sondern suchte andere Zahlungsbedingungen zu erreichen. Mit Schreiben vom 26. September 1925, unterzeichnet vom Beklagten, teilte sie der Klägerin mit, daß der Scheck über 13000 RM. bis zur Annahme ihrer Bedingungen bei ihr zur Verfügung der Klägerin liege. Darauf forderte die Klägerin am 1. Oktober 1925 unter Rücknahme ihres Angebots den Scheck vergeblich zurück; sie erwirkte dann einen Arrest, auf Grund dessen sie eine der von ihr in Auftrag gegebenen Maschinen pfändete, und erhob Klage auf Erstattung des ihr durch widerrechtliche Verfügung über den Scheck entstandenen Schadens von 13000 RM. nebst Zinsen. Die Klage war zunächst auch gegen die H.-Hütte gerichtet; sie erledigte sich aber gegen diese Beklagte dadurch, daß sie am 13. November 1925 in Konkurs verfiel, und daß der Konkursverwalter den Absonderungsanspruch der Klägerin anerkannte und in die Versteigerung der Maschine willigte. Der Beklagte W. wurde vom Landgericht antragsgemäß verurteilt. Danach erwarb die Klägerin die Maschine für das Höchstgebot von 1400 RM. Sodann wurde die Berufung des Beklagten mit der Maßgabe zurückgewiesen, daß jener Erlös von der Urteilssumme in Abzug gebracht wurde. Die Revision des Beklagten führte zur Aufhebung und Zurückverweisung.

Gründe:

Das Berufungsgericht begründet seine Entscheidung dahin: Nach den Abmachungen der Parteien sei der Scheck nur unter Vorbehalt der H.-Hütte zu treuen Händen übergeben worden; erst bei Zustandekommen des Vertrags hätte diese darüber verfügen dürfen. Der Vertrag sei nie abgeschlossen worden, auch nicht durch schlüssige Handlungen, da der Agent die Bestätigung der Hütte ausdrücklich vorbehalten habe, die nie erfolgt, sondern abgelehnt worden sei.

Der Beklagte W. habe erkannt, daß der Scheck noch Eigentum der Klägerin sei und daß er nicht darüber verfügen dürfe; trotzdem habe er dies getan. Dadurch sei die Klägerin um 13000 RM. geschädigt worden. Daran ändere auch der Umstand nichts, daß sie im Laufe des Rechtsstreits eine der bestellten Maschinen erworben habe, ganz gleich, zu welchem Preise und in welchem Zustande. Denn dieser Erwerb beruhe auf einem neuen selbständigen Entschluß der Klägerin, die Maschine in der Zwangsversteigerung zu erwerben, nicht aber auf den ursprünglichen rechtlichen Beziehungen. Daher bestehe kein ursächlicher Zusammenhang zwischen der schadenstiftenden und der den etwaigen Vorteil begründenden Handlung.

Die Revision rügt Verletzung des § 249 BGB., die sie in der Unterlassung der Vorteilsausgleichung findet. Die Rüge ist begründet.

Vorteile sind auf den Schaden anzurechnen, wenn ihre Entstehung in adäquatem Zusammenhang auf das schädigende Ereignis zurückzuführen ist. Der erforderliche Zusammenhang ist nicht nur dann gegeben, wenn der Vorteil unmittelbar aus der schädigenden Handlung erwächst, sondern kann auch dann anerkannt werden, wenn diese nur mittelbar und im Zusammenwirken mit anderen Ereignissen dazu beigetragen hat, dem Geschädigten einen Nutzen zu verschaffen, sofern nur nach der natürlichen Entwicklung der Dinge mit der Entstehung eines solchen Vorteils zu rechnen und der Zusammenhang nicht so lose ist, daß er nach vernünftiger Lebensauffassung keine Berücksichtigung mehr verdient.

Die schädigende Handlung sieht das Berufungsgericht in der widerrechtlichen Verfügung über den zu treuen Händen übergebenen Scheck. Aus derselben Handlung ergab sich aber der Anspruch auf Schadensersatz, der bei Leuten, die in bedrängter Lage sind und sich daher an fremdem Gut vergreifen, nach dem gewöhnlichen Lauf der Dinge zur Zwangsvollstreckung führt. Hat der Gläubiger beim Schuldner Bestellungen gemacht oder ihm in Aussicht gestellt auf Sachen, die für die persönlichen Bedürfnisse des Gläubigers zugeschnitten sind und nach denen sonst nur vereinzelt Nachfrage besteht, so entspricht es wiederum der natürlichen Entwicklung, daß der Gläubiger gerade diese Stücke zur Pfändung noch vorfindet. Hat der Gläubiger aber erst ein Pfandrecht, so ist es keine ungewöhnliche Folge, daß er selbst in der Versteigerung die auf seinen Bedarf zugerichteten Pfandstücke zu einem Schleuderpreise erwirbt. Denn der Kreis von Abnehmern für Maschinen, die selten gebraucht werden und noch dazu für besondere Zwecke des Pfandgläubigers eigens hergestellt worden sind, wird sicherlich ganz gering sein; andere Bieter werden daher oft ganz fehlen. Die zum Schadensersatz verpflichtende Handlung wird deshalb in solchen Fällen häufig dazu führen, daß der Gläubiger einen mit erheblichen Mitteln hergestellten Gegenstand zu einem Preise erwirbt, der keinen Gegenwert für die aufgewendeten Mittel bietet, obgleich für den Pfandgläubiger noch das alte Bedürfnis besteht und für ihn die Sache noch den alten Wert hat, abgesehen von Einbußen, auf die noch einzugehen ist. Für den Gläubiger kann daher der Erwerb einen Vorteil bedeuten, der ihm nicht erwachsen wäre, wenn es nicht zur unerlaubten Handlung und demnächst zur Zwangsvollstreckung gekommen wäre. Der ursächliche Zusammenhang zwischen unerlaubter Handlung und Vorteil ist damit gegeben, soweit dafür zu fordern ist, daß die schadenstiftende Handlung nach dem gewöhnlichen Laufe der Dinge zu dem eingetretenen Erfolge führen konnte.

Man kann diesen Zusammenhang nicht mit der Betrachtung abtun, die das Berufungsgericht anstellt. Auch der neue selbständige Entschluß, das Pfandstück im Laufe der Vollstreckung zu erwerben, kann sich als Folge der unerlaubten Handlung darstellen. Man versetze sich in die Lage des Gläubigers: Er hat ein Pfandrecht, der Schuldner ist im Konkurs; der Versteigerungserlös fließt daher bis zum Nennbetrage seiner minderwertigen Forderung zum Gläubiger voll zurück. Der Gläubiger zahlt nicht an die Konkursmasse, um dann nur die Konkursquote davon wieder zu erhalten, wie er es tun müßte, wenn er das Pfandrecht nicht besäße. An die Stelle der ohne Pfandrecht minderwertigen Forderung tritt der vollwertige Pfanderlös, dazu vielleicht auch noch ein Mehrwert der Maschine. Der Entschluß, in der Zwangsversteigerung zu bieten oder auch vorher freihändig zu erwerben, ist dem Geschädigten in seiner Eigenschaft als Pfandgläubiger ganz wesentlich erleichtert, und daher findet dieser Entschluß seinen letzten Grund mit in der unerlaubten Handlung, aus der die Pfandgläubigerstellung erwuchs. Wenigstens wird das der Regelfall sein.

Jedoch darf der Vorteil, ebenso wie der Schaden, nach der Auffassung des Lebens nicht so lose mit dem verursachenden Ereignis zusammenhängen, daß dieser Zusammenhang vernünftigerweise unberücksichtigt zu lassen wäre. Beim Erwerb in der Zwangsvollstreckung fällt die Mängelhaftung weg; beim freihändigen Ankauf von einer zahlungsunfähigen Firma ist nichts beizutreiben, wenn sich später Mängel ergeben. In dem Erwerb einer unfertigen Maschine liegt eine nicht zu unterschätzende Gefahr. Alledem und etwaigen andern preismindernden Gründen muß Rechnung getragen werden, wenn man den angemessenen Wert der Maschine für die Klägerin ermitteln will. Geht das in solchem Erwerbe liegende Wagnis gut aus und erwächst in diesen Grenzen ein Vorteil, so sieht ihn eine vernünftige Auffassung doch nur als einen Gegenwert für die beim Erwerb übernommenen Gefahren und nicht mehr als einen durch den Erwerbspreis nicht ausgeglichenen Gewinn aus der Gläubigerstellung an. Vorteile in diesen Grenzen sind daher nicht auszugleichen. Nur dann, wenn der bezahlte Preis noch unter den gekennzeichneten Grenzen bleibt, kann von einem ausgleichspflichtigen Vorteil die Rede sein. Dabei kommt in Betracht, daß hier nicht ein Fall vorliegt, in dem etwa ein Gläubiger, nur um sein Geld zu retten, zu dem sonst unerwünschten Erwerb eines Gegenstands geschritten wäre, den er selbst nicht gebrauchen und dessen Verwertung ihm noch Gefahren bringen könnte. Hier handelt es sich vielmehr um den Erwerb einer Maschine, die für die Klägerin angefertigt worden war, und deren Ankauf sie beabsichtigte und ohne die Veruntreuung wohl auch bewirkt hätte; für diesen Gegenstand bestand auch zur Zeit des Zwangserwerbs noch das alte Bedürfnis und daher der alte Wert, abgesehen von der erörterten Einbuße.

Der Beklagte hatte darauf hingewiesen, daß nach dem in Aussicht genommenen Vertrage zwei der Maschinen für 39000 RM. hätten geliefert werden sollen, daß die eine gepfändete Maschine beinahe fertiggestellt gewesen und der Klägerin für etwa 1000 RM. zugefallen sei. Beweis hierfür war angetreten. Daher muß damit gerechnet werden, daß die neuwertige Maschine zu 5 bis 10 v. H. ihres Neuwerts weggegangen ist, und daß dieser niedrige Preis nicht durch den gewöhnlichen Abschlag, der bei jedem Zwangsverkauf dieser Art vom ordentlichen Preise gemacht werden muß, zu erklären ist, sondern auf den gekennzeichneten besonderen Gründen beruht. Dadurch fiele der Klägerin ein Vorteil zu, der sich in Fällen der vorliegenden Art als die nicht ungewöhnliche Folge der unerlaubten

Handlung des Beklagten darstellt, nach verständiger Lebensauffassung auf jene, nicht auf irgendwelche andere Umstände, zurückzuführen ist und eine sachliche Berechtigung sonst nicht findet. Das Berufungsgericht hätte daher den Behauptungen des Beklagten nachgehen und ermitteln müssen, ob ein Vorteil der gekennzeichneten Art für die Klägerin entstanden ist. Würde ihr dieser nicht abgerechnet werden, so führte die Verurteilung des Beklagten zu dem Ergebnis, daß seine unerlaubte Handlung der Klägerin im Enderfolg einen durch nichts gerechtfertigten Vorteil bringen und das Urteil nicht nur den Schaden abwenden würde.

---

41. Befreit anhaltender oder drohender Schneefall stets von der Pflicht zum Streuen?

BGB. § 823.

IX. Zivilsenat. Urt. v. 13. Juni 1931 i. S. Ehefrau C. (Kl.) w. Firma B. & S. (Bekl.). IX 70/31.

I. Landgericht Düsseldorf.
II. Oberlandesgericht daselbst.

Das die Klage abweisende Berufungsurteil wurde vom Reichsgericht aufgehoben und die Sache zurückverwiesen aus den folgenden, den Sachverhalt ergebenden

Gründen:

Das Oberlandesgericht führt aus: Der Beklagten habe die Reinigungs- und Streupflicht an der Stelle obgelegen, wo die Klägerin infolge von Schneeglätte gefallen zu sein behaupte. Eine Säuberung von Schnee und eine Bestreuung bei Eis- und Schneeglätte habe aber nur dann einen Sinn, wenn hiervon eine nachhaltige Wirkung zu erwarten sei. Von solcher Wirkung könne keine Rede sein, wenn und solange es weiterschneie, aber auch, solange mit alsbaldigem neuen Schneefall zu rechnen sei. Eine nach den Begleitumständen zu beurteilende Pause dürfe abgewartet werden.

Diese Erwägungen berücksichtigen den vorgetragenen Sachverhalt nicht ausreichend. Selbstverständlich sollen die dem Streupflichtigen auferlegten Maßnahmen nicht zwecklos sein und die damit aufgewendete Arbeit soll in einem vernünftigen Verhältnis zur Erreichung des Ziels stehen: einer nicht unwesentlichen und nicht ganz vorübergehenden Herabminderung der den Fußgängern drohenden Gefahr. Dichter Schneefall kann sehr bald alle Streumittel soweit bedecken, daß sie wirkungslos werden. Handelt es sich um einen solchen Schneefall oder ist nach den Umständen mit solchem Schneefall zu rechnen, so wird man keinen Vorwurf erheben dürfen, wenn nicht sofort gestreut und der Schnee nicht sofort beseitigt wird, und man wird dem Streupflichtigen auch zugestehen müssen, daß er nach Aufhören des Schneefalls eine nach den Umständen zu beurteilende Frist abwarten darf, ehe er seine Maßnahmen trifft.

Die Wetterlage kann aber auch anders sein. Es kann sich um leichte, von längeren Pausen unterbrochene Schneefälle handeln, die nur eine dünne Schneedecke liefern, unter der grobe Streumittel an Wirkung kaum verlieren. Würde in solchen Fällen nicht gestreut, so könnte viele Stunden hindurch eine schwere Gefahr bestehen, die ohne übermäßige Arbeit hätte behoben werden können.

Nach dem Vortrage der Parteien soll es sich hier um sog. Märzbisen gehandelt haben, die Wechsel von Schnee, Sonnenschein und Tauwetter bringen. Nach den Wetterberichten der beiden Nachbarwarten hatte am Unfalltage (10. März 1928) von $6^1/_2$ bis $11^1/_2$ Uhr leichter Schneefall geherrscht (der Unfall trat gegen 10 Uhr ein). Die Beklagte trägt vor, es habe sich um Plackschnee gehandelt, der immer wieder bald in Wasser übergegangen sei. Der Ehemann der Klägerin bezeugt, man habe deutliche Fußspuren im Schnee hinterlassen, woraus auch nur auf jeweilig dünne Schneeschichten zu schließen wäre. Dazu bekunden mehrere Zeugen, es sei außerordentlich glatt gewesen. Würde das alles festzustellen und daraus der Schluß zu ziehen sein, daß bei vernünftigem Ermessen rechtzeitig zu erkennen war, grobe Streumittel würden für längere Zeit eine schwere Gefahr erheblich mildern, so müßte ein Streuen für erforderlich gehalten werden, auch wenn mit dem Fortbestande der Witterung zu rechnen war. Das Reichsgericht hat bereits früher darauf hingewiesen, daß das Streuen bei Schneefall nicht stets wirkungslos sein muß, sondern daß es dabei wesentlich auf die Stärke des Schneefalls und auf die Beschaffenheit des Schnees und des Bodens ankommt (Urt. vom 22. Mai 1917 III 56/17, Recht 1917 Nr. 1260). Es kann mithin nicht als richtig anerkannt werden, daß noch weiter anhaltender oder drohender neuer Schneefall unter allen Umständen von der Pflicht zum Streuen befreie.

42. Zur Frage der Stempelpflichtigkeit einer Urkunde, in der die Eintragung einer Vormerkung zur Sicherung des Anspruchs auf Eintragung einer Darlehnshypothek bewilligt und beantragt wird.

Preuß. Stempelsteuergesetz v. 27. Oktober 1924 (GS. S. 627) Tarifstellen 15, 18 Nr. 2.

VII. Zivilsenat. Urt. v. 18. September 1931 i. S. Preuß. Staat (Bekl.) w. E. AG. (Kl.). VII 519/30.

I. Landgericht I Berlin.
II. Kammergericht daselbst.

In einer notariellen Urkunde vom 6. Februar 1929 bewilligte und beantragte die Klägerin die Eintragung einer Vormerkung auf ihrem Grundstücke zur Sicherung des Anspruchs einer Bank auf Eintragung einer Darlehnshypothek von 1215000 RM. unmittelbar hinter einer Gesamtbelastung von höchstens 830000 RM. Der Notar verwendete für diese Urkunde einen Stempel von 3 RM. Das Finanzamt forderte aber auf Grund der Tarifst. 15 des preußischen Stempelsteuergesetzes noch weitere 1212 RM. und zog den Betrag ein. Die Klägerin verlangt dessen Rückerstattung.

Das Landgericht wies die Klage ab. Das Kammergericht erkannte nach dem Klagantrag. Die Revision des Beklagten hatte keinen Erfolg.

Gründe:

Das Berufungsgericht hat angenommen, daß die Vormerkung nur zur Wahrung des Ranges der möglicherweise zu bewilligenden Hypothek eingeräumt worden sei, nicht aber zur Sicherung der Darlehnsforderung der Gläubigerin. Demgegenüber führt die Revision aus, die Vormerkung sichere nicht nur den Rang der Hypothek, sondern auch den Anspruch auf deren Eintragung. Eine Urkunde über das sichergestellte Recht würde nach Ansicht der Revision mindestens die Erklärung der Schuldnerin enthalten müssen, daß sie der Gläubigerin für ein Darlehen von 1215000 RM. Hypothek bestelle; sie würde nach Tarifst. 14 I Abs. 1 StStG. einen Stempel in Höhe von $^1/_6$ v. H., also einen höheren als den eingezogenen Stempel von $^1/_{10}$ v. H. erfordern.

Eine Vormerkung, die auf Grund des § 883 BGB. bewilligt wird, ist dazu bestimmt, den Anspruch auf Einräumung oder Aufhebung eines Rechts an einem Grundstück zu sichern, und für die Vormerkung zur Erhaltung des Anspruchs auf Einräumung einer Hypothek gilt nichts Abweichendes. Auch sie enthält mithin eine Sicherstellung im Sinne der Tarifst. 15 Abs. 1 StStG. Zur Beurteilung des aus Abs. 3 das. gegen die Stempelpflicht erhobenen Einwands muß also geprüft werden, welcher Stempel für die Beurkundung des sicherzustellenden Rechts erhoben werden müßte.

Der Anspruch der Bank, der sichergestellt werden sollte, ging auf Eintragung einer Hypothek von 1215000 RM. hinter einer Gesamtbelastung von höchstens 830000 RM. Wäre dieses Recht beurkundet worden, so hätte ein Vertrag aufgenommen werden müssen, durch den sich die Klägerin zur Eintragung der Hypothek an der bezeichneten Stelle verpflichtete und die Bank diese Verpflichtung annahm. Das wäre ein Vertrag über einen sonstigen vermögensrechtlichen Gegenstand im Sinne der Tarifst. 18 Nr. 2 Abs. 1 StStG. gewesen, der einen Stempel von 3 RM. erfordert hätte. Daraus ergibt sich in Anwendung der Tarifst. 15 Abs. 3, daß die Urkunde vom 6. Februar 1929 nicht höher zu besteuern ist.

Unzutreffend ist die Annahme der Revision, eine Urkunde über das zu sichernde Recht hätte im vorliegenden Falle eine Hypothekenbestellung enthalten müssen. Gesichert werden sollte nur das Recht auf Eintragung der Hypothek, nicht die Hypothek selbst (vgl. RGZ. Bd. 130 S. 232).

---

43. Unterliegt die Erklärung einer Firma, daß sie einem Handlungsgehilfen Prokura erteile, auch dann dem Vollmachtstempel, wenn sie zum Zwecke der Eintragung im Handelsregister an das Amtsgericht gerichtet wird?

Preuß. Stempelsteuergesetz vom 16. März 1924 (GS. S. 139) Tarifstelle 73.

VII. Zivilsenat. Urt. v. 22. September 1931 i. S. Preuß. Staat (Bekl.) w. Firma N. (Kl.). VII 506/30.

I. Landgericht Münster i. W.
II. Oberlandesgericht Hamm.

Die klagende Firma hatte am 2. April 1924 an das Amtsgericht in L. folgende notariell beglaubigte Erklärung gerichtet:

Zur Eintragung in das Handelsregister melden wir folgendes an:

Den Handlungsgehilfen Jakob H. und Ernst Wilhelm S., beide in L. wohnhaft, erteilen wir für unsere unter der Firma N. in L. betriebene offene Handelsgesellschaft derart Gesamtprokura, daß beide gemeinschaftlich oder einer von ihnen mit einem anderen Prokuristen oder einem allein zur Vertretung der Gesellschaft berechtigten Gesellschafter zur Vertretung der Firma befugt sind.

Bei Anwendung des preußischen Stempelsteuergesetzes in der Fassung vom 16. März 1924 verlangt der Beklagte für jene Eingabe die nachträgliche Entrichtung eines Stempels von 1145 RM. Er sieht darin die Erteilung zweier Vollmachten zur Vornahme aller oder gewisser Gattungen von Geschäften für den Vollmachtgeber (Generalvollmachten), wie sie die Tarifst. 73 Abs. 1 a. a. O. besonders vorsieht, und berechnet danach unter Anwendung des Steuersatzes von $^{2}/_{10}$ v. H. und Zugrundelegung eines Geschäftsvermögens der Klägerin von 1144309 RM. einen Stempelbetrag von 2 mal 2288,60 RM. = 4577,20 RM., den er aber gemäß der Vorschrift im Abs. 2 der Tarifst. 73 auf ein Viertel (2 × 572,50 RM.) ermäßigt.

Mit der Klage beantragt die Klägerin die Feststellung, daß sie nicht verpflichtet sei, den geforderten Fehlstempel von 1145 RM. zu zahlen. Sie bestreitet, daß eine Vollmachtsurkunde vorliege, und beanstandet ferner hilfsweise die Annahme, daß es sich um zwei Vollmachtserteilungen und nicht um Erteilung einer einheitlichen Gesamtprokura handle, sowie die Berechnung ihres Geschäftsvermögens.

Das Landgericht wies die Klage ab. Auf die Berufung der Klägerin traf das Oberlandesgericht die von ihr begehrte Feststellung. Die Revision des Beklagten führte zur Aufhebung und Zurückverweisung.

Gründe:

Der Berufungsrichter gelangt zur Verneinung der Stempelpflichtigkeit der Urkunde vom 2. April 1924 auf Grund folgender Erwägungen. Hätte die Urkunde nur gelautet: „Wir erteilen ... Prokura", so wäre zweifellos der Vollmachtstempel fällig geworden. Allein diese Worte enthielten nur einen Teil der Urkunde; zu ihr gehörten außerdem die Überschrift: „An das Amtsgericht in L." sowie der erste Absatz:

„Zur Eintragung in das Handelsregister melden wir folgendes an." Daraus ergebe sich, daß mit der Urkunde in erster Linie die Eintragung der Prokura im Handelsregister bezweckt gewesen sei. Zwar sei es nicht ausgeschlossen, daß eine Anmeldung zum Handelsregister auch eine Vollmachtserteilung enthalte; dies müsse aber aus der Form und dem Inhalt der Anmeldung zweifelfrei hervorgehen. Der Zweck einer Vollmacht sei, den Bevollmächtigten zu legitimieren; dieser Zweck sei aber aus der vorliegenden Anmeldung nicht ersichtlich. Abgesehen davon, daß sie überhaupt nicht für den Bevollmächtigten oder zur Kenntnisnahme für dessen etwaige Erklärungsgegner, sondern nur zur Einverleibung in die Handelsregisterakten bestimmt sei, würde sie ihrem Inhalt nach auch gar nicht geeignet sein, als Vollmacht zu dienen. Dem Bevollmächtigten, der sie etwa zu seiner Legitimation vorweisen würde, könnte mit Recht entgegengehalten werden, es werde durch sie höchstens das Bestehen der Vollmacht zur Zeit der Anmeldung beim Handelsregister, nicht aber ihr Weiterbestehen erwiesen. Die Fiktion des § 172 BGB. könne der Bevollmächtigte nicht für sich in Anspruch nehmen. Die wörtliche Fassung des Schriftstücks vermöge an dem Ergebnis nichts zu ändern. Die Entscheidung des Rechtsstreits lasse sich nicht von einer grammatikalischen Unterscheidung abhängig machen, deren Bedeutung der Klägerin nicht bekannt gewesen sei, und die sie nicht gewollt habe. Sowohl Form und Inhalt der Urkunde wie auch die überwiegende Gepflogenheit in Handelskreisen sprächen dafür, daß die Anmeldung lediglich der Niederschlag einer bereits erfolgten mündlichen Bevollmächtigung gewesen sei. In den weniger häufigen Fällen, wo eine Firma die Bevollmächtigung eines Prokuristen schriftlich erteile oder bestätige, geschehe dies in Form einer an den Prokuristen selbst oder an die Geschäftsfreunde der Firma gerichteten Mitteilung. Aus diesen Gründen könne nicht festgestellt werden, daß die Klägerin mit der Urkunde eine Prokuraerteilung bezweckt habe, und es lasse sich auch nicht feststellen, daß diese nach Form und Inhalt als eine solche angesehen werden müsse.

Diese Darlegungen sind, wie die Revision mit Recht geltend macht, nach mehrfacher Richtung hin von Rechtsirrtum beeinflußt. Zunächst hat der Berufungsrichter den allgemeinen Grundsatz des § 3 Abs. 1 des preußischen Stempelsteuergesetzes nicht hinreichend beachtet, demzufolge die Stempelpflichtigkeit einer Urkunde sich nach ihrem Inhalte richtet, einen Grundsatz, den das Reichsgericht stets in dem Sinne aufgefaßt hat, daß die Stempelpflichtigkeit nur nach dem Inhalte der Urkunde zu beurteilen ist. Wie der erkennende Senat u. a. in RGZ. Bd. 117 S. 91/92 sowie S. 399 dargelegt hat, dürfen bei der Entscheidung über die Stempelpflichtigkeit solche Umstände, die aus der Urkunde nicht zu ersehen sind, nur dann herangezogen werden, wenn im Gesetz derartige Ausnahmen ausdrücklich zugelassen sind. Von zugelassenen Ausnahmen kann hier keine Rede sein. Ausgangspunkt für die Untersuchung der Stempelpflichtigkeit des Schriftstücks vom 2. April 1924 kann daher nur sein Wortlaut sein. Dieser besagt mit vollkommener Deutlichkeit, daß die klagende Firma damit ihren Handlungsgehilfen H. und S. Prokura erteile. Demnach bringt es der Grundsatz der reinen Urkundenverstempelung ohne weiteres mit sich, daß jenes Schriftstück dem Vollmachtstempel nach Tarifst. 73 (Gesetzesfassung vom 16. März 1924) unterliegt. Irgendwelcher Feststellung in der Richtung des mit der Urkunde verfolgten Zweckes — wie sie der Vorderrichter für notwendig zu halten scheint — bedarf es nicht.

In zulässiger Weise verfährt allerdings der Berufungsrichter, indem er bei der Beurteilung der Urkunde auch auf deren einleitende Worte sein Augenmerk richtet. Daraus entnimmt er jedoch nur, daß „mit der Urkunde in erster Linie die Eintragung der Prokura im Handelsregister bezweckt" gewesen sei, und er räumt selbst ein, daß sie daneben noch eine Vollmachtserteilung enthalten könne. Die letztere Auffassung ist unzweifelhaft richtig und wird auch im Schrifttum gebilligt (Loeck-Eiffler Komm. z. preuß. Stempelsteuergesetz, 10. Aufl. Anm. 12 Abs. 1 a. E. zu Tarifst. 19 S. 289; Koenige-Teichmann-Köhler Komm. zum Handelsgesetzbuch 2. Aufl. Anm. 3 a. E. zu § 48 S. 113 und Anm. Abs. 3 zu § 53 S. 119). Wenn das Berufungsgericht aber meint, das streitige Schriftstück könne nach Form und Inhalt nicht als Vollmachtsurkunde angesehen werden, so ist eine solche Auslegung als unmöglich zu erachten. Der Wortlaut ist so klar, daß er einer Auslegung schlechthin unzugänglich ist; er kann nicht anders aufgefaßt werden als dahin, daß die Klägerin erklärt hat, sie erteile damit den beiden genannten Handlungsgehilfen Prokura.

Der Berufungsrichter ist auch von rechtsirrigen Vorstellungen beeinflußt, wenn er meint, die Urkunde würde ihrem Inhalt nach gar nicht geeignet sein, als Vollmacht zu dienen, weil sie höchstens das Bestehen der Vollmacht zur Zeit der Anmeldung beim Handelsregister, nicht aber ihr Weiterbestehen erweisen würde. Hierbei ist unbeachtet gelassen, daß nach § 10 HGB. das Registergericht die Eintragung der Prokura ins Handelsregister zu veröffentlichen hatte, und daß gemäß § 15 Abs. 2 das. jeder Dritte die eingetragene und bekannt gemachte Tatsache dieser Prokuraerteilung gegen sich gelten lassen mußte, es sei denn, daß er sie weder kannte noch kennen mußte. Diese Ausnahme kommt hier nicht in Betracht. Vielmehr greift § 171 Abs. 1 BGB. ein, wonach die durch öffentliche Bekanntmachung kundgegebene Bevollmächtigung die Wirkung hat, daß der Bevollmächtigte jedem Dritten gegenüber zur Vertretung befugt ist (vgl. Staub-Bondi Komm. zum Handelsgesetzbuch 12./13. Aufl. Anm. 8 zu § 48 Bd. 1 S. 290; Koenige-Teichmann-Köhler a. a. O.). Nach § 171 Abs. 2 BGB. bleibt diese Vertretungsmacht bestehen, bis die Kundgebung in derselben Weise widerrufen wird, wie sie erfolgt ist; somit kann keine Rede davon sein, daß sie — wie der Vorderrichter meint — nur für den Zeitpunkt der Anmeldung beim Handelsregister Wirkungen äußern könnte. Der vom Berufungsgericht herangezogene § 172 BGB. ist hier überhaupt nicht von Belang. Das Bedenken endlich, daß die Urkunde vom 2. April 1924 nicht für die Bevollmächtigten oder zur Kenntnisnahme für ihre etwaigen Erklärungsgegner, sondern nur zur Einverleibung in die Handelsregisterakten bestimmt gewesen sei, erledigt sich mit der Erwägung, daß eine Aushändigung der Vollmachtsurkunde an den Bevollmächtigten oder gar ein Gebrauchmachen von ihr nicht Voraussetzung der Erhebung des Vollmachtstempels ist. Nach § 3 Abs. 2 StStG. gilt vielmehr der — hier von keiner Ausnahme durchbrochene — Grundsatz, daß die etwa unterbliebene Ausführung des Geschäfts für die Stempelpflichtigkeit der Urkunde ohne Bedeutung ist. Übrigens ersetzt ein die Prokuraerteilung betreffender Auszug aus dem Handelsregister ohne weiteres die förmliche Vollmachtsurkunde (vgl. Staub-Bondi a. a. O. Anm. 7 a. E. zu § 48 HGB. Bd. 1 S. 290; Düringer-Hachenburg-Hoeniger Komm. zum Handelsgesetzbuch 3. Aufl. Anm. 34 Satz 5 der Vorbemerkungen vor § 48 Bd. 1 S. 471).

Nach alledem ist die Stempelpflichtigkeit der streitigen Urkunde gemäß Abs. 1 (in Verbindung mit Abs. 2) der Tarifst. 73 StStG. zu bejahen. Der Fall der sog. Vollmachtgeständnisurkunde, wie sie

Abs. 4 der Tarifstelle im Auge hat, liegt nicht vor, denn das Schriftstück enthält keine Erklärung der Klägerin, daß sie schon vor seiner Abfassung den darin genannten Handlungsgehilfen Prokura erteilt habe. Wenn der Berufungsrichter die Urkunde als den Niederschlag einer bereits erfolgten mündlichen Bevollmächtigung ansehen will, so bietet ihr maßgebender Inhalt dafür keine Unterlage, und das Auslegungsergebnis des Berufungsgerichts muß auch hier als unmöglich bezeichnet werden.

Hiernach kommt es noch auf die vom ersten Richter erörterten, vom Berufungsgericht aber ungeprüft gelassenen weiteren Einwendungen an, mit denen die Klägerin den Stempelsteueranspruch dem Betrage nach bekämpft.

---

44. 1. Verstößt ein Vertrag, durch den ein Abzahlungsgeschäft zur Beschaffung von Kredit einen Teil seiner Außenstände an ein Kreditinstitut abtritt, als Kredittäuschungsvertrag oder als Knebelungsvertrag gegen die guten Sitten?

2. Zum Begriff der Forderungsabtretung.

3. Zur Frage, wann im Falle der Konkurseröffnung über das Vermögen des Kreditnehmers das Absonderungsrecht des Abtretungsempfängers entsteht.

BGB. §§ 138, 185, 306, 398flg., 823flg. KO. § 15.

II. Zivilsenat. Urt. v. 7. Juli 1931 i. S. K. als Verwalter im Konkurse der Firma H. (Bekl.) w. Diskontvereinigung eingetr. Gen. mbH. (Kl.). II 447/30.

I. Landgericht München I.
II. Oberlandesgericht daselbst.

Die Klägerin, eine eingetragene Genossenschaft mbH., verschafft ihren Genossen, welche Abzahlungsgeschäfte betreiben, nach bestimmten „Richtlinien" die für ihren Geschäftsbetrieb nötigen Geldbeträge durch Bevorschussung der Teilzahlungsforderungen der Genossen an ihre Kunden (Diskontierung von Buchforderungen). Für je 10000 RM. des von dem einzelnen Genossen beanspruchten Kredits hat dieser einen Geschäftsanteil zu übernehmen. Der vom Kunden des Genossen bei Beleihung noch nicht gezahlte Teil des Kaufpreises wird zu einem in den Richtlinien vorgesehenen (80% bei Möbeln, 60% bei Textilien) oder besonders zu vereinbarenden Hundertsatze beliehen. Bleibt ein Kunde mit mehr als drei Raten im Verzug, zahlt er vor Fälligkeit (des vom Genossen aufgenommenen Kredits) oder wird ein Vertrag nachträglich rückgängig gemacht, so ist die Diskontvereinigung (Klägerin) nach Ablauf eines Monats hiervon in Kenntnis zu setzen und sind ihr dem fortgefallenen Betrag entsprechende Ersatzverträge zu übereignen. Wird ein Kunde verklagt, so ist der Vertrag gegen einen anderen auszutauschen. Für den gewährten Vorschußkredit sind der Diskontvereinigung Wechsel in folgender Form zu geben: Der Genosse hat die zu beleihenden Verträge in einer Liste zusammenzustellen und über die sich hiernach ergebenden Beleihungssummen monatsweise Wechsel zu akzeptieren. Auf bevorschußte Verträge angenommene Kundenakzepte sind der Diskontvereinigung ins Depot zu geben. Zur Sicherung des Vorschußkredits hat der Genosse die zu bevorschussenden Verträge zu übergeben und seine Rechte aus diesen Verträgen, insbesondere auch das vorbehaltene Eigentum, an die Kreditanstalt für Verkehrsmittel AG. (welche die Bankgeschäfte der Diskontvereinigung besorgte) abzutreten. Die abgetretenen Rechte werden von der Diskontvereinigung verwaltet. Dem Käufer wird von der Abtretung nur dann Kenntnis gegeben, wenn der Genosse seinen Verpflichtungen nicht nachkommt. Löst der Genosse die von ihm gegebenen Wechsel nicht ein, so ist die Klägerin berechtigt, sämtliche Kunden des Genossen von der Abtretung seiner Rechte in Kenntnis zu setzen und Zahlung unmittelbar an sie oder an einen Beauftragten zu verlangen.

Die Firma H., über deren Vermögen am 23. April 1929 das Konkursverfahren eröffnet worden ist, hat im Dezember 1927 und im April und Oktober 1928 nach Maßgabe der Richtlinien bei der Klägerin eine Anzahl von Kaufverträgen und Wechselakzepten mit der dort vorgesehenen Abtretungserklärung und mit dem Ersuchen um Bevorschussung eingereicht und hat die Bevorschussung auch erhalten.

Nach Behauptung der Klägerin hat ihr die Firma H. Forderungen im Gesamtbetrag von 28229,10 RM. abgetreten; darauf soll sie bis zur Konkurseröffnung Vorschüsse im Gesamtbetrag von 24520,20 RM. erhalten haben. Die Klägerin machte für ihren Anspruch aus der Kreditgewährung ein Aussonderungs- oder doch ein Absonderungsrecht an den abgetretenen Forderungen geltend. Mit der gegen den Konkursverwalter erhobenen Klage beantragte sie festzustellen, daß die von der Gemeinschuldnerin an die Kreditanstalt für Verkehrsmittel und von dieser an die Klägerin abgetretenen Forderungen nach dem der Klageschrift beigefügten Verzeichnis ihr zuständen und daß sie berechtigt sei, diese Forderungen einzuziehen, soweit sie von der Gemeinschuldnerin oder vom verklagten Konkursverwalter noch nicht eingezogen seien. Der Beklagte bestritt die Höhe des der Klägerin aus der Kreditgewährung zustehenden Anspruchs und wandte ein, der Vertrag zwischen der Klägerin und der Gemeinschuldnerin sei wegen Verstoßes gegen die guten Sitten nichtig, es fehle an einer wirksamen Abtretung der Forderungen der Gemeinschuldnerin.

Das Landgericht erklärte durch Teil- und Zwischenurteil den Klaganspruch bis zur Höhe der Forderung der Klägerin gegen die Gemeinschuldnerin dem Grunde nach für gerechtfertigt und wies im übrigen die Klage ab. Der erste Richter hält die Einwendungen des Beklagten gegen den Anspruch auf Feststellung, daß die Forderungen von der Gemeinschuldnerin rechtswirksam abgetreten worden seien, für unbegründet. Die Klagabweisung bezieht sich auf den weitergehenden Anspruch, festzustellen, daß die Klägerin auch berechtigt sei, die abgetretenen Forderungen einzuziehen. Die Klägerin erhebe damit — so führt das Urteil aus — den Anspruch auf den Gegenwert sämtlicher Forderungen in Höhe von 28229,10 RM. Da sie aber kein Aussonderungsrecht, sondern nur ein Absonderungsrecht habe, könne sie nach §§ 48, 64 KO. nur in Höhe ihrer Forderung gegen die Gemeinschuldnerin abgesonderte Befriedigung verlangen. Diese Forderung stehe noch nicht fest, sei aber nach Behauptung der Klägerin selbst geringer als die Summe der abgetretenen Forderungen; es sei daher auszusprechen, daß der Klägerin die Befugnis zur Einziehung der ihr abgetretenen Forderungen nur bis zur Höhe ihrer Forderung gegen die Gemeinschuldnerin zustehe. Das Oberlandesgericht wies die Berufung der Klägerin mit der Maßgabe zurück, daß es in der Urteilsformel statt „bis zur Höhe der klägerischen Forderung" zu heißen habe: „bis zur Deckung der klägerischen Forderung". Auf die Berufung des Beklagten hob der zweite Richter das landgerichtliche Urteil auf, soweit es als Zwischenurteil über den Grund des Klaganspruchs entschied, und verwies die Sache insoweit zur neuen Verhandlung und Entscheidung an das Landgericht zurück. Das Zwischenurteil wurde nur deshalb aufgehoben, weil das Verfahren erster Instanz an einem wesentlichen Mangel leide. Zum Grunde des Anspruchs gehöre nämlich nicht nur die Feststellung, daß die Abtretungen der Forderungen nach Maßgabe der Richtlinien rechtswirksam gewesen seien, sondern auch die weitere Feststellung, daß die Abtretung der einzelnen von der Klägerin angeführten Forderungen im Zeitpunkt der Konkurseröffnung noch zu Recht bestanden habe. In letzterer Hinsicht habe der Beklagte geltend gemacht, daß dies bei allen den Forderungen nicht zutreffe, welche in dem von ihm vorgelegten Verzeichnis nicht enthalten seien. Über diese Einwendung sei das Landgericht hinweggegangen.

Die Revision des Beklagten wurde zurückgewiesen.

Gründe:

Die Revision bittet um Nachprüfung, ob nicht die Abtretungen und Sicherungsübereignungen der Gemeinschuldnerin an die Kreditanstalt für Verkehrsmittel AG. als Kredittäuschungsverträge nichtig seien. Da die Übertragung der Rechte nach außen verdeckt geblieben, sei die Gemeinschuldnerin ihren Warengläubigern nach wie vor als kreditfähig erschienen, während sie in Wirklichkeit nahezu aller greifbaren Vermögensstücke beraubt gewesen sei. Die Klägerin habe diesen Erfolg ihrer Kreditsicherung aus dem Umfang des in Anspruch genommenen Kredits erkennen müssen. Sei ihr dies nicht zum Bewußtsein gekommen, so habe sie grob fahrlässig gehandelt, wobei zu ihren Lasten in Betracht komme, daß sie nach ihrer Satzung und nach der Feststellung des Berufungsgerichts namentlich an Abzahlungsgeschäfte gewerbsmäßig Kredit gewähre, also die Rechtspflicht habe, sich über alle für die Kreditgewährung rechtserheblichen Umstände sorgfältig Gewißheit zu verschaffen (RGZ. Bd. 127 S. 337; JW. 1929 S. 3149 Nr. 1). Unter diesem Gesichtspunkt sei das unter Beweis gestellte Vorbringen des Beklagten erheblich, daß die Gemeinschuldnerin ohne die Diskontierung ihrer Außenstände spätestens im Sommer 1928 ihren Verpflichtungen nicht mehr nachgekommen wäre und daß sie ihr Geschäft nur infolge der Kreditgewährung zweier Kreditgesellschaften habe fortführen können, denen fast die gesamten Außenstände abgetreten worden seien.

Diese Bedenken sind unbegründet. Mit Recht nimmt das Berufungsgericht an, daß das System der Kreditgewährung der Klägerin, so wie es in den Richtlinien zum Ausdruck kommt, nicht gegen die guten Sitten verstoße. Die sog. Diskontierung von Buchforderungen entspricht bei dem heutigen Mangel an Betriebskapital, bei der Schwierigkeit, solches zu beschaffen, und bei dem durch die wirtschaftliche Notlage weiter Kreise gebotenen Zwange, die notwendigsten Gebrauchsgegenstände in Form des Abzahlungsgeschäftes zu erwerben, einem dringenden wirtschaftlichen Bedürfnis. Sie ermöglicht es, die durch die Kreditgewährung an die Verbraucher festgelegten Vermögenswerte beweglich zu machen und dadurch die Fortführung des Gewerbebetriebs des Verkäufers zu erleichtern. Sie kommt auch seinen Lieferern zugute, da er dadurch in die Lage versetzt wird, die von ihm auf Kredit gekauften Waren zu bezahlen oder neue Abschlüsse zu machen. Auch die Art, wie nach den Richtlinien die Kreditgewährung erfolgt, verstößt nicht gegen die Anschauungen billig und gerecht denkender Leute, insbesondere auch nicht gegen die Grundsätze des redlichen Geschäftsverkehrs. Der dem Genossen gewährte Kredit richtet sich nach der Höhe der von ihm durch Abtretung seiner Außenstände gewährten Sicherheit. Es steht im freien Ermessen des Kreditnehmers, wieviel von seinen Forderungen er abtreten will, um den sich danach ergebenden Kredit zu erlangen. Für jede einzelne Abtretung erhält er die Gegenleistung durch Auszahlung des ihr entsprechenden Darlehnsbetrags. Er kann die Kaufpreise aus den abgetretenen Forderungen selbst einziehen, ohne daß das Geld Eigentum der Kreditgeberin wird; er kann auch neue Vereinbarungen mit den Kunden treffen und die abgetretenen Forderungen durch andere ersetzen. Seine Hauptverpflichtung geht nur dahin, die akzeptierten Wechsel einzulösen. Er ist also keineswegs an Händen und Füßen gebunden; insbesondere kann er über sein Warenlager frei verfügen, mit Lieferern Verträge abschließen und ihnen zur Sicherheit andere Forderungen abtreten. Nach besonderer Bestimmung der Richtlinien darf er allerdings ähnliche Kreditgeschäfte mit anderen Kreditgebern nur mit Zustimmung der Diskontvereinigung eingehen. Auch diese Bestimmung verstößt jedoch nicht gegen die guten Sitten. Sie soll zwar der Sicherung der Klägerin dienen, verhindert aber zugleich, daß der Schuldner nach allen Richtungen festgelegt wird und nur nach außen hin als selbständiger Geschäftsmann erscheint. Danach kann bei der regelmäßigen Kreditgewährung nach den Richtlinien nicht davon gesprochen werden, daß die zwischen Kreditgeberin und Kreditnehmer geschlossenen Verträge sittenwidrig und deshalb nach § 138 BGB. nichtig seien.

Aber auch nach den besonderen Umständen des vorliegenden Falles verstoßen die Verträge nicht gegen die guten Sitten, und ebensowenig erfüllt der Vertragsschluß den Tatbestand einer unerlaubten Handlung im Sinne der §§ 823, 826 BGB. Es sind nur die regelmäßigen Kreditverträge nach den Richtlinien abgeschlossen worden.

Die Gemeinschuldnerin hat in nicht unerheblichen zeitlichen Zwischenräumen (Dezember 1927, April und Oktober 1928) jeweils einen Teil ihrer Forderungen abgetreten, um dafür den ihnen entsprechenden Kredit zu erhalten. Es fehlt an einer tatsächlichen Unterlage und auch an einer entsprechenden Behauptung des Beklagten dafür, daß der Gemeinschuldnerin durch die Verträge annähernd alle greifbaren Vermögensstücke durch Übereignung auf die kreditgebende Stelle entzogen worden wären. Es verblieben ihr noch das Warenlager und die nicht an die Bank abgetretenen Vermögensstücke. Es fehlt auch an jedem Anhalt dafür, daß die Schuldnerin und die Klägerin wissentlich zusammengewirkt hätten, um durch Verheimlichung der Übereignung Dritten die Kreditfähigkeit der ersteren vorzutäuschen. Der in RGZ. Bd. 127 S. 337 festgestellte Sachverhalt ist also hier nicht gegeben. Auch der Umstand, daß die Gemeinschuldnerin ihre weiteren Forderungen an eine andere Kreditanstalt abgetreten hat, um sich auch von dieser Kredit zu verschaffen, ändert nichts an der Zulässigkeit der von der Klägerin vorgenommenen Geschäfte; dies um so weniger, als der Beklagte weder behauptet hat, daß die Klägerin von den weiteren Abtretungen Kenntnis gehabt habe, noch angibt, wann diese Abtretungen erfolgt seien und in welchem Verhältnis die abgetretenen Forderungen zu den sonstigen Vermögenswerten der Schuldnerin ständen. Gewiß ist eine Kreditgewährung an einen in Vermögensverfall geratenen Schuldner nicht immer erwünscht; sie kann vielmehr zur Schädigung von Personen führen, die durch die Aufrechthaltung des Betriebs veranlaßt werden, mit dem Schuldner in Geschäftsverbindung zu treten. Eine unerlaubte Handlung des Kreditgebenden wird aber in einer solchen Kreditgewährung nur ausnahmsweise gefunden werden können. Jedenfalls kann eine allgemeine Rechtspflicht gegenüber Dritten, sich vor der Kreditgewährung über die Vermögenslage des Schuldners zu vergewissern, nicht anerkannt werden. Der Dritte, der seinerseits mit einem Geschäftsmann in Verbindung tritt, hat vielmehr die Pflicht, sich selbst über dessen Vermögenslage zu unterrichten. Er muß heute auch mit der Möglichkeit rechnen, daß der Kunde zum Zwecke der Kreditbeschaffung seine Außenstände ganz oder teilweise abgetreten hat. Dies gilt um so mehr, wenn der Dritte mit einem Abzahlungsgeschäft in Geschäftsverbindung tritt. Er muß sich dann vor Augen halten, daß kein solches Geschäft seinen Kunden langfristige Kredite geben kann, ohne sich selbst wieder Betriebskapital durch Verwertung der Außenstände zu verschaffen. Besondere Tatsachen, die der Klägerin bekannt gewesen oder ihr nur aus grober Fahrlässigkeit unbekannt geblieben wären und die Kreditgewährung als einen Verstoß gegen die guten Sitten nach § 826 BGB. erscheinen ließen, sind nicht vorgebracht. Eine unerlaubte Handlung im Sinne des § 823 das. kommt aber nicht in Betracht, weil keines der dort geschützten Rechtsgüter verletzt ist.

Die Revision behauptet weiter, die Abtretungen widersprächen dem Begriff der Übertragung der Forderung (§§ 398flg. BGB.) und seien nach § 306 das. nichtig. Der Widerspruch gegen die gesetzlichen Vorschriften soll sich hauptsächlich daraus ergeben, daß nach den Richtlinien eine dreifache Spaltung des Forderungsrechts durch Übertragung sowohl an die Kreditanstalt wie an die Klägerin und durch Belassung beim bisherigen Gläubiger (Genossen) vorgenommen werde. Eine solche Zerreißung des Rechts sei unzulässig. Dieser Angriff geht fehl. Eine Spaltung oder Zerreißung des Forderungsrechts tritt überhaupt nicht ein. Sowohl nach den Richtlinien wie nach dem Wortlaut der Erklärung, die der Darlehnsnehmer unter Bezeichnung der abzutretenden Forderungen an die Kreditanstalt richtete, werden die Forderungen nur an die Kreditanstalt abgetreten. Die letztere Erklärung lautet:

> Die Ansprüche (nämlich die im vorhergehenden Absatz bezeichneten), welche mir aus diesen Einzelkaufverträgen zustehen, trete ich hiermit an Sie ab. Das Eigentum an den verkauften Gegenständen, das ich mir vertraglich vorbehalten habe, geht gleichzeitig auf Sie über.

Damit wird die Abtretung an die Kreditanstalt ohne Vorbehalt erklärt und zum Ausdruck gebracht, daß das Forderungsrecht in vollem Umfang auf die neue Gläubigerin übergehen soll.

Daß die Abtretung unmittelbar an die Kreditanstalt zulässig ist, bezweifelt die Revision nicht. Wenn auch die Diskontvereinigung im Verhältnis zu der abtretenden Firma die Darlehnsgeberin war, so konnte doch vereinbart werden, daß die Abtretung an einen Dritten zu erfolgen habe. Es wurde dadurch der doppelte Zweck erreicht, einmal die Darlehnsgeberin gegenüber dem Darlehnsnehmer und sodann die Kreditanstalt für die Ansprüche zu sichern, die ihr durch die Bereitstellung der Mittel für die Darlehnsgewährung gegen die Diskontvereinigung entstanden.

Eine Spaltung der Forderung tritt nicht dadurch ein, daß nach den Richtlinien die abgetretenen Rechte durch die Diskontvereinigung „verwaltet“ werden. Die Übertragung der Verwaltung bedeutet rechtlich nichts anderes als die Erteilung einer Einziehungsermächtigung im Sinne des § 185 BGB. durch die neue Gläubigerin, d. h. letztere willigt ein, daß die Klägerin in eigenem Namen für Rechnung der Kreditanstalt über die Forderung verfügt. Die rechtliche Möglichkeit einer derartigen Einziehungsermächtigung unterliegt keinem Bedenken. Wie der Senat in RGZ. Bd. 117 S. 72 unter Hinweis auf das Aktienrecht und das Schrifttum zu § 185 BGB. ausgeführt hat, drängt vielmehr die Entwicklung dazu, die Möglichkeit einer Übertragung der Legitimation zur Ausübung fremder Rechte anzuerkennen; so auch Lehmann in Enneccerus Recht der Schuldverhältnisse 11. Bearb. S. 273/274.

Der neue Gläubiger, der einem anderen eine Ermächtigung zur Einziehung erteilt, erwirbt und behält trotzdem das volle Gläubigerrecht in seiner Person. Denn die Erteilung dieser Ermächtigung setzt das Recht des Machtgebers voraus. Die Regelung entsprach auch dem beiderseitigen Bedürfnis von Machtgeber und Einziehungsermächtigtem. Der erstere wurde für seine Ansprüche gesichert, indem er durch den Abtretungsvertrag das Forderungsrecht unmittelbar erwarb. Der Einziehungsberechtigte (die Genossenschaft) war wegen der dauernden Verbindung mit dem Genossen am besten in der Lage, den Schuldner zu überwachen und zur rechten Zeit (durch Benachrichtigung der Drittschuldner) einzugreifen. Er wahrte dadurch zugleich die eigenen Belange gegenüber seinem Schuldner wie gegenüber der Kreditanstalt.

Eine Spaltung des Forderungsrechts ist auch nicht dadurch eingetreten, daß nach den Richtlinien die Benachrichtigung der Drittschuldner unterblieb, solange der Kreditnehmer seine Verpflichtungen aus dem Darlehnsvertrag erfüllte. Zur Bewirkung des Übergangs des Forderungsrechts ist die Benachrichtigung des Drittschuldners nicht erforderlich. Die Forderung geht vielmehr, wie Satz 2 des § 398 BGB. ausdrücklich bestimmt, schon mit Abschluß des (abstrakt wirkenden) Abtretungsvertrags auf den neuen Gläubiger über. Mit der Unterlassung der Benachrichtigung nimmt der neue Gläubiger nur die Gefahr auf sich, daß er gemäß § 407 BGB. eine Leistung, die der Schuldner nach der Abtretung an den bisherigen Gläubiger bewirkt, sowie jedes Rechtsgeschäft, das nach der Abtretung zwischen dem

Schuldner und dem bisherigen Gläubiger in Ansehung der Forderung vorgenommen wird, gegen sich gelten lassen muß, es sei denn, daß der Schuldner bei der Leistung oder bei der Vornahme des Rechtsgeschäfts die Abtretung kennt. Hat der Drittschuldner mit befreiender Wirkung an den Abtretenden gezahlt, so kann sich der Abtretungsempfänger nur an diesen halten, der ihm nach § 816 Abs. 2, § 819 Abs. 1 BGB. zur Herausgabe des Empfangenen verpflichtet ist. Es ist jedoch Hoeniger Diskontierung von Buchforderungen S. 17, 23 flg. nicht beizutreten, wenn er annimmt, die Stellung des Kreditnehmers erschöpfe sich in der aus § 407 BGB. fließenden Macht, über die Forderung mit befreiender Wirkung zu verfügen, und in seiner Verpflichtung, das Empfangene nach § 816 BGB. auch dann abzuliefern, wenn die Unterlassung der Anzeige an den Drittschuldner vereinbart ist. Letztere Vereinbarung in Verbindung mit der weiteren, daß der Drittschuldner nur bei Eintritt einer bestimmten Tatsache (Nichterfüllung der Pflichten des Kreditnehmers) benachrichtigt werden darf, räumt dem Kreditnehmer das Recht ein, die Forderung selbst einzuziehen, solange er seinen Vertragspflichten nachkommt. Damit wird aber dem Abtretenden nicht das Gläubigerrecht selbst zum Teil vorbehalten, sondern es wird ihm ebenfalls nur eine Einziehungsermächtigung im Sinne des § 185 BGB. erteilt, die so lange besteht, bis die Einziehungsermächtigung der Diskontvereinigung wirksam wird. Beide Ermächtigungen sind mit dem alleinigen Gläubigerrecht der Kreditanstalt vereinbar. Daß letzteres dem Parteiwillen entspricht, ergibt die vorbehaltlose Abtretungserklärung.

Es widerspricht auch nicht dem Begriffe der Abtretung, daß die Kreditanstalt oder die von ihr mit der Verwaltung der Forderungen beauftragte Klägerin nicht sofort das Recht haben soll, die Forderungen einzuziehen. Der Begriff der Forderungsübertragung verlangt nur, daß das Einziehungsrecht des Abtretungsempfängers nicht dauernd ausgeschlossen sei. Eine zeitliche Beschränkung dieses Rechts steht dagegen der Wirksamkeit der Forderungsabtretung nicht entgegen. Dies entspricht auch der bisherigen Rechtsprechung des Reichsgerichts; vgl. RGZ. Bd. 90 S. 273 (276), Bd. 92 S. 106 (108), ferner für die Abtretung der Außenstände eines Abzahlungsgeschäfts: Urt. vom 12. März 1918 II 528/17 in LZ. 1918 Sp. 1257 = Recht 1919 Nr. 733;. ebenso Staudinger-Werner 9. Aufl. Bem. II 3b zu § 398 BGB. Das Einziehungsrecht des Abtretungsempfängers war auch nicht, wie in der Sache RGZ. Bd. 92 S. 106, lediglich auf den

Fall der Zwangsvollstreckung von seiten Dritter in das Vermögen des Abtretenden oder auf die Eröffnung des Konkursverfahrens über sein Vermögen abgestellt; es hatte also nicht nur den Zweck, die Konkurrenz anderer Gläubiger abzuwehren. Vielmehr trat das Recht des Abtretungsempfängers, die Kunden des Kreditnehmers durch die Diskontvereinigung von der Abtretung zu benachrichtigen und von ihnen unmittelbare Zahlung zu verlangen, schon dann ein, wenn der Genosse die von ihm ausgestellten oder akzeptierten Wechsel nicht einlöste oder wenn er auch nur erklärte, er könne seinen Zahlungsverpflichtungen nicht nachkommen.

Der Revision kann auch darin nicht beigetreten werden, daß das durch die Abtretung begründete Absonderungsrecht erst mit der Nichteinlösung eines Wechsels entstanden und daher nach § 15 KO. den Konkursgläubigern gegenüber unwirksam sei. Der Berufungsrichter hat vielmehr ohne Rechtsirrtum den Darlehnsvertrag und den Abtretungsvertrag dahin ausgelegt, daß mit Abschluß des letzteren die abzutretenden Rechte sofort und bedingungslos auf den neuen Gläubiger übergehen sollten. Dieser Auslegung stand, wie dargelegt, die vereinbarte Verschiebung der Benachrichtigung der Drittschuldner nicht entgegen; für sie spricht aber unzweideutig der Wortlaut der Abtretungserklärung. Nach ihr sollte die Abtretung „hiermit", also mit Abgabe der Erklärung eintreten. Es sollte aber auch „gleichzeitig" das vorbehaltene Eigentum auf die Kreditanstalt übergehen. Der damit erstrebte Sicherungszweck wurde nur erreicht, wenn der Eigentumswechsel sofort eintrat und nicht erst dann, wenn der Kreditnehmer bereits zahlungsunfähig und mit dem Zuvorkommen anderer Gläubiger zu rechnen war. Eine dem Zweck des Rechtsgeschäfts Rechnung tragende Vertragsauslegung konnte daher nur dahin gehen, daß die Forderungsrechte sofort mit Abschluß des Abtretungsvertrags auf die Kreditanstalt übergingen.

Unbegründet ist endlich auch der Einwand, die Abtretungen seien nur zum Schein erfolgt. Zur Rechtfertigung dieses Angriffs verweist die Revision nur auf die Umstände, die sie für die behauptete Zerreißung des einheitlichen Forderungsrechts geltend macht. Da aber diese Zerreißung, wie ausgeführt, nicht besteht, auch gute Gründe dafür vorlagen, daß die Forderung an die Kreditanstalt abgetreten wurde, so erledigt sich damit die Rüge ohne weiteres. Die Revision meint auch nur, die Übertragung der Rechte auf die Kreditanstalt, statt auf die Klägerin, trage alle Zeichen eines Scheingeschäfts an sich.

Da also nicht behauptet wird, das ganze Abtretungsgeschäft sei ein Scheingeschäft, das Vorbringen vielmehr nur dahin geht, daß in Wirklichkeit an die Klägerin abgetreten worden sei, und da die Klägerin die Klage erhoben hat, so könnte der Einwand nicht zu deren Abweisung führen.

---

45. Kann in Preußen eine kreisangehörige Gemeinde, welcher der Kreis die Durchführung von Fürsorgeaufgaben übertragen hat, den Anspruch auf anteiligen Ersatz ihrer für Fürsorgezwecke gemachten Aufwendungen gegen den Kreis im ordentlichen Rechtswege geltend machen?

GVG. § 13. Verordnung über die Fürsorgepflicht (FV.) vom 13. Februar 1924 (RGBl. I S. 100) §§ 1 flg. Preuß. Ausführungsverordnung dazu (AV.) vom 17. April 1924 (GS. S. 210) / 28. März 1925 (GS. S. 44) §§ 14 flg.

IV. Zivilsenat. Urt. v. 13. Juli 1931 i. S. Kreis P. (Bekl.) w. Stadtgemeinde P. (Kl.). IV 492/30.

I. Landgericht Prenzlau.
II. Kammergericht Berlin.

Die Frage ist von den Vorinstanzen bejaht, vom Reichsgericht verneint worden. Der Sach- und Streitgegenstand, soweit er hier in Betracht kommt, ergibt sich aus den

Gründen:

Für die Frage der Zulässigkeit des ordentlichen Rechtswegs ist entscheidend die rechtliche Natur des Klaganspruchs, so wie er sich aus der tatsächlichen Begründung der Klage ergibt. Liegt der Streit nach dem vorgetragenen Sachverhalt auf öffentlichrechtlichem Gebiet, so ist der Rechtsweg nach § 13 GVG. auch dann unzulässig, wenn die Klägerin ihren Anspruch durch Bezugnahme auf Vorschriften des bürgerlichen Rechts begründet (RGZ. Bd. 113 S. 131, Bd. 129 S. 288).

Nach § 14 Abs. 2 preuß. AV. vom 17. April 1924 / 28. März 1925 zur Verordnung über die Fürsorgepflicht vom 13. Februar 1924 haben kreisangehörige Gemeinden 30 v. H. des in ihnen entstehenden sachlichen Aufwandes für die dem Landkreise als Bezirksfürsorgeverband obliegenden Fürsorgeaufgaben zu tragen. Die Durchführung der dem verklagten Kreise obliegenden Fürsorgeaufgaben wurde durch frühere Beschlüsse der Kreisausschusses zunächst teilweise, durch Beschluß vom 14. August 1926 ganz der klagenden Stadtgemeinde übertragen. Diese behauptet, in den Rechnungsjahren 1925 bis einschließlich 1927 die Fürsorgeaufgaben in den Grenzen dieser Übertragung ausgeführt zu haben. Da ihr Vorschüsse gemäß § 14 Abs. 3 AV. nicht gezahlt wurden, verlangt sie mit der Klage Erstattung eines Restes der Aufwendungen, die sie in Erfüllung der Übertragung gemacht habe, und zwar insoweit als sie nach § 14 Abs. 2 a. a. O. sie nicht selbst zu tragen habe, also in Höhe von 70 v. H. Der Beklagte bestreitet den Anspruch, weil die Beträge für Maßnahmen der sog. vorbeugenden Fürsorge aufgewendet worden seien, während Gegenstand der Übertragung von Fürsorgeaufgaben nur die sog. Pflichtfürsorge sein könne; er macht ferner geltend, daß die vor dem Beschluß vom 14. August 1926 gemachten Aufwendungen auch gegenständlich nicht in den Rahmen der damaligen Abmachungen zwischen den Parteien fielen.

Das ganze Gebiet der öffentlichen Fürsorge Hilfsbedürftiger gehört dem öffentlichen Recht an. Öffentlichrechtlicher Natur sind insbesondere die rechtlichen Beziehungen zwischen den Kreisen als Bezirksfürsorgeverbänden und den kreisangehörigen Gemeinden, wie sie in den §§ 14flg. AV. geregelt sind. Da der Klaganspruch auf eine positive Bestimmung des öffentlichen Rechts, nämlich auf § 14 Abs. 2 a. a. O., zurückgeht, kann von einer bürgerlichen Rechtsstreitigkeit im Sinne des § 13 GVG. nicht die Rede sein.

Das scheint auch der Berufungsrichter an sich nicht zu verkennen. Er erwägt aber, die Klägerin habe auf Grund des ihr vom Beklagten erteilten, allerdings nicht privatrechtlichen Auftrages, zum Teil auch ohne Auftrag öffentlichrechtliche Geschäfte des Beklagten besorgt. Bei Besorgung öffentlichrechtlicher Geschäfte durch eine Person des öffentlichen Rechts für eine andere solche Person sei aber nach der Rechtsprechung des Reichsgerichts für Erstattungsansprüche der ordentliche Rechtsweg gegeben. Diese Beurteilung beruht auf rechtsirrtümlichen Vorstellungen. Das Reichsgericht hat Rechtsstreitigkeiten zwischen Personen des öffentlichen Rechts, auch wenn sie auf beiden Seiten im öffentlichen Recht wurzeln, nur dann der gerichtlichen Zuständigkeit unterworfen, wenn die Klage in Ermanglung einer Regelung der Beziehungen der Beteiligten durch Vorschriften des öffentlichen Rechts auf ein auftragähnliches Verhältnis oder auf Geschäftsführung ohne Auftrag gestützt wurde. In solchen Fällen liegt ungeachtet der öffentlichrechtlichen Beziehungen ein Rechtsverhältnis zwischen den Streitteilen vor, wie es in gleicher Weise zwischen Privatpersonen bestehen kann, indem nämlich für die Beurteilung Rechtsgrundsätze des Privatrechts, insbesondere die Vorschriften über auftraglose Geschäftsführung oder über Bereicherung, mindestens unter entsprechender Anwendung maßgebend sind (RGZ. Bd. 108 S. 391, Bd. 113 S. 180; JW. 1923 S. 78 Nr. 6; Urt. des erkennenden Senats vom 9. Februar 1928 IV 276/27, auszugsweise abgedr. in Höchstr. Rspr. 1928 Nr. 1031). Um einen solchen Fall handelt es sich hier nicht. Wie schon erwähnt sind die Rechtsbeziehungen der Beteiligten durch die §§ 14 flg. AB., also durch öffentlichrechtliche Bestimmungen in maßgebender Weise geregelt. Bei der Übertragung der Durchführung der an sich den Landkreisen als Bezirksfürsorgeverbänden obliegenden Fürsorgeaufgaben auf kreisangehörige Gemeinden (und engere Gemeindeverbände) handelt es sich um eine Art von Delegation einer öffentlichrechtlichen Befugnis und Aufgabe von einer Behörde auf die andere, die dem öffentlichen Recht eigentümlich ist und eine Beurteilung unter dem privatrechtlichen Gesichtspunkt des Auftrages ausschließt. Auch für eine entsprechende Anwendung der bürgerlichrechtlichen Vorschriften vom Auftrag ist jedenfalls dann kein Raum, wenn der Gemeinde — wie hier durch den Kreisausschußbeschluß vom 14. August 1926 — gemäß § 15 Abs. 4 a. a. O. die selbständige Verwaltung der Fürsorgeaufgaben unter eigener Verantwortung übertragen worden ist. In diesem Falle ist die Gemeinde an Weisungen des Kreises im Einzelfall nicht gebunden (amtliche Begründung bei Baath FB. 8. Aufl. S. 448 und Ausführungsbestimmungen ebenda S. 482); dies schließt die Annahme eines Auftragsverhältnisses begrifflich aus. Ob im übrigen die entsprechende Anwendung der Vorschriften über den Auftrag etwa zur Ergänzung der in der Ausführungsverordnung getroffenen Regelung zulässig und erforderlich erscheint, bedarf nicht der Erörterung. Auch wenn die Frage zu bejahen wäre, würde das an der öffentlichrechtlichen Natur des fraglichen Erstattungsanspruchs nichts ändern.

Unerheblich für die Frage der Zulässigkeit des ordentlichen Rechtsweges ist es, daß die Klägerin ihren Anspruch, wenigstens zum Teil, auch auf die Vorschriften über auftraglose Geschäftsführung gestützt hat. Dieser Klagegrund ist nur hilfsweise vorgebracht, nämlich insoweit, als der Einwand des Beklagten durchdringen sollte, daß die

Aufwendungen, deren anteilmäßige Erstattung die Klägerin verlangt, für Fürsorgemaßnahmen gemacht worden seien, die nicht im Rahmen der vom Kreisausschuß beschlossenen Übertragung lägen. Die Entscheidung über diese Hilfsbegründung der Klage setzt also die Entscheidung über die erste und grundsätzliche Streitfrage voraus, ob die Klägerin auf Grund der Übertragung der Fürsorgeaufgaben aus § 14 Abs. 2 AB. anteilmäßigen Ersatz verlangen kann. Diese Frage aber kann, wie dargelegt, ihrer öffentlichrechtlichen Natur wegen von den ordentlichen Gerichten nicht entschieden werden.

Für diese Beurteilung läßt sich auch die Entstehungsgeschichte der Absätze 2 und 3 des § 14 AB. heranziehen. In der ursprünglichen Fassung vom 17. April 1924 bestimmte die Verordnung in § 16 Abs. 4:

> Wird den Gemeinden ... die Durchführung von Fürsorgeaufgaben übertragen, so hat der Bezirksfürsorgeverband ihnen einen Betrag zur Verfügung zu stellen, welcher nach den bisherigen Erfahrungen zur Deckung von drei Vierteln der durch die übertragenen Aufgaben entstehenden Ausgaben ausreicht. Dieser Betrag wird bis zum 1. April 1925 halbjährlich, von da ab für jedes Rechnungsjahr festgesetzt. Kommt eine Vereinbarung nicht zustande, so entscheidet der Bezirksausschuß endgültig. Die durch den zur Verfügung gestellten Betrag nicht gedeckten Kosten der übertragenen Fürsorgeaufgaben sind von den Gemeinden ... selbst aufzubringen.

Da weiter nach § 15 Abs. 2 — wie jetzt — der Bezirksausschuß endgültig darüber zu entscheiden hatte, ob und in welchem Umfang die Durchführung von Fürsorgeaufgaben auf die Gemeinde zu übertragen sei, so war die gesamte Entscheidung darüber, auf welche Leistungen die Gemeinde aus der Übertragung von Fürsorgegeschäften gegen den Kreis Anspruch habe, ausschließlich in die Hand des Bezirksausschusses gelegt. Für weitergehende Ansprüche der Gemeinden, deren Verfolgung im ordentlichen Rechtsweg in Frage gekommen wäre, blieb kein Raum mehr übrig.

An Stelle jenes § 16 Abs. 4 sind nach der Verordnung vom 28. März 1925 Art. III seit dem 1. April 1925 die Vorschriften der Absätze 2 und 3 des § 14 getreten:

> Kreisangehörige Gemeinden ... tragen 30 v. H. des in ihnen entstehenden sachlichen Aufwandes für die dem Landkreis als Bezirksfürsorgeverband obliegenden Fürsorgeaufgaben.
>
> Soweit kreisangehörige Gemeinden ... den in ihnen entstandenen Fürsorgeaufwand nicht selbst zu tragen haben, hat ihnen

der Bezirksfürsorgeverband erforderlichenfalls angemessene Vorschüsse zu gewähren. Kommt eine Vereinbarung nicht zustande, so entscheidet der Bezirksausschuß über Art und Höhe der Vorschußleistung endgültig.

Für die Änderung waren nach der amtlichen Begründung (Preuß. Landtag 1925 Drucks. Nr. 442 Bd. 2 S. 837) lediglich folgende Erwägungen bestimmend:

Die gegenwärtige Regelung, daß nur bei Übertragung der Durchführung von Fürsorgeaufgaben die Belastung der Gemeinden zulässig ist, bringt es mit sich, daß die Durchführung vielfach aus diesem rein finanziellen Grunde auch auf Gemeinden übertragen wird, die nach ihren sachlichen und personellen Einrichtungen zu einer sachgemäßen Wohlfahrtspflege nicht befähigt sind. Die Belastung der Gemeinden . . . nicht nur für den Fall der Übertragung der Durchführung von Fürsorgeaufgaben vorzusehen, erscheint aber auch deshalb gerechtfertigt, weil auch außerhalb einer solchen Übertragung die Gemeinden . . . durch ihre Vorarbeiten maßgebenden Einfluß auf die Höhe der Ausgaben für die Fürsorge haben.

Diese Begründung ergibt, daß der Gesetzgeber nicht die Absicht gehabt hat, die Zuständigkeit des Bezirksausschusses zur Schlichtung aller Streitigkeiten zwischen Kreis und kreisangehörigen Gemeinden aus Anlaß der Übertragung von Fürsorgegeschäften, wie sie die Ausführungsverordnung in der ersten Fassung vorsah, nach irgendeiner Richtung einzuschränken. Ob die Änderung die unbeabsichtigte Folge hatte, daß die Regelung der Zuständigkeitsfrage jetzt eine Lücke aufweist, und ob diese Lücke durch ausdehnende Auslegung zugunsten der Zuständigkeit des Bezirksausschusses geschlossen werden kann, bedarf hier nicht der Entscheidung. Jedenfalls läßt die frühere Regelung der Zuständigkeitsfrage in Verbindung mit der Begründung der Änderung der Verordnung so viel mit Sicherheit erkennen, daß der Gesetzgeber Streitigkeiten der vorliegenden Art von Anfang an nicht als bürgerlichrechtliche Angelegenheiten angesehen hat, die vor die ordentlichen Gerichte gehörten, und daß er diese Ansicht auch bei der Änderung der Verordnung nicht aufgegeben hat.

Hiernach konnte das angefochtene Urteil nicht aufrecht erhalten werden. Die Klage war wegen Unzulässigkeit des Rechtswegs abzuweisen.

46. 1. Kann der Beamte, der einen Gehaltsvorschuß erhalten hat, einwenden, die spätere Einbehaltung von unpfändbaren Gehaltsteilen zur Abtragung dieses Vorschusses sei eine unzulässige Aufrechnung?

2. Kann ein Beamter, der seine Dienststelle zum Zweck der Tilgung von Schulden bei einer Beamtenbank unwiderruflich angewiesen hat, seine Bezüge auf die Bank zu überweisen, diese Anweisung widerrufen, wenn es sich um unpfändbare Bezüge handelt?

3. Wird der Beamte dadurch ungerechtfertigt bereichert, daß ihm die Bank die ihr trotz des Widerrufs von der Behörde überwiesenen Bezüge gutbringt?

BGB. §§ 134, 183, 185, 362 Abs. 2, §§ 394, 400, 812. ZPO. § 850.

III. Zivilsenat. Urt. v. 3. Juli 1931 i. S. Landwirtschaftskammer für die Provinz Brandenburg und Berlin (Bekl.) w. M. (Kl.). III 363/30.

I. Landgericht I Berlin.
II. Kammergericht daselbst.

Der Kläger, der früher Beamter der Beklagten war und am 1. Februar 1928 in den Ruhestand versetzt worden ist, hatte sich damit einverstanden erklärt, daß seine Gehaltsbezüge auf sein Konto bei der Landwirtschaftlichen Beamtenbank eingetr. Genossenschaft mbH. überwiesen wurden, bei welcher er einen größeren Kredit in Anspruch genommen hatte. Außerdem hatte er von der Beklagten Gehaltsvorschüsse von 3000 RM. und 650 RM. erhalten. Da er in finanzielle Bedrängnis geraten war und nicht unerhebliche Schulden hatte, waren die pfändbaren Teile seines Gehalts und späterhin seines Ruhegehalts von verschiedenen Gläubigern gepfändet und diesen zur Einziehung überwiesen worden. Im Jahre 1928 wurde ein amtsgerichtliches Verteilungsverfahren gegen ihn eröffnet.

Die Beklagte wollte dem Kläger bei Ordnung seiner Vermögensverhältnisse behilflich sein. Am 20. November 1927 stellte er deshalb der Beamtenbank eine notarielle Schuldurkunde aus, worin er bekannte, einen Notstandskredit von 8650 RM. erhalten zu haben, und zwar 3650 RM. als langfristigen Gehaltsvorschuß von der Beklagten, 5000 RM. von der Beamtenbank. Die Tilgung sollte nach einem besonderen Tilgungsplan erfolgen. Der Kläger verpflichtete sich, zur Sicherheit für die von ihm übernommene Rückzahlungsverpflichtung die Beklagte bis zur Deckung der Schuld unwiderruflich anzuweisen, sein jeweiliges Gehalt bei Fälligkeit auf sein Konto bei der Beamtenbank zu überweisen. Auch räumte er der Beamtenbank das Recht ein, sich aus den auf seinem Konto eingehenden Beträgen für die jeweils fälligen Schuldbeträge ohne weiteres zu decken. Nach dem Tilgungsplan sollte die Beamtenbank in den ersten Jahren monatlich 150 RM. von den überwiesenen Beträgen einbehalten, hiervon 65 RM. an die Beklagte abführen und 85 RM. gegen den von ihr gewährten Kredit verrechnen. Nach den in der Urkunde vom 20. November 1927 in bezug genommenen Bestimmungen über den laufenden Rechnungsverkehr und nach den dort für maßgeblich erklärten Geschäftsbedingungen der Beamtenbank war der Kläger als Mitglied und Kreditnehmer verpflichtet, seine Bezüge über die Beamtenbank gehen zu lassen. Am 20. Februar 1928 erwirkte diese gegen den Kläger auf Grund der genannten Urkunde ein rechtskräftiges Urteil auf Zahlung von 8335,20 RM. nebst Zinsen. Außerdem stellte er am 2. Mai 1928 auf Veranlassung der Beklagten und in Ausführung der übernommenen Verpflichtung eine Erklärung aus, durch welche er die Beklagte anwies, zur Tilgung seines ihm von der Beamtenbank eingeräumten Kredits in Höhe von 8650 RM. den jeweiligen Betrag seines Gehalts bei Fälligkeit auf sein Konto bei der Beamtenbank zu überweisen. Die Anweisung sollte unwiderruflich sein, bis die Beamtenbank die Abdeckung seiner Schuld der Beklagten schriftlich bestätigt oder auf die Überweisung verzichtet habe. Diese Erklärung focht der Kläger durch Schreiben vom 19. Mai 1928 gegenüber der Beklagten als in einer Zwangslage abgegeben an. In dem Schreiben widerrief er die von ihm abgegebene Erklärung und verlangte ausdrücklich den nicht pfändbaren Teil seiner Pension. Die Beklagte erkannte den Widerruf nicht an, sondern überwies nach wie vor die der Pfändung nicht unterliegenden Teile des Ruhegehalts auf das Konto des Klägers bei der Beamtenbank.

Der Kläger hält die Überweisung der Gehaltsteile auf die Beamtenbank und die Einbehaltung von monatlich 150 RM. für unzulässig. Er verlangt mit der Klage Zahlung der einbehaltenen Beträge in Höhe von 1800 RM. nebst Zinsen und macht geltend, daß die Erklärung vom 2. Mai 1928, soweit sie nicht zulässigerweise widerrufen sei, wegen Verstoßes gegen die Bestimmungen über die Zulässigkeit der Abtretung von Beamtenbezügen ungültig sei. Die Beklagte wendet Erfüllung ein und verweist den Kläger insbesondere auf die ihm gezahlten Gehaltsvorschüsse. Widerklagend verlangt sie die Feststellung, daß sie auch weiterhin berechtigt sei, das Ruhegehalt des Klägers bis zur Abdeckung der ihm von der Beklagten und der Beamtenbank gewährten 8650 RM. auf sein Konto bei der Beamtenbank zu überweisen. Sie sucht darzulegen, in der Erklärung vom 2. Mai 1928 liege lediglich die unwiderrufliche Vereinbarung einer Zahlstelle. Der Kläger macht gegenüber der Verweisung der Beklagten auf die Gehaltsvorschüsse geltend, daß diese auf Grund des Abkommens vom 20. November 1927 in ein Darlehen umgewandelt worden seien.

Das Landgericht hat die Beklagte antragsgemäß, das Kammergericht unter Abweisung der weitergehenden Klage nur zur Zahlung von 1350 RM. verurteilt. Die Widerklage haben beide Vorinstanzen abgewiesen. Die Revision der Beklagten führte zur Aufhebung des angefochtenen Urteils, soweit zur Klage erkannt war. Hinsichtlich der Entscheidung zur Widerklage wurde die Revision zurückgewiesen.

Aus den Gründen:

I. 1. Die Beklagte macht den Einwand der Erfüllung unter einem zweifachen Gesichtspunkt geltend. Einmal behauptet sie, daß sie durch Überweisung der Ruhegehaltsbeträge auf das Konto des Klägers dessen Anspruch auf Ruhegehalt erfüllt habe. Zum anderen führt sie aus, daß der Kläger — ganz abgesehen von der Frage der Zulässigkeit der Überweisung und einer hierdurch erfolgten Tilgung — einen Anspruch auf jene Beträge schon deswegen nicht geltend machen könne, weil er durch die in Höhe von 3000 RM. und 650 RM. gewährten Vorschüsse, die als Vorauszahlungen der geschuldeten Bezüge anzusehen seien, bereits in dieser Höhe befriedigt sei.

Wegen des letzteren Vorbringens ist vorweg zu bemerken, daß es nicht geeignet ist, die Widerklage, welche die Berechtigung der Beklagten zur Überweisung der Bezüge auf das Bankkonto betrifft, zu begründen. Denn falls keine Befugnis zur Überweisung, sei es wegen gültigen Widerrufs der Überweisungsanweisung, sei es wegen deren Nichtigkeit, besteht, so ist damit die Widerklage ohne weiteres unbegründet, ganz abgesehen von der Frage, ob der Kläger von der

Beklagten Ruhegehaltszahlungen bis zur Höhe der Vorschüsse verlangen kann.

2. Was diese vom Berufungsrichter an letzter Stelle behandelte Frage betrifft, so sind seine Ausführungen nicht geeignet, die Verurteilung der Beklagten zu rechtfertigen. Hat ein Beamter, wie es hier die Beklagte behauptet, auf seine zukünftigen Bezüge Vorschüsse erhalten, so handelt es sich nicht um ein Darlehen, sondern um eine Vorauszahlung der später als laufende Bezüge geschuldeten Beträge. Es kommt auch nicht eine durch § 394 BGB. beschränkte Aufrechnung in Frage; denn die Kürzung des zu zahlenden Gehalts beruht auf keiner Gegenforderung der zahlungspflichtigen Stelle, sondern auf der bereits erfolgten Vorauszahlung. Eine Zurückbehaltung im engeren Sinne findet ebenfalls nicht statt, sondern nur diejenigen Beträge sollen erneut gezahlt werden, die schon früher gezahlt worden waren. Etwas anderes gilt nur für „überhobene" Gehaltsteile. Eine Gehaltsüberhebung, von der beispielsweise § 39 Abs. 3 des preußischen Besoldungsgesetzes vom 17. Dezember 1927 (GS. S. 223) handelt, liegt aber nicht vor, wenn im beiderseitigen Einverständnis Beträge als Vorschüsse auf erst später fällig werdende Gehaltsteile gegeben werden.

Eine andere rechtliche Beurteilung wäre nur gerechtfertigt, wenn — wie der Kläger behauptet — eine Umwandlung der Vorschüsse in ein Darlehen, eine Novation vorliegen würde und diese gültig zustandegekommen wäre. Der Vorderrichter hat aber eine Feststellung, daß eine solche Umwandlung in ein Darlehen erfolgt sei, nicht abschließend getroffen. Er führt aus, einer Beweisaufnahme über die von der Beklagten bestrittene Novation habe es nicht bedurft, da auch ohne diese Annahme der fragliche Betrag im allseitigen Einverständnis in den Tilgungsplan einbezogen worden sei, indem er durch ratenweise Einbehaltung im Rahmen des Tilgungsplanes, soweit dieser gültig sei, abzudecken gewesen sei. Der Tilgungsplan sei aber nicht gültig, da er einen Verstoß gegen die für Beamte bestehenden Abtretungsverbote enthalte, indem er dem Kläger die Verfügung über die unpfändbaren Teile seines Ruhegehaltes nehme.

Mit Recht bemängelt die Revision diese Ausführungen als eine unvollständige und rechtsirrige Würdigung des Vorbringens der Beklagten. Hatte keine gültige Umwandlung in ein Darlehen stattgefunden, so waren die Vorschüsse nach der Behauptung der Beklagten als Vorauszahlungen im Sinne der vorstehend dargelegten Grundsätze zu würdigen. Die Vorauszahlungen konnten sich sehr wohl auf sämtliche später fällig werdenden Bezüge beziehen, sei es, daß sie als Gehalt, sei es, daß sie nach der Zurruhesetzung als Ruhegehalt geschuldet wurden. Bezogen sie sich auf die in der Klage geforderten Ruhegehaltsbeträge, so war die Einbeziehung in den Tilgungsplan gleichgültig für die Frage, ob die Beklagte zur nochmaligen Zahlung der schon im voraus gezahlten Beträge verpflichtet war. War der Tilgungsplan etwa ungültig, so blieb die Tatsache bestehen, daß die Beträge bereits im voraus gezahlt waren. Außerdem konnte die Ungültigkeit des Tilgungsplanes als Teil der zusammenhängenden Vereinbarungen gemäß § 139 BGB. auch die Ungültigkeit der vom Kläger behaupteten Novation mit sich ziehen.

Das Urteil ist daher schon wegen rechtsirriger Würdigung der Natur und der Wirkung der Vorauszahlung aufzuheben, soweit die Beklagte zur Zahlung verurteilt ist.

II. 1. Die Abweisung der Widerklage ist dagegen gerechtfertigt. Die weiteren Rügen der Revision sind auch insoweit unbegründet, als sie sich, abgesehen von dem zu I 2 behandelten Punkt, gegen die Schlüssigkeit der Klageforderung richten.

Der Berufungsrichter geht davon aus, das Schreiben des Klägers vom 19. Mai 1928 stelle einen Widerruf der früher erteilten Weisung dar, seine Bezüge auf sein Bankkonto zu überweisen. Vergeblich rügt die Revision, daß das auf § 123 BGB. aufgebaute Schreiben keinen allgemeinen Widerruf enthalte. Jene Auslegung ist möglich und verstößt nicht gegen anerkannte Auslegungsgrundsätze. Sie findet vielmehr in dem Wortlaut eine klare Stütze.

Der Vorderrichter führt weiter aus, die Beklagte könne sich gegenüber dem Widerruf, abgesehen von der Frage seiner Zulässigkeit, weder auf die bisher erfolgte tatsächliche Übung noch darauf berufen, daß sich der Kläger die Überweisung habe gefallen lassen. Die Rüge der Revision, daß die Rechtserheblichkeit dieses Vorbringens verkannt worden sei, geht fehl. Nahm die Beklagte ohne gültige Ermächtigung Zahlungen in Form von Überweisungen auf das Bankkonto vor, so hing gemäß § 362 Abs. 2, § 185 BGB. die tilgende Wirkung der Leistung, unbeschadet der eine Einwilligung enthaltenden Vereinbarung einer Zahlstelle, von der Einwilligung oder nachträglichen Genehmigung des Klägers ab. Die Vorschrift des

§ 362 Abs. 2 BGB. findet auch bei öffentlichrechtlichen Zahlungsverpflichtungen Anwendung (vgl. RGUrt. vom 6. Mai 1927 III 314/26).

Eine etwa in der tatsächlichen Übung liegende Einwilligung konnte jederzeit widerrufen werden, da nicht behauptet ist, die Unwiderruflichkeit sei insoweit, also abgesehen von der mit der Urkunde vom 20. November 1927 zusammenhängenden Vereinbarung, zugesagt worden oder ergebe sich aus einer früher erklärten Weisung oder aus dem der Übung zugrunde liegenden Rechtsverhältnis (§ 183 BGB.). Denn wenn auch eine Einwilligung unwiderruflich bindend zugesagt werden kann, so ist doch eine solche Zusage der Unwiderruflichkeit nicht zu vermuten.

Den Widerruf jeder Zahlungsermächtigung hat aber der Berufungsrichter ohne Rechtsverstoß in der Erklärung vom 19. Mai 1928 gefunden. Ferner hat er das in den Abhebungen und in den Verfügungen über das Konto liegende Verhalten des Klägers dahin tatsächlich gewürdigt, daß hierin kein Einverständnis liege. (Wird näher ausgeführt.)

2. Der Berufungsrichter erörtert weiter, ob die Beklagte Rechte daraus herleiten könne, daß sich der Kläger im Zusammenhang mit der Erklärung vom 20. November 1927 und in der Erklärung vom 2. Mai 1928 zur unwiderruflichen Überweisung verpflichtet habe. Er verneint dieses, weil bei Annahme einer „Anweisung" die Klausel der Unwiderruflichkeit nicht bindend gewesen sei, und weil andernfalls die Urkunde eine weitergehende Vereinbarung als die bloße Angabe einer Zahlstelle ergebe. Inhalt der Vereinbarung sei gewesen die Überlassung des künftigen Gehalts an die Beamtenbank zur Verfügung darüber nach Maßgabe des Tilgungsplans, unabhängig vom Willen des Klägers und unter Beseitigung seiner Verfügungsmacht über sein Konto. Eine solche Abmachung komme in der Wirkung einer Abtretung gleich. Nur pro forma sei der Kläger Gläubiger geblieben, in Wirklichkeit sei die Beamtenbank kraft ihrer Verfügungsmacht über das Konto Gläubigerin geworden. Es liege hierin eine Umgehung der nach preußischem Recht für Beamtenbezüge bestehenden, auf Grund des Art. 81 EG. z. BGB. aufrecht erhaltenen Abtretungsverbote sowie der Vorschrift des § 400 BGB. Die Abmachung sei somit insoweit nichtig, als sie eine Darlehnstilgung durch Verfügung über das künftige Gehalt des Klägers in sich schließe.

Der Kläger sei also an die Unwiderruflichkeit der Anweisung nicht gebunden und mit dem Widerruf habe die Berechtigung der Beklagten aufgehört, an die bisher angegebene Zahlstelle zu zahlen. Ihre Zahlungen seien nicht mehr als Erfüllung im Sinne des § 362 BGB. anzusehen, da sie nicht an den allein berechtigten Empfänger geleistet seien.

Die Revision rügt, daß das Wesen der getroffenen Vereinbarungen verkannt sei. Es habe sich um Vereinbarungen eigener Art, insbesondere um Schaffung einer unwiderruflichen Zahlstelle gehandelt, an der die Beklagte wegen der von ihr gewährten Vorschüsse ein eigenes Interesse gehabt habe. Nach den Geschäftsbedingungen der Beamtenbank, auf welche die Vereinbarungen ausdrücklich Bezug nähmen, dürfe diese satzungsgemäß Darlehen nur geben, wenn eine unwiderrufliche Anweisung — nicht zu verwechseln mit einer Gehaltsabtretung — erteilt werde. Die Beamtenbank sei als Genossenschaftsbank wie alle Beamtenbanken auf dem Grundsatz aufgebaut, daß sich die Beamten verpflichten müßten, ihr Gehalt bei der Bank einzahlen zu lassen und der Behörde eine entsprechende unwiderrufliche Anweisung zu geben. Der Aufbau der Beamtenbank diene einer Kontrolle der Bank, der Verhinderung leichtfertiger Verfügungen durch die Beamten und dem erforderlichen Schutz der Bank, ohne den diese nicht bestehen könne. Gehe man von diesem Zweck aus, so entfalle die (auf Art. 81 EG. z. BGB. gestützte) Anwendbarkeit der preußischen Sondernormen. Ihre Anwendbarkeit würde die Existenz der zum Besten der Beamten geschaffenen Beamtenbanken vernichten.

Der Rüge ist der Erfolg zu versagen. Zwar liegt eine Anweisung weder im engeren (§ 783 BGB.) noch im weiteren Sinne vor; denn zum Wesen der Anweisung gehört die Absicht, daß sich der Angewiesene durch besondere abstrakte Erklärung (§ 784 BGB.) gegenüber dem Anweisungsempfänger verpflichten soll (RGZ. Bd. 43 S. 167). Es kommt aber hierauf nicht an. Denn selbst wenn man in dem Abkommen eine unwiderrufliche Berechtigung der Beklagten, die Zahlung an die Beamtenbank zu leisten, und eine unwiderrufliche Ermächtigung der Bank, die Zahlung im eigenen Namen für den Kläger zu empfangen, oder auch die zwischen dem Kläger und der Beklagten erfolgte unwiderrufliche Vereinbarung einer Zahlstelle im Sinne einer solutionis causa adjectio finden wollte, so ist dem Berufungsrichter darin beizutreten, daß mindestens dieser Ausschluß des Widerrufs in rechtsähnlicher Anwendung der §§ 394, 400 BGB. gemäß § 134 BGB. nichtig und der Kläger an ihn nicht gebunden wäre. Zutreffend hat der Vorderrichter ausgeführt, daß die von der Beklagten behaupteten Vereinbarungen darauf hinausliefen, ein Verfahren zu schaffen, das der Bank ermöglichte, durch die Einrichtung eines Kontos und durch unwiderrufliche Überweisungen die unpfändbaren Bezüge des Klägers, eines Beamten, in ihre Hände zu bekommen und darüber zu verfügen unter ausdrücklicher Außerachtlassung der zum Schutze des Beamten erlassenen Abtretungsverbote und zum Zwecke der sonst gesetzlich ausgeschlossenen eigenmächtigen Befriedigung aus den unpfändbaren Gehaltsteilen. Den §§ 394, 400 BGB. in Verb. mit § 850 Abs. 1 Nr. 7 und 8 ZPO., welche im öffentlichen Interesse erlassen sind (RGZ. Bd. 106 S. 205) und sich im Gegensatz zu den bei Lohnforderungen geltenden Grundsätzen auch auf rückständige Bezüge beziehen (RGUrt. vom 14. Mai 1912 III 284/11), ist der gesetzgeberische Gedanke zu entnehmen, daß einem Beamten nicht durch im voraus getroffene Verfügungen und eingegangene Verpflichtungen sein Existenzminimum genommen werden kann derart, daß es ihm unmöglich gemacht wird, in Erfüllung seiner öffentlichrechtlichen Verpflichtung seine ganze Kraft dem Staate oder dem Gemeinwesen zu widmen.

Dieser Schutz findet nur darin seine Grenze, daß der Beamte in der Verfügung über die tatsächlich erhaltenen Beträge in vollem Umfange frei ist und bleibt. Demgemäß ist die von einem Beamten mit einer Bank, auf die seine Bezüge überwiesen werden, etwa getroffene Abrede, daß diese sich mit den Bezügen bezahlt machen soll, an sich zulässig, sofern nicht im Einzelfall infolge besonderer Abreden der Charakter als unpfändbare Forderung auch noch nach der Überweisung bestehen bleibt und somit die Einräumung einer nach § 394 BGB. unzulässigen Aufrechnungsbefugnis vorliegt. Denn die Überweisung auf die Bank tritt im Regelfall an die Stelle der baren Auszahlung an den Beamten. Das Aufhören des Schutzes mit dem Augenblick der Auszahlung findet seinen Grund darin, daß nunmehr der freie und ungebundene Wille des Beamten entscheidend für die Verwendung der Bezüge sein muß und deshalb das Bedürfnis eines Schutzes entfällt, soweit nicht die Pfändung der erhaltenen Geldmittel gemäß § 811 Nr. 8 ZPO. im Interesse des Beamten ausgeschlossen ist. Auch dieser Bestimmung ist der Wille des Gesetzgebers zu entnehmen, für die Beamten zwecks Aufrechterhaltung ihrer Existenzmöglichkeit zu sorgen.

Die Möglichkeit freier Verfügung durch den Beamten, insbesondere sein freier Wille, fällt nun in allen denjenigen Fällen weg, in denen sich der Beamte bereits vor der Auszahlung durch Vorausverfügungen gebunden hat, oder in denen Gläubiger des Beamten vor der Auszahlung gegen ihn vorgehen oder sich selbst befriedigen. In allen diesen Fällen wird das unentziehbare Recht des Beamten vereitelt, die unpfändbaren Teile der Bezüge zur eigenen freien Verwendung für seine Lebensbedürfnisse zu erheben. Deshalb muß dieses Recht nicht nur in den vom Gesetz hervorgehobenen besonderen Fällen gewährleistet sein, welche die regelmäßigen Formen der Vorausverfügung oder Vorausbefriedigung gegen den Willen des Beamten darstellen. Es sind auch solche Vereinbarungen ungesetzlich und daher unwirksam, die sich anderer Rechtsformen bedienen, aber zu dem gleichen wirtschaftlichen Ergebnis der Vorausschmälerung des unpfändbaren Teils der Beamtenbezüge durch Entziehung der freien Verfügung darüber führen. Hierin liegt keine unzulässige Ausdehnung der Ausnahmebestimmung des § 850 Abs. 1 Nr. 8 ZPO., sondern nur die Anwendung des ihr zugrunde liegenden Gedankens, der den näher erläuterten Schutz des Beamten für die Zeit vor der Auszahlung der Bezüge unbedingt gewährleisten will. Deshalb muß eine von einem Beamten im voraus erteilte Anweisung oder Ermächtigung, sein Gehalt einer dritten Stelle auszuzahlen (sei es durch einseitige Erklärung, sei es auf Grund gegenseitigen Vertrages, auch im Sinne der Ernennung eines solutionis causa adjectus), hinsichtlich des unpfändbaren Teils dieses Gehalts stets widerruflich sein, weil er sonst der auszahlenden Stelle und dem dritten Empfänger eine Verfügungsmacht im voraus einräumen würde. Die Überweisung, insbesondere auf ein Bankkonto, ist daher für die unpfändbaren Teile nur gültig, wenn die Einwilligung des Beamten im Sinne des § 362 Abs. 2 BGB. noch im Augenblick der Überweisung vorliegt.

Es braucht deshalb nicht darauf eingegangen zu werden, ob sich diese Ungültigkeit des Ausschlusses des Widerrufs auch aus den vom Vorderrichter angeführten preußischen Sondernormen ergibt, deren Anwendbarkeit dahingestellt bleiben mag. Fraglich kann nur sein, ob nicht bloß der Ausschluß des Widerrufs, sondern das ganze von der Beklagten als einheitliche Abmachung aufgefaßte Abkommen gemäß § 139 BGB. nichtig ist, worüber sich der Berufungsrichter noch nicht ausgesprochen hat. Durch die Ungültigkeit würde übrigens nur die Entscheidung zur Klage wegen des möglichen Wegfalls der vom Kläger behaupteten Novation, nicht aber die Entscheidung zur Widerklage berührt. (Wird näher ausgeführt; auch werden verschiedene weitere Revisionsrügen zur Widerklage zurückgewiesen.)

3. Die Revision rügt an letzter Stelle, nicht beachtet sei das Vorbringen der Beklagten, der Kläger würde eine Bereicherung erfahren. Diese Rüge ist sowohl bei Nichtigkeit lediglich der Unwiderruflichkeitsklausel, wie auch bei Nichtigkeit des gesamten Abkommens unbegründet. Denn selbst wenn der Kläger durch die von der Beamtenbank vorgenommene Einbehaltung in deren Höhe von seiner Schuld ihr gegenüber befreit worden wäre, so wäre diese Befreiung nicht infolge einer unmittelbaren Vermögensverschiebung zwischen den Parteien geschehen. Lediglich für die Überweisung an die Beamtenbank war der Rechtsgrund weggefallen, indem die nicht genehmigte Zahlung an den nicht empfangsberechtigten Dritten (die Beamtenbank) zur beabsichtigten Tilgung nicht führte (vgl. auch RGUrt. vom 12. Juni 1911 VI 281/10, abgedr. Recht 1911 Nr. 2841). Eine unmittelbare Vermögensverschiebung zwischen der Beklagten und dem Kläger trat somit nicht ein. Vielmehr würde die Tilgung durch Gutschrift nur infolge dieser selbständigen Handlung der Beamtenbank erfolgt sein. Es kommt somit nicht darauf an, ob der Kläger eine mittelbare Bereicherung erfahren hat. Nur der Vollständigkeit halber mag erwähnt werden, daß dieser Fall nicht eingetreten ist, weil die Gutschriften der Beamtenbank nur unter der Voraussetzung vorgenommen wurden, daß die Bank gültigerweise Geldbeträge für den Kläger empfing. Diese Voraussetzung war aber nicht gegeben, weil infolge des Widerrufs weder die Beklagte die Ermächtigung zur Überweisung noch die Beamtenbank die Ermächtigung zur Empfangnahme der Zahlungen für Rechnung des Klägers hatte. Die Beklagte kann sich also wegen der an die Beamtenbank geleisteten Zahlungen, soweit sie der Kläger nicht durch Verfügung über das Konto gemäß §§ 362, 185 BGB. genehmigt hat, nur an die Beamtenbank halten.

Wegen des gültigen Widerrufs der Ermächtigung ist daher die Widerklage mit Recht abgewiesen worden.

---

47. Bedarf der elterliche Gewalthaber für den in einem gerichtlichen Vergleich ausgesprochenen Verzicht auf die Herausgabe von Grundstücken und auf die Berichtigung des Grundbuchs der vormundschaftsgerichtlichen Genehmigung?

BGB. §§ 1643, 1821 Abs. 1 Nr. 1.

III. Zivilsenat. Urt. v. 7. Juli 1931 i. S. Frau Sch. (Kl.) w. Frau F. (Bekl.). III 299/30.

I. Landgericht II Berlin.
II. Kammergericht daselbst.

Die Frage wurde bejaht aus folgenden

Gründen:

Zwei minderjährige Enkelinnen der jetzigen Klägerin hatten in einem Vorprozeß gegen sie Klage erhoben auf Herausgabe eines Landgutes und auf Bewilligung ihrer Eintragung als dessen Eigentümerinnen. In einem Verfahren über den Erlaß einer einstweiligen Verfügung behaupteten sie die materielle Unrichtigkeit des Grundbuches und begehrten die Eintragung eines Widerspruchs. In einem am 27. April 1927 geschlossenen Vergleich verzichteten die durch ihren Vater vertretenen Minderjährigen auf alle von ihnen geltend gemachten Ansprüche. Den Vergleich hat schon das Landgericht als Beschwerdegericht in einer Pflegschaftssache zutreffend als Verfügung über ein Grundstück im Sinne des § 1821 BGB. angesehen. Er bedurfte daher gemäß Abs. 1 Nr. 1 das. in Verb. mit § 1643 BGB. der Genehmigung des Vormundschaftsgerichts. Aus der Bestimmung in § 1822 Nr. 12 BGB., welche in § 1643 nicht angezogen wird, sind keine Bedenken dagegen herzuleiten. Enthält ein Vergleich eine Verfügung über ein Grundstück, so kommt die besondere Vorschrift des § 1821 Abs. 1 Nr. 1 zur Anwendung, welche gemäß § 1643 auch für den Vater die Genehmigung des Vormundschaftsgerichts erfordert (Motive zum BGB. Bd. 4 S. 1143). Der Umstand, daß hier der Vergleich eine Prozeßhandlung darstellt, steht der Anwendung der genannten Bestimmungen gleichfalls nicht entgegen (RGZ. Bd. 56 S. 333). Ebenso ist der von der jetzigen Klägerin in dem Vorprozeß eingenommene Rechtsstandpunkt verfehlt. Die dort angeführte Entscheidung RGZ. Bd. 108 S. 364 betrifft einen anders liegenden Fall. Durch den Vergleich gaben die Minderjährigen ihre vermeintlichen Eigentumsrechte und etwaigen Nacherbenansprüche an dem Landgut auf. Gemäß § 1643 BGB. bedurfte daher ihr Vater der Genehmigung des Vormundschaftsgerichts.

---

48. 1. Wie ist der Gegenstand eines Gebrauchsmusters nach § 2 Abs. 2 GebrMG. zu bestimmen? Was muß darin über den beanspruchten Schutz gesagt sein?

I. Zivilsenat. Urt. v. 16. September 1931 i. S. 1. Rud. B., 2. Rob. B. (Bekl.) w. Firma F. D. (Kl.). I 7/31.

I. Landgericht Düsseldorf, Kammer für Handelssachen.
II. Oberlandesgericht daselbst.

Für die Klägerin ist am 29. Juni 1926 unter Nr. 954545 das von ihr am 5. März 1926 angemeldete Gebrauchsmuster eingetragen, das eine Streifensicherung für Niederspannung betrifft. Es handelt sich um eine abnehmbare sog. Handgriffsicherung. In der Anmeldung sind als „Hauptvorteile" bezeichnet, daß diese Sicherung „in den kleinsten Ausmaßen hergestellt werden kann und infolgedessen nicht mehr Platz einnimmt, als eine normale Röhrensicherung aus Porzellan, und daß das Einschalten vollständig gefahrlos erfolgt". Die Anmeldung beschreibt die Sicherung in folgender Weise:

> Gemäß der Neuerung sind innerhalb eines aus Isoliermaterial gebildeten und mit einem Handgriff versehenen Gehäuses von U-förmigem Querschnitt zwei Metallwinkel angeordnet, an welchen die Kontaktfedern befestigt sind und an deren freien Schenkeln der Sicherungsstreifen befestigt wird. Letzterer wird also von den Schenkeln des Gehäuses vollständig bedeckt. Nur die beiden Anschlußschrauben zum Einklemmen des Schmelzstreifens liegen frei.

Am Schlusse der Anmeldung sind zwei Schutzansprüche angegeben, die — unter Bezugnahme auf eine beigegebene Zeichnung — wie folgt lauten:

1. Streifensicherung für Niederspannung, dadurch gekennzeichnet, daß in einem aus Isoliermaterial und mit einem Handgriff (a) versehenen Gehäuse (b) von U-förmigem Querschnitt zwei die Kontaktfedern (d) tragende Metallwinkel (c) befestigt sind, an deren freien Schenkeln (e) sich die Anschlußschrauben (f) für den Schmelzstreifen (g) befinden;

2. Streifensicherung, wie beschrieben und auf der Zeichnung dargestellt.

Die Beklagten befassen sich gewerbsmäßig mit der Herstellung und dem Vertrieb von Handgriffsicherungen, wie sie in dem Werbeblatt der Beklagten als „Type Ideal" abgebildet und beschrieben sind. Die Klägerin sieht hierin einen Eingriff in ihr Gebrauchsmuster und hat Klage auf Unterlassung, Rechnungslegung und Feststellung der Schadensersatzpflicht erhoben. Die Beklagten bestreiten, daß ihre Streifensicherungen in den Schutzumfang des Gebrauchsmusters 954545 fielen.

Das Landgericht wies die Klage ab. Hiergegen legte die Klägerin Berufung ein. Das Oberlandesgericht verurteilte die Beklagten klagegemäß. Ihre Revision hatte keinen Erfolg.

Aus den Gründen:

Die Beklagten und ein Teil der Sachverständigen haben aus der Entscheidung RGZ. Bd. 120 S. 224 (226) entnehmen zu sollen geglaubt, daß beim Gebrauchsmuster dem Erfinder nur das geschützt sei, was er bei der Anmeldung ausdrücklich als neu in Anspruch genommen habe. Dem ist der Vorderrichter entgegengetreten. Er hat, allerdings ohne zu RGZ. Bd. 120 S. 224 Stellung zu nehmen, unter Bezugnahme auf das Reichsgerichtsurteil vom 4. April 1925 in JW. 1926 S. 44 Nr. 1 (auch im Recht 1925 S. 229 Nr. 694) und RGZ. Bd. 107 S. 100 (103) ausgeführt: Man müsse, wie beim Patent, so auch beim Gebrauchsmuster annehmen, daß der Erfinder alles habe anmelden wollen, was er habe anmelden dürfen. Maßgebend für die Ermittlung dieses Willens sei nicht allein der Schutzanspruch selbst, sondern auch die beigefügte Beschreibung und die Zeichnung. Demnach beziehe sich der Schutz auf alle durch das Gebrauchsmuster verwirklichten technischen Fortschritte, auch wenn sie im Schutzanspruch selbst nicht ausdrücklich hervorgehoben seien, sofern sie nur neu seien und in der Zeichnung oder dem Modell eine räumliche Verkörperung gefunden hätten, sodaß sie ohne weiteres in den Schutzanspruch hätten aufgenommen werden können.

Diesen Ausführungen ist im großen und ganzen beizustimmen. Nur sind sie dahin zu berichtigen, daß es sich hier lediglich um den Gegenstand des Gebrauchsmusters, nicht um seinen Schutzumfang handelt, und daß ferner nur die Angabe der technischen Neuerung selbst, nicht aber die Angabe des dadurch erstrebten technischen Vorteils in Frage steht. So verstanden steht mit ihnen auch der in RGZ. Bd. 120 S. 224 entwickelte Standpunkt im Einklang.

Die Grundregel, an der das Reichsgericht stets festgehalten hat, ist: Aus dem Inhalt der Anmeldung muß — gegebenenfalls im Wege der Auslegung — zu entnehmen sein, was als neue Raumform angemeldet werden soll. Wie in RGZ. Bd. 120 S. 224 (227) gesagt worden ist: was nicht in der Anmeldung als neu hervorgehoben ist, kann nicht Gegenstand des Gebrauchsmusters sein. Maßgebend hierfür sind jedoch keineswegs allein die Schutzansprüche, zumal da gesetzlich eine Zusammenfassung in Schutzansprüche nicht vorgeschrieben ist. Mit zu prüfen ist also auch der gesamte übrige Inhalt der Anmeldung samt Zeichnung und Modell. Wo Zweifel sind, ist der Stand der Technik heranzuziehen, wie dies in RGZ. Bd. 120 S. 228 näher auseinandergesetzt ist. Was dagegen nicht angegeben zu sein braucht, ist die Begründung für die beanspruchte Neuheit gegenüber dem bisherigen Stand der Technik und die Begründung für den Erfindungscharakter der Neuheit. Etwas anderes sollte auch in RGZ. Bd. 120 S. 227 a. E., 228 oben nicht gesagt werden (vgl. Wertheimer in JW. 1928 S. 1294 zu Nr. 12).

Von diesen Grundsätzen ist das Reichsgericht, wie bereits in Bd. 120 a. a. O. betont wurde, in den dort genannten früheren Entscheidungen nicht abgewichen. So wird in RGZ. Bd. 107 S. 100 (103) ausgeführt, daß der Fachmann aus der Anmeldung erkennen müsse, worin der Erfinder die neue Gestaltung erblickt habe, wenn es auch nicht notwendig einer Anspruchformung bedürfe. Ferner heißt es im Reichsgerichtsurteil vom 4. April 1925 a. a. O. nur, daß es unschädlich sei, wenn der Anmelder den neu aufgefundenen Vorzug (also den technischen Fortschritt) unzutreffend oder überhaupt nicht angebe. Endlich enthält auch das Reichsgerichtsurteil vom 7. Oktober 1916 in Z. f. JR. 1916 S. 231 nichts Abweichendes. Am Schlusse dieses Urteils ist nur gesagt, es sei belanglos, daß die dortige Klägerin ursprünglich das Neue in ihrem Gebrauchsmuster in anderen Vorzügen erblickt und mit ihren Angaben darüber mehrfach gewechselt habe. Hieraus läßt sich also nicht entnehmen, daß überhaupt von dem Inhalt der Gebrauchsmuster-Anmeldung die Rede sein soll, und außerdem handelt es sich dort wesentlich um die Frage der Fortschrittlichkeit, von der das früher Gesagte gilt.

Worin aber im Streitfall das Neue bestehen soll, darüber gibt die Anmeldung als Ganzes für den mit dem Stande der Technik vertrauten Fachmann genügenden Aufschluß.... Das Neue der so beschriebenen Raumform besteht hiernach, wie das Oberlandesgericht ohne Verstoß gegen Rechtssätze darlegt, in der seitlichen Anbringung des Sicherungsstreifens neben den Kontaktfedern. Als technischen Fortschritt aber, der hierdurch erzielt werde, bezeichnet die Anmeldung, daß die Sicherung „in den kleinsten Ausmaßen hergestellt werden kann". Dies deckt sich mit dem, was der Vorderrichter als technischen Fortschritt ansieht. Wenn er daneben noch die leichte Auswechselbarkeit der Kontaktfedern nennt, so handelt es sich um ein einzelnes vorbekanntes Kombinationselement, dem keine selbständige Bedeutung zukommt. Wesentlicher Teil der neuen Raumform ist, wie das Oberlandesgericht darlegt, die seitliche Anbringung des Sicherungsstreifens am Handgriff. Diesem Hauptgedanken gegenüber habe, so wird ausgeführt, die Anbringung des Metallwinkels nur untergeordneten Wert, indem es sich hierbei bloß um eine Ausführungsform von besonders stabiler Art handle. Eine solche Raumform war, wie das Berufungsgericht — im Einklang mit dem gerichtlichen Sachverständigen — feststellt, bisher nirgends gezeigt worden....

---

49. Muß der Nacherbe die Zwangsvollstreckung aus einer Hypothek dulden, die der befreite Vorerbe zur Sicherung einer eigenen Schuld an einem Nachlaßgrundstück bestellt hat?

BGB. §§ 2112, 2113, 2115, 2136. ZPO. § 773.

IV. Zivilsenat. Urt. v. 21. September 1931 i. S. S. u. Gen. (Bekl.) w. F.er Gewerbekasse (Kl.). IV 87/31.

I. Landgericht Frankfurt a. M.
II. Oberlandesgericht daselbst.

Der Vater der Beklagten ist alleiniger befreiter Vorerbe seiner am 6. April 1922 verstorbenen Ehefrau, die Beklagten sind die Nacherben. Zur Sicherung eines ihm von der Klägerin gewährten laufenden Kredits belastete der Vorerbe das zum Nachlaß gehörige Grundstück mit Höchstbetragshypotheken von 7000 GM. und 2000 GM. Er wurde auf die Klage zur Zahlung von 9134,85 RM. und zur Duldung der Zwangsvollstreckung aus den für die Klägerin bestellten Sicherungshypotheken verurteilt. In demselben Verfahren nahm die Klägerin auch die Beklagten auf Duldung der Zwangsvollstreckung aus diesen Hypotheken in Anspruch. Das Landgericht wies die Klage insoweit ab; das Berufungsgericht gab ihr statt. Die Revision der Beklagten blieb ohne Erfolg.

Aus den Gründen:

Nach Auffassung des Berufungsgerichts ist das dingliche Recht, auf Grund dessen die Zwangsvollstreckung erfolgen soll, den Beklagten gegenüber wirksam bestellt, da es der befreite Vorerbe durch eine entgeltliche rechtsgeschäftliche Verfügung erlangt habe (§ 2113 Abs. 1, § 2136 BGB.), und daher die Zwangsvollstreckung in den Nachlaß gemäß § 2115 Satz 2 BGB. zulässig. Diese Auffassung wird von der Revision vergebens angegriffen. Nach § 2115 Satz 1 BGB. ist eine Verfügung über einen Erbschaftsgegenstand, die im Wege der Zwangsvollstreckung oder der Arrestvollziehung oder durch den Konkursverwalter erfolgt, im Falle des Eintritts der Nacherbfolge insoweit unwirksam, als sie das Recht des Nacherben vereiteln oder beeinträchtigen würde. Im Zusammenhange damit steht die Ordnungsvorschrift des § 773 Satz 1 ZPO.; nach ihr soll ein Gegenstand, der zu einer Vorerbschaft gehört, nicht im Wege der Zwangsvollstreckung veräußert oder überwiesen werden, wenn die Veräußerung oder Überweisung im Falle des Eintritts der Nacherbfolge nach § 2115 BGB. den Nacherben gegenüber unwirksam ist. Nach § 773 Satz 2 ZPO. kann der Nacherbe nach Maßgabe des § 771 das. Widerspruch erheben. Diese Vorschriften der Zivilprozeßordnung sollen Zwangsvollstreckungsmaßregeln vorbeugen, die nach § 2115 BGB. nur zu einem auflösend bedingten Erwerb führen würden. § 2115 Satz 1 trifft aber im Gegensatz zu Verfügungen, die vom Vorerben vorgenommen werden, nur solche über einen Erbschaftsgegenstand, die im Wege der Zwangsvollstreckung in das Erbschaftsvermögen gegen den Vorerben erwirkt werden, bei denen er demnach der duldende Teil ist und wobei das Recht am Erbschaftsgegenstande erst im Wege der Zwangsvollstreckung gegen den Vorerben erlangt wird. Während dieser also nach § 2112 BGB. mit Wirkung gegen den Nacherben über die Erbschaftsgegenstände verfügen kann, soweit ihm nicht durch die §§ 2113 flg. besondere Schranken gezogen sind, ist nach § 2115 Satz 1 BGB. die Unwirksamkeit der erst im Wege der Zwangsvollstreckung gegen ihn erwirkten Verfügung auf solche Gegenstände erstreckt, über die er selbst rechtsgeschäftlich hätte frei verfügen können. Der Zweck dieser Vorschrift ist, die Gläubiger des Vorerben daran zu hindern, dessen Erbenstellung zum Nachteil des Nacherben auszunutzen (RGZ. Bd. 80 S. 32). Da jedoch das Recht des Nacherben, wie das jedes anderen Erben, den Ansprüchen der Nachlaßgläubiger weichen muß, ordnet § 2115 Satz 2 Halbsatz 1 an, daß die Verfügung unbeschränkt wirksam, also die Zwangsvollstreckung gegen den Vorerben ohne Rücksicht auf den Nacherben zulässig und durchführbar ist, wenn der Anspruch eines Nachlaßgläubigers geltend gemacht wird, auf Grund dessen die Verfügung im Wege der Zwangsvollstreckung erfolgt ist. Das gleiche gilt nach Halbsatz 2, wenn die Zwangsvollstreckung auf Grund eines (dinglichen) Rechts an einem Erbschaftsgegenstand betrieben wird, das im Falle des Eintritts der Nacherbfolge dem Nacherben gegenüber wirksam ist. Diese Ausnahmen ergeben sich folgerichtig aus dem Grundgedanken des Gesetzes, daß überall da, wo entweder das Recht am Erbschaftsgegenstand schon vor dem Erbfall bestanden hat (z. B. eine vom Erblasser bestellte Hypothek) oder wo der Vorerbe mit Wirkung gegenüber dem Nacherben selbst über einen Erbschaftsgegenstand verfügt hat, auch die Zwangsvollstreckung in Gegenstände der Vorerbschaft mit voller Wirkung gegen den Nacherben betrieben werden darf. Es liegt also keineswegs so, daß es sich auch im Falle des 2. Halbsatzes im § 2115 Satz 2 nur um Rechte handelte, die auf Grund einer Nachlaßschuld, also von einem Nachlaßgläubiger, bestellt worden sein müßten. Denn nach dem klaren Wortlaut des Gesetzes ist nur erforderlich, daß „ein an einem Erbschaftsgegenstande bestehendes Recht geltend gemacht wird, das im Falle des Eintritts der Nacherbfolge dem Nacherben gegenüber wirksam ist". Das kann auch ein Recht sein, welches der Vorerbe wegen einer Eigenverbindlichkeit an einem Nachlaßgegenstand begründet hat, sofern es nur gegenüber dem Nacherben wirksam begründet worden ist.

Die Revision meint, ein an einem Erbschaftsgegenstand bestehendes Recht im Sinne des Gesetzes könne nicht eine Sicherungshypothek sein, die vom Vorerben für eine persönliche Schuld bestellt worden sei, sonst würde der Zweck des § 2115 BGB. vereitelt, der darin zu sehen sei, daß die Gläubiger des Vorerben gehindert werden sollten, dessen Erbenstellung zum Schaden des Nacherben auszunutzen. Diese Auffassung entspricht jedoch nicht dem Gesetz, das den Gläubigern des Vorerben, die nicht Nachlaßgläubiger sind, den Zugriff auf Erbschaftsgegenstände im Wege der Zwangsvollstreckung nur dann verwehrt, wenn der Vorerbe nicht oder nicht mit Wirkung gegenüber dem Nacherben über Erbschaftsgegenstände verfügt hat. Hätte das Gesetz den Gläubiger an einer zum Schaden des Nacherben auslaufenden Zwangsvollstreckung auch da hindern wollen, wo ein vom Vorerben mit Wirkung gegen den Nacherben an einem Erbschaftsgegenstande bestelltes Recht geltend gemacht wird, so würde es die unbeschränkte Wirksamkeit der Verfügung, die Gegenstand der Ausnahme des § 2115 Satz 2 BGB. ist, nicht haben bejahen können, sondern es hätte sie verneinen müssen. Hier kommt es daher entscheidend darauf an, ob die Bestellung der Sicherungshypotheken den Beklagten als Nacherben gegenüber wirksam ist. Die Frage ist vom Berufungsrichter mit Recht bejaht worden.

Nach § 2113 Abs. 1 BGB. ist die Verfügung des Vorerben über ein zur Erbschaft gehörendes Grundstück oder über ein zur Erbschaft gehörendes Recht an einem Grundstück im Falle des Eintritts der Nacherbfolge insoweit unwirksam, als sie das Recht des Nacherben vereiteln oder beeinträchtigen würde. Das letztere würde ohne weiteres anzunehmen sein, weil der Vorerbe die Sicherungshypotheken für einen ihm eingeräumten Kontokorrentkredit bestellt hat und auf Grund dessen die Zwangsvollstreckung betrieben werden soll. Da jedoch der Erblasser den Vorerben von dieser Einschränkung befreien kann (§ 2136 BGB.) und da es sich hier um eine befreite Vorerbschaft handelt, so würde die in der Bestellung der Sicherheiten liegende Verfügung des Vorerben insoweit gegenüber dem Nacherben im Falle des Eintritts der Nacherbschaft nicht unwirksam sein. Damit ist indessen die Frage nicht entschieden. Denn nach § 2113 Abs. 2 gilt das Gleiche — nämlich die in Abs. 1 vorgeschriebene bedingte und begrenzte Unwirksamkeit — wenn der Vorerbe über einen Erbschaftsgegenstand unentgeltlich verfügt hat. Da jedoch der Erblasser den

Vorerben von dieser Einschränkung nicht befreien kann (§ 2136 BGB.), so kommt es darauf an, ob die Bestellung der Sicherungshypotheken eine unentgeltliche Verfügung über einen Erbschaftsgegenstand war. Während § 2113 Abs. 1 von der Verfügung über ein Grundstück oder über ein Recht an einem Grundstück handelt, trifft Abs. 2 Erbschaftsgegenstände schlechthin, also auch Grundstücke. Eine Verfügung über ein Grundstück ist auch seine Belastung mit einem dinglichen Recht (§ 873 BGB.). Während also bei nicht befreiter Vorerbschaft die Wirksamkeit einer solchen Belastung eines Grundstücks, gleichviel ob diese entgeltlich oder unentgeltlich erfolgt ist, nur davon abhängt, ob sie im Falle des Eintritts der Nacherbfolge das Recht des Nacherben vereiteln oder beeinträchtigen würde, ergibt sich bei der befreiten Vorerbschaft ein wesentlicher Unterschied. Ist der Vorerbe von dieser Einschränkung bei der Verfügung über ein Grundstück befreit, so gilt dies nicht, wenn unentgeltlich verfügt ist, weil insoweit die Befreiung nicht statthaft ist. Abs. 1 und 2 des § 2113 sind selbständig nebeneinander stehende Ausnahmefälle von der Regel der Wirksamkeit der Verfügung (§ 2112 BGB.). Betreffen aber beide Absätze Verfügungen über Grundstücke und regelt Abs. 1 diese Verfügungen nicht ausschließlich, so bleibt der Ausnahmefall des Abs. 2 bei befreiter Vorerbschaft bestehen; denn von dieser Ausnahme kann keine Befreiung durch den Erblasser eintreten. Die Unentgeltlichkeit der vom Vater der Beklagten getroffenen Verfügungen ist indessen mit dem Berufungsrichter zu verneinen. (Wird näher ausgeführt.)

---

50. Inwieweit ist bei der Eintragung einer Vormerkung die Angabe des Schuldgrundes erforderlich?

BGB. § 885.

VI. Zivilsenat. Urt. v. 21. September 1931 i. S. Wr. (Kl.) w. W. (Bekl.). VI 147/31.

I. Landgericht Köslin.
II. Oberlandesgericht Stettin.

Durch notariellen Vertrag vom 3. Februar 1926 kaufte der Kläger von dem Gasthofbesitzer B. dessen in St. belegenes Grundstück. An demselben Tage bewilligte B. für den Kläger zur Erhaltung des Rechts auf Auflassung die Eintragung einer Vormerkung folgenden Wortlauts:

> Ich bewillige und beantrage hiermit, auf dem mir gehörigen Grundstück ... eine Vormerkung zur Erhaltung des Rechts auf Auflassung für die in Gütergemeinschaft lebenden Wr.schen Eheleute in R. einzutragen.

Auf Grund dieser Bewilligung wurde am 11. Februar 1926 im Grundbuch eingetragen:

> Vormerkung zur Erhaltung des Rechts auf Auflassung für die in Gütergemeinschaft lebenden Wr.schen Eheleute in R., unter Bezugnahme auf die Bewilligung vom 3. Februar 1926 eingetragen am 11. Februar 1926.

Dem Kläger wurde das Grundstück übergeben. Bereits am 1. Februar 1926 war die Zwangsversteigerung des Grundstücks angeordnet worden. Der Zwangsversteigerungsvermerk wurde am 12. Februar 1926 eingetragen. Im Versteigerungstermin vom 16. Oktober 1926 wurde dem Beklagten der Zuschlag erteilt; die Auflassungsvormerkung war als Teil des geringsten Gebots bestehen geblieben. Auf Grund des Zuschlags wurde der Beklagte als Eigentümer eingetragen. Nachdem B. in notarieller Verhandlung vom 28. März 1928 das Grundstück an den Kläger aufgelassen hatte, fordert dieser nunmehr klagend, daß der Beklagte der Auflassung an ihn und seiner Eintragung als Eigentümer des Grundstücks zustimme. Der Beklagte hatte in erster Instanz eingewendet, daß der zwischen dem Kläger und B. geschlossene Kaufvertrag hinsichtlich des Kaufpreises unrichtig beurkundet und daher nichtig sei. Das Landgericht hat dies für unbewiesen erachtet und der Klage entsprochen. In der Berufungsinstanz hat der Beklagte ferner geltend gemacht, die Vormerkung sei mangels ausreichender Bezeichnung ihres Rechtsgrundes nichtig. Das Berufungsgericht hat die Klage auf Grund dieses Einwands abgewiesen.

Die Revision des Klägers führte zur Wiederherstellung des landgerichtlichen Urteils.

Gründe:

Das Berufungsgericht, das in Übereinstimmung mit dem Landgericht einen Schwarzkauf nicht für bewiesen hält, gründet seine Entscheidung auf die Annahme, daß die Vormerkung mangels ausreichender Bezeichnung des Schuldgrundes nichtig sei, und führt aus: Sei auch eine Bezugnahme auf die Eintragungsbewilligung in der Eintragung für zulässig zu erachten, so müsse doch zum mindesten in der Eintragungsbewilligung der Anspruch so genau gekennzeichnet sein, daß jeder, der das Grundbuch einsehe, sogleich aus den ihm bei der Einsichtnahme zugänglichen Urkunden den Schuldgrund zu erkennen vermöge. Diesem Erfordernis sei aber auch in der Eintragungsbewilligung nicht genügt. Es sei nicht zulässig, die bestimmte Kennzeichnung des Anspruchs außerhalb des Grundbuchs zu ergänzen. Der bloße Umstand, daß das Datum der Eintragungsbewilligung mit dem Datum des Kaufvertrags übereinstimme, genüge nicht, um aus der Eintragung und der Eintragungsbewilligung festzustellen, daß der vorgemerkte Auflassungsanspruch auf dem Kaufvertrage vom 3. Februar 1926 beruhe.

In Übereinstimmung mit der Revision kann dieser Auffassung des Berufungsgerichts nicht beigetreten werden. § 885 BGB., der für die Eintragung der Vormerkung maßgeblich ist, schreibt die Angabe des Schuldgrundes des durch die Vormerkung zu sichernden Anspruchs nicht vor. Demgemäß hat der erkennende Senat in seiner Entscheidung vom 5. Dezember 1927 VI 136/27 (JW. 1928 S. 498 Nr. 30), bei der es sich um die Eintragung einer Vormerkung auf Grund einer einstweiligen Verfügung gemäß § 885 BGB. handelte, bereits ausgesprochen: wenn auch die Angabe des Schuldgrundes in der einstweiligen Verfügung, auf Grund deren eine grundbuchliche Eintragung erfolge, stets zweckmäßig sei, so sei es doch zulässig, zur Auslegung der Eintragung auf die Begründung des Anspruchs im Antrag auf Erlassung der einstweiligen Verfügung zurückzugreifen. Es ist daher nicht zutreffend, daß der Schuldgrund aus dem Grundbuch selbst ersichtlich sein müsse und nicht aus Urkunden außerhalb des Grundbuchs entnommen werden dürfe. Sollten auch die Ausführungen in der Entscheidung des V. Zivilsenats vom 22. April 1911 (JW. S. 587 Nr. 32):

aus § 885 Abs. 2 BGB. sei zwar zu entnehmen, daß bei einer Vormerkung der zu sichernde persönliche Anspruch entweder in dem Eintragungsvermerke selbst oder durch Bezugnahme auf die Eintragungsbewilligung genau bezeichnet werden müsse; daraus folge indessen nicht, daß nicht die über die Begründung des Anspruchs sich verhaltende Urkunde zum Zwecke der Auslegung berücksichtigt werden dürfe, dahin verstanden werden können, daß grundsätzlich der Schuldgrund des Anspruchs zum mindesten in der Eintragungsbewilligung enthalten sein müsse, so hat der V. Senat diese Ansicht jedenfalls in seiner Entscheidung vom 16. Dezember 1916 (Recht 1917 Nr. 210, abgedr. auch in ZBlFG. 1917 S. 538 Nr. 6386) wieder aufgegeben durch den Ausspruch:

> eine Vormerkung zu einer Hypothek sei nicht deshalb unwirksam, weil in ihr nicht der gesicherte Anspruch als ein solcher auf Einräumung einer Hypothek bezeichnet sei, sofern nur sonst zu erkennen sei, daß es sich um einen derartigen Anspruch handle.

Ist demnach die Eintragung des Schuldgrundes bei der Vormerkung nicht grundsätzlich für erforderlich zu erachten, so kommt es allein darauf an, ob bei fehlendem Schuldgrund die Gefahr der Verwechslung verschiedener Schuldgründe besteht (vgl. Güthe-Triebel Grundbuchordnung Anm. 22 zu § 45; Rosenberg Sachenrecht Anm. IV 4a Abs. 2 zu § 885 BGB.; Soergel Komm. Anm. 4 zu § 883 BGB.; Warneyer Komm. Anm. IV zu § 885 BGB.; Siber in Jherings Jahrb. Bd. 75 S. 392 flg.). Eine solche Gefahr muß aber im vorliegenden Falle als ausgeschlossen gelten, da die Eintragungsbewilligung der Vormerkung dasselbe Datum trägt wie der Kaufvertrag, durch den der damalige Eigentümer B. sein Grundstück an den Kläger verkaufte, und da nirgends ersichtlich ist, daß dem Kläger etwa noch ein anderer Anspruch auf Übertragung des Eigentums gegen B. zugestanden habe. Ist demnach die Eintragung der in der Zwangsversteigerung bestehen gebliebenen Vormerkung rechtswirksam und hat B. das Grundstück in notarieller Verhandlung vom 28. März 1928 an den Kläger aufgelassen, so geht gemäß § 883 Abs. 3 BGB. dessen Recht auf Eintragung als Eigentümer dem Eigentumsanspruch des Beklagten vor. Denn die Vormerkung war bereits am 11. Februar 1926 eingetragen worden, der Beklagte als Eigentümer aber erst auf Grund des Zuschlags vom 16. Oktober 1926.

---

51. 1. Ist derjenige, der ein Kind tödlich überfährt, für die bei dessen Mutter eintretende Schreckwirkung schadensersatzpflichtig?

2. Trifft diese Schadensersatzpflicht auch den, der den Schädiger zu seiner Verrichtung bestellt hatte?

3. Besteht solche Schadensersatzpflicht auch nach dem Kraftfahrzeuggesetz?

BGB. §§ 823, 831. Kraftfahrzeuggesetz § 7.

VI. Zivilsenat. Urt. v. 21. September 1931 i. S. T. u. Gen. (Bekl.) w. Eheleute S. (Kl.). VI 149/31.

I. Landgericht Köln.
II. Oberlandesgericht daselbst.

Am 5. Oktober 1929 steuerte der Zweitbeklagte in der Stadt K. einen seinem Vater, dem Erstbeklagten, gehörigen Kraftwagen, fuhr damit auf den Bürgersteig und verletzte den siebenjährigen Sohn der Kläger tödlich. Im Strafverfahren wurde er wegen fahrlässiger Tötung zu neun Monaten Gefängnis verurteilt. Im Rechtsstreit verlangen die Kläger von den Beklagten als Gesamtschuldnern Schadensersatz, und zwar mit einem bezifferten Leistungsantrag wegen Kosten versuchter Heilung, Beerdigungskosten und Geschäftsausfalls, ferner mit Feststellungsanträgen wegen Entgehens künftiger Unterhalts- und Dienstleistungen ihres Sohnes und wegen des durch einen Nervenzusammenbruch der klagenden Ehefrau entstandenen Schadens. Die Beklagten haben 850 RM. gezahlt und halten damit alle berechtigten Ansprüche der Kläger für abgegolten.

Das Landgericht stellte die gesamtschuldnerische Verpflichtung der Beklagten fest, die Kläger durch eine Rente insoweit zu entschädigen, als der Getötete ihnen während seiner mutmaßlichen Lebensdauer zur Gewährung von Unterhalt und zur Leistung von Diensten verpflichtet gewesen wäre; im übrigen wies es die Klage ab. Auf die Berufung der Kläger erklärte das Oberlandesgericht den Anspruch auf 1200 RM. Ersatz für Geschäftsausfall wegen verminderter Erwerbsfähigkeit der Mitklägerin dem Grunde nach für gerechtfertigt, während es die Kosten der versuchten Heilung und der Beerdigung als abgegolten ansah; weiterhin stellte es die gesamtschuldnerische Verpflichtung der Beklagten fest, den Klägern den Schaden zu ersetzen, der ihnen durch die infolge des Unfalls eingetretene Gesundheitsschädigung der Mitklägerin entstanden sei und noch entstehen werde, insbesondere den durch Ausfall ihrer Dienste entstandenen und entstehenden Schaden, jedoch nicht über ihr 65. Lebensjahr hinaus. Die Revision der Beklagten hatte zum Teil Erfolg.

Gründe:

Da die Beklagten das Urteil des Landgerichts nicht angegriffen und die Kosten der versuchten Heilung sowie der Beerdigung nach der Feststellung des Berufungsgerichts durch Zahlung von 850 RM. abgegolten haben, so kommt für die Revisionsinstanz nur noch in Frage, ob sie auch für die Folgen des Nervenzusammenbruchs haften, den die klagende Ehefrau, die beim Unfall selbst nicht zugegen gewesen war, auf die Kunde davon erlitten hat. Auf Grund der Beweisaufnahme, insbesondere eines ärztlichen Gutachtens, hält das Berufungsgericht für bewiesen, daß die seelische Erregung über den Tod ihres Kindes bei der Klägerin einen Nervenzusammenbruch herbeigeführt habe, der sie in der Erwerbsfähigkeit beeinträchtigt habe und wahrscheinlich auch in Zukunft noch beeinträchtigen werde. Für den dadurch verursachten Vermögensschaden, der in erster Linie den klagenden Ehemann, möglicherweise aber auch die Frau selbst treffe, hält der Berufungsrichter beide Beklagte als Gesamtschuldner für haftbar.

Dabei geht er ohne Rechtsirrtum davon aus, daß es sich hier nicht um mittelbaren Schaden in dem Sinne handelt, wie er nur in den Ausnahmefällen der §§ 844, 845 BGB. von der Ersatzpflicht nach § 823 BGB. umfaßt wird (RGZ. Bd. 79 S. 58, Bd. 82 S. 190, Bd. 92 S. 404, Bd. 97 S. 89). Jener Schaden ist der Schaden einer Person, die nicht selbst durch die unerlaubte Handlung betroffen ist, sondern nur deren Rückwirkungen auf ihr Vermögen zu spüren hat. Hier ist aber die Mitklägerin selbst durch die unerlaubte Handlung in ihrer Gesundheit geschädigt worden, und die Folgen dieser Gesundheitsschädigung werden von den Klägern geltend gemacht. Daß nach § 823 Abs. 1 BGB. die daselbst genannten Rechtsgüter oder Rechte unmittelbar verletzt sein müßten und ihre mittelbare Verletzung nicht genüge, ist in der Rechtsprechung des Reichsgerichts niemals angenommen worden (vgl. RGRKomm. Vorbem. 5a vor § 823); die gegenteilige Ansicht der Revision ist unbegründet. Zwei Fragen sind aber in solchem Falle zu prüfen: die Frage, ob der ursächliche Zusammenhang noch als adäquat angesehen werden kann, und, wenn diese Frage zu bejahen ist, die zweite, ob die mittelbare Verletzung voraussehbar war. Beide Fragen hat das Berufungsgericht geprüft und ohne Rechtsirrtum bejaht.

Daß der tödliche Unfall eines Kindes dessen Mutter seelisch heftig erregt, wird als Regel gelten müssen, und daß eine heftige seelische Erregung solcher Art zu einem Nervenzusammenbruch führen kann, der in seinen Wirkungen die Arbeitsfähigkeit beeinträchtigt, ist keinesfalls eine seltene Ausnahme. Damit ist schon der adäquate ursächliche Zusammenhang gegeben (vgl. RGZ. Bd. 81 S. 361, Bd. 102 S. 230, Bd. 133 S. 126). Man wird aber auch noch weiter gehen und mit dem Oberlandesgericht annehmen müssen, daß ein solcher Erfolg voraussehbar war. Die Darlegung der Revision, der Zweitbeklagte habe nicht einmal wissen können, ob der siebenjährige Knabe überhaupt noch Eltern habe, geht fehl. Es kommt nicht darauf an, ob der Beklagte das wissen konnte, sondern ob er damit, mit dem Schrecken der Eltern und den möglichen Schreckwirkungen rechnen mußte. Es enthält keine Überspannung des Begriffs der Fahrlässigkeit, wenn das Berufungsgericht diese Fragen bejaht hat.

Das Gesagte gilt aber nur für die Haftung nach den allgemeinen Vorschriften. Die Haftung nach § 823 Abs. 1 BGB. ist nun zwar bei dem Zweitbeklagten im Berufungsurteil ausreichend begründet worden. Denn es kann nach dem, was über den Hergang des Unfalls festgestellt ist, nicht zweifelhaft sein, daß ihn der Zweitbeklagte durch Fahrlässigkeit verschuldet hat; die Beklagten haben das auch nicht mehr bestritten. Dagegen ist die Haftung des Erstbeklagten, die das Berufungsgericht aus § 831 BGB. herleitet, nicht genügend begründet worden. Die Revision weist mit Recht darauf hin, daß es an jeder Feststellung darüber fehlt, ob und wodurch der Erstbeklagte seinen Sohn zu dieser „Verrichtung bestellt" habe. Die Erklärungen der Beklagten im Rechtsstreit können diese Feststellung nicht ersetzen. Sie haben zwar den Klaganspruch dem Grunde nach nicht bestritten, aber doch nur, soweit er sich in den Grenzen der gezahlten 850 RM. hielt. Dieser Betrag konnte dem Erstbeklagten schon in seiner Eigenschaft als Halter des Kraftfahrzeugs nach den §§ 10, 12 KFG. begründet erscheinen, und zwar nach § 7 Abs. 3 das. schon dann, wenn ohne sein Wissen und ohne seinen Willen das Kraftfahrzeug vom Zweitbeklagten benutzt, die Benutzung aber durch Verschulden des Erstbeklagten ermöglicht worden sein sollte. Ein Schluß darauf, daß er seinen Sohn zu der Verrichtung bestellt habe, läßt sich also aus jenem beschränkten Nichtbestreiten des Anspruchsgrundes nicht ziehen. Soweit der Anspruch auf die Gesundheitsbeschädigung der Mitklägerin gestützt war, haben ihn die Beklagten durchweg auch dem Grunde nach bestritten. Das Berufungsgericht wird daher die Haftung des Erstbeklagten, die es ohne Beschränkung auf das Kraftfahrzeuggesetz ausgesprochen hat, nochmals zu untersuchen haben.

Sollte dieser Beklagte nur aus § 7 KFG. haftbar zu machen sein, so würde zu den obigen Voraussetzungen, unter denen die Schadensersatzpflicht für die Gesundheitsbeschädigung der Klägerin zu bejahen wäre, noch die Frage hinzutreten, ob sich diese Gesundheitsbeschädigung „bei dem Betriebe" des Kraftfahrzeugs ereignet hat. Der Vorderrichter hat auch diese Frage bejaht. Von seinem Standpunkte war das überflüssig, da er die Beklagten auf Grund der §§ 823, 831 BGB. verurteilt hat. Die Bejahung der Frage kann aber auch nicht gebilligt werden. Das Berufungsgericht weist selbst auf das Urteil RGZ. Bd. 68 S. 47 hin, wo das Reichsgericht es abgelehnt hat, eine Geisteskrankheit, die bei einem Vater infolge Schreckens über einen Eisenbahnunfall seiner Tochter ausgebrochen war, unter die „bei dem Betriebe" einer Eisenbahn entstandenen Gesundheitsbeschädigungen zu rechnen. Die Entscheidung entspricht der ständigen Rechtsprechung des Reichsgerichts zum Reichshaftpflichtgesetz. Denn der Ausbruch der Geisteskrankheit stand nicht in unmittelbarem Zusammenhang mit einem bestimmten Betriebsvorgang oder mit einer bestimmten Betriebseinrichtung; auch war er nicht auf eine dem Eisenbahnbetriebe eigentümliche Gefahr zurückzuführen (RGZ. Bd. 126 S. 139), sondern er konnte ebenso durch jeden anderen Unfall und den Schrecken darüber eintreten. Nun meint freilich das Berufungsgericht unter Anführung des Erläuterungswerks von Müller, in § 7 KFG. hätten die Worte „bei dem Betriebe eines Kraftfahrzeugs" eine andere Bedeutung als die entsprechenden Worte in § 1 des Reichshaftpflichtgesetzes. Die bei Müller (7. Aufl. S. 222flg.) mitgeteilte Entstehungsgeschichte des § 7 ergibt aber gerade, daß das Kraftfahrzeuggesetz in dieser Hinsicht dem Reichshaftpflichtgesetz absichtlich nachgebildet worden ist, weil die reiche Rechtsprechung und Literatur über das Haftpflichtgesetz verwertet werden sollte. Wenn auch die dazu bestimmte Fassung des Entwurfs von 1906 in dem Entwurfe von 1908 verlassen wurde, so ist doch das Gesetz selbst zu jener ersten Fassung zurückgekehrt (vgl. darüber des näheren RGZ. Bd. 132 S. 264). Immerhin mögen wegen der technischen Verschiedenheit des Eisenbahn- und des Kraftfahrbetriebs

Verschiedenheiten der Beurteilung, wann ein Unfall „bei dem Betriebe“ anzunehmen ist, in Einzelfragen denkbar sein. Womit aber in der vorliegenden Frage eine Verschiedenheit begründet werden könnte, ist nicht einzusehen. Hier wie dort handelt es sich darum, ob die Schreckwirkung, die ein Betriebsunfall bei einem nahen Angehörigen des Verunglückten auslöst, selbst noch als eine „bei dem Betriebe“ entstandene Gesundheitsschädigung angesehen werden kann. Die Verschiedenartigkeit der Betriebsarten ist hierfür gleichgültig. Auch Müller nimmt nicht an, daß eine solche Schreckwirkung noch als Betriebsunfall erachtet werden könnte (a. a. O. S. 246). Danach wird der Erstbeklagte zwar auf Grund des § 831 BGB., wenn dessen Voraussetzung zutreffen sollte, nicht aber auf Grund des Kraftfahrzeuggesetzes für den Nervenzusammenbruch der klagenden Ehefrau haftbar zu machen sein. Ob eine andere Beurteilung stattzufinden hätte, wenn sie bei dem Unfall selbst zugegen gewesen wäre, und ob sich für einen solchen Fall die in RGZ. Bd. 75 S. 285 ausgesprochene Ansicht aufrechterhalten ließe, mag dahingestellt bleiben (vgl. auch WarnRspr. 1917 Nr. 87).

Daraus ergab sich die Notwendigkeit, das Urteil insoweit aufzuheben, als es den Erstbeklagten betrifft, und die Sache in diesem Umfange zurückzuverweisen. Dagegen konnte die Revision des Zweitbeklagten keinen Erfolg haben.

---

52. Was hat bei der condictio indebiti der Zurückfordernde und was hat der Gegner zu beweisen?

BGB. §§ 812, 814.

VI. Zivilsenat. Urt. v. 21. September 1931 i. S. R. (Bekl.) w. H. (Kl.). VI 230/31.

I. Landgericht Potsdam.
II. Kammergericht Berlin.

Der Beklagte hatte durch notariell beurkundeten Kaufvertrag vom 18. Juni 1923 sein Grundstück an den Kläger verkauft und in derselben Urkunde aufgelassen. Daneben war eine privatschriftliche Abmachung getroffen worden. Den weiteren Sachverhalt ergeben die

Gründe:

Es handelt sich, nachdem über die Klage und über alle übrigen Anträge der Widerklage rechtskräftig entschieden ist, nur noch um den Teil der Widerklage, mit dem der Beklagte seine Auflassungserklärung wegen ungerechtfertigter Bereicherung des Klägers zurückfordert. Er stützt diesen Anspruch darauf, daß der Kaufvertrag, zu dessen Erfüllung er die Auflassung erklärt habe, wegen Formmangels nach § 313 BGB. nichtig sei (§ 812 BGB.). Die Nichtigkeit steht fest; zur Heilung nach § 313 Satz 2 ist es trotz der behördlichen Genehmigung noch nicht gekommen, da der Beklagte eine einstweilige Verfügung erwirkt und dadurch die Eintragung des Klägers im Grundbuche bisher verhindert hat. Der Kläger hat aber den Einwand erhoben, der Beklagte habe bei der Auflassungserklärung die Nichtigkeit des Kaufvertrags gekannt und somit gewußt, daß er zu dieser Leistung nicht verpflichtet sei (§ 814 BGB.). Im früheren Berufungsurteil vom 19. März 1929 hatte der 8. Zivilsenat des Kammergerichts angenommen, der Beklagte könne schon darum nicht kondizieren, weil zur Zeit der Abgabe seiner Auflassungserklärung das Protokoll über den Kaufvertrag noch nicht abgeschlossen, eine Verbindlichkeit aus diesem also noch nicht vorhanden gewesen sei und auch der Beklagte das erkannt haben müsse. Diese Rechtsauffassung hat der erkennende Senat im Urteil vom 2. Januar 1930 (VI 209/29 und 251/29) als irrig zurückgewiesen, weil Kaufvertrag und Auflassung gleichzeitig mit Abschluß der über beide Geschäfte errichteten Urkunde erklärt worden seien, die Auflassung also sehr wohl in der Meinung erteilt sein könne, daß damit eine gleichzeitig entstehende Verpflichtung erfüllt werde; der Kläger müsse dem Beklagten beweisen, daß dieser die Nichtigkeit der Verpflichtung gekannt habe, zu dem Beweisergebnis habe aber das Berufungsgericht keine klare Stellung genommen. Das ist wiederum nicht geschehen, obwohl inzwischen neue Beweise und Gegenbeweise erhoben worden waren. Der 18. Zivilsenat des Berufungsgerichts ist vielmehr zur abermaligen Abweisung des Bereicherungsanspruchs aus zwei anderen Gründen gelangt, die aber ebensowenig stichhaltig sind wie der vom 8. Zivilsenat angegebene.

Der Vorderrichter meint nämlich, seit dem Revisionsurteil vom 2. Januar 1930 habe sich die Rechtslage dadurch verändert, daß der Kläger jetzt auch behaupte, der Beklagte habe mit der Auflassung bezweckt, die Formnichtigkeit des Kaufvertrags gemäß § 313 Satz 2 BGB. zu heilen. Damit bestreite der Kläger, daß die Auflassung eine zur Erfüllung einer Verbindlichkeit bestimmte Leistung gewesen sei, und diese Grundlage seiner Kondiktion müsse nunmehr der Beklagte beweisen, was ihm aber nicht gelungen sei. Wäre das richtig, so hätte der Bereicherungsbeklagte — hier der Kläger und Widerbeklagte — ein sehr einfaches Mittel, sich der ihm nach § 814 BGB. obliegenden Beweispflicht zu entledigen: er brauchte nur seinem Einwande, der Bereicherungskläger habe das Nichtbestehen der Leistungspflicht gekannt, die Behauptung hinzuzufügen, jener habe mit der Leistung einen bestimmten anderen Zweck verfolgt. In Wirklichkeit kann aber der Leistende, der weiß, daß keine Leistungspflicht besteht, gar nicht die innere Absicht haben, die Verbindlichkeit zu erfüllen; er muß notwendig irgendeinen anderen Zweck mit der Leistung verfolgen, etwa den der unentgeltlichen Zuwendung oder im Falle des § 313 Satz 2 BGB. den der Heilung des Formmangels. Wendet also der Bereicherungsbeklagte gemäß § 814 BGB. ein, der Gegner habe gewußt, daß er zur Leistung nicht verpflichtet sei, so hält er sich auch dann noch innerhalb desselben Einwandes, wenn er hinzufügt, der Zweck der Leistung sei ein anderer gewesen als der, die Verbindlichkeit zu erfüllen. In diesem Sinne hat die Revision Recht, wenn sie sagt, das sei dasselbe, nur mit anderen Worten. Richtig ist zwar, daß der Bereicherungskläger, wenn er die condictio indebiti geltend macht, beweisen muß, er habe zur Erfüllung einer Verbindlichkeit geleistet und diese Verbindlichkeit bestehe nicht (vgl. u. a. Enneccerus Lehrbuch 11. Bearbeitung II § 220 II). Aber der Beweis, daß er zur Erfüllung einer bestimmten Verbindlichkeit geleistet habe, ist von ihm erbracht, wenn das nach seiner bei der Leistung abgegebenen, sei es ausdrücklichen, sei es aus den Umständen erkennbaren Erklärung anzunehmen war (§ 157 BGB.). Wollte man von ihm auch noch den Beweis seiner inneren Willensrichtung verlangen, so hieße das, die Beweisvorschrift des § 814 BGB. in ihr Gegenteil verkehren. Nun liegt hier die Sache so, daß der Beklagte unmittelbar im Anschluß an den Kaufvertrag und in derselben Urkunde die Auflassung erklärt hat. Die Urkunde selbst hat dem Berufungsgericht keinerlei Anhaltspunkte dafür gegeben, daß die Erklärung anders zu verstehen gewesen sei als dahin, es solle damit die Verkäuferpflicht des Beklagten erfüllt werden. Der Beklagte hatte also keine

Beweispflicht. Es war vielmehr Sache des Klägers, Umstände außerhalb der Urkunde darzulegen und zu beweisen, die den Schluß rechtfertigen könnten, entweder die Erklärung des Beklagten sei anders zu verstehen gewesen (§ 157 BGB.) oder er habe doch nicht den inneren Willen gehabt, den Kaufvertrag zu erfüllen, weil er dessen Nichtigkeit gekannt und die Auflassung zum Zwecke der Heilung erteilt habe (§ 814 BGB.). Das Berufungsurteil beruht daher in seinem ersten Teil auf Verkennung der Beweislast.

Der Vorderrichter fügt aber noch einen zweiten Entscheidungsgrund hinzu. Er meint nämlich, der Beklagte könne nicht an die Gültigkeit des Kaufvertrags geglaubt haben, da er behaupte, daß er bewuchert worden sei. Diese Behauptung hat der Beklagte zwar schon in einem Vorprozesse aufgestellt, der im Dezember 1923 begonnen hatte. Daß er aber auch schon am 18. Juni 1923 bei der notariellen Protokollierung den Vertrag als wucherisch angesehen habe, ergibt sich aus den Erwägungen des Berufungsgerichts nicht. Der Umstand, daß der Beklagte sich in einer Notlage befunden und diese dem Kläger offenbart hatte, machte den Vertrag noch nicht wucherisch. Es mußte das auffällige Mißverhältnis zwischen Leistung und Gegenleistung hinzukommen (§ 138 Abs. 2 BGB.), und es ist nicht ersichtlich, daß der Beklagte das Vorliegen eines solchen schon damals, bei Abschluß des Kaufvertrags, angenommen hätte. Wenn er später, nach der Währungsbefestigung, den geringen inneren Wert des Kaufpreises erkannte und nun, weil er den Vergleich mit anderen Grundstücksverkäufen aus der Zeit des Währungsverfalls unterließ, zu der irrigen Meinung kam, er sei bewuchert worden, so geht daraus auch nicht hervor, daß er den Kaufvertrag schon zur Zeit seines Abschlusses als wucherisch und nichtig angesehen habe. Vielmehr besteht die Möglichkeit, daß er damals, ebenso wie andere Grundstücksverkäufer, den Verkauf noch für verhältnismäßig günstig hielt. Auch der zweite Entscheidungsgrund des Berufungsrichters erspart also dem Kläger nicht seine Beweispflicht.

Aus diesen Gründen mußte auch das neue Berufungsurteil aufgehoben und die Sache abermals zurückverwiesen werden.

53. Gebietet § 40 Abs. 1 der Grundbuchordnung vorab die Rückberichtigung des Grundbuchs auf den Veräußerer, wenn bei der Auflassung mehrerer Trennstücke eines Grundstücks an verschiedene Erwerber die Parzellennummern verwechselt und daraufhin die Erwerber zunächst auf falschen Grundbuchblättern als Eigentümer eingetragen worden sind, nunmehr aber auf den richtigen Blättern eingetragen werden sollen?

V. Zivilsenat. Beschl. v. 24. September 1931 in einer preußischen Grundbuchsache. V B 7/31.

I. Amtsgericht Berlin-Lichtenberg.
II. Landgericht III Berlin.

Der Sachverhalt und die Entscheidung ergeben sich aus den

Gründen:

Die Geschwister G.-J. waren Eigentümer eines Grundstücks in M. Sie verkauften im April 1928 Teilstücke an Frau Wo. und an Frau Wi. Die Stücke waren bereits vermessen, aber noch nicht katastermäßig bezeichnet. Nach der Darstellung der Beteiligten hat später die für Frau Wo. bestimmte Fläche die Parzellennummern 7397 und 7398, die für Frau Wi. bestimmte Fläche die Parzellennummern 7399 bis 7402 erhalten. Bei den Auflassungen im Juli 1928 wurden die Flächen umgekehrt bezeichnet. Infolgedessen wurde in den abgezweigten Grundbuchblättern Frau Wo. auf Bl. 6236 als Eigentümerin der Parzellen 7399 bis 7402, Frau Wi. auf Bl. 6237 als Eigentümerin der Parzellen 7397 und 7398 eingetragen.

Unter Darlegung des Sachverhalts bewilligten und beantragten alle Beteiligten in einer notariellen Urkunde vom 17. Oktober 1930 die Berichtigung des Grundbuchs dahin, daß die Flächenangaben in den Bestandsverzeichnissen von Bl. 6236 und 6237 ausgewechselt würden. Das Grundbuchamt (Rechtspfleger) vertrat zunächst in einer Zwischenverfügung den Rechtsstandpunkt, daß Frau Wo. und Frau Wi. sich gegenseitig die für sie eingetragenen Flächen auflassen müßten, lehnte dann aber durch richterliche Verfügung den Berichtigungsantrag mit der Begründung ab, eine Berichtigung sei nur auf die Verkäufer, Geschwister G.-J., möglich; diese müßten die richtigen Parzellen erneut an die beiden Käuferinnen auflassen. Die Beschwerde der Beteiligten gegen diese Entscheidung legte der Grundbuchrichter dem Landgericht mit dem Bemerken vor, die beantragte Berichtigung sei unzulässig; zulässig sei nur die nicht beantragte Berichtigung durch Eintragung der alten Eigentümer G.-J. und dann erst — gegebenenfalls auf Grund der Auflassungen vom Juli 1928 und der Verhandlung vom 17. Oktober 1930 — die Berichtigung auf die richtigen neuen Eigentümer.

Das Landgericht wies die Beschwerde zurück und führte in den Gründen aus: Die Auswechslung der Flächenangaben in den Bestandsverzeichnissen von Bl. 6236 und 6237 sei jedenfalls unzulässig. Möglich sei überhaupt nur die Auswechslung der Eigentumseintragung in der Abteilung I der Grundbücher. Auch wenn der Berichtigungsantrag so verstanden werde, müsse er aber zurückgewiesen werden, weil nach § 40 GBO. eine Berichtigung der Eigentumseintragungen in den Personen der Erwerber nicht statthaft sei ohne vorherige Eintragung der Veräußerer als der noch Eigentümer gebliebenen Berechtigten und der daher von den beantragten Eintragungen Betroffenen.

In ihrer weiteren Beschwerde erklärten die Beteiligten sich damit einverstanden, daß nicht die Angaben in den Bestandsverzeichnissen, sondern die Eintragungen in der Abteilung I der Grundbücher berichtigend ausgetauscht würden, bekämpften aber die Rechtsansicht, daß zuvor noch eine Grundbuchberichtigung auf die Veräußerer nötig sei. Das Kammergericht hält die weitere Beschwerde für unbegründet. Es sieht sich aber an ihrer Zurückweisung gehindert durch den in ROLG. Bd. 40 S. 260 veröffentlichten Beschluß des Bayerischen Obersten Landesgerichts vom 27. Februar 1920 und hat daher die Sache gemäß § 79 Abs. 2 GBO. dem Reichsgericht vorgelegt.

Der Fall dieser Gesetzesvorschrift ist gegeben. In der zwischen dem Bayerischen Obersten Landesgericht und dem Kammergericht streitigen Frage der Auslegung des § 40 Abs. 1 GBO. ist dem Kammergericht beizutreten.

Beide Gerichte gehen übereinstimmend und zutreffend davon aus, daß sich bei dem gegebenen Tatbestand die weitere Beschwerde nicht gegen die im Grundbuch vorhandenen Eintragungen, sondern gegen die Zurückweisung der auf Bewilligungen aller Beteiligten gestützten Berichtigungsanträge richtet, und daß deshalb gegen die formelle Zulässigkeit der Beschwerde Bedenken aus §§ 71, 78 GBO. nicht zu erheben sind. Beide Gerichte sind ferner ohne Rechtsirrtum in der Beurteilung der materiellen Rechtslage dahin einig, daß bei Willensübereinstimmung aller Beteiligten über die aufgelassenen Grundstücksflächen deren irrtümlich falsche Bezeichnung in den Auflassungserklärungen diese Erklärungen nicht unwirksam macht, daß vielmehr trotz der falschen Bezeichnung wirksame Auflassungen zu den vom Willen der Beteiligten umfaßten Flächen vorliegen, und daß daher auf Grund dieser Auflassungen in Verbindung mit einer dem § 29 GBO. entsprechenden, die falsche Bezeichnung richtig stellenden Nachtragserklärung aller Beteiligten die Eintragungen der Erwerber auf den letztgenannten Flächen vorgenommen werden können. Schließlich ist aber das Bayerische Oberste Landesgericht (a. a. O. S. 261) auch noch einig mit der zutreffenden Ansicht des Kammergerichts, daß zur Vollendung des Eigentumsübergangs an den wirksam aufgelassenen Flächen die zunächst bewirkten Eintragungen der Erwerber auf den fälschlich angegebenen Flächen nicht genügen, sondern daß die Erwerber nur durch neue Eintragungen in den Grundbüchern der richtig bezeichneten Flächen das Eigentum daran erlangen können (vgl. RGRKomm. 6. Aufl. Anm. 10 zu § 873 BGB. und Anm. 6 Abs. 2 zu § 925 das.; Staudinger 9. Aufl. Anm. A III 3 b α) und δ) zu § 925 BGB.). Streit besteht mithin nur darüber, wie diese neuen Eintragungen herbeizuführen sind. Das Bayerische Oberste Landesgericht nimmt an, daß die Erwerber auf Grund der Auflassungen und der berichtigenden Nachtragserklärungen der Beteiligten ohne weiteres unter Beseitigung der zunächst bewirkten Eintragungen auf den falschen Blättern im Wege der Grundbuchberichtigung als Eigentümer auf den richtigen Blättern eingetragen werden könnten. Das Kammergericht meint dagegen, die Grundbücher müßten zunächst auf die Veräußerer als Eigentümer berichtigt und dann erst könne das Eigentum an den richtigen Blättern auf die Erwerber umgeschrieben werden.

Im Schrifttum teilen die Ansicht des Bayerischen Obersten Landesgerichts: Güthe-Triebel GBO. 5. Aufl. Bd. 1 S. 948 Anm. 11 zu § 40; der RGRKommentar a. a. O.; Förster im Recht 1904 S. 91 unter Nr. 3; Predari GBO. 2. Aufl. S. 613 Anm. 4. Dem Kammergericht sind beigetreten: Fuchs-Arnheim Grundbuchrecht Bd. 2 S. 429 Anm. 9 und Falkmann im Zentralbl. für freiw. Gerichtsbarkeit u. Notariat Bd. 5 S. 302 unter Nr. 3.

Die Ansicht des Bayerischen Obersten Landesgerichts hat unverkennbar den praktischen Vorzug, daß sie auf kurzem und einfachem Wege sogleich zum Endziel führt. Sie ist aber mit dem Gesetz nicht vereinbar. Wenn der Beschluß in ROLG. Bd. 40 auf S. 262flg. ausführt, durch die vom Kammergericht geforderte Vorabberichtigung auf die Veräußerer würde das Grundbuch unrichtig werden, weil schon gültige Auflassungen an die Erwerber vorlägen, so setzt er sich mit seiner eigenen Erkenntnis in Widerspruch, daß die Auflassungen allein das Eigentum an den richtigen Flächen nicht übertragen konnten und daß wirksame Eintragungen, die hinzukommen müssen, bisher fehlen. Es ist daher nicht ersichtlich, inwiefern der Grundbuchrichter durch die berichtigende Wiedereintragung der Veräußerer „unmittelbar gegen die wirkliche Rechtslage verstoßen" sollte. Richtig ist nur, daß es sich bei dieser Berichtigung um eine „Zwischenbuchung" handelt, der die Eintragungen der Erwerber auf den richtigen Blättern alsbald folgen sollen. Die Frage, ob diese „Zwischenbuchung" erforderlich ist, darf aber nicht allein nach Zweckmäßigkeitserwägungen, sondern muß zunächst aus dem Gesetze beantwortet werden. Sie ist in § 40 Abs. 1 GBO. im Sinne der Ansicht des Kammergerichts geregelt.

In seiner früheren Rechtsprechung (KGJ. Bd. 26 A S. 245, Bd. 37 A S. 262) und bei Begründung des Vorlegungsbeschlusses in der jetzt zu entscheidenden Sache hat das Kammergericht den nach den vorangehenden Ausführungen zutreffenden Standpunkt eingenommen, daß bei dem gegebenen Tatbestand die erstrebten Eintragungen der Erwerber als Eigentümer in den richtigen Grundbüchern rechtsändernde, nicht berichtigende Eintragungen darstellten, da erst durch sie das bisher bei den Veräußerern verbliebene Eigentum auf die Erwerber übertragen werde. Bei rechtsändernden Eintragungen ist nun aber, wie allgemein anerkannt wird (Güthe-Triebel a. a. O. S. 945 Anm. 7), derjenige, dessen Recht durch die Eintragungen betroffen wird, der materiell Berechtigte, nicht — wie bei berichtigenden Eintragungen (Güthe-Triebel a. a. O. S. 948 Anm. 11) — der Buchberechtigte. Mithin folgt aus § 40 Abs. 1 GBO., daß die Eintragungen der Erwerber auf den richtigen Grundbuchblättern abhängig sind von der vorangehenden, im Grundbuch nicht mehr vorhandenen Eintragung der Veräußerer als Eigentümer. Diese Eintragung erfolgt im Wege der Grundbuchberichtigung, kann aber nicht unterbleiben, ohne daß § 40 GBO. verletzt würde. Wenn es sich dabei auch nur um die Beachtung einer Ordnungsvorschrift handelt, so dürfen doch das Grundbuchamt und die Beschwerdegerichte nicht zu ihrer Verletzung die Hand bieten. Die Kritik Försters, daß die vom Kammergericht vertretene Ansicht der glatten Abwicklung der Verhältnisse unnötig ein überaus umständliches und zweckloses Verfahren in den Weg stelle, überschätzt wohl die Schwierigkeiten, die sich aus dem Erfordernis der Zwischeneintragung der Veräußerer ergeben, und wird jedenfalls dem Gesetz nicht gerecht. Zwar glaubt auch das Kammergericht in KGJ. Bd. 26 A S. 248 anerkennen zu müssen, daß jene Zwischeneintragung, die lediglich weitere Eintragungen vermitteln solle und sonst einer selbständigen Bedeutung entbehre, wie etwas Überflüssiges und Formalistisches erscheine. Indessen darf dabei der Zweck des § 40 GBO. nicht übersehen werden. Die Vorschrift dient dazu, den Rechtsstand des Grundbuchs und seiner Änderungen nicht bloß im Endziel richtig, sondern in allen Entwicklungsstufen klar und verständlich wiederzugeben (Güthe-Triebel a.a.O. S. 938 Anm. 1). Zur Klarheit und Verständlichkeit gehört aber nicht zuletzt auch die Vollständigkeit der Eintragungen, die gerade bei verwickelten Verhältnissen erwünscht ist und durch das Gesetz gewährleistet werden soll. Betrachtet man den vorliegenden Sachverhalt in diesem Lichte, so wird man füglich bezweifeln dürfen, ob die Zwischeneintragung der Veräußerer, die für die Erwerber unbequem sein mag, vom Standpunkt des Gesetzgebers aus noch überflüssig und zwecklos genannt werden darf.

Da im gegenwärtigen Falle die Beteiligten der nach dem Gesetz erforderlichen berichtigenden Zwischeneintragung der Veräußerer sich widersetzen und ihren Antrag ausdrücklich auf die nicht statthafte sofortige Eintragung der Erwerber richten, ist die gegen die Ablehnung dieses Antrags eingewendete weitere Beschwerde zurückzuweisen.

---

54. 1. Nach welchen Vorschriften findet bei der Grundbuchberichtigungsklage die Auseinandersetzung zwischen dem wirklichen Eigentümer und dem Bucheigentümer wegen der Nutzungen und Verwendungen statt?

2. Auf welche Nutzungen erstreckt sich der Bereicherungsanspruch?

BGB. §§ 818, 894, 987flg.

VI. Zivilsenat. Urt. v. 24. September 1931 i. S. B. (Kl.) w. E. (Bekl.). VI 182/31.

I. Landgericht III Berlin.
II. Kammergericht daselbst.

Der Kläger verkaufte durch notariellen Vertrag vom 5. Januar 1922 sein Landgut an den Beklagten. Dieses ist seit 1920 an den Landwirt K. verpachtet. Nach behördlicher Genehmigung und nach Auflassung wurde der Beklagte als Eigentümer eingetragen. Als Kaufpreis waren 1,5 Millionen Mark beurkundet worden, in Wirklichkeit wurden 350000 M. mehr gezahlt. Mangels Genehmigung des wirklich geschlossenen Vertrages klagte der Kläger auf Grundbuchberichtigung und Herausgabe des Grundstücks und erwirkte ein rechtskräftiges Urteil, das seinen Anträgen entsprach. Der Beklagte hatte in jenem Rechtsstreit ein Zurückbehaltungsrecht geltend gemacht; der Kläger hatte zu dessen Abwendung 50000 RM. hinterlegt, was vom Gericht für ausreichend erklärt wurde.

Im gegenwärtigen Rechtsstreit verlangte der Kläger, daß der Beklagte, dem er überhaupt kein Zurückbehaltungsrecht zugestand, in die Auszahlung der hinterlegten Summe willige. Nachdem der Streit in Höhe von 30000 RM. durch Vergleich erledigt worden war, stritten die Parteien um die noch übrigen 20000 RM. weiter. Der Kläger bestritt einen Teil der vom Beklagten erhobenen Ansprüche und machte Gegenforderungen geltend. Das Landgericht erachtete im Endergebnis die Ansprüche des Beklagten in Höhe von 2263,29 RM. nebst Zinsen für begründet und sprach den danach von den 20000 RM. verbleibenden Betrag dem Kläger zu. Beide Parteien griffen das Urteil an. Das Kammergericht wies die Berufung des Klägers zurück, erhöhte auf die Anschlußberufung des Beklagten den ihm zufallenden Betrag auf 7366,32 RM. nebst Zinsen und verminderte die dem Kläger zugesprochene Summe entsprechend.

Auf die Revision des Klägers wurde das Berufungsurteil in Höhe von 1000 RM. nebst Zinsen zu seinen Gunsten abgeändert. Im übrigen wurde die Revision zurückgewiesen.

Gründe:

(Nach Zurückweisung eines Revisionsangriffs, der gegen die dem Kläger auferlegte Zurückzahlung des Kaufpreises gerichtet war, wird fortgefahren:)

Sodann beanstandet die Revision, daß der Beklagte in zu geringem Umfange zur Erstattung der Pachtzinsen herangezogen worden sei. Beide Vorinstanzen haben in dieser Hinsicht den § 987 Abs. 1 BGB. angewendet und den Beklagten nur für verpflichtet gehalten, diejenigen Pachtzinsen zu erstatten, die er nach dem Eintritt der Rechtshängigkeit (14. März 1928) eingenommen hat. Dabei hat das Berufungsgericht, abweichend vom Landgericht, berücksichtigt, daß die Pachtzinsen nachträglich fällig sind und daß daher die am 15. März 1928 gezahlte Pachtzinsrate so gut wie ganz auf die Zeit vor der Rechtshängigkeit entfiel (§ 101 Nr. 2, § 993 Abs. 2 BGB.). Das Berufungsgericht erörtert in diesem Zusammenhang, daß der Beklagte, wenn er auch wegen der Unwirksamkeit seines Erwerbs nicht in das Pachtverhältnis eingetreten sei, dennoch mittelbarer Besitzer geworden und zur Herausgabe von Nutzungen nur nach den §§ 987, 993 BGB., nicht nach Bereicherungsgrundsätzen verpflichtet sei; denn im Vorprozesse habe der Kläger eine reine Eigentumsklage erhoben und keine Bereicherungsklage wie im Falle der Entscheidung RGZ. Bd. 129 S. 307. Die Revision will das nicht gelten lassen. Sie meint, da niemals ein Pachtverhältnis zwischen dem Beklagten und K. bestanden habe, so sei der Beklagte auch nicht mittelbarer Besitzer geworden; im Vorprozeß sei zudem nicht nur das Eigentum des Klägers geltend gemacht, sondern die Klage auch aus ungerechtfertigter Bereicherung erhoben worden, sodaß der Beklagte unter diesem Gesichtspunkte alle von ihm gezogenen Nutzungen herausgeben müsse. Indessen bedarf es hier keiner Stellungnahme zu der vom Berufungsgericht erörterten Streitfrage, ob für die Begründung des mittelbaren Besitzes ein wirklich bestehendes Rechtsverhältnis der in § 868 BGB. bezeichneten Art erforderlich ist oder ob ein vermeintliches Rechtsverhältnis dieser Art genügt. Denn der Beklagte war Bucheigentümer, und die Stellung des Bucheigentümers gegenüber der Grundbuchberichtigungsklage ist der Stellung des Besitzers gegenüber dem Herausgabeanspruch des Eigentümers so wesensverwandt, daß auf ihn nicht nur die §§ 989, 990 BGB. (RGZ. Bd. 121

S. 336), sondern auch die §§ 987, 993 das. entsprechend anzuwenden sind. Ferner ist die Ansicht des Berufungsgerichts nicht zu beanstanden, daß der Kläger im Vorprozesse mit dem Hauptantrage seiner Klage den dinglichen Berichtigungsanspruch aus § 894 BGB. verfolgt und durchgesetzt hat; ob die daneben aus § 985 das. antragsgemäß ausgesprochene Verurteilung zur Herausgabe des Grundstücks nach den Besitzverhältnissen begründet war, bedarf hier keiner Untersuchung. Einen Bereicherungsanspruch hatte zwar der Kläger im Vorprozesse mit seinem Hilfsantrag erhoben, der auf Rückgabe und Rückauflassung ging; nach diesem ist aber nicht erkannt worden. Die in RGZ. Bd. 129 S. 307 vom IV. Zivilsenat erörterte Möglichkeit, statt der Eigentumsklage die Bereicherungsklage zu erheben, kann daher hier außer Betracht bleiben. Jener Fall lag wesentlich anders, da dort ein Grundstück auf Grund eines nichtigen Angebots übergeben und die Bereicherungsklage wegen Nichteintritts des mit der Leistung bezweckten Erfolges erhoben worden war. Daß sich bei der Eigentumsklage die Verpflichtung zur Herausgabe von Nutzungen ausschließlich nach den §§ 987 flg. BGB. richtet, ist in jener Entscheidung (a. a. O. S. 310) ausdrücklich anerkannt. Das am Schlusse des Urteils (S. 312) berührte, für die damalige Entscheidung bedeutungslose Bedenken, ob nicht die Rückforderung des Entgelts den Besitz zu einem unentgeltlich erlangten mache und daher § 988 BGB. anzuwenden sei, vermag der erkennende Senat nicht zu teilen. Auch im vorliegenden Falle hat der Beklagte sein Bucheigentum nicht unentgeltlich erlangt, sondern gegen Zahlung des mündlich vereinbarten Preises. Daß er diese Zahlung jetzt zurückfordert, ändert daran nichts. Einer Anrufung der Vereinigten Zivilsenate bedarf es wegen jener nur beiläufigen Bemerkung des IV. Zivilsenats nicht. Übrigens hat auch der V. Zivilsenat in einem ähnlich liegenden Falle keine Unentgeltlichkeit der Besitzerlangung angenommen (JW. 1928 S. 2437 Nr. 2).

Die Revision vermißt ferner eine Begründung dafür, warum der Kläger einen weiterhin im Berufungsurteil erörterten Betrag von 1340,53 RM. dem Beklagten verschulden solle. Sie erhebt insoweit keine verfahrensrechtliche, sondern ebenfalls eine sachlichrechtliche Rüge. Der Grund ist im Urteil angegeben, wenn auch nicht ganz erschöpfend. Es handelt sich in Höhe von rund 1300 RM. um Hypothekenzinsen, die der Beklagte nach der Rechtshängigkeit bezahlt hat und die der Höhe nach nicht bestritten worden sind. Sie werden vom Berufungsgericht zutreffend als Lasten des Grundstücks bezeichnet. Da dem Beklagten für die Zeit nach der Rechtshängigkeit die Nutzungen nicht verbleiben, so hat nach § 995 in Verb. mit § 994 Abs. 2 BGB. — welche Vorschriften auf den Bucheigentümer aus dem zu § 987 erörterten Grunde ebenfalls entsprechend anwendbar sind — der Kläger dem Beklagten diese Beträge nach den Vorschriften über die Geschäftsführung ohne Auftrag zu erstatten. Daß dieser sie auslegte, entsprach dem Interesse und dem mutmaßlichen Willen des Klägers, da andernfalls die Gefahr einer Zwangsversteigerung bestanden hätte. Zu diesen Beträgen treten noch 41 RM. Pachteinigungsamtskosten, die zwar im Urteil nicht besonders erwähnt sind, aber, wie anzunehmen, ebenfalls im Interesse des Klägers ausgelegt wurden, da das Pachtverhältnis den Beklagten nicht berührt.

Endlich beanstandet die Revision noch einen besonderen Rechnungsposten von 1000 RM. In diesem Punkte muß ihr Recht gegeben werden. Der Kläger hatte sich mit dem vom Beklagten gezahlten Kaufpreise Gesellschaftsanteile gekauft und daraus eine Zeit lang Gewinn gezogen, den er für seinen Unterhalt verwendete. Das Berufungsgericht berechnet eine „Ersparnis an Unterhalt" von 1000 RM. und meint, der Kläger müsse dem Beklagten diese Bereicherung erstatten. Dabei ist aber übersehen, daß es sich insoweit nicht um Nutzungen aus dem Gegenstand handelt, den der Kläger auf Kosten des Beklagten erlangt hatte (§ 818 Abs. 1 BGB.). Dieser Gegenstand war das gezahlte Geld. Der Kläger hat es veräußert und ist demgemäß nach § 818 Abs. 2 BGB. verpflichtet, den auf 36500 RM. berechneten Wert der empfangenen Barzahlung zu ersetzen. Dagegen erstreckt sich seine Herausgabepflicht nicht auf den Gewinn, den er aus dem mit dem Gelde rechtsgeschäftlich erworbenen Rechte gezogen hat (JW. 1927 S. 1364 Nr. 16; Planck BGB. 4. Aufl. Erl. 2c, 3b zu § 818). Dementsprechend erhöht sich der dem Kläger zukommende Betrag um 1000 RM.

55. 1. Ist bei Berechnung der Revisionssumme der Streitwert der Anschlußberufung mit zu berücksichtigen, wenn diese sich nur auf die Kostenlast derjenigen Partei bezog, die dann Revision in der Hauptsache eingelegt hat?

2. Zur Bestimmung des Wertes des Streitgegenstandes bei der Klage auf Herausgabe von Sachen, wenn nur noch streitig ist, ob der Kläger dem Beklagten Zug um Zug gegen Herausgabe dieser Sachen eine Geldsumme zu zahlen hat.

ZPO. §§ 3, 4, 6, 546.

I. Zivilsenat. Beschl. v. 26. September 1931 i. S. P. (Bekl.) w. M. (Kl.). I 203/31.

Der Sachverhalt und die Entscheidung ergeben sich aus folgenden

Gründen:

Die Klage ging auf Herausgabe von Sachen und Zahlung von 4500 RM. Schadensersatz. Der Beklagte begründete den Klagabweisungsantrag dem Herausgabeanspruch gegenüber damit, daß er ein Zurückbehaltungsrecht wegen Aufwendungen in Höhe von 1297 RM. habe. Das Landgericht hat, unter Abweisung der Klage im übrigen, den Beklagten zur Herausgabe der Sachen Zug um Zug gegen Zahlung von 1297 RM. verurteilt und die Kosten des Rechtsstreits zu $^{6}/_{10}$ dem Kläger, zu $^{4}/_{10}$ dem Beklagten auferlegt. Dieses Urteil focht in der Hauptsache nur der Kläger an. Der Beklagte schloß sich der Berufung bloß wegen der ihm auferlegten Kosten an. Das Kammergericht verurteilte den Beklagten, ohne Zug um Zug-Zahlung des Klägers darein zu willigen, daß die Sachen, die inzwischen auf die Pfandkammer gelangt waren, an den Kläger herausgegeben würden, und erklärte ferner den Anspruch auf Zahlung von 4500 RM. dem Grunde nach für gerechtfertigt. Da das Kammergericht bei Zurückverweisung der Sache an das Landgericht zur Entscheidung über die Höhe des Anspruchs die Kostenentscheidung dem Landgericht vorbehalten mußte, erklärte es die Anschlußberufung des Beklagten für erledigt. Jetzt hat der Beklagte Revision eingelegt mit dem Ziel, daß das Berufungsurteil aufgehoben und nach seinen in der Berufungsinstanz gestellten Anträgen erkannt werde.

Zum Wert des Streitgegenstandes für die Revisionsinstanz legt der Beklagte dar, es sei der — vom Kammergericht auf 674 RM. festgesetzte — Wert seiner Anschlußberufung mit zu berücksichtigen, da über diese miterkannt werden müsse, wenn in der Sache selbst entschieden und die Berufung des Klägers gegen das Urteil des Landgerichts zurückgewiesen werden sollte. Letzteres ist richtig, aber die daraus gezogene Schlußfolgerung trifft nicht zu. Jetzt, wo der Beklagte — im Gegensatz zur Berufungsinstanz — mit der Revision geltend macht, daß er in der Hauptsache beschwert sei, sinkt die Kostenfrage der Anschlußberufung wieder zu einer Nebenforderung herab und kann deswegen auf den Streitwert keinen Einfluß mehr haben (§ 4 ZPO.).

In der Hauptsache aber ist der Streit der Parteien der gleiche wie in der Berufungsinstanz und ein anderer als im ersten Rechtszug. Dem Beklagten ist zwar zuzugeben, daß bei der Klage auf Herausgabe von Sachen der Wert der Sachen nach § 6 ZPO. den Streitwert darstellt, ohne Rücksicht auf eine Gegenforderung, aus welcher der Beklagte ein Zurückbehaltungsrecht herleitet; und es mag sein, daß die Sachen, für die das Landgericht einen Wert von 3000 RM. angenommen hat, noch jetzt 2000 bis 3000 RM. wert sind. Darauf kann es aber nicht mehr ankommen, nachdem sich der Beklagte bei der Verurteilung zur Herausgabe (oder dann zur Einwilligung in die Herausgabe) Zug um Zug gegen Zahlung von 1297 RM. beruhigt hat und die Parteien neben dem Schadensersatz in Höhe von 4500 RM. bloß noch darüber streiten, ob der Kläger die Herausgabe der Sachen nur Zug um Zug gegen Zahlung von 1297 RM. verlangen kann, wie das Landgericht angenommen hat, oder ob seine Verpflichtung zu dieser Zahlung wegfällt, wie im Berufungsurteil entschieden worden ist. Da der Streitwert aus der Person des Revisionsklägers zu beurteilen ist (vgl. Stein-Jonas Anm. V zu § 546 ZPO.) und der Beklagte als Revisionskläger hinsichtlich der Herausgabe der Sachen nur die Wiederherstellung des Landgerichtsurteils mit der Zahlungspflicht des Klägers begehrt, so geht der Streit der Parteien insoweit nur noch darum, ob der Kläger 1297 RM. zu zahlen hat. Der Fall liegt insofern ähnlich wie in RGZ. Bd. 112 S. 209, wo nicht mehr die Lieferung der Kaufsache, auf die geklagt worden war, sondern nur noch die Höhe der Aufwertung des Zug um Zug dagegen zu zahlenden Kaufpreises streitig war.

Kommen hiernach zu den 4500 RM. des Schadensersatzanspruchs gemäß § 3 ZPO. nur 1297 RM. hinzu, so beträgt der Streitwert für die Revisionsinstanz bloß 5797 RM.

---

56. Ist eine mittelbare Zuwendung aus dem Vermögen des Schuldners auch dann anfechtbar, wenn der Schuldner zuvor noch keinen Anspruch auf das dem Dritten Zugewendete hatte?

AnfG. §§ 3, 7.

VII. Zivilsenat. Urt. v. 2. Oktober 1931 i. S. B. (Kl.) w. Frau B. (Bekl.). VII 564/30.

I. Landgericht Krefeld.
II. Oberlandesgericht Düsseldorf.

Die Klägerin ist das am 13. Oktober 1909 geborene uneheliche Kind des Ehemanns der Beklagten. Wegen ihrer Unterhaltsansprüche kam im Jahre 1917 ein Abfindungsvergleich auf Zahlung von 1000 M. zustande, die auch gezahlt worden sind. Ende 1919 erhob die Klägerin unter gleichzeitiger Anfechtung des Abfindungsvergleichs eine neue Klage wegen ihrer Unterhaltsansprüche und erlangte schließlich im Jahre 1925 die rechtskräftige Verurteilung des Mannes der Beklagten zur Zahlung von 2065 RM. sowie einer laufenden Unterhaltsrente bis zum 12. Oktober 1925.

Durch Kaufvertrag vom 19. September 1919 erwarb die Beklagte das Grundstück S.straße 4 in K. von dem Kaufmann Br. für 52000 M., wobei sie 32000 M. Hypotheken übernahm, während die restlichen 20000 M. vor der Auflassung zu zahlen waren. Auflassung und Eintragung erfolgten im September und November 1919. Die Klägerin ficht jenen Grundstückserwerb der Beklagten an, da diese zusammen mit ihrem Manne, nach einem vorbedachten Plane handelnd, die Zahlungsansprüche der Klägerin vereitelt habe; die Beklagte habe das Grundstück mit Mitteln ihres Mannes erworben und sei nur der Form halber an dessen Stelle Eigentümerin geworden. Die im Dezember 1926 erhobene Klage ist auf Verurteilung der Beklagten zur Duldung der Zwangsvollstreckung in das Grundstück wegen der auf dem Urteil von 1925 beruhenden Ansprüche gerichtet.

Das Landgericht erkannte nach dem Klagantrag. Das Oberlandesgericht wies die Klage ab. Die Revision der Klägerin führte zur Aufhebung und Zurückverweisung.

Gründe:

Der Berufungsrichter geht davon aus, daß die allgemeinen Voraussetzungen für eine Anfechtung nach § 2 AnfG. gegeben seien. Er unterstellt weiter ausdrücklich, daß der Ehemann der Beklagten ihr Mittel für den Erwerb des Grundstücks zur Verfügung gestellt, ja sogar den bar zu zahlenden Teil des Kaufpreises unmittelbar an den Veräußerer Br. gezahlt habe. Dennoch verneint der Vorderrichter die Berechtigung des geltend gemachten Anspruchs auf Duldung der Zwangsvollstreckung in das Grundstück, da es die Beklagte nicht aus dem Vermögen ihres Mannes erworben habe. Denn das Grundstück sei ausweislich der Grundakten niemals in seinem Vermögen gewesen und zudem sei der Kaufpreis nur zum Teil bar bezahlt, in der Hauptsache aber durch Hypothekenübernahme von seiten der Beklagten, nicht von seiten ihres Mannes beglichen worden, sodaß also mindestens insoweit die Beklagte das Entgelt für das Grundstück selbst gewährt habe. Diese Erwägung erachtet mithin das Berufungsgericht auch für den Fall als durchschlagend, daß die Beklagte und ihr Mann so wie geschehen gehandelt haben in dem gemeinsamen Bestreben, die Unterhaltsansprüche der Klägerin zu vereiteln.

Diese Ausführungen setzen sich jedoch in Widerspruch mit der ständigen Rechtsprechung des Reichsgerichts über die Anfechtbarkeit auch **mittelbarer Zuwendungen** (vgl. RGZ. Bd. 43 S. 84, Bd. 59 S. 196, Bd. 69 S. 47; **Mentzel** KO. 3. Aufl. Anm. 2f zu § 29 S. 147 flg.; **Warneyer** AnfG. 2. Aufl. S. 27). Danach unterliegen der Anfechtung und insbesondere der Anwendung des § 7 AnfG. auch Rechtshandlungen des Schuldners, durch welche er gegen Aufwendung von Bestandteilen seines Vermögens das Entgelt dafür in das Vermögen eines Dritten fließen läßt, ohne daß er äußerlich mit diesem in unmittelbare Rechtsbeziehungen tritt. Materiell (wirtschaftlich) wird in einem solchen Falle das Vermögen des Schuldners zugunsten des dritten Erwerbers vermindert, und das gesamte Rechtsverhältnis ist dann wegen der Anfechtbarkeit so anzusehen, als ob der Dritte unmittelbar vom Schuldner erworben hätte.

In den erwähnten Urteilen und auch in anderen Entscheidungen des Reichsgerichts zu dieser Frage war der Sachverhalt allerdings so gestaltet, daß dem Schuldner bereits ein Anspruch auf die Leistung zustand, die er dann unmittelbar in das Vermögen des Dritten fließen ließ. Darauf kann aber kein ausschlaggebendes Gewicht gelegt werden. Das Entscheidende ist die wirtschaftliche Betrachtungsweise. Wirtschaftlich können aber dem Dritten aus dem Vermögen des Schuldners mit Hilfe einer Mittelsperson auch dann Werte zugewendet werden, mit anderen Worten es kann eine Verschiebung von Vermögensgegenständen über eine Mittelsperson auch dann stattfinden, wenn der Schuldner zuvor noch keinen Anspruch auf das dem Dritten Zugewendete hatte. So liegt hier der Fall auf Grund der als wahr unterstellten Sachdarstellung der Klägerin hinsichtlich der Barzahlung von 20000 M. Auf dieser Grundlage wäre aber das ganze Rechtsverhältnis zwischen den drei Beteiligten wegen der Anfechtung so anzusehen, als hätte Br. das Grundstück an den Ehemann der Beklagten und dieser es weiter an die Beklagte veräußert, und dann könnte der Anspruch der Klägerin auf Duldung der Zwangsvollstreckung in das Grundstück wegen ihrer rechtskräftig festgestellten Unterhaltsansprüche sehr wohl begründet sein.

Nicht gerechtfertigt ist, wenn die Revisionsbeantwortung auszuführen versucht, es fehle jedenfalls an einer objektiven Gläubigerbenachteiligung, da bei Zugrundelegung der Darstellung der Klägerin der Mann der Beklagten gegen diese einen Anspruch auf Überlassung des Grundstücks haben würde und die Klägerin dann durch Pfändung dieses Anspruchs ebensogut Befriedigung erreichen könnte. Wenn, wie die Klägerin behauptet, 20000 M. aus dem Vermögen des Mannes der Beklagten herausgingen, so wurde dadurch die Möglichkeit eines Zugriffs der Gläubiger auf dieses Vermögen zweifellos erschwert und mithin eine Benachteiligung der Gläubiger, insbesondere auch der Klägerin herbeigeführt. Daraus könnte sich aber nach dem Ausgeführten ein Anfechtungsanspruch der Klägerin mit der von ihr begehrten Wirkung ergeben. Auf einen anderen Weg für ihre Befriedigung braucht sie sich nicht verweisen zu lassen.

---

57. Wie gestaltet sich der Anspruch aus ungerechtfertigter Bereicherung, wenn zwei als verkauft übergebene Grundstücke, von denen nur das eine Gegenstand eines formungültigen Kaufvertrags gewesen und auf den Namen des Käufers umgeschrieben worden ist, von diesem mit zusammenhängenden Fabrikgebäuden bebaut werden?

BGB. §§ 313, 818 Abs. 2, § 915 Abs. 1.

VI. Zivilsenat. Urt. v. 21. September 1931 i. S. R. GmbH. (Bekl.) w. R. (Kl.). VI 51/31.

I. Landgericht Ravensburg.
II. Oberlandesgericht Stuttgart.

Durch notariellen Vertrag vom 18. Februar 1920 verkaufte der Kläger sein in R. gelegenes Grundstück Nr. 1181 (64 a 34 qm) an die Beklagte zum Preise von 65000 M. Zugleich erfolgte die Auflassung, später auch die Eintragung. In Wirklichkeit betrug der schon im September 1919 vereinbarte Kaufpreis 20 M. je Quadratmeter, also 128680 M. Dieser Betrag wurde am 20. Juli 1922 gezahlt. Unrichtig ist der notarielle Vertrag ferner nach folgender Richtung: Die Parteien wollten den gesamten Grundbesitz des Klägers südlich der M.er Straße in R. zum Gegenstand des Vertrags machen. Irrtümlich wurde eine Parzelle Nr. 21, die eine besondere Bezeichnung führt, in den notariellen Vertrag nicht aufgenommen. Deshalb unterblieb auch insoweit die Auflassung an die Beklagte und ihre Eintragung. Die Beklagte, eine schweizerische Gründung, hat inzwischen beide Grundstücke mit einer Fabrik bebaut und darin wertvolle Stickereimaschinen aufgestellt.

Der Kläger verlangte im ersten Rechtsgang zunächst Feststellung der Nichtigkeit des Kaufvertrags, in zweiter Reihe Rückübertragung des Eigentums am Grundstück Nr. 1181 gegen Zahlung eines vom Gericht zu bestimmenden Betrags, in dritter Reihe Zahlung von 30000 RM. Die Beklagte fordert im Wege der Widerklage Zustimmung des Klägers zur Berichtigung des Grundbuchs in bezug auf die noch nicht an sie aufgelassene Parzelle gegen Zahlung von 133,90 RM.

Das Landgericht wies die Widerklage ab und verurteilte die Beklagte zur Zahlung von 30000 RM. nebst Zinsen. Das Berufungsgericht wies die Berufung der Beklagten zurück und verurteilte sie auf die Anschlußberufung des Klägers zur Zahlung weiterer 8576,50 RM. mit Zinsen. Die Revision der Beklagten wurde zurückgewiesen.

Aus den Gründen:

Das Berufungsgericht geht davon aus, daß der notarielle Kaufvertrag vom 18. Februar 1920 nichtig sei, weil der Kaufpreis darin nicht richtig angegeben sei, und daß durch die Auflassung und Eintragung des im Vertrage bezeichneten Kaufgegenstandes der Mangel der Form nicht geheilt worden sei, weil sich die Willenseinigung der Parteien auch auf ein weiteres nicht aufgelassenes Grundstück erstrecke und weil sich deshalb der Gegenstand der Auflassung und Eintragung und die Willenseinigung nicht deckten. Die Revision stellt das zur Nachprüfung. Ein Rechtsirrtum ist jedoch in diesen Ausführungen nicht enthalten. Der in der Urkunde angegebene Betrag entsprach nicht dem Willen der Parteien; dieser Mangel konnte nur durch Auflassung und Eintragung des gesamten von ihrer Willenseinigung umfaßten Kaufgegenstandes nach § 313 Satz 2 BGB. geheilt werden. Es kommt nicht darauf an, daß die Parteien über den Kaufpreis insofern einig waren, als 20 M. je Quadratmeter gezahlt werden sollten, und daß nach der Darstellung beider Parteien ein entsprechend höherer Preis zu zahlen gewesen wäre, wenn sie gewußt hätten, daß in der der Berechnung zugrunde gelegten Fläche die Parzelle 21 nicht enthalten war. Da sich die Eintragung nicht darauf erstreckte, die Parteien aber nach der Feststellung des Berufungsgerichts den Kaufvertrag nicht ohne dieses Grundstück abgeschlossen hätten (§ 139 BGB.), konnte der Mangel durch Auflassung und Eintragung nur des anderen Grundstücks nicht geheilt werden.

Die Rechtsbeziehungen der Parteien sind deshalb nach den Grundsätzen der ungerechtfertigten Bereicherung zu beurteilen. Der Berufungsrichter wendet ohne Rechtsirrtum den § 818 Abs. 2 BGB. an, wonach der Empfänger den Wert zu ersetzen hat, wenn er zur Herausgabe außerstande ist. Er stellt fest, daß die Beklagte das ihr vom Kläger aufgelassene Grundstück mit wertvollen Fabrikgebäuden bebaut hat. Nach ihrem Vortrag betragen die von ihr mit dem erworbenen Gelände verbundenen Werte mehr als 1000000 RM. und sind die in die Gebäude eingefügten wertvollen Maschinen mit dem Grund und Boden so fest verbunden, daß sie nicht herausgenommen werden können; die Fundamente sollen 2 bis 4 m tief sein, um ein Vibrieren der Nadeln der Stickmaschinen unmöglich zu machen. Das Grundstück mit dem damit verbundenen großen Fabrikunternehmen ist danach wirtschaftlich betrachtet etwas ganz anderes geworden; die Herausgabe des von der Beklagten erlangten Grundstücks ist also unmöglich (RGZ. Bd. 117 S. 113). Die von der Revision erbetene Nachprüfung läßt daher auch insoweit keinen Rechtsirrtum des Berufungsgerichts erkennen. ... (Es folgt die Zurückweisung weiterer Revisionsrügen.)

Die Revision rügt schließlich, das Berufungsgericht habe die Behauptung der Beklagten übergangen, daß der Wert des Besitzes für sie ein geringerer sei, weil sie jetzt kein einheitliches Industriegebäude besitze, sondern ein solches, bei dem ein wesentlicher Teil von Gebäuden auf fremdem Eigentum stehe. Die Beklagte hatte im zweiten Rechtszuge aus dem Umstand, daß die Gebäude teilweise auf der Parzelle 21 errichtet worden sind, nur nach der Richtung eine rechtliche Folgerung gezogen, daß der Kläger jederzeit die Herausgabe der Parzelle verlangen könne. Unter diesem Gesichtspunkt konnte der Behauptung rechtliche Bedeutung zukommen. Damit hat sich aber das Berufungsgericht befaßt. Die Rechtslage ist folgende: die Beklagte hat sich im Rechtsstreit auf den Standpunkt gestellt, daß sie die Übertragung des Eigentums an der Parzelle 21 verlangen könne, weil auch über diese Fläche ein rechtswirksamer Kaufvertrag geschlossen worden sei, und sie hat deshalb mit der Widerklage insoweit Zustimmung des Klägers zur „Berichtigung" des Grundbuchs verlangt. Dieser Anspruch wurde mit Recht abgewiesen, weil kein rechtswirksamer Vertrag geschlossen worden ist. Eine andere Entscheidung, insbesondere dahin, daß der Kläger nicht zum Verlangen nach Herausgabe des Grundstücks berechtigt sei, hatte die Beklagte nicht begehrt. Es mag aber immerhin folgendes bemerkt werden. Der Kläger hat die Parzelle 21 der Beklagten auf Grund eines nicht rechtswirksamen Kaufvertrags zum Zwecke der Eigentumsübertragung übergeben. Ist nun dieses Grundstück in einer Weise bebaut worden, daß die Herausgabe jetzt eine andere Leistung bedeuten würde, als die vom Kläger an die Beklagte bewirkte, so wäre auch insoweit die

Herausgabe unmöglich und die Anwendung des § 818 Abs. 2 BGB. geboten. Freilich könnte der Wertersatz dann nur gegen Übertragung des Eigentums an der Parzelle auf die Beklagte verlangt werden; nur auf diesem Wege wäre ein Ausgleich der zwischen den Parteien vorgekommenen Vermögensverschiebung rechtlich möglich. Es handelt sich dabei um einen ähnlichen Rechtsgedanken wie in § 915 Abs. 1 BGB.; danach kann der auf Grund eines Überbaues Rentenberechtigte verlangen, daß der Rentenpflichtige ihm gegen Übertragung des Eigentums an dem überbauten Teile des Grundstücks den Wert ersetzt, den dieser Teil zur Zeit der Grenzüberschreitung gehabt hat. Auch die Beklagte wäre berechtigt, zum Zwecke der Beseitigung der grundlosen Vermögensverschiebung die Übertragung des Eigentums an der Parzelle gegen Wertersatz zu fordern. Es könnte das Bedenken entstehen, ob die einheitliche Besitzübertragung an beiden Grundstücken auf die Beklagte damit vereinbar ist, daß der Kläger nur die Vermögensverschiebung wegen des einen Grundstücks zum Gegenstande des Rechtsstreits gemacht hat. Allein dabei ist zu beachten, daß es sich um einen auf Geldzahlung gerichteten Wertersatzanspruch handelt und der Kläger nicht gehindert ist, diesen nur teilweise zu verfolgen. Dadurch würde jedoch der Beklagten nicht verwehrt, auch diesem Anspruch gegenüber als Minderung ihrer Bereicherung alle Posten in Rechnung zu stellen, die sich auf den gesamten Kaufgegenstand beziehen. Die Übertragung des Eigentums an der Parzelle 21 wäre aber nur im Wege der Widerklage zu erlangen gewesen.

Einem etwaigen Verlangen des Klägers nach Herausgabe der Parzelle 21 auf Grund des § 985 BGB. würde die Einrede der allgemeinen Arglist entgegenstehen, wenn sie ebenso bebaut worden ist wie das Grundstück 1181 und wenn die Bebauung mit Wissen des Klägers und ohne seinen Widerspruch geschah, nachdem er der Beklagten beide Grundstücke zum Zwecke der Eigentumsübertragung auf Grund eines Kaufvertrags übergeben hatte. Auch § 1004 BGB. würde bei dieser Sachlage dem Kläger nicht zur Seite stehen (RGZ. Bd. 131 S. 335).

58. 1. Bezieht sich das Aufrechnungsverbot des § 19 GmbHG. auch auf Nachschußverbindlichkeiten?

2. Ist im Falle vereinbarter Aufrechnung ein von einem der Gläubiger erklärter Vorbehalt im Sinne des § 14 AufwG. von Bedeutung?

GmbHG. §§ 19, 26flg. AufwG. §§ 14, 16. DurchfVo. z. AufwG. v. 29. November 1925 Art. 19.

V. Zivilsenat. Urt. v. 30. September 1931 i. S. R. (Kl.) w. R.er Rohpappenfabrik GmbH. (Bekl.). V 117/31.

I. Landgericht Halle.
II. Oberlandesgericht Naumburg.

Der Kläger verlangt auf Grund des § 14 AufwG. von der Beklagten persönliche und dingliche Aufwertung einer Vorkriegs-Darlehnshypothek von 50000 M. Das Berufungsgericht, an das die Sache nach Aufhebung eines früheren klagabweisenden Urteils zurückverwiesen worden war, hat die Klage abermals abgewiesen. Die neue Revision des Klägers hatte nur für einen Teilbetrag von 500 M. Erfolg. Der nähere Sachverhalt ergibt sich aus den

Gründen:

Die Hypothek von 50000 M., deren Aufwertung der Kläger unter Hinweis auf die §§ 14 und 16 AufwG. verlangt, ist am 11. Januar 1922 in Höhe von 500 M. bar heimgezahlt und im übrigen gegen eine Forderung der verklagten Gesellschaft mbH. an den Kläger von 49500 M. verrechnet worden. Diese Verrechnung ist so vor sich gegangen, daß der Kläger, der die Hypothek zum 31. März 1922 gekündigt hatte, durch Brief vom 5. Januar 1922 der Beklagten, die eine am 15. Januar 1922 fällige Nachschußforderung von 49500 M. gegen ihn als ihren Gesellschafter hatte, „zwecks Vermeidung eines unnützen Geldverkehrs" den Vorschlag machte, beide Forderungen „derart zu verrechnen", daß die Beklagte die Hypothek „bereits am 15. Januar 1922 gegen löschungsfähige Quittung ablösen und demgemäß auch nur bis zu diesem Tag verzinsen und nur den Überschußbetrag von 500 M. samt den Zinsen bis zum 15. Januar 1922 an ihn zahlen" solle. Die Beklagte erklärte mit Brief vom 11. Januar 1922 ihr Einverständnis mit diesem Vorschlag, überwies 500 M. in bar und die Zinsen bis 15. Januar 1922 und erkannte den Kläger mit 49500 M. auf Nachschußkapitalkonto. Das jetzt angefochtene Urteil sieht darin einen Aufrechnungsvertrag, gegen dessen Zulässigkeit Bedenken aus § 19 GmbHG. nicht zu erheben seien. Gemäß Art. 19 DurchfVo. z. AufwG. sei durch den Aufrechnungsvertrag die Forderung des Klägers in Höhe von 49500 M. erloschen; der vom Berufungsgericht als erwiesen angesehene Vorbehalt des Klägers sei ohne rechtliche Bedeutung. Auch wegen des restlichen Teils der Hypothek könne trotz des Vorbehalts keine Aufwertung verlangt werden, denn es bestehe kein auffälliges und unbilliges Mißverhältnis zwischen der geschuldeten und der empfangenen Leistung.

Wegen der Aufwertbarkeit des durch Verrechnung getilgten Teils der Hypothek bittet die Revision um Nachprüfung, ob die Aufrechnung nicht durch § 19 GmbHG. verboten gewesen sei. Das Berufungsgericht meint, ein Verstoß gegen dessen Vorschriften liege deshalb nicht vor, weil die mit der Nachschußforderung der Beklagten verrechnete Gegenforderung des Klägers fällig, liquid und wirtschaftlich vollwertig gewesen sei. Das ist aus dem Grunde verfehlt, weil sich § 19 nur auf die Aufrechnung gegen Verpflichtungen der Gesellschafter zu Einzahlungen auf die Stammeinlagen, nicht aber auf die Aufrechnung gegen Nachschußverbindlichkeiten im Sinne der §§ 26flg. GmbHG. bezieht. Es kann deshalb dahingestellt bleiben, welche Ausnahmen vom Aufrechnungsverbot des § 19 zugelassen sind und ob eine solche Ausnahme hier gegeben ist, denn es handelt sich um eine Nachschußverbindlichkeit des Klägers.

Es fragt sich also, ob Art. 19 Abs. 1 DurchfVo. z. AufwG. auf den vorliegenden Tatbestand anwendbar ist und ob er im Gegensatz zu § 14 AufwG. einen Vorbehalt des Aufwertungsgläubigers unbeachtet läßt. Die Verhandlungen der Parteien vom 5. und 11. Januar 1922 können an sich dahin verstanden werden, daß der Kläger, indem er sich mit vorzeitiger Ablösung seiner Hypothekenforderung einverstanden erklärte, der Beklagten nahegelegt hat, mit ihrer Nachschußforderung gegen ihre Hypothekenschuld aufzurechnen, und daß sie demnächst dieser Anregung gefolgt ist. Handelte es sich demgemäß um eine einseitige Aufrechnungserklärung der Beklagten, so könnte kein Zweifel an der Anwendbarkeit des Art. 19 Abs. 1 a. a. O. bestehen. Möglich ist aber auch die Auffassung, die sich das Berufungsgericht zu eigen gemacht hat, daß die beiden Forderungen im Vertragsweg gegeneinander verrechnet worden sind. Hiervon hat daher die Nachprüfung in der Revisionsinstanz auszugehen. Die Frage nach der Anwendbarkeit des Art. 19 auf Aufrechnungsverträge ist zu bejahen. Die Wendung „ist oder wird eine Aufrechnung erklärt" (Art. 19 Abs. 1 Satz 1) deutet allerdings zunächst auf eine einseitige Aufrechnungserklärung im Sinne der §§ 387 flg. BGB. hin. Gibt aber Art. 19 der einseitigen Aufrechnungserklärung des Eigentümers oder des persönlichen Schuldners die Wirkung, daß seine Schuld in ihrem Nennbetrag in Höhe des Nennbetrags seiner Gegenforderung endgültig als erloschen angesehen werden und keiner Aufwertung fähig sein soll — sofern nur er (oder in den näher bezeichneten Fällen sein Rechtsvorgänger) diese Gegenforderung vor dem 15. Juni 1922 erworben hat —, so kann der Hypothekengläubiger unmöglich besser gestellt werden, wenn er sich sogar ausdrücklich damit einverstanden erklärt hat, daß seine Forderung und die Gegenforderung seines Schuldners gegeneinander verrechnet werden. Auf den Unterschied im rechtlichen Wesen einer einseitigen Aufrechnungserklärung und einer durch Vertrag erfolgenden Verrechnung, auf den die Revision Gewicht legt, kann es dabei nicht ankommen. Wennschon die Tilgungswirkung einer Aufrechnungsvereinbarung darauf beruht, daß jede Partei die ihr als Erfüllung dargebotene Befreiung von ihrer eigenen Schuld annimmt, während die einseitige Aufrechnungserklärung kraft positivrechtlicher Vorschrift die Wirkung einer Zahlung hat, so tritt doch in beiden Fällen die gleiche rechtliche Wirkung ein, nämlich ein Erlöschen beider Forderungen, soweit sie sich decken. Wirkt also tatsächlich die Erklärung jeder an der Aufrechnungsvereinbarung beteiligten Partei wie eine einseitige Aufrechnung, so kann sie auch im Bereich des Art. 19 DurchfVo. nicht anders behandelt werden als eine einseitige Aufrechnungserklärung.

Es braucht hier nicht erörtert zu werden, ob sich Art. 19 auch auf Aufrechnungserklärungen des Hypothekengläubigers bezieht. Denn jedenfalls liegt in dem vom Berufungsgericht angenommenen Aufrechnungsvertrag auch eine Erklärung der Beklagten des Inhalts, daß ihre Hypothekenschuld gegen ihre Nachschußforderung verrechnet werden solle. Dann ist aber Art. 19 Abs. 1 Satz 1 anwendbar. Die Aufwertung von Hypothekenforderungen im

Falle einer Aufrechnungserklärung des dinglichen oder des persönlichen Schuldners ist in der Durchführungsverordnung zum Aufwertungsgesetz gemäß der in § 88 Abs. 2 AufwG. enthaltenen Ermächtigung erschöpfend geregelt. Art. 19 Abs. 1 Satz 1 das. schreibt den Ausgleich der Nennbeträge vor ohne Rücksicht darauf, ob der Hypothekengläubiger einen Vorbehalt seiner Rechte erklärt hat oder nicht. Das Berufungsgericht nimmt demnach mit Recht an, daß es, soweit die Verrechnung in Frage steht, auf den Vorbehalt des Klägers nicht ankomme.

Die Revision macht noch geltend, daß im vorliegenden Fall der Vorbehalt des Klägers zum Inhalt des Verrechnungsvertrags gemacht worden sei und somit — wenn auch nicht von Gesetzes wegen, so doch kraft Parteiwillens — berücksichtigt werden müsse. Ob der festgestellte Sachverhalt ausreicht, um einen vertraglichen Vorbehalt annehmen zu können, kann dahinstehen; denn auch wenn dem so wäre, könnte der Vorbehalt doch nur dahin gegangen sein, daß dem Kläger diejenigen Rechte gewahrt bleiben sollten, die eine künftige Rechtsprechung oder Gesetzgebung ihm mit Rücksicht auf die Minderwertigkeit der auf seine Hypothek erhaltenen Leistung gewähren würde. Art. 19 DurchfVo. schließt aber gerade im Falle der Aufrechnung bei der hier gegebenen Sachlage jede Aufwertung aus.

Danach ist die Revision unbegründet, soweit sie Aufwertung des durch Verrechnung getilgten Teils der Hypothek verlangt. Dagegen kann ihr der Erfolg nicht versagt werden, soweit die Aufwertung des bar gezahlten Teilbetrags von 500 M. im Streit steht. Es handelt sich hier nicht um die sog. freie Aufwertung, bei der nach den Grundsätzen des § 242 BGB. allerdings in erster Linie ein auffälliges und unbilliges Mißverhältnis zwischen dem Werte der Forderung und dem der Leistung zu erfordern ist. Die Aufwertung regelt sich vielmehr nach dem Aufwertungsgesetz, das ein besonderes Mißverhältnis jener Art nicht verlangt. Da in bezug auf den Teilbetrag von 500 M. die Voraussetzungen der §§ 14, 16 AufwG. erfüllt sind, hat hier die Aufwertung nach den Vorschriften des Aufwertungsgesetzes zu erfolgen, und insoweit ist deshalb das landgerichtliche Urteil zu ändern.

59. Ist der Rechtsweg zulässig für den Anspruch eines Landes oder einer von ihm ermächtigten Körperschaft gegen den Eigentümer von Ödland auf Ersatz der Aufwendungen für dessen Kultivierung?

GVG. § 13. Verordnung über die Vereinfachung der Genossenschaftsbildung und die Förderung der Ödlanderschließung v. 13. Februar 1924 (RGBl. I S. 111) Art. I §§ 1, 2. Preuß. Gesetz über die Bildung von Bodenverbesserungsgenossenschaften v. 5. Mai 1920 (GS. S. 351) §§ 1, 5, 7, 8, 9, 10, 12, 13. Preuß. Wassergesetz v. 7. April 1913 (GS. S. 53) §§ 218flg.

IX. Zivilsenat. Urt. v. 30. September 1931 i. S. Land Preußen (Kl.) w. M. (Bekl.). IX 220/31.

I. Landgericht Lüneburg.
II. Oberlandesgericht Celle.

Das klagende Land Preußen ist angeblicher Rechtsnachfolger der im März 1924 zwischen ihm und dem Deutschen Reich geschlossenen Deutschen Ödlandkulturgesellschaft mit beschränkter Haftung, einer gemeinnützigen Körperschaft im Sinne von Art. I § 2 der Reichsverordnung vom 13. Februar 1924 über die Vereinfachung der Genossenschaftsbildung und die Förderung der Ödlanderschließung. Nachdem im Sommer 1924 im Kreise J., wo der Beklagte Heideland besitzt, das Verfahren zur Bildung einer Bodenverbesserungsgenossenschaft nach Art. I § 1 jener Verordnung eingeleitet, aber noch nicht abgeschlossen worden war (was erst im Dezember 1928 durch Bildung von drei derartigen Genossenschaften im Zwangswege geschah), teilte die Ödlandkulturgesellschaft, die vom Preußischen Minister für Landwirtschaft, Domänen und Forsten zur Übernahme der Kultivierung der in Betracht kommenden Ländereien ermächtigt worden war, im Herbst 1924 den beteiligten Grundstückseigentümern und so auch dem Beklagten mit, daß sie jene Ländereien zur Vorbereitung und Durchführung der Kultivierung in Besitz nehmen werde und daß die Grundstückseigentümer nach jener Verordnung verpflichtet seien, die dazu erforderlichen Handlungen auf ihrem Grund und Boden geschehen zu lassen. Sie nahm dann in den Dorfmarken G. und B. Heideflächen in Besitz; zum Teil brach sie diese nur um, zum Teil kultivierte sie sie fertig. So wurden dem Beklagten im Herbst 1924 185 Morgen Heideland zur Kultivierung entzogen. Davon wurden ihm 35 Morgen, die im Winter 1924/25 umgebrochen worden waren, im Jahre 1925 zurückgegeben.

Mit der Klage verlangt der Kläger die Verurteilung des Beklagten zur Erstattung von 735 RM. Pflügekosten für die zurückerhaltenen 35 Morgen Land, weil sie dadurch um diesen Betrag wertvoller geworden seien. Er stützt sich dabei auf die angeführte Verordnung sowie auf die privatrechtlichen Vorschriften über Werkvertrag, ungerechtfertigte Bereicherung, Geschäftsführung ohne Auftrag und über das Verhältnis zwischen Besitzer und Eigentümer. Weiter behauptet der Kläger, der Beklagte habe sich in den Jahren 1926 bis 1928 den Wirtschaftsbeamten der Ödlandkulturgesellschaft gegenüber wiederholt mündlich und schriftlich zur Bezahlung jener Pflügekosten verpflichtet, was der Beklagte bestreitet.

Landgericht und Oberlandesgericht haben die Klage abgewiesen. Die Revision des Klägers hatte keinen Erfolg.

Gründe:

Da Gegenstand des Rechtsstreits ein vermögensrechtlicher Anspruch ist, dessen Betrag 6000 RM. nicht überschreitet, so unterliegt das angefochtene Urteil nur insoweit der Nachprüfung, als es die Klage wegen Unzulässigkeit des Rechtswegs abgewiesen hat (§§ 546, 547 ZPO.; vgl. das Urteil des III. Zivilsenats in RGZ. Bd. 130 S. 401, dessen Ausführungen beizupflichten ist).

Das ist zunächst geschehen, soweit die Klage unmittelbar auf die Verordnung vom 13. Februar 1924 gestützt war. Hier erwägt der Vorderrichter, da in der Verordnung über Zulassung oder Ausschließung des Rechtswegs für die aus ihrer Durchführung entstehenden Ansprüche nichts bestimmt sei, so komme es darauf an, ob es sich um eine bürgerliche Rechtsstreitigkeit im Sinne des § 13 GVG. handle, nämlich um eine solche, die nach der zur Zeit der Erlassung des Gerichtsverfassungsgesetzes geltenden oder nach der der Verordnung zugrunde liegenden Rechtsauffassung durch die ordentlichen Gerichte zu entscheiden sei. Keine dieser beiden Voraussetzungen sieht er als gegeben an.

Nach dem Sinne der Verordnung, so meint der Berufungsrichter, sei der Anspruch wie das ihm zugrunde liegende Rechtsverhältnis öffentlichrechtlicher Natur. Ziel der Verordnung sei, ohne das umständliche Verfahren, wie es für Preußen im Gesetz vom 5. Mai 1920 geregelt sei, die Volksernährung sicherzustellen und den Arbeitsmarkt zu entlasten. Hierzu sei den Ländern gestattet worden, auch schon vor dem Inslebentreten einer Bodenverbesserungsgenossenschaft Flächen, für die das Verfahren zur Bildung einer solchen eingeleitet sei, zu kultivieren oder durch Körperschaften des öffentlichen Rechts oder gemeinnütziger Art kultivieren zu lassen, und gleichzeitig sei den Grundeigentümern zur Pflicht gemacht worden, die zur Vorbereitung und Durchführung der Kultivierung erforderlichen Handlungen auf ihrem Grund und Boden geschehen zu lassen. Bei der Inangriffnahme der Arbeiten sei es also auf den Willen der Eigentümer nicht angekommen. Bei einem auf Grund dieser Vorschrift vorgenommenen Eingriff in das Privateigentum handle es sich hiernach um eine beschränkte Art der Enteignung. Ebensowenig aber, wie die eigentliche Enteignung ein privatrechtlich zu erfassender Zwangskauf sei, stelle die Zwangskultivierung einen dem Privatrecht unterliegenden Werkvertrag dar. Vielmehr übe das Land mit beiden Arten von Eingriffen in das Privateigentum eines Untertanen ein staatliches Hoheitsrecht aus; mithin sei das dadurch begründete Rechtsverhältnis öffentlichrechtlicher Natur. Daran könne auch der Umstand nichts ändern, daß dem Beklagten gegenüber nicht der klagende Staat selbst, sondern mit seiner Ermächtigung die Ödlandkulturgesellschaft vorgegangen sei. Diese sei allerdings als Gesellschaft mbH. eine Person des Privatrechts gewesen, sie habe aber durch die ihr vom Staat erteilte Ermächtigung eine doppelte Rechtsstellung erhalten. Wenn sie auf Grund dieser Ermächtigung Landgebiete für ihre Arbeit in Anspruch genommen habe, so habe sie damit vom Staat ihr übertragene staatliche Hoheitsrechte ausgeübt. Mit ihrer Mitteilung an den Beklagten, sie werde zufolge jener Ermächtigung seine Ländereien zur Kultivierung in Besitz nehmen und er sei gemäß der Verordnung zur Duldung der erforderlichen Arbeiten verpflichtet, sowie ferner mit der Inbesitznahme der Grundstücke habe sie nicht als ein dem Beklagten gleichstehender Gesetzesunterworfener gehandelt, sondern als eine mit besonderen Rechten ausgestattete Körperschaft, welcher der Beklagte unterworfen gewesen sei, weil er in jenem Gebiet Grundbesitz gehabt habe. Dieses Unterwerfungsverhältnis lasse das zwischen ihr und dem Beklagten entstandene Rechtsverhältnis als öffentlichrechtlich erscheinen und darum sei auch der daraus hergeleitete Klaganspruch öffentlichrechtlich. Zur Zeit der Erlassung des Gerichtsverfassungsgesetzes habe es aber noch keine Rechtsvorschriften gegeben, die eine derartige, zwangsweise vorzunehmende Kultivierung vorgesehen hätten wie die Verordnung vom 13. Februar 1924. Für Entschädigungsansprüche aus zwei anderen Arten von staatlichen Eingriffen in das Privateigentum, nämlich aus polizeilichen Verfügungen und aus Enteignung, sei in Preußen der Rechtsweg nur deshalb zulässig gewesen, weil dies in den maßgebenden Gesetzen vom 11. Mai 1842 und 11. Juni 1874 ausdrücklich angeordnet worden sei. Daraus sei zu schließen, daß er ohne eine solche Vorschrift bei Rechtsverhältnissen aus staatlichen Eingriffen in das Privateigentum als ausgeschlossen gelten müsse.

Das Oberlandesgericht hat weiter geprüft, ob der Rechtsweg nicht deshalb zulässig sei, weil der Kläger seinen Anspruch als einen privatrechtlichen hinstelle und sich dafür auf Vorschriften des bürgerlichen Rechtes über ungerechtfertigte Bereicherung, über Geschäftsführung ohne Auftrag und über das Verhältnis zwischen Besitzer und Eigentümer berufe. Es verneint diese Frage, weil auch bei einer solchen bürgerlichrechtlichen Einkleidung der Rechtsgrund des Anspruchs in Wahrheit immer der gleiche bleibe, nämlich die Ausübung eines Staatshoheitsrechts gegenüber dem Beklagten, und weil ein aus einem solchen Rechtsgrunde entstandener Anspruch auch nicht in der Gestalt eines privatrechtlichen Anspruchs vor die ordentlichen Gerichte gebracht werden könne. Aus dem gleichen Grunde glaubt der Berufungsrichter nicht prüfen zu sollen, ob ein Schreiben des Beklagten vom 14. August 1928, von dem er an anderer Stelle verneint, daß es ein selbständiges Schuldversprechen im Sinne des § 780 BGB. enthalte, nicht wenigstens als Anerkennung einer bestehenden Schuld aufzufassen sei; denn dabei würde es sich immer nur um die Anerkennung einer bestehenden öffentlichrechtlichen Schuld handeln können, die diesen Charakter durch das Anerkenntnis nicht verloren habe.

Schließlich meint das Berufungsgericht, auch der Umstand, daß die Verordnung keine andere Behörde für zuständig zur Entscheidung über die Streitigkeit erkläre, könne nicht hindern, die Zuständigkeit der ordentlichen Gerichte für ausgeschlossen zu halten.

Die Revision rügt Verletzung des § 13 GVG. und der §§ 677, 679, 683 BGB.; sie kann indes keinen Erfolg haben.

Um die Bedeutung der Verordnung vom 13. Februar 1924 richtig zu erkennen, muß man sich den Rechtszustand vergegenwärtigen, wie er zur Zeit ihrer Erlassung bestand. Nach dem preußischen Gesetz über die Bildung von Bodenverbesserungsgenossenschaften vom 5. Mai 1920 konnten die Eigentümer von Moor-, Heide- und ähnlichen Ländereien zu einer Genossenschaft vereinigt werden, die den Zweck hatte, diese Ländereien nach einem einheitlichen Plane unter Beschaffung der Vorflut und gleichzeitiger Herstellung der erforderlichen Wege, Entwässerungs- und Bewässerungsanlagen in Acker, Wiese, Weide oder Holzung umzuwandeln und nach Bedarf zu bewirtschaften und zu nutzen (§ 1). Die Genossenschaft war berechtigt, auf den zu ihr gehörigen Grundstücken die zur Erfüllung des Genossenschaftszweckes erforderlichen Arbeiten auszuführen und die genossenschaftlichen Anlagen zu erhalten (§ 10). An den Genossenschaftslasten nahmen die Genossen nach Verhältnis der Fläche ihrer Genossenschaftsgrundstücke teil, wenn die Satzung nichts anderes bestimmte (§ 12).

In diese Regelung griff die Verordnung nach zwei Richtungen ein. Einmal eröffnete sie in Art. I § 1 wegen der Notlage des Reiches für begrenzte Zeit einen einfacheren und rascheren Weg für die Bildung solcher Genossenschaften. Ferner nahm sie Rücksicht auf die Absicht der Länder, die Vorbereitung und Durchführung der Kultivierung, um sie zu beschleunigen und wirtschaftlicher zu gestalten, entweder in die eigene Hand zu nehmen oder von ihnen ermächtigten Körperschaften des öffentlichen Rechts oder gemeinnütziger Art zu übertragen, und bestimmte in Art. I § 2, daß die Grundstückseigentümer auch in einem solchen Falle verpflichtet sein sollten, die dazu erforderlichen Handlungen auf ihrem Grund und Boden geschehen zu lassen. Voraussetzung hierfür sollte aber sein, daß die betroffenen Flächen bereits zu einer Bodenverbesserungsgenossenschaft gehörten oder daß doch wenigstens für sie das Verfahren zur Bildung einer solchen schon eingeleitet war und mithin die Bildung, die nach § 1 vom Willen der Eigentümer unabhängig war, nur noch eine Frage der Zeit sein konnte. Wegen Vorbereitung und Durchführung der Kultivierung mußte sich also die Aufgabe jener Genossenschaft auf die Aufbringung der Kosten beschränken. Im übrigen ließ die Verordnung die bestehende Rechtslage unverändert.

Nach dem Gesetze vom 5. Mai 1920 waren aber die Bodenverbesserungsgenossenschaften Körperschaften des öffentlichen Rechts, bei denen nicht nur die Bildung, sondern auch die Geschäftsführung weitgehenden staatlichen Aufsichts-, Genehmigungs- und Eingriffsrechten unterlag (vgl. namentlich §§ 5, 7, 8, 9 sowie § 13 das. in Verbindung mit den §§ 218, 219, 220, 221, 228 des preußischen Wassergesetzes vom 7. April 1913). Die Genossenschaftslasten, insbesondere auch die Verpflichtung zur Beitragsleistung, waren öffentliche Lasten (§ 224 des Wassergesetzes). Streitigkeiten darüber waren der Entscheidung der ordentlichen Gerichte entzogen (§ 226 das.). Rückständige Beiträge waren im Verwaltungszwangsverfahren beizutreiben (§ 229 das.).

Hiernach kann es, wenn der Verordnung vom 13. Februar 1924 eine Verpflichtung der Grundstückseigentümer zu entnehmen sein sollte, im Falle des Art. I § 2 die Kosten der Kultivierung ihrer Ländereien unmittelbar an den Staat oder an die von ihm ermächtigte Körperschaft zu erstatten, nicht zweifelhaft sein, daß auch diese Verpflichtung öffentlichrechtlicher Natur und eine Streitigkeit darüber im Sinne der Verordnung der Zuständigkeit der ordentlichen Gerichte entzogen sein würde. Denn die Verordnung hat sich auf einen bloßen Umbau und Ausbau der bestehenden Rechtslage in wenigen Beziehungen beschränkt, die für die Eigenart der betroffenen Rechtsverhältnisse im ganzen nicht entscheidend waren, und hat sie nicht von Grund auf ändern oder mit wesensfremden Zusätzen versehen wollen.

Daß diese Beurteilung richtig ist, ergibt auch folgende Erwägung. Das der Klage zugrunde liegende Rechtsverhältnis stellt sich als ein solches dar, das mit einem ursprünglich öffentlichrechtlichen durch „Abwicklung" zusammenhängt, nämlich mit dem Verwaltungsakte der Inbesitznahme und Kultivierung der Grundstücke durch die Ödlandkulturgesellschaft auf Grund der ihr von dem klagenden Staate erteilten Ermächtigung und mit der durch die Verordnung geschaffenen Duldungspflicht des Beklagten (vgl. Walter Jellinek Verwaltungsrecht 1928 S. 49 bis 51).

Wie der Revision zuzugeben ist, wäre es allerdings trotz dieser Rechtslage nicht ausgeschlossen gewesen, daß die Ödlandkulturgesellschaft die Kultivierung der Ländereien des Beklagten für ihn als Geschäftsführer ohne Auftrag im Sinne des bürgerlichen Rechts ausgeführt hätte. Dabei wäre aber vorauszusetzen, daß sie insoweit nicht als Träger öffentlicher Gewalt, sondern wie ein Privatmann gehandelt hätte. Nach den Feststellungen des Oberlandesgerichts hat sie sich indes bei ihrem Vorgehen ausdrücklich auf die ihr vom Preußischen Staate erteilte Ermächtigung und auf die in der Verordnung vom 13. Februar 1924 begründete Duldungspflicht des Beklagten berufen. Das schließt die Unterstellung ihres Handelns unter den privatrechtlichen Begriff der Geschäftsführung ohne Auftrag aus. Daran kann der Umstand nichts ändern, daß das Ergebnis dieses Verwaltungsaktes nicht nur der Allgemeinheit nützt, sondern vor allem auch dem Beklagten zugute kommt. Vielmehr könnte deswegen höchstens eine entsprechende Anwendung der privatrechtlichen Vorschriften über die auftraglose Geschäftsführung in Frage kommen, deren Zulassung aber dem Rechtsverhältnisse den öffentlichrechtlichen Charakter nicht nehmen würde. Nicht anders steht es mit den privatrechtlichen Vorschriften über ungerechtfertigte Bereicherung und über das Verhältnis zwischen Eigentümer und Besitzer. Weil es sich um die „Abwicklung" eines Verwaltungsaktes handelt, könnten auch sie, wenn überhaupt, dann nur entsprechend herangezogen werden, ohne daß dadurch das Rechtsverhältnis zu einem bürgerlichrechtlichen würde.

Dem Oberlandesgericht ist weiter darin beizupflichten, daß eine etwaige öffentlichrechtliche Verpflichtung des Beklagten, dem Kläger die Kosten jenes Verwaltungsaktes der Ödlandkulturgesellschaft zu ersetzen, auch durch ihre Anerkennung nicht zu einer privatrechtlichen geworden wäre, es hätte denn der Beklagte damit einen neuen selbständigen Schuldgrund schaffen wollen, was das Berufungsgericht bei der von ihm hinzugefügten Begründung der sachlichen Abweisung der Klage verneint hat.

Eine Würdigung des Schreibens des Beklagten vom 14. August 1928 aus dem Gesichtspunkt einer Genehmigung auftragloser Geschäftsbesorgung, deren Unterlassung die Revision schließlich noch rügt, kam nicht in Frage, weil, wie ausgeführt, von einer Geschäftsführung ohne Auftrag im privatrechtlichen Sinne überhaupt keine Rede sein kann. Die Meinung der Revision, eine in Ausübung öffentlicher Gewalt vorgenommene Handlung könne durch nachträgliche Zustimmung des davon Betroffenen ihrer öffentlichrechtlichen Natur entkleidet und dem Privatrecht unterstellt werden, ist als rechtsirrig zurückzuweisen.

---

60. Zum Begriff der Haltestelle einer Straßenbahn im Sinne von § 23 Abs. 2 der Verordnung über Kraftfahrzeugverkehr vom 16. März 1928 (RGBl. I S. 91).

VI. Zivilsenat. Urt. v. 12. Oktober 1931 i. S. G. (Kl.) w. v. K. u. Gen. (Bekl.). VI 190/31.

I. Landgericht I Berlin.
II. Kammergericht daselbst.

Hierzu wird in den Gründen ausgeführt:

Der § 23 Abs. 2 KFVo. schreibt vor, daß an einer Haltestelle haltende Schienenfahrzeuge auf der Seite, wo die Fahrgäste ein- und aussteigen, nur in Schrittgeschwindigkeit und nur in einem solchen seitlichen Abstand überholt werden dürfen, daß die Fahrgäste nicht gefährdet werden. Was unter einer Haltestelle zu verstehen ist, sagt die Verordnung nicht, wohl aber ergibt sich die Bestimmung dieses Begriffes aus dem Zweck, den jene Vorschrift verfolgt. Dieser Zweck geht dahin, den Fahrgästen der Straßenbahnen ein gefahrloses Erreichen und Verlassen der Wagen zu ermöglichen und sie, auch im Interesse der schnelleren Abwicklung des Straßenbahnverkehrs, von der Pflicht zu befreien, sich durch dauerndes und umständliches Umschauen darüber zu vergewissern, ob mit ihrem unvermeidlichen Aufenthalt auf dem Fahrdamm nicht Kraftfahrzeuggefahren verbunden sind; sie sollen sich mit ungeteilter Aufmerksamkeit dem Ein- und Aussteigen und den damit verbundenen weiteren Handlungen widmen können. Für diesen Schutzzweck macht es keinen Unterschied, ob der Punkt, wo die Straßenbahn hält, durch eine Tafel mit entsprechender Aufschrift als Straßenbahnhaltestelle gekennzeichnet ist, oder ob der Haltepunkt in üblicher und dem Verkehr erkennbarer Weise unter Duldung der Straßenbahnverwaltung, also nicht verbotswidrig, vom Publikum zum Ein- und Aussteigen benutzt wird. Eine

Unterscheidung zwischen den ersteren Haltestellen, die der Vorderrichter anscheinend mit dem Ausdruck „offizielle Haltestellen" bezeichnet, und den letzteren verkehrsüblichen Haltestellen wird in § 23 Abs. 2 KFVo. nicht gemacht. Nun ist es verkehrsüblich und allgemein bekannt, daß die Fahrgäste, ohne daß die Straßenbahnverwaltungen hiergegen etwas einzuwenden haben, die Wagen bereits an den Endhaltestellen besteigen, an denen die Straßenbahnzüge rangiert und zusammengesetzt werden; auch diese Endhaltestellen haben daher als Haltestellen im Sinne des § 23 Abs. 2 a. a. O. zu gelten. Um eine solche Endhaltestelle handelt es sich bei dem hier fraglichen Haltepunkt in der R.straße in Berlin. Denn es war üblich und aus der Besetzung der Wagen mit Fahrgästen und aus der Abgabe des Klingelzeichens durch den Führer für jedermann offensichtlich, daß dort bereits Fahrgäste in die Wagen stiegen; auch hat der Zeuge Schaffner S., dem der Berufungsrichter folgt, bekundet, der Führer des Triebwagens habe schon geklingelt gehabt, wie er dies vorschriftsmäßig machen müsse, damit etwaige Fahrgäste, die den Wagen schon an der Spitzweiche besteigen wollten, darauf aufmerksam würden, daß die Abfahrt des Wagens bevorstehe. Ist diese Angabe richtig, so hatte die Straßenbahnverwaltung nicht nur gegen das Einsteigen in der R.straße nichts einzuwenden, sondern sie hatte sogar Anordnungen dahin erlassen, die Fahrgäste darauf aufmerksam zu machen, daß das Einsteigen dort gestattet sei. Bei solcher Sachlage kann der Ansicht des Zeugen und der ihm darin folgenden rechtlichen Beurteilung des Kammergerichts nicht beigetreten werden, daß sich in der R.straße keine für das Publikum bestimmte Endhaltestelle, sondern nur ein Rangiergleis befinde. Eine das Revisionsgericht bindende tatsächliche Feststellung (§ 561 Abs. 2 ZPO.) liegt insoweit nicht vor, sondern eine Verkennung des Rechtsbegriffs der Haltestelle.

Hiernach hat aber der Zweitbeklagte dem § 23 Abs. 2 KFVo. zuwidergehandelt, indem er nicht in Schrittgeschwindigkeit an dem Straßenbahnzuge vorübergefahren ist. . . .

61. Wann unterliegt dem Schuldverschreibungsstempel eine Urkunde, in der sich der Schuldner wegen einer darin bezeichneten Forderung der sofortigen Zwangsvollstreckung unterwirft?

Preuß. Stempelsteuergesetz v. 27. Oktober 1924 § 3 Abs. 3; Tarifst. 14.

VII. Zivilsenat. Urt. v. 16. Oktober 1931 i. S. H. Papierfabriken AG. (Kl.) w. Preuß. Staat (Bekl.). VII 582/30.

I. Landgericht Hannover.

Am 30. April 1930 wurde im Auftrage der Klägerin zu Hannover eine Erklärung des Bankiers P. notariell beurkundet, wonach sich dieser „wegen einer außerhalb der Urkunde bereits anerkannten Schuld von 872000 RM., nebst Zinsen in Höhe des Reichsbankdiskonts aus 372000 RM. seit dem 1. April 1930, wegen einer fälligen Forderung, die er der Klägerin schulde", ihr gegenüber der sofortigen Zwangsvollstreckung unterwarf. Für die Urkunde wurde außer dem zunächst verwendeten Notariatsurkundenstempel von 3 RM. auf Verlangen des Finanzamts nach Tarifst. 14 I des preußischen Stempelsteuergesetzes vom 27. Oktober 1924 ein Stempel von $^1/_6$% aus 872000 RM. mit 1453,50 RM. — abzüglich 3 RM. — unter Vorbehalt der Rückforderung entrichtet. Die Klägerin verlangt Rückzahlung dieser 1450,50 RM., weil die Urkunde keine Schuldverschreibung, sondern nur die Erklärung der Unterwerfung unter die sofortige Zwangsvollstreckung wegen einer anderweit, nämlich durch Kontokorrent und die üblichen Bestätigungen der Abschlüsse begründeten Forderung enthalte. Hilfsweise begehrt sie Rückzahlung von 1104,75 RM., weil äußerstenfalls nur ein Schuldverschreibungsstempel von $^1/_{25}$% zu erheben sei, da die Urkunde ein innerhalb Jahresfrist oder binnen kürzerer Zeit zurückzuzahlendes Darlehen betreffe (Tarifst. 14 I Abs. 2 zu b StStG.).

Das Landgericht wies die Klage ab. Die von der Klägerin unmittelbar eingelegte Revision blieb erfolglos.

Gründe:

Das Landgericht nimmt an, unter Schuldverschreibung im Sinne der Tarifst. 14 I Abs. 1 StStG. sei eine Urkunde zu verstehen, in der die neue und selbständige Verpflichtung anerkannt oder übernommen werde, eine bestimmte Geldsumme zu zahlen. Es findet diese Erfordernisse in der Urkunde vom 30. April 1930 erfüllt, weil sie außer der Unterwerfung unter die sofortige Zwangsvollstreckung auch ein Anerkenntnis wegen der zu vollstreckenden Schuld in einer solchen Form enthalte, daß eine selbständige, schon aus dem Wortlaut eindeutig sich ergebende Verbindlichkeit des Schuldners begründet werde, und weil die früheren Urkunden über die Schuld keine Verpflichtung zur Zahlung ausgedrückt hätten und deshalb nicht stempelpflichtig gewesen seien. Auch die Ermäßigungsvorschrift in Tarifst. 14 I Abs. 2 zu b hält der Vorderrichter nicht für anwendbar, weil in der Urkunde weder zum Ausdruck gebracht sei, daß sie ein Darlehen betreffe, noch auch, in welcher Frist die Zahlung zu leisten sei.

Diese Ausführungen beruhen in ihrem ersten, auf das Vorliegen einer Schuldverschreibung bezüglichen Teile in der Hauptsache auf der Auslegung des Inhalts der streitigen Urkunde. Eine Verletzung von Rechtssätzen oder anerkannten Auslegungsgrundsätzen tritt bei dieser Auslegung nicht zutage. Rechtlich unbedenklich ist insbesondere die Annahme, bei der Aufnahme des Schriftstücks habe das Anerkenntnis als solches beurkundet und damit eine neue und selbständige, als Klagegrund geeignete Erklärung abgegeben und verbrieft werden sollen. Durch die Kontokorrentabschlüsse und deren Bestätigungen, die nach der Aufstellung der Klägerin der Urkunde zugrunde lagen, war nur der Betrag festgestellt, der auf neue Rechnung vorgetragen und im Falle einer Kündigung des Verhältnisses für die Ermittlung des dann zu zahlenden Betrags als bisheriges Rechnungsergebnis angesetzt werden sollte. Dagegen war eine Bestimmung über den Betrag der endgültigen Zahlungspflicht nicht erfolgt. Die Erwähnung, daß ein bestimmter Betrag außerhalb der Urkunde als geschuldet und fällig anerkannt sei, konnte also sehr wohl auf die Absicht zurückgeführt werden, für diesen Schuldbetrag eine urkundliche Klagegrundlage zu schaffen. Der Einwand der Revision, daß der Nebensatz „die ich der ... (Firma der Klägerin) ... schulde" schon zur Bezeichnung der Gläubigerin notwendig gewesen sei, zu deren Gunsten die Zwangsvollstreckung bewilligt werde, trifft nicht zu; denn die Bezeichnung der Gläubigerin hätte, wenn von der ausdrücklichen Feststellung, daß der Betrag ihr „geschuldet" werde, abgesehen wurde, unschwer in den Hauptsatz aufgenommen werden können, etwa mittels einer Einschaltung nach den Worten „anerkannten Schuld". Im übrigen ist das Erfordernis der „Neuheit" der Schulderklärung in der von der Revision wie vom Landgericht angezogenen Entscheidung RGZ. Bd. 77 S. 373 für die Anwendbarkeit der der jetzigen Tarifst. 14 I entsprechenden Tarifst. 58 I des Stempelsteuergesetzes von 1895 dahin erläutert worden, daß die Schulderklärung vorher noch nicht in landesstempelpflichtiger Form beurkundet sein dürfe. Von dieser Auffassung abzugehen, besteht kein Anlaß. Es ist aus ihr auch keineswegs, wie die Revision meint, die allgemeine Folgerung zu ziehen, daß jede Urkunde, worin sich der Schuldner der sofortigen Zwangsvollstreckung unterwirft, dadurch stempelpflichtig würde. Vielmehr tritt diese Folge nur dann ein, wenn in der Urkunde die Verpflichtung zur Zahlung des bestimmten Schuldbetrags, auf den sich die Unterwerfung bezieht, zum ersten Male in einer dem Landesstempel unterliegenden und zugleich zur Begründung einer Klage ausreichenden Form anerkannt oder übernommen worden ist. Entsprechendes gilt für den Hinweis der Revision, daß durch die Auffassung des Landgerichts die in Tarifst. 14 I Abs. 3 zu e StStG. vorgeschriebene Befreiung von Mitteilungen im bankgeschäftlichen Verkehr über die Ausleihung von Geldern auf Termin oder Kündigung hinfällig werde, sobald sich der Schuldner der sofortigen Zwangsvollstreckung unterwerfe. Inwiefern unter dieser Voraussetzung in der Verstempelung jener Urkunden eine Unbilligkeit liegen sollte, ist nicht einzusehen.

Die Ablehnung der Ermäßigung aus Tarifst. 14 I Abs. 2 zu b, welche die Revision weiterhin zur Nachprüfung stellt, ist in zutreffender Auslegung dieser Vorschrift erfolgt (vgl. auch RGZ. Bd. 44 S. 222).

Die Ermäßigung aus Tarifst. 14 II Abs. 1 StStG., deren Anwendbarkeit die Revision noch zur Erwägung gibt, kann deshalb nicht Platz greifen, weil als kaufmännische Verpflichtungsscheine im Sinne dieser Vorschrift nur solche Schuldurkunden eines Kaufmanns angesehen werden dürfen, die sich auf die Verpflichtung zur Geldzahlung beschränken; die Unterwerfung unter die sofortige Zwangsvollstreckung geht aber hierüber hinaus.

---

62. 1. Kann ein Beamter (Kommunalbeamter) der Anstellungsbehörde gegenüber wirksam auf Ruhegehalt verzichten?
2. Ist es für die Rechtswirksamkeit der Verzichtserklärung von Bedeutung, ob sie vor oder nach Beendigung des Beamtenverhältnisses abgegeben wurde?

III. Zivilsenat. Urt. v. 29. September 1931 i. S. Kreis Sch. (Bekl.) w. G. (Kl.). III 367/30.

I. Landgericht Meseritz.

Der am 15. Januar 1876 geborene Kläger wurde am 1. März 1911 auf Grund seiner mehr als zwölfjährigen Militärdienstzeit von dem damals zur Provinz Posen gehörigen Kreise O. als Chausseeaufseher angestellt; seit 1913 führt er die Bezeichnung Wegemeister. Nach Abtrennung des Kreises O. vom Preußischen Staat wurde der Kläger im Austausch mit einem Wegemeister polnischer Staatsangehörigkeit von dem verklagten Kreise in gleicher Eigenschaft unter Anrechnung der zurückgelegten ruhegehaltsfähigen Dienstzeit übernommen.

Am 9. Januar 1922 beantragte der Kläger unter Beifügung eines kreisärztlichen Zeugnisses, ihn wegen Krankheit zu pensionieren. Seine häufigere Dienstunfähigkeit hatte sein damaliger Vorgesetzter auf dem Antrage bescheinigt. Das kreisärztliche Zeugnis bezeichnet den Kläger als dauernd dienstunfähig. Da der Kreis Verdacht hegte, daß der Kläger sein Leiden künstlich verschlimmert habe, forderte er ein Obergutachten ein. Auch dieses am 29. März 1922 erstattete Gutachten kam zum Ergebnis, daß der Kläger nicht mehr fähig sei, den Außendienst als Kreiswegemeister zu leisten, sofern dieser große und längere Radfahrten erfordere. Dem Wunsche des Kreises entsprechend fügte der Obergutachter hinzu, es bestünden jedoch keine Bedenken, den Beamten im Bürodienst ständig zu beschäftigen.

Inzwischen hatte der Kläger am 6. März 1922 um Urlaub bis zu seiner Pensionierung gebeten, da sich sein Leiden verschlimmert habe. Dieses Gesuch wurde abgelehnt, ein Erholungsurlaub vom 1. bis 28. Mai 1922 dagegen bewilligt. Am 29. April 1922 meldete der Kläger, daß seine Familie nach C. verzogen sei und daß er während seines Urlaubs ebenfalls dort sein werde. Es wurde dann festgestellt, daß der Kläger in C. eine Gastwirtschaft gekauft habe.

Das Pensionierungsgesuch des Klägers wurde am 27. Juni 1922 vom Kreisausschuß abgewiesen; der Bescheid wurde ihm am 7. Juli 1922 zu Protokoll eröffnet. Inhaltlich dieses Protokolls beantragte der Kläger wiederholt, ihn vom 1. Oktober 1922 ab aus dem Dienste des Kreises zu entlassen, und verzichtete dabei ausdrücklich auf alle Ansprüche gegen den Kreis, die er etwa aus seinem Anstellungsverhältnis herzuleiten berechtigt wäre (Ruhegehalt, Witwen- und Waisengeld und dergl.). Diese Erklärung gab der Kläger jedoch unter dem Vorbehalt ab, daß ihn der Kreis bis zum 30. September 1922 beurlaube. Am Tage darauf gab der Kreisausschuß dem Antrag des Klägers statt. Bereits am 9. November 1922 bat der Kläger um Wiederverleihung der Wegemeisterstelle; das Gesuch wurde abgelehnt.

Im Beschlußverfahren vor dem Bezirksausschuß stellte der Kläger gegen den Beklagten den Antrag auf Gewährung des gesetzlichen Ruhegehalts. Der Bezirksausschuß entsprach durch Beschluß vom 12. März 1927 dem Antrag in vollem Umfang. Auf Beschwerde des Beklagten sprach der Provinzialrat durch Beschluß vom 6. August 1928 dem Kläger vom 1. Oktober 1922 ab nur eine monatliche Abfindungssumme von 120 RM. auf Lebensdauer zu.

Mit der innerhalb der Ausschlußfrist des § 7 des preußischen Gesetzes betr. die Anstellung und Versorgung der Kommunalbeamten vom 30. Juli 1899 (GS. S. 141) erhobenen Klage beantragt der Kläger die Feststellung, daß der Beklagte verpflichtet sei, ihm die gesetzliche Pension vom 1. Oktober 1922 ab zu gewähren, wie wenn an diesem Tage seine Pensionierung als Kreiswegemeister mit gesetzlichem Ruhegehalt erfolgt wäre. Zur Begründung dieses Antrags macht der Kläger geltend, daß der von ihm erklärte Verzicht auf seine vermögensrechtlichen Ansprüche aus dem Beamtenverhältnis rechtsunwirksam sei, da ein Verzicht des Beamten auf sein Diensteinkommen, sein Ruhegehalt und gleich zu bewertende, im öffentlichen Recht wurzelnde Ansprüche grundsätzlich unstatthaft sei. Außerdem habe er sich im Zeitpunkt der Erklärung dieses Verzichts in einem Zustand krankhafter Störung der Geistestätigkeit befunden und habe die Erklärung nur unter einem gewissen Zwang abgegeben.

Der Beklagte hält den Verzicht des Klägers für rechtswirksam und trägt außerdem vor, es sei dem Kläger nur darum zu tun gewesen, das Hausgrundstück in C. zu erwerben und darin die Gastwirtschaft zu betreiben, wovon er sich eine günstigere Gestaltung seiner wirtschaftlichen Verhältnisse versprochen habe als von der Fortsetzung des Beamtenverhältnisses. Eine auch nur vorübergehende Störung der Geistestätigkeit des Klägers und das Einwirken eines Zwanges auf seine Willensentschließung stellt der Beklagte in Abrede.

Das Landgericht verurteilte den Beklagten nach dem Klagantrage. Die von diesem unmittelbar eingelegte Revision führte zur Aufhebung des Urteils und zur Zurückverweisung an das Landgericht.

Gründe:

Das angefochtene Urteil leidet zunächst insofern an einem wesentlichen Mangel, als nach ständiger Rechtsprechung die Verurteilung zur Zahlung der gesetzlichen Pension die Versetzung des Beamten in den Ruhestand zur notwendigen Voraussetzung hat. Eine Zurruhesetzung des Klägers ist aber unstreitig nicht erfolgt, sondern das Pensionierungsgesuch des Klägers ist vom Kreisausschuß ausdrücklich abgewiesen worden. Der Anspruch des Klägers auf Zahlung weiterer Bezüge müßte daher auf anderer Rechtsgrundlage aufgebaut werden. Aber auch hiervon abgesehen unterliegt das Urteil durchgreifenden Bedenken.

Der Vorderrichter läßt es dahingestellt, ob sich der Kläger im Zeitpunkt der Abgabe der Erklärung vom 7. Juli 1922 in einem Zustande krankhafter Störung seiner Geistestätigkeit befunden oder seine Erklärungen unter einem gewissen Zwange abgegeben habe. Er hält es grundsätzlich für rechtsunwirksam, daß ein Beamter durch Vereinbarung mit der Anstellungsbehörde sein Beamtenverhältnis unter gleichzeitigem Verzicht auf Pensionsansprüche lösen könne, da diese Ansprüche öffentlichrechtlicher Natur seien und für eine rechtsgeschäftliche Veränderung oder Gestaltung dieses Zustandes kein Raum bleibe. Die Erklärungen des Klägers vom 7. Juli 1922 seien daher auch beim Fehlen der behaupteten Willensmängel nichtig gewesen. Selbst wenn man aber einen Verzicht zulassen wollte, so würde er im vorliegenden Falle der Wirksamkeit entbehren. Der Kläger sei zur Zeit der Abgabe seiner Verzichtserklärung noch Beamter gewesen; sein Anspruch auf Ruhegehalt sei zwar schon erworben, aber für ihn noch nicht entstanden gewesen. Verzichten könne man aber grundsätzlich nur auf entstandene Rechte.

Diese Rechtsausführungen vermögen der Nachprüfung des

Revisionsgerichts nicht standzuhalten. Ein allgemeiner Verzicht des Beamten auf Diensteinkommen, Ruhegehalt und Hinterbliebenenversorgung wird wegen der öffentlichrechtlichen Natur dieser Ansprüche in Rechtsprechung und Schrifttum für unzulässig erachtet. Davon verschieden ist aber die für den vorliegenden Fall allein in Betracht kommende Frage, ob ein Verzicht auf Ruhegehalt dann zulässig ist, wenn der Beamte gleichzeitig um seine Entlassung aus dem Dienste nachsucht und dabei sein Einverständnis mit der ruhegehaltlosen Entlassung erklärt. Im Schrifttum ist auch diese Frage nicht unstreitig, sie wird aber überwiegend bejaht (vgl. die Zusammenstellung bei Brand Das Beamtenrecht 3. Aufl. S. 131 Nr. 5 und bei von Bonin in JW. 1929 S. 1125). Zutreffend weist die Revision in Übereinstimmung mit dem Parteivorbringen im ersten Rechtszuge darauf hin, daß ein Verzicht des Beamten auf Gehalt und Pensionsanspruch in Verbindung mit einem Gesuch um Entlassung dem Reichsbeamtenrecht nicht fremd ist. § 100 RBG. bestimmt, die Einstellung eines Disziplinarverfahrens müsse erfolgen, sobald der Angeschuldigte seine Entlassung aus dem Reichsdienst mit Verzicht auf Titel, Gehalt und Pensionsanspruch nachsuche und gewisse sonstige Voraussetzungen erfüllt habe.

Die Rechtsprechung des Reichsgerichts hatte sich mit der zur Entscheidung stehenden Frage mehrfach zu beschäftigen. Im Urteil vom 26. Februar 1915 (RGZ. Bd. 86 S. 266, besonders S. 268), das sich mit der Frage befaßt, ob Vereinbarungen zwischen der Anstellungsbehörde und dem Beamten über die Höhe von Tagegeldern zulässig sind, hat der erkennende Senat ausdrücklich dahingestellt gelassen, ob Verzicht und Vereinbarung zulässig sein würden über den Betrag von Besoldung und Ruhegehalt. (Über das Erlöschen eines Kirchenamts nach gemeinem protestantischen Kirchenrecht durch die Erklärung der Amtsniederlegung und Amtsentlassung vgl. RGZ. Bd. 69 S. 397/398.)

Eine Erweiterung des dem § 100 RBG. zugrunde liegenden Gedankens findet sich in dem Reichsgerichtsurteil vom 1. Dezember 1916 III 174/16 (abgedruckt JW. 1917 S. 225 Nr. 14). Dort wird das Ausscheiden eines Beamten der Reichspost aus dem Dienste unter Verzicht auf Titel, Gehalt und Pension auch dann für rechtswirksam gehalten, wenn ein Dienststrafverfahren noch nicht eingeleitet war, sondern seine Eröffnung nur in Aussicht stand. Daß aber der erkennende Senat eine durch Willensmängel nicht beeinflußte, klare und unzweideutige Einverständniserklärung eines Beamten mit seiner Dienstentlassung ohne Ruhegehalt für zulässig und rechtswirksam ansieht, ergibt sich zweifelfrei aus dem Urteil vom 30. Oktober 1919 (RGZ. Bd. 96 S. 302, besonders S. 305). Denn die in jenem Urteil enthaltenen Ausführungen über das Erfordernis der Klarheit und Unzweideutigkeit von Willenserklärungen im Beamtenrecht wären zwecklos, wenn der Senat derartige Erklärungen grundsätzlich für unzulässig und rechtsunwirksam erachtet hätte. Übrigens hatte das Urteil des Senats vom 14. Oktober 1910 III 418/09 aus den Bestimmungen der §§ 94, 95, 96 II 10 Preuß. ALR. einen allgemeinen Grundsatz des Staatsrechts abgeleitet, daß das Beamtenverhältnis auch durch einfache Entlassung auf den Antrag des Beamten beendigt werden kann.

An diesem Rechtsstandpunkt des erkennenden Senats wird nichts geändert durch das Urteil vom 22. Juni 1926 III 337/25 (abgedruckt ZBR. Bd. 1 S. 32). Denn dort wird lediglich einer Herabsetzung von gesetzlich bestimmten Beamtenbezügen während der Fortdauer des Beamtenverhältnisses durch Vereinbarungen zwischen der Anstellungsbehörde und dem Beamten die Rechtswirksamkeit abgesprochen. Anderseits enthält das Urteil vom 6. November 1928 III 79/28 (abgedruckt JW. 1929 S. 1125 Nr. 6) keine Bestätigung der in RGZ. Bd. 96 S. 302 ausgesprochenen Grundsätze, da es sich in der Hauptsache nur mit nicht revisiblem sächsischen öffentlichen Recht zu befassen hatte. Wohl aber werden diese Rechtsgrundsätze in dem RGZ. Bd. 114 S. 122 (130) veröffentlichten Urteil des Senats vom 22. Juni 1926 gebilligt und aufrechterhalten, und es wird dort ausgesprochen, daß für Gemeindebeamte die gleichen Grundsätze zu gelten haben wie für Reichs- und Staatsbeamte. Endlich wird in RGZ. Bd. 131 S. 87 das Bestehen eines allgemeinen Gewohnheitsrechts anerkannt, wonach der Beamte jederzeit seine Entlassung fordern kann, wenn er auf Titel, Rang, Gehalt und jeglichen Pensionsanspruch verzichtet und seine Amtsgeschäfte vollständigt erledigt hat.

Hiernach läßt sich der grundsätzlich gegenteilige Standpunkt des Landgerichts nicht verteidigen. Dem ersten Richter kann auch darin nicht beigetreten werden, wenn er ausführt, selbst bei grundsätzlicher Zulassung eines Verzichts in dem oben abgegrenzten Umfang würde die zur Entscheidung stehende Willenserklärung des Klägers der

Wirksamkeit entbehren, da er zur Zeit ihrer Abgabe noch Beamter gewesen und sein Anspruch auf Ruhegehalt zwar schon erworben, aber für ihn noch nicht entstanden gewesen sei; grundsätzlich sei nur ein Verzicht auf entstandene Rechte zulässig. Dabei wird übersehen, daß es sich um einen Verzicht des Klägers auf seine Beamtenrechte im ganzen, auf seine gesamte Beamtenstellung gehandelt hat, daß also durch seine Einverständniserklärung mit der Entlassung ohne Ruhegehalt und mit der sich anschließenden Dienstentlassung durch einseitige Willenserklärung der Verwaltungsbehörde das Beamtenverhältnis völlig aufgelöst werden sollte, genau so, wie es in § 100 RGB. für den Fall, daß ein Dienststrafverfahren eingeleitet ist, vorgesehen und als zulässig anerkannt wird. Der Austausch der beiderseitigen Willenserklärungen findet gewissermaßen Zug um Zug statt, und es kann der Anstellungsbehörde nicht zugemutet werden, den Beamten zunächst in den Ruhestand zu versetzen, um dann unter Umständen Gefahr zu laufen, daß die von dem Beamten in Aussicht gestellte Verzichtserklärung auf Ruhegehalt demnächst nicht abgegeben wird.

Hiernach unterliegt das angefochtene Urteil der Aufhebung. Es wird für den Tatrichter geboten sein, zu dem weiteren Vorbringen des Klägers über die Umstände Stellung zu nehmen, unter denen er die Erklärung vom 7. Juli 1922 abgegeben hat. Hierbei werden die strengen Anforderungen, die in der vorerwähnten Rechtsprechung an derartige Willenserklärungen gestellt werden, zu beachten und es wird namentlich auch zu prüfen sein, ob die Hinzufügung eines Vorbehalts, wie sie hier geschah, die Rechtswirksamkeit der Erklärung beeinträchtigen kann.

---

63. 1. Finden die Vorschriften des § 25 HGB. Anwendung a) auf den Pächter eines Handelsgeschäfts, b) auf den Verpächter, der das Geschäft nach Beendigung des Pachtverhältnisses unter der bisherigen Firma fortführt?

2. Liegt Firmengleichheit vor, wenn Teile des bisherigen Firmennamens (z. B. die Worte „und Sohn") weggelassen werden?

3. Bedeutung der Eintragung der Firmenänderung ins Handelsregister.

HGB. §§ 15, 18, 22, 25.

II. Zivilsenat. Urt. v. 6. Oktober 1931 i. S. G. (Kl.) w. R. (Bekl.). II 516/30.

I. Landgericht Frankfurt a. O.
II. Kammergericht Berlin.

Im Mai 1903 wurde auf Anmeldung des Beklagten die Firma G. R. ins Handelsregister des Amtsgerichts Frankfurt a. O. eingetragen. Als Gegenstand des Handelsgewerbes wurde angegeben: Fleischerei und Wurstfabrik. Am 13. Juli 1927 teilte der Beklagte dem Registergericht mit, daß die Firma jetzt G. R. & Sohn laute und daß vom 1. Oktober 1927 an W. R. (der Sohn des Beklagten) Inhaber sei. Auf Anregung des Registergerichts meldeten der Beklagte und sein Sohn W. am 20. September 1927 zu Protokoll des Registergerichts an, daß in das vom Beklagten betriebene Geschäft vom 1. Oktober 1927 an der Sohn W. eintrete und daß die damit begründete offene Handelsgesellschaft unter der Firma G. R. & Sohn geführt werde. Diese Änderung wurde ins Handelsregister eingetragen. Schon vorher war zwischen Vater und Sohn ein schriftlicher Pachtvertrag vom 30. Juli 1927 abgeschlossen worden, der später durch Abänderungen vom „September 1927" (ohne näheres Datum) und vom 2. Januar 1928 ergänzt wurde. Danach verpachtete der Beklagte „sämtliche bisher dem Fleischereibetrieb dienenden Räume, auch den Laden im Hause mit sämtlichem lebenden und toten Inventar, so wie Herr G. R. es heute besitzt", mit Wirkung vom 1. Oktober 1927 auf die Dauer von fünf Jahren für einen jährlichen Pachtzins von 3000 GM. an seinen Sohn W. R. Nach dem September-Abänderungsvertrag hatte der Pächter für Benutzung des Inventars noch 1000 GM. zu zahlen und dem Beklagten dessen persönlichen Bedarf an Fleisch- und Wurstwaren zu liefern sowie noch andere Leistungen für den persönlichen Bedarf zu gewähren. Durch den Nachtrag vom 2. Januar 1928 übernahm der Sohn das Inventar, die Vorräte und die Außenstände zu einem bestimmten Preis und räumte dem Beklagten zur Sicherung seiner Ansprüche auf ratenweise Zahlung des Übernahmepreises gewisse Kontrollrechte ein. Am 23. Februar 1928 meldeten der Beklagte und sein Sohn zum Handelsregister an, daß die offene Handelsgesellschaft G. R. & Sohn aufgelöst sei, daß W. R. das Geschäft unter der alten Firma fortführe und daß Forderungen und Verbindlichkeiten aus den

Geschäftsverbindungen von ihm übernommen würden. W. R. wurde hierauf als alleiniger Inhaber der Firma ins Handelsregister eingetragen. Am 7. Mai 1929 schlossen der Beklagte und W. R. einen weiteren Vertrag. Sie gingen davon aus, daß W. R. mit Erfüllung der ihm obliegenden Gegenleistungen aus dem Pachtvertrag vom 30. Juli 1927 nebst Nachträgen seit mehreren Monaten im Rückstand sei, und zwar schulde er an rückständigem Pachtzins 1119 RM. und als Gegenleistung für die Abtretung der Außenstände sowie an Kaufpreis für die überlassenen Waren 14216 RM. Um die entstandenen Meinungsverschiedenheiten beizulegen, erkannte W. R. die Schuld von 15335 RM. und das Pfandrecht des Beklagten in Höhe der reinen Pachtforderung an. Sodann wurde vereinbart: „Um einen Räumungsprozeß zu vermeiden, verpflichtet sich Herr W. R. zur sofortigen Räumung der ihm auf Grund des Pachtverhältnisses überlassenen Räumlichkeiten und gibt diese nebst dem lebenden und toten Inventar an Herrn G. R. zurück." In dem Vertrag bot ferner W. R. dem Beklagten die vorhandenen Warenvorräte an und hielt sich an dieses Kaufangebot gebunden „bis zum Abschluß eines Akkordes" mit seinen Gläubigern. Bis zum Zustandekommen eines Vergleichs, bei dem der Beklagte seinen Sohn unterstützen und in einer noch zu bestimmenden Höhe die Gewähr für die Erfüllung des Vereinbarten übernehmen sollte, war der Beklagte berechtigt, Waren aus den vorhandenen Beständen zu entnehmen. Deren Gegenwert sollte den Gläubigern des W. R. zur gleichmäßigen Befriedigung zur Verfügung gestellt werden. Am Tage des Vertragsschlusses, 7. Mai 1929, meldete W. R. zum Handelsregister an, daß er den Gewerbebetrieb eingestellt habe und die Firma damit erloschen sei. Am selben Tag erfolgte die Eintragung ins Handelsregister. Am 8. Mai 1929 meldete der Beklagte dort an, daß er unter der Firma G. R. eine Fleischerei und Wurstwarenfabrik betreibe; die Eintragung ins Handelsregister wurde am 9. Mai 1929 vollzogen. Das Amtsgericht veröffentlichte beide Eintragungen in derselben Ausgabe des amtlichen Verkündigungsblattes, der Oderzeitung. Am 15. Mai 1929 wurde über das Vermögen des W. R. das Konkursverfahren eröffnet.

Der Kläger, der Schwiegervater des W. R., behauptet, letzterer schulde ihm aus Lieferung von Fleischerwaren und aus Gewährung von Darlehen aus der Zeit von April 1928 bis April 1929 den Betrag von 4391,80 RM.; ferner habe er (Kläger) im Mai 1928 für W. R. eine Bürgschaft übernommen und deshalb an die Darmstädter und Nationalbank 2455,85 RM. zahlen müssen. Mit der Klage verlangt er Zahlung dieser Beträge. Der Beklagte hafte einmal deshalb, weil er das Vermögen seines Sohnes übernommen, sodann, weil er dessen Geschäft mit der Firma auf Grund des Vertrags vom 7. Mai 1929 fortgeführt habe. Ferner hafte der Beklagte aus unerlaubter Handlung, weil W. R. im Zusammenwirken mit ihm sich seines Vermögens entäußert und dieses dem Beklagten zugespielt habe, um den Zugriff des Klägers zu vereiteln.

Das Landgericht gab der Klage statt, das Kammergericht wies sie ab. Die Revision des Klägers hatte keinen Erfolg.

Gründe:

Es ist unbestritten, daß die Klagforderungen nicht aus der Zeit herrühren, als im Handelsregister die offene Handelsgesellschaft G. R. & Sohn eingetragen war (Oktober 1927 bis Ende Februar 1928). Stammten sie aus dieser Zeit, so könnte sich der Kläger auf die Vorschrift des § 128 HGB. über die samtverbindliche Haftung der Gesellschafter stützen. Er würde dann durch den Nachweis, daß, wie der Beklagte behauptet, in Wahrheit auch schon damals ein Pachtverhältnis vorgelegen habe, nur dann berührt, wenn er diese Tatsache gekannt hätte. Denn wenn das Handelsregister auch keinen öffentlichen Glauben hat, so müßte doch der Beklagte, der die offene Handelsgesellschaft zur Eintragung mitangemeldet hatte, diese der Öffentlichkeit gegenüber abgegebene Erklärung gegen sich gelten lassen, vorbehaltlich des Beweises der Kenntnis des Klägers von ihrer Unrichtigkeit (RGZ. Bd. 51 S. 39, Bd. 125 S. 228; JW. 1929 S. 2597 Nr. 11 und Anmerkungen hierzu von Flechtheim und von Jacobi in JW. 1929 S. 2943). Es kommt also darauf an, ob der Beklagte nach § 25 HGB. haftet.

Ohne zu der Frage positiv Stellung zu nehmen, hält es der Berufungsrichter für zweifelhaft, ob die Vorschriften des § 25 überhaupt Anwendung fänden, wenn der bisherige Geschäftsinhaber sein Geschäft nicht für die Dauer veräußere, sondern es nur verpachte. Nach seiner Ansicht ist wesentlich, daß in dem das Verhältnis des neuen Firmeninhabers zum alten regelnden § 22 Abs. 2 HGB. die Übernahme eines Handelsgeschäfts auf Grund eines Pachtvertrags dem Erwerb eines Handelsgeschäfts unter Lebenden im Sinne des Abs. 1 ausdrücklich gleichgestellt wird, während der das Verhältnis des neuen Firmeninhabers zu Dritten regelnde, also eine andere Materie betreffende § 25 das. nichts Entsprechendes bestimme. Das lasse sich für die Annahme verwerten, daß die Haftung des die alte Firma fortführenden neuen Inhabers für alte Verbindlichkeiten nur im Falle „des Erwerbs unter Lebenden im eigentlichen Sinne" eintreten solle. Diese Bedenken können nicht geteilt werden. Sie stehen auch im Widerspruch mit der bisherigen Rechtsprechung des Kammergerichts (DJZ. 1906 Sp. 26; ROLG. Bd. 27 S. 301) und mit der überwiegenden Auffassung des Schrifttums (vgl. Düringer-Hachenburg-Hoeniger 3. Aufl. S. 345 und Anm. 37 zu § 25; Staub-Bondi Anm. 1 zu § 25; Pisko in Ehrenbergs Handbuch II S. 251). Wenn der § 25 nicht — wie der § 22 Abs. 2 — ausspricht, daß die vorhergehenden Vorschriften des Paragraphen auf die Geschäftsübernahme auf Grund eines Nießbrauchs oder eines Pachtvertrags oder eines ähnlichen Verhältnisses entsprechende Anwendung finden, so sollte damit nicht gesagt werden, daß unter Erwerb eines Handelsgeschäfts in beiden Vorschriften etwas Verschiedenes zu verstehen sei. Anlaß zur Einfügung des Abs. 2 in § 22 waren vielmehr Zweifel, die sich aus der früheren Rechtsanwendung in der Frage ergeben hatten, die gerade im § 22 geregelt werden sollte, nämlich in der Richtung, ob auch der Pächter, der Nießbraucher usw. berechtigt seien, die bisherige Firma fortzuführen. Solche Zweifel bestanden für die in § 25 HGB. geregelte Materie nicht. Dies bringt die Denkschrift zu dem Entwurf des neuen Handelsgesetzbuchs von 1897 auf S. 39 zum Ausdruck (zu §§ 21 bis 24 des Entwurfs gleich §§ 22 bis 25 des Gesetzes). Sie hebt ferner hervor, daß § 25 auch auf den Pächter Anwendung finde. Hierzu führt sie aus: Die Parteien könnten wohl vereinbaren, daß der bisherige Geschäftsherr nach außen Inhaber der Firma bleibe und allein berechtigt und verpflichtet sei. Damit sei aber den Bedürfnissen des Verkehrs nicht genügt; vielmehr müsse der Gewerbetreibende, der ein Geschäft in der angegebenen Weise (durch Pacht, Nießbrauch und dergl.) übernehme, befugt sein, die alte Firma als seine eigene Firma in derselben Weise fortzuführen wie der sonstige Erwerber eines Geschäfts. Dies erkenne der Schlußsatz des § 21 des Entwurfs (§ 22 des Gesetzes) an. Führe auf Grund dieser Vorschrift ein Pächter die alte Firma fort, so sei er als ihr Inhaber in das Handelsregister einzutragen. Er hafte für die bisherigen Geschäftsschulden des Verpächters nach den Regeln des § 24 des Entwurfs (§ 25 des Gesetzes). Danach bestand für den Gesetzgeber kein Anlaß, auch in § 25 HGB. eine dem Abs. 2 des § 22 entsprechende Vorschrift aufzunehmen. Der Grundgedanke des § 25 ist nach der Denkschrift S. 36, daß derjenige, der ein bestehendes Geschäft auf Grund eines Rechtsgeschäfts unter Lebenden fortführt und auch die gleiche Firma beibehält, damit den Willen an den Tag legt, in das Ganze der Geschäftsbeziehungen des früheren Inhabers, also auch in seine Geschäftsschulden einzutreten, wenn nicht die Haftung durch die im Gesetz vorgesehenen Maßnahmen mit Wirkung gegen Dritte ausgeschlossen wird. Diesem Grundgedanken würde die Nichtanwendung des § 25 auf den Pächter widersprechen.

Das Kammergericht hält auch die Darlegung des Beklagten für berechtigt, daß man bei Beendigung der Pacht durch Aufgabe des Pachtrechts seitens des Pächters nicht von einem Erwerb des Verpächters sprechen könne, weil der Verpächter nicht das Geschäft erwerbe, sondern lediglich das ihm schon vorher gehörende Geschäft frei vom Nutzungsrecht des Pächters zurückerhalte. Dieser von Düringer-Hachenburg-Hoeniger in Anm. 37 zu § 25 HGB. vertretenen Auffassung, die mit der früheren Ansicht des Kammergerichts und mit dem übrigen Schrifttum im Widerspruch steht (vgl. Staub 1. bis 7. Aufl. und Staub-Bondi seit der 10. Aufl. in Anm. 18 zu § 22; Pisko a. a. O. S. 251flg.), kann nicht zugestimmt werden. Düringer-Hachenburg-Hoeniger behandeln nur den Fall, wenn die vom Verpächter benutzte Firma seine ursprüngliche eigene Firma war. Auf den bei Zustimmung des Verpächters doch ebenso möglichen Fall, daß der Pächter eine neue Firma gewählt hatte und der Verpächter nach Beendigung des Pachtverhältnisses das Geschäft unter dieser neuen Firma fortführen will, gehen sie nicht ein. Sicherlich würde der Verpächter durch den Gebrauch der Pächterfirma den Willen bekunden, in das Ganze der Geschäftsbeziehungen des früheren Inhabers, des Pächters, einzutreten. Unberechtigt ist aber auch die Erwägung, daß sich der Verpächter bei Weiterbenutzung der alten Firma nicht gegen die Haftung für die vom Pächter eingegangenen Verbindlichkeiten schützen könne. Es ist nicht einzusehen, warum nicht schon im Pachtvertrag die Vereinbarung sollte getroffen werden können, daß der Verpächter, wenn er nach Beendigung des Pachtverhältnisses das Geschäft fortführt und die Firma beibehält, die Haftung für die Verbindlichkeiten des Pächters nicht übernimmt. Tritt dann der Fall der Zurücknahme des Geschäfts ein, so kann er sich im Verhältnis zu den Gläubigern des Pächters in der im § 25 HGB. vorgesehenen Weise gegen die Haftung schützen. Dem Verpächter kann auch zugemutet werden, daß er eine derartige Vereinbarung schon im Pachtvertrag trifft. Denn jeder Pächter muß von Anfang an mit der Beendigung des Pachtverhältnisses rechnen, und zwar mit der gewöhnlichen wie mit einer vorzeitigen Beendigung. Im vorliegenden Falle konnte übrigens der Beklagte die Ausschließung der Haftung auch noch vereinbaren, als er durch neuen Vertrag die vorzeitige Auflösung des Pachtverhältnisses herbeiführte. Auch der Grundgedanke der Haftung aus § 25, nämlich der durch Fortführung des Geschäfts und Beibehaltung der Firma bekundete Wille, in das Ganze der Geschäftsbeziehungen des bisherigen Inhabers einzutreten, trifft beim Verpächter zu, der das Geschäft mit Firma fortführt.

Der Berufungsrichter weist die Klage ab, weil die zweite Voraussetzung des § 25 für die Haftung des neuen Inhabers nicht vorliege, nämlich die Fortführung der bisherigen Firma. Es komme allerdings nicht darauf an, ob die beiden Firmen wörtlich genau übereinstimmten, sondern es genüge, daß der Kern derselbe sei. Daß hier eine wesentliche Ähnlichkeit der beiden Firmen vorliege, sei ohne weiteres zuzugeben; indessen beruhe diese Ähnlichkeit und die Wiederkehr der Worte „G. R." der alten Firma in der Bezeichnung des fortan vom Beklagten betriebenen Geschäfts nicht auf der freien Entschließung des Beklagten, sondern auf der zwingenden Vorschrift des § 18 HGB. Diese für die Firmierung des Beklagten durch gesetzliche Vorschrift geschaffene Lage könne ihm nicht zum Nachteil gereichen, wenn man — und das sei entscheidend — weiter in Betracht ziehe, daß die Beteiligten im vorliegenden Falle den Weg der Löschung der alten und der Neueintragung der neuen Firma gewählt hätten. Dadurch und durch die gleichzeitige Veröffentlichung beider Eintragungen, die bei dem Interesse des Klägers an der Angelegenheit und bei seinen nahen Beziehungen zur Familie R. diesem nach der Überzeugung des Senats alsbald bekannt geworden seien, habe man zweifelfrei zum Ausdruck gebracht, daß es sich bei der Firma G. R. um ein neues Unternehmen handle, das mit dem bisher von W. R. unter der

Firma G. R. & Sohn betriebenen und aufgelösten Unternehmen keine Gemeinschaft haben solle. Die Trennung und Verschiedenheit beider Unternehmungen sei durch den vom Beklagten gewählten Weg klarer in die Erscheinung getreten, als wenn er die bisherige Firma fortgeführt und den Ausschluß seiner Haftung für die früheren Verbindlichkeiten hätte eintragen lassen und bekannt gemacht hätte. Die Möglichkeit einer Inanspruchnahme des Beklagten aus § 25 müsse deshalb verneint werden, weil er eben die bisherige Firma nicht fortgeführt habe.

Die gegen die Verneinung der Firmenfortführung gerichteten Angriffe der Revision sind unbegründet. Der Erwerber haftet nach § 25 HGB. für die Schulden des früheren Inhabers nur dann, wenn er grundsätzlich die bisherige Firma benutzt. Daher kommt es auf konkrete Besonderheiten der Art der Benutzung, z. B. in der Ausstattung des Ladenschildes, nicht an. Die Frage ist vielmehr nach allgemeinen Gesichtspunkten zu beurteilen. Es handelt sich dabei um eine Rechtsfrage, nicht um eine reine Tatfrage; die Entscheidung unterliegt also der Nachprüfung in der Revisionsinstanz. Die Bejahung der Firmengleichheit erfordert nicht eine wort- und buchstabentreue Gleichheit, sondern es kommt darauf an, ob nach der Auffassung des Verkehrs die bisherige Firma fortgeführt wird. Demgemäß ist in der Rechtsprechung anerkannt, daß die Firmengleichheit durch Hinzufügung eines auf eine offene Handelsgesellschaft, eine Kommanditgesellschaft, eine Aktiengesellschaft oder eine Gesellschaft mbH. hindeutenden Zusatzes nicht ausgeschlossen wird (RGZ. Bd. 104 S. 342, Bd. 113 S. 309, Bd. 131 S. 29). Das hat seinen Grund darin, daß für diese Gesellschaften die in Betracht kommenden Zusätze gesetzlich vorgeschrieben sind. So muß nach § 19 HGB. die Gesellschaft, die das Geschäft eines Einzelkaufmanns erwirbt und unter dieser Firma fortführen will, einen das Vorhandensein einer Gesellschaft andeutenden Zusatz machen, wenn nicht die Namen aller persönlich haftenden Gesellschafter genannt werden (vgl. für die Aktiengesellschaft § 20 HGB., für die Gesellschaft mbH. § 4 GmbHG.). Übernimmt umgekehrt ein Einzelkaufmann das Geschäft einer offenen Handelsgesellschaft oder einer Kommanditgesellschaft, so steht es ihm trotz des Verbots der Verwendung täuschender Zusätze (§ 18 Abs. 2 HGB.) frei, die Gesellschaftsfirma beizubehalten, soweit sie nicht geradezu auf eine bestimmte Art der Gesellschaft hinweist (Düringer-

Hachenburg-Hoeniger § 22 HGB. Anm. 14; Staub-Bondi das. Anm. 12). Daraus folgt, daß, wenn er dies nicht tut und den Zusatz streicht, die Sachlage anders zu beurteilen ist als im Falle der Hinzufügung. Die Firma wird dann willkürlich geändert; es besteht also keine Firmengleichheit. Das trifft umsomehr zu, wenn, wie hier, nicht das farblose „& Co.", sondern der viel genauere Zusatz „& Sohn" gestrichen wird. Schon dies würde genügen, um die Anwendbarkeit des § 25 zu verneinen. Es kommt aber noch hinzu, daß auf Betreiben des Beklagten das Erlöschen der Firma G. R. & Sohn sowie die Annahme der Firma G. R. ins Handelsregister eingetragen und öffentlich bekannt gemacht worden ist. Zwar würde diese Tatsache keine Verschiedenheit zwischen den beiden Firmen begründen können, wenn sie, objektiv betrachtet, identisch wären. Sie bringt aber doch deutlich zum Ausdruck, daß jedenfalls der Beklagte selbst die Firma als verschieden angesehen und den Willen bekundet hat, nicht in die Rechtsverhältnisse des Vorgängers einzutreten. Da sowohl die Annahme wie das Erlöschen der Firma eintragungspflichtig ist (§§ 29, 31 HGB.), muß der Kläger, der den Ausnahmetatbestand des § 15 Abs. 2 Halbs. 2 das. nicht behauptet hat, diese Tatsache gegen sich gelten lassen.

---

64. 1. Über mittelbare Patentverletzung und ihre Beziehung zur Beihilfe zur Patentverletzung.

2. Über Nebenverpflichtungen schuldrechtlicher Art, die der Patentinhaber den Abkäufern der ihm patentierten Waren auferlegt.

PatG. §§ 4, 35.

I. Zivilsenat. Urt. v. 14. Oktober 1931 i. S. H. (Kl.) w. N.sche Gummiwarenfabrik GmbH. (Bekl.). I 71/31.

I. Landgericht Hamburg.
II. Oberlandesgericht daselbst.

Dem Kläger ist mit Wirkung vom 10. Februar 1925 ab das Patent 433974 erteilt. Die ersten vier Patentansprüche lauten:

1. Verfahren zum Abbinden isolierter oder Isolieren blanker elektrischer Leitungen, dadurch gekennzeichnet, daß auf passende

Längen abgeschnittene Stücke von Gummischläuchen möglichst kleiner lichter Weite in mindestens zwei verschiedenen Richtungen mechanisch aufgeweitet und nach Einstecken der Leitung die Aufweitungskräfte derart aufgehoben werden, daß das Schlauchstück unter Spannung die Leitung umschließt.

2. Verfahren nach Anspruch 1, dadurch gekennzeichnet, daß nach Einstecken der Leitung die Aufweitungskräfte zunächst in der einen und dann erst in der anderen Richtung aufgehoben werden.

3. Gerät zur Ausübung des Verfahrens nach Anspruch 1 und 2, gekennzeichnet durch einen entsprechend der lichten Weite des aufzuweitenden Schlauchstückes bemessenen, gespaltenen Dorn, dessen Teile an den auseinanderbeweglichen Schenkeln eines zweckmäßig zangenartigen Werkzeuges derart sitzen, daß die Mündungen des dadurch aufgeweiteten Schlauchstückes freiliegen.

4. Hilfsgerät zum Gerät nach Anspruch 3, gekennzeichnet durch zwei im Abstand voneinander liegende, durch ein gewölbtes Blech miteinander verbundene Stifte.

Die Beklagte hatte in Werbeschriften angeboten „Gummitüllen zum Abbinden und Isolieren elektrischer Leitungen". Der Kläger sieht hierin einen Eingriff in sein Patent, weil die Verwendung der von der Beklagten feilgehaltenen Gummitüllen zum Abbinden und Isolieren nur möglich sei unter Anwendung des ihm geschützten Verfahrens. Seine Klage geht auf Unterlassung. Die Beklagte bestreitet, daß sich der Schutzumfang des Patents auf den Vertrieb der Gummitüllen erstrecke.

Das Landgericht gab der Klage statt. Entgegengesetzt entschied das Oberlandesgericht, und zwar mit folgender Begründung. Bekannt gewesen sei das Abbinden von elektrischen Leitungen. Bekannt gewesen sei ferner die Spannungskraft von Gummischläuchen mit geringen lichten Weiten beim Überziehen von Gegenständen mit größerem Durchmesser. Bekannt gewesen sei endlich auch die Isolierfähigkeit des Gummis. Aber das Aufbringen solcher Gummischläuche von geringerem lichten Durchmesser auf das Ende einer elektrischen Leitung habe Schwierigkeiten gemacht. Diese seien durch das Patent des Klägers behoben worden. Wenn man nun auch seine Behauptung als zutreffend unterstelle, daß ein Abbinden von isolierten elektrischen Leitungen nur mittels des ihm geschützten Verfahrens möglich sei, so gelte dies doch nicht für das Isolieren blanker

Leitungen. Denn daß die engeren Gummitüllen auf blanke Leitungen auch ohne das Verfahren des Klägers aufgezogen werden könnten, sei nicht zweifelhaft. Was aber das Abbinden anlange, so seien die Gummitüllen selbst nicht Gegenstand des Patents. Sie dienten nur zur Benutzung des Verfahrens. Eine unmittelbare Patentverletzung liege also nicht vor. Denkbar sei nur eine Haftbarmachung der Beklagten aus dem Gesichtspunkt der Beihilfe oder der mittelbaren Erfindungsbenutzung. Beihilfe erfordere indes das Vorhandensein eines Haupttäters. Hieran fehle es. Der Kläger trage selbst vor, daß man die Gummitüllen zum Abbinden nur mittels seines Verfahrens benutzen könne. Dies werde als richtig unterstellt. Dann aber könne auch nur jemand in dieser Weise arbeiten, der die Zange des Klägers gekauft habe oder besitze. Es sei daher nicht einzusehen, wie hier ein Käufer der Ware der Beklagten eine Patentverletzung begehen könne. Entweder habe er die Zange des Klägers oder er könne das Verfahren nicht ausüben. Fraglich könne allerdings noch sein, ob die Käufer von Gummitüllen etwa insofern in das Patent eingreifen könnten, als sie nach einem mit dem Kläger eingegangenen Lizenzvertrag verpflichtet seien, die Gummitüllen nur von ihm zu beziehen. Hierauf ließen seine Werbeblätter schließen. Danach dürften nämlich „gemäß dem patentierten Abbindeverfahren nur Tüllen unserer Herkunft verwendet werden". Aber soweit der Kläger den Käufern seiner Zange eine solche Verpflichtung auferlege, handle es sich nur um eine beschränkende Nebenberedung ohne patentrechtlichen Gehalt. Daher falle die Annahme einer Beihilfe in sich zusammen. Ebenso verhalte es sich mit der mittelbaren Benutzung. In dieser Beziehung könne auf die Ausführungen bei Pietzcker PatG. in Anm. 19 zu § 4 verwiesen werden. Der Gesichtspunkt der mittelbaren Benutzung möge eine gewisse Berechtigung haben, um die Lieferung der Verfahrensmittel für nicht gewerbsmäßige Benutzer zu treffen. Hier erübrige sich eine Stellungnahme, weil sogar für gewerbsmäßige Benutzer der Zange des Klägers keine Patentverletzung anzunehmen sei.

Die Revision des Klägers wurde zurückgewiesen aus folgenden

Gründen:

Die Beklagte befaßt sich gewerbsmäßig damit, kleine Gummiröhrchen von engem Innendurchmesser herzustellen, die an beiden Enden offen sind, sog. Gummitüllen. Sie bietet sie an „zum Abbinden und Isolieren elektrischer Leitungen". Wie das Oberlandesgericht zutreffend angenommen hat, sind diese Gummitüllen nicht unmittelbar Gegenstand des Patents des Klägers, sondern werden nur bei Ausübung des in den Patentansprüchen 1 und 2 geschützten Verfahrens benutzt. Da die Beklagte das Verfahren selbst nicht ausübt, könnte sie, wie gleichfalls in der Vorinstanz richtig erkannt worden ist, nur aus dem Gesichtspunkt der Beihilfe und aus dem der mittelbaren Benutzung eines patentierten Verfahrens haftbar gemacht werden. Bei seinen Ausführungen zur Frage der Beihilfe übersieht indes der Vorderrichter, daß Beihilfe vorsätzliches Mitwirken zur vorsätzlichen Tat eines anderen erfordert und daß daher dieser rechtliche Gesichtspunkt bei dem hier behaupteten Sachverhalt ohne weiteres entfällt.

Gleichwohl behalten zwei Annahmen tatsächlicher Art, von denen das Oberlandesgericht ausgeht, auch Bedeutung für die Beurteilung aus dem Gesichtspunkt der mittelbaren Benutzung. Der erkennende Senat hat die Berechtigung der letzteren Betrachtungsweise bereits in einer größeren Zahl von Entscheidungen anerkannt (RGUrt. vom 25. Mai 1927 in M. u. W. Jahrg. 27/28 S. 139, vom 25. Januar 1928 in M. u. W. Jahrg. 27/28 S. 272; vom 22. Februar 1928 in M. u. W. Jahrg. 27/28 S. 312; vom 3. Oktober 1928 in M. u. W. Jahrg. 29 S. 75; RGZ. Bd. 122 S. 243 [246]; endlich RGUrt. vom 31. Januar 1931 in M. u. W. Jahrg. 31 S. 209, in Mitt. 1931 S. 101 und in GRUR. 1931 S. 385).

Die Gummitüllen, um die es sich hier handelt, lassen allerdings, wie nach den Feststellungen des Berufungsgerichts angenommen werden muß, eine verschiedenartige Verwendung zu; sie sind nicht besonders auf das geschützte Verfahren des Klägers abgestimmt und daher als neutrale Teile anzusehen. Auch die Revision gibt das zu. Gleichwohl ist auch bei solchen neutralen Teilen eine mittelbare Benutzung des Verfahrens möglich, wenn der Verkäufer sie ausgesprochen zur Benutzung dieses geschützten Verfahrens angeboten und geliefert hatte. Dies ist nach den Werbeschriften der Beklagten der Fall, und zwar gemäß der Unterstellung des Vorderrichters insofern, als die Verwendung der Gummitüllen zum Abbinden nur unter Benutzung des geschützten Verfahrens möglich sein soll. Es erhellt ohne weiteres, daß ohne diese Unterstellung jede Beziehung zwischen dem Verkauf der Tüllen und dem geschützten Verfahren fortfiele. Das Oberlandesgericht will unterstellen: man kann mit den engen Gummitüllen die isolierten und an ihren Enden etwas freigelegten Leitungen nur dann abbinden, wenn man die Tüllen in mindestens zwei verschiedenen Richtungen aufweitet.

Allein damit sind die Voraussetzungen einer mittelbaren Benutzung noch nicht erfüllt. Hinzukommen muß noch, daß der Abnehmer selber die ihm von seinem Verkäufer gelieferten Verfahrensmittel patentverletzend benutzt. Hier ergeben sich zwei Möglichkeiten. Entweder kann man die Gummitüllen in der vorher genannten Weise auch ohne das nach Anspruch 3 und 4 geschützte Gerät (Zange und Hilfsgerät) aufweiten, oder es ist das bloß möglich mit diesem Gerät. Hierzu sagt der Vorderrichter, nachdem er als richtig unterstellen zu wollen erklärt hat, daß ein Abbinden mittels Gummitüllen nur nach dem geschützten Verfahren des Klägers ausführbar sei: „Dann kann auch nur jemand in dieser Weise abbinden, der die Zange des Klägers gekauft hat oder besitzt." Diese Annahme, die im wesentlichen tatsächlicher Art ist, und gegen welche die Revision vergebens ankämpft, entscheidet den Rechtsstreit. Wenn hier die Revision von Lizenznehmern des Klägers spricht und ihnen solche Abkäufer der Beklagten gegenüberstellt, die nicht Lizenznehmer seien, so übersieht sie dabei die Lehre vom Zusammenhang der Benutzungsarten. Hat einmal der Patentberechtigte eine geschützte Ware, im vorliegenden Falle die Zange, in den freien Verkehr gelangen lassen, dann ist die Ware patentfrei geworden und kann in jeder Weise zu dem Zwecke, zu dem sie bestimmt ist, benutzt werden; für eine Lizenzerteilung ist dann insoweit kein Raum mehr. Etwaige Beschränkungen, die der patentberechtigte Verkäufer seinen Abnehmern auferlegt, haben dann bloß schuldrechtliche Bedeutung; patentrechtlich sind sie belanglos (näheres hierüber z. B. bei Pietzcker PatG. § 4 Anm. 17; Krauße PatG. § 4 Anm. 5 zu a). Anders läge der Fall nur, wenn sich etwa die Abnehmer der Beklagten eines patentwidrig (von unbefugter Seite) in den Verkehr gebrachten Geräts — Zange mit Hilfsgerät — bedienten. Hierfür ist indes nichts vorgebracht.

---

65. 1. Zur Auslegung des § 1 Abs. 3 des fünften Abschnitts der Verordnung des Reichspräsidenten zur Behebung finanzieller, wirtschaftlicher und sozialer Notstände vom 26. Juli 1930.

2. Über Preisbindungen der zweiten Hand bei Markenartikeln.

3. Zur Frage der Sittenwidrigkeit des Preisschleuderns bei Markenartikeln.

Verordnung des Reichspräsidenten zur Behebung finanzieller, wirtschaftlicher und sozialer Notstände vom 26. Juli 1930 (RGBl. I S. 311) fünfter Abschnitt § 1. Kartellverordnung § 1. UnlWG. § 1.

II. Zivilsenat. Urt. v. 6. Oktober 1931 i. S. A. & Co. AG. (Kl.) w. B. (Bekl.). II 76/31.

I. Landgericht Hamburg, Kammer für Handelssachen.
II. Oberlandesgericht daselbst.

Die Klägerin stellt her und vertreibt u. a. den bekannten Weinbrand „Asbach Uralt". Sie behauptet, sie habe für diese Marke ein lückenloses Preisbindungssystem ein- und durchgeführt. Den Kleinverkaufspreis hat sie bis zum Juni 1929 für die ganze Flasche auf 7,50 RM., für die halbe Flasche auf 4 RM., seitdem auf 8 RM. und 4,20 RM. festgesetzt. Der Beklagte ist Inhaber von Lebensmittel- und Feinkostgeschäften. Er hat „Asbach Uralt" unter den von der Klägerin vorgeschriebenen Preisen verkauft, da er sich an diese nicht für gebunden hält. Er macht geltend, er habe seine Ware nicht von der Klägerin bezogen; sein Verkäufer habe ihm auch ausdrücklich erklärt, er sei nicht an die Preisbestimmungen der Klägerin gebunden. Von einem lückenlosen Preisbindungssystem könne keine Rede sein, noch viel weniger davon, daß die Preisfestsetzungen der Klägerin von den Wiederverkäufern eingehalten würden; er selbst habe so billig eingekauft, daß ein Weiterverkauf zu den Preisen der Klägerin einen Aufschlag von 100% bedeuten und auf eine Bewucherung seiner Abnehmer hinauslaufen würde. Die Klägerin bestreitet diese Behauptungen und behauptet, das Verhalten des Beklagten stelle auf alle Fälle eine unlautere, sittenwidrige Ausbeutung des von seinem Verkäufer ihr gegenüber verübten Vertragsbruchs dar. Sie hat demgemäß unter Bezugnahme auf § 1 UnlWG. und auf § 823 Abs. 2, § 826 BGB. beantragt, den Beklagten zu verurteilen: 1. er habe zu unterlassen, „Asbach Weinbrand, Marke Uralt" zu einem Preis anzubieten, der hinter den von der Klägerin jeweils festgesetzten Kleinverkaufspreisen zurückbleibe; 2. er habe der Klägerin über den Umfang der Verkäufe von „Asbach Weinbrand, Marke Uralt" unter den jeweils von ihr festgesetzten Kleinverkaufspreisen durch Vorlegung eines Verzeichnisses Auskunft zu erteilen. Außerdem beantragte die Klägerin Feststellung dahin, daß ihr der Beklagte den Schaden zu ersetzen habe, der ihr durch den zu Schleuderpreisen erfolgten Verkauf von „Asbach Weinbrand, Marke Uralt" erwachsen sei; Bezifferung dieses Schadens bleibe vorbehalten.

Die Klägerin unterlag in allen drei Rechtszügen.

Gründe:

Nach den tatsächlichen Feststellungen des Vorderrichters kann die Klägerin ihre Ansprüche nicht auf den Bruch von Vertragspflichten stützen, die der Beklagte ihr selbst gegenüber übernommen hätte; denn solche Bindungen ist er unbestrittenermaßen nicht eingegangen. So wie die Klage begründet ist, kann es sich deshalb nur darum handeln, ob die Klägerin dem Beklagten wegen des Unterbietens der von ihr für den Kleinverkauf ihrer Weinbrandmarke „Asbach Uralt" festgesetzten Verkaufspreise mit Recht den Vorwurf sittenwidriger Ausnutzung fremden Vertragsbruchs macht. Der Berufungsrichter verneint dies in Übereinstimmung mit dem ersten Richter deshalb, weil die Klägerin ihr Preisbindungssystem nicht lückenlos durchgeführt habe, eine solche Ausgestaltung und Durchführung jedenfalls nicht erwiesen sei.

Insoweit rügt die Revision Verletzung der Vorschriften des Wettbewerbsgesetzes, der §§ 133, 157 BGB. sowie des § 286 ZPO. Weder die sachlichrechtlichen noch die verfahrensrechtlichen Angriffe sind aber begründet.

Die Weinbrandmarke „Asbach Uralt" der Klägerin zählt zu den Spirituosen. Preisbindungen wegen ihrer Weiterveräußerung im Inland unterliegen deshalb nicht der Verordnung über Preisbindungen für Markenwaren vom 16. Januar 1931 (RGBl. I S. 12), sondern sind durch § 1 Nr. 1 Satz 2 dieser Verordnung ausdrücklich hiervon ausgenommen worden. Schon deshalb scheidet die Verordnung hier völlig aus. Die Preisbindungen der Klägerin haben sodann nur deren eigenes Erzeugnis, im vorliegenden Fall ihre Weinbrandmarke „Asbach Uralt", zum Gegenstand, und nur um diese dreht sich der Streit. Damit entfällt von vornherein auch die Anwendbarkeit der Ausführungsverordnung über Aufhebung und Untersagung von Preisbindungen vom 30. August 1930 (Reichsanzeiger Nr. 205 vom 3. September 1930). Aus diesen Gründen brauchte im Rahmen des vorliegenden Rechtsstreits zur Frage der Rechtsgültigkeit der beiden Verordnungen keine Stellung genommen zu werden. Auch sonst sind aus den Notverordnungen keine rechtlichen Bedenken gegen die Klagansprüche herzuleiten, insbesondere nicht aus § 1 Abs. 3 der sog. Kartellnotverordnung vom 26. Juli 1930 (RGBl. I S. 328) in Verb. mit §§ 1 flg. KartVo. Der erkennende Senat hat schon in RGZ. Bd. 133 S. 51 flg. unter Bezugnahme auf seine bisherige Rechtsprechung darauf hingewiesen, daß vertragliche Preis- und sonstige Absatzbindungen, die ein einzelner Unternehmer als solcher durch eine Vielzahl von selbständigen Individualverträgen seinen einzelnen gewerblichen Abnehmern auferlegt (sog. autonome Preis- und sonstige Bindungen der zweiten Hand), nicht unter den Kartellbegriff des § 1 KartVo. fallen. Es fehlt an der gesellschaftlichen oder körperschaftsrechtlichen Organisation und Zusammenfassung der Beteiligten, wie sie diese Vorschrift erfordert. Daran ist festzuhalten. Es fragt sich, ob an diesem Rechtszustand durch § 1 Abs. 3 des fünften Abschnitts der Kartellnotverordnung etwas geändert worden ist. In der Tat wird im Schrifttum von verschiedenen Seiten (z. B. von Wolff Die Kartellnotverordnung mit Ausführungsverordnung S. 26) die Ansicht vertreten, daß § 1 Abs. 3 der Kartellnotverordnung, deren Gültigkeit nicht zu bezweifeln ist, eine Erweiterung des § 1 KartVo. enthalte, wonach derartige Bindungen der zweiten Hand, welche die Art der Preisfestsetzung oder die Forderung von Preisen zum Gegenstand haben, nunmehr den §§ 1 flg. KartVo. unterworfen sein sollen. Dem kann nicht beigetreten werden. Die Verordnung vom 26. Juli 1930 befaßt sich nach ihrem Titel mit der Behebung finanzieller, wirtschaftlicher und sozialer Notstände und in ihrem fünften Abschnitt mit der Verhütung unwirtschaftlicher Preisbindungen. Dieser fünfte Abschnitt zerfällt in fünf Paragraphen, von denen § 1 das Anwendungsgebiet der Verordnung gegenständlich umgrenzt und gleichzeitig die unmittelbaren Eingriffsmaßnahmen (Nichtigerklärung, Anordnung eines Rücktrittsrechts) festlegt, während § 2 der Reichsregierung gewisse zollpolitische Möglichkeiten an die Hand gibt, die mittelbar in derselben Richtung wirken sollen wie die unmittelbaren Eingriffsbefugnisse des § 1. Die übrigen drei Paragraphen enthalten Vorschriften über vorherige Anhörung der beteiligten Wirtschaftskreise und über Einholung einer gutachtlichen Äußerung des vorläufigen

Reichswirtschaftsrats, ferner über die Veröffentlichung getroffener Anordnungen, über den Zeitpunkt ihrer Wirksamkeit, über Delegation der Befugnisse aus § 1 an andere Stellen und über Ordnungsstrafen gegen Zuwiderhandlungen. Im allgemeinen Rahmen dieser äußeren Anordnung des Stoffes bestimmt nun § 1 Abs. 1 Buchst. a der Verordnung, daß die Reichsregierung Verträge oder Beschlüsse der in § 1 KartVo. bezeichneten Art, welche Verpflichtungen über die Art der Preisfestsetzung oder die Forderung von Preisen enthalten, für nichtig erklären oder eine bestimmte Art der Durchführung untersagen kann; nach § 1 Abs. 2 kann sie anordnen, daß Parteien von Verträgen zurücktreten können, die unter den in Abs. 1 beanstandeten Voraussetzungen abgeschlossen worden sind. Unmittelbar anschließend hieran heißt es in Abs. 3, daß als Verträge im Sinne des § 1 KartVo. auch solche Verträge gelten, durch welche sich mehrere selbständige Unternehmungen, die der gleichen Wirtschaftsstufe angehören, einzeln einem anderen gegenüber in bezug auf die Art der Preisfestsetzung oder die Forderung von Preisen zu einem bestimmten Verhalten verpflichten.

Faßt man diesen äußeren Aufbau der Verordnung im ganzen und des § 1 im besonderen, sowie den Wortlaut, Sinn und Zusammenhang der einzelnen Absätze der letzteren Vorschrift ins Auge, so liegt jedenfalls die Deutung am nächsten, daß § 1 Abs. 3 sich nur auf das Anwendungsgebiet der vorangehenden Absätze 1 und 2 des § 1 KartNotVo. bezieht, nicht aber darüber hinaus den § 1 KartVo. selbst ergänzt und erweitert. Gewiß stellt die Verordnung vom 26. Juli 1930 eine im allgemeinen Interesse getroffene Notmaßnahme dar. Das ändert aber nichts daran, daß es sich dabei um einen durch Ausnahmegesetz verordneten Eingriff in bestehende Vertrags- und Privatrechtsverhältnisse handelt. Soweit durch Gesetze solcher Art Rechte und Befugnisse abgeschnitten oder verkürzt werden, die auf der allgemeinen Rechtsordnung beruhen, muß sich dies, wie der erkennende Senat schon wiederholt ausgesprochen hat (z. B. RGZ. Bd. 116 S. 381, Bd. 128 S. 12), aus den getroffenen Anordnungen ganz unzweifelhaft ergeben. Sollten Preisbindungen der zweiten Hand schlechthin der Kartellverordnung unterworfen werden, so hätte dies unschwer in aller Kürze und Deutlichkeit in der Notverordnung zum Ausdruck gebracht werden können. Ohne weiteres ist sodann klar, daß die Einbeziehung der Bindungen der zweiten Hand, soweit sie die Art der Preisfestsetzung und die Forderung von Preisen betreffen, einen gesetzgeberischen Eingriff in das Anwendungsgebiet der Kartellverordnung bedeuten würde, der in seiner praktischen Wirkung insbesondere auf bestehende Vertragsverhältnisse hinter den übrigen durch §§ 1, 2, 5 KartNotVo. geschaffenen Eingriffsmöglichkeiten nicht zurückstände. Die rechtliche Stellung der aus den vertraglichen Bindungen Berechtigten würde sehr wesentlich beeinträchtigt und verkümmert. Es genügt insoweit der Hinweis auf die §§ 1, 8, 9, 21 KartVo. im allgemeinen. Aus diesen Vorschriften selbst im Zusammenhalt mit der Eigenart der hier in Rede stehenden Preisbindungsverträge und mit den tatsächlichen Verhältnissen des Wirtschaftslebens ergeben sich weiter sehr gewichtige Bedenken dagegen, daß sie wirklich in den Anwendungsbereich der Kartellverordnung einbezogen werden sollten und einbezogen worden sind. Für sie würde nämlich dann das Erfordernis der Schriftform des §1 KartVo. gelten. Wie es mit den schon bestehenden Verträgen gehalten werden sollte, ist in der Kartellnotverordnung nicht gesagt. Es bliebe nichts übrig als die Anwendung des § 21 KartVo. Wie den Erfordernissen dieser Vorschrift praktisch sollte genügt werden können, ist nicht recht einzusehen. Nicht anders steht es mit den Vorschriften der §§ 8 und 9 KartVo., wenn man sich vor Augen hält, daß es sich um eine unendliche Menge von Einzelverträgen handelt. Schon nach den bisherigen Ausführungen ist daher die Auffassung abzulehnen, daß § 1 Abs. 3 KartNotVo. den Kartellbegriff des § 1 KartVo. und damit das Anwendungsgebiet der Kartellverordnung selbst auf die sog. autonomen Preisbindungen der zweiten Hand ausdehne (Kammergericht in KartRdsch. 1931 Heft 7/8 S. 506; Blum ebenda S. 243).

Der erkennende Senat hat sich in einer Reihe von Urteilen auf den Standpunkt gestellt, daß das Unterbieten im gewerblichen Wettbewerb dann eine unlautere sittenwidrige Handlung darstelle, wenn es einerseits auf Mißachtung entsprechender eigener Rechtspflichten oder auf geflissentliche Ausnutzung fremden Vertragsbruchs, anderseits auf die Spekulation auf die Vertrags- und Gesetzestreue der Mitbewerber gegründet sei (RGZ. Bd. 88 S. 9, Bd. 117 S. 16, Bd. 120 S. 47; JW. 1928 S. 1218 Nr. 18, 1929 S. 249 Nr. 6, S. 1218 Nr. 27). Nicht das Preisunterbieten als solches, nicht schon der eigene Vertragsbruch oder die Teilnahme an fremdem Vertragsbruch und dessen Ausnutzung an sich, sondern der Gesamttatbestand der

Auswertung des auf diese Weise gegenüber vertrags- und gesetzestreuen Mitbewerbern erlangten geschäftlichen Vorsprungs macht eine solche Geschäftsgebarung unlauter im Sinne des § 1 UnlWG., immer vorausgesetzt, daß die Preis- oder sonstigen Bindungen selbst vor dem Gesetz und den guten Sitten Bestand haben. Davon ist nach wie vor auch hier auszugehen. Von dieser Grundeinstellung aus hat der erkennende Senat insbesondere auch das sog. Schleudern mit preisgebundenen Markenartikeln beurteilt. Ob gegen die Preisbindung der zweiten Hand als solcher wirtschaftspolitisch, sei es überhaupt oder zur Zeit, etwa wegen der unverkennbaren Starrheit der gebundenen Preise oder wegen der Gefahr der Überteuerung, z. B. durch Einkalkulierung übermäßiger Reklamekosten oder zu hohen Händlernutzens, besondere Bedenken zu erheben sind, ist hier nicht zu entscheiden. Daß schon die Preisbindung der zweiten Hand als solcher schlechthin gesetz- oder sittenwidrig wäre, läßt sich füglich nicht behaupten. Auch das neueste Notverordnungsrecht auf diesem Gebiet geht ersichtlich nicht von der Unzulässigkeit des Systems an sich aus. Es kann sich sonach nur darum handeln, ob die Bindungen der zweiten und weiteren Hand zufolge ihrer Ausgestaltung im Einzelfall für sich allein oder im Zusammenhalt mit den sonst in Betracht zu ziehenden Umständen dem Recht oder den guten Sitten widerstreiten. Insoweit hat aber der Beklagte selbst keine schlüssigen Behauptungen aufgestellt. Daran fehlt es um so mehr, als die Ware der Klägerin nicht zum notwendigen Lebensbedarf gehört und Konkurrenzware überreichlich am Markt ist.

Auch die Revision verkennt nicht, daß Voraussetzung für die Klagansprüche zunächst ist, daß die Klägerin darlegt und im Streitfall beweist, inwiefern ihr Preisbindungssystem „lückenlos" aufgebaut sei und so von ihr auch durchgeführt werde. Dabei ist aber entscheidend, ob das System so schon ausgebaut war und gehandhabt wurde zur Zeit des Erwerbs der Ware, die der Beklagte unter dem festgesetzten Kleinverkaufspreis abgegeben hat und noch abgeben will. Auf diesem Rechtsboden steht ersichtlich auch der Vorderrichter. Demgemäß kann es nicht darauf ankommen, ob die Klägerin — etwa im Hinblick auf die im gegenwärtigen Rechtsstreit vom Beklagten erhobenen Einwendungen — weitere Maßnahmen zum Ausbau oder zur Sicherung ihrer Preisbindungen getroffen hat.

Der Berufungsrichter führt im Eingang der Gründe aus, dem

Landgericht sei darin beizutreten, daß der Beklagte nicht fremden Vertragsbruch ausgenützt habe, weil keine einheitliche Bindung aller Abnehmer der Klägerin vorhanden gewesen sei. Wäre dies in dem Sinne gemeint, daß die Rechtstatsachen, aus denen die Bindung hergeleitet werden soll, nicht schematisch die gleichen seien, so läge allerdings ein Rechtsirrtum vor. Denn ob die Preisbindung im Wege des sog. Reverssystems oder sonstwie herbeigeführt werden soll und wird, ist grundsätzlich gleichgültig. Deshalb ist es auch unerheblich, ob im Einzelfall verschiedene „Systeme" nebeneinander zur Anwendung kommen, z. B. teils Reverssystem, teils Bindung durch allgemeine Geschäftsbedingungen in kaufmännischen Bestätigungsschreiben. Das hat aber auch der Vorderrichter nicht verkannt. Die Gründe lassen vielmehr darüber keinen Zweifel, daß das Berufungsgericht unter dem Erfordernis einheitlicher Preisbindung nur das versteht, daß die Abnehmer der Klägerin von der Preisbindung durchweg erfaßt worden sind. So verstanden gibt seine Begründung zu rechtlichen Bedenken keinen Anlaß.

Die Bindung der Abnehmer will die Klägerin auf dreierlei Weise erreichen. Einmal im Wege des sog. Reversvertrags unter Verwendung von Verpflichtungsscheinen mit Vordruck, welche die Kunden zu unterschreiben und ihr dann auszuhändigen haben. Diese Formblätter enthalten die Klausel, daß die Abnehmer der Klägerin gegenüber verpflichtet sind, die von dieser für die Abgabe ihrer Weinbrandmarken an Verbraucher und an bestimmte Abnehmerkreise festgesetzten jeweiligen Verkaufspreise einzuhalten, sie nicht zu unterbieten und die Ware an Wiederverkäufer auch nur unter Auferlegung der gleichen Verpflichtung abzugeben. Wenn die Klägerin ihr Preisbindungssystem ausschließlich auf solchen Reversverträgen aufgebaut und praktisch durchgeführt hätte, dann wäre allerdings seine Lückenlosigkeit ohne weiteres zu bejahen. So liegt die Sache aber nicht. Die Klägerin trägt selbst vor, daß dieser Revers „hauptsächlich" bei Lieferung an Großhändler und Weinhändler in Frage käme. Der Vorderrichter stellt weiter einwandfrei fest, daß man die Unterzeichnung des Reverses auch von den Großhändlern nicht durchgängig verlangt habe. Die Beweisaufnahme hat weiter ergeben, daß einzelne Großhändler, welche die reversmäßige Bindung ausdrücklich abgelehnt hatten, von der Klägerin trotzdem, wenn auch nach anderweitiger Verpflichtung auf den Markenpreis, beliefert worden sind. Das Reverssystem ist sonach bei der Klägerin, die neben Groß- und Weinhändlern auch an die sonstige große Masse der gewerblichen Abnehmer liefert, nicht einmal als die gewöhnliche Form der Abnehmerbindung vorgesehen, geschweige denn lückenlos durchgeführt.

Weiterhin sucht die Klägerin die Bindung der zweiten Hand auf dem Wege des kaufmännischen Bestätigungsschreibens zu erreichen, das auf der Rückseite in Nr. 1 bis 8 die Geschäftsbedingungen vorgedruckt enthält, und zwar in Nr. 3 eine der Reversklausel gleichlautende Klausel über die Preisbindung der gewerblichen Abnehmer und etwaiger Weiterverkäufer. Auf diese Geschäftsbedingungen ist im Text der Vorderseite ausdrücklich als mit maßgeblich verwiesen. Wie die Klägerin selbst vorträgt, verfährt sie so in der Regel bei Sukzessivlieferungsgeschäften mit Weinhändlern; die Bestellung solcher Kunden erfolge in der Regel schriftlich und werde dann mit dem Bestätigungsschreiben angenommen; die widerspruchlose Entgegennahme dieses Schreibens durch den Besteller habe dessen Bindung an seinen Inhalt zur Folge. Rechtlich ist dies nicht zu beanstanden. Indessen steht wiederum nach dem eigenen Vorbringen der Klägerin fest, daß auch diese Art und Weise, in der sie ihre Preisbindung zur Durchführung bringen wollte und will, eben nur für einen bestimmten Kreis ihrer Abnehmer gilt und galt und weder für sich allein noch zusammen mit dem Reverssystem die Abnehmerschaft überhaupt erfaßte und erfassen sollte.

Nun hat die Klägerin allerdings zur Bindung ihrer sonstigen Kundenkreise noch einen dritten Weg eingeschlagen. Es soll sich dabei nach ihrer Darstellung um die „Einzelbestellungen im täglichen Verkehr, insbesondere mit Feinkosthändlern" handeln. Dabei wird wiederum ein Formblatt verwendet, das auf der Vorderseite links oben in verschiedener Druckstärke den Vordruck „Bestätigung und Rechnung" und im Eingang den Vermerk trägt: „Wir sandten Ihnen laut Auftrag, den wir hiermit unter Zugrundelegung unserer umstehenden Geschäftsbedingungen dankend bestätigen". Anschließend hieran folgt die Aufmachung der Rechnung. Auf der Rückseite des Formblatts sind wieder dieselben Geschäftsbedingungen und die Preisbindungsklauseln abgedruckt, wie bei den bloßen Bestätigungsschreiben. Nun ist feststehende Rechtsprechung, daß, weil die Rechnung nach Abschluß des Geschäftes übersandt wird und Rechnungen im allgemeinen nur zur Angabe der Warenmenge und des Preises dienen, sog. Fakturenklauseln unbeachtlich sind und insbesondere nicht durch Stillschweigen des Abnehmers Vertragsinhalt werden. Der Revision kann zugegeben werden, daß die rechtliche Beurteilung anders ist, wenn die Rechnung ihrerseits Bestandteil eines Bestätigungsschreibens ist, und daß es nicht darauf entscheidend ankommen kann, ob Auftragsbestätigung und Rechnung in zwei Urkunden getrennt oder in einer Urkunde miteinander verbunden sind. Mit Recht nimmt jedoch das Berufungsgericht an, im Fall der Verbindung von Rechnung und Auftragsbestätigung müßten beide so zeitig abgesandt werden, daß der Empfänger noch vor Eingang und Annahme der Ware in der Lage sei, den Bedingungen der Auftragsbestätigung zu widersprechen. Andernfalls werden die Bedingungen der Auftragsbestätigung als solcher eben nicht Vertragsinhalt, sondern sie haben dann nur die Bedeutung eines einseitigen Vermerks des Verkäufers, den der Besteller ohne Rechtsnachteil unbeachtet lassen kann. Der Vorderrichter sieht nun in Übereinstimmung mit dem Landgericht als erwiesen an, daß in der hier in Betracht kommenden Zeit die mit der Rechnung verbundenen Auftragsbestätigungen sehr häufig bei den Abnehmern der Klägerin erst nach Eingang der bestellten Waren eingegangen sind, und zwar deshalb, weil die Anweisung zur Lieferung schon vor Absendung der mit der Rechnung verbundenen Auftragsbestätigung erteilt wurde. Bei solcher Sachlage könnte allerdings keine Rede sein von einer „lückenlosen" Bindung der Abnehmer auf Grund einer derartigen Handhabung des Systems. Nun rügt die Revision in diesem Zusammenhang Verletzung des § 286 ZPO. um deswillen, weil der Berufungsrichter nicht auf die mit dem Zeugnis des Vertreters K. der Klägerin unter Beweis gestellte Behauptung eingegangen sei, daß Rechnung und Auftragsbestätigung jeweils sofort abgeschickt und daß der Spediteur gleichzeitig angewiesen worden sei, dem Kunden die Ware anzurollen, sodaß, von verschwindenden Ausnahmen abgesehen, Rechnung und Bestätigung dem Kunden vor der Ware zugegangen seien. Der Zeuge K. ist aber schon im ersten Rechtsgang vernommen worden und hat bekundet, es könne sein, daß „früher" die Auslieferungsanweisung vor der Rechnung und Bestätigung abgegangen sei; erst seit die Klägerin angeordnet habe, daß diese Schriftstücke vor Auslieferung der Ware an die Kunden abzusenden seien, werde dementsprechend verfahren. Diese Weisung ist aber erst lange nach Prozeßbeginn, und zwar, wie die Klägerin selbst vorträgt, erst im November 1929 nach Erledigung eines Teils der Beweisaufnahme des ersten Rechtsganges erteilt worden. Wenn deshalb das Berufungsgericht, zumal in Berücksichtigung auch des sonstigen Beweisergebnisses, diesen Beweisantrag für unerheblich hält, so verstößt dies weder gegen § 286 ZPO. noch gegen das sachliche Recht. Die Revision rügt ferner, daß der Berufungsrichter auf die weitere, mit den schon vernommenen Zeugen K. und P. unter Beweis gestellte Behauptung der Klägerin nicht eingegangen sei, wonach bei „Einzelbestellungen" durch neue Kunden diese schriftlich, mündlich oder fernmündlich darauf hingewiesen worden sein sollen, daß die festgesetzten Wiederverkaufspreise eingehalten werden müßten und daß im Fall der Weiterveräußerung an Wiederverkäufer diesen die gleiche Verpflichtung aufzuerlegen sei. Allein einmal hatte der Zeuge P. schon im ersten Rechtszug über diesen Punkt ausgesagt. Sodann hat aber der Vorderrichter, offensichtlich in Würdigung des sonstigen Ergebnisses der Beweisaufnahme, die Überzeugung erlangt, daß auch einer etwaigen Bestätigung des Beweissatzes durch den Zeugen K. angesichts der entgegenstehenden Angaben anderer Zeugen keine ausschlaggebende Bedeutung beigemessen werden könnte. Gegen diese rein tatsächliche Würdigung kann die Revision nicht ankämpfen.

Rechtlich belanglos ist bei dieser Sachlage, ob die Klägerin bei sich bietender Gelegenheit ihre Abnehmer auf die Preisbindung hinweist. Dieser Hinweis geschieht nur den bisherigen Abnehmern gegenüber. Waren sie hieran nicht vorher gebunden, so würden sie es auch hierdurch nicht. Die Vermerke auf Preislisten und anderen Geschäftspapieren konnten von Rechtserheblichkeit für solche Bestellungen sein, die auf Grund dieser Papiere erfolgten, oder wenn die Preisbindung sonstwie Vertragsinhalt geworden war, z. B. beim echten kaufmännischen Bestätigungsschreiben oder beim Reversvertrag. Insoweit gilt für die Klägerin durchaus nichts Besonderes. Sie kann ihre Preisbindungen nur auf demselben Wege und auf dieselbe Weise für ihre Abnehmer zu Vertragspflichten machen, wie dies auch sonst im Geschäfts- und Rechtsleben geschehen muß. Ob in Händlerkreisen mehr oder weniger bekannt war, daß die Klägerin für ihre Weinbrandmarken — sei es im allgemeinen oder für die Weinbrandmarke „Asbach Uralt" — das System der Bindung der zweiten Hand aufgenommen hatte, kann gleichfalls für die Frage der Bindung ihrer

Abnehmer nicht ausschlaggebend sein. Das befreit sie, wenn anders ihre Abnehmer rechtlich gebunden sein sollen, nicht von der Notwendigkeit, hierzu die auch sonst zur Begründung schuldrechtlicher Vertragspflichten erforderlichen Voraussetzungen zu verwirklichen. Das kann aber, soweit sie nicht den Weg des Reversvertrags geht, nur in der Weise geschehen, daß, wie auch sonst in aller Regel, die Preisbindung zum Bestandteil des einzelnen Kaufgeschäfts gemacht wird. Demgegenüber schlägt auch der Hinweis der Revision auf das in GRUR. 1929 S. 115 = JW. 1929 S. 249 Nr. 6, S. 1218 Nr. 27 veröffentlichte Urteil des erkennenden Senats vom 26. Oktober 1928 nicht durch. Dort handelte es sich einmal um die besonderen Verhältnisse im Buchhändlergewerbe und um das Ladenpreissystem, im übrigen aber darum, daß jeweils bei der Lieferung selbst auf die Ladenpreisklausel hingewiesen wurde, die Ware also mit diesem Hinweis in den Besitz des Abnehmers gelangte und trotzdem unbeanstandet angenommen wurde. So wickelte sich aber nach den einwandfreien Feststellungen des Berufungsgerichts der Geschäftsverkehr der Klägerin bis weit in das Jahr 1929 hinein nicht ab. Vielmehr ging jedenfalls bis dahin nicht selten einem Teil der sonst von der Preisbindung nicht erfaßten Abnehmer die Ware zu, ehe sie die mit der Rechnung verbundene Auftragsbestätigung in Händen hatten, die erst die Bindungsklausel enthielt.

Demgegenüber schlagen auch die weiteren Revisionsrügen aus § 286 ZPO. nicht durch. Ebensowenig kann zugegeben werden, daß das Berufungsgericht gegen §§ 133, 157 BGB. oder gegen § 1 UnlWG. verstoßen habe. Will die Klägerin gegen Außenseiter so vorgehen, wie sie es tut, dann muß sie ihr Preisbindungssystem so aufbauen und handhaben, daß — abgesehen von vereinzelten unvermeidlichen Fehlschlägen — die Abnehmer theoretisch und praktisch auch wirklich insgesamt erfaßt werden. Das wäre z. B. bei einheitlicher Durchführung des Reverssystems der Fall gewesen. Die Klägerin ist nicht diesen Weg gegangen; aus welchen Gründen, ist unerheblich. Wesentlich ist nur, ob das von ihr gewählte Verfahren grundsätzlich und in seiner praktischen Handhabung die zweifelfreie Gewähr für eine anderweitige rechtliche Bindung der Kunden an die Preiskette bot. Gerade daran fehlte es aber.

66. 1. Müssen Bahnanlieger die bei elektrischem Betriebe der Eisenbahn gewöhnlichen Stromeinwirkungen dulden?

2. Können auf das preußische Eisenbahngesetz Schadensersatzansprüche wegen Zuführung elektrischer Ströme gegründet werden, wenn dadurch zwar keine Sachbeschädigung, wohl aber eine Entwertung des der Eisenbahn benachbarten Grundstücks verursacht wird?

BGB. § 906. Preuß. Gesetz über die Eisenbahn-Unternehmungen vom 3. November 1838 (GS. S. 505) — EisG. — §§ 14, 25.

V. Zivilsenat. Urt. v. 21. Oktober 1931 i. S. Deutsche Reichsbahn-Gesellschaft (Bekl.) w. A.-Werke AG. (Kl.). V 43/31.

I. Landgericht I Berlin.
II. Kammergericht daselbst.

Die Klägerin stellt magnetische Instrumente her. Deren Einstellung und Abstimmung kann sie nur an einem Ort vornehmen, der magnetisch völlig störungsfrei ist. Ein solcher war mit Hilfe des magnetischen Observatoriums in Potsdam auf einem Grundstück in W. gefunden worden, welches die Klägerin für 20 Jahre pachtete. In einem dort errichteten Beobachtungshause wurde seit 1923 die Abstimmung der Instrumente vorgenommen. In einer Entfernung von 300 Metern von diesem Grundstück liegt die Bahnstrecke Berlin-Potsdam der Berliner Vorortbahn. Diese wird seit dem Herbst 1928 elektrisch unter Verwendung von Gleichstrom betrieben, nachdem seit dem Frühjahr 1928 Probezüge für die neue Betriebsweise gefahren worden waren. Die Klägerin bemerkte seit der Zeit Störungen in ihrer Tätigkeit dadurch, daß von der elektrisch betriebenen Bahnlinie magnetische Strömungen ausgingen. Deswegen verlegte sie im Winter 1928/29 ihre Beobachtungsstelle nach B.

Die Klägerin verlangte sodann von der Beklagten Zahlung der Kosten und Mehraufwendungen im Betriebe, die ihr durch die Verlegung erwachsen seien und noch entstehen würden. Im Rechtsstreit begehrte sie Verurteilung der Beklagten zur Zahlung von 14000 RM. nebst Zinsen als Ersatz der bisher entstandenen Unkosten sowie die Feststellung, daß die Beklagte ihr auch über diesen Betrag hinaus alle Schäden zu ersetzen habe, die dadurch entstanden seien und noch entstehen würden, daß sie infolge der Einführung des elektrischen Bahnbetriebes ihre Beobachtungsstation von W. nach B. habe verlegen müssen. Die Klägerin stützt ihr Begehren darauf, daß sie die Beklagte auf die durch die neue Betriebsweise verursachten Störungen aufmerksam gemacht und daß diese es unterlassen habe, für Abhilfe zu sorgen, was durch Betrieb mit Wechselstrom anstatt Gleichstrom oder durch Einpanzerung des Beobachtungshauses möglich gewesen sei. Die Beklagte bestreitet jegliche Haftung, weil solche Einwirkungen von elektrisch betriebenen Eisenbahnen auf benachbarte Grundstücke in Anbetracht der heutigen Verkehrs- und Wirtschaftsverhältnisse ertragen werden müßten; weil ferner die Wahl von Gleichstrom und nicht von Wechselstrom als Betriebsart technisch und wirtschaftlich richtig gewesen sei, indem Wechselstrom in Anlage und Betrieb teurer gewesen wäre und Schädigungen anderer, schlimmerer Art für die Anlieger mit sich gebracht hätte; endlich weil sie vom Betriebe der Klägerin nichts gewußt und diese den Betrieb verlegt habe, ohne ihr Zeit zu Schutzmaßnahmen zu lassen, welche übrigens mit voller Wirkung gar nicht möglich gewesen seien.

Nachdem das Landgericht die Klage abgewiesen hatte, erklärte das Kammergericht den Klaganspruch auf Zahlung dem Grunde nach für berechtigt und traf die Feststellung, daß die Beklagte der Klägerin allen durch die Verlegung der magnetischen Beobachtungsstation entstehenden Schaden zu ersetzen habe. Die Revision der Beklagten führte zur Wiederherstellung des landgerichtlichen Urteils.

Gründe:

Die Arbeiten zur Abstimmung und Einstellung der magnetischen Instrumente der Klägerin in deren Beobachtungsstation wurden durch elektrische Erdströme gestört, die von der 300 Meter entfernt liegenden, mit Gleichstrom elektrisch betriebenen Bahnlinie ausgingen. Ob die Einwirkungen in der Umgebung der Bahnstrecke nur beim Fahren von Zügen oder auch in der verkehrsfreien Zeit stattfinden, hat das Berufungsgericht nicht festgestellt. Die Klägerin teilte der Beklagten in einem Briefe vom 22. Mai 1928 mit, sie müsse wegen der Störungen ihren Betrieb in W. aufgeben und einen anderen Ort für die Errichtung eines Beobachtungshauses suchen. Im Winter danach erfolgte die Verlegung.

Die aus diesem Sachverhalt hergeleitete Schadensersatzforderung wegen der Betriebsverlegung prüft das Kammergericht zunächst an Hand der von der Klägerin angeführten Gesetzesbestimmungen, nämlich des § 26 GewO., des § 823 BGB. in Verb. mit § 862 das., der §§ 74, 75 Einl. z. Preuß.ALR., §§ 29 bis 31 ALR. I 8 und des Art. 153 RVerf. Mit Recht wird § 26 GewO. ausgeschaltet, weil eine Eisenbahnunternehmung nicht unter dieses Gesetz fällt (§ 6 GewO.). Weiter führt das Kammergericht aus: Die Anwendung der übrigen erwähnten Vorschriften zugunsten der Klägerin scheitere daran, daß die von der Beklagten geübte Benutzung ihres Bahngrundstücks nach den örtlichen Verhältnissen bei Grundstücken in dieser Lage gewöhnlich sei und die Anlieger deswegen die sich aus solcher Benutzung ergebende Einwirkung zu dulden hätten. Zugunsten der Klägerin griffen aber sowohl § 14 wie § 25 des preußischen Eisenbahngesetzes vom 3. November 1838 durch. Wenn der Eisenbahnunternehmer Anlagen, die zum Schutze der Anlieger gegen Nachteile in der Benutzung ihrer Grundstücke erforderlich, technisch ausführbar und mit den Zwecken des Unternehmens vereinbar waren, zum mindesten fahrlässig unterlassen habe, so sei er nach § 14 EisG. zum Ersatz des dadurch verursachten Schadens verpflichtet; dabei sei unerheblich, ob etwa der Anlieger die durch Schutzmaßnahmen zu hindernden Einwirkungen nach § 906 BGB. würde dulden müssen. Die Voraussetzungen solcher Schadensersatzpflicht lägen vor. Denn die Beklagte sei verpflichtet gewesen, sich um Abhilfe zugunsten der Klägerin zu bemühen, nachdem diese ihr mitgeteilt habe, sie müsse ihren Betrieb in W. wegen der stattfindenden Störungen aufgeben. Nach dem Gutachten des Sachverständigen A. sei anzunehmen, daß die Einwirkung bei geeigneten Schutzmaßregeln, insbesondere bei Einpanzerung des Beobachtungshauses, auf ein erträgliches Maß herabgemindert worden wäre. Hätte das auch erhebliche Kosten, möglicherweise höhere als die Betriebsverlegung, verursacht, so würden sie doch keinesfalls so hoch gewesen sein, daß durch sie der wirtschaftliche Erfolg des elektrischen Betriebes auf der Strecke in Frage gestellt worden wäre. Deswegen sei die Beklagte für die Kosten der Betriebsverlegung ersatzpflichtig. Weiter lägen aber auch die Voraussetzungen des § 25 EisG. vor, wonach der Eisenbahnunternehmer für Ersatz allen Schadens hafte, der bei der Beförderung auf der Bahn an Sachen entstehe. Dabei komme es nicht darauf an, ob der Schaden auf einen bestimmten Beförderungsvorgang oder auf den Betrieb im ganzen zurückzuführen sei. Auch sei unerheblich, ob etwa die Einwirkungen nach § 906 BGB. zu dulden gewesen seien; denn dieser Ersatzanspruch übersteige die Grenzen des Nachbarrechts. Die Rechte aus § 14 und § 25 EisG. seien nicht nur dem Grundeigentümer, sondern auch der Klägerin als Pachtbesitzerin zuzubilligen.

Die Revision wendet sich mit Recht gegen die Anwendung der §§ 14 und 25 EisG.

1. Die Vorschrift des § 14 verpflichtet den Eisenbahnunternehmer, alle Anlagen einzurichten, „welche die Regierung nötig findet, damit die der Bahnlinie benachbarten Grundbesitzer gegen Gefahren und Nachteile in Benutzung ihrer Grundstücke gesichert werden". Es handelt sich hier um eine Bestimmung öffentlichrechtlicher Natur darüber, welche Anlagen die Verwaltungsbehörde zum Schutze der Anlieger anzuordnen und der Eisenbahnunternehmer danach auszuführen hat. Solche Anordnung kann nach freiem Ermessen der Behörde auch noch nach der Betriebseröffnung erfolgen. Aus dieser Gesetzesbestimmung hat die Rechtsprechung den Satz entwickelt, daß der Unternehmer im Rahmen der technischen Ausführbarkeit und der Vereinbarkeit mit den Zwecken des Unternehmens auch noch andere als die von der Verwaltungsbehörde bestimmten Anlagen einzurichten habe, wenn sich solche nachträglich als zum Schutze der Anlieger nötig herausstellen, und daß er den Nachbarn für die Schadensfolge einer Unterlassung solcher Anlagen hafte, wenn ihm ein Verschulden zur Last falle (RGZ. Bd. 32 S. 283, Bd. 37 S. 269, Bd. 122 S. 137/138).

Fehl geht allerdings die Meinung der Revision, diese Anwendung des § 14 EisG. komme nach den Bestimmungen des Reichsbahngesetzes vom 30. August 1924 (jetzt in der Fassung der Bekanntmachung vom 13. März 1930, RGBl. II S. 369) nicht mehr in Betracht. Das Gesetz vom 3. November 1838 ist nicht außer Kraft gesetzt worden (§ 16 RBahnG.). § 37 RBahnG. enthält zwar neue Vorschriften über die Zustimmung der Reichsregierung zu Eisenbahnbauten und über die Anhörung der Landesbehörden, wodurch die bisherigen Zuständigkeiten geändert worden sind; aber der sachliche Inhalt des § 14 des Gesetzes von 1838 ist bestehen geblieben (vgl. Fritsch Eisenbahngesetzgebung 3. Aufl. S. 74 Anm. 21). Übrigens gibt § 37 Abs. 5 RBahnG. für Neubauten die inhaltlich gleiche Vorschrift: „Die Gesellschaft hat dafür einzustehen, daß ihre Bauten allen Anforderungen der Sicherheit und Ordnung genügen."

Rechtsirrig ist aber die Ansicht des Kammergerichts, bei der aus § 14 EisG. zu ziehenden Folge privatrechtlicher Schadensersatzpflicht für schuldhafte Unterlassung notwendiger und möglicher Schutzanlagen komme es nicht darauf an, ob der Besitzer des in der Nähe der Bahnstrecke liegenden Grundstücks die von dieser ausgehende Einwirkung nach § 906 BGB. als ortsüblich dulden müsse. Die Verwaltungsbehörde mag Schutzmaßnahmen nach ihrem Ermessen bestimmen können, ohne aus dem Privatrecht herzuleitenden Beschränkungen zu unterliegen. Insofern greift vielleicht die Bestimmung des § 14 weiter als die sich aus dem Nachbarrecht ergebenden privatrechtlichen Verpflichtungen. Aber bei Bemessung des Umfangs der aus § 14 herzuleitenden rein privatrechtlichen Schadensersatzpflicht sind die gesetzlich bestehenden, insbesondere die nachbarrechtlichen Eigentumsbeschränkungen zu beachten. Eine solche Haftung des Unternehmers tritt nur da ein, wo sich durch die Anlagen der Bahn und die demnächstige Gestaltung der örtlichen Verhältnisse in ungewöhnlicher Weise schädigende Einwirkungen auf die angrenzenden Grundstücke ergeben (RGZ. Bd. 53 S. 25). Davon aber kann nicht die Rede sein, wenn sich die Einwirkung in den nach § 906 BGB. zulässigen Grenzen hält. Derartiges muß nach der Rechtsordnung jeder Nachbar dulden. Er kann auch aus der Sonderbestimmung des § 14 EisG. keine Ansprüche dagegen herleiten.

Hiernach war gegenüber dem auf diese Gesetzesbestimmung gegründeten Schadensersatzanspruch der Beklagten die Verteidigung offen zu lassen, daß die Einwirkung durch die elektrischen Erdströme auf das von der Klägerin gepachtete Grundstück — auch elektrische Ströme fallen unter § 906 BGB. — von einer Benutzung des Bahngrundstücks ausgehe, die nach den örtlichen Verhältnissen bei Grundstücken dieser Lage gewöhnlich sei. In der Beziehung ist den Ausführungen des Berufungsgerichts beizutreten, daß die Einführung des elektrischen Betriebes auf der Bahnstrecke eine organische und notwendige Fortentwicklung des bisherigen Betriebes sei. Wie sich bei Dampfbetrieb die Bahnanlieger gewöhnliche Rauch- und Rußzuführungen gefallen lassen müssen, so müssen sie bei elektrischem Betriebe die gewöhnlichen, bei dieser Anlage nicht zu vermeidenden Stromeinwirkungen erdulden, es sei denn, daß die Vorschriften des § 25 EisG. oder des Reichshaftpflichtgesetzes eingreifen. Es handelt sich beim elektrischen Betriebe nicht um eine ungewöhnliche oder übermäßige Benutzung der Bahngrundstücke (vgl. RGZ. Bd. 81 S. 216, besonders S. 225). Solcher Betrieb mit seinen natürlichen Auswirkungen ist der ordnungs- und gesetzmäßige Zustand, den auch die Klägerin hinzunehmen hat. Allerdings ist nur eine solche Einwirkung als ortsüblich anzusehen, wie sie eine technisch einwandfreie Bahnanlage gewöhnlich mit sich bringt. Daß aber in dieser Richtung etwas verfehlt worden sei, ist nirgends behauptet worden oder sonst hervorgetreten.

Versagt schon hiernach der § 14 EisG. als Klagegrundlage, so bedarf es keiner Prüfung mehr, ob nach Lage der Sache überhaupt von einem Verschulden der Beklagten die Rede sein könnte, und ob der Berufungsrichter die Möglichkeit wie auch die Zumutbarkeit wirksamer Maßnahmen zum Schutze des besonders gearteten Betriebes der Klägerin ausreichend festgestellt hat.

2. Die von der Klägerin auf einem gepachteten Grundstück errichtete Beobachtungsstation ist durch die von der elektrisch betriebenen Eisenbahnstrecke ausgehenden und auf sie einwirkenden Erdströme für die Zwecke der Klägerin unbrauchbar geworden, weil die dort vorzunehmende Einstellung und Abstimmung der sehr feinen Instrumente nur an einem Orte geschehen kann, der magnetisch völlig störungsfrei ist. Die früher vorhandene Eigenschaft völliger Freiheit von magnetischen Störungen ist dem Grundstück durch den Betrieb der Beklagten verloren gegangen. Damit wurden zwar die Instrumente selbst weder zerstört noch angegriffen; wohl aber fehlte nun eine früher vorhandene, besondere örtliche Beschaffenheit, die zu ihrer Regulierung notwendig war. Auch das Grundstück wurde nicht in seiner körperlichen Masse beschädigt. Ihm wurde nur eine besondere Eigenschaft genommen, wodurch eine Verschlechterung, nämlich eine Entwertung hinsichtlich der durch die Verpachtung an die Klägerin ihm gegebenen besonderen Bestimmung, und so eine Schädigung des Besitzers bewirkt wurde.

Ein solcher schädigender Eingriff durch Immission, der keine körperliche Beschädigung, keine Substanzveränderung einer Sache hervorbringt, kann nicht angesehen werden als ein „Schaden, welcher bei der Beförderung auf der Bahn an den auf derselben beförderten Personen und Gütern oder auch an anderen Personen und deren Sachen entsteht" (§ 25 EisG.). Ein Eingriff in fremdes Eigentum durch Immissionen fällt nicht unter § 25, solange er nicht eine Substanzbeschädigung der fremden Sache zur Folge hat. Diese Beschränkung der Vorschrift auf Sachbeschädigung im engeren Sinne, auf Substanzbeschädigung, unter Ausscheidung der Haftung der Bahn für sonstige nachteilige Einwirkungen aus den von ihrem Betriebe ausgehenden Immissionen ergibt sich zunächst aus der Rechtslage, wie sie zur Zeit der Erlassung des Gesetzes von 1838 im weitaus größten Teile Preußens bestand. Das Preußische Allgemeine Landrecht enthielt keine Bestimmungen über die Unzulässigkeit übermäßiger Immissionen (Dernburg Preuß. Privatrecht Bd. 1 S. 523 § 220 unter 4). Erst der Plenarbeschluß des Preußischen Obertribunals vom 7. Juni 1852 (ObTrib. Bd. 23 S. 252) gab die Grundlage für die spätere preußische Praxis, daß der Eigentümer das gemeinübliche Maß übersteigende Immissionen nicht zu dulden habe. Da sich das damals in Preußen vorwiegend geltende Gesetzbuch mit dem Begriff der Immissionen überhaupt nicht befaßte, kann nicht angenommen werden, daß das Eisenbahngesetz von 1838 Benachteiligungen eines Grundbesitzers durch Immissionen ohne Substanzverletzung als „Schaden an Sachen" habe ansehen wollen, zumal da der unmittelbare Sinn dieser Gesetzesworte nicht für eine solche Ausdehnung spricht.

Dies Ergebnis wird als richtig bestätigt durch einen Vergleich mit dem Inhalt des Reichshaftpflichtgesetzes, das für das ganze Reich eine Haftung des Eisenbahnunternehmers für Personenschäden festlegen sollte, wie sie für Preußen bereits nach § 25 EisG. bestand (Motive zum Entwurf des Reichshaftpflichtgesetzes im Stenogr. Bericht über die Verhandlungen des Reichstags I. Legislatur-Periode I. Session 1871 Bd. 3 S. 68flg.). Der Gesetzgeber lehnte sich dabei bewußt an den Inhalt der preußischen Bestimmungen an. Nun gibt aber § 1 RHG. einen Schadensersatzanspruch nur bei Tötung oder Körperverletzung eines Menschen, also bei Beschädigung der körperlichen Substanz. Auch im Sinne des § 25 EisG. liegt ohne solche kein Schaden an einer Person vor. Dementsprechend ist gleichfalls eine Substanzbeschädigung zu fordern, um von einem unter diese Bestimmung fallenden Schaden an Sachen reden zu können.

Die Nichtanwendung des § 25 a. a. O. auf Tatbestände, wo zwar Immissionen, aber keine Sachbeschädigungen vorliegen, entspricht der bisherigen Rechtsprechung des Reichsgerichts. In RGZ. Bd. 70

S. 150 wird zwar in einem Falle der Einwirkung durch Rauch und Ruß bei der Prüfung, ob die für Ansprüche aus unerlaubter Handlung geltende dreijährige Verjährung Platz greife, der § 25 EisG. für anwendbar erklärt. Aber es wird dort bei der Prüfung des Klaganspruchs doch ausgesprochen, der verklagte Eisenbahnunternehmer habe nach allgemeinen Grundsätzen Schadensersatz zu leisten, und zwar nur für solche schädlichen Einwirkungen, die über das nach § 906 BGB. zulässige Maß hinausgingen; die gewöhnlich von einem Eisenbahnbetrieb ausgehenden Einwirkungen müßten sich die Nachbarn als unvermeidlich gefallen lassen. Im Urteil V 328/09 (JW. 1910 S. 580 Nr. 15) wird die Schadensersatzpflicht des Eisenbahnunternehmers für Grundstücksentwertungen durch Rauch, Ruß und Geräusch aus dem allgemeinen Rechtssatz hergeleitet, daß der Grundeigentümer für übermäßige (§ 906 BGB.) schädliche Einwirkungen aus einem staatlich genehmigten Betriebe ohne weiteres schadensersatzberechtigt sei, weil ihm da die Abwehrklage versagt sei. Dabei wird erwähnt, daß man bei unmittelbarer Anwendung des § 25 EisG. fragen könne, ob dann nicht der Eisenbahnunternehmer für jeden Schaden aufzukommen habe, auch für den, der nicht durch übermäßige und nach den örtlichen Verhältnissen ungewöhnliche Einwirkungen verursacht sei. Im Urteil V 567/09 (WarnRspr. 1910 Nr. 447) wird ein Schadensersatzanspruch wegen Wertverringerung eines Grundstücks durch Rauch, Lärm und Erschütterungen ebenfalls aus dem eben erwähnten allgemeinen Rechtsgrundsatz für berechtigt erklärt und dabei dem Unternehmer die Verteidigung aus § 906 BGB., daß solche Einwirkungen ortsüblich seien, offen gelassen Anderseits ist § 25 EisG als selbständige Rechtsgrundlage für einen Entschädigungsanspruch des Grundeigentümers da anerkannt worden, wo Substanzbeschädigungen von Sachen durch Einwirkungen des Zugverkehrs vorlagen (Urt. V 444/28, abgedruckt JW. 1930 S. 3096 Nr. 6 und SeuffArch. Bd. 84 Nr. 49). In solchen Fällen konnte die Schadenshaftung aus § 25 ausgesprochen werden ohne Prüfung, ob etwa die Einwirkungen (Erschütterungen), welche den Sachschaden (Risse im Hause) verursacht hatten, auf ortsüblicher Benutzung des Eisenbahngrundstücks beruhten und daher nach § 906 BGB. nicht rechtswidrig waren. Wollte man aber die Immissionen als solche, ohne Rücksicht darauf, ob sie das Grundstück beschädigt haben oder nicht, unter § 25 EisG. bringen, so wäre in der Tat die in V 328/09 angedeutete Folge unabweislich, daß der Eisenbahnunternehmer dann für jede noch so geringe Einwirkung, die einen Nachbarn irgendwie benachteiligte, haften würde, weil § 25 die Ersatzpflicht „für allen Schaden" anordnet. Das wäre aber ein für das wirtschaftliche Bestehen der Eisenbahnen unerträgliches Ergebnis, das nicht im Sinne des Gesetzes liegen kann.

Aus diesen Gründen kann eine vom Eisenbahngrundstück ausgehende Einwirkung auf ein Nachbargrundstück, die nicht die Folge einer Sachbeschädigung, wohl aber die einer Entwertung des Grundstücks in anderer Beziehung gehabt hat, nicht als Verursachung eines Schadens am Grundstück im Sinne des § 25 EisG. gelten. Daraus ergibt sich nicht etwa eine für den Grundbesitzer unerträgliche Lücke; vielmehr reichen zu seinem Schutze die allgemeinen Rechtsregeln aus, nach denen die Folgen solcher Immissionen zu beurteilen sind. Kann der Grundeigentümer nach § 906 BGB. die von der Bahnanlage ausgehende Einwirkung als nur unwesentlich in ihren Wirkungen oder als aus einer ortsüblichen Benutzung des Bahngrundstücks herrührend nicht verbieten, so ist ihm auch ein Schadensersatzanspruch versagt. Er muß auch dem Eisenbahnunternehmer gegenüber das dulden, was allgemein berechtigt ist. Geht aber die Immission über das nach § 906 BGB. zulässige Maß hinaus, so ist ihm ein Schadensersatzanspruch nach allgemeinen Grundsätzen zuzubilligen, weil ihm die Abwehrklage gegen die rechtswidrige Einwirkung versagt ist (vgl. RGZ. Bd. 100 S. 69, Bd. 101 S. 102, Bd. 104 S. 84). Erst wenn eine Immission eine Substanzbeschädigung verursacht hat, greift § 25 EisG. ein, wobei es dann nicht darauf ankommt, ob die Einwirkung als solche zulässig oder unzulässig war. Nur diese Auslegung der Vorschrift führt zu einem Ergebnis, das den Belangen beider Teile gerecht wird. Hiernach versagt auch § 25 EisG. als Rechtsgrundlage für den Schadensersatzanspruch der Klägerin.

3. Aus der rechtsirrtumsfreien Annahme des Berufungsgerichts, die vagabundierenden Ströme rührten von ortsüblicher Benutzung des Bahngrundstücks her, ergibt sich, daß die Klägerin auch aus sonstigen Rechtsvorschriften keinen Schadensersatzanspruch entnehmen kann. Es liegt keine widerrechtliche Verletzung ihres Besitzes oder ihres Gewerbebetriebes vor. Überhaupt ist kein ihr zustehendes Recht beeinträchtigt worden, weil ihre Rechtsstellung sich in der durch § 906 BGB. gegebenen Begrenzung hielt. Bedarf sie für ihren Gewerbe-

betrieb einer ganz besonderen Ortsbeschaffenheit, so ist es ihre Sache, sich diese zu verschaffen und für die Dauer zu sichern. Das muß die Klägerin als Last ihres Gewerbes hinnehmen. Sie hatte kein Anrecht darauf, daß die ganz besonderen Vorbedingungen für ihre Beobachtungsstelle ihr erhalten blieben und nicht von außen durch an sich zulässige Vorgänge gestört wurden.

---

67. Können Eheleute hinsichtlich einzelner Vermögensstücke eine von ihrem sonstigen Güterstand abweichende Regelung vereinbaren?

BGB. § 1432.

VIII. Zivilsenat. Urt. v. 8. Oktober 1931 i. S. St. (Bekl.) w. Frau N. (Kl.). VIII 178/31.

I. Landgericht II Berlin.
II. Kammergericht daselbst.

Den Sachverhalt ergeben die nachstehenden

Gründe:

Die Klägerin ist Eigentümerin des Hauses, in welchem sich das Geschäft des Beklagten befindet. Den mit ihm eingegangenen Mietvertrag hatte die Klägerin, vertreten durch ihren für sie verhandelnden Ehemann, für sich abgeschlossen, sodaß sie die Vertragsgegnerin des Beklagten geworden war. Hierauf fußend hat sie die auf Zahlung von Mietzinsrückständen gerichtete Klage in eigenem Namen, wenn auch „mit Genehmigung und im Beistande ihres Ehemannes" erhoben und Zahlung nicht an diesen, sondern an sich selbst verlangt.

In der Berufungsinstanz ist streitig geworden, ob die Klägerin hierzu berechtigt ist. Da sie nämlich mit ihrem Manne im gesetzlichen Güterstand des deutschen Rechts lebt und es sich bei dem Streitgegenstand um eingebrachtes Gut handelt, das nach § 1363 BGB. der Verwaltung und Nutznießung des Mannes unterliegt, so soll nach Ansicht des Beklagten nicht die Klägerin, sondern nur ihr Ehemann berechtigt sein, die eingeklagten Ansprüche zu erheben. Das Berufungsgericht ist diesem Vorbringen mit dem Hinweis auf § 1400 Abs. 2 BGB. entgegengetreten, hiermit aber der Einrede nicht gerecht geworden. Diese wendet sich weniger gegen die Befugnis der Klägerin, ein zum eingebrachten Gute gehörendes Recht, zumal mit Zustimmung ihres Ehemannes, geltend zu machen; denn die Befugnis hierzu kann im Hinblick auf die vorgenannte Gesetzesstelle und auf § 52 ZPO. nicht wohl bestritten werden (RGZ. Bd. 56 S. 76, Bd. 124 S. 327). Die Einrede will vielmehr hauptsächlich besagen, daß die Mietzinsforderung gar nicht der Klägerin zustehe, sodaß sie rechtlich nicht befugt sei, die eingeklagten Ansprüche geltend zu machen. Diese Rechtsansicht trifft an sich zu, denn Mietzinsforderungen aus einem zum eingebrachten Gute gehörenden Grundstück stehen bei dem hier maßgebenden ehelichen Güterrechte dem Mann als dem Nutznießer des eingebrachten Gutes zu (RGZ. Bd. 124 S. 329).

Trotzdem ist die Klägerin als befugt anzusehen, die eingeklagte Forderung in eigenem Namen und für sich geltend zu machen, denn sie ist als eine ihr persönlich und nicht ihrem Ehemann zustehende begründet worden. Es war gesetzlich nicht ausgeschlossen, diese besondere Eigenart der Forderung zu begründen, welche sonst ohne weiteres dem Manne zugefallen wäre (RGZ. Bd. 65 S. 368, Bd. 83 S. 241). Auch ohne eine allgemeine Änderung des Güterstandes, wie sie § 1432 BGB. vorsieht, können Eheleute hinsichtlich einzelner Vermögensstücke eine von ihrem sonstigen Güterstande abweichende Regelung vereinbaren (RG. in JW. 1911 S. 154 Nr. 12); insbesondere kann der Mann die ihm an solchen Vermögensstücken als Gegenständen des eingebrachten Gutes zustehende Nutzung der Frau überlassen. Ein solcher Fall liegt nach dem festgestellten Sachverhalt hier vor. Der Beklagte muß ihn gegen sich gelten lassen, wenn er ihn gekannt hat; das ergibt sich aus § 1435 BGB. Diese Kenntnis weist die Fassung des Mietvertrags aus. Somit ist im Ergebnis die Sachbefugnis der Klägerin zu bejahen. . . .

---

68. 1. Zur Frage der Anwendbarkeit der Tarifstellen 15 Abs. 3 und 14 I Abs. 1 des preußischen Stempelsteuergesetzes vom 27. Oktober 1924 in Fällen, wo das sicherzustellende Recht im Auslande beurkundet worden ist.

2. Kommt, wenn die Ausgabe von Teilschuldverschreibungen reichssteuerpflichtig ist, auch für den Hauptvertrag über Aufnahme und Tilgung des Gesamtdarlehns kein Landesstempel in Frage?

VII. Zivilsenat. Urt. v. 9. Oktober 1931 i. S. Preuß. Staat (Bekl.) w. D. K. AG. (Kl.). VII 528/30.

I. Landgericht I Berlin.
II. Kammergericht daselbst.

Die H. St. Corporation, eine Gesellschaft in Maryland (Nordamerika), nahm im Oktober 1926 eine Anleihe von $12^1/_2$ Millionen Dollar auf, eingeteilt in Schuldverschreibungen von 1000 und 500 Dollar auf den Inhaber. In bezug auf diese Anleihe schlossen zwei Hamburger Aktiengesellschaften als Bürgen einerseits, die C. U. T. Company in New York und die ihren Sitz in Berlin habende Klägerin als Treuhänder anderseits ein „Garantieabkommen" vom 27. November 1926, das in Berlin beurkundet wurde. Für dieses erforderte das Finanzamt einen Stempel von 52500 RM. nach Tarifst. 15 Abs. 1 des preußischen Stempelsteuergesetzes vom 27. Oktober 1924. Hierauf hat die Klägerin 30000 RM. gezahlt, die sie mit der Klage zurückfordert. Sie ist der Ansicht, das sicherzustellende Recht, nämlich die in New York ausgegebenen Schuldverschreibungen der H. St. Corporation, unterliege nach Tarifst. 14 I Abs. 1 StStG. keinem Landesstempel und deshalb sei auch die Sicherstellung nach Tarifst. 15 Abs. 3 das. von der Stempelsteuer frei. Der Beklagte begründet die Stempelpflicht damit, daß nach dem Vertrage, in dem das sicherzustellende Recht beurkundet sei, die Schuldnerin sich verpflichtet habe, die Schuldverschreibungen bei Fälligkeit pünktlich einzulösen, außerdem aber bei Verfehlungen der Gesellschaft das gesamte Kapital auf die Schuldverschreibungen zu zahlen, sodaß sich also die Sicherstellung nicht nur auf die pünktliche Einlösung der Schuldverschreibungen, sondern auch auf die Zahlung der Gesamtsumme von $12^1/_2$ Millionen Dollar erstrecke.

Das Landgericht hat den Beklagten nach dem Klagantrage verurteilt. Das Kammergericht hat seine Berufung zurückgewiesen. Auch seine Revision war erfolglos.

Gründe:

Der Stempel, um den es im Rechtsstreit geht, ist erfordert worden auf Grund der Tarifst. 15 Abs. 1 als $^1/_{10}$ v. H. der Summe der gesamten Teilschuldverschreibungen ($12^1/_2$ Millionen Dollar = $52^1/_2$ Millionen Reichsmark). Um eine Sicherstellung von Rechten handelt es sich auch zweifellos, gleichviel ob die mit dem Garantieabkommen von den „Bürgen" gewährte Sicherung eine selbstschuldnerische Bürgschaft oder etwa gar eine zusätzliche Schuldübernahme darstellt. Die Parteien haben in den Vorinstanzen erörtert, ob bei dem Garantieabkommen die Sicherstellung der Rechte der Treuhänder bezw. der künftigen Inhaber der Teilschuldverschreibungen („Noten") aus dem „Hauptvertrage" vom 1. Oktober 1926 oder der Rechte der Noteninhaber aus den Teilschuldverschreibungen in Betracht komme, und im Zusammenhange damit, ob sich aus dem Hauptvertrag eine über die Verpflichtung zur Verzinsung und Tilgung der Teilschuldverschreibungen hinausgehende Verpflichtung zur Zahlung des Gesamtkapitalbetrags, besonders bei Verfehlungen der Gesellschaft, ergebe oder ob diese Verpflichtung auch schon in den Teilschuldverschreibungen zum Ausdrucke gekommen sei. Im übrigen kommt es lediglich darauf an, ob auf Grund der Tarifst. 15 Abs. 3 StStG. eine Stempelfreiheit des Garantieabkommens anzunehmen ist, weil für die Beurkundung des sicherzustellenden Rechts (sei dies nun die Gesamtheit der Rechte aus dem Hauptvertrage, sei es die Summe der Berechtigungen aus den Teilschuldverschreibungen) kein Stempel zu erheben wäre.

Das Berufungsgericht hat in letzterer Beziehung zunächst mit Recht die Ansicht der Klägerin zurückgewiesen, daß schon deswegen nach Tarifst. 15 Abs. 3 jede Stempelpflicht für das Garantieabkommen entfalle, weil diejenigen Rechtsgeschäfte, auf denen die durch jenes Abkommen sicherzustellenden Rechte beruhten, im Auslande vorgenommen wurden. Allerdings sind weder der im Ausland abgeschlossene und jedenfalls auch, wennschon zeitlich erst nach dem Garantieabkommen, beurkundete Hauptvertrag noch die im Ausland ausgestellten und ausgegebenen Teilschuldverschreibungen dem preußischen Landesstempel unterworfen. Die Frage, ob die bezeichnete Gesetzesbestimmung eingreift, ist jedoch danach zu entscheiden, ob und in welcher Höhe ein Stempel für das sicherzustellende Recht zu erheben wäre, wenn es im preußischen Inlande begründet worden wäre (vgl. RGZ. Bd. 122 S. 280/281).

Für das sicherzustellende Recht kommt aber, wie schon erwähnt, entweder der Hauptvertrag oder die Summe der Teilschuldverschreibungen in Betracht. Auch der Hauptvertrag stellt eine Schuldverschreibung dar, da in ihm zweifellos die H. St. Corporation gegenüber den Treuhändern als Vertretern der künftigen Inhaber der

Teilschuldverschreibungen die neue und selbständige Verpflichtung übernommen hat, ihnen und den von ihnen Vertretenen bestimmte Geldsummen zu zahlen. Sowohl für den Hauptvertrag wie für die Teilschuldverschreibungen kann aber der in der Tarifst. 14 I Abs. 1 StStG. vorgesehene Ausnahmefall in Frage kommen, daß es sich um nach dem Kapitalverkehrsteuergesetz reichssteuerpflichtige Wertpapiere handelt. Nicht haltbar ist es, wenn sich der Beklagte demgegenüber wieder darauf berufen will, daß das Kapitalverkehrsteuergesetz auf den Abschluß des Hauptvertrags wie auf die Ausgabe der Teilschuldverschreibungen deshalb keine Anwendung finden könne, weil sich beide Vorgänge im Ausland abgespielt hätten. Denn wenn für die Anwendung der Tarifst. 15 Abs. 3 eine Gestaltung des Sachverhalts unterstellt werden muß, als lägen inländische Rechtsereignisse vor, so muß das ohne weiteres auch für die Prüfung der Anwendbarkeit der Tarifst. 14 I Abs. 1 und des Eingreifens der dort vorgesehenen Ausnahme gelten. Nur weil die zunächst im Ausland sich abspielenden Rechtsvorgänge in das Inland hinübergreifen, kann überhaupt von einer Versteuerung nach deutschem oder preußischem Rechte die Rede sein. In dem Augenblick, wo danach eine Verstempelung nach dem preußischen Stempelsteuergesetz möglich würde, tritt aber zugleich die Möglichkeit einer Befreiung vom preußischen Stempel mit Rücksicht auf das Kapitalverkehrsteuergesetz des Reiches ein.

Bei den Teilschuldverschreibungen würde es sich nun, wenn ihre Ausgabe in Preußen erfolgt wäre, zweifellos um nach dem Kapitalverkehrsteuergesetz reichssteuerpflichtige Wertpapiere handeln. Dies gilt namentlich auch unbeschadet der Tatsache, daß die Schuldverschreibungen solche eines ausländischen Schuldners sind (§ 25 Abs. 1 unter a 1., 3., 4., § 27 Abs. 1 Satz 2 des Kapitalverkehrsteuergesetzes in der Fassung RGBl. 1925 I S. 241; vgl. dazu Keßler Kapitalverkehrsteuergesetz 2. Aufl. § 27 Anm. 4).

Aber auch der Hauptvertrag, soweit er die Ausgabe der Teilschuldverschreibungen und die Verpflichtung zu ihrer Verzinsung und zur etwaigen Zahlung von Prämien darauf sowie zur Tilgung der ganzen Anleihe betrifft, würde dann, wenn er im Inlande geschlossen und beurkundet worden wäre, mit Rücksicht auf die Reichssteuerpflicht der Teilschuldverschreibungen nach § 84 Abs. 2 des Kapitalverkehrsteuergesetzes nicht steuerpflichtig sein. Es kann dafür auf die Ausführungen des Urteils RGZ. Bd. 122 S. 122 (besonders S. 128) verwiesen werden, wodurch die Entscheidungen in RGZ. Bd. 25 S. 64 (S. 67) und Bd. 45 S. 231 (S. 235) sowie das vom Beklagten zu seinen Gunsten angezogene Urteil RGZ. Bd. 68 S. 157 (S. 161), das auf jenen Urteilen fußt, überholt worden sind. Mindestens gilt dies für den Fall, daß sich der Inhalt des Hauptvertrags mit dem der Teilschuldverschreibungen decken würde, weil dann zwischen dem Gesamtversprechen und der Summe der Einzelversprechungen nicht unterschieden werden könnte. Unerheblich ist dabei insbesondere, daß das Gesamtversprechen den Treuhändern, die Einzelversprechungen aber den einzelnen Noteninhabern gegeben worden sind, weil die Treuhänder die Gesamtheit der Inhaber der Schuldverschreibungen vertreten. Daß sich hier der Inhalt des Hauptvertrags mit dem der Teilschuldverschreibungen deckt, indem auch in letzteren die Verpflichtung zur Zahlung des Gesamtkapitals — besonders bei Verfehlungen der Gesellschaft — zum Ausdruck gekommen ist, hat das Berufungsgericht rechtlich einwandfrei angenommen. Wenn dies aber der Fall ist, so kann nach dem Ausgeführten schließlich überhaupt dahingestellt bleiben, ob das Garantieabkommen Rechte aus dem Hauptvertrag oder Rechte aus den Teilschuldverschreibungen sicherstellen sollte; denn tatsächlich deckte es mit den Rechten aus dem Hauptvertrag zugleich die Rechte aus den Teilschuldverschreibungen und umgekehrt, und für beide Fälle kam keine Stempelpflicht nach dem preußischen Stempelsteuergesetz mehr in Betracht. Dementsprechend hat wohl auch das Kammergericht angenommen, daß das Garantieabkommen sowohl die Rechte aus dem Hauptvertrag wie die aus den Teilschuldverschreibungen sicherzustellen bestimmt gewesen sei, obgleich das Urteil dies nicht scharf ausspricht.

Wenn der Beklagte in der Revisionsinstanz noch besonders bemerkt hat, daß nach dem Garantieabkommen die Bürgen auch für Unkosten und Auslagen der Treuhänder aufzukommen versprochen hätten, die zwar im Hauptvertrage die H. St. Corporation übernommen haben würde, die aber jedenfalls in den Teilschuldverschreibungen nicht erwähnt worden seien, so ist dies für die Entscheidung nicht erheblich. Denn es handelt sich dabei nur um einen nebensächlichen Punkt, welcher der Annahme nicht entgegensteht, daß sich grundsätzlich der Inhalt des Hauptvertrags mit dem der Teilschuldverschreibungen deckt, und der die Anwendung der Grundsätze von RGZ. Bd. 122 S. 122 nicht ausschließen kann.

69. Zur Anwendung der Vorschriften in § 22 Abs. 1 und 2 des Aufwertungsgesetzes.

V. Zivilsenat. Urt. v. 30. Oktober 1931 i. S. G. (Bekl.) w. C. Lebensversicherungs-Gesellschaft (Kl.). V 185/30.

I. Landgericht I Berlin.
II. Kammergericht daselbst.

Für die Klägerin als frühere Gläubigerin einer Vorkriegshypothek von 150000 M. war auf dem ehemals belasteten Grundstück ein Aufwertungsbetrag von 37471,95 GM. am 12. Oktober 1926 unter Abt. III Nr. 38 des Grundbuchs wieder eingetragen worden. Für diese Aufwertungshypothek nimmt sie den Vorrang in Anspruch vor den in Abt. III Nr. 36 seit 20. März 1925 für Frau We. eingetragenen 26000 GM. und den ebendort unter Nr. 37 seit 16. April 1925 für Jakob Wei. eingetragenen, am 20. Dezember 1927 auf dessen Ehefrau umgeschriebenen 24000 GM. Der Ehemann der Gläubigerin We., Kaufmann Wolf We., und der Gläubiger Wei. waren, jener mit einem Anteil von 13000 RM., dieser mit einem solchen von 12000 RM., die alleinigen Gesellschafter der Grundstücksgesellschaft mbH. B.-straße 16, die als Grundstückseigentümerin die Eintragung der beiden Hypotheken am 11. März 1925 bewilligt hatte. Alleiniger Geschäftsführer der Gesellschaft war Wolf We. Anfang November 1929, kurz bevor Termin zur Zwangsversteigerung des belasteten Grundstücks anstand, hat die beiden Hypotheken der Beklagte erworben, der mit Grundstücken und Hypotheken handelt.

Die Klägerin begehrt die Feststellung des Vorrangs ihrer Hypothek Nr. 38 vor den beiden Hypotheken Nr. 36 und Nr. 37. Der Beklagte unterlag in allen drei Rechtszügen.

Gründe:

Der erkennende Senat hat bereits in seinem Urteil vom 15. November 1930 (RGZ. Bd. 130 S. 340) ausgesprochen, daß die Vorschriften des § 22 Abs. 1 AufwG. auch dann Anwendung finden, wenn eine Gesellschaft mbH. an ihrem Grundstück eine Hypothek für einen ihrer Gesellschafter bestellt, der zugleich zu allen anderen Gesellschaftern in einer der dort bezeichneten verwandtschaftlichen oder schwägerschaftlichen Beziehungen steht. An dieser Entscheidung und ihrer Begründung, die sich mit dem hierher gehörigen Teile der Gründe des Berufungsurteils zur vorliegenden Sache im wesentlichen deckt, wird festgehalten. Dann ergibt sich die Anwendbarkeit der Vorschriften des § 22 Abs. 1 Halbs. 1 AufwG. auf den hier gegebenen Fall zunächst unmittelbar insoweit, als die ursprünglich für Wei. bestellte Hypothek von 24000 GM. in Betracht kommt. Denn Wei. war Gesellschafter der Grundstückseigentümerin; er stand aber auch zu dem einzigen weiteren Gesellschafter We. in einer der in § 22 Abs. 1 bezeichneten verwandtschaftlichen oder schwägerschaftlichen Beziehungen, indem er Ehemann einer Schwester der Ehefrau dieses Gesellschafters war. Ist ferner im Bereiche der Vorschriften des § 22 Abs. 1 AufwG. eine Gesellschaft mbH. als Grundstückseigentümerin den sie bildenden natürlichen Personen bei der Prüfung, ob die verdächtig machenden Beziehungen vorliegen, gleichzustellen, so kann es weiter keinen Unterschied machen, wenn der verdächtige Rechtserwerb nicht durch einen der Gesellschafter selbst, sondern durch eine Person stattgefunden hat, die zu sämtlichen Gesellschaftern in einer der im § 22 Abs. 1 Halbs. 1 gekennzeichneten Beziehungen steht. Das trifft aber bei der anderen hier in Betracht kommenden Hypothek zu. Denn ihre Erwerberin, Frau We., war die Ehefrau des einen und die Schwester der Ehefrau des anderen Gesellschafters der Grundstückseigentümerin. Da auch sowohl Wei. wie Frau We. ihre Rechte erst nach dem 1. Januar 1925 erworben hatten, so hätten der Eintragung des Aufwertungsbetrags aus der Hypothek der Klägerin an der bisherigen Rangstelle weder der öffentliche Glaube des Grundbuchs noch die Vorschrift des § 21 Abs. 2 AufwG. entgegengesetzt werden können, wenn der Fall so läge, daß der durch die Vorschriften der §§ 17, 22 Abs. 1 das. begründete Vorrang der Zedentenaufwertung gegenüber den noch eingetragenen ursprünglichen Gläubigern der Zwischenhypotheken geltend gemacht würde.

Der Beklagte ist aber ein Hypothekengläubiger, der seine Rechte erst von den ersten Gläubigern, und zwar die Hypothek des Wei. erst nach einem Zwischenerwerbe durch dessen Ehefrau erworben hat, und es fragt sich, ob auch einem solchen Erwerber gegenüber die Ausschaltung der Vorschriften über den öffentlichen Glauben des Grundbuchs und der Vorschrift des § 21 Abs. 2 AufwG. Platz greift. Dies kann nicht schon vermöge Umkehrschlusses aus der Schlußbestimmung des § 22 Abs. 1 Halbs. 2 AufwG. bejaht werden, weil der Erwerb der

Ehefrau Wei. und des Beklagten erst nach dem 1. Juni 1925 liege, während am angegebenen Ort eine Ausnahme von der Vorschrift des ersten Halbsatzes nur für den Fall zugelassen werde, wenn das Recht vor dem 1. Juni 1925 auf einen nicht zum Kreise der verdächtigen Personen gehörigen Dritten übergegangen sei. Aus dieser Bestimmung, die sich gegenüber der Ausnahmecharakter tragenden Vorschrift des ersten Halbsatzes als eine Wiederherstellung der Regel (des öffentlichen Glaubens des Grundbuchs und der Vorschrift des § 21 Abs. 2) für besondere Unterfälle darstellt, darf nicht die viel weiter greifende Umkehrung gefolgert werden, daß nun in allen Fällen eines erst nach dem 1. Juni 1925 erfolgenden Rechtsübergangs an einen Dritterwerber der öffentliche Glaube des Grundbuchs außer Wirksamkeit gesetzt bleibe. Im Wege des bloßen Umkehrschlusses darf ein Rechtssatz von solcher Tragweite, der alle nach dem 1. Januar 1925 unter den Voraussetzungen des § 22 Abs. 1 Halbs. 1 AufwG. erworbenen Rechte dauernd verdächtig machen und folglich entwerten, damit aber den Realkredit empfindlich beeinträchtigen würde, nur dann aufgestellt werden, wenn sich eine ihn billigende Absicht des Gesetzgebers klar erweisen ließe. Das ist aber nicht der Fall. Auf das Gegenteil weist die Erwägung hin, daß sich aus solcher Auslegung der Schlußworte des § 22 Abs. 1 AufwG. eine zeitlich unbegrenzte Einschränkung des öffentlichen Glaubens des Grundbuchs ergäbe, die auch mit der Außerkraftsetzung der allgemeinen Vorschrift des § 22 Abs. 2 — vgl. § 19 des Grundbuchbereinigungsgesetzes vom 18. Juli 1930 — nicht ihr Ende erreichte. Wenn aber für Fälle des § 22 Abs. 1 AufwG. eine dem § 19 des Gesetzes vom 18. Juli 1930 entsprechende Vorschrift nicht erlassen worden ist, so liegt darin ein Fingerzeig dafür, daß jedenfalls der Gesetzgeber von 1930 den Schlußsatz des § 22 Abs. 1 nicht dahin verstanden hat, daß nach ihm in Fällen verdächtigen Rechtserwerbs im Sinne des ersten Halbsatzes eine Einschränkung des öffentlichen Glaubens des Grundbuchs über Ende 1931 hinaus in Betracht komme.

Der Rechtserwerb des Beklagten fällt jedoch, ebenso wie der der Ehefrau Wei., in die Zeit, für welche die Vorschrift des § 22 Abs. 2 AufwG. gilt, daß der Eintragung des Aufwertungsbetrags an der bisherigen Rangstelle der öffentliche Glaube des Grundbuchs und die Vorschrift des § 21 Abs. 2 das. nicht entgegenstehe. Diese ihrem Wortlaute nach den Anspruch der Klägerin auch dem Beklagten gegenüber rechtfertigende Vorschrift mit den Vorinstanzen auf den Streitfall anzuwenden, könnte nur insofern einem Bedenken begegnen, als hier die Hypothek der Klägerin schon vor dem Rechtserwerb der Ehefrau Wei. und des Beklagten mit ihrem Aufwertungsbetrag, aber freilich nach § 22 Abs. 1 AufwG. mit unrichtigem Range, wieder zur Eintragung gelangt war. Es entsteht also die Frage, ob durch die Vorschrift des § 22 Abs. 2 die Aufwertung einer gelöschten Papiermarkhypothek gegen den öffentlichen Glauben des Grundbuchs und gegen die Rangbestimmung des § 21 Abs. 2 nicht nur bis zu einer Wiedereintragung im Grundbuch überhaupt, sondern bis zur sachlich richtigen Wiedereintragung, namentlich auch mit richtigem Range, gesichert wird. Im Urteil des erkennenden Senats vom 14. Juni 1930 (V 4/30, AufwRspr. 1930 S. 488 [490]) ist ausgeführt, daß die Vorschrift des § 22 Abs. 2 AufwG. nur solche Aufwertungsgläubiger, die nicht mehr im Grundbuche ständen, deren Rechte aber auf Grund des Aufwertungsgesetzes wieder einzutragen seien, vor einer Benachteiligung durch den öffentlichen Glauben des Grundbuchs schützen wolle; daß dagegen, wenn das gelöscht gewesene Recht wieder eingetragen sei, diese Eintragung den Schutz des öffentlichen Glaubens nach den allgemeinen Grundsätzen genieße (vgl. RG. in JW. 1926 S. 2380; AufwRspr. 1927 S. 297 [302]). Eine Nachprüfung ergibt jedoch, daß sich der hier ausgesprochene Satz in dieser Allgemeinheit nicht aufrechterhalten läßt. Er trifft zwar zu und ist zu bestätigen für solche Änderungen der ersten Wiedereintragung, die nach Vorschriften des allgemeinen bürgerlichen Rechts erfolgen; ihnen gegenüber tritt von der ersten Wiedereintragung der Aufwertungshypothek ab der Schutz des öffentlichen Glaubens des Grundbuchs wieder voll in Kraft. Nicht dagegen kann dies auch gelten gegenüber der Richtigstellung von aufwertungsrechtlichen Unrichtigkeiten der ersten Wiedereintragung. Wenn die Vorschrift des § 22 Abs. 2 AufwG. dem Aufwertungsgläubiger Schutz gegen zwischenzeitliche Eintragungen gewähren will, so muß davon ausgegangen werden, daß sie nach dieser Richtung vollen Schutz bezweckt und die gesetzliche Aufwertung in ihrem ganzen Umfange gegen Rechtserwerbe aus der Zeit nach dem 30. Juni 1925 zur Durchführung bringen will. Die Vorschrift des § 22 Abs. 2 soll die sachlich richtige Aufwertungseintragung sichern. Dafür spricht namentlich auch der Wortlaut des Gesetzes, der, wenn er von der Eintragung „des" Aufwertungsbetrags spricht, offensichtlich den richtigen Aufwertungsbetrag im Auge hat, und wenn er die Eintragung „an der bisherigen Rangstelle" sichern will, von seinem Geltungsbereiche die nachträgliche Berichtigung einer ersten unrichtigen Rangeintragung nicht ausschließt. Eine Beschränkung der Schutzbestimmung auf die erste, sei es auch unrichtige, Eintragung der Aufwertung läßt sich dem Gesetze nicht entnehmen (vgl. auch von der Trenck in JW. 1931 S. 2682). Hiergegen läßt sich im Hinblick auf die beschränkte Geltungsdauer der Vorschrift des § 22 Abs. 2 auch nicht einwenden, daß mit der Erstreckung ihrer Anwendbarkeit auf nachträgliche aufwertungsrechtliche Grundbuchberichtigungen der Schutz des öffentlichen Glaubens des Grundbuchs ungebührlich eingeschränkt werde.

Hiernach gebot sich die Zurückweisung der Revision, ohne daß es einer Prüfung der Gutgläubigkeit des Beklagten und eines Eingehens auf die Frage bedurfte, ob etwa einem gutgläubigen Erwerbe der Ehefrau Wei. der Umstand entgegengestanden hätte, daß sie selbst zu dem Kreise der nach § 22 Abs. 1 AufwG. verdächtigen Personen gehörte.

---

70. Darf in Preußen eine Gemeinde ihre Einwilligung zu einer bei der staatlichen Behörde beantragten Bauerlaubnis von Bedingungen wirtschaftlicher Art abhängig machen und insbesondere mit dem Antragsteller Vereinbarungen über die Abtretung der zu Straßen und Plätzen benötigten Grundflächen treffen?

Preuß. Fluchtliniengesetz vom 2. Juli 1875 (GS. S. 561) — FlLG. — §§ 8, 11, 13. Preuß. Ministerial-Erlaß vom 15. Februar 1887 (Preuß. MinBl. für die innere Verwaltung S. 70). BGB. § 138.

VI. Zivilsenat. Urt. v. 26. Oktober 1931 i. S. Stadtgemeinde Berlin (Kl.) w. A. AG. (Bekl.). VI 285/31.

I. Landgericht I Berlin.
II. Kammergericht daselbst.

Die Beklagte ist Eigentümerin eines Hausgrundstücks in der B.-straße in Berlin, in dem sie ein Weinrestaurant betreibt. Es befinden sich dort Vorgärten, und zwar hat die Beklagte das ebenfalls in ihrem Eigentum stehende, etwa 11 Meter breite Vorgartengelände erhöht, um es als Restaurant-Terrasse mit zu ihrem Betriebe zu benutzen. Am 22. Juni 1910 reichte die Beklagte einen Plan zur Überdachung der Terrasse mit Zeltleinwand unter Verwendung von Tragsäulen beim Polizeipräsidium in Berlin zur Genehmigung ein. Dieses Gesuch gelangte unter Vermittlung der städtischen Baupolizei an den Magistrat der klagenden Stadtgemeinde zur Äußerung. Die Stadt plante damals eine Verbreiterung der B.-straße; die neue Straßenlinie sollte in einer Entfernung von 6,66 Meter parallel zur Bauflucht verlaufen. Es fanden dann zwischen den Vertretern der Beklagten und denen der Stadt Verhandlungen statt, die zu einer Einigung dahin führten, daß sich die Beklagte zur sofortigen lastenfreien Auflassung des über 6,66 Meter hinausragenden Geländes sowie auf Verlangen des städtischen Tiefbauamts auch zu dessen Übergabe und Freilegung verpflichtete, während der Magistrat seine Einwilligung zur Überdachung der ganzen Terrasse versprach. Diese Verpflichtung der Beklagten wurde am 18. Juli 1910 zur Niederschrift des städtischen Urkundsbeamten in der Weise erklärt, daß der Vertreter der Beklagten ein Angebot zur Auflassung, Übergabe und Freilegung machte „wenn uns (der Beklagten) die Erlaubnis zur Überdachung der Terrasse vor den genannten Grundstücken erteilt wird". Dieses Angebot nahm ein Bevollmächtigter der Klägerin in derselben Urkunde an. Unter Mitteilung der von der Beklagten eingegangenen Verpflichtung erklärte die städtische Polizei-Verwaltung die Genehmigung zur Überdachung der Terrasse in einem Schreiben an das Polizeipräsidium vom 26. Juli 1910, worauf dieses unter dem 30. Juli 1910 die baupolizeiliche Erlaubnis erteilte und in die darüber ausgestellte Urkunde auch die erwähnte Verpflichtung der Beklagten aufnahm. Später, nach Behauptung der Klägerin im Jahre 1925, wurde die Straßenflucht anderweit 8,66 Meter vor der Bauflucht festgesetzt, sodaß den Anliegern und der Beklagten 2 Meter mehr an Vorgärten verblieben, als im Jahre 1910 vorgesehen war.

Mit der Klage fordert die Klägerin die Verurteilung der Beklagten, ihr von dem näher bezeichneten Grundstück einen an der Straße gelegenen Streifen von etwa 2,10 Meter Breite des jetzigen Vorgartens, der über 8,66 Meter von der Bauflucht hinaus liege, aufzulassen, zu übergeben und freizulegen. Die Beklagte wendet u. a. ein, es sei nicht zulässig und verstoße gegen die guten Sitten, daß die Klägerin ihre Zustimmung zu der von der Beklagten erbetenen baupolizeilichen Genehmigung von der Zuwendung privatrechtlicher Vorteile abhängig gemacht habe.

Die Klage wurde in den beiden ersten Rechtszügen abgewiesen. Die Revision der Klägerin führte zur Aufhebung und Zurückverweisung.

Gründe:

Das Kammergericht begründet seine Entscheidung im wesentlichen wie folgt. Die Verpflichtung der Beklagten zur lastenfreien Auflassung des streitigen Geländes stelle eine abstrakte Verpflichtung im Sinne des § 780 BGB. dar. Dem liege jedoch eine Vereinbarung der Parteien zugrunde, wonach sich der Magistrat als Gegenleistung für diese Verpflichtung mit der Genehmigung zur Überdachung der Terrasse einverstanden erklärt habe. Es sei anerkannten Rechtens, daß eine baupolizeiliche Erlaubnis wegen ihrer öffentlichrechtlichen Natur nicht zum Gegenstand einer privatrechtlichen Abmachung gemacht werden könne. Nun sei zwar die von der Beklagten nachgesuchte Bauerlaubnis vom Polizeipräsidenten als Träger der staatlichen Baupolizei erteilt und dieser habe an der Verhandlung vom 18. Juli 1910 und an dem zugrundeliegenden Abkommen nicht teilgenommen. Aber auch die regelmäßig erforderliche Zustimmung zu der Bauerlaubnis bilde einen Hoheitsakt der Klägerin, für den lediglich öffentlichrechtliche Gesichtspunkte maßgebend sein dürften. Die Klägerin handle sittenwidrig, wenn sie sich für die Vornahme einer Amtshandlung sehr erhebliche private Vorteile gewähren lasse. Danach sei die dem Schuldversprechen der Beklagten vom 18. Juli 1910 zugrunde liegende Vereinbarung für unzulässig und sittenwidrig zu erachten und nach § 138 BGB. nichtig. Das somit ohne Rechtsgrund gegebene Versprechen könne die Beklagte nach §§ 812, 817 BGB. zurückfordern, und dieser Anspruch stehe dem Klaganspruch rechtsvernichtend gegenüber.

Der Revision ist stattzugeben. Wäre die Einwilligung der Stadt in die vom Polizeipräsidium ausgesprochene baupolizeiliche Erlaubnis ein dieser rechtlich gleichzusetzender reiner Hoheitsakt, so möchte allerdings der allgemeine Satz anzuwenden sein, daß eine Behörde für die Erfüllung einer amtlichen Aufgabe eine erhebliche geldwerte Vergütung nur insoweit beanspruchen darf, als das gesetzlich zugelassen ist (vgl. RGZ. Bd. 132 S. 178 und das gerade den Fall der Bauerlaubnis behandelnde Urteil RGZ. Bd. 51 S. 417, besonders

S. 421/422). Allein das Kammergericht hat die rechtliche Bedeutung der von der Stadt erforderten und abgegebenen Erklärung vom 26. Juli 1910 verkannt. Die Revision behauptet — und, soviel zu ersehen, besteht unter den Beteiligten darüber kein Zweifel — daß die Baufluchtlinie unter Freilassung eines Vorgeländes in der B.-straße seit langer Zeit feststeht (vgl. § 1 Schlußsatz, § 11 FlLG). Schon aus diesem Grunde hätte die Erlaubnis zur Bebauung des Vorgartens versagt werden können. Der Klägerin lag aber noch besonders daran, den Teil des Vorgartens von der Bebauung freizuhalten, den sie bei der beabsichtigten Veränderung der Straßenfluchtlinie als Straßenland gebrauchen würde (§ 11 Satz 2, § 13 FlLG.). Wie weit der Plan zur Veränderung der Straße im Jahre 1910 schon fortgeschritten war, hat der Berufungsrichter nicht festgestellt. Zur sicheren Beurteilung der Sach- und Rechtslage hätte es jedoch der Aufklärung namentlich darüber bedurft, ob der Plan zur Verlegung der Straßenfluchtlinie schon im Sinne des § 8 FlLG. offengelegt worden und damit die im § 11 das. verordnete Baubeschränkung in Kraft getreten war. Aber schon die Aufstellung des neuen Fluchtlinienplans berechtigte die Klägerin, mit den Anliegern privatrechtliche Verträge abzuschließen, die den Erwerb der zur Straße bestimmten Grundflächen zum Ziele hatten (RGZ. Bd. 56 S. 4 und RGUrt. v. 8. Juli 1912 VI 556/11). Das Kammergericht will der Klägerin das freie Vertragsrecht deshalb absprechen, weil als Gegenleistung für das Schuldversprechen der Beklagten eine Amtshandlung der Stadt vereinbart und gewährt worden sei. Dem ist nicht beizutreten, auch wenn man mit dem Berufungsgericht den § 11 FlLG. für anwendbar hält. Die Baubeschränkung in § 11 Satz 1 steht im inneren Zusammenhange mit Satz 2 das., wonach die Gemeinden das Recht erhalten, die für Straßen und Plätze bestimmten Grundflächen nötigenfalls im Wege der Enteignung (§§ 13, 14 des Gesetzes) zu erwerben (RGZ. Bd. 69 S. 68, Bd. 128 S. 29, vgl. auch Bd. 132 S. 69). Danach hat die Baubeschränkung den Zweck, den Gemeinden in ihrem wirtschaftlichen Interesse den Erwerb des in den künftigen Straßenzug fallenden Geländes zu erleichtern oder dabei wenigstens Erschwerungen zu verhindern (OVG. Bd. 69 S. 396; Saran Bem. 2 und 3 zu § 11 FlLG.; von Strauß und Torney Bem. 2 zu § 11 FlLG.). Nun gehört die Entscheidung über Baugesuche in Berlin zur Zuständigkeit des Polizeipräsidiums. Eine Mitwirkung der Stadt Berlin hierbei ist im Gesetze nicht vorgesehen. Erst ein allgemeiner Erlaß der Minister des Innern und der öffentlichen Arbeiten vom 15. Februar 1887 (Preuß. MinBl. für die innere Verwaltung S. 70) hat zu § 11 FlLG. (vgl. § 20 das.) angeordnet, daß die Polizeibehörden in eine Prüfung derartiger Baugesuche erst dann eintreten sollen, wenn die Einwilligung der Gemeinde zu dem beabsichtigten Bau nachgewiesen wird. Wie der Ministerial-Erlaß im Abs. 1 hervorhebt, verfolgt die Vorschrift im § 11 Satz 1 FlLG. den Zweck, die Gemeinden dagegen zu schützen, daß der Wert der zu Straßenzwecken bestimmten Grundstücke durch bauliche Veränderungen gesteigert werde und so die Gemeinden genötigt würden, bei der demnächstigen Abtretung des Geländes höhere Entschädigungen zahlen zu müssen, als im Zeitpunkt der Fluchtlinienfestsetzung erforderlich gewesen wäre. Hieraus folgt, daß die Einholung der Zustimmung der Gemeinden zu den Baugesuchen aus dem Grunde angeordnet wurde, damit sie ihre wirtschaftlichen und finanziellen Belange wahren könnten. Bei Erteilung oder Verweigerung der Zustimmung hatte die Klägerin in ihrer Eigenschaft als Trägerin von Vermögensrechten zu handeln. Es liegt also im Rahmen des Gesetzes und der dazu erlassenen ministeriellen Anordnungen und ist rechtlich an sich nicht zu beanstanden, daß die Klägerin ihre Einwilligung zu der von der Beklagten beantragten Bauerlaubnis von Bedingungen wirtschaftlicher Art abhängig machte.

Das Berufungsurteil kann daher mit der bisherigen Begründung nicht aufrechterhalten werden. Es wird aber zu prüfen sein, ob sich etwa die Klägerin unter Mißbrauch der ihr zustehenden obrigkeitlichen Gewalt oder ihrer Machtstellung übermäßige Vorteile verschafft hat, und ob deshalb ein Verstoß gegen § 138 BGB. in Frage kommt (vgl. auch Abs. 3 des Ministerial-Erlasses vom 15. Februar 1887).

---

71. Macht das Fehlen des Gerichts- oder Dienstsiegels auf dem übergebenen verschlossenen Briefumschlag, dessen Inhalt der gesetzlichen Vorschrift entspricht, die Zustellung unwirksam?

ZPO. §§ 194, 211.

II. Zivilsenat. Urt. v. 27. Oktober 1931 i. S. N. Vereinsbank eingetr. Gen. mbH. (Kl.), Streitgeh. der Preußische Staat, w. K. (Bekl.). II 329/31.

I. Landgericht III Berlin.
II. Kammergericht daselbst.

Der Beklagte, der als Aussteller und erster Girant dreier Wechsel auf Zahlung der Wechselsummen nebst Protestkosten in Anspruch genommen wurde, machte — abgesehen von sachlichen Einwendungen — geltend: der Wechsel-Zahlungsbefehl, mit dem das Verfahren eröffnet wurde, sei nicht ordnungsgemäß zugestellt, denn auf dem ihm übergebenen Briefumschlag — der dem Gericht vorgelegt wurde — habe entgegen der Vorschrift des § 211 ZPO. das Gerichtssiegel gefehlt. Das Landgericht hat auf Grund dieses Einwands die Klage abgewiesen. Hiergegen hat der Preußische Staat (Justizfiskus) als Streitgehilfe der Klägerin erfolglos Berufung eingelegt. Auf seine Revision wurde das Berufungsurteil samt dem ersten Urteil aufgehoben und die Sache an das Landgericht zurückverwiesen.

Gründe:

Das Berufungsgericht führt in Übereinstimmung mit dem ersten Richter aus: Die Klage sei ohne Eingehen auf die Sache selbst wegen Mangels einer Prozeßvoraussetzung, nämlich der ordnungsmäßigen Zustellung des an Stelle der Klagschrift stehenden Zahlungsbefehls, abzuweisen. Der Verschluß des bei der Zustellung von Amts wegen nach § 211 ZPO. dem Gerichtswachtmeister oder der Post auszuhändigenden Briefumschlags mit dem zu übergebenden Schriftstück durch das Gerichtssiegel sei ein derart wesentliches Erfordernis einer gültigen Zustellung, daß sein Fehlen die Zustellung schlechthin unwirksam mache. Der Mangel sei auch nicht nachträglich geheilt worden. Die Revision mußte Erfolg haben, weil dieser Annahme im vorliegenden Falle nicht zugestimmt werden kann.

Das Wesen der Zustellung besteht, wie § 170 Abs. 1 ZPO. sagt, in der Übergabe einer Ausfertigung oder einer beglaubigten Abschrift des zuzustellenden Schriftstücks. Zuzustellen, und zwar nach § 693 Abs. 1 ZPO. von Amts wegen zuzustellen waren von dem Zahlungsbefehl als einer richterlichen Entscheidung eine Ausfertigung, von den ihm zugrunde liegenden Wechselurkunden beglaubigte Abschriften. Der Beklagte bestreitet nicht, daß er diese Urkunden in gesetzmäßiger Gestalt in dem ihm übergebenen Briefumschlag erhalten habe; da er nur einen äußerlichen Mangel des Briefumschlags rügt, muß angenommen werden, daß der Inhalt mangelfrei war. Der Beklagte hat also unbestrittenermaßen erhalten, was ihm durch den Zustellungsvorgang zu übergeben war.

Nun schreibt das Gesetz auch vor, wie die Zustellung auszuführen sei; diese Vorschriften bezwecken die Sicherung der Übergabe des Erforderlichen und die Sicherung des Beweises der Übergabe. Deshalb mag man mit RGZ. Bd. 124 S. 22 (26) die Zustellung im Sinne der Zivilprozeßordnung auch als die „beurkundete Übergabe" bezeichnen. Beides, Übergabe und Beweis, ist hier vollkommen erreicht worden; der Beklagte hat, wie gezeigt, nicht nur die Schriftstücke, die ihm zu übergeben waren, zugestellt erhalten, sondern es ist auch der Beweis der Übergabe hergestellt worden. Denn die Postzustellungsurkunde, die über die am 27. Oktober 1930 erfolgte Übergabe unter Benutzung des gebräuchlichen Vordrucks aufgenommen wurde, bezeugt nach Maßgabe dieses Vordrucks, daß ein mit dem Dienstsiegel verschlossener Brief mit der Anschrift des Beklagten in seiner Abwesenheit an eine in seiner Familie dienende, mit Namen bezeichnete Person übergeben und daß der Tag der Übergabe auf dem Umschlag vermerkt worden ist. Es hat also nicht bloß der Urkundsbeamte der Geschäftsstelle, der die Zustellung einleitete, übersehen, daß auf dem der Post übergebenen Briefumschlag das Gerichtssiegel fehlte, sondern auch der Postbeamte, der die Zustellung ausführte, hat dies nicht bemerkt; sonst hätte er den Briefumschlag zur Ergänzung zurückgeben müssen. Die äußerlich mangelfreie und daher nach § 418 Abs. 1 ZPO. den vollen Beweis der darin bezeugten Tatsachen begründende Urkunde leidet an dem inneren Mangel, daß die Beurkundung in Ansehung des Vorhandenseins des Gerichtssiegels unrichtig war. Der nach § 418 Abs. 2 zulässige Gegenbeweis ist durch Vorlegung des Umschlags erbracht worden. Das Erfordernis der Anbringung des Gerichtssiegels zum Verschluß des Umschlags, wie es § 211 ZPO. für die Amtszustellung (entsprechend dem § 194 ZPO. für die Postzustellung im Parteibetrieb) vorschreibt, kann jedoch nur für die Beweisfunktion des vorgeschriebenen Hergangs bei der Zustellung als unerläßlich gelten. Insoweit trifft es zu, daß dem Gerichtsvollzieher wie dem Urkundsbeamten der Gebrauch des Dienst- oder Gerichtssiegels zum Verschluß des Briefumschlags zwingend vorgeschrieben ist und daß ebenso der Postzustellungsbeamte, der den Übergabeakt vornimmt, nach § 195 Abs. 2 ZPO., auf den § 212 verweist, in der Zustellungsurkunde den Briefumschlag auch „seinem

Verschlusse nach" bezeichnen, d. h. bezeugen muß, er sei vorschriftsmäßig durch das dienstliche Siegel (nicht etwa bloß durch einen gewöhnlichen Klebverschluß oder sonstwie) verschlossen gewesen. Nur so kann zweifellos durch die Zustellungsurkunde der Beweis geführt werden, daß der übergebene Briefumschlag auch wirklich den Inhalt hatte, der ihm vom Gerichtsvollzieher oder Urkundsbeamten bei ihrer den Zustellungshergang einleitenden Tätigkeit gegeben und der in der hierüber ausgefertigten Urkunde oder in dem dazu aufgenommenen Aktenvermerk bezeugt ist. Aber es geht zu weit, die Zustellung derart als Formalakt zu betrachten und zu behandeln, daß dieses rein äußerliche Sicherungsmittel einer gegenständlich richtigen Übergabe auch dann über die Gültigkeit der Zustellung entscheiden soll, wenn feststeht, daß in einem amtlichen Briefumschlag mit gewöhnlichem Verschluß der richtige Inhalt übergeben worden ist, wie das hier zutrifft. Das Reichsgericht, das, soviel festzustellen war, diesen Fall noch nicht entschieden hat, lehnt seit langem die Meinung ab, daß jeder Verstoß gegen Vorschriften, die im Gesetz in der Form „muß", „ist" oder „hat" als zwingendes Gebot an den handelnden Beamten auftreten, die Zustellung ohne weiteres nichtig mache (RGZ. Bd. 17 S. 403, S. 411, Bd. 52 S. 11, Bd. 124 S. 22 [27]; Urt. vom 23. November 1900 III 239/1900). So wird in ständiger Rechtsprechung die Unterlassung der Übergabe einer Abschrift der Zustellungsurkunde oder ein in der Abschrift vorhandener Mangel nicht als Hindernis für die Gültigkeit der Zustellung angesehen, wiewohl nach § 190 Abs. 3 ZPO. eine durch den Gerichtsvollzieher beglaubigte Abschrift der Zustellungsurkunde mit dem zuzustellenden Schriftstück zu übergeben „ist" und nach § 195 Abs. 2 das. die Zustellungsurkunde des Postboten die Übergabe einer Abschrift der Zustellungsurkunde bezeugen „muß" (vgl. Stein-Jonas ZPO. § 190 III und die in Note 9 dazu angeführten Urteile). Entsprechend bewirkt auch bei der Amtszustellung die Unterlassung der nach § 212 ZPO. („zu vermerken ist") vorgeschriebenen Angabe des Zustellungstages auf dem Briefumschlag nicht die Ungültigkeit der Zustellung (JW. 1908 S. 277 Nr. 16; RGUrt. vom 6. Februar 1919 IV 360/18; Beschluß vom 13. Dezember 1929 V B 3/29). Insoweit handelt es sich freilich nur um eine den Übergabeakt begleitende, dem Beweisbedürfnis des Zustellungsempfängers Rechnung tragende Maßnahme. Es sind aber im wesentlichen praktische Gründe, die diese Rechtsprechung veranlaßt haben, und solche liegen auch hier vor. Auch Mängel in den den Zustellungsvorgang bis zur Übergabe begleitenden und bezeugenden Urkunden sind, wenn der Beweis der richtigen Übergabe sonstwie geführt werden konnte, je nach ihrer Art als für die Gültigkeit des Zustellungsaktes unerheblich behandelt worden (anders allerdings nach dem Beschluß RGZ. Bd. 124 S. 22 das Fehlen einer Unterzeichnung der Zustellungsurkunde). Schon ehe auf Grund der Novelle vom 17. Mai 1898 der jetzige, für Ersatzzustellungen bei Ladungen (auch bei solchen in Verbindung mit Klageschriften, RGZ. Bd. 123 S. 204) gültige § 187 ZPO. Gesetz geworden ist, hat die Rechtsprechung bei der Ersatzzustellung gewissen unrichtigen Beurkundungen in der Zustellungsurkunde nicht die Wirkung beigelegt, daß sie die Nichtigkeit des Zustellungsaktes begründeten, wenn nämlich der Fehler nach seiner konkreten Bedeutung unwesentlich und der Zweck der Zustellung, die Übergabe des betreffenden Schriftstücks, vollständig und rechtzeitig erreicht war (RGZ. Bd. 17 S. 403). Auch neuere Urteile halten an der Gültigkeit des Zustellungsaktes in solchen Fällen fest, wo zwar die Zustellungsurkunde in der Bescheinigung der Eigenschaft des Übergabeempfängers als des gesetzlichen Zustellungsadressaten (§ 171 ZPO.), in der Bezeichnung des Ersatzzustellungsempfängers oder in der Angabe des Grundes einer Ersatzzustellung unrichtig ist, wo aber auf andere Weise ein tatsächlich richtiger Zustellungsakt dargetan werden kann (RGZ. Bd. 109 S. 265; WarnRspr. 1917 Nr. 185; RGUrt. vom 16. Juni 1930 VIII 566/29). Beweise zur Erhärtung eines tatsächlich richtigen Zustellungsvorgangs werden zugelassen.

Dann ist aber kein Grund vorhanden, warum bei Übergabe der richtigen Schriftstücke in dem Briefumschlag, dessen Übergabe in einer dem Gesetz entsprechenden Urkunde bezeugt ist, das Fehlen des nur zur Sicherung solcher Übergabe anzubringenden Dienst- oder Gerichtssiegels auf dem Umschlag die richtige Übergabe vor dem Gesetz als nicht geschehen sollte erscheinen lassen. Ein derart übertriebener Formalismus, dem der Gesetzgeber schon durch die Einfügung des § 187 ZPO. entgegentrat, ist nicht zuzulassen; das verstieße gegen die Grundauffassung des erkennenden Senats, die von den übrigen Zivilsenaten geteilt wird, daß die Formvorschriften der Zivilprozeßordnung dem Schutze des sachlichen Rechts, nicht aber seiner Vereitelung dienen sollen (RGZ. Bd. 123 S. 204 [206]). Daß es sich um eine gerichtliche Zustellung handle, wird dem Zustellungsempfänger nicht erst durch den Inhalt, sondern schon durch den Aufdruck des Briefumschlags kundgetan, namentlich durch den im § 211 Abs. 1 ZPO. zwingend vorgeschriebenen Vermerk „Vereinfachte Zustellung".

Die Zustellung des Zahlungsbefehls war sonach wirksam. Demgemäß ist die Sache unter Aufhebung beider Vorentscheidungen in sinngemäßer Anwendung des § 538 Abs. 1 Nr. 2 ZPO. an das Landgericht zurückzuverweisen, das nunmehr über die übrigen Einwendungen des Beklagten zu entscheiden haben wird (RGZ. Bd. 70 S. 179, Bd. 123 S. 194 [201 flg.]).

---

72. Wie gestaltet sich die Verstempelung einer Bürgschaftsurkunde, wenn die Bürgschaft für einen unbezifferten und unbegrenzten Betrag übernommen wird?

Preuß. Stempelsteuergesetz vom 27. Oktober 1924 §§ 3, 6, 7, Tarifstellen 15, 18 Nr. 2.

VII. Zivilsenat. Urt. v. 30. Oktober 1931 i. S. Preuß. Staat (Bekl.) w. D. Bank u. Di.-Gesellschaft (Kl.). VII 3/31.

I. Landgericht Düsseldorf.
II. Oberlandesgericht daselbst.

Die Zweigniederlassung der D. Bank in D. hatte der Firma H. St. daselbst Kredit gewährt. Durch ein an die Bank gerichtetes Schreiben vom 18. Februar 1929 leistete die Firma St. & Co. Gesellschaft mbH. in D. Bürgschaft für die Verbindlichkeiten der Firma H. St. Der grundlegende erste Satz der Urkunde, bei welcher ein Vordruck benutzt wurde, lautet:

Für alle Forderungen, welche Ihnen oder irgendeiner anderen Stelle der D. Bank gegen die Firma H. St. in D. aus der Gewährung von Krediten in irgendwelcher Form oder Art, aus Wechsel- oder sonstigen Geschäften oder überhaupt aus irgendeinem Rechtsgrunde, insbesondere auch aus laufender Rechnung jetzt oder künftig zustehen mögen, übernehmen wir hierdurch die Bürgschaft als Selbstschuldner, und zwar bis zu einem Kapitalbetrage von Reichsmark unbegrenzt zuzüglich Zinsen, Schäden, Provisionen und Kosten, auch soweit solche durch Saldofeststellung im Kontokorrent Kapitalschuld geworden sind.

Das Finanzamt in D. stellte fest, daß die Forderung der Bank gegen die Firma H. St. am 18. Februar 1929 den Betrag von 6318,54 RM. erreicht hatte, und erhob für die Urkunde bei Anwendung der Tarifst. 15 Abs. 1 des preußischen Stempelsteuergesetzes vom 27. Oktober 1924 einen Stempel von $1/_{10}$ v. H. dieser Summe, aufgerundet nach § 11 StStG. auf 6,50 RM. Die Klägerin meint, es werde nur der in Abs. 4 der Tarifst. 15 vorgesehene Feststempel von 1,50 RM. geschuldet. Demgemäß verlangt sie, in abgetretenen Rechten der Firma St. & Co. GmbH. klagend, Rückzahlung von 5 RM. nebst Zinsen.

Der Beklagte unterlag in allen drei Rechtszügen.

Gründe:

Das Berufungsgericht legt zunächst dar, daß der für die Beurkundung einer Sicherstellung von Rechten zu erhebende Stempel nach Tarifst. 15 Abs. 3 StStG. in keinem Falle den für die Beurkundung des sicherzustellenden Rechts zur Erhebung gelangenden Stempel übersteigen dürfe und daß dabei gemäß § 3 StStG. das letztere Recht für die Stempelberechnung nur insoweit zu beachten sei, als sich sein Inhalt aus der zu versteuernden Urkunde ergebe. Deshalb dürfe — so erwägt der Vorderrichter weiter — auch in die zu konstruierende Urkunde über das sichergestellte Recht nicht mehr über dieses Recht aufgenommen werden, als in der Urkunde über die Sicherstellung enthalten sei. Im gegebenen Falle würde somit die Urkunde über das sicherzustellende Recht dahin gelautet haben, daß sich die Firma H. St. verpflichte, einen von der Klägerin oder einer ihrer Zweigstellen ihr eingeräumten Kredit irgendwelcher Form oder Art zurückzuzahlen. Eine solche Urkunde würde nur eine selbstverständliche Folge der Kreditgewährung hervorheben; sie wäre nicht nach Tarifst. 14 zu verstempeln, weil der Begriff der Schuldverschreibung im Sinne des Stempelsteuergesetzes nur dann erfüllt sei, wenn die Verpflichtung zur Zahlung einer bestimmten Geldsumme urkundlich übernommen werde; allenfalls würde sie den Vertragstempel von 3 RM. (Tarifst. 18 Nr. 2 StStG.) erfordern, wenn sie nicht überhaupt keinem Stempel unterläge. Sonach sei in Höhe von 3,50 RM. der Rückforderungsanspruch schon wegen der Vorschrift der Tarifst. 15 Abs. 3 begründet. Des weiteren ergebe sich aus dem Grundsatz des § 3 StStG., daß hier eine Verstempelung nach Tarifst. 15 Abs. 1 in

Höhe von $1/_{10}$ v. H. „des Wertes der sichergestellten Rechte" nicht etwa um deswillen erfolgen dürfe, weil zur Zeit der Ausstellung der Urkunde vom 18. Februar 1929 bereits ein Kredit zum Betrage von 6318,54 RM. gewährt gewesen sei. Vielmehr liege nach dem Inhalt der Urkunde eine Sicherstellung von Forderungen vor, die nicht einmal dem Höchstbetrag nach bestimmt seien. Daher sei Abs. 4 der Tarifst. 15 StStG. anzuwenden, der für den Fall, daß der Wert der sichergestellten Rechte nicht schätzbar ist, einen Feststempel von 1,50 RM. vorschreibe.

Diese Ausführungen stehen zunächst insoweit, als sie sich mit dem 3. Absatz der Tarifst. 15 StStG. befassen, durchaus im Einklang mit der vom Berufungsgericht verwerteten Rechtsprechung des erkennenden Senats. Entscheidend ist hier die Frage, ob bei der rechtlichen Vorstellung von der „Beurkundung des sicherzustellenden Rechts", welche in Wirklichkeit häufig nicht stattfinden wird, auch Umstände mit herangezogen werden dürfen, die sich aus der Urkunde über die Sicherstellung nicht ergeben, oder ob dies nach dem Grundsatz des § 3 Abs. 1 StStG. unstatthaft ist. Der erkennende Senat hat in seinen Urteilen vom 5. Juli 1927 (RGZ. Bd. 117 S. 398) und vom 20. September 1929 (JW. 1930 S. 2706 Nr. 34) deutlich zum Ausdruck gebracht, daß er die letztere Ansicht teilt. Zwar handelte es sich in jenen beiden Fällen um Bürgschaftsleistungen bis zu einem bestimmten Höchstbetrage, während durch die hier in Rede stehende Urkunde eine Bürgschaft bis zu einem unbegrenzten Kapitalbetrage übernommen wurde; dieser Unterschied hat jedoch für die vorstehend gestellte Frage keine Bedeutung. Da sich aus der Urkunde vom 18. Februar 1929 nichts darüber entnehmen läßt, ob und gegebenenfalls in welcher Höhe damals schon Forderungen der D. Bank gegen die Firma H. St. bestanden haben, so kann bei Festhaltung der in jenen Urteilen des Senats vertretenen Meinung kein Zweifel darüber obwalten, daß eine Berücksichtigung des anderweit auf 6318,54 RM. ermittelten Forderungsbetrags mit dem Berufungsrichter abzulehnen ist.

Die Revision macht demgegenüber geltend, nach § 6 Abs. 1 und § 7 StStG. sei es möglich und geboten gewesen, die Höhe der bei Ausstellung der Urkunde bereits bestehenden Forderungen festzustellen und der Verstempelung zugrunde zu legen, indem man diese Zahl mit in die zu fingierende Schuldurkunde einsetzte. In § 6 Abs. 1

a. a. O. wird der allgemeine Grundsatz ausgesprochen, daß die Ermittlung des Wertes eines Gegenstandes zum Zwecke der Berechnung der Stempelsteuer auf den gemeinen Wert desselben zur Zeit der Beurkundung des Geschäfts zu richten sei, und § 7 a. a. O. gibt nähere Vorschriften über das amtliche Ermittlungsverfahren. Die Revision übersieht indes bei ihrem Vorbringen, daß offensichtlich die allgemeine Anordnung im § 6 Abs. 1 und demzufolge die Bestimmungen über das Ermittlungsverfahren im § 7 nur dann eingreifen, wenn keine der in den übrigen Absätzen des § 6 enthaltenen Sondervorschriften über die Wertermittlung anwendbar ist. Nun bestimmt aber der 3. Absatz des § 6 StStG.:

> Bei Geldforderungen ist der aus der stempelpflichtigen Urkunde ersichtliche Geldbetrag, bei Kurs habenden Wertpapieren der Tageskurs als Wert anzusehen.

Damit gibt das Gesetz deutlich zu erkennen, daß es in Fällen, wo Geldforderungen für die Berechnung der Stempelsteuer maßgebend sind, die Aufnahme des Geldbetrags in die Urkunde voraussetzt. Von anderweitiger Ermittlung der Höhe von Geldforderungen ist dabei keine Rede. Mithin läßt sich dem Gesetze nicht etwa ein Satz des Inhalts entnehmen, daß bei Geldforderungen, deren Betrag aus der stempelpflichtigen Urkunde nicht ersichtlich ist, ein Ermittlungsverfahren nach § 6 Abs. 1 in Verb. mit § 7 stattzufinden hätte. Aus diesen Vorschriften ist also gegen die Stellungnahme des Senats nichts herzuleiten.

Die Revision will im Urteil RGZ. Bd. 96 S. 43 (45) den Ausspruch einer gegenteiligen Meinung finden. Dies ist jedoch nicht der Fall. Damals handelte es sich nicht um Geldforderungen, sondern es war der Wert eines veräußerten Landguts und seines Zubehörs zu ermitteln; demnach sind hier die Erwägungen ohne Belang, aus denen dort der erkennende Senat dargelegt hat, daß Wertangaben nicht zu den im Sinne des § 3 Abs. 1 StStG. den Inhalt der Urkunde bildenden rechtsgeschäftlichen Erklärungen der Beteiligten gehören. Wenn die Revision weiter auf die Grundsätze für die Bemessung des Wertes des Gegenstandes einer Vollmacht (RGZ. Bd. 122 S. 143, Bd. 125 S. 87, Bd. 128 S. 235) hinweist, so ist dem entgegenzuhalten, daß in allen den Fällen, wo sich die Vollmacht nicht auf Geldforderungen allein bezieht, einer Wertermittlung nach § 6 Abs. 1 in Verb. mit § 7 StStG. nichts im Wege steht.

Im vorliegenden Falle ist der Berufungsrichter zu der Annahme gelangt, daß der Wert der durch die streitige Urkunde sichergestellten Rechte nicht schätzbar sei; er hat deshalb den im 4. Absatz der Tarifst. 15 festgesetzten Steuersatz von 1,50 RM. angewendet. Diese Stellungnahme ist gleichfalls zu billigen. Da, wie gezeigt, bei Urkunden über Sicherstellung von Geldforderungen, deren Betrag nicht genannt ist, die Anstellung weiterer Ermittlungen ausgeschlossen ist, so besteht kein Bedenken, hier Unschätzbarkeit anzunehmen. Wenn in den beiden erwähnten Urteilen des Senats vom 5. Juli 1927 und 20. September 1929 der allgemeine Vertragstempel von 3 RM. (Tarifst. 18 Nr. 2 Abs. 1 StStG.) für anwendbar erachtet wurde, so ist hervorzuheben, daß damals kein Anlaß zu der Prüfung bestand, ob etwa nur der in der Tarifst. 15 Abs. 4 das. vorgesehene Steuersatz von 1,50 RM. geschuldet wurde; denn in den beiden Fällen hatten die Klagparteien Rückzahlung der von ihnen entrichteten Steuerbeträge nur insoweit verlangt, als diese 3 RM. überstiegen. Nachdem aber hier die Frage gestellt ist, ob Tarifst. 18 Nr. 2 oder Tarifst. 15 Abs. 4 anzuwenden ist, kann die Entscheidung nur im letzteren Sinne getroffen werden. Denn die Tarifst. 18 Nr. 2 bezeichnet sich durch den im Abs. 1 enthaltenen Zusatz „wenn keine andere Tarifstelle zur Anwendung kommt" als regelmäßig nur hilfsweise anwendbar. Schlägt also Tarifst. 15 Abs. 4 ein, so ist damit die Anwendung von Tarifst. 18 Nr. 2 ausgeschlossen.

Ist hiernach den Darlegungen des Vorderrichters überall beizupflichten, so ist die Revision als unbegründet zurückzuweisen.

---

73. Zur Anwendung von § 27 Abs. 3 des preußischen Stempelsteuergesetzes vom 27. Oktober 1924.

VII. Zivilsenat. Urt. v. 30. Oktober 1931 i. S. Preuß. Staat (Bekl.) w. H. Erben (Kl.). VII 141/31.

I. Landgericht I Berlin.
II. Kammergericht daselbst.

Die Erblasserin der Kläger hatte am 1. März 1926 zu Protokoll des Notars B. in Berlin-Schöneberg ihren beiden Söhnen, den

Mitklägern Franz und Kurt H., und zwar jedem für sich allein, Vollmacht erteilt, sie in allen ihren Angelegenheiten zu vertreten. In der Urkunde war der Satz enthalten: „Den Wert dieser Vollmacht gebe ich gemäß § 38 Nr. 4, § 22 GKG. auf 75000 RM. an." Demgemäß wurde ein Vollmachtstempel in Höhe von 75 RM. verwendet ($^1/_{10}$ v. H. des Wertes des Gegenstandes nach Tarifst. 19 Abs. 1 des preußischen Stempelsteuergesetzes vom 27. Oktober 1924).

Auf Grund einer Nachprüfung der Akten des Notars, die im September 1929 stattfand, forderte das Finanzamt Börse zu Berlin mit Schreiben vom 4. Oktober 1929 eine Nachverstempelung der Vollmachtsurkunde mit 320 RM., indem es mitteilte, das Aktivvermögen der Vollmachtgeberin sei ohne Abzug der Schulden für das Steuerjahr 1925/26 auf 789545 RM. festgestellt worden; die Urkunde erfordere gemäß Tarifst. 19 Abs. 2b StStG. einen Stempel von $^1/_{40}$ v. H. = 197,50 RM. mal zwei (da zwei Vollmachten vorlägen), mithin 395 RM., worauf die gezahlten 75 RM. anzurechnen seien. Die Kläger wandten Verjährung nach § 27 Abs. 3 StStG. ein. Nach erfolgloser Beschreitung des Beschwerdeweges bei den Verwaltungsbehörden erhoben die Kläger Feststellungsklage. Ihrem Antrage entsprechend erklärte das Landgericht die Nachforderung des Beklagten zu der Notariatsurkunde vom 1. März 1926 auf Zahlung von weiteren 320 RM. Stempel für unzulässig. Das Kammergericht wies die Berufung des Beklagten zurück. Auch seine Revision blieb erfolglos.

Gründe:

Der Berufungsrichter hält die Stempelsteuer-Berechnung im Schreiben des Finanzamts vom 4. Oktober 1929 an sich für zutreffend; er ist aber der Meinung, daß nach § 27 Abs. 3 StStG. der Beklagte die ursprüngliche Wertangabe auf 75000 RM nach Ablauf der dreijährigen Frist seit der Beurkundung nicht mehr beanstanden dürfe.

Die Revision rügt Verletzung jener Gesetzesvorschrift. Sie macht geltend, mit der Wertangabe in der Urkunde sei nicht gesagt worden, daß der Wert des Aktivvermögens der Erblasserin auf 75000 RM. anzusetzen sei; nur in diesem Falle würde aber eine Angabe über den Wert des Gegenstandes der Vollmacht vorliegen.

Die Revision kann keinen Erfolg haben. Im 3. Absatz des § 27 StStG., der die Überschrift „Verjährung der Stempelsteuer" trägt, ist verordnet:

Die Beanstandung der Angaben der Steuerpflichtigen über den Wert des Gegenstandes eines Geschäfts ist binnen einer dreijährigen Frist nach der Beurkundung zulässig.

Die Vorschrift ist vom erkennenden Senat in RGZ. Bd. 79 S. 425 einschränkend dahin ausgelegt worden, daß sie nur auf solche Fälle zu beziehen ist, wo ohne eine Angabe der Steuerpflichtigen die Vernehmung von Sachverständigen oder die Anstellung sonstiger Ermittlungen erforderlich werden würde. Ein solcher Fall ist aber hier gegeben. Von den Angaben der Steuerpflichtigen ist auch im § 7 StStG. (besonders Abs. 1 und Abs. 3) und im § 10 Abs. 1 das. die Rede. An allen diesen Stellen des Gesetzes sind offenbar durchaus formlose Erklärungen der Steuerpflichtigen gemeint, die sie der Stempelsteuerbehörde gegenüber sowohl schriftlich wie mündlich abgeben können. So hat in RGZ. Bd. 96 S. 45 der erkennende Senat schon Veranlassung genommen, darauf hinzuweisen, daß die Wertangaben nicht zu den rechtsgeschäftlichen Erklärungen der Beteiligten gehören, die den Inhalt der Urkunde im Sinne des § 3 Abs. 1 StStG. bilden, und daß sie den Staat in keiner Weise binden, sondern ihm die Freiheit der selbständigen Wertermittlung — innerhalb der im § 27 Abs. 3 StStG. bestimmten Frist — belassen. Aus diesen Erwägungen ist zu folgern, daß es durchaus ohne Belang ist, ob die vom Steuerpflichtigen erklärte Wertangabe Aufnahme in die zu versteuernde Urkunde gefunden hat oder nicht. Demnach kann auch im vorliegenden Falle nichts darauf ankommen, daß die Urkunde vom 1. März 1926 eine Wertangabe enthält, und mit welchen Worten diese dort zum Ausdruck gebracht wurde. Der allein maßgebende Vorgang ist die Bekanntgabe der Wertangabe an die Stempelsteuerbehörde, die zweifellos in der Absicht geschah, daß sie als Grundlage für die Berechnung des Vollmachtstempels dienen sollte. Mag diese Bekanntgabe auch im Wege der Vorlegung der die Wertangabe enthaltenden Notariatsurkunde geschehen sein, so hatte dabei doch der Hinweis auf gewisse Vorschriften des preußischen Gerichtskostengesetzes keine Bedeutung mehr. Vielmehr liegt auf der Hand, daß es sich bei der Verhandlung mit der Stempelsteuerbehörde nur um die Festsetzung der zu entrichtenden Stempelsteuer und um nichts anderes handeln konnte. Sonach muß die Absicht der Ausstellerin der Vollmachtsurkunde darauf gerichtet gewesen sein, den Wert des Gegenstandes der Vollmacht anzugeben. Auch wenn bei ihr über die gesetzlichen Bestimmungen wegen der Berechnung des Vollmachtstempels Unklarheit geherrscht haben sollte, so wollte sie mit der Nennung des Betrages von 75000 RM. doch jedenfalls diejenige Summe bezeichnen, nach der sich der Steuersatz zu richten hätte, und das war eben der Wert des Gegenstandes der Vollmacht (Tarifst. 19 Abs. 1 StStG.). Ob bei jener Bezifferung ein tatsächlicher oder rechtlicher Irrtum obgewaltet hat, ist für die Anwendbarkeit des § 27 Abs. 3 StStG. unerheblich; diese Auffassung hat der Senat bereits in dem erwähnten Urteil vom 20. Mai 1919 (RGZ. Bd. 96 S. 44/45) kundgegeben und es besteht kein Anlaß, davon abzugehen. Bei anderer Beurteilung würde auch die genannte Vorschrift nahezu jede Bedeutung einbüßen.

Hiernach besteht kein Bedenken gegen die Annahme, daß die Nennung der Summe von 75000 RM. bei der Stempelsteuerbehörde, auf Grund deren seinerzeit die Stempelabgabe berechnet wurde, als Angabe des Steuerpflichtigen im Sinne des § 27 Abs. 3 StStG. zu gelten hat. Da seit der Beurkundung vom 1. März 1926, die als Fristbeginn vom Gesetze bestimmt ist, mehr als drei Jahre verstrichen waren, bevor das Finanzamt (mit seinem Schreiben vom 4. Oktober 1929) die Angabe beanstandete, so ist diese Beanstandung und somit auch die Steuernachforderung unzulässig. Der auf Feststellung dieser Unzulässigkeit gerichteten Klage ist daher von den Vorinstanzen mit Recht stattgegeben worden.

---

74. 1. Berechtigt das Vorbenutzungsrecht den Vorbenutzer, sich auch diejenige Ausführungsform zu eigen zu machen, die der Patentinhaber in der Patentschrift gezeigt hat?

2. Begründet schon die Anmeldung eines Schutzrechts für den Anmelder ein Vorbenutzungsrecht an dem Gegenstand der Anmeldung?

PatG. § 5.

I. Zivilsenat. Urt. v. 21. Oktober 1931 i. S. A. F. GmbH. (Kl.) w. Firma S. & H. (Bekl.). I 38/31.

I. Landgericht I Berlin.
II. Kammergericht daselbst.

Trifft bei einem Fernamt von außerhalb ein Anruf ein, so vermittelt das Fernamt den Anschluß an das Ortsnetz. Schwierigkeiten treten ein, wenn das Ortsnetz ein selbsttätiges Fernsprechamt ist. Es handelt sich darum, Anschluß an die letzte Verbindungsstufe zum Ortsnetz-Teilnehmer zu gewinnen, also an die Leitungswähler. Früher verwandte man hierzu besondere Fernleitungswähler, über welche das Fernamt den Ortsnetz-Teilnehmer erreichen konnte. Das Patent Nr. 262043 schlägt statt dessen die Verwendung derselben Leitungswähler vor, die für die Ortsverbindungen bestimmt sind. Die Patentansprüche 1 bis 4 dieses der Klägerin mit Wirkung vom 4. August 1911 ab erteilten Patents lauten wie folgt:

1. Schaltungsanordnung zur Herstellung von Fernverbindungen in einem Selbstanschluß-Fernsprechamt, dadurch gekennzeichnet, daß zur Verbindung einer Fernleitung mit einem Teilnehmer des Amtes dieselben Leitungswähler, welche auch zur Vermittlung der Ortsgespräche dienen, in der Weise benutzt werden, daß die den Ortsdienst vermittelnden Stromkreise durch Schaltmittel (Relais usw.), welche den Wählern zum Zwecke der Fernverbindung hinzugefügt, jedoch nur durch den Fernbeamten beeinflußbar sind, derart verändert werden, daß der letztere die etwa bestehende Ortsverbindung ausprüfen und gegebenenfalls eine Auflösung derselben nach Benachrichtigung der Teilnehmer bewirken kann.

2. Schaltungsanordnung nach Anspruch 1, dadurch gekennzeichnet, daß zum Zwecke, dem Ortsteilnehmer die Trennung der Fernverbindung zu ermöglichen, die vom Fernbeamten aus beeinflußbaren Umschaltungsmittel derart angeordnet sind, daß nach Erledigung ihrer Aufgabe (Prüfung und Auflösung des Ortsgesprächs) die normale Auslöseschaltung des Leitungswählers wiederhergestellt ist.

3. Schaltungsanordnung nach Anspruch 1 und 2, dadurch gekennzeichnet, daß der zur Fernverbindung benutzte Wähler zunächst lediglich in normaler Weise auf die gewünschte Teilnehmerleitung eingestellt und erst, wenn hierbei die selbsttätige Durchschaltung zu diesem Teilnehmer nicht erfolgt, eine Hilfsdurchschaltung vom Fernbeamten aus hergestellt wird, zum Zwecke, das bestehende Gespräch zunächst zu prüfen, um dann entweder nach Benachrichtigung der Teilnehmer die Wähler dieser Gesprächsverbindung oder ohne Beeinflussung dieser Verbindung nur den vom Fernamt aus eingestellten Leitungswähler auszulösen.

4. Schaltungsanordnung nach Anspruch 1 bis 3, dadurch gekennzeichnet, daß ein vor Durchschaltung des Leitungswählers an

dem einen Sprechleitungszweig (b_3) liegendes (z. B. durch den letzten Einstellungsstromimpuls ausgeschaltetes) Hilfsrelais (Hb), wenn es vom Fernamt aus mittels Taste (h) oder dergl. erregt wird, den Stromkreis eines zweiten Hilfsrelais (Ha) vorbereitet, welches, wenn es auf gleiche Art erregt wird, einen Auslösestrom über den Prüfarm (III) des Leitungswählers (LW) zum Vorwähler des Teilnehmers bezw. in das Wählersystem der Ortsgesprächsverbindung entsendet.

Die Beklagte hat im Jahre 1921 für ein selbsttätiges Fernsprechamt in Lausanne eine Schaltanlage geliefert, die der von ihr überreichten farbigen Schaltskizze (Abbildung 4) entspricht. Die Klägerin sieht hierin eine Verletzung ihres Patents und hat deshalb Klage erhoben auf Unterlassung, Rechnungslegung und Feststellung der Schadensersatzpflicht.

Die Beklagte hat u. a. eingewandt, ihr stehe ein Vorbenutzungsrecht zu. Denn sie habe bereits vor der Anmeldung des Klagepatents die Veranstaltungen zur Lieferung einer Fernsprechanlage für das selbsttätige Fernsprechamt München II getroffen, entsprechend der Schaltskizze in Abb. 2. Aber darüber hinaus habe sie bereits damals den vollständigen Erfindungsbesitz gehabt und entsprechende Anstalten zur Benutzung der Erfindung getroffen gehabt. In diesem Sinne habe man schon im Oktober 1910 die Verhandlungen in München geführt. Im Anschluß hieran habe ihr damaliger Angestellter M. die beiden dem Briefwechsel der Parteien beigegebenen Zeichnungen gemacht, und auf dieser Grundlage habe der ebenfalls damals bei ihr tätige Professor L. im Juli 1911 den Entwurf einer Patentanmeldung ausgearbeitet, dem die endgültige Anmeldung im August 1911 gefolgt sei.

Über das Vorbenutzungsrecht heißt es in den

Gründen:

Zum Vorbenutzungsrecht, das die Beklagte für sich in Anspruch nimmt, wird in dem — die Klage abweisenden — Berufungsurteil gesagt: Aus den Darlegungen des gerichtlichen Sachverständigen erhelle, daß die Beklagte zur maßgeblichen Zeit eine genügende Erkenntnis des Erfindungsgedankens gehabt habe. Aus dem Anspruch 7 des L.schen Entwurfs ergebe sich bereits, daß „die Ansprüche 1 und 4 des Klagepatents hier vorweggenommen sind". Der Sachverständige betone ausdrücklich, daß auch für den Durchschnittsfachmann zur Zeit der Patentanmeldung dieser Erfindungsgedanke ohne weiteres zu erkennen gewesen sei. Der zeichnerische Teil des L.schen Entwurfs zeige soviel grundsätzliche Einzelheiten, die unverändert in eine Schaltungsanordnung für einen Ortswähler hätten eingebaut werden können. Nur wirtschaftliche Gründe hätten die praktische Ausgestaltung vorläufig gehemmt. Auch sonst seien alle Voraussetzungen eines Vorbenutzungsrechts gegeben. Insbesondere sei nachgewiesen, daß der L.sche Entwurf aus dem Juli 1911 stamme. Es handle sich um Zeichnungen, die für den Betrieb der Beklagten gefertigt worden seien. Man habe beabsichtigt, diese Erfindung durch Patentanmeldung zu sichern und, „sobald die Gelegenheit sich bot", praktisch in Benutzung zu nehmen. Nur „die wirtschaftliche Ausführung" habe sich verzögert, „wie dies bei derartigen, der Postbehörde unterstellten Anlagen natürlich ist". Also sei auch der subjektive Wille vorhanden gewesen, die Erfindung alsbald in Benutzung zu nehmen, und dieser Wille sei genügend zum Ausdruck gelangt.

Mit Grund greift die Revision diese Ausführungen als rechtlich nicht schlüssig an. Aus den von der Beklagten selbst überreichten farbigen Schaltskizzen (Abb. 2 und 3) springt zunächst in die Augen, daß diese beiden als Vorbenutzung bezeichneten Schaltungen ja gerade den anderen Lösungsweg zeigen, den das Klagepatent ausdrücklich nicht beschrieben hat und der, wie vorher gezeigt (hier nicht mit abgedruckt), nicht den unmittelbaren Gegenstand dieses Patents bildet. Nun glaubt allerdings die Beklagte — und dem scheint auch der Vorderrichter zuzustimmen —, ihr Vorbenutzungsrecht erstrecke sich auch auf den ersten Lösungsweg (keine Umgehungsleitung, aber besondere Schaltvorgänge auf den Ortsstromkreisen), weil sie in bezug auf den allgemeinsten, beiden Lösungswegen gemeinsamen Erfindungsgedanken des Pionierpatents im Erfindungsbesitz gewesen sei. Diese Auffassung ist jedoch patentrechtlich nicht haltbar. Das Vorbenutzungsrecht ermächtigt den Vorbenutzer, seine Vorbenutzung so, wie sie stattfand, einschließlich der glatten Äquivalente fortzusetzen. Die Beklagte könnte also gegebenenfalls ruhig die Schaltungen nach den Abb. 2 und 3 weiter herstellen. Aber der Vorbenutzer hat nicht das Recht, sich nun auch diejenigen Ausführungsformen zu eigen zu machen, die gerade der Patentinhaber gezeigt hat und die der Vorbenutzer dann als besonders zweckmäßig erkennt, gleichviel ob diese besonderen Ausführungsformen gegenüber dem allgemeinen Erfindungsgedanken selbst wieder erfinderisch sind oder nicht.

In dieser Weise hat sich das Reichsgericht bereits ausgesprochen im Urteil vom 21. Mai 1913 (Zeitschrift für Industrierecht 1913 S. 205). Dort ist gesagt: „Die Vorbenutzung kann über das, was wirklich vorbenutzt ist, nicht hinausgehen und würde sich deshalb auf eine zweckmäßigere und vollkommenere Ausgestaltung, wenn solche durch die Patente .... geschützt wäre, nicht erstrecken." Diesem Standpunkt hat sich auch das Schrifttum angeschlossen (vgl. z. B. Isay PatG. § 5 Anm. 17 Abs. 5; Pietzcker PatG. § 5 Anm. 8 a. E.; Adler bei Grünhut Bd. 27 S. 582flg.).

Es kommt also darauf an, was als vorbenutzt zu gelten hat, und ferner, inwiefern das so Vorbenutzte bereits den in der Verletzungsform dargestellten Erfindungsgehalt des Klagepatents enthält. Unstreitig kann hier nur eine Vorbenutzung in der Form des Treffens von Veranstaltungen in Betracht kommen. Denn auch die Fernsprechanlage in München ist von der Beklagten erst nach der Anmeldung des Klagepatents geliefert worden. Diese Anlage entspricht der Abb. 2 a. a. O. Dagegen ist bisher nicht schlüssig dargelegt, inwiefern die Schaltung nach Abb. 3 daselbst als ein Treffen von Veranstaltungen angesehen werden könnte. Sowohl Abb. 2 wie 3 stellen die Prinzipschaltungen der späteren Anmeldung der Beklagten dar, auf die ihr dann das Patent Nr. 281402 erteilt worden ist. Die Anmeldung eines Schutzrechts beweist aber bloß den Erfindungsbesitz, ist jedoch nicht gleichbedeutend mit der Benutzung der Erfindung. Das gleiche gilt von dem Entwurf einer Anmeldung. Selbst wenn man also mit dem Vorderrichter als erwiesen ansieht, daß L. den vollen Erfindungsbesitz gehabt habe, so ist damit der Erwerb eines Vorbenutzungsrechts noch nicht nachgewiesen. Es ist dies um so weniger der Fall, als nach feststehender Rechtsprechung das Treffen von Veranstaltungen nur dann ein Vorbenutzungsrecht zu begründen vermag, wenn der ernstliche Wille vorhanden ist, die Erfindung sofort zu benutzen. In dieser Beziehung sagt aber der Vorderrichter nur, die Beklagte habe beabsichtigt, die Schaltung praktisch in Benutzung zu nehmen, „sobald die Gelegenheit sich bot". Dies reicht nicht aus. Selbstverständlich wird der Anmelder diese Absicht immer haben, es sei denn, daß es sich um ein Sperrpatent handelt....

---

75. Kann die Ehefrau, die das Geschäft ihres Mannes geführt hat, während er Kriegsdienst tat, dafür eine Vergütung fordern?

BGB. § 1356.

V. Zivilsenat. Urt. v. 24. Oktober 1931 i. S. Frau K. (Bekl.) w. G. (Kl.). V 63/31.

I. Landgericht I Berlin.
II. Kammergericht daselbst.

Es handelt sich um einen Streit zwischen geschiedenen Eheleuten. Der Sachverhalt, soweit er für die Rechtsfrage von Belang ist, ergibt sich aus den

Gründen:

Das Berufungsgericht hält den Kläger für verpflichtet, der Beklagten 5000 RM. dafür zu zahlen, daß sie sein Agentur- und Kommissionsgeschäft während seines Kriegsdienstes geführt habe. Nach der Aussage der Zeugin W., der das Urteil folgt, hat die Beklagte bis zum Kriege nicht im Geschäft gearbeitet, jedoch nach der Einziehung des Klägers zum Heere sich dem Geschäft während der üblichen Geschäftszeit gewidmet, auch die Kundschaft besucht. Ihr stand nur diese Zeugin, eine beim Kriegsbeginn erst achtzehnjährige Angestellte, zur Seite. Die Beklagte erhielt im Jahre 1915 vom Kläger einen Ring mit der Aufschrift „Dem fleißigen Prokuristen". Bei seiner Rückkehr aus dem Felde konnte sie ihm einen Betrag von 40000 M. abliefern. Das Berufungsgericht nimmt hiernach an, ihre Tätigkeit sei weit über die gesetzliche Pflicht der Ehefrau hinausgegangen.

Die Anschlußrevision des Klägers, welche Verletzung des § 1356 BGB. rügt, muß als begründet anerkannt werden. Der Vorderrichter hat seine Annahme, die Tätigkeit der Beklagten habe ihre gesetzliche Pflicht als Ehefrau weit überstiegen, nicht gerechtfertigt. Unter anderen Verhältnissen wäre allerdings eine Erörterung darüber entbehrlich. Denn wie der IV. Strafsenat des Reichsgerichts im Urteil vom 21. Juni 1918 (RGSt. Bd. 52 S. 279) mit Recht dargelegt hat, ist die Ehefrau nach § 1356 Abs. 2 BGB. grundsätzlich nur zu Hilfsdiensten im Geschäft des Mannes und nicht zur selbständigen Leitung seines Geschäfts verpflichtet. Dieser Grundsatz gilt aber nicht ohne Ausnahme. Auch auf diesem Gebiet hängt der Umfang der ehelichen Pflichten von den wechselnden Lebensverhältnissen der Gatten ab. Demnach können außerordentliche Verhältnisse die Pflicht der Ehefrau außerordentlich erweitern. Ein solcher außergewöhnlicher Zustand war insbesondere durch die Einberufung des Mannes zum Kriegsdienst eingetreten. Damals haben es unzählige Frauen als ihre natürliche Pflicht angesehen, wenigstens in dieser Zeit ihren Mann im Erwerbsleben voll zu ersetzen und dadurch ihm und der ganzen Familie die Grundlage seiner wirtschaftlichen Betätigung zu erhalten. Diese Auffassung, die einem gesunden Rechtsempfinden entspricht, reicht freilich nicht aus, um für jeden Fall die Pflicht der Frau zur Führung des selbständigen Erwerbsgeschäfts des durch den Kriegsdienst behinderten Mannes zu begründen. Die Art, der Umfang und die Schwierigkeit des Unternehmens, die Kräfte und Fähigkeiten der Frau, ihre sonstigen Pflichten, vor allem als Mutter, auch die wirtschaftlichen Verhältnisse der Ehegatten werden die Entscheidung jeweils bestimmen. Der Berufungsrichter begnügt sich damit, die Pflicht der Beklagten zu verneinen unter Hinweis auf eine Entscheidung des Kammergerichts vom 5. Januar 1921 (JW. S. 635 Nr. 1), die keinen Kriegsfall behandelt. Demnach hat er die hierin liegende Besonderheit des Streits bisher überhaupt nicht gewürdigt. Insofern bedarf es mithin einer neuen Prüfung der Sachlage durch den Tatrichter. Bliebe das Ergebnis dasselbe, so wäre weiter zu erwägen, ob nicht vielleicht stilles Einvernehmen der Eheleute darüber bestanden hat, daß die Dienste, mochte die Frau sie auch freiwillig leisten, unentgeltlich gewährt und angenommen würden. Das angefochtene Urteil war hiernach mit der bisherigen Begründung nicht aufrecht zu erhalten.

---

76. Bezieht sich die Vorschrift des § 26 des Grundbuchbereinigungsgesetzes vom 18. Juli 1930 (RGBl. I S. 305) auch auf die rechtsändernde Löschung?

V. Zivilsenat. Beschluß vom 28. Oktober 1931 in einer hamburgischen Grundbuchsache. V B 20/31.

I. Amtsgericht (Grundbuchamt) Hamburg.
II. Landgericht daselbst.

Der Sachverhalt ergibt sich aus den

Gründen:

Für die Antragstellerin sind im Grundbuch von B. zwei Aufwertungshypotheken von 113,85 GM. und 126,50 GM. eingetragen. Sie hat deren Löschung in unbeglaubigter, privatschriftlicher Erklärung bewilligt und beantragt. Das Grundbuchamt hat ihr durch Zwischenverfügung gemäß § 18 Abs. 1 GBO. eine Frist zur Nachreichung der Löschungsbewilligung in öffentlich beglaubigter Form und eines beglaubigten Löschungsantrags der Grundstückseigentümer gesetzt. Gegen diese Verfügung hat die Antragstellerin insoweit Beschwerde eingelegt, als entgegen dem § 26 des Grundbuchbereinigungsgesetzes vom 18. Juli 1930 (GrundbBerG.) der Nachweis der Voraussetzungen der Löschung in der im § 29 GBO. vorgeschriebenen Form verlangt werde. Das Landgericht hat die Beschwerde zurückgewiesen. Die Antragstellerin hat weitere Beschwerde eingelegt.

Das Oberlandesgericht Hamburg möchte die weitere Beschwerde zurückweisen, sieht sich aber hieran gehindert durch den Beschluß des Kammergerichts vom 16. April 1931 (AufwRspr. 1931 S. 196) und hat daher die weitere Beschwerde dem Reichsgericht vorgelegt. Zur Begründung des Vorlegungsbeschlusses verweist das Oberlandesgericht auf seinen früheren Beschluß vom 9. Februar 1931 in einer anderen Grundbuchsache (AufwRspr. 1931 S. 224), wo folgendes ausgeführt ist:

Wenn im § 26 GrundbBerG. für die Eintragung des Erlöschens einer aufgewerteten Hypothek oder Grundschuld, deren Geldbetrag 300 GM. oder RM. nicht übersteigt, die vorgesehene Erleichterung für den Nachweis der Voraussetzungen der Löschung und einer Erbfolge vorgeschrieben sei, so habe der Gesetzgeber darunter nicht die Eintragung der Löschung der Hypothek usw. verstanden. Dem bürgerlichen Recht sei der Begriff des Erlöschens eines dinglichen Rechts keineswegs fremd, es unterscheide vielmehr zwischen Löschung und Erlöschen. Löschung sei der Rechtsakt der Grundbucheintragung, durch welche das dingliche Recht erlösche, sofern die Erklärung der Aufgabe des Rechts durch den Berechtigten in der vorgeschriebenen Form abgegeben sei (§ 875 BGB.). Das Erlöschen sei also in der Regel die Rechtsfolge der Löschung, nicht aber mit der Löschung identisch. Das Bürgerliche Gesetzbuch, welches vom Erlöschen von Rechten nicht nur bei Schuldverhältnissen, sondern auch bei dinglichen Rechten (so Nießbrauch, Pfandrecht) spreche und überall das Wort Erlöschen in Übereinstimmung mit dem allgemeinen Sprachgebrauch verwende, kenne auch ein Erlöschen der Hypothek ohne Löschung im Grundbuch. Im Falle solchen Erlöschens, welches unter den Voraussetzungen der §§ 1173 bis 1175, 1178, 1181 BGB. eintrete, sei das eingetragene Recht trotz der Eintragung erloschen. Das Grundbuch sei unrichtig geworden. Durch die Aufwertungsgesetzgebung hätten sich nun diese Fälle des Erlöschens der Hypothek vermehrt und seien durch § 31 AufwG. auf Grundschulden, Rentenschulden und Reallasten ausgedehnt. Sei die Leistung, welche dem Schuldner oder dem Grundeigentümer oblag, vor dem 14. Februar 1924 vom Gläubiger angenommen worden, so könne nach §§ 14 bis 16, 31 AufwG. ein Fall eingetreten sein, daß das dingliche Recht noch im Grundbuch stehe, obwohl es eben wegen jener Leistung infolge Nichtanmeldung des Aufwertungsanspruchs nach § 16 oder durch Wegfall der Aufwertung nach § 15 erloschen sei. Diese Fälle habe der Gesetzgeber bei Erlassung der Vorschrift des § 26 GrundbBerG. im Auge gehabt. Nach der amtlichen Begründung solle sie „die Löschung aufgewerteter, inzwischen erloschener Rechte" erleichtern. Sie solle also nicht die Löschung der aufgewerteten Rechte von geringeren Werten schlechthin erleichtern, sondern nur solcher, welche bereits erloschen seien und nicht erst durch die Löschung untergingen. Dementsprechend sei im Gesetzestext offenbar bewußt die erleichterte Regelung für die Eintragung des Erlöschens einer aufgewerteten Hypothek usw. getroffen worden. Es könne um so weniger angenommen werden, daß sich der Gesetzgeber in Verkennung des Unterschiedes zwischen den Rechtsbegriffen des Erlöschens und der Löschung des Ausdrucks „Erlöschen" als gleichbedeutend mit dem unter Ziffer 1 angeführten Rechtsakt der Löschung bedient haben sollte, als im Gesetz selbst (vgl. §§ 2 und 16) zwischen Erlöschen und Löschung einer Hypothek oder einer Rangbefugnis klar unterschieden sei.

Auf jeden Fall aber sei die Vorschrift als Ausnahmevorschrift streng auszulegen und ihr Wortlaut sowie ihre gesetzgeberische Begründung rechtfertigten die Auslegung, zumal da ein stichhaltiger Grund dafür fehlen würde, die Voraussetzungen für die Löschung einer Aufwertungshypothek bis 300 GM. gesetzgeberisch grundsätzlich anders zu regeln als für andere gleichwertige Hypotheken.

Die Zuständigkeit des Reichsgerichts folgt aus § 79 Abs. 2, 3 GBO.

In dem Streit über die Auslegung des § 26 GrundbBerG. ist der Ansicht des Kammergerichts beizutreten, die auch vom Oberlandesgericht Darmstadt (DRZ. 1931 Nr. 249) sowie im Schrifttum von Quassowski Die neuen Aufwertungsgesetze Ergänzungsband, Anm. zu § 26 GrundbBerG. S. 10, von Schlegelberger-Harmening Die Aufwertungsschlußgesetze 3. Aufl. Anm. 2 zu § 26 GrundbBerG. und von Krieger Die Grundbuchbereinigung Anm. zu § 26 geteilt wird.

Die Meinung des Oberlandesgerichts Hamburg, die im Schrifttum namentlich von Mügel Komm. z. d. neuen Aufwertungsgesetzen

Anm. zu § 26 GrundbBerG. sowie von Michaelis Die beiden Aufwertungs-Novellen Anm. 1 zu § 26 GrundbBerG. und von Thieme GBO. Nachtrag 1931 S. 22 vertreten wird, hält sich zu eng an den Wortlaut der amtlichen Begründung und an den des Gesetzes und wird dessen Zweck nicht gerecht. Auch für die Auslegung von Gesetzen gelten die im § 133 BGB. für die Auslegung von Willenserklärungen aufgestellten Grundsätze (RGZ. Bd. 127 S. 48). Es ist daher der wirkliche Wille des Gesetzgebers maßgebend, soweit er im Gesetze Ausdruck gefunden hat. Bei der Auslegung des Gesetzes sind auch die Vorarbeiten zu verwerten, wenngleich in der Regel bloß unterstützend (RGZ. Bd. 128 S. 111). Aus der amtlichen Begründung des Entwurfs zum Grundbuchbereinigungsgesetz (Verhandl. des Reichstags, IV. Wahlperiode 1928, Drucks. Nr. 1172) ergibt sich als Zweck des Gesetzes die Beseitigung der durch die Durchführung der Aufwertungsgesetzgebung hervorgerufenen Unübersichtlichkeit und Unklarheit vieler Grundbücher. Dieser Zweck soll u. a. durch die Löschung überflüssiger und nicht mehr der Rechtslage entsprechender Grundbucheintragungen erreicht werden. Die amtliche Begründung führt aus, die auf die Bereinigung der Grundbücher bisher gerichtete Arbeit der Grundbuchämter habe dort ihre Grenze gefunden, wo eine Veränderung in den Eintragungen nur auf Antrag und Bewilligung der Berechtigten vorgenommen werden könne und die erforderlichen Erklärungen der Berechtigten nicht zu erlangen seien. Schließlich heißt es in der Begründung zum § 26 des Gesetzes:

> Häufig bereitet die Löschung eines aufgewerteten, inzwischen erloschenen Rechts Schwierigkeiten, weil die Beteiligten nicht in der Lage sind, die Förmlichkeiten zu erfüllen, die für gewisse Erklärungen und Nachweise nach der Grundbuchordnung vorgeschrieben sind, oder weil sie die damit verbundenen Kosten vermeiden möchten. Zur Erleichterung der Bereinigung der Grundbücher empfiehlt es sich daher, die Löschung des aufgewerteten Rechts, sofern der eingetragene Betrag eine gewisse Grenze nicht überschreitet, durch Außerkraftsetzung der Formvorschriften, die für den Nachweis des Erlöschens des Rechts und für den Nachweis der Erbfolge gelten, zu erleichtern.

Hier ist nun freilich von „inzwischen erloschenen Rechten" und von dem Nachweis des „Erlöschens des Rechts" die Rede. Man würde aber dem Sinne und Zwecke der Vorschrift nicht gerecht werden, wenn man sie lediglich auf die Fälle anwenden wollte, wo der Löschungsvermerk nur deklaratorische Bedeutung hat, nicht aber auf die Fälle, wo ein „Erlöschen des Rechts" erst durch die Löschung im Grundbuch eintritt. Die Vorschrift würde dann in überwiegendem Maße ihre praktische Bedeutung verlieren. Abgesehen davon, daß ein großer Teil der erloschenen Rechte nach den §§ 2, 16 GrundbBerG. schon von Amts wegen zu löschen ist, spielen im übrigen — wie das Kammergericht a. a. O. näher darlegt — die Fälle, wo das Erlöschen des Rechts sich unabhängig von der Löschung im Grundbuch vollzieht, im Vergleich zu den Fällen, in denen das Recht erst durch die Löschung im Grundbuch untergeht, eine ganz untergeordnete Rolle. Wie in dem erwähnten Beschlusse des Oberlandesgerichts Darmstadt zutreffend ausgeführt ist, belasten gerade die vielen, infolge der Aufwertung ins Leben getretenen, inzwischen aber zurückgezahlten kleinen Goldmarkhypotheken, deren Löschung die Grundstückseigentümer wegen der damit verbundenen unverhältnismäßig hohen Kosten (vgl. §§ 29, 36 GBO.) scheuen, in besonderem Maße die Grundbücher und beeinträchtigen ihre Klarheit und Übersichtlichkeit. Die Beseitigung dieser Eintragungen ist daher ein Hauptziel der Grundbuchbereinigung. Es ist zudem kein innerer Grund ersichtlich, aus dem der Gesetzgeber in der hier in Frage kommenden Beziehung einen Unterschied zwischen den bereits erloschenen und den erst durch die Löschung zum Erlöschen kommenden Rechten gemacht haben sollte. Die durch die teilweise Außerkraftsetzung der §§ 29, 36 GBO. bedingte Gefahr einer Täuschung oder eines Irrtums ist in beiden Fällen dieselbe. Diese Gefahr hat der Gesetzgeber durch Beschränkung der Ausnahmevorschrift auf Rechte von geringerem Werte begrenzt, im übrigen aber bewußt auf sich genommen, um die aus der Unklarheit und Unübersichtlichkeit der Grundbücher drohenden größeren Gefahren zu bannen. Die Beschränkung der Ausnahmevorschrift auf Aufwertungshypotheken usw. ergab sich ohne weiteres aus dem erwähnten Zwecke des Gesetzes, die infolge der Durchführung des Aufwertungsgesetzes entstandene Unübersichtlichkeit und Unklarheit der Grundbücher zu beheben.

Entspricht hiernach die weitere Auslegung des § 26 GrundbBerG. dem Willen des Gesetzgebers, so steht ihr anderseits der Wortlaut der Vorschrift nicht zwingend entgegen. Der Ausdruck „Eintragung des Erlöschens" kann sprachlich auch auf Fälle bezogen werden, in denen das Erlöschen des Rechts erst durch die Eintragung vollendet wird. Im übrigen kann auf diesen Ausdruck schon um deswillen kein entscheidendes Gewicht gelegt werden, weil — wie das Kammergericht zutreffend darlegt — das Gesetz selbst und die amtliche Begründung die Begriffe „Löschung" und „Erlöschen" nicht streng auseinanderhalten.

Wenn schließlich auch anzuerkennen ist, daß Ausnahmevorschriften streng auszulegen sind, so darf die einschränkende Auslegung doch nicht so weit gehen, daß die Ausnahmevorschrift des wesentlichen Teiles ihrer praktischen Bedeutung entkleidet wird.

Der weiteren Beschwerde ist sonach stattzugeben.

---

77. 1. Besteht für ein städtisches Theater die rechtliche Verpflichtung, jedermann zum (entgeltlichen) Besuch der Vorstellungen zuzulassen?

2. Unter welchen Umständen verstößt die Weigerung des Theaterunternehmers gegen die guten Sitten?

BGB. §§ 631, 826.

V. Zivilsenat. Urt. v. 7. November 1931 i. S. D. (Kl.) w. Stadtgemeinde B. (Bekl.). V 106/31.

I. Landgericht Bochum.
II. Oberlandesgericht Hamm.

Der Kläger schrieb in großen Tageszeitungen und in einer von ihm herausgegebenen Wochenschrift über die Aufführungen des städtischen Theaters in B. Da seine Kritiken der Stadtverwaltung mißfielen, beschloß sie, ihm den Zutritt zum Theater zu untersagen. Dies teilte sie ihm am 15. Juli 1928 um 15 Uhr fernmündlich mit. Trotzdem besuchte der Kläger die am Abend dieses Tages veranstaltete Aufführung von „Faust, Erster Teil" mit einer Eintrittskarte, die er sich nach Empfang jener Mitteilung für 6 RM. hatte besorgen lassen. Vor Schluß der Vorstellung wurde er durch ein Mitglied der Theaterleitung, das einen Polizeioffizier zuzog, aus dem Theater gewiesen. Das wiederholte sich bei der Aufführung von „Faust, Zweiter Teil" am 18. Juli 1928, zu der sich der Kläger ebenfalls mittels einer durch einen anderen für 6 RM. besorgten Karte Eintritt verschafft hatte.

Mit der Klage begehrt der Kläger Verurteilung der verklagten Stadtgemeinde zur Erstattung des Preises der beiden Eintrittskarten, ferner die Feststellung, daß die Beklagte verpflichtet sei, ihm auf gültige Eintrittskarten hin Einlaß in die Vorstellungen zu gewähren, endlich die Feststellung, daß ihm die Beklagte allen Schaden zu ersetzen habe, der ihm durch die gewaltsame Entfernung aus den Aufführungen am 15. und 18. Juli 1928 entstanden sei. Er meint, ein städtisches Theaterunternehmen, insbesondere wenn es unter Zuschuß öffentlicher Mittel betrieben werde, müsse jedermann zum Besuche zulassen. Die Beklagte habe durch ihr Vorgehen auch gegen die guten Sitten verstoßen, indem sie ungerechtfertigt in die Preßfreiheit und in die Ausübung seines Kritikerberufs eingegriffen habe; sie sei daher auf Grund des § 826 BGB. schadensersatzpflichtig. Die Beklagte leugnet das Bestehen eines Abschlußzwanges. Sie bestreitet, unrechtmäßig gehandelt zu haben; denn sie habe guten Grund gehabt, dem Kläger den Eintritt zu verwehren. Seine Kritiken seien zuerst lobend gewesen, dann aber unsachlich, höhnisch und absprechend geworden, was darauf zurückzuführen sei, daß ihm die Stadtverwaltung eine geldliche Unterstützung seines Zeitungsunternehmens verweigert habe. Der Kläger erwidert, seine gerechten Kritiken seien keinen anderen als rein sachlichen Gründen entsprungen.

Das Landgericht wies den Anspruch auf Zahlung von 12 RM. ab, entsprach aber sonst dem Klagbegehren. Das Oberlandesgericht wies auf die Berufung der Beklagten die Klage gänzlich ab und die Anschlußberufung des Klägers zurück. Seine Revision blieb ohne Erfolg.

Gründe:

Durch den „Verkauf" der Theatereintrittskarte schließt der Theaterunternehmer einen Werkvertrag des Inhalts ab, daß er dem berechtigten Inhaber der Karte den Besuch der Vorstellung gestatten und ihm das Spiel vorführen werde. Der Kläger wäre aber beim Besuch der Vorstellungen am 15. und 18. Juli 1928 nicht berechtigter Inhaber der Eintrittskarten gewesen und er könnte dies auch in Zukunft nicht mehr sein, wenn die Beklagte berechtigt wäre, ihm den Eintritt in ihr Stadttheater zu untersagen. Dann könnte sich die Beklagte ihm gegenüber, auch wenn er im Besitz einer Eintrittskarte wäre, auf ihre Erklärung berufen, daß sie mit ihm keinen Vertrag abschließen wolle (§§ 807, 796 BGB.).

I. Das Berufungsgericht nimmt den der Beklagten günstigen Standpunkt ein, daß diese grundsätzlich frei darüber zu bestimmen habe, mit wem sie einen Theaterbesuchsvertrag abschließen wolle, daß also — abgesehen von etwaiger Anwendung des § 826 BGB. — ein Abschlußzwang auch für städtische Theater zu verneinen sei. Dem ist, entgegen der Ansicht der Revision, beizutreten. Für die Frage, ob ein solcher rechtlicher Zwang besteht, ist, wie das Berufungsgericht zutreffend betont, davon auszugehen, daß unser Recht vom Grundsatz der Vertragsfreiheit beherrscht ist (Art. 152 RVerf.) und daß ein Zwang besonderer gesetzlicher Grundlage bedarf.

1. Man hat einen Abschlußzwang für Theaterunternehmungen, die von öffentlichrechtlichen Körperschaften betrieben werden, daraus entnehmen wollen, daß sie, aus öffentlichen Mitteln unterhalten und für das Gesamtpublikum bestimmt, „publizistische Anstalten" seien (Dernburg Preuß. Privatrecht 1897 Bd. 2 S. 107; Opet Theaterrecht 1897 S. 254flg.). Die öffentlichrechtliche Körperschaft untersteht aber auch für ein solches Unternehmen der Privatrechtsordnung, die für solchen Fall keine den Eigentümer und Werkunternehmer zum Vertragsschluß gegen seinen Willen zwingenden Vorschriften kennt, wie sie z. B. für die Eisenbahnen (§§ 453, 473 HGB.), die Reichspost (§ 3 Reichspostgesetz vom 28. Oktober 1871), die Telegraphenanstalten (§ 5 Reichstelegraphengesetz vom 6. April 1892) gegeben sind. Die eben erwähnten Vorschriften sind nicht Ausdruck eines allgemeinen Grundsatzes, daß etwa Anstalten, welche ihre Dienste dem gesamten Publikum anbieten und zu diesem Behufe konzessioniert sind, den Abschluß ihrer Geschäfte nicht willkürlich, sondern nur aus guten Gründen verweigern dürften (so Dernburg a. a. O.); sie sind vielmehr Ausnahmevorschriften vom Grundsatz der Vertragsfreiheit. Wie weit die Bestimmung des § 826 BGB. zu einem anderen Ergebnis führen kann, ist später zu erörtern. Eine verwaltungsrechtlich erteilte Konzession kann nur dann zur Annahme eines Abschlußzwangs führen, wenn sie eine entsprechende Auflage enthält, was aber für das Theaterunternehmen der Beklagten nicht der Fall ist. Die Verwendung öffentlicher Mittel für solche Zwecke kann zu einer öffentlichrechtlichen Verantwortlichkeit der städtischen Behörden für richtigen Gebrauch des Unternehmens führen, sie bewirkt aber keine Abänderung der hier anzuwendenden Privatrechtsbestimmungen.

2. Einen nicht nur für Theater öffentlicher Rechtspersönlichkeiten, sondern auch für solche von Privatunternehmern geltenden Abschlußzwang hat man für diejenigen Theater annehmen wollen, die sich in rechtlicher oder tatsächlicher Monopolstellung befinden (vgl. Opet a. a. O. S. 256flg.; Biermann Rechtszwang zum Kontrahieren in Iherings Jahrbüchern Bd. 32 S. 286flg.). Die Revision vertritt die Auffassung, ein solcher Zwang aus Monopolstellung sei im vorliegenden Falle zu bejahen: „Das Theater der Beklagten besitze als

einziges derartiges Bildungsinstitut in B. ein tatsächliches Monopol. Das Bedürfnis, zur allgemeinen Bildung ein solches Bildungsinstitut zu besuchen, sei modernen Anschauungen entsprechend als rechtlich geschütztes Bedürfnis anzuerkennen." Allerdings ist in der Rechtsprechung des Reichsgerichts anerkannt, daß der Mißbrauch einer rechtlichen oder tatsächlichen Monopolstellung, insbesondere die Weigerung eines in solcher Vorzugsstellung befindlichen Unternehmers, zu den allgemeinen und angemessenen Bedingungen Verträge abzuschließen, eine gegen die guten Sitten verstoßende Handlung darstellen und zur Schadensersatzpflicht führen kann (vgl. RGZ. Bd. 48 S. 114, Bd. 62 S. 264, Bd. 79 S. 229, Bd. 115 S. 258[1]). Verpflichtungen aus dem Mißbrauch einer Monopolstellung können aber nur auf der rechtlichen Grundlage des § 826 BGB. entstehen. Ob Raum für die Anwendung dieser Bestimmung ist, richtet sich ganz nach der Lage des Einzelfalls. Ein allgemeiner Satz des Inhalts, daß Unternehmer in Monopolstellung einem Abschlußzwang unterlägen, ist nicht aufzustellen. Das würde dem schon hervorgehobenen gesetzlichen Grundsatze der Vertragsfreiheit widersprechen.

3. Zwar kein Zwang zum Vertragsschluß, aber doch eine ähnlich wirkende Bindung des Theaterunternehmers wird im Schrifttum auf der Grundlage bejaht, daß die Ankündigung einer Theatervorstellung ein bindendes Vertragsangebot an das Publikum sei, welches jedermann durch das Verlangen nach Aushändigung einer Eintrittskarte annehmen könne (Opet a. a. O. S. 259flg.; Saeger in der Ztschr. f. Rechtspflege in Braunschweig Bd. 59 S. 44). Aber der bloßen Ankündigung ist keine solche Bedeutung beizumessen. Sie ist nach dem erkennbaren Willen des Unternehmers und nach der dem Wesen der Sache entsprechenden allgemeinen Auffassung — ebenso wie sonstige an die Allgemeinheit ergehende Ankündigungen und Zusendungen von Preislisten — lediglich eine unverbindliche Bereiterklärung, Theaterbesuchsverträge abzuschließen, aber nicht schon selbst Teil des demnächst zu schließenden Vertrags. Übrigens würde die andere Meinung den Kläger nicht weiterführen; denn nach der Ansicht ihrer Verfechter kann der Theaterunternehmer vor der Ankündigung deren Wirksamkeit für eine bestimmte Person durch besondere Mitteilung an diese ausschließen.

[1]) Vgl. neuerdings RGZ. Bd. 132 S. 273, wo ebenfalls der Abschlußzwang anerkannt ist, soweit die Ablehnung des Vertragsschlusses gegen § 826 BGB. verstoßen würde. D. E.

Nach dem bisher Erörterten läßt sich also ein Zwang für die Beklagte, mit dem Kläger einen Theaterbesuchsvertrag abzuschließen, nicht begründen.

II. Eine Schranke für die Ausübung der grundsätzlich bestehenden Vertragsfreiheit der Beklagten ist aber durch die Vorschrift des § 826 BGB. gesetzt, nach der die vorsätzliche, gegen die guten Sitten verstoßende Schädigung eines anderen schadensersatzpflichtig macht. Als hiergegen verstoßend und daher rechtswidrig könnte es z. B. angesehen werden, wenn eine Stadtverwaltung den Abschluß von Theaterbesuchsverträgen aus willkürlichen oder offensichtlich nichtssagenden Gründen verweigern wollte. § 826 bietet eine Handhabe, unparteiischer Berichterstattung und sachlicher Kritik den nötigen Schutz zu gewähren. Einem Kritiker gegenüber könnte die Verweigerung des Abschlusses eines Theaterbesuchsvertrags gerade dann verwerflich sein, wenn der Unternehmer damit bezwecken würde, sachliche Kritiken zu hindern oder unsachliche Kritiken zu erzielen und so die freie Meinungsäußerung der Theaterkritik zu erschweren oder zu unterbinden.

Um die Ausschließung als rechtswidrig und als unter § 826 BGB. fallend zu kennzeichnen, müßte indes der Kläger darlegen, daß die Beklagte willkürlich oder leichtfertig oder mit den eben als verwerflich bezeichneten Zielen gehandelt habe. Dafür ist aber nach den tatsächlichen Feststellungen des Berufungsurteils in diesem Falle kein Raum. Dort ist gesagt, nach den Darlegungen der Parteien habe die Beklagte das Verbot nicht aus Willkür ausgesprochen, sondern weil sie sich durch die veränderte kritische Stellungnahme des Klägers benachteiligt fühlte. Sie habe auf den Kläger keinen Druck ausüben wollen, um unsachliche Kritiken zu erhalten, sondern lediglich eine Schädigung ihres Theaters durch seine Kritik vermeiden wollen, die sie für unsachlich, unrichtig und schädigend gehalten habe. So habe sie zum Schutze ihrer eigenen berechtigten Belange gehandelt und auch gewichtige Gründe für ihr Vorgehen gehabt.

In diesen Ausführungen sind unangreifbare tatsächliche Feststellungen enthalten. Aus ihnen ergibt sich, daß der Vorderrichter die Frage des Verstoßes gegen § 826 BGB. nicht, wie die Revision meint, nach rein subjektiven Gesichtspunkten geprüft hat, sondern daß er annimmt, die Beklagte habe gewichtige Gründe für ihr Vorgehen, also nachprüfbare Unterlagen gehabt, die eben die Annahme der Willkür und der Leichtfertigkeit ausschlössen. Das Berufungsgericht verneint auch ausdrücklich den Beweggrund unzulässiger Beeinflussung der Kritik. Deswegen kann die Verweigerung des Vertragsschlusses in diesem Falle nicht als unsittliche Schädigung des Klägers angesehen werden.

---

78. Über das gesetzliche Verbot der Auszahlung von Stammkapital an die Gesellschafter einer Gesellschaft mbH.

GmbHG. § 30.

II. Zivilsenat. Urt. v. 23. Oktober 1931 i. S. E. (Kl.) w. G. als Verwalter im Konkurse über das Vermögen der H. St. GmbH. (Bekl.). II 67/31.

I. Landgericht Offenburg.
II. Oberlandesgericht Karlsruhe.

Die gemeinschuldnerische Gesellschaft mbH. wurde laut Gesellschaftsvertrag vom 26. Januar 1922 vom früheren Mitbeklagten W. St. und von der E. Produktengesellschaft mbH., einer Gründung des Klägers, errichtet, und zwar mit einem Stammkapital von 1000000 M. Davon entfielen auf die E. Produktengesellschaft 510000 M., die bar zu leisten waren, auf W. St. 490000 M., wofür er das bisher von der offenen Handelsgesellschaft H. St. Zigarrenfabriken in L. betriebene Geschäft mit Firma, Aktiven und Passiven sowie ein Grundstück auf Markung L. im Flächengehalt von 40 a 95 qm einbrachte. Der Geschäftsanteil der E. Produktengesellschaft ging in der Folge auf den Kläger über. Bei der Goldmarkumstellung wurde das Stammkapital der Gemeinschuldnerin auf 70000 GM., der Geschäftsanteil des Klägers auf 35700 GM., der des W. St. auf 34300 GM. umgestellt. Durch notariellen Vertrag vom 2. Dezember 1924 trat der Kläger seinen Geschäftsanteil für 27000 GM. an W. St. ab. Dieser wurde damit alleiniger Gesellschafter; er war auch der einzige Geschäftsführer der Gesellschaft. In notariell beglaubigter Urkunde vom selben Tage bekannte nun W. St. dem Kläger gegenüber, im eigenen Namen und als Geschäftsführer der nachmaligen Gemeinschuldnerin handelnd, sich selbst als Schuldner der eben bezeichneten Kaufpreisforderung von 27000 GM. und die Gesellschaft mbH. als Schuldnerin einer Darlehnsforderung von 23000 GM.; auch bewilligte er dem Kläger zur Sicherung dieser Forderungen auf dem bezeichneten Grundstück je eine gewöhnliche Sicherungshypothek in Höhe der zugehörigen Forderung. Die Hypotheken wurden demnächst auch ins Grundbuch eingetragen, und zwar die Sicherungshypothek über die 27000 GM. an erster, diejenige über 23000 GM. an zweiter Stelle. Von letzterer wurden 15000 GM. abgezahlt, sodaß insoweit nur noch 8000 RM. offen stehen.

Der Kläger erhob im Februar 1929 Klage, und zwar gegen die Gesellschaft auf Zahlung der restlichen 8000 RM. und Duldung der Zwangsvollstreckung wegen der Hypotheken von 27000 GM. und der restlichen 8000 GM. in das genannte Grundstück, gegen W. St. auf Zahlung der 27000 GM. Kaufpreis für den Geschäftsanteil. Kurz nach Klagerhebung geriet die Gesellschaft in Konkurs, wodurch das Verfahren gegen sie zunächst unterbrochen wurde. Der Beklagte W. St. wurde am 9. April 1929 vom Landgericht zur Zahlung von 27000 GM. nebst Zinsen verurteilt. Er legte Berufung ein; das Verfahren über diese Berufung wurde aber ausgesetzt. Für die Gemeinschuldnerin nahm der Konkursverwalter am 20. Juni 1929 in Ansehung der dinglichen Ansprüche des Klägers den Rechtsstreit auf und beantragte Abweisung der dinglichen Ansprüche aus der Sicherungshypothek von 27000 GM. und im Weg der Widerklage Verurteilung des Klägers zur Einwilligung in die Löschung dieser Hypothek. Der Kläger hielt seinen ursprünglichen Klagantrag aufrecht und bat um Abweisung der Widerklage. Der verklagte Konkursverwalter bestritt die Rechtsbeständigkeit der Hypothek von 27000 GM. im besonderen mit dem Hinweis auf §§ 30, 31 GmbHG. und § 181 BGB. und machte auch ihre Nichtigkeit wegen Sittenwidrigkeit der Hypothekenbestellung geltend.

Das Landgericht gab der dinglichen Klage aus der Resthypothek von 8000 GM. unter Abweisung im übrigen statt und verurteilte auf die Widerklage den Kläger zur Einwilligung in die Löschung der Sicherungshypothek von 27000 GM. Die Berufung des Klägers wurde zurückgewiesen. Seine Revision führte zur Aufhebung und Zurückverweisung.

Gründe:

In die Revisionsinstanz ist zur Klage nur der Anspruch aus der Hypothek über 27000 RM. sowie der widerklageweise verfolgte Anspruch auf Löschung dieser Hypothek erwachsen. Der Berufungsrichter hat im Einklang mit dem ersten Richter insoweit die Klage abgewiesen und der Widerklage stattgegeben, weil dem dinglichen Anspruch die §§ 30, 31 GmbHG. im Wege ständen. Die Revision rügt Verletzung eben dieser Rechtsnormen und der §§ 139, 286 ZPO.

Nach § 30 GmbHG. darf das zur Erhaltung des Stammkapitals erforderliche Vermögen der Gesellschaft nicht an die Gesellschafter ausgezahlt werden. Der Sinn und Zweck dieser Vorschrift ist der, daß eine nicht durch entsprechende Gegenleistung ausgeglichene Leistung der Gesellschaft dann nicht bewirkt werden darf, wenn sie auf Kosten des Stammkapitals gehen würde und wenn der Leistungsempfänger bei Begründung der Verpflichtung der Gesellschaft zu den Gesellschaftern gehörte. Das Leistungsversprechen der Gesellschaft ist dann nur unter dem Vorbehalt rechtswirksam, daß im Zeitpunkt seiner Erfüllung das Stammkapital hierdurch nicht verkürzt wird, gleichviel ob der Versprechensempfänger noch Gesellschafter ist oder nicht. Für die Anwendung des § 30 GmbHG. ist aber kein Raum, wenn und soweit der Gesellschaft vor, bei oder nach Eingehung der Leistungspflicht eine vollwertige Gegenleistung zugeflossen ist. Es ist deshalb rechtlich verfehlt, wenn die Revision meint, es komme allein darauf an, ob das Stammkapital schon bei Übernahme der Verpflichtung zur Bestellung der Hypothek und bei deren Bestellung selbst angegriffen worden sei. Soweit es sich um das Tatbestandserfordernis der Unversehrterhaltung des Stammkapitals handelt, ist im Gegenteil allein der Zeitpunkt der Erfüllung des Leistungsversprechens entscheidend. Der Zeitpunkt der Begründung der Schuld ist deshalb nicht belanglos. Auf ihn kommt es im Rahmen des § 30 GmbHG. insofern an, als der Versprechensempfänger damals noch Gesellschafter gewesen sein muß. Dies stellt aber das Berufungsgericht hier einwandfrei fest. Insoweit ist auch kein Revisionsangriff erhoben.

Nach den wiederum rein tatsächlichen, rechtlich unbedenklichen Feststellungen des Vorderrichters sollte die Hypothek von der Gesellschaft auf ihrem Grundbesitz bestellt werden und sie wurde bestellt für die Kaufpreisforderung des Klägers gegen W. St. aus dem Verkauf des Geschäftsanteils. So lauten Hypothekenbewilligung und Hypothekeneintrag. Die Hypothek ist demnach nicht für eine Schuld der Gesellschaft, sondern für eine solche des W. St. an den Kläger begründet worden. Von einer Gegenleistung dafür an die Gesellschaft ist in den Urkunden nirgends die Rede. Ist eine solche auch sonstwie, sei es vorher, sei es hinterher, nicht bewirkt worden, dann greift allerdings der § 30 GmbHG. ohne weiteres durch.

Die Revision wendet ein, eine Verkürzung des Stammkapitals, wie sie diese Vorschrift voraussetze, liege sicherlich dann nicht vor, wenn der Käufer des Gesellschaftsanteils eine den Kaufpreis übersteigende Forderung an die Gesellschaft habe, diese Forderung auf den Verkäufer übertrage und sie vor, bei oder nach der Übertragung auf Gesellschaftsgrundstücken hypothekarisch sicherstellen lasse. Im vorliegenden Fall ist aber eine gewöhnliche Sicherungshypothek zugunsten des Klägers eingetragen und als gesicherte Forderung in der Eintragungsbewilligung wie im Grundbucheintrag selbst unmißverständlich bezeichnet, nämlich die Forderung des Klägers von 27000 RM. an W. St., herrührend aus Abtretung eines Geschäftsanteils bei der jetzigen Gemeinschuldnerin. Nun sind nur zwei Möglichkeiten denkbar. Entweder bestand die fragliche Kaufpreisforderung für den Geschäftsanteil zu Recht und sollte so, wie eingetragen, auch durch die Hypothek gesichert werden; dann schlägt § 30 GmbHG. durch, wenn der Gesellschaft nicht anderweit ein vollwertiges Entgelt für die Hypothekbestellung zugeflossen ist. Oder die Kaufpreisforderung für den Geschäftsanteil bestand nicht oder es sollte nicht sie, sondern eine andere Forderung des Klägers gesichert werden; dann ist die Hypothek als solche nicht zur Entstehung gelangt, sondern bestenfalls eine Eigentümergrundschuld zugunsten der Gesellschaft mbH. Weil eine gewöhnliche Sicherungshypothek vorliegt, für die nach § 1184 BGB. hinsichtlich der zu sichernden Forderung die §§ 1113, 1115 das. gelten, wäre immer nur die grundbuchmäßig als Gegenstand der Sicherung namhaft gemachte Forderung gesichert.

Dagegen schlägt ein weiterer sachlichrechtlicher, mit Prozeßrügen aus §§ 139, 286 ZPO. verbundener Angriff durch. Wie die Revision zutreffend geltend macht, hatte der Kläger vorgetragen, daß W. St. seinerseits an die Gesellschaft größere Forderungen gehabt und sich wegen dieser Forderungen gegen Übernahme der dinglichen und später auch der persönlichen Haftung für die Anteils-Kaufpreisforderung des Klägers durch die Gesellschaft im Wege der Verrechnung für befriedigt erklärt habe. Damit war die Behauptung aufgestellt, daß der Gesellschaft auf diesem Wege in der Tat ein vollwertiges Entgelt für die Haftungsübernahme zugeflossen sei. An der sachlichrechtlichen Erheblichkeit dieser Behauptung ist nicht zu zweifeln. Wäre sie richtig, dann würde die Inanspruchnahme der Gesellschaft aus der Hypothek allerdings keinen durch § 30 GmbHG. verbotenen Eingriff in das Stammkapital mehr darstellen. Aus dem angefochtenen Urteil ist nun nicht, jedenfalls nicht mit Sicherheit zu entnehmen, daß dieses Vorbringen des Klägers beachtet worden sei; ausdrücklich ist es nicht erörtert. Ob es tatsächlich zutrifft, hätte der Vorderrichter zunächst prüfen sollen. Hielt er es auch in Verbindung mit dem sonstigen Vorbringen des Klägers im einzelnen nicht für genügend belegt, so mußte dem Kläger durch Ausübung der Fragepflicht Gelegenheit gegeben werden, seine Behauptungen in tatsächlicher Richtung zu ergänzen und unter Beweis zu stellen. . . .

Register.

Die Zahlen bedeuten die Seiten.

A. Sachregister.

L

M

R

B. Gesetzesregister.

1. Reichsrecht.

a. Bürgerliches Gesetzbuch.

b. Einführungsgesetz zum Bürgerlichen Gesetzbuch.

c. Handelsgesetzbuch von 1897.

2. Landesrecht.

Anhalt.

Baden.

Preußen.

a. Allgemeines Landrecht.

b. Einzelne Gesetze und Verordnungen.

Sachsen.

Schaumburg-Lippe.

3. Ausländisches Recht.

Österreich.

C. Zusammenstellung der Entscheidungen nach der Zeitfolge.

Entscheidungen des Staatsgerichtshofs.

Zusammenstellung
der
im 133. Bande
mitgeteilten Entscheidungen
nach
Oberlandesgerichtsbezirken

(Die Zahlen bezeichnen die Nummern der Entscheidungen.)

Berlin	10. 11. 12. 14. 21. 26. 31. 32. 34. 36. 42. 45. 46. 47. 52. 54. 60. 63. 66. 67. 68. 69. 70. 71. 73. 74. 75.
Breslau	1. 17.
Celle	4. 7. 24. 25. 40. 59.
Darmstadt	23.
Dresden	27. 28. 38.
Düsseldorf	22. 41. 48. 56. 72.
Frankfurt a. M.	2. 16. 49.
Hamburg	3. 15. 64. 65.
Hamm	19. 35. 43. 77.
Jena	9.
Karlsruhe	33. 39. 78.
Kiel	29.
Köln	51.
München	44.
Naumburg a. S.	58.
Rostock	13.
Stettin	20. 37. 50.
Stuttgart	8. 57.

Landgericht I Berlin	5. 18.
Landgericht III Berlin	53.
Landgericht Bremen	30.
Landgericht Frankfurt a. O.	6.
Landgericht Hamburg	76.
Landgericht Hannover	61.
Landgericht Meseritz	62.
Reichsgericht unmittelbar	55.
Staatsgerichtshof. Anhang	1*. 2*. 3*.

Anhang:

Entscheidungen des Staatsgerichtshofs.

1.

In der verfassungsrechtlichen Streitsache zwischen

der Fraktion „Bürgerliche Arbeitsgemeinschaft" des Schaumburg-Lippischen Landtags,

Antragstellerin,

und

der Schaumburg-Lippischen Landesregierung zu Bückeburg,

Antragsgegnerin,

wegen Feststellung der Verfassungswidrigkeit der Notverordnungen vom 28. März und 19. Juni 1930 (StGH. 16/30)

hat der Staatsgerichtshof für das Deutsche Reich auf die mündliche Verhandlung vom 27. April 1931 am 28. April 1931 für Recht erkannt:

Der Antrag wird zurückgewiesen.

Gründe:

I.

Die Schaumburg-Lippische Landesregierung hatte am 4. April 1929 vom Landtage die Ermächtigung erwirkt, die im Jahre 1926 gescheiterten Verhandlungen über den Anschluß des Landes an Preußen wiederaufzunehmen, war auch zu einer Vereinbarung mit der preußischen Regierung gelangt, hatte aber die erforderliche Zweidrittelmehrheit des Landtags für ihre Anschlußvorlage in der Sitzung vom 24. Februar 1930 nicht erreicht. Nachdem schon bei der Beratung dieser Vorlage das Regierungsmitglied Staatsrat Lorenz darauf hingewiesen hatte, daß im Falle ihrer Ablehnung ein Betrag von 250000 RM. zu decken und zu diesem Zwecke der Schaumburg-Lippische innere Finanzausgleich zuungunsten der Gemeinden zu ändern sein werde, legte die Landesregierung nunmehr am 28. Februar 1930 dem Landtage den Entwurf eines Gesetzes zur Änderung des Finanzausgleichs vor. In der Begründung war ausgeführt, daß die Landeskassenrechnung für 1929 infolge der schlechten Wirtschaftslage mit einem Fehlbetrage von mindestens 100000 RM. abschließen, der Landeshaushalt für 1930 einen Fehlbetrag von 180000 RM. aufweisen und daß bei Ausnutzung aller Ersparnismöglichkeiten ein Betrag von 230000 RM. anderweit zu decken bleiben werde. Dieser Betrag lasse sich nur durch Kürzung der Zuwendungen des Landes an die Gemeinden aufbringen, und mit der hierzu erforderlichen Gesetzesänderung könne nicht bis zur Fertigstellung des Haushalts gewartet werden, vielmehr sei sofortige Verabschiedung geboten, weil die Gemeinden zur Aufstellung ihrer Haushaltspläne wissen müßten, mit welchen staatlichen Zuwendungen sie für 1930 zu rechnen und für welche Beträge sie auf anderem Wege Mittel zu beschaffen hätten.

Die Mehrheit des Landtags erklärte sich mit dem Entwurf einverstanden. Eine aus der den gegenwärtigen Antrag stellenden Fraktion und dem Abgeordneten der Deutsch-Demokratischen Partei bestehende Minderheit erklärte aber, vor der Vorlegung des Landeshaushalts keine Stellung nehmen zu können, zumal da sich in diesem noch höhere als die von der Regierung vorgesehenen Ersparnisse würden machen lassen. Eine Beschlußfassung wurde dadurch vereitelt, daß die sechs Abgeordneten der den gegenwärtigen Antrag stellenden Fraktion in der Sitzung vom 20. März 1930 den Saal vor der Abstimmung verließen und so die bei Anwesenheit von weniger als zehn Mitgliedern eintretende Beschlußunfähigkeit der fünfzehn Mitglieder zählenden Versammlung herbeiführten (s. § 7 Abs. 1 Satz 2, § 13 der Verfassung des Freistaats Schaumburg-Lippe vom 24. Februar 1922, im folgenden mit SchVerf. bezeichnet). Vor Schließung der Sitzung hatte der Landtagspräsident erklärt, daß mit der Erledigung ihrer Tagesordnung das dem Landtage vorliegende Material erschöpft sei, der Landtag sich daher bis zur Einbringung des Landeshaushaltsplans als vertagt betrachten könne (Landtagsverh. S. 236/30). Die Regierung erließ hierauf unter Bezugnahme auf den den Erlaß von „Notgesetzen" betreffenden § 46 SchVerf. mit Zustimmung der Mehrheit des im § 18 das. vorgesehenen dreigliedrigen Landtagsausschusses am 28. März 1930 eine Verordnung, deren Inhalt sich mit dem des unerledigten Gesetzentwurfs deckte und der am folgenden Tage in der Sammlung der Landesverordnungen verkündet wurde. Diese Verordnung wurde dem Landtage, der erst am 29. April 1930 seine nächste Sitzung abhielt, mit Schreiben der Landesregierung vom 23. desselben Monats mit dem Antrag auf nachträgliche Genehmigung vorgelegt und gemäß seinem Beschluß auf die Tagesordnung dieser Sitzung gesetzt (Landtagsverh. S. 246). Vor der Abstimmung über die Genehmigung verließen aber wiederum die Angehörigen der den gegenwärtigen Antrag stellenden Fraktion den Sitzungssaal, sodaß die Beschlußunfähigkeit festgestellt und die Sitzung geschlossen werden mußte (ebenda S. 260).

Mittlerweile war der Entwurf des Staatshaushaltsgesetzes für 1930 fertiggestellt und dem Landtage mit Schreiben der Landesregierung vom 14. April 1930 zur Beschlußfassung zugeleitet worden (Landtagsdrucks. Nr. 38). Im Rechnungsausschuß, dem er in der eben erwähnten Sitzung vom 29. April 1930 überwiesen wurde (Landtagsverh. S. 254), stellte die Minderheit eine Anzahl von Abänderungsanträgen, von denen ein Teil durch die Landesregierung in eine berichtigende Vorlage vom 26. Mai 1930 übernommen wurde (Drucks. Nr. 44). Da aber ein anderer Teil dieser Anträge, der demnächst als „Anträge Krömer" zusammengefaßt wurde, die Zustimmung der Landesregierung nicht fand und von der Mehrheit des Landtags in der Sitzung vom 5. Juni 1930 (Landtagsverh. S. 262 flg.) abgelehnt wurde, so führte die den gegenwärtigen Antrag stellende Fraktion am Ende dieser Sitzung vor der Gesamtabstimmung abermals die Beschlußunfähigkeit des Landtags herbei. Sie hielt sich auch der zur Fortsetzung des Tagesordnung anberaumten Sitzung vom 11. Juni 1930 fern, sodaß auch diese wegen Beschlußunfähigkeit des Hauses geschlossen werden mußte, nachdem der Vertreter der Regierung auf die Notwendigkeit weiteren Beschreitens des Weges der Notgesetzgebung hingewiesen und der Wortführer der Mehrheit deren Einverständnis damit erklärt hatte (ebenda S. 295 bis 298). Der Landtagspräsident teilte der Regierung am folgenden Tage mit, „er beabsichtige nicht, eine weitere Sitzung zur Beratung des Haushaltsplanes zu berufen, da die Abgeordneten der Bürgerlichen Arbeitsgemeinschaft wiederholt den Willen bekundet hätten, die Verabschiedung des Staatshaushalts in der vorliegenden Fassung auf jeden Fall zu verhindern". Die Regierung setzte daher auf Grund des § 46 SchVerf. mittels einer Verordnung vom 19. Juni 1930 nach Anhörung des Landtagsausschusses, von dessen zwei anwesenden Mitgliedern das eine, der Vorsitzende, seine Zustimmung erklärte, ihren Entwurf zum Haushaltsplan in der dem Landtage zuletzt vorliegenden berichtigten Fassung in Kraft. Das „Notgesetz" wurde am 21. Juni verkündet und dem Landtage mit Schreiben vom 25. Juni 1930 zur Genehmigung mitgeteilt. In der Sitzung des Landtags vom 18. September 1930 wurde aber auf einen Antrag des der Minderheit angehörenden Abgeordneten Krömer diese Vorlage sowie die gleichfalls auf der Tagesordnung stehende Abstimmung über die Verordnung zur Änderung des Finanzausgleichs bis zur Klärung der von der Minderheit erhobenen Bedenken über die rechtliche Zulässigkeit der zwei „Notgesetze" von der Tagesordnung abgesetzt (Landtagsverh. S. 299).

II.

Behufs dieser Klärung stellte die Minderheit demnächst beim Staatsgerichtshof den Antrag, festzustellen, daß die Verordnungen vom 28. März und 19. Juni 1930 verfassungswidrig und rechtsungültig sind. Sie führte aus, § 46 SchVerf. ermächtige die Regierung zum Erlaß von Verordnungen mit Gesetzeskraft nur unter der doppelten Voraussetzung, daß ein dringender Fall, d. h. ein ganz besonderer Ausnahmefall vorliege, in dem der Erlaß einer gesetzlichen Bestimmung keinen Aufschub dulde, und daß der Landtag nicht versammelt sei. Die im Notgesetz vom 28. März 1930 verfügte Änderung des Finanzausgleichs habe sehr wohl aufgeschoben werden können, weil der Fehlbetrag, zu dessen Deckung sie dienen sollte, bei ihrem Erlaß noch nicht festgestanden habe und die Minderheit bereit gewesen sei, bei der Beratung des Haushaltsplanes für 1930, in dem er erst festzustellen gewesen wäre, mitzuwirken. Bis dahin sei weder eine Illiquidität der Landeskasse zu befürchten gewesen noch Schwierigkeiten der Gemeinden und Gemeindeverbände bei der Aufstellung ihrer Haushaltspläne, die zum Teil schon vor Erlaß der Notverordnung aufgestellt gewesen seien, zum Teil noch nach deren Erlaß von Neuerungen mit Bezug auf den Inhalt der Notgesetze vorerst abgesehen hätten. Im Notfall hätte aber auch der Landtag jederzeit binnen vierundzwanzig Stunden durch die Landesregierung oder den Landtagspräsidenten berufen werden können, welch letzterer hierzu auf Verlangen der hinter der Regierung stehenden Landtagsmehrheit verpflichtet gewesen wäre. Auch die Voraussetzung, daß der Landtag nicht versammelt gewesen sei, sei beim Erlaß der Notgesetze nicht erfüllt gewesen, da nicht seine Tagung geschlossen, sondern nur seine Sitzungen vertagt gewesen seien, und weder dies noch die zeitweilige, durch verfassungsmäßig zulässige Obstruktion herbeigeführte Beschlußunfähigkeit nach dem Sinne der Vorschrift genügen könne, ein Recht der Regierung zum Erlaß von Notgesetzen zu begründen. Hinsichtlich des Notgesetzes vom 19. Juni 1930 träfen die gleichen Erwägungen zu; namentlich die im Art. IV vorgenommene Änderung des Gewerbe- und Handelslehrer-Besoldungsgesetzes sei durch kein dringendes Bedürfnis geboten gewesen, und es müsse zur völligen Ausschaltung des Landtags oder wenigstens seiner Minderheit führen, wenn derartige Gesetzesänderungen durch Aufnahme in eine anderweit etwa veranlaßte Notverordnung der parlamentarischen Zustimmung entzogen würden. Die Unzulässigkeit dieses Notgesetzes folge aber weiter noch daraus, daß für den Fall des nicht rechtzeitigen Zustandekommens des Landeshaushalts die Finanzgebarung der Landesregierung durch den § 49 SchVerf. besonders geregelt sei, von dessen Vorschriften der Inhalt der Verordnungen durchaus abweiche.

Die Landesregierung verlangte Abweisung des Antrages. Sie machte geltend, die zur Herstellung des Gleichgewichts im Landeshaushalt erforderlichen Änderungen des Finanzausgleichs hätten, um die Aufstellung des Landeshaushalts rechtzeitig zu ermöglichen und nachträgliche Änderungen der Gemeindehaushalte zu vermeiden, vor dem 1. April 1930 getroffen werden müssen und, da dies infolge der durch die Antragstellerin herbeigeführten Beschlußunfähigkeit des Landtags nicht auf parlamentarischem Wege möglich gewesen sei, habe die Gefahr einer Verwirrung des Haushalts des Landes und der Gemeinden und Gemeindeverbände gedroht. Eine geordnete Finanzwirtschaft sei aber, namentlich in den Zeiten wirtschaftlicher Krisen, wie die gegenwärtige, von so großer Bedeutung, daß jene Gefahr einen dringenden Notstand gebildet habe. Den von der Antragstellerin empfohlenen Weg der Kreditaufnahme bei den Sparkassen des Landes bis zur parlamentarischen Erledigung habe die Regierung angesichts der Zweifel über die Möglichkeit der Rückzahlung einer solchen Anleihe nicht einschlagen, Steuererhöhungen wegen der ohnehin schon überaus starken Belastung der Steuerpflichtigen nicht vornehmen können. Wenn die Regierung im Jahre 1925 gegenüber einem ähnlichen Fehlbetrag im Landeshaushalt nur eine vorläufige Regelung durch Einstellung eines Ausgleichsfonds vorgenommen habe, so habe sich dies durch die damals bestehende Aussicht auf günstigere Entwicklung der Überweisungen des Reichs gerechtfertigt, während jetzt trotz aller Maßnahmen ein Fehlbetrag nicht zu vermeiden sein werde. Die Änderung des inneren Finanzausgleichs sei nach dem Scheitern der Regierungsvorlage im Landtage dadurch noch dringender geworden, daß der Reichsrat am 20. März 1930 Änderungen im Ausgleich zwischen dem Reich und den Ländern beschlossen habe, die für das Land einen Einnahmeausfall von 200000 RM. für 1930 bedeutet hätten. Daß die Regierung die Verhandlungen über den Landeshaushalt nicht abgewartet habe, finde seine Rechtfertigung auch schon darin, daß die Minderheit bis jetzt die Beschlußfassung über diesen unmöglich gemacht habe. Auf die Abänderungsanträge der Minderheit zum Landeshaushalt einzugehen, sei, soweit die Regierung sie nicht übernommen habe, nicht angängig gewesen, weil sie insoweit auf ungerechtfertigte Erhöhung von Einnahmeansätzen und auf die Aufnahme einer Anleihe zur Deckung eines Fehlbetrages des ordentlichen Haushalts abgezielt hätten. Da die Mehrheit des Landtags die Anträge der Minderheit übrigens abgelehnt habe, sei die Regierung gar nicht in der Lage gewesen, den Haushalt nach diesen zu gestalten. Die infolge der Ablehnung einsetzende Obstruktion der Minderheit habe auch hier einen dringenden Notstand geschaffen. Die Vorschrift des § 49 SchVerf. schließe aber die Anwendung des Notverordnungsrechts zur Festsetzung des Landeshaushalts nicht aus, wenn die im § 46 das. bestimmten Voraussetzungen dieses Rechts gegeben seien. Sie sei nur für die Fälle gedacht, in denen bei wenig veränderter Wirtschaftslage und begründeter Aussicht auf baldige parlamentarische Erledigung des Haushaltsgesetzes die dort vorgesehene Art der Finanzgebarung keine Gefahr für die Finanzlage hervorrufe. Die Einzelheiten des Haushaltsgesetzes entsprächen durchweg den Beschlüssen des Landtags in der Einzelberatung, die Abänderung des Gewerbe- und Handelslehrer-Besoldungsgesetzes insbesondere sei geboten gewesen, um der Verpflichtung zur Errichtung neuer Stellen zu entgehen und so die Ausgaben für die Berufsschulen auf tragbarer Höhe zu halten. Durch das Vorgehen der Regierung werde auch nicht die Gefahr einer Ausschaltung des Landtags oder einer Entrechtung seiner Minderheit hervorgerufen, sondern nur das Land gegen die Folgen einer die Mehrheit entrechtenden Obstruktion der Minderheit geschützt.

Die Antragstellerin vertrat demgegenüber die Auffassung, daß die Regierung, wenn sie ihrer Pflicht, den Haushaltsplan mit Zustimmung des Landtags zustandezubringen, nicht habe nachkommen können, den Plan behufs Erwirkung der Zustimmung habe abändern oder selbst habe abtreten müssen, nicht aber aus der durch die Ablehnung der Minderheitsanträge hervorgerufenen Obstruktion der Minderheit einen Notstand habe herleiten können, der den Erlaß von Notgesetzen rechtfertige. Die Verfassung habe gerade den Zweck, die Minderheitsrechte, zu denen auch das Obstruktionsrecht gehöre, zu wahren. Die Antragstellerin hielt daran fest, daß das Gleichgewicht des Haushalts sich ohne Änderung des Finanzausgleichs durch Ersparungen, Erhöhung gewisser Einnahmeansätze und Aufnahme eines Überbrückungskredits bei den Sparkassen hätte herstellen lassen, und daß die Lage von der des Jahres 1925 nicht wesentlich verschieden gewesen sei, in dem die Regierung sich gleichfalls mit einer nur vorläufigen Lösung im Haushaltsplan begnügt habe. Sie führte im einzelnen aus, wie die Stadtgemeinden und der Kreisausschuß des einen der zwei Kreise ihre Haushaltspläne trotz des Notgesetzes vom 28. März 1930 zunächst ohne Rücksicht auf die Änderung des Finanzausgleichs aufgestellt hätten; wegen des Notgesetzes vom 19. Juni 1930 insbesondere machte sie geltend, daß die Vorschrift des § 49 SchVerf. als besondere Vorschrift der des § 46 das. vorgehen müsse.

Die Landesregierung entgegnete, es sei auch deshalb nicht angängig gewesen, die Änderung des inneren Finanzausgleichs bis zur Vorlage des Landeshaushaltsplans zu verschieben und den Entwurf dann mit dieser Vorlage erneut einzubringen, weil sich nach dem Verhalten der Minderheit bei der ersten Beratung des Gesetzentwurfs über diese Änderung nicht habe übersehen lassen, wann ein Beschluß des Landtags über die zwei Vorlagen zustandekommen würde. Die Voraussetzung des Nichtversammeltseins des Landtags sei nach der Entscheidung des Staatsgerichtshofs vom 21. November 1925 (RGZ. Bd. 112 Anh. S. 6) nicht nur auf die Zeit außerhalb der Tagungen des Landtags zu beziehen, sondern auf jeden Zeitraum, in dem tatsächlich keine Sitzungen abgehalten werden. Nach einer Auskunft des Landtagspräsidenten vom 7. Februar 1931 habe dieser Zustand in der Zeit vom 21. März bis 28. April und vom 12. Juni bis 17. September 1930 bestanden, während eine Schließung der Tagung seit dem ersten Zusammentreten des am 29. April 1928 gewählten Landtags am 23. Mai 1928 nach einer weiteren Bescheinigung des Landtagspräsidenten vom 6. Februar 1931 überhaupt nicht stattgefunden habe. Übrigens seien während dieser Zeit am 24. August und 22. Dezember 1928, 26. März und 18. Juni 1929 Notverordnungen erlassen worden, die der Landtag demnächst ohne Beanstandung ihrer verfassungsrechtlichen Zulässigkeit genehmigt habe. Wegen des Rechtes der Regierung, gegenüber einem durch Obstruktion einer Minderheit, selbst ohne Verstoß gegen die Verfassung, verursachten Notstande durch Notverordnungen einzugreifen, berief sie sich auf die Entscheidung des Staatsgerichtshofs vom 13. Juli 1929 (RGZ. Bd. 125 Anh. S. 8).

In der auf Verlangen der Antragstellerin anberaumten mündlichen Verhandlung vom 27. April 1931 beanstandete die Landesregierung noch die Parteifähigkeit der Antragstellerin, weil diese nicht eine Fraktion im üblichen Sinne, eine Vereinigung der einer bestimmten Partei angehörenden Parlamentsmitglieder, sondern ein lediglich taktischen Zwecken dienender Zusammenschluß der Abgeordneten verschiedener Parteien sei, und weil der Landtag, dessen Wahlperiode am Tage nach dem Verhandlungstermin ablaufe, schon am 8. April 1931 seine mutmaßlich letzte Sitzung abgehalten habe, womit auch jener Zusammenschluß erledigt sei. Die Antragstellerin legte ihre vom 7. Juni 1928 datierte Fraktionssatzung vor.

III.

Eine Verfassungsstreitigkeit im Sinne des Art. 19 RVerf. liegt unzweifelhaft vor, und da im Lande Schaumburg-Lippe kein Gericht zur Erledigung solcher Streitigkeiten besteht, so ist der Staatsgerichtshof für das Deutsche Reich nach dieser Bestimmung zur Entscheidung zuständig. Seinem Rechte zur Prüfung der Verfassungsmäßigkeit der beanstandeten Notgesetze steht auch die Vorschrift des § 47 SchVerf. nicht entgegen, wonach die Prüfung der Rechtsbeständigkeit gehörig verkündeter Gesetze und Notgesetze nicht den Behörden, sondern nur dem Landtage zusteht. Diese Vorschrift betrifft nur das Prüfungsrecht der zur Anwendung der Gesetze berufenen Gerichte und sonstigen Landesbehörden, nicht das Recht des zur Erledigung von Verfassungsstreitigkeiten innerhalb der Länder durch die Reichsverfassung eingesetzten Staatsgerichtshofs für das Deutsche Reich, Streitigkeiten zwischen den an der Gesetzgebung beteiligten Organen über den Umfang ihrer Mitwirkungsrechte zu entscheiden.

Zur Frage der Parteifähigkeit kann dahingestellt bleiben, ob die Antragstellerin als eine Fraktion im üblichen parlamentarischen Sinne anzusehen ist und welche Rechte ihr bejahendenfalls als einer solchen zustehen. Der Antrag ist, wie sich aus der Vollmacht des Prozeßbevollmächtigten ergibt, unter der zusammenfassenden Bezeichnung als „Fraktion Bürgerliche Arbeitsgemeinschaft des Schaumburg-Lippischen Landtags" im Namen von sechs Abgeordneten dieses Landtags gestellt, und diese Abgeordneten bilden einen so beträchtlichen Teil der verfassungsmäßig aus fünfzehn Mitgliedern bestehenden Körperschaft, daß ihnen in diesem Falle die Befugnis nicht versagt werden kann, gemeinsam die Feststellung vermeintlicher Verletzungen von Rechten des Landtags beim Staatsgerichtshof zu beantragen. Auf die Frage, ob diese Befugnis etwa auch jedem einzelnen Abgeordneten für sich allein zustehen würde, braucht daher nicht eingegangen zu werden. Soweit hiernach einer Mehrzahl von Mitgliedern eines Parlaments als solchen Parteifähigkeit eigen ist, bleibt sie ihnen bis zum Ende seiner Amtsdauer oder ihrer Mitgliedschaft erhalten; sie wird also weder durch die Ausschreibung der Wahlen zu einem neuen Parlament noch durch den Umstand berührt, daß etwa während einiger Zeit vor dem Ende der Wahlperiode keine Sitzungen des alten Parlaments mehr stattfinden. Auch bietet die Tatsache eines Wahlkampfes zwischen verschiedenen in der „Fraktion" vertretenen Parteien keinen Grund zu der Annahme, daß der Fraktionszusammenschluß schon vor dem Ende der Wahlperiode aufgehoben worden sei und daß die Antragsteller in der Verfolgung ihrer Klage jetzt nicht mehr einig gingen.

IV.

Zur Sache ist davon auszugehen, daß die Sicherstellung einer geordneten Finanzlage des Staates und der Gemeinden, wie der Staatsgerichtshof mehrfach (RGZ. Bd. 112 Anh. S. 9, Bd. 125 Anh. S. 7) anerkannt hat, für das Staatswesen von besonderer Bedeutung ist und daß eine unmittelbar drohende Gefährdung dieser Finanzlage in Zeiten wirtschaftlicher Krisen einen „ungewöhnlichen Notstand" darstellen kann, wie ihn die Preußische Verfassung in ihrem Art. 55 und die meisten anderen Verfassungen der deutschen

Länder zum Erlaß einer Notverordnung voraussetzen. Ferner hat der Staatsgerichtshof im Hinblick auf jene Verfassungsvorschriften wiederholt (RGZ. Bd. 112 Anh. S. 9, Bd. 124 Anh. S. 30) ausgesprochen, daß bei der Frage, ob zur Beseitigung des Notstandes die Anwendung des Notverordnungsrechts „dringend erforderlich" sei, dem Ermessen der Regierung ein gewisser Spielraum gelassen und daß ihr Vorgehen so lange als berechtigt erachtet werden muß, als sich nicht das Gegenteil aus den Verhältnissen der fraglichen Zeit heraus einwandfrei ergibt. Im § 46 SchVerf. wird nun der Landesregierung die Befugnis zum Erlasse von Notverordnungen allgemein „in dringenden Fällen" gewährt, ohne daß — wenigstens dem Wortlaute nach — das Vorliegen eines „ungewöhnlichen Notstandes" verlangt würde, zu dessen Beseitigung die Notverordnung notwendig wäre. Danach kann das Notverordnungsrecht in diesem Lande jedenfalls nicht an engere Voraussetzungen gebunden werden als in Preußen und den anderen eben erwähnten Ländern.

Nun war nach den Angaben, die die Landesregierung dem Landtage im Februar und März 1930 mehrfach gemacht hatte, und die aus dem Landtage nicht widerlegt worden waren, für die Jahre 1929 und 1930 mit einem Fehlbetrage von 230000 RM. zu rechnen. Die Anregung der Landtagsminderheit, diesen für ein so kleines Land recht bedenklichen Fehlbetrag durch Ersparnisse zu decken, war nach Ansicht der Landesregierung undurchführbar und ist bei den demnächstigen Haushaltsberatungen von der Landtagsmehrheit nur für den vergleichsweise geringen Betrag von 41000 RM. als durchführbar befunden worden. Daß eine Deckung durch Vorschüsse, zu deren Rückzahlung an die Geldgeber Mittel nicht in Aussicht standen, nicht angängig und eine Deckung durch Steuererhöhungen höchst bedenklich war, muß der Regierung zugegeben werden. Hiernach blieb aber zur Verhütung des Fehlbetrags nur das Mittel einer Änderung des inneren Finanzausgleichs übrig oder konnte es doch von der Regierung bei pflichtmäßigem Ermessen als das einzige sachgemäße Mittel angesehen werden. Diese Maßnahme mußte aber vor dem Beginn des Rechnungsjahrs 1930 angeordnet werden, damit sie im Landeshaushalt und in den Haushalten der Gemeinden und Gemeindeverbände, die zu diesem Zeitpunkte fertigzustellen waren, in Betracht gezogen werden konnte. Ein Aufschub der Feststellung der Haushaltspläne bis zu einer erst nach dem Beginn des Rechnungsjahres erfolgenden Entscheidung über jene Änderungen war für die Ordnung der Finanzwirtschaft ebenso mißlich wie eine erst nach dieser Entscheidung erfolgende Änderung der zuvor ohne Rücksicht auf die Anforderungen des neuen Finanzausgleichs aufgestellten Pläne. Hieran ändert es auch nichts, wenn die Gemeinden und Gemeindeverbände des Landes tatsächlich trotz des Erlasses der Notverordnung vom 28. März 1930 ihre Haushaltspläne ohne Rücksicht auf die durch die Notverordnung verfügten Veränderungen des Finanzausgleichs aufgestellt und sich vorbehalten haben, die infolge dieser Änderungen notwendig werdenden Maßnahmen zum Ausgleich ihrer Einnahmen und Ausgaben erst in Nachtrags-Haushaltsplänen zu treffen, nachdem der Umfang des Bedürfnisses besser zu übersehen sein würde. Wenn sich die Gemeinden oder Gemeindeverbände entschlossen, die mit diesem Verfahren verbundenen Nachteile in den Kauf zu nehmen, um nicht ihren Angehörigen Auflagen machen zu müssen, die sich vielleicht — etwa bei Aufhebung des Notgesetzes oder Besserung der allgemeinen Verhältnisse — als nicht erforderlich erwiesen, so genügte doch die Landesregierung lediglich ihrer Pflicht, eine geordnete Finanzwirtschaft der Gemeinden und Gemeindeverbände zu ermöglichen, wenn sie schon vor Beginn des Rechnungsjahres die gesetzlichen Vorschriften zu schaffen bestrebt war, welche die Grundlage dieser Finanzwirtschaft zu bilden hatten. Der Landesregierung kann also kein Vorwurf daraus gemacht werden, daß sie jene Maßnahme im Wege der Notverordnung durchgeführt hat, nachdem ihr Versuch, sie im Wege der parlamentarischen Gesetzgebung durchzusetzen, gescheitert war.

Daraus, daß sich die Regierung im Jahre 1925 angesichts eines drohenden Fehlbetrags im Landeshaushalte mit einer nur vorläufigen Lösung begnügt hat, ist bei der völligen Verschiedenheit der damaligen Lage von der des Jahres 1930 nichts gegen ihr Vorgehen in diesem Jahre zu entnehmen. Damals hoffte die Landesregierung, wie sich aus den Erklärungen ihres Vertreters in der Landtagssitzung vom 20. März 1925 (Landtagsverh. Nr. 44 S. 6, 7) und ihrer Vorlage vom 15. Juni 1925 an den Landtag ergibt, durch den bevorstehenden neuen Finanzausgleich des Reichs mit den Ländern die Mittel zur Deckung des Fehlbetrags oder seines Hauptteils bald nach Beginn des Rechnungsjahrs zu erhalten. Im Jahre 1930 dagegen handelte es sich um bereits entstandene oder mit Sicherheit zu erwartende Fehlbeträge, für die weder aus Zuwendungen des Reichs noch aus einer Besserung der Wirtschaftslage Deckung erwartet werden konnte. Auch die allgemeinen wirtschaftlichen Verhältnisse waren im Frühjahr 1930 ungünstiger als im Frühjahr 1925.

Fraglich könnte erscheinen, ob die Antragsgegnerin nicht in der Lage war, die angestrebte Änderung des Finanzausgleichs dadurch auf parlamentarischem Wege zu erwirken, daß sie alsbald nach der Sitzung vom 20. März 1930, in der die Antragstellerin die Abstimmung über die Vorlage vereitelt hatte, und noch vor dem Beginn des neuen Rechnungsjahrs den Landeshaushalt in einer jener Vorlage angepaßten Fassung einbrachte und damit die Bedingung erfüllte, von der der Landtagspräsident in jener Sitzung die Anberaumung einer neuen Sitzung abhängig gemacht hatte (s. Landtagsverh. Nr. 23 S. 36, 44). Es kann dahingestellt bleiben, ob eine so schleunige Vorlage des Landeshaushaltsplans nach der Sitzung vom 20. März aus geschäftlichen und technischen Gründen möglich war. Denn auch das Zustandekommen des Haushaltsplans ist nach seiner späteren Vorlage von der Antragstellerin vereitelt worden, indem ihre Angehörigen in der Sitzung vom 5. Juni 1930 vor der Gesamtabstimmung den Saal verließen und in der Sitzung vom 11. Juni 1930, auf welche die Gesamtabstimmung vertagt worden war, nicht erschienen (Landtagsverh. Nr. 25 S. 294 und Nr. 26 S. 295). Es fehlt an jedem Grunde für die Annahme, daß die Beratung anders ausgegangen wäre, wenn der Haushaltsplan anstatt, wie geschehen, in den letzten Apriltagen in den letzten Märztagen dem Landtage vorgelegt worden wäre. Jedenfalls konnte die Antragsgegnerin bei pflichtmäßiger Erwägung zur Zeit des Erlasses dieses Notgesetzes zu der Ansicht gelangen, daß sich bei Vorlage des Haushaltsplans im März nicht absehen ließe, ob bereits dann mit seiner parlamentarischen Erledigung zu rechnen wäre.

Unbegründet ist auch die Beanstandung der Antragstellerin, daß das Notgesetz deshalb nicht habe erlassen werden dürfen, weil der Landtag nur vertagt, seine Tagung aber nicht geschlossen gewesen sei. Nach der Bescheinigung des Landtagspräsidenten vom 7. Februar 1931 hat in der Zeit vom 21. März bis 28. April 1930 keine Landtagssitzung stattgefunden, und die Voraussetzung des „Nichtversammeltseins" des Landtags ist nach der vom Staatsgerichtshof in seiner Entscheidung RGZ. Bd. 112 Anh. S. 6 gebilligten Auffassung dann erfüllt, wenn Sitzungen tatsächlich nicht stattfinden, gleichviel auf welcher Ursache dieser Zustand beruht. Wenn die Antragstellerin dieser Meinung entgegenhält, daß danach auch in den Abendstunden nach einer Sitzung oder am Morgen vor einer Sitzung Notgesetze erlassen werden könnten, so ist dieser Einwand schon deshalb hinfällig, weil der Landtag es in der Hand hätte, derartigen Verordnungen, die ihm ja schon in seiner nächsten Sitzung vorzulegen wären, die Genehmigung zu versagen. Im übrigen konnte nach den Erklärungen des Landtagspräsidenten in der Sitzung vom 20. März 1930 (Landtagsverh. S. 236, 244) weder die Landesregierung noch die Minderheit darüber im Zweifel sein, daß er eine weitere Sitzung nicht vor der erst in Wochen zu erwartenden Einbringung des Entwurfs zum Haushaltsgesetz für 1930 anzuberaumen beabsichtigte.

Hinsichtlich des Notgesetzes vom 19. Juni 1930 sind die Voraussetzungen des § 46 SchVerf. im Sinne der vorhin gegebenen Auslegung gleichermaßen erfüllt. Der „dringende Fall" ergab sich aus der Notwendigkeit, der Finanzgebarung des Landes die in der Verfassung vorgeschriebene Grundlage zu geben, nachdem zweieinhalb Monate vom Rechnungsjahr verstrichen waren und die Landtagsverhandlungen keine Aussicht auf eine parlamentarische Erledigung des Haushaltsplans in den nächsten Monaten eröffnet hatten. „Nicht versammelt" aber war der Landtag am 19. Juni, da er nach der Bescheinigung des Landtagspräsidenten vom 7. Februar 1931 in der Zeit vom 12. Juni bis 17. September 1930 keine Sitzungen gehalten hat, der Landtagspräsident am 12. Juni der Regierung mitgeteilt hatte, daß er eine weitere Sitzung zur Beratung des Haushaltsplanes, der einzigen unerledigten Vorlage, nicht zu berufen beabsichtige, und die Landtagsabgeordneten nach dem Stande der Geschäfte und dem Gange der Verhandlungen in den letzten zwei Sitzungen hierüber gleichfalls nicht im Zweifel sein konnten.

Der Auffassung der Antragstellerin, daß das Notverordnungsrecht des § 46 SchVerf. sich deshalb nicht auf die Aufstellung des Haushaltsplans erstrecke, weil für den Fall seines Nichtzustandekommens die Sondervorschrift des § 49 das. Vorkehrung treffe, kann nicht beigepflichtet werden. Wenn § 49 für diesen Fall der Regierung gewisse Ermächtigungen zur notdürftigen Fortführung der laufenden Verwaltung erteilt, so soll damit die Ermächtigung zum Erlaß von Notverordnungen für die Fälle, in denen sich ihre Voraussetzungen infolge des Nichtzustandekommens des Haushaltsgesetzes verwirklichen, nicht ausgeschlossen werden. Die zwei Vorschriften stehen zueinander nicht in dem Verhältnis von Regel- und Sondervorschrift, sondern überschneiden sich und sind daher, je nach Maßgabe ihrer Voraussetzungen, unter Umständen beide in dem gleichen Falle anwendbar, wie denn auch im vorliegenden Falle vom Beginne des Rechnungsjahrs 1930 bis zum Erlasse der Notverordnung über den Haushaltsplan die Vorschrift des § 49 für die Finanzgebarung der Landesregierung maßgebend zu sein hatte. Die Ermächtigungen, die der § 49 der Landesregierung für den Fall des Nichtzustandekommens des Haushaltsgesetzes erteilt, genügen bei wenig veränderter Wirtschaftslage und im wesentlichen gleichbleibenden Finanzbedürfnissen, um die Verwaltung einige Monate, ohne daß wesentliche Staatsinteressen notleiden, fortzuführen. Sie können aber nicht ausreichen, schwere Gefahren abzuwenden, wenn tiefgreifende wirtschaftliche Veränderungen dringende und große neue Anforderungen an die Staatsfinanzen stellen und zugleich infolge der gerade in solcher Lage leicht eintretenden Verschärfung der Parteigegensätze die parlamentarische Fertigstellung des Haushaltsgesetzes auf unabsehbare Zeit hinausgerückt wird. Es ist nicht auszudenken, was den Verfassungsgeber hätte veranlassen können, durch den § 49 das für solche Fälle allein eine Lösung ermöglichende Notverordnungsrecht des § 46 auszuschalten.

Wenn die Antragstellerin meint, die Regierung habe den Abänderungsanträgen der Minderheit in weitem Umfange nachgeben oder aber abtreten müssen, wenn sie infolge der Obstruktion der Minderheit einen zustimmenden Beschluß des Landtags zu ihrer Vorlage nicht erwirken konnte, so verkehrt sie die nach Art. 17 RVerf. die Grundlage der Landesverfassungen bildenden Grundsätze der parlamentarischen Demokratie, die in den § 7 Satz 1, §§ 12, 28 SchVerf. wiederkehren, in ihr Gegenteil. Denn nach jener Meinung würde nicht die Mehrheit, sondern jede ein Drittel erreichende Minderheit der Volksvertretung bei der nötigen Hartnäckigkeit in der Lage sein, den Gang der Gesetzgebung zu behindern oder zu bestimmen und über das Schicksal der Regierung zu entscheiden, indem sie jeden ihr nicht genehmen Haushaltsplan und jedes sonstige ihr minder genehme Gesetz durch Vereiteln der Schlußabstimmung zum Scheitern brächte. Demgegenüber muß an dem vom Staatsgerichtshof in RGZ. Bd. 125 Anh. S. 8 ausgesprochenen Satze festgehalten werden, daß eine Obstruktion der Minderheit zwar nicht rechtswidrig ist, solange sie die Grenzen der Verfassung und der Geschäftsordnung einhält, daß aber ein durch sie herbeigeführter dringlicher Notstand die Regierung berechtigt, ihrerseits unter Beobachtung der Formvorschriften der Verfassung das zur Beseitigung des Notstandes Erforderliche im Wege der Notverordnung vorzukehren.

Die Bedenken, welche die Antragstellerin gegen einzelne im Haushaltsgesetze verfügte Gesetzesänderungen erhebt, erledigen sich damit, daß diese Einzelmaßnahmen über den Zweck, das im Haushaltsplane vorgesehene Gleichgewicht zwischen Einnahmen und Ausgaben sicherzustellen, nicht ersichtlich hinausgehen. Unter dieser Voraussetzung kann die Ausgestaltung des Inhalts einer Notverordnung, deren Erlaß zur Beseitigung eines Notstandes erforderlich geworden ist, im einzelnen nur nach Zweckmäßigkeitsrücksichten bestimmt werden, ohne daß für die gewählte Maßnahme der Nachweis verlangt werden kann, daß sie notwendigerweise so und nicht anders getroffen werden mußte. Für die Zweckmäßigkeit der in Rede stehenden Vorschriften zur Herstellung des finanziellen Gleichgewichts spricht aber, außer ihrem offensichtlich auf Mehreinnahmen oder Ersparnisse zielenden Inhalt, auch der Umstand, daß sie bei den Einzelabstimmungen des Landtags über den Haushaltsgesetzentwurf die Zustimmung der Mehrheit gefunden hatten (s. Landtagsverh. S. 292 a. E., 293).

Die gegen die zwei Notgesetze erhobenen verfassungsrechtlichen Einwendungen entbehren hiernach des Grundes.

2.

In den verfassungsrechtlichen Streitsachen

1. a) **des Landesverbandes Anhalt der Deutschen Volkspartei,**
   b) **der Fraktion der Deutschen Volkspartei im Anhaltischen Landtage,**
2. a) **des Landesverbandes Anhalt der Deutschnationalen Volkspartei e. V.,**
   b) **der Nationalen Wirtschaftsfraktion im Anhaltischen Landtage,**

Antragsteller,

gegen

das Land Anhalt,

Antragsgegner,

wegen Feststellung der Verfassungswidrigkeit des § 3 des anhaltischen Gesetzes über die Eingemeindung von Pötnitz in den Stadtbezirk Dessau und über die Zahl der Stadtverordneten in Dessau vom 24. April 1930 (GS. S. 24) — StGH. 14/30 —

hat der Staatsgerichtshof für das Deutsche Reich in der Sitzung vom 28. April 1931 beschlossen:

Der § 3 des angeführten Gesetzes ist verfassungswidrig.

Gründe:

A.

I. Die Stadtgemeinde Dessau einerseits und die ihr benachbarten Landgemeinden Jonitz, Naundorf, Dellnau und Scholitz andererseits haben auf dem in § 11 Abs. 1 der Gemeinde-, Stadt- und Dorfordnung für Anhalt vom 26. Mai 1882 vorgesehenen Wege der Übereinkunft mit Genehmigung der Anhaltischen Regierung ihre Bezirke vom 1. Mai 1930 ab miteinander vereinigt. Die mit den Gemeinden Scholitz und Dellnau durch eine gemeinschaftliche Feldmark verbundene Landgemeinde Pötnitz widersprach der von der Stadtgemeinde Dessau auch mit ihr angestrebten Vereinigung. Die Eingemeindung ihres Bezirks einschließlich der zur gemeinschaftlichen Feldmark gehörigen Grundstücke in den Stadtbezirk Dessau ist durch § 1 des eingangs angeführten Gesetzes vom 24. April 1930 angeordnet. In § 3 dieses Gesetzes ist bestimmt:

> Mit der Eingemeindung der Landgemeinde Pötnitz (§ 1) sowie mit der Eingemeindung jeder der Landgemeinden Jonitz, Naundorf, Dellnau und Scholitz erhöht sich die Zahl der Stadtverordneten in Dessau für die laufende Wahlzeit um je einen Stadtverordneten, der vor der Eingemeindung durch den Gemeinderat der betreffenden Landgemeinde aus seinen Mitgliedern zu wählen ist. Jeder Gemeinderat wählt ferner aus seinen Mitgliedern einen Ersatzmann, welcher im Falle des Ausscheidens des von ihm gewählten Stadtverordneten an die Stelle des Ausgeschiedenen tritt.

Auf Grund dieser Bestimmung sind zu den bisherigen 36 Stadtverordneten in Dessau 5 weitere Stadtverordnete hinzugetreten.

Demgegenüber haben zunächst der Landesverband Anhalt der Deutschen Volkspartei und die Fraktion der Deutschen Volkspartei im Anhaltischen Landtage den Staatsgerichtshof für das Deutsche Reich angerufen. Sie haben in erster Linie beantragt, zu erkennen:

1. Der § 3 des anhaltischen Gesetzes vom 24. April 1930 widerspricht der Reichsverfassung und der Anhaltischen Verfassung.

2. Die derzeitige Dessauer Stadtverordnetenversammlung ist verfassungswidrig zusammengesetzt und verliert ihr Rechtsdasein mit der Verkündung des Spruches des Staatsgerichtshofs.

Hilfsweise haben sie beantragt, zu erkennen:

Der in § 3 des angeführten Gesetzes für fünf Dessauer Stadtverordnete und deren Ersatzmänner angeordnete Wahlmodus verstößt gegen die Reichsverfassung und die Anhaltische Verfassung. Die Mandate der nach diesem Modus gewählten fünf Stadtverordneten und ihrer Ersatzmänner sind daher rechtsungültig.

Später haben auch der Landesverband Anhalt der Deutschnationalen Volkspartei e. V. und die Nationale Wirtschaftsfraktion im Anhaltischen Landtage den Staatsgerichtshof angerufen, und zwar mit denselben Anträgen, wie die zuerstgenannten Antragsteller. Die dadurch anhängig gewordenen beiden Streitsachen sind zu gemeinsamer Entscheidung verbunden worden.

II. Zur Begründung der Anträge wird geltend gemacht: Der § 3 des Gesetzes vom 24. April 1930 verstoße gegen die in Art. 17 RVerf., § 5 AnhVerf. für die Gemeindewahlen wie für die Wahlen zur Volksvertretung gegebene Vorschrift, daß in allgemeiner, gleicher, unmittelbarer und geheimer Wahl nach den Grundsätzen der Verhältniswahl gewählt werden müsse. Entgegen dieser Vorschrift seien in die Dessauer Stadtverordnetenversammlung fünf Stadtverordnete eingetreten, die von den Gemeinderäten ihrer früheren Gemeinden gewählt worden seien. Diese Zahl sei unverhältnismäßig hoch. Berücksichtige man auf der einen Seite die Einwohnerzahl Dessaus ohne die in Rede stehende Eingemeindung (etwa 80000) und die bisherige gesetzlich festgelegte Zahl von 36 Stadtverordneten, auf der anderen Seite die Einwohnerzahl der eingemeindeten fünf Ortschaften (etwa 4000) und die Zahl von fünf neuen Stadtverordneten, so ergebe sich, daß die eingemeindeten Ortschaften zu viele Stadtverordnete stellten. In der Stadtverordnetenversammlung habe danach eine Verschiebung des Stimmenverhältnisses zuungunsten der bisherigen Dessauer Wählerschaft stattgefunden. Von den fünf neuen Stadtverordneten gehöre einer den bürgerlichen Parteien an, vier der sozialdemokratischen Partei. Diese bisher 14 Stadtverordnete umfassende Partei habe somit eine Vermehrung auf 18 Stadtverordnete erfahren, eine Stadtverordnetenzahl, die ihr bei einer gemeinsamen

Wahl der Bevölkerung Groß-Dessaus niemals zugefallen wäre. Sie habe jetzt zusammen mit den drei Demokraten die absolute Mehrheit, was früher nicht der Fall gewesen sei. Dieses Mehrheitsverhältnis habe sich am 20. Oktober 1930 bei der Wahl eines besoldeten Stadtrats in der Weise ausgewirkt, daß nicht ein für die Stelle zur Verfügung stehender und geeigneter früherer Bürgermeister, bei dessen Wiederanstellung nur der Unterschiedsbetrag zwischen seinem bisherigen Ruhegehalt und dem Gehalt neu zu zahlen gewesen wäre, sondern ein für die Stelle beruflich nicht vorgebildeter Sozialdemokrat gewählt worden sei, wodurch eine Mehrausgabe von mindestens 12000 RM. jährlich erwachse.

Zur Feststellung der Ungültigkeit der angefochtenen Gesetzesbestimmung, sei es in ihrem ganzen Umfang oder nur hinsichtlich des angeordneten Wahlmodus, und der sich aus dieser Ungültigkeit für das Rechtsdasein der derzeitigen Dessauer Stadtverordnetenversammlung im ganzen oder wenigstens hinsichtlich der fünf Stadtverordnetenmandate ergebenden Rechtsfolgen sei der Staatsgerichtshof für das Deutsche Reich nach Art. 19 RVerf. zuständig. Diese Verfassungsstreitigkeit vor den Staatsgerichtshof zu bringen, seien die Antragsteller berufen, und zwar die beiden politischen Parteien (eingangs unter 1 a und 2 a angeführt) deshalb, weil es eine ihnen im Interesse des Volksganzen oder einzelner Bevölkerungskreise obliegende Aufgabe sei, dafür zu sorgen, daß in allen Volksvertretungen, auch den Stadtparlamenten, denen Abgeordnete ihrer Richtung angehören, verfassungsmäßig und nach den Grundsätzen einer geordneten und sparsamen Finanzwirtschaft regiert und verwaltet werde, und daß das Stimmenverhältnis in einem Parlament nicht durch verfassungswidrige Akte zu ihren Ungunsten verschoben werde; die beiden Landtagsfraktionen (1 b und 2 b) deshalb, weil sie an der staatlichen Willensbildung beteiligt seien und ein starkes Interesse daran hätten, geprüft zu sehen, ob ein unter ihrer Mitwirkung zustande gekommenes Gesetz gültig oder ungültig sei. Als Antragsgegner komme nur das durch das Staatsministerium vertretene Land Anhalt und nicht etwa die Stadt Dessau in Betracht. Denn das Land habe das die ungültige Bestimmung enthaltende Gesetz erlassen; die Stadt selbst habe keinen Einfluß auf die Zusammensetzung ihres Parlaments.

III. Das Anhaltische Staatsministerium beantragt namens des verklagten Landes, die gestellten Anträge zurückzuweisen. Es bestreitet in erster Linie die Antragsberechtigung der Antragsteller. Allerdings habe der Staatsgerichtshof politische Parteien und Landtagsfraktionen als im Verfassungsstreitverfahren parteifähig und gegebenenfalls auch antragsberechtigt anerkannt. Er habe der Klageberechtigung aber enge Grenzen gezogen und sie einmal nur dann für gegeben erachtet, wenn die Verfassungswidrigkeit eines Wahlgesetzes geltend gemacht werde, und sodann verlangt, daß die Klagepartei ein rechtliches Interesse an der Feststellung der Verfassungswidrigkeit des angefochtenen Wahlgesetzes habe. Ein solches Interesse fehle den beiden als Antragsteller auftretenden Landtagsfraktionen deshalb, weil es sich nicht um ein Wahlgesetz handle, das auf die Zusammensetzung des Anhaltischen Landtags einen Einfluß habe, sondern um ein Wahlgesetz, das die Wahlen zu einer Gemeinde betreffe. Was die beiden anderen Antragsteller angehe, so sei in der Rechtsprechung des Staatsgerichtshofs die Berechtigung politischer Parteien, die Verfassungswidrigkeit von Gesetzen geltend zu machen, welche die Wahlen zu einer Volksvertretung regeln, damit begründet worden, daß die Parteien zur politischen Willensbildung berufen seien, die ihren Ausdruck in der Zusammensetzung der Volksvertretung in vollem Umfange finde. Auf eine Gemeindevertretung, wie sie hier in Frage komme, könnten die vom Staatsgerichtshof entwickelten Grundsätze schon deshalb nicht ohne weiteres übertragen werden, weil die Gemeindevertretung im Gegensatz zum Landesparlament nicht durchweg aus Mitgliedern bestehe, die vom Volke gewählt seien, sondern in Anhalt wie in anderen deutschen Ländern auch die Mitglieder des Gemeindevorstandes (in Städten des Magistrats) umfasse. Gegenüber dem vorliegenden Eingemeindungsgesetz seien als eigentlich beschwerte nur die Gemeinden selbst anzusehen, denen vom Staat ein angeblich verfassungswidriges Gemeindewahlgesetz aufgenötigt worden sei. So seien auch in den Eingemeindungsstreitigkeiten, die dem Staatsgerichtshof bisher unterbreitet worden seien, stets die Gemeinden als Antragsteller aufgetreten und als antragsberechtigt anerkannt worden. Bejahe man aber die Antragsberechtigung der Antragsteller, dann sei wiederum nicht ersichtlich, warum die Klage gegen das Land Anhalt als Antragsgegner gerichtet werde. Für die verfassungsmäßige Zusammensetzung einer Gemeindevertretung habe im Verhältnis zu den politischen Parteien nicht der Staat einzustehen, sondern die Gemeinde, da die Gemeindevertretung nicht zum verfassungsmäßigen Organismus des Staates, sondern zu dem der Gemeinde gehöre. Daher könne eine Klage der Antragsteller lediglich gegen die

Stadtgemeinde Dessau gerichtet werden. Mindestens müsse dies für den Antrag zu 2 gelten, mit dem nicht die Verfassungswidrigkeit des Wahlgesetzes selbst, sondern die Verfassungswidrigkeit der auf Grund dieses Gesetzes gebildeten Gemeindevertretung gerügt werde, ebenso für den zweiten Teil des Hilfsantrags, wonach fünf Mandate der Gemeindevertretung als rechtsungültig festgestellt werden sollen. Hierbei könne auf sich beruhen, ob für den letzteren Antrag der Staatsgerichtshof überhaupt zuständig sei, dessen Aufgabe nicht die Feststellung der Verfassungswidrigkeit von Wahlen und Mandaten sei, sondern die Feststellung, ob die Grundlagen dieser Wahlen und Mandate, nämlich die Gesetze, auf Grund deren die Wahlen stattgefunden haben, der Verfassung entsprechen.

Zur Sache selbst führt der Antragsgegner aus: Von den Antragstellern werde übersehen, daß es sich bei der von ihnen angefochtenen Gesetzesbestimmung um eine Übergangsvorschrift handle, die sich nur auf die laufende Wahlzeit der Stadtverordneten in Dessau beziehe. Diese Wahlzeit sei nach der Rechtslage bei Einbringung des Gesetzes vom 24. April 1930 schon zu mehr als zwei Dritteln ihrer gesetzlichen Dauer und bei Veröffentlichung des Gesetzes, nachdem inzwischen durch das Gesetz Nr. 1994 vom 19. April 1930 (GS. S. 23) die laufende Wahlperiode der Gemeindeverordneten (Stadtverordneten) von drei auf vier Jahre ausgedehnt worden sei, zu mehr als der Hälfte abgelaufen gewesen. Den in Art. 17 RVerf., § 5 AnhVerf. für die Gemeindewahlen gegebenen Normativbestimmungen habe die anhaltische Landesgesetzgebung durch das Gesetz über die Veranstaltung von Wahlen zu Gemeinde- und Kreisvertretungen vom 14. Oktober 1921 (GS. S. 115) entsprochen, nach dessen § 1 die Gemeindeverordneten (Stadtverordneten) in allgemeiner, gleicher, unmittelbarer und geheimer Wahl nach den Grundsätzen der Verhältniswahl gewählt würden. Dem Gesetzgeber müsse aber bei Ausgestaltung der ihm im Wege der einfachen Gesetzgebung obliegenden Regelung des Wahlrechts ein gewisser Spielraum für die Durchführung der Wahlgesetze gewährt werden. Namentlich müsse ihm eine gewisse Freiheit der Entscheidung zustehen, wenn es gelte, einen kurzen Zeitraum zwischen dem mehr oder weniger zufälligen Zeitpunkt einer Eingemeindung und dem bevorstehenden ordnungsmäßigen Ablauf einer Wahlperiode der Gemeindevertretung durch eine kurzfristige, zum völlig verfassungsmäßigen Zustande hinüberführende Übergangsbestimmung zu überbrücken. Für die aus Anlaß einer Eingemeindung notwendig werdende Regelung der Frage, ob und wie die eingemeindeten Gemeinden an der Gemeindevertretung der aufnehmenden Gemeinde zu beteiligen seien, kämen verschiedene Möglichkeiten in Betracht:

1. Man könnte die Eingemeindeten für die Dauer der laufenden Wahlperiode überhaupt ohne jede Beteiligung an der Gemeindevertretung der aufnehmenden Gemeinde lassen. Dies Verfahren würde eine unverdiente Härte gegenüber den Aufgenommenen bilden, zumal dann, wenn die Entsendung von Vertretern in die Gemeindevertretung der aufnehmenden Gemeinde bei den Eingemeindungsverhandlungen vereinbart worden sei, wie dies im vorliegenden Falle mit Bezug auf die Landgemeinden Jonitz, Naundorf, Dellnau und Scholitz zutreffe. Überdies ergäbe sich hierbei auch für die unverändert bleibende Gemeindevertretung der aufnehmenden Gemeinde der Zustand, daß diese Gemeindevertretung nicht aus allgemeinen und gleichen Wahlen innerhalb der vergrößerten Gemeinde hervorgegangen wäre.

2. Eine weitere Möglichkeit wäre die alsbaldige Vornahme von unmittelbaren Sonderwahlen in den eingemeindeten Orten, also von Zusatzwahlen. Aber abgesehen von den Bedenken, die etwa aus der Stimmenzahl der eingemeindeten Orte in ihrem Verhältnis zur Stimmenzahl der aufnehmenden Gemeinde herzuleiten wären, könnte auch gegen eine derartige Zusatzwahl eingewendet werden, daß sie nicht als eine allgemeine Wahl anzusprechen sei.

3. Ferner könnte gleichzeitig mit der Eingemeindung die Gemeindevertretung der aufnehmenden Gemeinde aufgelöst und eine allgemeine Neuwahl angeordnet werden. Es könne aber nicht in der Absicht der Verfassungen gelegen haben, ganz ohne praktische Notwendigkeit die Aufwendung der mit allgemeinen Wahlen verbundenen Arbeiten und Geldopfer zu verlangen, und es könne den verfassungsmäßig berufenen Stellen nicht die Möglichkeit versagt werden, ihren Entschluß über den Zeitpunkt von allgemeinen Wahlen den Zeitverhältnissen, insbesondere den Forderungen der öffentlichen Ruhe, Ordnung und Sicherheit anzupassen. In der preußischen Staatspraxis würden auch Neuwahlen aus Anlaß einer Eingemeindung grundsätzlich nicht angeordnet, es sei denn, daß die aufnehmende Gemeinde einen Zuwachs von mindestens 50 v. H. ihrer bisherigen Einwohnerzahl erhalte.

4. Schließlich könnte, wie in dem Gesetz vom 24. April 1930, der Weg eingeschlagen werden, durch eine Übergangsvorschrift die

Zahl der Stadtverordneten in der aufnehmenden Gemeinde durch den Zutritt von Stadtverordneten zu erhöhen, die von den bestehenden Gemeindevertretungen der einzugemeindenden Ortschaften gewählt würden. Dieser Weg sei in der preußischen Praxis öfters beschritten worden, so in

§ 4 der „Bedingungen" zu dem Gesetz über die Vereinigung der Landgemeinde Diesdorf mit der Stadt Magdeburg vom 13. Februar 1926 (Pr. GS. S. 49),

§ 38 Abs. 2 des Gesetzes über die Neuregelung der kommunalen Grenzen im rheinisch-westfälischen Industriegebiete vom 26. Februar 1926 (Pr. GS. S. 53),

§ 11 des Gesetzes über die Erweiterung des Stadtkreises Frankfurt a. M. usw. vom 29. März 1928 (Pr. GS. S. 31).

Gegen die verfassungsmäßige Zulässigkeit dieser preußischen Praxis sei kein Bedenken laut geworden. Die anhaltischen Gesetze

über die Eingemeindung von Ziebigk usw. in den Stadtbezirk Dessau vom 20. Juni 1923 (GS. S. 100), über die Eingemeindung von Geuz und Klepzig in den Stadtbezirk Cöthen vom 10. April 1924 (GS. S. 91) und über die Eingemeindung von Dröbel in den Stadtkreis Bernburg vom 11. Mai 1926 (GS. S. 29)

enthielten dem § 3 des Gesetzes vom 24. April 1930 genau entsprechende Vorschriften. Bei der Beratung jener Gesetzesvorlagen im Anhaltischen Landtag hätten die beiden in diesem Verfahren als Antragsteller auftretenden Landtagsfraktionen die Gesetze zwar zum Teil abgelehnt, zum Teil hätten sie Stimmenthaltung geübt, die verfassungsrechtliche Zulässigkeit der hier in Frage stehenden Bestimmungen über die Wahl von Stadtverordneten sei aber von keiner Seite angezweifelt worden. Auch bei der Beratung des Entwurfs zu dem Gesetze vom 24. April 1930 seien Bedenken in dieser Beziehung nicht erhoben worden.

Daß die Vermehrung der Dessauer Stadtverordneten um fünf nicht im richtigen Verhältnis zu dem durch die Eingemeindungen gebrachten Bevölkerungszuwachs stehe, möge zahlenmäßig zutreffen. Es müsse aber auch insofern der Übergangscharakter des durch den § 3 a. a. O. für den Dessauer Gemeinderat geschaffenen Zustandes sowie die Absicht des Gesetzes beachtet werden, jeder der eingemeindeten Gemeinden einen Vertreter im Gemeinderat von Dessau zu gewähren, der mit den Verhältnissen der einzelnen eingemeindeten Gemeinden genügend vertraut und zur Wahrung ihrer Interessen in der Lage sei.

Das habe, da vor der Eingemeindung kein kommunaler Zusammenhang zwischen den einzelnen Gemeinden bestanden habe, nur in der Weise geschehen können, daß aus jeder Gemeinde ein Stadtverordneter in den Dessauer Gemeinderat entsandt worden sei.

B.

I. Nach Art. 19 Abs. 1 RVerf. entscheidet über Verfassungsstreitigkeiten innerhalb eines Landes, in dem kein Gericht für ihre Erledigung besteht, auf Antrag eines der streitenden Teile der Staatsgerichtshof für das Deutsche Reich, soweit nicht ein anderer Gerichtshof des Reichs zuständig ist.

1. Der Streit darüber, ob der § 3 des Gesetzes vom 24. April 1930 oder wenigstens der dort angeordnete Wahlmodus gegen die in Art. 17 RVerf. und § 5 AnhVerf. für die Gemeindewahlen aufgestellten Grundsätze verstoße, ist eine „Verfassungsstreitigkeit innerhalb eines Landes". Zur Entscheidung dieses Streites ist kein anderes Gericht des Reichs oder des Landes Anhalt zuständig. Allerdings könnte die zuständige Reichs- oder Landeszentralbehörde die Frage nach der Vereinbarkeit des § 3 a. a. O. mit der Reichsverfassung auf Grund des Art. 13 Abs. 2 RVerf. und des dazu ergangenen Ausführungsgesetzes vom 8. April 1920 (RGBl. S. 510) dem Reichsgericht vorlegen. Das Anhaltische Staatsministerium macht aber von dieser Befugnis keinen Gebrauch. Den Antragstellern steht dieser Weg an das Reichsgericht nicht offen. Für das gegenwärtige Verfassungsstreitverfahren besteht deshalb keine die Zuständigkeit des Staatsgerichtshofs ausschließende Zuständigkeit des Reichsgerichts (RGZ. Bd. 118 Anh. S. 31, Bd. 128 Anh. S. 5 flg.). Das gemäß Art. 1 des anhaltischen Gesetzes vom 12. November 1930 (GS. S. 33) gebildete Staatsgericht ist nur zur Verhandlung und Entscheidung über Anklagen des Landtags gegen Abgeordnete (§ 23 AnhVerf.) berufen, also für den gegenwärtigen Streitfall ebenfalls nicht zuständig.

2. Daß Landtagsfraktionen die Frage der Gültigkeit eines Gesetzes, an dessen Zustandekommen sie mitgewirkt haben oder mitzuwirken wenigstens berufen waren, zur Entscheidung durch den Staatsgerichtshof bringen können, steht in der Rechtsprechung des Staatsgerichtshofs fest. Das gilt nicht nur für Gesetze, welche die Wahl zum Landtag betreffen, sondern schlechthin auch für Gesetze anderen Inhalts (RGZ. Bd. 107 Anh. S. 17, Bd. 129 Anh. S. 8) und deshalb auch für ein Gesetz, wie das vorliegende, das aus Anlaß

einer Eingemeindung die Zusammensetzung der Gemeindevertretung in der aufnehmenden Gemeinde regelt. Die Entscheidungen des Staatsgerichtshofs, in denen bei Streitigkeiten über die Gültigkeit von Eingemeindungsgesetzen die damals als Antragsteller auftretenden Gemeinden als parteifähig und antragsberechtigt anerkannt sind, besagen keineswegs, daß die Antragsberechtigung nur den betroffenen Gemeinden zukomme. Sich über die Antragsberechtigung der bei dem Zustandekommen der Eingemeindungsgesetze zur Mitwirkung berufen gewesenen Landtagsfraktionen auszusprechen, lag bei jenen Entscheidungen kein Anlaß vor. Dagegen ist in der Entscheidung vom 11. Dezember 1929 StGH. 4/29 (Lammers u. Simons Rspr. Bd. 2 S. 114) schon die Antragsberechtigung einer Landtagsfraktion für einen Verfassungsstreit anerkannt, in dem von ihr Verfassungswidrigkeit eines die Auflösung selbständiger Gutsbezirke und die Veränderung der Kreisgrenzen betreffenden preußischen Gesetzes geltend gemacht wurde. Auch die Antragsberechtigung der beiden eingangs unter 1b und 2b als Antragsteller genannten Fraktionen des Anhaltischen Landtags ist unbedenklich zu bejahen. Gegenüber diesen Antragstellern ist das Land Anhalt der richtige Antragsgegner. Denn für die Verfassungsmäßigkeit der Landesgesetze hat das Land selbst als der Gesamtorganismus einzustehen. Die Stadt Dessau hätte als eine der von dem Gesetz vom 24. April 1930 betroffenen Gemeinden, wenn sie die Verfassungswidrigkeit von Vorschriften dieses Gesetzes geltend machen wollte, auch ihrerseits den Staatsgerichtshof anrufen können. Die Verfassungsmäßigkeit eines Landesgesetzes, das sich an sie als eine der Landesgesetzgebung unterworfene öffentlichrechtliche Körperschaft richtet, im Verfahren nach Art. 19 RVerf. gegen die Angriffe anderer Antragsteller zu verteidigen, dazu ist sie nicht berufen.

Die Voraussetzungen für eine sachliche Entscheidung über den die Gültigkeit des § 3 a. a. O. betreffenden Streit sind hiernach auch dann gegeben, wenn die neben den beiden Landtagsfraktionen als Antragsteller aufgetretenen, eingangs unter 1a und 2a genannten Landesverbände politischer Parteien nicht berechtigt sein sollten, die Verfassungswidrigkeit eines die Zusammensetzung einer Gemeindevertretung ordnenden Gesetzes vor dem Staatsgerichtshof geltend zu machen. Die Antragsberechtigung dieser Antragsteller kann deshalb dahingestellt bleiben.

II. Die schon vor der Reichsverfassung vom 11. August 1919 erlassene und in Kraft getretene Verfassung für Anhalt vom 18. Juli

1919 schreibt, in Übereinstimmung mit Art. 17 RVerf., in § 5 Abs. 1 vor, daß die Volksvertretung (Landtag) in allgemeiner, gleicher, unmittelbarer und geheimer Wahl nach den Grundsätzen der Verhältniswahl gewählt werde und daß die Grundsätze für die Wahl zur Volksvertretung auch für die Gemeindewahl gelten. Dementsprechend enthält das anhaltische Gesetz über die Veranstaltung von Wahlen zu Gemeinde- und Kreisvertretungen vom 14. Oktober 1921 (GS. S. 115) an seiner Spitze (§ 1) den Leitsatz: „Die Gemeindeverordneten (Stadtverordneten) . . . werden in allgemeiner, gleicher, unmittelbarer und geheimer Wahl nach den Grundsätzen der Verhältniswahl gewählt."

Nach dem oben unter A I wiedergegebenen § 3 des Gesetzes vom 24. April 1930 erhöht sich mit der Eingemeindung der dort genannten fünf Landgemeinden in den Stadtbezirk Dessau die Zahl der Stadtverordneten in Dessau für die laufende Wahlzeit um fünf Stadtverordnete, von denen je einer nebst einem Ersatzmann vor der Eingemeindung durch den Gemeinderat jeder Landgemeinde aus seinen Mitgliedern zu wählen ist. Die Stadtverordnetenversammlung von Dessau in ihrer derzeitigen, auf dieser Vorschrift beruhenden Zusammensetzung ist danach nicht aus allgemeiner, gleicher und unmittelbarer Wahl hervorgegangen. An der Allgemeinheit der Wahl fehlt es, weil die bisherigen 36 Stadtverordneten ohne Zuziehung der Wahlberechtigten aus den eingemeindeten Ortschaften und weil jeder der fünf aus einer der eingemeindeten Ortschaften neu hinzugetretenen Stadtverordneten ohne Zuziehung der Wahlberechtigten aus den vier anderen eingemeindeten Ortschaften und aus dem alten Stadtbezirk gewählt worden ist. Der Gleichheitsgrundsatz ist nicht eingehalten, weil, worüber unter den Streitteilen Einverständnis besteht, die Vermehrung der bisherigen 36 Stadtverordneten um fünf Stadtverordnete aus den eingemeindeten kleinen Ortschaften zu dem Zuwachs, den die Eingemeindung der bisherigen Einwohnerzahl von Dessau gebracht hat, nicht in richtigem Verhältnis steht, überdies die Einwohnerzahlen der fünf mit je einem Stadtverordnetenmandat bedachten Ortschaften auch miteinander verglichen sehr verschieden sind, nämlich (nach der Eingemeindungs-Vorlage des Magistrats an den Gemeinderat in Dessau vom 11. April 1930) von 1636 für Jonitz bis auf 265 für Pötnitz herabgehen. An einer Unmittelbarkeit der Wahl fehlt es insofern, als jeder der fünf neuen Stadtverordneten von dem Gemeinderat seiner bisherigen Gemeinde, also von dem sich (nach § 122 der Gemeinde-, Stadt- und Dorfordnung für Anhalt) aus den Gemeindeverordneten und den Mitgliedern des Gemeindevorstandes zusammensetzenden Vertretungskörper gewählt ist.

Die Grundsätze der Allgemeinheit, Gleichheit und Unmittelbarkeit der Wahl hätten, als sich aus der Eingemeindung die Notwendigkeit einer anderweitigen Zusammensetzung der Stadtverordnetenversammlung ergab, in der Weise gewahrt werden können, daß die bisherige Stadtverordnetenversammlung aufgelöst und eine Neuwahl in dem erweiterten Stadtbezirk nach den allgemeinen Vorschriften vorgenommen wurde. Dem Antragsgegner ist aber zuzugeben, daß es nicht im Sinne der durch die Reichs- und Landesverfassung für die Gemeindewahlen gegebenen Normativbestimmungen liegt, daß, um ihnen gerecht zu werden, in jedem Falle einer Eingemeindung eine allgemeine Neuwahl stattfinden müßte. Die bisherige Einwohnerzahl der Stadt Dessau von etwa 80000 hat durch die Eingemeindung der fünf Ortschaften nur eine Vermehrung um etwa 4000 = 5 v. H. erfahren. Nicht nur die mit einer vorzeitigen allgemeinen Neuwahl, insbesondere in politisch bewegten Zeiten, verbundene Steigerung der öffentlichen Unruhe, sondern auch die Belastung der Gemeinde und der Wählervereinigungen mit den sich aus einer solchen Neuwahl ergebenden Arbeiten und Kosten sprechen dagegen, daß aus den Verfassungen der Schluß gezogen werden müßte, auch im Falle einer verhältnismäßig so wenig erheblichen Vermehrung der Einwohnerzahl einer Stadt durch eine Eingemeindung bestehe das zwingende Gebot, die Stadtverordnetenversammlung durch eine innerhalb des erweiterten Stadtbezirks nach den allgemeinen Vorschriften vorzunehmende Wahl neu zusammenzusetzen. Einen derartigen Fall je nach seiner besonderen Beschaffenheit durch eine Übergangsvorschrift für die laufende Wahlperiode zu regeln, ist der (einfachen) Landesgesetzgebung überlassen, der auch sonst die Ausführung und Ergänzung jener Normativbestimmungen anvertraut ist. Dieser Gesetzgebung ist bei der Durchführung der großen Wahlgrundsätze, wie der Staatsgerichtshof schon erkannt hat (RGZ. Bd. 128 Anh. S. 10flg., Bd. 130 Anh. S. 19flg.), auch dann, wenn es sich um die allgemeinen, einen Dauerzustand regelnden Durchführungsvorschriften handelt, ein gewisser Spielraum gewährt, innerhalb dessen sie einen einzelnen jener Grundsätze zum Zwecke der Durchführung der übrigen nötigenfalls einengen darf. Das Bedürfnis einer Übergangsregelung kann zu einer Erweiterung des Spielraums, aber nicht dazu führen, daß bei der aus Anlaß einer Eingemeindung stattfindenden Erhöhung der Zahl der Stadtverordneten der aufnehmenden Gemeinde und bei der Regelung des Verfahrens für die Wahl der neu hinzutretenden Stadtverordneten die verfassungsmäßigen Wahlgrundsätze, wie es hier geschehen ist, ganz außer acht gelassen werden. Die bisherige Stadtverordnetenversammlung hätte durch die Zuwahl von Stadtverordneten in einer dem Verhältnis der bisherigen Einwohnerzahl von Dessau zur Einwohnerzahl der eingemeindeten Ortschaften wenigstens ungefähr entsprechenden Zahl, also durch die Zuwahl von zwei Stadtverordneten, auf dem Wege ergänzt werden können, daß die Ergänzung in unmittelbarer Wahl unter Teilnahme aller wahlberechtigten Einwohner der eingemeindeten Ortschaften erfolgte. Dann wäre es allerdings nicht dazu gekommen, daß jede der ihre Selbständigkeit verlierenden Landgemeinden während der Übergangszeit in der Stadtverordnetenversammlung und in dem (sich nach § 57 Abs. 3 der Gemeinde-, Stadt- und Dorfordnung aus den Stadtverordneten und den Mitgliedern des Magistrats zusammensetzenden) Gemeinderat durch einen Vertrauensmann vertreten gewesen sein würde. Dem Bedürfnis, während der Übergangszeit die besonderen Belange jeder der eingemeindeten Ortschaften zur Geltung zu bringen, konnte indessen auch Rechnung getragen werden, ohne daß bei der Zusammensetzung der erweiterten Stadtverordnetenversammlung die verfassungsmäßigen Wahlgrundsätze gänzlich unbeachtet blieben. Es ist diesem Bedürfnis in den Eingemeindungsverträgen mit vier dieser Ortschaften auch dadurch Rechnung getragen worden, daß die Gemeindebezirke Jonitz und Naundorf je eine und die Gemeindebezirke Dellnau und Scholitz eine gemeinsame örtliche Verwaltungsstelle behielten, und daß ferner von den scheidenden Gemeinderäten zu wählende Ortsausschüsse vorgesehen wurden, deren Aufgabe es ist, die Ausführung der Eingemeindungsverträge betreffende Wünsche dem Magistrat oder der Gemeindeaufsichtsbehörde vorzutragen. Davon, daß jeder der hier genannten Gemeinden die Entsendung eines Vertreters in die Stadtverordnetenversammlung zustehen sollte, enthalten die vom Antragsgegner vorgelegten Eingemeindungsverträge nichts. Falls den Gemeinden etwa außerhalb der Verträge eine solche Zusicherung gemacht worden sein sollte, so würde auch dies eine Beiseiteschiebung der verfassungsmäßigen Wahlgrundsätze nicht rechtfertigen.

Ob bei der zu möglichster Wahrung des verfassungsmäßigen Wahlgrundsatzes der Gleichheit gebotenen Beschränkung der Zahl der zuzuwählenden Stadtverordneten auf zwei, neben dem im vorigen Absatz als zulässig gekennzeichneten Wahlverfahren noch ein anderes Wahlverfahren möglich wäre, das mit der Einheitlichkeit des ganzen Wahlsystems und den von ihm verfolgten staatspolitischen Zielen als vereinbar gelten könnte, braucht hier nicht erörtert zu werden. Für die in diesem Verfassungsstreit zu treffende Entscheidung genügt es, einerseits festzustellen, daß — abgesehen von der Möglichkeit einer allgemeinen Neuwahl innerhalb des erweiterten Stadtbezirks — die Möglichkeit einer mit der Reichs- und Landesverfassung zu vereinigenden Zuwahl besteht, anderseits, daß die in dem § 3 des Gesetzes vom 24. April 1930 getroffene Regelung trotz ihres Übergangscharakters verfassungswidrig ist, weil sie sich über die verfassungsmäßigen Wahlgrundsätze schlechthin hinwegsetzt. Eine solche Hinwegsetzung ist bei der landesgesetzlichen Regelung eines Gemeindewahlverfahrens, das in Ansehung der obersten Wahlgrundsätze durch die Reichs- und Landesverfassung den Wahlen zur Volksvertretung gleichgestellt ist, ebensowenig zulässig, wie sie ohne ein verfassungänderndes Gesetz in dem Falle zulässig wäre, daß nach Maßgabe des Art. 18 RVerf. ein Land oder ein Teil eines Landes mit einem anderen Lande vereinigt und aus diesem Anlaß die Zusammensetzung der Volksvertretung des aufnehmenden Landes für die laufende Wahlperiode neu geregelt würde.

Nach alledem ist gemäß dem in den beiden verbundenen Verfahren gestellten Hauptantrag zu 1 die Verfassungswidrigkeit des § 3 a. a. O. auszusprechen, womit sich der Hilfsantrag erledigt. Laut des Hauptantrags zu 2 soll aus jenem Ausspruch die Folgerung gezogen werden, daß die derzeitige Dessauer Stadtverordnetenversammlung verfassungswidrig zusammengesetzt sei und mit der Verkündung des Spruches des Staatsgerichtshofs ihr Rechtsdasein verliere. Eine solche Folgerung zu ziehen, ist jedoch zunächst nicht Sache des Staatsgerichtshofs, sondern der dazu berufenen Landesstellen. Erst wenn sich an deren Maßnahmen erneut Streit anknüpfen sollte, könnte ein weiteres Verfahren vor dem Staatsgerichtshof in Frage kommen (RGZ. Bd. 118 Anh. S. 39flg.).

3.

In den verbundenen verfassungsrechtlichen Streitsachen

I. 1. **des Deutschen Anwaltsvereins e. V. in Leipzig,**

2. **der Vereinigung der Vorstände der deutschen Anwaltskammern zu Berlin,**

3. **folgender Anwaltskammern, und zwar der preußischen Kammern**

a) **Berlin,**
b) **Breslau,**
c) **Celle,**
d) **Düsseldorf,**
e) **Frankfurt a. M.,**
f) **Hamm,**
g) **Kassel,**
h) **Kiel,**
i) **Köln,**
k) **Königsberg i. Pr.,**
l) **Marienwerder,**
m) **Naumburg a. S.,**
n) **Potsdam,**
o) **Stettin**

und der außerpreußischen Kammern

a) **Augsburg,**
b) **Darmstadt,**
c) **Hamburg,**
d) **Jena,**
e) **Karlsruhe,**
f) **München,**
g) **Nürnberg,**

4. **des Berliner Anwalts-Vereins e. V. zu Berlin,**

5. **des Vereins der Oberlandesgerichtsanwälte zu Berlin,**

6. **des Vereins deutscher Landgerichtsanwälte e. V. in Jena,**

7. **des Landesverbandes preußischer Amtsgerichtsanwälte in Berlin,**

8. **des Deutschen Notarvereins in Berlin,**

9., 10. **der Mitglieder des Preußischen Landtags Rechtsanwalt und Notar Dr. Günter Grzimek in Berlin und Justizrat Emil Hallensleben, Rechtsanwalt und Notar in Berlin,**

11. bis 14. **folgender Mitglieder des Preußischen Staatsrats: Rechtsanwalt und Notar Hagemann in Verden (Aller), Justizrat Dr. Paul Langemak, Rechtsanwalt und Notar in Stralsund, Justizrat Dr. Wesenfeld, Rechtsanwalt in Barmen, Justizrat Eduard Windthorst, Rechtsanwalt und Notar in Hamm i. W.,**

Antragsteller,

gegen

das Land Preußen,

Antragsgegner,

wegen Verfassungswidrigkeit des preußischen Gewerbesteuergesetzes für 1930,

II. 1. **der Badischen Anwaltskammer zu Karlsruhe,**

2. **des Rechtsanwalts Dr. Waldeck, Mitglieds des Badischen Landtags, in Mannheim,**

Antragsteller,

gegen

das Land Baden,

Antragsgegner,

wegen Verfassungswidrigkeit des Art. 14 des badischen Finanzgesetzes für 1930/1931

— StGH. 12/30 und 1/31 —

hat der Staatsgerichtshof für das Deutsche Reich auf die mündliche Verhandlung vom 12. Juni 1931 am 13. Juni 1931 für Recht erkannt:

Die Anträge werden zurückgewiesen.

Gründe:

I.

Das preußische Gewerbesteuergesetz vom 24. Juni 1891 (GS. S. 205) enthielt keine Bestimmung des Begriffs „Gewerbe", führte vielmehr in seinem § 4 die Tätigkeiten an, die der Gewerbesteuer nicht unterliegen sollten, und erwähnte als solche unter Nr. 7 dieses Paragraphen „die Ausübung eines amtlichen Berufs, der Kunst, einer wissenschaftlichen, schriftstellerischen, unterrichtenden oder erziehenden Tätigkeit, insbesondere auch des Berufs als Arzt, als Rechtsanwalt oder als vereideter Land- oder Feldmesser sowie als Markscheider".

In der Gewerbesteuer-Verordnung vom 15. März 1927 (GS. S. 21) bestimmte § 1 Abs. 2 „Gewerbebetrieb" als „jede fortgesetzte, auf Gewinnerzielung gerichtete selbständige Tätigkeit, die sich als Beteiligung am allgemeinen wirtschaftlichen Verkehr darstellt", und § 3 besagte ausdrücklich, daß der Gewerbesteuer nicht unterlägen: „2. die Ausübung eines amtlichen Berufs, einer künstlerischen, wissenschaftlichen, schriftstellerischen, unterrichtenden oder erziehenden Tätigkeit, insbesondere auch des Berufs als Arzt, als staatlich geprüfter Dentist, als Rechtsanwalt, als vereideter Land- und Feldmesser sowie als Markscheider". Diese Bestimmung wurde aber im Gesetz über die Regelung der Gewerbesteuer für das Rechnungsjahr 1930 vom 17. April 1930 (GS. S. 93) durch die Vorschrift ersetzt:

2. die Ausübung eines der reinen Kunst oder der reinen Wissenschaft gewidmeten freien Berufs.

Als der reinen Kunst oder der reinen Wissenschaft gewidmet ist ein künstlerischer oder wissenschaftlicher Beruf dann anzusehen, wenn er sich auf schöpferische oder forschende Tätigkeit, Lehr-, Vortrags- und Prüfungstätigkeit sowie auf schriftstellerische Tätigkeit beschränkt.

Die Antragsteller verlangen vom Staatsgerichtshof die Feststellung, daß dieses letztere Gesetz der Reichsverfassung und der Preußischen Verfassung widerspricht oder daß es ihr doch insoweit widerspricht, als es die Rechtsanwälte und Notare in die Gewerbesteuerpflicht einbezieht oder sie doch nicht davon ausnimmt.

Die Befugnis zur Anrufung des Staatsgerichtshofs glauben die am Antrage beteiligten Anwaltskammern und Anwaltsvereine als die berufsständischen Vertretungen der preußischen oder der an deren Berufsinteressen teilnehmenden und vor preußischen Gerichten auftretenden sonstigen deutschen Rechtsanwaltschaft, die ein reichs- und landesverfassungsmäßiges Organ der Rechtspflege sei, die am Antrage beteiligten, der Rechtsanwaltschaft angehörenden Mitglieder des Landtags und des Staatsrats als „weltanschauliche Minderheit" dieser Körperschaften in Anspruch nehmen zu können. Sachlich begründen sie ihren Antrag dahin, daß der mit „Rechtspflege" überschriebene 7. Abschnitt des ersten Hauptteils der Reichsverfassung, wie aus dieser seiner Überschrift und seinem Inhalt hervorgehe und außerdem durch die bei seiner Entstehung beteiligten Beamten bezeugt werden könne, die Rechtspflege in der Gestalt, die sie durch die geschichtliche Entwicklung gewonnen habe und zu deren wesentlichen

Elementen die mit öffentlichen Rechten und Pflichten ausgestattete Rechtsanwaltschaft gehöre, gegen rechtspflegewidrige Gesetzesänderungen habe sicherstellen sollen, und daß eine solche rechtspflegewidrige Gesetzesänderung in der Heranziehung der Rechtsanwälte zur Gewerbesteuer liege. Diese Heranziehung bedeute Gleichstellung der dem Zwecke der Rechtspflege dienenden und in erster Linie durch die Rücksicht auf das Interesse der Klienten geleiteten Berufstätigkeit des Rechtsanwalts mit der durch das eigene Interesse des Betriebsinhabers beherrschten Tätigkeit eines Gewerbetreibenden. Sie widerspreche sowohl dem geschichtlichen Begriffe des Gewerbes, der dem ersten Gewerbesteuergesetz vom 24. Juni 1891 zugrunde liege und von dem die freien Berufe dort ausgeschlossen gewesen seien, als auch der in der Gewerbesteuer-Verordnung vom 15. März 1927 gegebenen Begriffsbestimmung, die mit der Beteiligung am „allgemeinen wirtschaftlichen Verkehr" nur den Produktions- und den Tauschverkehr meinen könne, an dem der Rechtsanwalt so wenig wie der Beamte teilnehme. Sie lasse außer Betracht, daß der Rechtsanwalt keine seinem Einkommen als Grundlage dienende Vermögenssubstanz besitze und seinen Beruf nur persönlich betreiben und nicht in die Form einer juristischen Person überführen könne. Sie müsse endlich zu einer Untergrabung der der Rechtsanwaltschaft auferlegten und durch Ehrengerichte gewahrten Standesdisziplin führen, da deren Anforderungen, namentlich die Zurücksetzung des eigenen Interesses und der Verzicht auf eine Werbetätigkeit, mit dem Wesen des Gewerbebetriebes unvereinbar seien. Die dem Begriff des Gewerbes widersprechende Unterstellung der freien Berufe unter die Gewerbesteuer sei hiernach mindestens hinsichtlich der Rechtsanwaltschaft verfassungswidrig.

Der Antragsgegner (Land Preußen) begehrt Abweisung des Antrags und führt aus: Die Antragsteller seien zur Anrufung des Staatsgerichtshofs nicht befugt, weil diese Befugnis die Verletzung eines Rechts zur Mitwirkung bei staatlichen Hoheitsakten voraussetze, nicht aber jeder juristischen oder natürlichen Person, insbesondere nicht berufsständischen Vertretungen zustehe, die in irgendwelchen sonstigen verfassungsmäßig gewährleisteten Rechten verletzt zu sein behaupteten; eine Stellung jener Art habe keiner von den antragstellenden Verbänden, insbesondere seien die Anwaltskammern nur örtliche Vertretungen für ihre Bezirke. Die von den Antragstellern angeregten Bedenken seien im verwaltungsgerichtlichen Verfahren vor den Finanzgerichten geltend zu machen. Diese Bedenken seien übrigens unbegründet. Die Stellung der Rechtsanwaltschaft als Organ der Rechtspflege sei weder durch die Reichs- noch durch die Landesverfassung, sondern nur durch einfache Reichs- und Staatsgesetze gewährleistet; sie werde auch durch die Heranziehung zur Gewerbesteuer nicht verletzt, da die Gewerbesteuerpflicht mit dem Erfordernis behördlicher Zulassung zur Ausübung des Berufs durchaus vereinbar sei und die Rücksicht auf die Standesdisziplin der Rechtsanwälte äußerstenfalls Bedenken gegen die Zweckmäßigkeit, aber nicht gegen die rechtliche Zulässigkeit der Maßnahme begründen könne. Daß die Vorschriften der Gewerbeordnung auf die Rechtsanwälte und Notare nicht anwendbar seien, hindere die Landesgesetzgebung nicht, sie der Gewerbesteuer zu unterwerfen; die Vorschriften des Reichsbewertungsgesetzes und des Gesetzes zur Änderung des Finanzausgleichs vom 10. August 1925 setzten die landesgesetzliche Gewerbesteuerpflicht der freien Berufe sogar offenbar voraus.

Die Antragsteller entgegnen, die Sachbefugnis der beteiligten Verbände folge aus ihrem Rechte zu Vorstellungen und Anträgen an die Landesregierungen, das den Anwaltskammern in § 50 RAO. ausdrücklich gewährt, den übrigen Verbänden durch die Übung der Reichs- und Landes-Justizverwaltungen zugestanden sei; die beteiligten Abgeordneten seien als solche berechtigt, die Einhaltung der Verfassung zu überwachen, namentlich Verstöße gegen die verfassungsmäßigen Rechte der Berufe zu rügen, denen sie selbst angehörten. Die Länder dürften die Gewerbesteuer, die ihnen durch § 8 des Finanzausgleichsgesetzes überlassen sei, nicht über den Bereich ausdehnen, der sich aus dem dieser Vorschrift zugrunde liegenden geschichtlichen Begriff des Gewerbes ergebe. Eine Genehmigung zu einer solchen Ausdehnung sei auch aus § 4 Abs. 2 Nr. 7 und § 26 des Reichsbewertungsgesetzes nicht zu entnehmen. Die Heranziehung der freien Berufe zur Gewerbesteuer verstoße auch gegen den in den Artikeln 142 Satz 2, 158, 165 Abs. 3 Satz 2 und 151 Abs. 1 Satz 1 RVerf. umrissenen Schutz der Kulturbelange des deutschen Volkes. Wenn seit der Einreichung des Antrags die Notverordnung des Reichspräsidenten vom 1. Dezember 1930 in ihren Rahmenbestimmungen zu den Landesgesetzen die Heranziehung der freien Berufe zur Gewerbesteuer vorgesehen zu haben scheine, so sei diese Vorschrift einerseits „perplex", anderseits verfassungswidrig; jedenfalls könne sie für die Zeit bis zu ihrem Inkrafttreten, dem 1. April 1932, die Verfassungswidrigkeit des früher erlassenen preußischen Gesetzes nicht beseitigen.

II.

Im Lande Baden hatte schon das Grund- und Gewerbesteuergesetz vom 4. August 1921 (Ges. u. VerordBl. S. 289) in seinem § 46 Abs. 1 „die auf selbständigen Erwerb gerichtete wissenschaftliche, künstlerische, schriftstellerische, erziehende oder unterrichtende und sonstige freie Berufstätigkeit" steuerlich als Gewerbebetrieb behandelt. Das Gesetz vom 3. März 1924 hatte indessen mit seinem Art. I Ziff. 13 diesen Zustand beseitigt, und das Grund- und Gewerbesteuergesetz vom 7. Juli 1926 hatte in seinem § 46 Abs. 2 unter Ziff. 2 ausdrücklich bestimmt, daß jede freie Berufstätigkeit, „soweit mit ihr nicht ein mit besonderen Einrichtungen oder Anlagen verbundener Geschäftsbetrieb verknüpft ist", nicht als Gewerbebetrieb zu betrachten sei. Durch Art. 14 des Gesetzes über die Regelung des Staatshaushalts für die Jahre 1930 und 1931 (Ges. u. VerordBl. 1930 S. 31) wurde dieser Bestimmung aber die Ausnahmevorschrift beigefügt:

> Die den Beruf selbständig oder zum Teil als Festbesoldete ausübenden Rechtsanwälte, Ärzte, Zahnärzte, staatlich geprüften Dentisten, Tierärzte, Architekten, Ingenieure und Geometer unterliegen jedoch der Gewerbesteuer mit dem Ertrage im Sinne der §§ 50a und 50b aus dieser Berufstätigkeit, die Festbesoldeten nur mit ihrem über die feste Besoldung hinausgehenden Berufseinkommen.

Die Badische Anwaltskammer und deren Mitantragsteller als badischer Rechtsanwalt und Mitglied des Badischen Landtags beantragen beim Staatsgerichtshof die Feststellung, daß diese Vorschrift der Reichsverfassung und der Badischen Verfassung widerspricht oder daß sie ihr doch insofern widerspricht, als sie die Rechtsanwälte in die Gewerbesteuerpflicht einbezieht oder nicht davon ausnimmt.

Sie begründen ihren Antrag in der Hauptsache aus den gleichen Gedankengängen, wie sie dem Antrag auf Ungültigerklärung des preußischen Gesetzes vom 17. April 1930 zugrunde liegen (s. vorstehend unter Nr. I), führen aber auf Grund des badischen Landesrechts noch ergänzend aus: Die hergebrachte Gestaltung der Rechtspflege, zu der namentlich die selbständige Rechtsanwaltschaft gehöre, sei in Baden auch durch die Landesverfassung gewährleistet, nach deren § 7 die Rechtspflege durch die nach den Reichs- und Landesgesetzen bestellten Gerichte ausgeübt werde und nach deren § 15 der Staat in allen öffentlichrechtlichen und privatrechtlichen Streitigkeiten vor den zuständigen Gerichten Recht nehme. Die badische Gewerbesteuer stelle für die Rechtsanwälte einen bis zu 74,46% steigenden Zuschlag zu der aus ihren Berufseinkünften zu entrichtenden Einkommensteuer dar, sei daher im Sinne des Finanzausgleichs eine der Einkommensteuer gleichartige Steuer und dürfe als solche von den Ländern nicht erhoben werden. Daß die Berufstätigkeit der Rechtsanwälte nicht unter den steuerrechtlichen Begriff des Gewerbes falle, ergebe sich aus dessen Abgrenzung in der durch die angefochtene Vorschrift abgeänderten Bestimmung des § 46 Abs. 2 Nr. 2 des Gesetzes vom 7. Juli 1926. Die angefochtene Vorschrift sei insbesondere auch deshalb verfassungswidrig, weil sie ein Gesetz im materiellen Sinne darstelle und ein solches mit dem Haushaltsgesetz, das nur im formellen Sinne Gesetz sei, nach allgemeinen Rechtsgrundsätzen nicht verbunden werden dürfe.

Der Antragsgegner (Land Baden) erwidert, die §§ 7 und 15 BadVerf. gewährleisteten ebensowenig wie irgendeine Bestimmung der Reichsverfassung eine bestimmte Rechtsstellung der Rechtsanwaltschaft; wenn die badische Gewerbebesteuerung aber als eine der Einkommensteuer gleichartige Steuer unzulässig sein sollte, so stelle sie deshalb keine Verfassungsverletzung, sondern nur einen Verstoß gegen das Finanzausgleichsgesetz dar, der nicht vor dem Staatsgerichtshof, sondern vor den Finanzgerichten zu rügen sei. Die durch das angefochtene Gesetz in das Gewerbesteuergesetz eingefügte Vorschrift stehe mit diesem nicht im Widerspruch, sondern schränke die in dessen § 46 Abs. 2 Nr. 2 aufgestellte Regelung in gedanklich einwandfreier Weise ein. Die Aufnahme neuer steuerrechtlicher Vorschriften in das Haushaltsgesetz als Grundlage für die Ansätze des Haushaltsplans verstoße endlich gegen keine Bestimmung der Badischen Verfassung und sei seit jeher üblich gewesen.

III.

Bei der weitgehenden Gleichheit der für die beiden Anträge in Betracht kommenden Rechtsfragen wurden sie für die auf Verlangen der Antragsteller erforderliche mündliche Verhandlung verbunden. In dieser Verhandlung teilten die Antragsteller mit, daß das Preußische Oberverwaltungsgericht durch Urteil vom 19. Mai 1931 die Notare für nicht gewerbesteuerpflichtig erklärt habe, weil sich ihre Tätigkeit als Verrichtung staatlicher Hoheitsakte, nicht als Beteiligung am wirtschaftlichen Verkehr darstelle. Außerdem wurde festgestellt, daß das preußische Gesetz vom 16. März 1931 (GS. S. 15) die Geltung der beanstandeten Vorschrift auf das Jahr 1931 erstreckt hat. Im übrigen erläuterten die Parteien ihre bisherigen Ausführungen.

IV.

Beide Anträge begründen Verfassungsstreitigkeiten innerhalb eines Landes im Sinne des Art. 19 RVerf., da mit dem einen wie mit dem anderen von Angehörigen des Landes gegenüber diesem die Feststellung begehrt wird, daß ein Landesgesetz einer zur Ergänzung der Landesverfassung heranzuziehenden Vorschrift der Reichsverfassung widerspreche, mit dem zweiten auch die Feststellung eines Widerspruchs zwischen einem Landesgesetz und einer in der Landesverfassung selbst enthaltenen Vorschrift.

Die Befugnis der Antragsteller, den Staatsgerichtshof anzurufen, wird aber von den Antragsgegnern jedenfalls insoweit mit Recht verneint, als die Anträge von Anwaltskammern sowie von sonstigen Verbänden und Vereinen ausgehen. Die Anwaltskammern sind zwar Körperschaften des öffentlichen Rechts, aber für Verfassungsstreitigkeiten innerhalb eines Landes sind nach der ständigen Rechtsprechung des Staatsgerichtshofs nur die zur Mitwirkung an der Bildung des Staatswillens berufenen oder ein solches Mitwirkungsrecht mit dem Antrage (wie im Falle RGZ. Bd. 111 Anh. S. 5) beanspruchenden Stellen, andere Körperschaften des öffentlichen Rechts nur dann parteifähig, wenn sie durch die Landesverfassung oder eine diese ergänzende Bestimmung der Reichsverfassung anerkannt und mit eigenen Rechten ausgestattet sind (RGZ. Bd. 130 Anh. S. 8 und 9 und die dort angeführten Entscheidungen). Diese Voraussetzungen treffen bei den Anwaltskammern nicht zu, denn deren Stellung ist ausschließlich durch einfache Reichs- und Landesgesetze, namentlich durch die Rechtsanwaltsordnung vom 1. Juli 1878 geregelt, die rechtlich in keiner Beziehung Verfassungsgesetzen gleichgestellt werden können. Die Anwaltskammern können auch nicht etwa deshalb als zur Mitwirkung an der Bildung des Staatswillens berufen angesehen werden, weil sie nach den §§ 50 und 98 RAO. berechtigt sind, Vorstellungen und Anträge, welche das Interesse der Rechtspflege oder der Rechtsanwaltschaft betreffen, an die Justizverwaltungen der Länder oder des Reichs zu richten, oder weil sie von den Regierungen des Reichs und der Länder öfter zu gutachtlichen Äußerungen über Maßnahmen der Gesetzgebung oder der Verwaltung herangezogen werden. Solche Vorstellungen, Anträge und Äußerungen mögen unter Umständen, je nach ihrer sachlichen oder formellen Durchschlagskraft, beträchtlichen Einfluß auf die Auffassung der einzelnen, zur Mitwirkung an der Bildung des Staatswillens berufenen Stellen ausüben; sie beeinträchtigen aber keineswegs deren völlige Unabhängigkeit in ihren Entschließungen und ihre alleinige rechtliche Verantwortlichkeit für diese. Noch weniger kann die verfassungsgerichtliche Parteifähigkeit den in der preußischen Streitsache als Mitantragsteller auftretenden freien Vereinigungen von Rechtsanwälten, Notaren oder Anwaltskammervorständen zuerkannt werden.

Was die an den Anträgen mitbeteiligten Mitglieder des Preußischen Staatsrats und des Preußischen und Badischen Landtags betrifft, so kann allerdings zweifelhaft sein, ob ihnen nicht die Antragsbefugnis zuzusprechen ist. Der Staatsgerichtshof hat mehrfach Fraktionen eines Landtags oder andere beträchtliche Bruchteile seines Mitgliederbestandes als befugt erachtet, Landesgesetze oder andere Beschlüsse des Landtags mit der Behauptung, daß deren Inhalt gegen die Landesverfassung verstoße oder daß sie unter Verletzung ihrer Vorschriften zustandegekommen seien, vor ihm als ungültig anzufechten (vgl. RGZ. Bd. 102 S. 415, Bd. 104 S. 423, Bd. 107 Anh. S. 17, Bd. 129 Anh. S. 8 sowie Anh. S. 9 dieses Bandes). Immerhin kann es Bedenken begegnen, die gleiche Befugnis auch einzelnen wenigen Abgeordneten eines Landtags zuzubilligen oder sie auf Fälle zu erstrecken, wo die Ungültigkeit des Beschlusses nicht aus einer Verletzung verfassungsmäßiger Rechte des Landtags oder einer Landtagsminderheit, insbesondere hinsichtlich der Verhinderung verfassungändernder Gesetze, sondern lediglich daraus hergeleitet wird, daß der Inhalt des beschlossenen Gesetzes gegen eine sachliche Vorschrift der Reichsverfassung verstoße. Diese sehr weittragenden Fragen können jedoch im vorliegenden Falle dahingestellt bleiben. Denn auch wenn einzelnen von den Antragstellern wegen ihrer Eigenschaft als Mitglieder an der Gesetzgebung beteiligter Körperschaften die Parteifähigkeit und die Sachbefugnis zuerkannt werden müßten, so sind die Anträge jedenfalls deshalb abzuweisen, weil die angefochtenen Gesetze gegen keine Vorschriften der Landesverfassungen oder der Reichsverfassung verstoßen.

V.

Einen solchen Verstoß glauben die Antragsteller vor allem darin finden zu können, daß die Unterwerfung der Rechtsanwälte unter die Gewerbesteuer mit der verfassungsmäßig gewährleisteten Stellung der Rechtsanwaltschaft als Organ der Rechtspflege unvereinbar sei und die Einhaltung der für diese Stellung notwendigen Standesdisziplin gefährde. Diese Angriffe können schon deshalb nicht durchdringen, weil der Stellung der Rechtsanwaltschaft in der Rechtspflege die besondere Gewähr von Verfassungsgesetzen nicht gegeben worden ist. Der von den Antragstellern in Bezug genommene 7. Abschnitt des ersten Hauptteils der Reichsverfassung stellt zwar für die ordentliche Gerichtsbarkeit, die Verwaltungsgerichtsbarkeit und die Unabhängigkeit der Richter gewisse Grundsätze auf, überläßt aber die weitere Regelung, insbesondere auch hinsichtlich der Stellung der berufsmäßigen Parteivertreter und Verteidiger, der einfachen Gesetzgebung, welche die erforderlichen Vorschriften namentlich im Gerichtsverfassungsgesetz, in der Rechtsanwaltsordnung und in den Prozeßgesetzen getroffen hat. Daß, wie die Antragsteller unter Zeugenbeweis stellen, die Aufnahme der in Rede stehenden Vorschriften in die Reichsverfassung den Zweck verfolgte, die Rechtspflege in einem Bestande „verfassungsrechtlich zu verankern", der „die Möglichkeit gebe, überhaupt von einer Rechtspflege zu reden", ist ohne weiteres anzunehmen. Diese Erwägung ändert aber nichts daran, daß „die Verankerung" sich nur auf die Grundsätze erstreckt, die der Verfassung selbst bei angemessener Auslegung entnommen werden können, nicht aber auf den ganzen Bestand der zur Zeit der Ausarbeitung der Verfassung geltenden Einrichtungen und Vorschriften oder auch nur der für die damalige Gestaltung der Rechtspflege wesentlichen Vorschriften. Zu diesen Einrichtungen, die trotz ihrer Wichtigkeit nicht verfassungsrechtlich sichergestellt worden sind, gehört auch die durch eine besondere Vorbildung und Standesdisziplin gehobene und mit gewissen Vorrechten ausgestattete Rechtsanwaltschaft, wobei es dahingestellt bleiben kann, ob deren verfassungsrechtliche Sicherstellung mehr deshalb unterblieben ist, weil sie immerhin weniger wichtig erschien als die Unabhängigkeit der Richter, oder deshalb, weil nicht bezweifelt wurde, daß die bestehende gesetzliche Regelung auch ohne verfassungsrechtliche Sicherstellung auf absehbare Zeit in ihren Grundzügen beibehalten werden würde, oder etwa deshalb, weil gewisse auf Beseitigung oder Einschränkung der Vorrechtsstellung zielende Wünsche einer solchen Sicherstellung widerstrebten. Auch in den in der badischen Streitsache von den Antragstellern angerufenen Vorschriften der Badischen Verfassung ist eine verfassungsrechtliche Gewährleistung einer bestimmten Rechtsstellung der Rechtsanwaltschaft nicht zu finden.

Ist hiernach eine solche Gewährleistung weder in der Reichsverfassung noch in der Badischen Verfassung enthalten, so bedarf es keines Eingehens auf die zwischen den Parteien bestrittene Frage, ob die gesetzliche Berufsstellung der Rechtsanwaltschaft gegenwärtig derart ist, daß sie durch die steuerrechtliche Gleichstellung der Rechtsanwälte mit den Gewerbetreibenden beeinträchtigt würde. Ob ferner die Aufrechterhaltung der Standesdisziplin, wie die Antragsteller meinen, durch diese Maßnahme gefährdet werden könnte, muß schon deshalb außer Betracht bleiben, weil die Lockerung der Standeszucht jedenfalls keine rechtlich notwendige Folge der Heranziehung zur Gewerbesteuer ist. Die Frage, welche Wirkungen diese Maßnahme auf die geistige und sittliche Einstellung der Rechtsanwaltschaft hervorrufen kann und welche Nachteile eine ungünstige Veränderung dieser Einstellung für die ganze Rechtspflege zur Folge haben würde, betrifft nicht die Rechtmäßigkeit, sondern die Zweckmäßigkeit der Gesetze. Sie entzieht sich deshalb der Zuständigkeit des Staatsgerichtshofs.

Nun könnte die Heranziehung der Rechtsanwälte zur Gewerbesteuer, wenn sie nicht aus dem Gesichtspunkt einer Beeinträchtigung der Stellung der Rechtsanwälte verfassungswidrig ist, immerhin dann als der Verfassung widersprechend zu erachten sein, wenn diese den Begriff des Gewerbes für das Steuerrecht in einer die freien Berufe oder doch die Rechtsanwälte ausschließenden Weise bestimmte und den Ländern nur die Heranziehung des so abgegrenzten Personenkreises zur Gewerbesteuer gestattete. Eine solche Bestimmung ist aber in der Reichsverfassung so wenig wie in der Preußischen oder der Badischen Verfassung enthalten. Die Vorschrift des Art. 7 Nr. 16 RVerf., nach der das Reich die Gesetzgebung über das Gewerbe hat, bezieht sich nur auf das polizeiliche Gewerberecht, wie sich aus den folgenden, die Gesetzgebung über das Steuerwesen betreffenden Artikeln 8 und 11 ergibt, und sie läßt nicht den Schluß zu, daß die für das Gebiet der Gewerbepolizei in Reichsgesetzen getroffene Abgrenzung des Gewerbebegriffes auch für das Steuerrecht maßgebend sein solle. Es begründet also kein verfassungsrechtliches Hindernis für die Heranziehung der Rechtsanwälte, Notare und Ärzte zur Landesgewerbesteuer, daß § 6 GewO. „die advokatorische und Notariatspraxis" ganz, „die Ausübung der Heilkunde" der Regel nach von der Geltung der Gewerbeordnung ausnimmt. Ob aber die Vorschriften der Reichssteuergesetze, insbesondere des Reichsbewertungsgesetzes, des Finanzausgleichsgesetzes und der dieses abändernden Gesetze die freien Berufe, insbesondere die Rechtsanwaltstätigkeit in das Gewerbe einbegreifen und den Ländern deren Heranziehung zu der ihnen überlassenen Gewerbesteuer gestatten und schon zur Zeit des Erlasses der angefochtenen Gesetze gestatteten, kann hier dahingestellt bleiben, weil ein Verstoß gegen jene nicht dem Verfassungsrecht angehörenden Gesetze eine Verfassungswidrigkeit nicht begründen, sondern lediglich aus dem Gesichtspunkte, daß Reichsrecht Landesrecht bricht (Art. 13 Abs. 1 RVerf.), die Ungültigkeit der unzulässigen Landesvorschriften herbeiführen würde. Diese lediglich auf dem Widerspruch mit einem einfachen Reichsgesetze beruhende Ungültigkeit wäre, wie die Antragsgegner mit Recht ausführen, von den einzelnen Betroffenen vor den landesgesetzlich zuständigen Verwaltungsgerichten geltend zu machen.

Aus den Vorschriften der Art. 142 Satz 2, 158, 165 Abs. 3 Satz 2, 151 Abs. 1 Satz 1 RVerf., auf die sich die Antragsteller sodann noch berufen, läßt sich irgendein Bedenken gegen die angefochtenen Gesetzesbestimmungen nicht herleiten. Inwiefern die Heranziehung der Rechtsanwälte zur Gewerbesteuer einer Vertretung im Reichswirtschaftsrat oder in den Bezirkswirtschaftsräten gemäß Art. 165 Abs. 3 Satz 2 entgegenstehen sollte, ist nicht erfindlich. Die Artikel 142 und 158 enthalten nur Richtlinien, die lediglich nach Maßgabe der finanziellen und wirtschaftlichen Möglichkeiten des Staates Befolgung beanspruchen. Die Vorschrift des Art. 151 Abs. 1 Satz 1 kann selbstverständlich nicht den Sinn haben, daß die Gültigkeit jeder Gesetzesvorschrift deshalb beanstandet werden könnte, weil sie den Anforderungen der Gerechtigkeit nach objektivem Maßstabe nicht entspräche.

Wenn in der badischen Streitsache endlich die Aufnahme der angefochtenen Vorschrift in das Haushaltsgesetz als verfassungswidrig gerügt wird, so erledigt sich dies damit, daß die Badische Verfassung keine Bestimmung enthält, wonach finanzrechtliche Vorschriften, die zur Begründung von Ansätzen des Haushaltsplans dienen, nicht in das Haushaltsgesetz aufgenommen werden dürften. Ein allgemeiner Rechtsgrundsatz dieses Inhalts besteht gleichfalls nicht. Aus dem Wesen des formellen und des materiellen Gesetzes läßt sich vollends nicht folgern, daß in ein Gesetz von im allgemeinen nur formeller Bedeutung nicht auch Vorschriften aufgenommen werden dürften, die sich auch im materiellen Sinne als Gesetz darstellen.

Die Anträge sind hiernach unter der Annahme, daß einzelne Antragsteller parteifähig und zur Antragstellung befugt sein sollten, wegen sachlicher Unbegründetheit abzuweisen.

FSC
www.fsc.org
MIX
Papier | Fördert gute Waldnutzung
FSC® C083411

Kolibri 360 GmbH
Ferdinand-Jühlke-Straße 7
99095 Erfurt, Deutschland
produktsicherheit@kolibri360.de